南山慈善译丛
NANSHAN TRANSLATIONS OF
CHARITY RESEARCH

第三辑
主编/何华兵 褚蓥

英国慈善史
（1660~1960）

上卷

ENGLISH PHILANTHROPY
(1660-1960)

（VOL.1）

〔美〕戴维·欧文／著
（David Owen）

褚蓥／译

杨洁／校

社会科学文献出版社
SOCIAL SCIENCES ACADEMIC PRESS (CHINA)

本书根据哈佛大学出版社 1964 年版译出

谨以此书纪念

伯德·塔特尔·欧文（Byrd Tuttle Owen）

总　序

　　何为慈善？爱也。

　　西方讲"爱邻如己"，中国讲"推己及人"，两者所讲皆是爱。人们在一般意义上讲的慈善是捐款捐物，所表达的便是这种爱。但是，慈善仅仅是捐款捐物吗？

　　我尝读范文正公的《岳阳楼记》，其中一句"先天下之忧而忧，后天下之乐而乐"，令人心潮澎湃。但此句立意深刻，初读时，我只能领会其宏大，却不能解得其精髓。后来，直到我深刻领会了慈善的含义，才明了其中的韵味。原来这也是"爱"啊，是对天下的大爱！由此，才能有范文正公为天下之凋敝而忧愁，为天下之繁盛而喜乐的深刻表达。范文正公深藏在这两句话中的感情，是高山仰止的，因此也真正符合了"文正"二字的含义。所以，我认为，慈善一词所表达的，并不只是捐款捐物式的爱，还应该包含以修身心、利国家、安社稷，乃至于求大道、明真理为目标的爱。

　　由此而论，要做一个知善、行善的士人，其学识绝不能仅为稻粱谋，因为那是功利之道，有悖仁爱之本。而士人所应肩负的应是"居庙堂之高则忧其民，处江湖之远则忧其君"的重要使命。无疑，如此才能算得上是"躬素士之业，朝夕孜孜"。

这自然是一条艰难而漫长的道路，特别是对那些不曾闻达的士人而言，更是如此。《史记》有云："夫道之不修也，是吾丑也。夫道既已大修而不用，是有国者之丑也。不容何病，不容然后见君子！"所以，作为一个士人，就算不闻达，也要"不干长上，洁身守道，不与世陷乎邪，是以卑而不失义，瘁而不失廉"。这是作为一个士人的基本修为，当谨守之。

我们翻译出版南山慈善译丛，正是为尽士人的上述两项本分。

其一，这是为了表达士人的善心，即以天下为己任，追求真理，并传播于世。所以，南山慈善译丛遴选的都是一些晦涩难懂的理论性作品，每一本都有深刻而扎实的学术观点，甚至自成一派，影响深远。其中，第二辑的作品更是以艰深为特点。在这一辑中，我们选择了一部神学、政治学的作品，研讨的是美国自建国以降的政治慈善思想；选择了一部慈善法作品，从公共利益这个概念入手，讨论的却是西方慈善的深意；选择了一部讨论中世纪意大利慈善事业的作品，该作也是理论性极强，精致而深刻。这些作品的引介，应可对我国慈善理论的建设尽绵薄之力。

其二，这也是我们自我修行的一个过程。众所周知，翻译是一件苦差事。一本20万字的译作，需要10个月的苦功。同时，在现有学术环境下，译作不算作学术成果，更何况本译丛也不向译者支付酬劳，所有译者都是志愿劳动。所以，译者们翻译这些作品，都是出于士人的本心，意在于这一过程中求得自身之修炼。我们将这个译丛命名为"南山慈善译丛"，南山取自"种豆南山下"，正是为了切合此意。

《大学》言："大学之道，在明明德，在亲民，在止于至善。"此当为我辈士人毕生之追求。

是为序。

目　录

上　卷

第一部分

仁善时代的慈善（17 世纪 60 年代至 18 世纪 80 年代）

第二部分

进步时代的慈善（18 世纪 80 年代至 19 世纪 60 年代）

第三部分（Ⅰ）

私人慈善与公共责任（19 世纪 60 年代至 1914 年）

下　卷

第三部分（Ⅱ）

私人慈善与公共责任（19 世纪 60 年代至 1914 年）

第四部分

新"慈善"与福利国家（1914～1960 年）

前 言

  本书缘起于福特基金会在 1955 年决定赞助一系列关于现代慈善（philanthropy）① 事业的研究。这个计划与我当时在假期里的打算不谋而合——1955～1956 年，我正在休一年期的长假。他们要求我对英国慈善事业开展一项宏观的研究，以便为进行更为细节性的美国经验的调查提供一个大背景。这项研究的主干部分就是在这一年中完成的，但此后，我在美国，以及在 1960 年夏天再度访问英国时，还做了一些补充研究。

  自从这项任务委托给我，现在已经过去大约有十年了，但我还没有将它做完。这本书的进度之所以如此缓慢，主要有两个原因：一方面，1957～1958 年之后，我比预期承担了更为繁重的学术任务，这些任务占用了我的闲暇时间，使我没有空开展研究和写作。但同时——这也是在开展这类研究时，通常会遇到的问题——我发现这个主题比我预想的要宏大得多，所牵涉的内容也要多得多，我也曾尝试抄近路，但这并没有什么用。所以，在研究的过程中，我做了一些筛选。在有的点上，我想我的研究比福特基金会想要的

---

  ① 本书作者并未明确区分 philanthropy 和 charity，故一律译为"慈善"。——译者注

更为详细，而在有的点上，则更为肤浅一些。此外，坦白地说，还有很多点是我没有触及的。比如有大量问题有待进一步研究，有大量人物值得做专项研讨。

当然，在开展这项研究时，我在英国和美国得到了很多人的帮助和建议。南森委员会成员——已故的南森爵士，杨赫斯本（Eileen L. Youndhusband）小姐（她给我提供了一整套未曾公开的档案，以及关于该委员会的其他材料），委员会秘书林德戴尔（J. H. Lidderdale）小姐等——都很热情，而且乐于助人。此外，该委员会成员艾伦（Donald Allen）爵士还准许我到他办公室采集资料，他的办公室设立在城市教区慈善基金会。同时，我还要诚挚地感谢伦敦的很多机构和组织中的工作人员，感谢他们给我提供了帮助，花时间向我解释他们的工作，回答我的问题。这些人包括：金·爱德华基金的皮尔斯（R. E. Peers）先生，纳菲尔德基金会的桑德森（W. A. Sanderson）先生，金史密斯公司的普里多（Walter Prideaux）先生，家庭服务机构的琼斯（David Jones）先生，犹太人委员会的监管人法恩曼（Mark Fineman）先生，该委员会的历史学家利普曼（V. D. Lipman）先生，英国皇家救生艇协会的豪沃思（Patrick Howarth）先生，全国社会服务理事会的斯蒂尔利德（Margaret Stilliard）小姐，波拉斯尼特（Margaret E. Brasnett）小姐和费尔班克斯（B. Fairbanks）少将，慈善委员会前任首席委员波纳尔（J. C. G. Pownall）先生——他回答了我关于慈善委员会如何运作的问题，卡姆（Helen Cam）教授，鲍尔（John Bowle）先生，以及汤顿学校的校长南安普顿（Southampton）——他就一些特别的问题给我提供了信息。

另外，我要感谢市政厅图书馆霍兰德（A. E. J. Hollander）先生的理解和支持，家庭福利协会（前身为慈善组织协会）的善意帮助。在1956年那艰难的2月，该协会馆藏丰富的图书馆为我提供了一个温馨的避难所，也为我提供了大量的素材。我现在很遗憾，当时竟然没有想去看看关于该协会的档案。西米（T. S. Simey）女士、教授，豪尔（M. Penelope Hall）小姐，以及利物浦社会服务理事会的普莱斯特利（A. G. S. Priestley）先生一起向我介绍了默西塞德郡的慈善活动，约瑟夫·朗特里纪念信托的沃迪拉夫（L. E. Waddilove）先生不仅向我提供了关于约克郡的慈善活动的信息，还对我研究的其他部分提供了高明的建议。我还必须要感谢下列剑桥大学的人，感谢他们给我提供的帮助，包括：三一学院的克拉克（G. Kitson Clark）博士和尼古拉斯（T. C. Nicholas）先生，国王学院的曼比（A. N. L. Munby）先生，圣约翰学院的院长和奖学金管理办公室，唐宁学院的格兰瑟姆（James Grantham）先生，金斯密斯学院冶金专业的退休教授赫顿（R. S. Hutton）先生。我还要感谢圣凯瑟琳学院和麦格达伦学院的两位院长，他们给我寄送了他们捐赠人的纪念册的复印件。

我还要感谢大西洋彼岸的哈佛－拉德克利夫学院1956~1960届的已经毕业的研究生们。他们帮助我整理了慈善史的一些部分。在这里，我无法一一提及他们的姓名，但我想简单地提一句，即我将这些工作交给了他们之中的十多个人来完成。同时，我还要感谢编辑部的卡琳（Doris H. Carlin）女士完美的录入工作，威尔科特斯（Donald J. Wilcox）先生在编辑方面提供的协助，埃亨（M. Kathleen Ahern）小姐提供的编辑方面的有用的建议。哥伦比亚大学的韦伯（R. K. Webb）教授非常仔细和透彻地读完了我整本手稿；他指出了我多处错误和语句方面的问题。最后，如果没有福特基金会的支持，这本书是没法完成的，因为它不仅建议我研究这个主题，而且使我可以在英国比原计划多待半年时间。该基金会，特别是该基金会图书馆中心和罗素·塞奇基金会的安德鲁斯（F. Emerson Andrews）先生——他代表基金会联系我写这本书，对我的帮助是难以形容的。他读了我整本手稿，并向我提出了很多有用的建议，特别是关于第二十章现代基金会部分。

由于篇幅有限，本书未列出参考文献目录。但在第一次引用到相关作品时，我都列出了完整的出处。如果该作品的出版地不止一处——伦敦和纽约——则我所列的只是我使用的这个版本的出版地。

戴维·欧文（David Owen）

于哈佛大学约翰·温思罗普楼

1963年9月

引　言

　　在《米德尔马契》的开头部分，卡索邦（Casaubon）先生虽然对慈善这个问题没有太多兴趣，但还是承认了这是"一个广阔的领域"。他的这一说法当然是无懈可击的，但是，所谓"广阔的领域"却没有对英国慈善事业的广泛性和复杂性做出准确界定。除非一个研究者真的牢牢地深入这一领域，否则他就会远远地偏离主道——开始研究社会工作、各类改革运动、早期社会主义、地方社会政策，甚至其他不相关的方向，如教会财政问题。所以，我们很难简单地确定慈善的内涵是什么，它包含了什么样的主题，以及我们能将什么内容给划出去。

　　虽然这本书篇幅很长，但它对这一主题所用的视角却是相对狭窄的，有的人或许会认为这种做法是任性的，甚至是固执的。我们并没有想对慈善下一个准确的定义。在这种情况下，我们需要强调的是，我们在这里所持的慈善的主要标准是是否捐出了金钱。本项研究与各种公共利益性的善功、个人服务或劳作都不相关，除非这些行为伴随着有个人或团体的大额的财产捐赠。这里主要关注的是英国人的捐赠善行，这些行为创造和支持了一个服务体系，帮助减轻贫民、病人、残疾人和弱者的苦痛。因为这种以改善普通人生活为目标的志愿行为的传统，英国现代史便没有了它独自的风味。

　　历史学家对于这一主题关注较少。虽然有的研究者偶尔会涉及这个方面，以及虽然此前有关于这一主题的一两份研究作品，但乔丹（W. K. Jordan）教授最近的一部关于都铎－斯图亚特王朝时期的慈善活动的多卷本的作品才是关于这一主题的第一个主要研究成果。他探讨的是英国人为他们的共同体自愿做出捐赠的情况。[①] 他所列出的证据为我们描绘了一幅这样的图景，即经商的贵族和其他上流人士大量地捐赠财产，同时这也告诉我们，都铎王朝非常依赖私人慈善行为，将之作为对他们社会的主要问题的一种解决方案。都铎王朝关于贫民问题的立法，也即著名的1597/1601年《济贫法》，被视为最后的保障，人们只在私人慈善的能力不能承载时才会使用这些规定。在这段时期，主要的负担事实上都由有善心的市民，而不是国家体系承担了。这些英国人不仅建立了捐赠基金和慈善机构，以救护全国的穷人，使他们得以康复，而且还建立了数量惊人的文法学校，以各种方式帮助改善他们自己的社区共同体。所有这些英国市民都主动承担社会责任，他们之中很多人是成功的和富有的，其他人则只有中等的财富。在做慈善的过程中，这些捐赠人不仅帮助英国度过了困难而复杂的转型期，还为"造就社会责任的伦理，以作为自由社会的丰碑"[②] 而做出捐赠。

虽然本书所涉及的主体与乔丹教授的研究相类似（本书开始的时间正是乔丹教授的作品结束的时间），但本书却无意成为乔丹丰碑式的成果的续篇。人们只要随便看一眼目录就能发现，本书研究的领域要更为宽泛，而且本书所罗列的证据并没有像乔丹教授一样指向一个精确的结论。总的来说，这项研究是基于公众所熟知的一手或二手文献材料做出的，而且本书并不想将所有事情都囊括在内。本书只是对17世纪晚期以来至现代英国（仅偶尔涉及苏格兰地区）的慈善事业做一个调查，而且可以承认的是，这项调查并没有做到平均施力，甚至有些挂一漏万。这就是它现在的正式范围。而且，事实上，本书将重点放在了18世纪末期经济改革至第一次世界大战这个区间（第一部分和第四部分更像是这一主体部分的序言和尾语）。在这一时期中，英国人继续依循他们都铎-斯图亚特王朝的前辈们建立的传统，成立各种传统的或新兴的机构，以改善他们共同的生活，以及在志愿组织中组织到一起，共同解决他们不断转型的社会中出现的各类问题。

---

① 最主要的那一卷是第一卷：W. K. Jordan, *Philanthropy in England, 1480 - 1660* (New York, 1959)。值得一提的早期研究成果是：B. Kirkman Gray, *A History of English Philanthropy* (London, 1905)。

② Jordan, *Philanthropy in England*, p.143.

　　在这段时期开始以前（这也是本书会谈及的内容），英国慈善已经呈现出该国这一传统的高贵一面。关于这一传统的形成，乔丹提出，有大量的因素——包括新教徒的社会伦理、全新的国家意识和国家义务观念，以及一个普遍的想法，即极力仿效他人的慈善行为，等等——发挥了作用。此外，商人和上层人士，他们人数虽然不多，但却很警醒，且眼光长远，在应对这一挑战方面发挥了重要的作用。在 16 世纪末期，这一传统就很好地树立了起来，并且从这些带头的阶层广泛地传播到了整个英国社会。捐赠或施予一些东西给他们生活的社区共同体——给社区里的济贫基金、济贫院、文法学校——成为更多英国人的普遍想法。乔丹提出，到 17 世纪早期，"虽然伦敦商人没有建立某些大型的、著名的慈善信托或做出大额的捐赠，但他们却不乏让人震惊的慈善行为，除非他们因为年老、疾病或生意不顺而无力再做慈善"①。

　　在 17 世纪晚期和 18 世纪早期，英国人在他们的慈善传统上融入一种全新的技术。虽然他们还是以个人身份捐赠或施予大量财物，但他们也日益发现集体化的行动具有优势。可能是受到与他们同时代的股权投资商业运营模式的影响，大群的英国人开始组合成各类志愿型组织，以合力减轻社会的某种不幸，或实现某个具体的慈善宗旨。不过，在当时，因为有很多慈善资产流入了相对匿名的"联合慈善团体"里，所以人们很难判断 18 世纪的慈善潮流是增长的，还是消退的。当时，不仅有大量的财产以年度捐赠的形式，被用于慈善目的，而且还有很多大宗的个人捐赠是没有信托的限制的，这种情况比都铎 - 斯图亚特王朝时期更为普遍。对于慈善组织而言，这些捐赠可以被视为现金收入，所以会很快被花出去，而在永久记录里面也就看不到它们的情况。另外，在本书起手论及的第一个世纪里，捐赠的形式和方向都多少有些改变。当然，18 世纪早期和中期最为明显的不朽功业是位于伦敦和其他城市的迷人的慈善学校系统以及大量的慈善医院（现代意义上的"医院"）。在某种程度上，这些都是新式的联合性慈善的成就。

　　如果说英国人在早先建立了社会责任这一传统的话，那么新潮流则加强了这一传统。例如，人们无法忽视福音复兴运动带给人们关于同伴

---

① Jordan, *Philanthropy in England*, p. 153.

责任观念的影响。加尔文宗社会伦理中的强制性规则，以及它对个人财富管理的压力，在一开始导致了人们产生出捐赠的习惯，但这个世纪后期的宗教复兴却改变了这一对慈善的激励，并向其赋予了新的能量。通观整个英国慈善史，宗教动因是十分明显的一个激励因素——在世俗慈善或宗教慈善（本书并未太涉及这一部分）方面，个人捐赠或组织行为方面都是如此。1959 年的《杨赫斯本报告》明确指出了宗教启示在志愿事业中的渗透。而正是从这一志愿事业之中，这一报告指出，毫无疑问，公共服务事业开始产生了出来。①

大概说来，福音复兴的潮流与开始于 18 世纪下半叶的经济革命和人口大爆炸的潮流在时间上是相重合的，所以，这一潮流自然也适应 19 世纪的社会环境。这一社会环境当然是十分重要的。它在某些方面恢复了都铎－斯图亚特王朝时期的外部条件，而正是这些条件在那时促使慈善出现井喷。不断增长的人口、城市的爆炸性扩张、经济机制的不断革命（虽然时有跳跃，且不太规律），以及特殊的社会结构（经常表现出巨大的，甚至是千钧一发的张力）——毫无疑问，关于这一国家未来的沮丧周期性地纠缠着关心上述这些事情的人们。坦率地说，有时，人们有理由相信，这个国家将会堕落成为一个永久性的劳动力过剩的地方，并会怀疑英国工厂和农场的产出是否足以供所有英国人所需，因为在这个世纪之后的头十年里，人口就增长了约 14%。

在这个危机频仍的时代里，这个国家的主要应对武器是私人慈善，私人慈善与工业化、城市化的新兴社会中的问题搏斗，有时踌躇满志，有时却作困兽之斗。人们绝不应夸大私人慈善。现在回头来看，当时的人们只是模糊地理解到社会的问题，而他们所采取的补救措施，其动机是五花八门的。绝大多数上层和中层的英国人认为"穷人"是社会结构中既有的、永久存在的一个元素。这是一个庞大的阶层，在每一代人中，只有少数人能越过龙门。而剩下的绝大多数人则需要承担起无法避免的重担，自力更生，不成为依靠他人的人。如果帮助这些人帮得不当，则只会使他们变成乞丐。"乞丐"这个词对于维多利亚时期的人来说，是

---

① *Report of the Working Party on Social Workers in the Local Authority Health and Welfare Services* (H. M. S. O., 1959), Par. 1031.

带有恐怖的含义的。所以，人们设定了很多保留措施。在这一前提下，私人团体或个人开始资助医院、组织学校、安排对穷人的家访，或成立社团，开展了式样繁多的、令人眼花缭乱的善功。而在这一过程中，慈善家们为减小英国社会的张力做出了一些——在某些情况下是很多——贡献。

但是，谁才是慈善家？有人将现代英国的慈善家说成一个阶层，这种说法是不妥当的，有待商榷。他们的社会出身、财富来源、动机和慈善兴趣都是多种多样的，没有统一性。一般来说，正如人们预期的那样，最大的捐赠人来自金融、商业或工业领域。而新兴工厂的执掌者们并没有一下子就投身慈善领域。在 19 世纪早期，不仅干好自己的事业本身，以及建立一个大家族的雄心等的优先性排在了大宗慈善捐赠之前——至少这些事情是成功的企业家们的主要动因（除了某些高尚的例外情况）——而且，除这些考虑以外，社会也需要时间让这些新贵们来接受旧的传统。其中一些没有子嗣的新贵［如霍洛威（Thomas Holloway）和梅森（Josiah Mason）］可能会捐出较大的金额，而其他一些有较强宗教信仰者［如雷诺兹（Richard Reynolds）］也会做出慷慨义举。但是，在这个世纪里，工业新贵们的大宗捐赠尚未进入慈善领域。

贵族们也没有将他们的名字频频签署在捐赠单上——当然也有一些例外。他们忠实地依照惯例开展着传统的地方慈善活动。到 19 世纪中叶，诚然，其中一些大领主投入了 4%～7% 的总收入，用于做勉强可以称为慈善的事业。① 其他人也可能经常捐赠大额的财产，用于实现某些特殊的、一次性的宗旨，由此，贵族们的名字当然也出现在了捐赠者的名单中，乃至成为慈善组织的管理人员。但是，在这个时代的慈善事业中，整个贵族阶层却不应被看作一股充满创造力的力量。所以，总的来说，如果有人想要汇总出维多利亚时期的慈善家的话，那可能会得到一个混合的名录——包括银行家、商人、各类专业人员、一些贵族和乡村士绅，以及随着时代的不断前进，越来越多的来自工业领域的新贵。

在慈善家为英国的慈善事业不断添砖加瓦的同时，其他前维多利亚

---

① F. M. L. Thompson, *English Landed Society in the Nineteenth Century* (London, 1963), p. 210.

和维多利亚时期的人们在鼓动着（只取得了有限的成果），要更为有效地使用之前留下来的大宗慈善信托。乔丹强调说，都铎－斯图亚特王朝时期的主要慈善工具是慈善信托，即人们将财产捐出，永久用于实现慈善宗旨。英国法对以慈善为目的的，以信托为形式的捐赠行为，管得相对宽松。在现代，这种形式的捐赠依旧是资助慈善活动的重要手段之一。维多利亚时期的某些人相信，在他们的时代里，这些慈善信托积累了无法计数的财富，这些财富如果能够得到有效管理的话，可以产生出更好的成效。而且，这些财产是英国社会公认急需的某些服务的基石。

因此，在这个世纪中，出现了一些关于如何就这数千个慈善信托设定一定的公共规范的争执。这些争执有时是私底下的，有时则是公开的。在 19 世纪 20～30 年代，人们将这些信托分成细目，列表管理。在 19 世纪 50 年代，人们设立了慈善委员会，来负责监督这些信托（虽然该委员会的权力比预想的要小）。该委员会经常要求扩展其管理权，而衡平法律师则偶尔会呼吁放松慈善法的限制。一般来说，除了两类慈善组织以外，自从《1860 年慈善法》通过以后，这一情况就没有变过，直到 1960 年的法案才对此进行了一定程度的阐明。[1]

不过，最为突出的现代工具是慈善社团。特别是在 19 世纪，这类组织的数量陡增，乃至令观察家们感到既赞叹又忧虑。这些社团几乎都成立了自己的救助机构，涉及疾病、贫穷、恶行、青少年犯罪、老年人等方面。人类遇到的其他苦难也都有各自对应的机构。在某些情况下，这些机构的数量还不少。当然，各类机构的情况各不相同。它们的规模或大或小，办事能力或强或弱，生存状况或好或坏。它们的数量是惊人的，它们的活动相互重合，它们的救助政策有时非常随意，以至于引发了人们不断的抗议，并（在慈善组织运动中）发起了至少一项主要的改革措施，推动它们的救助程序的合理化。但是，说它们的志愿劳动和捐赠没有得到赞扬，也是言过其实的。它们之后的动机可能异常的复杂——人道主义的冲动、宗教、社会抱负，或者最重要、简单的事实，即大家都归于"一个文明，这一文明认为这种行为是值得的"[2]——但是，毫无

---

[1] 该法对两类组织做了更为激进的运用，包括捐赠学校（第九章）和伦敦城市教区捐赠基金（第十章）。

[2] Jordan, *Philanthropy in England*, p. 144.

疑问，这在现代历史中是罕有的。自从南森委员会认为其通过私人的努力，创立各类广泛的社会服务是"我们的历史上的一次巨大的失败"①以后，它就再也没有在这方面出现过任何的延展。

　　毫无疑问，这是一次失败，但它却很宏伟。随着这个世纪的推进，事情开始变得很清楚，即物质的生产胜过了人口的增长，而工业社会的现实生活也有了更为明确的界定。于是，人们开始调整他们的社会思想。慈善机构，用它们改进过的个案工作技法，可以为个人做更多的事情——在此方面，它们的贡献依旧是不可或缺的。在特别的情境下，它们还可以提供重要的服务。但是，如果某问题在本质上被视为与个人的行动毫无关系，那么私人慈善的短处，乃至缺陷，就暴露出来了。私人慈善可以成功地帮助个人解决无法避免的、令人难挨的贫苦生活，甚至可以协助人们应对特别的危机，这是问题的一方面；而探寻在现代社会中，苦难和不幸为何会产生，以及是不是必然出现，则是问题的另一方面。随着人们关于可以忍受的苦难量的最低标准变得越来越低，私人慈善的资源便难以承载主要的社会责任了，无论它有多大的雄心，做了多少工作。在这个世纪里，个人主义的社会哲学开始崩溃，相关视角也开始出现调整。而也正是在这个世纪的末期，大量的个人，无论他们是否有社会影响力，都对这个世纪中期出现的公共福利和贫困问题的解决方案产生了质疑。实际上，自此以后，随着时间的推移，国家有意无意地开始走向前台，进入这个曾经被志愿机构占领的领域。

　　本项研究的主题论及了私人慈善的这两个方面：私人慈善是一股先锋力量，为政府的行动指明了方向；在面对工业化、城市化社会的要求时，它最终暴露出了自身的缺陷。人们经常会强调国家从私人慈善的探索中获得了经验。20世纪30年代，PEP指出："实际上，现在每项运行中的公共社会服务，其根基都是某些形式的志愿供给。"②而且，从一开始，那些负责法定服务的官员就曾感谢那些做志愿服务的先驱，感谢他们专注的思索与构想。比如，1949年6月，上议院就"社会福利的志愿行动"展开了辩论，由此便出现了南森委员会，以及最终产生了《1960

① 慈善信托法律及实践委员会的报告（Cmd. 8710），1952年，第44节，以下我们将把这份文件简称为《南森报告》（*Nathan Report*）（1952年）。
② PEP, *Report on the British Social Services*（London, 1937）, p. 49.

年慈善法》。在这次辩论中，劳德·帕克汉（Lord Pakenham）替工党政府表达了感谢，感谢私人服务对公共事业的无私支持。①

直到第二次世界大战结束，即福利服务决定性地扩张开来以前，国家的行动都无法做到快速展开。很可能，关键的几步大概是由自由党政府在1906~1911年实施的。尽管这几步都很温和，但却为未来的、更为决定性的举措树立起了一个牢靠的先例。在此后数年间，公共政府的干预大概可以分为三个阶段。② 在一开始，这一服务领域完全是志愿服务的天下；它由私人提供和管理，也即由私人团体回应人们发现的社会中的不幸或需求。随后，在这种服务还足以应对（在适当的点上承受了适当的压力）时，政府便开始以临时补助金的方式施以援手，协助开展这种探索。这时的管理权和主要的财权依旧在私人手里，但政府却开始给出风险投资，因此也就拥有了一定的控制权。最后（经过了一系列中间阶段和各种形式的公私融合），国家接过了全部的服务事务，并将之作为公共事业来运营，无论其中有没有志愿性的协助。

这一过程一再重复出现——虽然有的时候，它的结局不是以完全的公共服务取代私人志愿服务，而是出现了令人困惑的公私合营机构——这是英国福利国家的特点。但是，无论国家干预的程度有多深，那些为国家掌管事务的人都会意识到自己受惠于过去或现在的英国私人，因为正是他们指出了现实的需求，成立组织来应对这种需求，并使这些组织继续扮演政府服务的补充者的角色，虽然政府现在占据了原本由志愿者力量主导的领域。无论慈善事业长远的未来会怎样，但无人可以否认的是，数代富有公共精神的公民为福利社会而做出的捐赠——捐出他们的财富，并以个人的努力——打下一个坚实的基础，而正是在这个基础之上，政府的服务才得以建立起来。

---

① *5 Parl. Deb.* (Lords), 163：119ff.
② 正如某位观察家指出的那样，详见 *The Times Literary Supplement*, 20 Oct. 1961。

第一部分

仁善时代的慈善（17 世纪 60 年代至 18 世纪 80 年代）

没有任何（关于慈善）的说教或训诫能像根基深厚的习惯一样有用。

——圣约翰·克里索斯托（St. John Chrysostom）

很少有机构能像那些慈善组织这样难打发。

——凯姆斯（Kames）勋爵

　　无论 18 世纪的英国人觉得他们的社会生活有多么不容易，但其中那些富有思想的评论家还是能从中找到至少一个明显的价值。他们总是喜欢指出，他们的时代展示出了人类需要的新的通达体察，并且想出了新的工具来应对它。1749 年，威斯敏斯特的首席长官亨利·菲尔丁（Henry Fielding）对大陪审团说道："慈善是这个时代的最有特色的美德。我想，这种基督徒的美德是如此的通达，如此的高贵，所以，凭借最近的一些成功案例，我们可以战胜整个世界。"① 那些熟悉的标签，如"仁善""通达""人道主义"等，也即我们用来形容 18 世纪思潮的那些词语，和其他此类的惯例一样，的确扭曲了其复杂的事实，但它们还是部分地反映了事实本身。而且，无论这个世纪是否创造出了"现代慈善"（当然，这一现代性概念是相对的），至少它在都铎 - 斯图亚特王朝时代的慈善事业上增加了一些新的利益、新的激励，以及新的技术。②

　　人们普遍承认，17 世纪晚期是英国政治和社会史上一个影响巨大的重要转折点。这个时代不仅开创了在公共生活中更加妥协、更加容忍、更少尖刻之风，还带来了物质的增长、海外的扩张、哲学和科学的探索，这些或多或少改变了英国上中层社会的秉性和面貌。除这些以外，还有就是在慈善实践中出现了一些新的发展，所以，这时的慈善可以被认为是一种现代慈善。这些新发展在组织层面表现得最为明显。在这一层面，慈善社团补充了，甚至部分代替了个人性的善举。自此以后，虽然个人慈善家依旧是不可或缺的，但他会越来越多地依靠资助组织（被动地做捐赠，主动地提供服务，或者两者都有），即宗旨与他的想法一致的组织，来实现自己的愿望。当然，富人们会继续做他们的善行，但慈善已经越来越不是一件人与人之间的事情了——传统意义上的救济，尽管规模可能较大——而是一项由集体共同努力的事业了。在未来，慈善家的标签不仅是慷慨的赠与，还有支持有价值的组织。

　　很明显，新方法的出现不是单一因素影响的结果。毫无疑问，慈善家们从 17 世纪 90 年代的股票投资繁荣里学到了一些东西（这场繁荣令各类公司，诚实的或欺诈的，眼花缭乱地混合在一起），并从泡沫时代里

① *Works*, X, 79, 引自 C. J. Abbey, *The English Church and Its Bishops*, *1700 - 1800*, 2 vols. （London, 1887）, 1, 338.

② 参见 Jordan, *Philanthropy in England*, *1480 - 1660*, chaps. III, IV, VI.

学到了更多东西。如果商业活动可以通过大量个人的小额资金获得资助的话，那可能类似的方案也可以被用于慈善事业。有时，的确，在恶名昭彰的慈善集团里，合股的做法会被滥用，并造成灾难性的后果。其中一个例子是欧洲大陆的蒙特团契公司。人们创立这个公司，原本是想要向勤奋的穷人提供低息贷款，这个公司最终为此目的筹集了60万英镑，但是它随后发现开展投机性的金融活动回报更高。欺诈式的管理，以及在最终阶段，一个潜逃的出纳，导致了这家公司轰然倒塌，只留下一群愤怒和崩溃的投资人在破口大骂。[①] 而在好的方面，负责宣传慈善学校的教会人员发现合股公司在精神层面有重要意义，并指出投入其中的资金可以带来"特别的红利，即增进穷人的幸福，改善穷人的德行"。[②] 在商业公司里，股东和经理分别扮演了不同的角色，所以，在未来的慈善机构里，捐款人负责提供资金，而主要的工作则留给其他人来负责。于是，就像股东名单对合股公司很重要一样，捐赠人名单对慈善组织来说，也变得重要了起来。

　　同时代的人们并没有忽视慈善领域这一新技术的发展。慈善学校体系和新的医院，正是团队努力的出色成就，而不是个体捐赠人的成果。这一成就令人震撼地展示出协作化行动可以产生的效果。事实上，所有这些都鼓励人们的心中生出一个梦想（从那时开始，这是慈善战略家永恒的主题），那就是扩大慈善事业的收入基础。1758年，一名作者在《懒汉》中提到，虽然大的捐赠者消失了，也即那些"在古代……的市或郡中曾经到处都有的"捐赠人不见了，但英国社会不断增长的慈善利益可以作为弥补，因为"一旦人们发现了一种新的社会不幸，并找到一种新的救济方法，则每一双手都会力所能及地捐赠财物，每一张口都会忙于劝募，每一份闲情都被用于开展善功"。[③]

---

① 关于这一慈善公司的事情，有大量的材料，其中绝大多数材料在指责或认可该公司的管理。但是，它奇特的故事更多的是属于金融史，而不是慈善史的范畴。关于这一故事的简介，参见 Gray, *A History of English Philanthropy*；W. R. Scott, *The Constitution and Finance of English, Scottish, and Irish Joint-Stock Companies to 1720*, 3 vols. (Cambridge, 1910-1912), III, 380。

② W. K. Lowther Clarke, *A History of the S. P. C. K.* (London, 1959), p. 23. 格雷（Kirkman Gray）的开创性的研究特别强调了联合慈善的理念和技术。

③ *Idler*, 6 May 1758.

　　这种协作式慈善，在很大程度上，是以中产阶层为其经济支柱，以清教徒理念为其思想支撑的。在18世纪前期，理查德·斯蒂尔（Richard Steele）发现了这一事实，即"只有中间阶层的人们"看起来关心教育年轻人、扶养老人或规制恶人等事务。[①] 数百所成立于这个世纪前半叶的慈善学校虽然在慈善领域中取得了巨大的成就，但它们所得的资助却主要来自"'中等阶层'的慈善家的中小额捐赠"。[②] 虽然主要的贵族捐赠者并没有消失，但这个时期最令人记忆深刻的慈善家却几乎都是中产阶层出身。这些人的捐赠可能数额不大，当然，在托马斯·盖（Thomas Guy）或约翰·莫登（John Morden）捐赠时，数额也很大，但有一个特点是，这些捐赠人几乎都来自商贸领域，而不是大家族。[③]

　　18世纪早期的慈善事业都充斥着清教徒精神。而一旦论及这一精神，就涉及动机的问题了。慈善事业对中产阶层到底有什么特殊的吸引力呢？到底是什么在促使他们将金钱和精力投到救济苦难者身上，用于改善社会中弱势群体的生活呢？从王政复辟到18世纪70年代之间，英国发生了多次慈善运动，大量的慈善机构喷涌而出，而从中人们可以找出三项主要的激励因素。这三项因素含混不清，相互交织，而且每一项都有多种变体。在这一世纪初的前几十年里，慈善与清教徒理念紧密关联，但这是伦理上的清教徒，而不是教义上的清教徒。这是高教会、低教会和不信新教者共同的慈善事业，也即一种严肃、实践的虔信活动。很多人应该会赞同蒂洛森（Tillotson）对贝弗里奇（Beveridge）的批评："博士啊，博士，慈善不只是几个标题。"[④] 在他们教条和政治主张的差异之下，各个教派真诚而虔信的人们有一种共同的面貌，这种面貌从根本上来说是清教徒式的。琼斯（Gwladys Jones）小姐说："18世纪清教

---

① *Guardian*, No. 79, 1713.

② M. Gwladys Jones, *The Charity School Movement* (Cambridge, 1938), p. 6.

③ 在都铎-斯图亚特王朝时期就是如此［关于 W. K. 乔丹的结论的简述，参见他的文章 "The English Background of Modern Philanthropy," *American Historical Review*, 66: 402 - 403 (January 1961)］。托马斯·盖当然是现代医院的创立者，而莫登则是躲债的商人，他创立了莫登学院，参见 Blackheath, "for twelve decayed merchants," 12 个腐败的商人，后来增加到 40 个人。

④ 引自 C. J. Abbey and J. H. Overton, *The English Church in the Eighteenth Century* (rev. and a-bridged, London, 1887), p. 43。

徒的身上烙印着实干，而不是教条。"①

清教徒伦理并没有认为用于慈善用途的财物不能用来挣钱。相反，真正虔信的人会表现出对财富积累的勤勉，对花钱的审慎——这些都是为了更好地荣耀上帝。罗伯特·尼尔森（Robert Nealson）虽然是一个声称不信奉清教主义的高教会成员，但在他身上却近乎完美地体现了这种清教徒的血脉。他将慈善描绘成"一种归还本不属于你的财富的办法"。如果，事实上，"你没有用你的财富做好事，那你就将它们用于了与上帝意图相反的方向，而只有上帝才是这些财富的绝对的主人"。②这种财富代管人的观念，虽然在这个世纪中期淡化了，但在此后福音派的慈善原理中却再次出现了。亨利·桑顿（Henry Thornton）、威廉姆·威尔伯福斯（William Wilberforce）和汉娜·莫尔（Hannah More）被认为是清教徒慈善家的完美无缺的典范。

不断繁荣的慈善活动，特别是在这个世纪中后期的时候，更多是因为受到一种更为模糊的、更为普遍的激励因素的激励，而不仅是清教徒伦理。现代人道主义在这个世纪中后期冉冉升起，而仁善与通达体察则同它联合在一起——虽然它有的时候仅仅是一种情绪，而且也是它流行展现出来的内容——极大地影响了当时社会风气的形成。当然，毫无疑问的是，捐赠给慈善组织，倾听慈善布道，为逃避 18 世纪不愉快的现实——贫困、不安全和苦痛——提供了一条出路。慈善行为可以用它那卓越的柔情安抚人的内心，给人们以"最为持久的、最有价值的和最为典雅的愉悦"。③

但是，情况并不止于此。将 18 世纪的人道主义描绘成一种软弱的避世，一种半非自愿式的对愉悦的感觉的追寻，恐怕是不公正的。很明显，上述这些动机——以及其他一些更为庸俗的想法——的确促使人们将自己的名字添加在慈善捐赠者名单上。但我们也不应错过中上阶层在看到下层人民的不幸时流露出的同情心，也不应怀疑他们在帮助减轻下层人

---

① Jones, *Charity School Movement*, p. 6. 笔者要感谢琼斯小姐的研究，其中对 18 世纪清教徒主义做了富有启发性的分析（pp. 3 - 14）。

② *Address to Persons of Quality and Estate*（London, 1715），pp. 220 - 221, 228.

③ *Gentleman's Magazine*，II（August 1732），引自 Betsy Rodgers, *Cloak of Charity*（London, 1949），p. 8。

们的痛苦时内心的无私。虽然库拉姆（Coram）船长和乔纳斯·汉威
（Jonas Hanway）的潜意识使他们的人性变得很复杂，但他们首先都是人
道主义者。而且，他们在这种观念的驱使下，出手救济苦难者，并根据
自己的意见，矫正错误的行为。再也没有比这些十分真诚的慈善家更能
展现 18 世纪特有的期待，即对人和社会的改善所抱有的期待了。

简单来说，在慈善观念的中心位置，是仁善、真诚的人道主义，甚
至是一种自我牺牲，但它的边界却逐渐纳入了日渐增长的利己主义和软
弱避世的风气。然而，随着仁善和清教徒的虔信与更为直白的功利主义
脉络相结合，两者的交织有时显得过于紧密了，乃至人们难以做出辨别。
不过，关于这个世纪的慈善计划中的政治意图，人们是不容易看错的。
合理管理的慈善组织大概可以被视为重商主义的政策工具，可以被用于
维护他们的国家的权力。试举一例，17 世纪和 18 世纪早期的政客们为
人口锐减所苦，而在没法做人口调查的情况下，人们只能做漫无边际的
推测和无用的争论。面对人口下降导致的不安，人道主义迎难而上，推
动了这个世纪中后期慈善事业的大流行，即弃儿医院、航海协会、各类
医疗慈善组织，以及皇家人道救助协会（1774 年）。皇家人道救助协会
专门救助溺水事件的幸存者，将慈善、科学和重商主义的价值观完美地
融合在了一起。

其他慈善和准慈善活动，都带有重商主义的味道。让穷人去工作的救
助计划，所折射出的就是人们所熟知的重商主义的一个理念，即最充分地
利用这个国家的劳动力。威尔森（Wilson）先生评论说，有的作者甚至认
为，这就是高收入的经济模式。① 乔纳斯·汉威用极为漂亮的简洁话语，
对这个问题做了总结："正因为富人和当权者的真正基础是无数在劳作的
穷人，所以对每一项扩大他们的价值的合理提案我们都是认可的。"② 同

---

① Charles Wilson, "The Other Face of Mercantilism," *Trans. Royal Hist. Soc.*, 5th ser. 9：84 –
87（1959）.

② 引自 Rodgers, *Cloak of Charity*, p. 38。《伦敦晚间邮报》[*The London Evening Post*（25 –
27 Feb. 1755）] 认为，到处都有的穷人和懒人是 "勤奋的其他人的负担。从利益的角
度来看，这定然会深深地影响整个国家。因此，不管采用怎样野蛮的手段，都要迫使
上流人士关注穷人，也即像政客一样地去思考，因为这些穷人值得他们关注"。（转引
自 W. S. Lewis and R. M. Williams, *Private Charity in England*, *1747 – 1757*, New Haven,
1938, p. 3）

样，正是因为英国航海业对劳动力有着大量的需求，基于这一背景，才有很多收容流浪儿、孤儿的慈善组织冒出来。库拉姆自己之前就是一名航海船长，曾亲眼见过日不落在海外的帝国领土，所以，他将弃儿医院视为殖民地的工匠的潜在来源地，而胡克（Hook）法官则将慈善学校描述成培养海员的育儿所。[①] 航海协会成立于 1756 年，由乔纳斯·汉威和一群伙伴联合创立。该协会的明确宗旨是，成为一家为舰队和商船招募人员的慈善代理机构。此外，这类接受捐赠的机构，如位于哈顿公园的尼尔数学学院，也教授来自慈善学校和其他地方的孩子们学航海。[②] 在这些慈善事业中，有两种动机完美地融合在一起，即救济贫苦者和（用重商主义的话来说）为国家的幸福做出贡献。

清教徒的虔信、仁善的人道主义者的外观，以及对国家利益的关注，都对 18 世纪的慈善事业产生了影响。虽然这里还有一些其他因素，这些因素也很重要，但很难对其做出准确的界定。哪怕只是对在这个世纪中新成立的慈善基金，特别是乡村地区的那些基金，做一个简单的浏览，人们都会发现，捐赠人是出于社会习惯，甚至是社会惯性，来做出行动的。如果说在都铎－斯图亚特王朝时期，还要靠慈善的榜样来带动其他人做慈善，以及个人慈善家，甚至教区还都在攀比慈善行为的话，那么到 18 世纪——的确，是在此之前——慈善捐赠行为已经变成了英国生活模式中一项公认的元素。英国社会比其他社会更为成功，它成功地在贵族义务的传统上移植了一种财富义务观念，虽然这种观念有点原始，但在上层以及中上层中，人们都接受了这种责任观念。当威尔特郡的绅士们为他们教区的穷人们支付房租的时候，当伦敦的商人在什罗普郡的故乡小镇捐建慈善学校的时候，他们不仅是出于慈善动机，还是在做这个时代希望他们做的事情。

---

① R. H. Nichols and F. A. Wray, *The History of the Foundling Hospital* (London, 1935), pp. 14 – 15; Clarke, *S. P. C. K.*, p. 51.

② 根据约瑟夫·尼尔（Joseph Neale）在 1705 年的遗嘱创立（*1st Report of the Commissioners on the Education of the Poor*, 1819, X – A, 174）。甚至卡姆斯（Kames）勋爵——他对很多志愿性慈善组织的评价并不高，就像他对英国《济贫法》的看法一样——也只对航海协会做出了好评（*Sketches of the History of Man*, 2 vols. Edinburgh, 1774. II, 48）。

第一章　18 世纪虔诚的慈善

一

在 1700 年前后，进入慈善领域的力量或多或少都与宗教实践有关。大量的英国人在帮助贫苦者时，心里想着："在你帮助的那个穷人的身体里，住着你的救世主。"[①] 将这种"虔信的慈善"等同于这个世纪初的英国国教复兴是正确的，但还不够准确，因为"虔信的慈善"所强调的是虔信式的和道德性的慈善，而不是教会的慈善。虽然这个时代的三名有代表性的慈善家都是正式的安立甘教徒，但他们信奉的神学信条却五花八门——从托马斯·费明（Thomas Firmin）的唯一神论派，到托马斯·布雷（Thomas Bray）的中间派，再到罗伯特·尼尔森（Robert Nelson）的不矢忠派，不一而足。[②] 但在这三人之间，一涉及善事，他们就会毫不犹豫地相互合作。

很自然的是，宗教的原动力根据慈善家的不同而有较大差异。对于罗伯特·尼尔森而言，很明显，这是主要动力源。对一个高教会的信徒而言，他不会把自己的慈善行为想成除宗教奉献以外的其他东西。而对托马斯·费明，虽然他不知疲倦的行为是因为"对上帝的完善的认知，真诚的爱和服从"[③]，但他看起来更像是一个典型的慈善家，因为对他而言，人类的苦难本身就足以成为一种推动力。根据他的合伙人的说法，费明可能积累了 2 万英镑的资产，但他却乐善好施，到去世时，只留下

---

① Robert Nelson, *Address to Persons of Quality and Estate*, p. 266.
② 关于其他有代表性的人物（如托马斯·盖），笔者将在第二章和第三章里予以介绍。
③ Tillotson, *Sermons*, XX, 引自 C. J. Abbey, *English Church and Its Bishops*, I, 338。

了 3000 英镑的遗产。毫无疑问，他是 17 世纪晚期的一位卓越的英国慈善家。

费明经常提到一个计划，即让穷人做亚麻纺纱的工作。这让人很容易对他的慈善兴趣的范围产生误解。事实上，他的视野涵盖了广泛的社会领域。穷人、失业者、负债入狱者、欧洲大陆和爱尔兰来的逃难者、基督医学院、圣托马斯医院、各式各样的遭灾的人，不仅都领受过他的慷慨布施，还得到过他不遗余力的帮助。在生命的最后 20 年里，费明成了一名全职的慈善家。

托马斯·费明是"中间阶层"的一员。早期的慈善共同体也主要是由这群人组成的。他出生于伊普斯威奇的一个中产者家庭。上帝给了他们一家"所罗门的祝愿，既不贫困，也不富有"。[①] 费明是做腰带和布料生意发的家。同时，他放弃了自己从小信奉的加尔文主义，表现得没有那么虔信了。尽管他的观念没有那么正统，但他却广泛结识了各派的知名教士。他欢迎所有这些人到他位于伦巴第大街的家做客。促使费明第一次开始做慈善的原因是 1665 年的大瘟疫。当时，伦敦的富户都撤走了。于是，很多穷人也就没有了生路。面对这种情况，费明决定给他们提供原材料，帮助他们继续往日的营生。令人震惊的是，这一做法取得了相当的成效。于是，他继续自己的试验。他囤积了大量的谷物和煤，然后在困难时期再次来临时，以成本价卖给穷人们。

历史上，由费明发起的最出名的项目是"雇用穷人"项目。这个项目发起于 17 世纪 70 年代中期，也就是费明放弃他自己的生意，开始专心做慈善的时期。回顾这段历史，会让我们偏离研究的主线，因为尽管它很有趣，但它却与它的创始人一起消失于历史的长河之中了。不过它依旧值得我们回顾，因为它规模巨大，曾经雇用了 1600 名或 1700 名纺纱工，以及各类亚麻整理工、织布工等，每年投资为 2000 ~ 4000 英镑。费明相信，他的事业是节俭的慈善事业，而不是普通的商业。他认为每先令只亏损两便士，这钱花得很值。很明显的是，这么做是没前途的，除非能说服政府往里面投钱。但是，显然没有一任政府表现出任何此类

---

① *The Life of Mr. Thomas Firmin*, *Late Citizen of London*, 2d ed. （London, 1791）, p. 3. 除特别注明以外，所有材料都来自该书。笔者只对直接引文标注了出处。

意愿，所以费明的工坊也就成了一个富有创造力的，但却是孤立的实验，而不是一种重要的社会探索。

与慈善史学家们的关注点联系更为密切的是费明的其他慈善兴趣，或更为准确地说，是作为某些善业的总受托人所做的事。很明显，他经常向别人劝募，并将钱投到能产生巨大满足感的有价值的事业当中。他资本雄厚，富有热心肠，在富人圈里小有名气，有雄心壮志，但又不失精明的商业头脑——简单来说，正是这一能力让很多人为之倾倒，愿意相信费明，并倾囊相助。在很多年里，他每年都能从朋友和熟人那里为穷人们筹来数百英镑的善款。于是，当时的慈善家们便养成了一个习惯，即拿费明当作善款发放员，因为他对穷人的了解是无出其右的，而他花善款的方法也是审慎而又明辨事实的。他搞清楚了传统布施中所有可能出问题的地方，并养成了一个习惯，即在给钱之前，先对声称自己困难的人做一番调查。据说，作为一个慈善家，他在 20 年的时间里，一共用出去 5000 英镑的善款。而作为圣托马斯医院的主管，他部分参与了筹集 4000 英镑善款的工作，以重建和修缮医院。同时，他还为基督医学院开展了一系列修缮工作，包括一个病房，以及一个位于哈特福郡的学院等，总开销不少于 3000 英镑。

17 世纪 80 年代，法国的胡格诺教徒来英国避难。"我们乐善好施的领袖"再次带头为这些人安排临时安顿处，并在 1681～1682 年为他们筹集了将近 2500 英镑的善款，并将钱用于对他们的救济。1688～1689 年，大量新教徒从爱尔兰外逃。这些人也得到了英国慈善组织的支持。并且，这一机构为他们争取到了两份前后连续的简介函①，费明正是其理事会成员之一。全国各个郡的教士和教会委员都向他转交他们筹集上来的善款。在这一过程中，他一共掌控了超过 56500 英镑的善款，此外还有他自己筹集和布施出去的少量善款。另外，人们还会提起他从监狱里解救出欠债者，为他监护的穷人筹集冬天的特别救济，让孩童去做学徒等善行。在提到这些事时，人们自然会把费明想象成为 17 世纪晚期伦敦的"社会服务一人理事会"或者公共利益基金主管。无论是他个人在善

---

① "简介函"是一种半官方的慈善募捐手段，主要用于为受灾者，如火灾幸存者等的筹款。受托人从政府那里得到授权，可以通过教区的官员、教士或其他人筹集善款，并可以从所得善款中提取一定比例的工作经费。

业中的投入，还是他作为一个中间人，为联络捐赠人和受益人所做出的广泛贡献，都足以使他配得上同时代的传记作家给予他的这个头衔——"布施穷人的领袖"。[①]

费明并非对作为慈善活动的一种支持手段的宗教漠不关心，相反，他是一个真诚的基督徒，虽然有点不那么正统。他是礼仪改革协会的早期成员之一，并且，他很高兴为他的慈善组织从曾经亵渎神灵的富人们手里筹集善款。他同时捐款给他没有加入圣公会的基督教徒朋友，尊敬的托马斯·古奇（Thomas Gouge）的印刷慈善事业（威尔士信托）。这家机构的产出包括某一版本的《圣经》，以及威尔士的其他宗教作品。费明他自己就为他的纺纱工以及他们的孩子印刷了1万本《圣经教义问答》。不过，他的宗教虔信，虽然和其他人一样真诚，但却不像其他人，比如"虔诚的罗伯特·尼尔森"一样，成为其慈善事业的根本动力。如果说尼尔森是根据自己的良心，实施神圣的诫命的话，那么费明——"虔诚，但不盲从、居心不良或做作"[②]——则是因为他面对受困者所感到的不安与热切的同情而投身慈善事业的。

二

不过，18世纪主要属于宗教慈善，即使其中最值得人们关注的组织，其慈善宗旨也不过是宗教动机的外在表达。这一"虔信的慈善"在某一方面是英国国教复兴的产物，即强调个人狂热的宗教信仰，以及在服务他人方面的奉献。教士们为给这些趋势找些例证，主动实践了新兴的联合型慈善，并反复宣扬这些宗旨。但他们组织化的探索——如福音传播协会——都难以列入慈善研究的范畴。宗教实践与慈善之间的边界是很难划清楚的，所以本书也不想做出这种努力，寻找合理的、一致的划分。总的来说，本书采用的，是美国宪法术语中提到的"严格的宪法解释"的套路。鉴于篇幅有限，我们在叙述中，在谈到教堂、礼拜堂和它们的慈善活动时，只会提及它们的慈善内涵，而不会特别突出它们的宗教目的。

---

① *Life*，p. 41.
② *The Charitable Samaritan or a Short Account of Mr. Thomas Firmin*（London，1698），p. 2.

　　有一家机构，它的宗旨主要是宗教性的，但我们却无法略过不谈。这就是基督教知识普及协会。对于慈善史学家来说，它的重要性不在于它大量的增进知识的技巧（伍德沃德博士的《对渎神信徒的好心提醒，对主妇们的严正告诫》，以及其他作品都记录了这些技巧），而在于这个协会发起的这个时代最为令人印象深刻的社会实验——慈善学校运动。这不仅是因为它的这一勇敢的探索应对的是在穷人孩子中普遍存在的无知和道德败坏，还是因为作为一项组织化的探索，它为新兴的联合式的慈善活动提供了一个卓越的范例。

　　基督教知识普及协会的成立与当时的整体社会环境有关，因为在当时的英国人当中，虔诚的基督徒奉献是普遍存在的，虽然有点参差不齐。宗教协会的出现——成群的年轻教士为虔诚的实践，以及"改善、告诫和启迪彼此"[1] 而走到一起——好像反映出人们对世俗世界精神生活的新的关注。这些协会的主要目的是精神性的，但它们无一例外对慈善活动产生了明确的影响。首先，它们给出了一个建设性的例证，证明这些活动可以由自愿组合到一起的个人加以完成；其次，它们也隐隐地表示出了这么一个意思，即人们也能有效地运用类似的、不带有那么直接的宗教目的的组织。此外，这些宗教协会也很快发现，上帝之爱不能与对人的服务相分离。诚如当时的历史学家所说："他们到穷人家里去走访，救济穷人，以买卖的形式矫正他们，帮助因犯获得自由，接济大学里穷苦的学者。"而且，他们还为新的慈善学校提供了一个教师资源库。[2]

　　各类行为改革协会成立于第一家宗教协会创立 20 年之后。它们与这里提到的慈善宗旨只有微小的联系。毫无疑问，促使人们成立这些协会的动因，诚如历史学家指出的那样，是"一个清教徒式的、激进的慈善宗旨"。[3] 如果的确是这样的话，那这就是一个失败的慈善宗旨了。这些协会想要通过加强刑法对罪犯的打击力度（由协会人员凭借政府签发的

---

① Josiah Woodward, *An Account of the Societies of the Reformation of Manners* (London, 1699), p. 15.

② 引自 J. H. Overton, *Life in the English Church, 1660 - 1714* (London, 1185), p. 211; Jones, *Charity School Movement*, p. 99。

③ G. V. Portus, *Caritas Anglicana* (London, 1912), p. 49.

授权令，告发罪犯），来提高公众的道德标准。而当时检举的案例的数量——1708 年约为 3300 起[1]——则反映出了一个可怕的事实，即人们出于好心，做出了怎样的狂热的举动。毫无疑问的是，这些协会遇到了巨大的公众阻力（明里的或暗里的）。笛福（Defoe）谴责这些举动的理念是想要"推动改革，惩罚穷人，而富人者则坐享那邪恶令状的保障"。[2] 但是，人们必须记住，这个时代最主要的慈善家是这场改革运动的热心支持者。比如，罗伯特·尼尔森兴奋地说道："因为上帝赐福，又依赖这些协会的努力，数以千计的粗俗的、无法无天的人受到了法律的制裁。"[3] 在 18 世纪，不断改善的公共执行部门，基本替代了这一吃力不讨好的运动。虽然人们可能会欣赏激发这些协会成立的某些动因，但人们很难将这些协会看成有组织的慈善团体，而只是慈善团体畸形的变体。

基督教知识普及协会所蕴含的推动力与这些早期的宗教协会是一样的，但它对困扰人们的罪恶所给出的矫正举措却不一样。如果对道德和礼仪的改善不能通过法律的惩罚来实现的话，那基督教教育就要承担起"防止亵渎和不道德行为泛滥开来"的责任，而且"我们发现这些行为近来在我们之中流行了起来"。[4] 可以想象的是，这里受指责的在英国穷人中出现的不当行为——不道德、不节俭、不信教——都是他们年轻时缺乏训导的结果。所以，社会真正需要的不是一个矫正成年人行为的计划，而可能是一个机制，以让穷人家的孩子接受训导，训练他们养成勤奋的习惯，向他们灌输道德观念，给他们讲授新教教义。在 18 世纪早期的慈善学校中，人们可以看到这一机制正在不断成型。[5]

基督教知识普及协会早期的命运与慈善学校密切相连。该协会由尊敬的托马斯·布雷（Thomas Bray）和一群伙伴共同创立。布雷是令人尊敬的虔信慈善的典型。和很多同类人一样，布雷也是社会中间阶层的代

---

① G. V. Portus, *Caritas Anglicana*（London，1912），p. 77.

② *The Poor Man's Plea*，引自 Gray，*English Philanthropy*，p. 90。

③ Nelson，*Address*，p. 151.

④ W. O. B. Allen and Edmund McClure, *Two Hundred Years*: *the History of the Society for Promoting Christian Knowledge*，1698 - 1898（London，1898），p. 10.

⑤ 关于对慈善学校中蕴含的社会哲学的评论，参见托尼（R. H. Tawney）对琼斯小姐的作品的评论，载于 *Economic History Review*，9：201 - 204（1939）。

表人物。不过，对他而言，这里的社会指的是农村社会，因为他家世代在什罗普郡种地。推动他变成一个慈善家，并给他慈善职业生涯增添了一件主要的兴趣方向的事情，是他被任命为马里兰的教区长。于是，他便有责任维持该殖民地至少有一名神职人员。布雷尝试通过他的方式来解决问题。在这一过程中，布雷不断学习，全心投入。最终，他成为一名图书馆运动的先驱。因为很明显的是，与其劝说教士横渡汪洋，去往他乡，不如通过图书来提供知识。出于这一原因，他想出了一个计划，即要建立教区图书馆。在他的作品《教区图书馆》中，布雷详细地解释了他的计划，并罗列出大量适合牧师学习和阅读的书目，而且他还对这些书做了分类。这至少证明了他惊人的勤奋与好学。[1]

在他于1699年前往马里兰之前，布雷共筹集了2500英镑的善款，并在70个殖民地图书馆上投入了1775英镑，其中有44个图书馆收到的善款高于最低标准。[2] 这些图书馆不仅仅有专业的牧师图书，其中还有大量其他作品，涉及历史、旅行、数学、传记、拉丁经典作品，偶尔还有诗集。[3] 虽然布雷将主要精力放在精神极度贫瘠的殖民地，但他也没有忘记故土。在17世纪末，布雷和基督教知识普及协会的委员会一起，领导推动了一场运动，即向农村教区和集镇提供私人藏书。布雷确信这个计划的价值，即向一个集镇上提供自己的私人藏书——后来选定为梅德斯通——而该地区则只要再出50英镑，就可以成立一个图书馆了。该委员会的成员包括罗伯特·尼尔森、亨利·霍尔（Henry Hoare）等人。该委员会的成员相对资源更为充沛些。1706～1710年，他们为该目的共筹集了约1750英镑的善款，并推动了一部议会法令的出台（1708年），即"关于更好保护教区图书馆法令"。[4] 布雷生前一共建立了70座教区

---

[1] 这部分关于布雷的介绍，主要基于 H. P. Thompson, *Thomas Bray* (London, 1954)。而该书主要取材于麦卡洛特（S. C. McCulloch）教授的多篇论文。关于布雷前期的探索，参见 S. C. McCulloch, "Dr. Thomas Bray's Commissary Work in London, 1696–1699," *William and Quarterly*, ser. 3, 2：333–348 (1945)。

[2] Thompson, *Thomas Bray*, p. 29. 捐款人不仅有个人，还有宗教社团和法人团体。在这些年中，布雷共在他的计划上花出去近3000英镑，其中有近500英镑的缺口是他自己掏钱填上的（这些数字引自麦卡洛特的上述作品，不甚精确）。

[3] S. C. McCulloch, "The Importance of Dr. Thomas Bray's Bibliotheca Parochialis," *Historical Magazine of the P. E. Church*, 15：58 (1946).

[4] 7 Anne, c. 14.

图书馆。而在他去世之后，尊敬的布雷博士的同伴们则延续了他这一有价值的事业。[①]

基督教知识普及协会成立于 1699 年，规模比布雷预想的要小得多。布雷原本的计划是要成立一个可与罗马的传道总会相媲美的安立甘宗团体，而他最初的参照模板是牧师之子社团。该社团由查理二世亲自颁布许可令，随后发展成为一个公众踊跃加入，捐赠收入节节攀升的慈善机构。捐赠与遗赠，外加上该社团的年度庆典，都为该机构筹得了大量资源。[②] 但发起这样的官方团体，当时的时机似乎并不适宜。因此，布雷决定先成立一个非正式的社团，由他自己和四个朋友组成。他们共同约定，要一起"促进基督教知识的普及"，以化解罪恶和不道德，因为他们认为造成罪恶和不道德的原因在于"对基督教原理的完全的无知"。[③] 在成立早期，基督教知识普及协会只不过是一个志愿型协会，成员人数很少，但却很专注，也很有热情，一起执行着布雷的计划。除布雷自己以外，该协会的所有创始成员都是平信徒。随后，该团体的规模缓慢扩大，它继而成为主教、下层教士、平信徒之间的有效融合剂，同时还能避免受到任何明显的神学或政治上的侵染。的确，基督教知识普及协会的领袖们的宗教观点各不相同，从非国教新教主义，到自由主义，不一而足，甚至包括了各种极端主张。[④]

---

① 关于这一主题，参见 *The Parochial Libraries of the Church of England*（London，1959）。这是教堂管理中心理事会的一名委员撰写的报告。在该报告罗列的 253 座教区图书馆中，至少少量图书馆是由布雷和基督教知识普及协会直接设立的，但从同期设立的图书馆数量上来看，我们有理由相信，他们的呼吁引发了其他捐赠人的兴趣。

② 比如，在 1714 年，该社团作为托马斯·特纳（Thomas Turner）博士的遗产受赠人，一下子成为拥有 1.8 万英镑财富的富裕机构。特纳是牛津大学基督圣体学院的院长。在 18 世纪初，教士的遗孀或子女每年会收到 500 英镑的救济款。[E. H. Peace，*The Sons of the Clergy*，1655 – 1904（London，1928），pp. 118，155]

③ 引自由该社团所有成员签署的声明（Thompson，*Bray*，p. 38）。同时也参见 S. C. McCulloch，"The Foundation and Early Work of the Society for Promoting Christian Knowledge，" *Historical Magazine of the P. E. Church*，18：3 – 22（1949）。

④ 顺便值得一提的是，基督教知识普及协会创立了当时的另一家大型教会组织——境外福音传播协会。布雷在走访马里兰的时候，认为在殖民地组织和支持传教工作超过了基督教知识普及协会的能力和范围，所以，要解决这一问题，就有必要专门为这一目的成立一家教会辅助机构。没过多久，威廉国王批准了他的请求，下发了特许令。[H. P. Thompson，*Into All Lands*（London，1951），pp. 15 – 19]

三

　　根据我们的研究，基督教知识普及协会的主要成就是它发起了慈善学校运动。慈善学校运动是数千名英格兰人、威尔士人、苏格兰人共同努力、大力资助的结果。在 18 世纪前半叶，通过这项运动，人们为穷人家的孩子建立起了一个免费的学校体系。理查德·斯蒂尔认为，这场运动是"这个时代公共精神的最伟大的范例"。[①] 仅仅看原始数据，我们便能确信，众多的个人联合到一起，共同推动一项慈善事业，是可以唤起巨大的力量的。比如，据称，1729 年，在英格兰共有 1419 所慈善学校投入运行，共招收了 22503 名小学生（其中有 5225 名是在伦敦和威斯敏斯特地区招收的）。[②] 紧接着，在英格兰、威尔士，这场运动达到了它的顶峰。在当地，它的数据有所不同，即有近 3500 所学校，共招收了超过 15 万名小学生。这些学校都成立于 1737～1761 年。[③]

　　当然，基督教知识普及协会不能独享该场运动的所有功劳。大量的慈善学校（包括各种非正统意义上的向穷人家的孩子提供教育的学校）是在 18 世纪更早的时候由人们捐资设立的。在 1685 年，伦敦的两名教士为反击一所耶稣会慈善学校的挑战，成立了两家安立甘宗教育机构。[④] 在开展慈善的中间阶层人群中，这些学校之所以能够如此广泛地流行，主要是因为它们能保护穷人（并随之也保护比他们富裕的人）免受危险。如果穷人家的孩子能够不受天主教的侵扰——天主教正在暗中运作，想要摧毁个人的信仰，破坏新教的传承——养成勤奋、节制的习惯，那社会就能获得和谐稳定，而为此付出一定的资金开销也是值得的。所以，宗教训练是应对措施，而慈善学习则是实践这一措施的工具。切斯特主教在一次慈善布道中提到：这种简单而有把握的方式是"针对那些最需要改变的人们，在他们还是孩子的时候，在坏习惯缠上他们之前，抢先

---

① 引自 Jones, *Charity School Movement*, p. 59。
② *Ibid.*, p. 72. 本书后续关于慈善学校运动的讨论，在很大程度上，是依靠琼斯小姐的令人尊敬的作品。根据规矩，笔者只在直接引用原文和数据时标明了页码。
③ *Welch Piety*（anon.），London，1761，p. 49.
④ 彼得堡大教堂主持牧师帕特里克（Symon Patrick）博士在威斯敏斯特的圣玛格丽特礼拜堂成立了一家机构，圣马田教堂的教区长泰尼森（Tenison）在威斯敏斯特的圣詹姆斯教堂成立另一家机构。

改变他们的生活"。①

在基督教知识普及协会成立之前，对于这一问题的解决方案是单独的、不成体系的、实验性的。琼斯小姐提到，于是，人们将"分开的、偶然的慈善活动合并成为一个有组织的教育穷人的运动"。② 赫尔曼·弗兰克（Hermann Francke）在哈雷的学校和孤儿院就已经形成了这样的模型。这是一家虔信派的机构。在这家机构中，仅有的教育内容是完全为宗教训练这一主要宗旨服务的。基督教知识普及协会一向公众发出捐款的呼吁，公众立刻慷慨解囊，回应了这家协会的吁请。这在一定程度上反映出当时的公共利益的导向。在短短几个月里，理事会就有了 450 英镑的运作基金，并与整个国家的教士进行了积极的书信往来，以告诫、建议各地领导者，强化他们的管理权。对于基督教知识普及协会而言，它并不想建立自己的学校体系，而是想要成为一个中枢机构。在它 1704 年编制的《慈善学校说明》"规则和命令"中，该协会建立了一套标准的组织模式，而且它也准备好了，想要通过提供课程建议、推荐教师、建议解决经济问题等，帮助各地的领导者们。作为经济顾问，这家中枢机构可以帮助各学校公开募捐信息，也即由支持者们在志愿服务中，将这些信息传播开来。③

这些学校都是当地的机构，它们的成效在很大程度上取决于支持这项事业的各地公众的兴趣和能力。基于捐赠基金成立的学校——在 18 世纪的前 30 年里，一共成立了超过 600 所这样的学校④——当然不像由人们认捐成立的学校那么不稳定，因为由人们认捐成立的学校的成败完全受控于它们的受托人。由人们认捐成立的学校的经济基础是由本地捐款人认捐的善款，并且，它们要接受捐款人的管理。它们的收入大都勉强够用。所以，相比于基于捐赠基金成立的学校，这些学校对本地中间阶层的领导人的发动和组织能力更是一个严峻的挑战。因此，尽管有钱的、出身好的人会继续捐款，成立基于捐赠基金的学校，但由人们认捐成立

① William Dawes, *The Excellency of the Charity of the Charity Schools*, St. Sepulchre, 1713, pp. 16 – 17.

② Jones, *Charity School Movement*, p. 38.

③ Clarke, *S. P. C. K.*, p. 24. 克拉克通过对材料的梳理，认为（p. 22）这些学校在基督教知识普及协会的整个计划中，没有那么重要，而琼斯小姐的结论是相反的。

④ Jones, *Charity School Movement*, App, 1.

的学校还要继续办下去。而这项日常任务就死死地压在了本地社群"中间人群"的肩上。在伦敦和其他一些城市中心，受到基督教知识普及协会的激发和引导，商人和他们的伙伴们靠着自己和该协会的信誉，承担起了这项职责。在基督教知识普及协会成立后五年，伦敦和威斯敏斯特的 54 所学校每年的筹款额达到了 2164 英镑，其中有一所小学收到的捐款近 200 英镑，而另一所小学收到的捐款则高达近 1100 英镑。①

很明显，伦敦有独特的优势。当地的教师收入水平较高，因为著名的教士在为他们做慈善布道，这也就为慈善学校解决了一部分收入问题；伦敦的人才市场可以吸纳从慈善学校毕业的孩子们。最重要的是，伦敦的中间阶层的人口数量很庞大，他们出于市民的自豪感，以及信仰，能够支撑这些学校。相比于其他同级地区，这座大都市的学校——其中一些学校在 18 世纪中积累了大量的资金——达到了更高的标准，取得了更大的持续性。

有两个城市机构可以代表这些相对可靠的、持久的伦敦学校。其中年代更久远的一个是科里坡门区圣贾尔斯教堂的红十字街道学校。这所学校的成立时间比基督教知识普及协会还要早很多年。1690 年，当地教区几名感兴趣的人员成立了一个慈善学校协会，两年后，在格洛斯特（Gloucester）主教的帮助下，他们又开了一所教授科目多样的学校。这家机构后来收到城里一名商人 200 英镑的遗赠款，于是该协会的经理就在红十字街道买了一块地。紧接着，他们又从 160 个捐款人手里募集到了 550 英镑的善款。于是，他们就为 100 名男孩盖了一栋学校的校舍。②同时，克莱尔（Clare）伯爵的女儿埃莉诺·霍尔（Eleanor Holles）女士又给他们捐了一笔钱，资助他们在新大楼的一侧开一所女生学校，接纳 50 名女孩入读。

两所学校都发展得很好，尽管糟糕的境遇老是缠着它们。其中男生学校值得注意的地方是，在 1710～1735 年这 1/4 个世纪里，一份就职于该学校的 15 位男性教师的名单。这几乎就是一份死亡人员的名单。在这 15 人当中，有 6 人辞职了，4 人死亡了，3 人失踪了，1 人逃跑了，其余

① Jones, *Charity School Movement*, p. 57.
② Guildhall Library MS 75; William Denton, *Records of St. Giles's Cripplegate* (London, 1883), pp. 148 - 149.

1 人的命运不清楚。但即使是这样，红十字街道的两所学校还是收到了
大量的资助。由于收到人们的遗赠，以及因为自有资产的增值，这两所
学校越来越不用靠零散认捐、慈善布道和临时的募捐来维持了。比如，
在 1735 年，利息和租金收入就占了男生学校收入总额的 1/3 以上，而到
19 世纪早期，资产负债表则调整为有超过 90% 的收入都来自这个方面。①
结果，在 10 年时间里，102 名男生的教育、吃穿、学徒训练的费用都这
么解决了。至于女生学校，因为它的捐赠基金的规模很大，所以在收支
相抵方面就更没有问题了，而最后，在 18 世纪中，它还将招生规模扩大
了 1 倍。②

与圣贾尔斯教堂相比，黑修道士路的圣安妮教堂创办学校就没费这
么大劲。1704 年，彼得·乔伊（Peter Joye）出资在教区提供的土地上建
了一所学校。相比于其他类似机构，乔伊出的钱是相当可观的。但是，
不同于其他城市学校的是，乔伊学校的资金增长却很少。这主要是因为
它的资金主要投在了耕地上。在一个半世纪后，它的收入从 161 英镑
增长到 244 英镑。③ 下列这些项目是从该学校 1707～1872 年的 4 本会
议记录中挑出来的。看到这些项目，我们能想到它们所对应的人类的问
题。这些问题，都是早期的教育慈善家们想要着力解决的。这些项目具
体是④：

1710 年 1 月 7 日，"兹命令，自此以后，如果任何学生家长因为学
校的教师管教学生而加以侮辱或谩骂的，则应依据事实将该名学生做除
名处理"。

1720 年 10 月 5 日，"奈特（Knight）女士为其儿子亨利·奈特（He-
nry Knight）申请服装，但他的服装只穿了不到两个月，我们要求她归还

---

① 在 1735 年，男生学校的总收入为 175 英镑，其中有 71 英镑来自利息和租金收入，只有
14.6 英镑来自捐款。其中捐款部分来自慈善布道、演讲的筹款，以及五金公司的一笔
捐款。（Guildhall Library MS 75；*2d Report of the Commissioners on the Education of the Poor*,
1819, X - B, 63 - 65）
② *2d Report*, pp. 65 - 66. 在 19 世纪中期，它的招生规模是 150 人，租金收入为 761 英镑，
利息收入为 571 英镑。20 年后，它的收入超过了 1465 英镑。[Reports by Thomas Hare,
ii Dec. 1855 and 9 May 1871, *R. C. on the City Parochial Charities*（C. 2522），1880, III,
App. III, pp. 176, 187]
③ Report by Thomas Hare, 24 Nov. 1854, *ibid.*, pp. 48 - 50；Guildhall Library MS 9192 - 1.
④ Guildhall Library MSS 1706, 9192.

这些服装，并要求她的儿子（在离开学校时）归还我们发给他的圣经"。

1725 年 6 月 29 日，"兹同意，由于老师们怀疑部分学生故意破坏或多领取服装，特此要求老师在他们各自的学校中替这些学生保管服装，并要求他们在每个周日早上在学校里穿上这些服装，在傍晚时脱下这些服装"。

1765 年 3 月 28 日，有男教师抱怨詹姆斯·科林斯（James Collins）的母亲，"因为据说她要求孩子去做送信童，总是在外工作，而不在学校读书，经调查证明该情况属实。据了解，家庭贫困、家里人口多是她这么做的原因，而且该男孩学习能力有限，所学的知识已经到其能力极限。经学校理事会同意，允许他的母亲继续让他在他的上述能力范围内做送信童，直到他达到年龄，可以去做学徒为止，但她需承诺，一旦该男孩失业在家，就应立刻送他来学校上学"。

在伦敦以外，有少数几个城市，尤其是布里斯托尔和廷恩新堡，都因为慈善学校的数量和质量而闻名于世。然而，在乡村地区，这场运动却遇到了难以克服的障碍。联合慈善的方法——正是靠着它，才建立起了伦敦的慈善学校体系——不适应乡村地区。农夫的敌视、教师的短缺、中间阶层领导者的不足，都成为困扰基督教知识普及协会慈善学校计划的难题。当然，也有例外，即主要是在主教教区，在主教自己想要领导这场运动的情况下；以及在伦敦某几个相邻地区，上流人士认捐或成立捐赠基金，以私人慈善的方式支持学校。但是，慈善学校运动在地方取得的成就是完全无法与它在伦敦取得的成就相提并论的。

四

要想搞懂英国慈善学校为何会设计出这样枯燥乏味的课程体系，人们就必须回溯它们的目标。它们并不想成为心智训练的"基地"，而想成为上帝训导的"虔诚托管所"。在这些学校里，穷人家的孩子可以得到宗教上的指导，并接受集体化的管理。由此，未来这些孩子在成为体力劳动者时，就都变成社会上勤奋、认真、温顺的一员。懂得如何去服从并感激他们的赞助人，这些品质正是这项教育想要传达的核心内容。"使我学会顺从和忠实于我的赞助人……使我学会节制和朴素、温顺和耐心，在所有事情上诚实正直，安于我的本分，勤劳奋斗"，这是 18 世纪后半叶女生学校开学典礼上的祷告词。① 有的慈善学校会向学生提供服装。而在这些学校里，管理者会详细地研究，以确保这些制服的款式死板、老套，为的是不鼓励穿着者生出任何浮华之心。② 虽然这些学校迫切地想要避免教育学生逾越自己的身份地位，但这并没有使它们免遭指责。之后，在 18 世纪里，克姆斯（Kames）勋爵认为慈善学校"没有产生什么好结果，反而造成了损害：那里的年轻人，在学会了流利的阅读和书写后，就会变得很娇弱，干不了体力活，也都太傲气，不屑于干普通的工作"。③ 事实上，慈善学校的孩子们的确产生了一些想要离开非技术工种的倾向，并且在做学徒时，也尽量往账房、零售等方向上靠。

在很大程度上，慈善学校的课程都属于宗教指导的内容。这是由基督教知识普及协会提供的手册《基督学校校长手册》规定的。除此之外，多数学校还自己开设了课程，教育学生做到"基本三会（读、写、算）"，虽然这些课程不直接与开展宗教和道德教育这一高尚的目的有关系。不过，关于阅读，毫无疑问，这是学习《教义问答》《公祷书》《圣经》的门径。另外，高年级的学生还会学习写作。但只有在他们证明有能力掌握阅读和写作方法后，而且只有在男生学校里，才会学习算术。虽然一度有种观点认为，要在这些所谓的"文化课程"里植入工作训练的内容，以"引导学生劳作"，但这没有产生什么反响。在女生学校里，可以肯定的是，到孩子们适合做家政服务的时候，职业训练的内容就大幅度增加了。到这时，女生们都已基本能够识字，有的地方还掌握了阅读和写作两项技能，然后"文化课程"就告一段落了，学校开始教女生们学习缝纫和编织。但是，总的来说，尽管这些慈善学校不断地努力，但依旧未能为自己博得一席之地。它们的这一失败极大地损害了之前倾

---

① *Poor Girls' Primer*（Sheffield Girls' Charity School），1789，引自 Jones，*Charity School Move-ment*，p. 75。

② 就算是这样，服装购置费依旧是慈善学校的一笔不小的开支，而且，在离开学校时，孩子们是否有权保留这些衣服，则是学校和家长们争议不断的一大问题。到 18 世纪 30 年代，彼得·乔伊学校的该项开支达到了每年 50 ~ 60 英镑，而该学校的年度总开支不到 200 英镑。在同一时期，红十字学校为 100 名男孩支出的服装费是 175 英镑。（Guildhall Library MSS 75，9192）

③ Lord Kames，*Sketches*，II，50.

注于其上的公众的善意。①

慈善学校在 18 世纪早期在政治宗教方面的努力产生了更为灾难性的后果。虽然基督教知识普及协会成功地使其会员得到很多理解与包容，但依旧没有使其免遭攻击。这些学校最初的目的是反击罗马天主教的影响，这获得了不信新教者的支持，但反过来也遭到高教会右翼的攻击。双方都将这些学校视为一个强有力的武器，无论被哪一方掌握在手，都能对另一方获得控制力。最终，胜利的果实被辉格党人、低教会派，以及新教继承者掌握了，但这是以疏远两翼的支持者为代价的。高教会不断攻击与它不和的不信新教者，而基督教知识普及协会在遭遇到宗派矛盾的残酷现实后，逐步将它的重心从慈善学校转移到了争议较少的领域，即传教和出版领域。②

联合王国的其他地区的慈善学校运动所走的道路都与英格兰地区截然不同。渡过圣乔治海峡，这里的慈善教育计划是要把信奉天主教的爱尔兰人变成信奉新教的英国人。这个计划并未取得太多成效。事后回头来看，它遭遇这个结果是理所当然的。在爱丁堡，一家苏格兰的基督教知识普及协会想要通过该项教育推动高地的开化，并阻挡天主教的步伐。与英格兰的基督教知识普及协会不同的是，这家苏格兰的协会仔细地监督着它发起的这些学校，管理它们的财政事务，组织课程，安排教师，决定它们何时迁往新址——因为这些学校是流动式的机构，每一两年就要搬往需求更大的邻近地区。到 18 世纪中叶，爱丁堡的这家协会据说已经有 150 所学校，共接收了 6000 名学生入学就读。③

在很多方面，威尔士的做法提供了一个鲜明的对照；用琼斯小姐的话来说，是因为这个地方"做成了整个 18 世纪里最成功的、最有持续性的一场教育穷人的运动"。④ 关于威尔士的学校，它们不像联合王国的其他地区那样，只有一部分是出于本心，而更多的是出于暗藏着的社会或政治动机。威尔士的慈善学校不是为了训练下等阶层在观念上认同上等

---

① 参见 Clarke, *S. P. C. K.*, pp. 44 ff。
② 关于慈善学校的政治争议，琼斯小姐在她的作品中做了详细讨论，参见 *Charity School Movement*, chap. IV。
③ *Ibid.*, pp. 179 – 183.
④ *Ibid.*, p. 277.

人，顺从上等人，它们在运作中也没有阶层偏见，因为负责运作这些学校的协会带有一种原始的平等主义观念。① 让威尔士的改革者们困扰的是人们对大量的农村同胞的宗教信仰问题的漠不关心——因为没人想要跟 1700 年的威尔士人一起读经，唱赞美诗。

面对落后的威尔士的这一挑战，在当地的贵族和教士的支持下②，基督教知识普及协会开始着手改变这一格局。这项工作的基础是由费明的朋友，尊敬的托马斯·古奇创建的威尔士信托在 1670 年打下的，在前文中，我们曾提到，古奇用本地话发行了多本神学作品（威尔士《圣经》出现于 1677～1678 年），并为穷人家的孩子们建了很多学校。在威尔士，基督教知识普及协会没有依循它在英格兰所恪守的政策，它自己就建了很多学校，其中有将近 100 所都是在 17 世纪的前 40 年建成的。

不过，威尔士慈善学校最大规模的扩张出现于 17 世纪的中期，并且这还与卡马森郡兰道罗尔的教区牧师琼斯·格里菲思（Griffiths Jones）的名字连在一起。正是琼斯在负责巡回学校的迁移工作，同时，他还在组织和管理这个宏大的计划。从最好的方面看，这就是一个革命计划，而且它还产生出了革命性的后果。在琼斯领导期间（1737～1761 年），该协会一共建有 3500 所学校，在他去世的那一年，也即 1761 年，有 210 所学校还在运行中。③ 整个事业所花的经费相当少，部分是由威尔士的穷人或准穷人自己支付的，部分是由富人赞助的，其中最著名的是富裕而虔诚的寡妇布里奇特·贝文（Bridget Bevan）。在整整 14 年时间里，布里奇特都承担了流动学校运动的管理工作，而在她 1779 年去世以后，灾难快速降临了。她为该事业建立的 1 万英镑的信托引发了争议，这笔遗产在衡平法院那里存留了超过 30 年。

虽然这场运动就这么结束了，但它对威尔士社会所产生的影响却是决定性的。它用本地文字将《圣经》和其他一系列有启发性的作品介绍给了威尔士人，这在很大程度上促成了威尔士的新的国民性的产生，即

---

① 托尼在他的评论中强调了这一点（见第 21 页注⑤），p. 204.
② 尤其是彭布罗克郡皮克顿城堡的约翰·菲利普（John Philipps）爵士。
③ 流动学校本身是一个非固定性的机构。3500 所学校明显覆盖了所有地区，但这些学校开办的时间长短不一。

将威尔士人放荡、逍遥自在的个性转变成了高度关心宗教和政治的品性。① 苏格兰和爱尔兰的慈善学校基本上是根据英格兰的模式来的，独有威尔士的慈善学校与众不同。这里的阅读材料都是用本地话写的，这里的授课也都用的是本地话。这么做，既是出于领导者的选择，也是出于现实的必需，因为这里大量的威尔士儿童完全不懂英语。因此，我们不应忽视，慈善学校是 19 世纪促进民族复兴的一个重要因素。它在促进民族语言复兴方面，以及间接地在促进政治差异性观念的形成方面，发挥了重要的作用。

要对整场慈善学校运动做个总结，恐怕我们还不如复述琼斯小姐的结论。这些学校的质量和效果参差不齐。在这众多的学校中，既有质量低下、转瞬即逝的个案，也有建制完善、长期存在的情况。现存的史料显示，那些以大额捐赠基金为基础成立的学校，比如伦敦和威斯敏斯特的学校，普遍要比那些依赖年度捐赠的学校做得更好。19 世纪早期，布鲁厄姆（Brougham）调查发现②，很多以捐赠基金为基础建立起来的学校出现了资金不足、管理混乱的情况，但其中有一些学校靠着一个制胜的法门继续运营。这些基金，在慈善委员会和教育改革者们的压力下，逐步调整自身，适应新的需求。有的学校归到全国协会旗下，并引入了教学监督体系，而更多的学校则经过重组，归到慈善委员会和捐赠学校委员会的捐赠基金之下。很明确的是，向慈善学校做出的遗赠和捐赠大量地增进了英国基础教育的资源，而这一井喷现象，在琼斯小姐看来，与植根在英国人心中的一个观念有关，那就是教育领域是一个志愿行动领域，而不是一个由政府承担责任的领域。

那些依赖日常捐赠的学校的运营状况就没有那么理想了。很多这类学校只存在了很短一段时间，并且麻烦不断，而且，随着人们的激情退潮，基督教知识普及协会的兴趣转移，这类学校的倒闭数量开始激增。到 18 世纪中叶，到底有多少学校撑到了最后，我们现在已经无法想象了。但是，在 18 世纪的末期，在双重激励因素的刺激下，即推动基督教复兴和工业发展（它要求大量的童工作为常规劳动力），捐资设立慈善

---

① Jones, *Charity School Movement*, p. 321.

② 参见本书第七章。

学校的老传统又创造出了主日学校（Sunday School）这个新事物。

慈善学校运动还对英国的慈善运作方法产生了影响。尽管这场运动有着明显的缺陷，但它作为第一项大规模的联合慈善事业，向人们提供了一个颇具说服力的明证，即通过将个人的力量汇集起来，可以取得什么样的成效。而且，更为具体地说，它采用的以一个中央委员会来指引大量的地方委员会开展工作的方式，也成了在全国范围内组织慈善活动的常用模式。在很多个案中，人们都使用了同样的技术，而且，在某种程度上，慈善学校运动形成了一种通行的运作模式，后来的改革事业和慈善事业都在有意无意中依循着这种模式。

基督教知识普及协会和它的同盟者们运用了大量的技巧来包装自己的成果，并由此来争取慈善捐赠。学校的孩子们"两两成双，秩序井然地向前走，所有人都穿着统一的笔挺的衣服"①，一起去参加慈善活动。这样的场景具有巨大的说服力，人们很可能会挤满整个教堂。人们看到自己的善举的目标得到了如此显著的成效和精彩的展现，这对他们来说，真是一段鼓舞人心的经历。那些喜欢这种自我成就感的人会慷慨解囊，特别是当布道者是一个知名人物时。事实上，在慈善学校间，一直有着激烈的竞争，争夺上层人士中的名人和口才好的人物。这些慈善活动每年、每半年或每季度会举办一次，而且，它们很早就成为慈善学校的主要财政来源之一——它们可以为慈善学校带来惊人的财源。在威斯敏斯特的圣玛格丽特教堂开办一场布道会，就能收到近 165 英镑的捐款，而1788 年 2 月 22 日，西圣邓斯坦教堂的两场布道会则收到了 62 英镑的捐款——但是，西圣邓斯坦教堂幸运的是，有两个慷慨的银行家，亨利·霍尔（Henry Hoare）和弗朗西斯·柴尔德（Francis Child），是这个教区对这个事情感兴趣的居民。② 在整场慈善学校运动过程中，慈善布道会这种方式都很流行，而其实，在任何其他慈善事业中，这都是一种可以为人们所接受的筹集善款的方式。

伦敦的慈善学校每年都会办一场集会。这个活动从 1704 年一直办到1877 年，最终证明是一个成功地吸引公众关注的策略。这个主意最初是

① Jones, p. 58.
② Clarke, *S. P. C. k.*, p. 35；Guildhall Library MS 3004－1.

由基督教知识普及协会想出来的，但管理权很快就归到了慈善学校年度集会赞助人协会这里。此后，该协会继续与基督教知识普及协会密切合作，举办该活动。[1] 在 1781 年以前，活动的主要举办地是斯诺希尔的圣塞普尔切瑞教堂和纽盖特街道的基督教堂。从 1782 年开始，举办地点改到了圣保罗大教堂。但就算是在圣保罗大教堂举办活动，到场的人——平均每场活动有 4500 名儿童、7500 名其他人参加[2]——还是超过了场地的容纳能力，所以每年都要在场地上搭建木制的阶梯座席。该系列活动成了伦敦的一道风景，旅行者能看到有趣的事情，而本地人则能获得一种正向的自我满足：

> 啊，这儿一大群人，他们像是伦敦城的鲜花！
> 他们并坐在一起，各个的面容都神采焕发。
> 这一大堆嗡嗡之声，不过是一群群小羊羔，
> 千万个男孩和女孩，把天真的手举得高高。[3]

就像扩大了很多倍的本地慈善筹款活动一样，在这个集会上，精心打扮的孩子们按照教区分组，列队前行；每所学校都有自己不同的制服；这是对英国慈善现状的一个精彩证明，同时也是对联合慈善这种方式的一个不容辩驳的论证。此外，在全国性的感恩活动上，也会大规模地召集这些学校来聚会，包括乔治一世即位、乔治三世康复或某场战争结束等。1713 年，人们举办庆典，庆祝和平的降临。当时，有 4000 名慈善学校的学生参加了这场活动，共分为 8 组，坐在阶梯座席上，沿着斯特兰德大街整整摆了 182.88 米。在活动现场，他们"一起吟唱着一个旋律，向议会两院和政府高官致敬"。[4] 虽然这样的金钱的动机是正当的，但在这里，我们还是要提一下，即这些慈善学校的受托人在支付了集会的费用后，毫无疑问会把这些钱摊到公众头上。

---

[1] Allen and McClure, *Two Hundred Years*, p.150.

[2] *Ibid.*, p.149.

[3] William Blake, "Holy Thursday."

[4] J. P. Malcolm, *Anecdotes of the Manners and Customs of London during the Eighteenth Century*, 2d ed., 2 vols. (London, 1810), I, 19.

五

跟慈善领域的很多其他创新一样,慈善学校集会主要是罗伯特·尼尔森的发明。他是 18 世纪早期的有代表性的慈善家之一,被这个时代誉为基督教慈善事业的特别化身。尼尔森出生于一个富裕的土耳其商人家庭,这也使他完全符合 18 世纪慈善家的样子。虽然他看起来像是高教会成员和托利党人——不过,在 1689 年后的 20 年里,他顽固地坚持他非国教的新教立场——但是,他获得这一印象更多的是因为他慈善家的身份,而不是因为他是个盲信者。虽然在生命的中期,他跟蒂洛森大主教分道扬镳了,因为他的宗教观念与蒂洛森针锋相对,但据说蒂洛森最后还是死在他的怀里[①],而且尼尔森与托马斯·费明的关系也很好。

尼尔森不是一个神学家,却是一个虔诚的基督徒。他一直在追寻神圣的圣洁,而且,他在对自己的宗教信仰的实践中部分地找到了这种圣洁。在当时,甚至在所谓的非国教徒群体中,人们也没有行动起来,寻找一种对清教徒精神的完美表达,或树立起来一个更为令人满意的 18 世纪虔信慈善的典范。所以,尼尔森将自己的使命定为唤醒社会的中上层的人们悔改,并将他们被激发出来的基督徒良心化为一种对穷人和弱势者的责任。他向那些富有者推荐各种宗教协会,而且他在礼仪改革协会发现一种机制,这种机制是上帝赐福的,能"从永恒的毁灭中解救人们的灵魂"。[②] 事实上,他将很多的精力都投到了这些具体的宗教兴趣上,这样一来,在他这里,宗教和慈善就纠缠在一起,很难分清彼此了,而且,他自己也将这两者视为水乳交融的。他写了一系列虔诚的说教性的作品,其中包括《英格兰教会庆典和斋戒活动指要》(1704 年)。该书在 18 世纪中先后共出了 28 个版本。[③] 在热情的信教群体中,人们普遍认为,这本对安立甘宗的简单的介绍性书籍是一个完美的礼物。

在行动领域,尼尔森无限努力,尽自身时间和力量所及。特别是在他生命的最后二三十年(1656 ~ 1715 年)里,他全身心地投入推进他的宗教和慈善兴趣的事业当中。他是基督教知识普及协会和福音传播协会

---

① C. F. Secretan, *Memoirs of the Life and Work of Pious Robert Nelson* (London, 1860), p. 47.

② Nelson, *Address*, p. 154.

③ Secretan, *Memoirs of Robert Nelson*, p. 166.

的早期成员之一，虽然不是创始会员。他被从福音传播协会的创始会员名单中拿掉，很可能是因为他不信奉国教。对于他的这一宗教主张，他从不刻意隐藏。作为基督教知识普及协会的领导人之一，尼尔森参与了该协会的很多工作。我们可以在各种情况下看到他的身影：他是威尔士借阅图书馆建设委员会的成员；他报告说伯克利（Berkeley）伯爵捐了一笔款，用于救助因船上的法国因徒；他想要把判了缓刑的因徒从纽盖特监狱中救出来，但失败了；他侍奉过克里斯多佛·雷恩（Christopher Wren）爵士，并向他提议，要在圣保罗大教堂举办慈善学校周年庆典活动。①

但是，尼尔森认为，他最成功的，也是最令人满意的成就，是慈善学校运动。他成功发动了很多地方的人出资建立学校，包括约克郡（萨福克）的内兰德、贝弗利、莱斯特、沃顿－安德埃奇、赛伦塞斯特、特林和布雷。他为布雷市新成立的学校找了一名校长。正是在这名校长的管理下，这所学校成了邻近的三四所最有效率的学校中的一所。他还为索和市的圣安尼教堂的学校找了一位靠谱的校长。在他的老家，他是霍尔本的圣安德鲁学校的受托人，也是王后广场圣乔治学校的发起人。他从《人的全部使命》中遴选和汇编了一些教义问答，以方便学校使用。这本书是一部匿名作品，人们对它的重视程度仅次于《圣经》和《祷告书》。作为慈善学校年度集会赞助人协会最活跃的成员之一，尼尔森承担了主要的职责，负责举办这一年度活动。他负责组织布道者，安排资金支持，落实各种细节，包括流程、座席等，甚至要采取措施，确保4000名学生的展示环节合理有序。有一次，基督教知识普及协会还要求他通过当地的受托人转告老师们："要严格管理孩子们，要他们严守纪律……在活动要求保持安静时，不要说话。"②

如果不说，人们很难会注意到他还有很多宗教慈善方面的其他善功，如他赞助布雷市的教区图书馆计划；1710年，他作为委员之一，负责组织在伦敦兴建50座教堂。③ 而且，尼尔森对他身处的社会也有深刻而广博的洞察。尽管他是从清教徒的角度来观察他周围的生活的，但他能深究他所处时代的社会的需求，并能为他的富裕的伙伴们列出深思熟虑的

---

① Secretan, *Memoirs of Robert Nelson*, pp. 107 - 131.
② *Ibid.*, p. 131.
③ 尼尔森死后，该委员会鲜有动作，最后只有少数教堂建成了。

慈善捐赠计划。他的建议自然反映了他自己的偏好，也反映了这个时代的偏好，但阅读这些文本，我们还是不得不说尼尔森的《向上流人士的演讲》是一份相当有先见之明的材料，在这份材料中，有一段讲的是"做善事的方式方法"。

尼尔森的目的是唤起上等阶层的人们的基督信仰和人道情感，并指明未来的发展趋势，即在哪些具体的领域中，慈善能量和捐赠可以最有效地发挥作用。就算是那些富裕的人愿意动手帮助穷人，"他们还是会因为没有找到合适的、恰当的目标而蒙受损失"。[①] 当然，在向上层人士做出劝告时，尼尔森所选择的人群范围是基督徒（因为基督教命令信徒们做慈善）和信奉神法者（因为神法规定富人有义务照顾穷人）。但是，这些人向穷人施舍，给饥饿的人食物，不仅仅是因为他们要遵循上帝的命令；他们也在依循自然的冲动，回应"那深植于他们本性之中的对不幸者的同情"。[②] 正是因为慈善行为基于人们与生俱来的同情心，所以它也可以成为慈善家的一种极致的愉悦的来源。而且，他提醒他的读者们说这里有一个噩兆，即审判之日终将来临，所以我们要大力地"做慈善，如果不这么干的话，我们必然将在堕落中毁灭"。[③]

尼尔森的很多公众呼吁都是老生常谈的，也就是很常见的慈善布道的内容。其中，比较重要的部分是一个长达 100 多页的段落，即"做善事的方式方法"。在这一段里，他研究了慈善活动的各个环节，并注意到英国的协会存在的几个不足之处，这些问题值得慈善家加以关注。他也推荐了很多慈善项目，特别是列在红色标题"与人类灵魂相关的需求"下的那些项目，他认为这些都是值得期待的。总的来说，它们都是一些他曾一心一意参与过的项目，包括基督教知识普及协会、福音传播协会、慈善学校等。而在"与人类身体相关的需求"这个标题下，他略微运用了一下想象力。在他的全部讨论中，他不仅涉及了他所处时代的主要慈善领域，还注意到了（有时，是以他那迷人的预言般的洞察力）英国社会中的罪恶，而对这些罪恶，慈善家们都是可以有所作为的。

其中有一些领域已经获得了人们的支持：牧师之子社团开始吸引大

---

① Nelson, *Address*, p. 101.

② *Ibid.*, p. 102.

③ *Ibid.*, p. 239.

额捐赠，而且，尼尔森还举了几个其他的例子，即"穷苦的主妇"以及他们的家人是如何度过失业时期的，以及"破产的商人"如何挨过困难时期，东山再起。通过这些内容，他表达了对教育穷人勤奋劳动的强烈兴趣，他无疑认为这是一种"比大英帝国的绞刑和鞭刑"[①] 更好的犯罪矫正手段。此外，他还提到，当时，因徒们的困境也开始震颤着人们的灵魂。他们对因为小额债务而被投入英国监狱的人所遭到的不公正的折磨感到难过。他们臆想着被土耳其俘虏的或被关在异端审判监狱里的英国人所遭受的痛苦，并为此感到更为深切的同情。所以，释放债务人是基督教慈善的一种有效的方式，也是一种"做不错的好事的方式（如尼尔森指出的那样），因为这种方式的效果可能会比直接逮捕更具广泛意义"。[②]

在该作品中，当尼尔森开始讨论"需求"时，他的话变得颇具启发性。他雄辩地总结说，伦敦的这些伟大的学校、医院和其他慈善组织最终都会变成"现时的耻辱"，除非英国的慈善向前发展，迎接新的需求。其中一个最为巨大的缺口是关于医疗慈善的，尼尔森发现社会上需要有人对无法治愈的疾病提出更好的应对办法，并需要一系列机构来应对特殊的疾病，如眼疾、痛风、结石、水肿、哮喘、风湿、肺痨等。同时，有两类不幸的人，弃婴和悔罪者，吸引了尼尔森同情的目光。他号召人们为他们提供庇护，而在很多年以前，库拉姆船长和乔纳斯·汉威早已这么做了。[③] 尼尔森提出，既然人们不想看到满大街的流浪儿，骂他们为"小流氓"，那就应该给他们提供学校或收容所（庇护所）。他的这一观点神奇地预示了19世纪贫民免费学校的成立。从现代人的视角来看，他提出的其他一些"需求"，如建立一所学院来接收从天主教改宗过来的人等，都没有他自己——虔诚的新教徒尼尔森说的那么迫切。但是，也正因为尼尔森是那个时代的人，所以，他的"做善事的方式方法"才会看起来如此非凡，它不仅是一份对当时慈善活动的调查报告，也是一份超越了那个世纪的慈善活动的预言书。

---

① Nelson, *Address*, p. 179.

② *Ibid.*, p. 195.

③ 1698 年，在《关于建立一个悔罪收容所来雇用和改造淫荡的妇女们的总的计划》中，托马斯·布雷就引进提到了建立一个收容所，收容悔罪者的想法。(S. C. McCulloch, "Dr. Thomas Bray's Commissary Work in London," 参见第 22 页注①)

第二章 18 世纪的人道主义慈善

一

直接根据动机来划分人们慈善行为的类型是一种很愚蠢的做法，也是一种很危险的做法。人们的行为很少只有一种动机。如以人们举出的18 世纪最值得关注的慈善成就，也就是慈善学校运动和医院运动为例。很清楚的是，前者的主要动机与宗教目的有关，而后者的动机则涉及其他的、更为复杂的内容，包括社会动机、科学动机和人道主义动机等。顺便提一下，这两类机构代表着 18 世纪（以及 19 世纪）的人们的一个确信，即教育和医疗护理这两样事情，在个人无法自理的情况下，可以由私人慈善家联合起来搞定。英国人花了很多年才搞明白，首先是基础教育，然后是医疗护理，这些事情十分重要，不能留给私人慈善随心所欲地来打理。

在世俗慈善的领域，18 世纪最重要的成就是打下了志愿医院体系的基础。1700 年以前，伦敦和其他地区只有圣巴塞罗缪皇家医院和圣托马斯皇家医院两家机构，以及一两所专科医院。[①] 1719 ~ 1750 年，全英国有 9 所新的全科医院开业，其中伦敦有 5 所。到 1800 年，全国新开业的全科医院达到了 31 所。[②] 此外，在 18 世纪的最后 30 年中，一下子还冒出了很多专科医院和大量的小诊所。

我们现在没法知道在这些事业上的慈善投入到底有多少，但是，看

---

① 如贝特莱姆皇家医院、巴斯的白洛特矿泉水疗医院（1610 年）等。
② 参见这部作品中的名单：M. C. Buer, *Health*, *Wealth*, *and Population in the Early Days of the Industrial Revolution* (London, 1926), p. 257.

一下个人的捐款表，我们就可以知道，从一开始，慈善医院就是一个有力的募捐主体，并且是慈善捐赠的有力的竞争者——到 19 世纪后期，还成了占主导地位的竞争者。比如，伦敦医院，在 1742～1743 年度到 1753～1754 年度，共获得收入 51245 英镑，年均收入约为 4300 英镑。① 开业第一年，圣乔治医院的收入就超过了 4100 英镑，而威斯敏斯特医院在 1738～1739 年度（即成立满 20 年后）的收入超过了 2025 英镑。② 一所地方性医院，即达拉莫、廷恩新堡和诺森伯兰医院，在成立后的前 5 年中，平均每年收到各项捐款总额超过 2300 英镑。③ 简单地说，在 18 世纪早期，一方面医学护理和科学开始了卓有成效的联合，另一方面，医院护理也开始与私人慈善结合，而这种私人慈善对现代社会的进步做出了卓越的贡献。

当然，护理病人的医院不是在 18 世纪新出现的。不过，在这个世纪里，医院的性质却出现了决定性的变化。传统的医疗医院是穷人和体弱者、旅行者和不幸者的庇护所。这是"一个教会机构，而不是医疗机构……主要负责看护人，而不是治疗人……特别擅长荡涤人的灵魂"。④ 就这些场所而言，"医院"这个词可以与各类"收容所"混用。⑤ "医院"这个词后来变成了对病人的专门的护理机构，这一转变来得可不容易。虽然这一转变开始于都铎－斯图亚特王朝时期，但是很多成立于 18 世纪早期的机构，在宣称其宗旨时，还是不得不使用其他术语，有的时候是将"医疗所"与"医院"这个词并用，有的时候是直接用"医疗所"代替"医院"。它们这样做是为了避免别人将自己跟收容所搞混。因此，伦敦医院（1740 年）在成立时，用的名字是"伦敦医院或医疗所，救助各类病人，特别是制造商和从事海洋贸易的海员"。在地方各

① Thomas Secker, *A Sermon Preached before the Governors of the London Hospital*, 1754, with an "Account of the Hospital," p. 34.
② Malolm, *Manners and Customs of London*, I, 44－45; Isaac Maddox, *A Sermon Preached before the Trustees of the Public Infirmary in James Street*, *Westminster* (Westminster Hospital), 1739.
③ Edmund Tew, *Frugality the Support of Charity* (a sermon for the Durham, Newcastle-on-Tyne, and Northumberland Infirmary), 1756, p. 27.
④ R. M. Clay, *The Mediaeval Hospitals of England* (London, 1909), pp. xvii－xviii.
⑤ *Ibid.*, p. 15.

郡，医院的创立者用的名字就更加直白了，如"达拉莫、廷恩新堡和诺森伯兰地区患病和残疾的穷人医疗所"。[1] 一直到 1771 年，约翰·艾金（John Aikin）才提出，有必要将"医院"这个词的意思改为"一个专门治愈病人的地方，而不是一个帮助穷人和老人的收容所"[2]，而在近半个世纪后，当安东尼·海默尔（Anthony Highmore）发布他的《虔诚的伦敦人》（1810 年）的时候，他还是毫不犹豫地在他的"医院"这一章列了不少非医疗性的机构，如伊曼纽尔医院、圣凯瑟琳医院、怀特基福特医院，以及法国慈善医院（索普医院）等。

所以，我们只能从不同的线索中去找寻现代医院运动是如何发展起来的。很明显，如果人们需要有专门的机构来照顾生病的穷人的话，那正说明，在伦敦这类设施是严重不足的。就全科医院而言，这里只有圣巴塞罗缪皇家医院和圣托马斯皇家医院两家机构。这两家机构是关门后重开的。它们在很大程度上推动了"医院"这个概念从中世纪的内涵转向现代内涵。虽然，它们都用了"医院"这个词，但它们向世界传播的是新的医院概念，即医院关注的是生病的穷人，而不是一般性的穷人。自此以后，英国的医院都开始专注于治愈各种可以治疗的（或认为可以治疗的）疾病，但它们对于穷人来说，还是慈善组织。要想获得入院许可，申请人不仅必须是病人，还应是穷人。

当时，这两家机构一共有几百张病床，由两家历史悠久的伦敦基金会出资维持。但这只是杯水车薪，因为城市的人口急速增长，在 17 世纪增长了近 3 倍。[3] 伦敦就像一块磁铁一样，吸引着全国各地的人们涌入。所以，尽管死亡率高企，但在 18 世纪，伦敦的人口数量还是每十年上一个新的台阶。据统计，1774～1781 年，在威斯敏斯特综合病院接收的病例中，只有 1/4 是伦敦本地人；占总数约 4/7 的病患来自英格兰其他地区和威尔士郡，而且其中大部分是苏格兰人和爱尔兰人。[4] 正是这种灾

[1] Newton Hyslop, "London Hospitals in the Eighteenth Century," p. iv, a MS for the A. B. with Honors, in the Harvard College Library. 在这里，笔者要向这一有用的研究表示感谢。

[2] *Thoughts on Hospitals* (London, 1771), p. 52.

[3] 克拉彭（Clapham）估计（*Concise Economic History*, p. 189）当时人口从 15 万人增长到了 40 万人，这不仅将伦敦商业区、萨瑟克区和威斯敏斯特区，甚至将整个伦敦"都变成了连在一起的市镇"。

[4] M. D. George, *London Life in the XVIIIth Century* (London, 1925), p. 111.

难性的增长，以及伴随而来的各种不幸，包括传染病，食物与工作岗位短缺，以及垃圾遍地、肮脏不堪，使这些病人的困境吸引了人道主义者以及其他人的注意。随着伦敦城拥堵程度不断加剧，人们越来越难以忽视这种穷人遍地、病患满城的现实了。正如此后坎特伯雷大主教在慈善布道中所说的那样，"宗教、人道、正常的审慎，都在高声要求我们出手，去救助"这些生病的穷人。① 事实上，上述这些因素都影响到了医院运动，此外在某些情况下，还有一个决定性因素，即想要促进医学知识的发展，也在起作用。

上述塞克（Secker）主教所提到的"正常的审慎"对医院的发起人产生了显著的影响。重商主义者对高死亡率感到忧心忡忡，因为这会影响全国的劳动力，而且，如果他细究一下的话，还会发现，生病还会造成工作时间的巨大减损。约翰·贝勒斯（John Bellers）是一名贵格会慈善家。据他估计，每有一个勤奋的、达到生育年龄的劳动力死亡，都会"给联合王国带来 200 英镑的损失"。② 他敦促，"改善身体状况"——建立医院，由政府支持提供医药，捐助开展研究等——是"政治不可或缺的一环"，对实现各个阶层的幸福都很重要。

在医院运动中，有一个更为重要的因素是人道主义者们对他人的痛苦所做出的本能反应。当然，这一种动机在 18 世纪的整体环境下可以获得充足的合理性支撑——比如，人们相信具有共通的人道心，以及在人性中存在相通的内容。在牧师们反复讲的慈善布道中，我们看到，他们强调："在我们心中，没有堕落的冷漠，只有强有力的同情之心；我们有着共通的情感：我们人类，在人性没有受到暴力逼迫的情况下，是不会对同伴们的不幸和痛苦漠然相对、视而不见的。"③ 这些布道里渲染的情绪可能会促动某些听众想起自己是否可能遭遇某些不幸，但它们所起到的更有力的作用则是促动人们去关注现实本身。威廉姆·布利泽德（John Blizard）爵士是一名著名的外科医生，也是一个有点古

---

① Secker, *London Hospital Sermon*, 1754, p. 3.

② *Essay toward the Improvement of Physick*, reprinted in A. R. Fry, *John Bellers* (London, 1935), p. 111.

③ Maddox, *James Street Infirmary Sermon*, 1739, p. 9.

怪的人（据说他在从刽子手那里领取尸体时，都会坚持穿全套的宫廷服装）。18 世纪 90 年代，他曾提到，人们创立伦敦医院，"主要是因为看到眼前的各种不幸，而不是因为看到他们的善举所可能产生的各种善果"。①

寻常的人道主义可能是激励普通人（不包括医务人员）发起医院运动的主要因素。但是，这些人道主义者，即英国的人道主义者，通常是怀有真诚的，有时甚至是强烈的宗教信仰的人。对他们而言，慈善是一项基督教义务，而向穷人提供医疗护理，则是在执行神圣的命令。通过这种方式，人们完成了慈善布道施加的重任，因为他们是按照基督教的教义来运营医院的。有时，人们甚至还赞美说，这些医院是完成宗教命令的便捷方式，因为这些"慈善医疗周密精心，守护并完成了治疗"。②布利泽德也将医院病房描绘成开展宗教和道德训练的战场。在那里，同时具备传教士品质和未来所谓的医院施赈人员（或者用美国概念来表述，医疗社工）品质的人，将承担这项工作。③

更具体地说，教士们经常在建立新的医疗所，特别是外郡的医疗中心方面，扮演着积极的，有时甚至是主导性的角色。阿留雷德·克拉克（Alured Clarke）博士是温彻斯特和威斯敏斯特地区的受俸牧师。他推动在温彻斯特地区建立了一所医院。在被擢升为埃克塞特的主任牧师后，他又一次完成了上述功绩，推动建立了德文和埃克塞特医院。这所医院在 1743 年的元旦正式开业。④ 林肯主教在写给莱彻斯特郡牧师的信里热烈地支持在当地建立医疗所的计划。1767 年 2 月在《莱彻斯特杂志》上刊登的捐者名单，在一定程度上体现了该主教的这一吁请所产生

---

① *Suggestions for the Improvement of Hospitals and Other Charitable Institutions*（London，1796），p. 3. 布利泽德是伦敦医院医学院的联合创始人，也曾做过伦敦外科医院的两任总裁。他认为，不仅医院，而且一般性的慈善努力，都在使他远超自己的时代。当时有人批评说，慈善组织鼓励受益人好吃懒做，使他们道德败坏。针对这种声音，布利泽德总是不能接受。他提出，慈善组织"是贫困和不幸的产物，而不是原因"（p. 102）。布利泽德是有组织的、合理的人道主义的拥护者。他推动慈善力量对下层人民的不幸发动了一场精心筹划的、协同合作的消灭运动。

② Thomas Hayter, *A Sermon Preached before the Governors of the London Hospital*，1759，pp. 25 – 26.

③ *Suggestions for the Improvement of Hospitals*，p. 80.

④ George Oliver, *The History of the City of Exeter*（Exeter，1861），p. 162.

的效用。① 如果海特（Hayter）主教没有被调去伦敦的话，或许在诺维奇建设医疗所的计划很快就能实现了。② 除圣公会以外，其他宗派的牧师也发挥了同样的作用。著名的非国教的新教牧师，菲利普·多德里奇（Philip Doddridge）曾经在北安普顿建立了一所慈善学校，现在他又成为一所全科医院的联合创立者。他的布道（发表于 1743 年 9 月，并由当地的委员会编入一个大部头的集子里出版）被认为是推动该医院成立的一个决定性因素。③

然而，现代意义上的医院是治疗病人的机构，而且，这些机构对医疗专业具有独特的、自然的兴趣。所以，要想完全搞懂为何 18 世纪会兴起大批医院，我们就不能忽略当时医疗科学发展这一因素。当时，医学从中世纪的传统中解放了自己，而很多医学从业者也都接受过一些科学的训练，他们迫切地想要开展试验，以推进医学知识的进步。我们不能将 18 世纪的医生想象成现代的医学科学家，认为他们就像讽刺作家描绘的那样："一个圆圆的脸，顶着一头肥硕的假发，脸上赘着一条胖乎乎的大鼻子，他努力想让自己看起来博学一些，所以故意说着一长串毫无意义的术语，以掩盖自己的无知。"④ 当时还有很多个人性质的内外科医生，他们都具有探究精神，而且对自己的使命相当执著。这些医生都深刻地感受到因为医疗机构不足，使他们的工作受到很大的限制。这绝不仅仅是说病人在专业的机构里可以受到更有效的护理；因为在 18 世纪的医院中，未必真的能做到这一点。真正让有能力的医务人员感到困扰的是，他们只有在医院里，才能拿到临床资料，而只有拿到了这些资料，他们才能开展研究或教学。如果没有这些资料，任凭他们天资再好，他们的教学也是空口胡扯，而他们的研究也就是先天不足的。塞克主教说医院是这么一个地方，在这里，"有能力的专家研究大量的具体个案，机敏的学生学习这些具体个案，为着所有人的共同利益……不断改进治疗的技术"。⑤ 他在这么说时，可能是在为很多有能力的医生说话。简而言

---

① James Thompson, *The History of Leicestershire in the Eighteenth Century* (Leicester, 1871), pp. 131 – 132.

② Sir Peter Eade, *Norfolk and the Norwich Hospital* (London, 1900), p. 35.

③ *Victoria County History* (以下简称为 VCH), Northampton, III, 39。

④ Buer, *Health*, *Wealth*, *and Population*, p. 113.

⑤ *London Hospital Sermon*, 1754, p. 5.

之，当时人们将医院想象成为用于医学教学的实验室，以及推动医学进步的孵化器。

因此，医务人员自然是冲在医院兴建计划的最前线的人。毫无疑问，兴建伦敦医院的主要力量是约翰·哈里森，也即伦敦医院的首席外科医生。当时，大家已经募集到了 10 个金基尼，而有其他兴趣的领导人正在想该用这笔钱做什么，哈里森大踏步地走进了会场，手里拿着另外 10 个金基尼，宣布了一个消息：里奇蒙（Richmond）公爵给我们捐赠了一笔钱。① 没有人会怀疑他是该医院的"主要创始人"，而且，为了纪念他，在该医院委员会的会议室里，还放着他的半身像。② 关于威斯敏斯特医院，由于几个主管医生不满足他们在老机构里的处境，所以就将它拆分成了两个部分。这也就出现了后来的圣乔治医院。而在地方各郡，人们只需要看一下 18 世纪的医院名录，就能知道医务人员在改善病人诊疗环境方面有多大的兴趣了。比如，伯明翰的全科医院，在很大程度上，就是一座纪念约翰·艾实（John Ash）医生的丰碑，是他努力建起了这座医院；北汉普顿的医院，最初是斯通豪斯（Stonehouse）医生发起建立的；在剑桥，由约翰·阿登布鲁克（John Addenbrooke）医生领导，用了数十年时间，当地终于建立起了阿登布鲁克医院。对专业的热忱促使医务人员十分重视建立新的医院，以更好地治疗病人，研究疾病，而他们很快就会认识到，并在某种程度上开始引领他们所处的这个时代的人道主义精神。

二

毫无疑问的是，随着伦敦城的不断膨胀，既有的医院承载能力日渐捉襟见肘。两所皇家医院拼命地想要满足这些需求，但是，实际需求远远超过病房的数量，特别是在 17 世纪，由于一切并没有这么繁荣，它们对此也是毫无准备。虽然圣巴塞罗缪皇家医院的主体建筑躲过了伦敦的

---

① E. W. Morris, *A History of the London Hospital*（London, 1910）, p. 48. 笔者没有找到下述章节的原版内容：A. E. Clark-Kennedy, *The London：A Study in the Voluntary Hospital System*, 2 vols.（London, 1962–1964）。

② Anthony Highmore, *Pietas Londinensis*（London, 1810）, p. 157.

大火，但它的经营性财产却损失惨重。在 17 世纪 90 年代中期，管理者无奈地宣布了这一事实："医院的收入还不到必要开支的一半。"① 所以，在这些年里，医院管理者经常调整决策，好像是为了应对两个相互矛盾的需求：节省开支和扩大病房规模。他们用了各种各样的权宜之计，以扩大病房的空间，而与此同时，他们却又限制某些开支巨大的科室和门诊的规模。

18 世纪初，该医院的财务状况有所好转，医院管理者开始尝试扩大医院的规模。但是直到 1723 年，他们才真的决定搞一个大规模的重建计划。著名建筑师詹姆斯·吉布斯（James Gibbs）提供了一份全面的建设方案，而各方面的捐赠则解决了扩建的财务问题。在此后 30 年间，经过数个阶段，一所新的有 420 个床位的医院建起来了。这个建设工程的规模浩大，因此也极大地激起了伦敦人的市民自豪感和慈善冲动。仅在 1745～1752 年，人们的捐款就达到了近 14500 英镑。②

另一所皇家医院圣托马斯皇家医院，位于伦敦桥南边的萨瑟克区。它更早决定扩大规模，而且没有像上述那所医院那样犹豫。和圣巴塞罗缪皇家医院一样，它逃过了伦敦大火的直接破坏，以及 17 世纪 70 年代和 80 年代萨瑟克区一系列严重的火灾。尽管如此，它的收入还是受到了影响。而且，几次三番差点遭灾也使医院的管理者开始关注这么一个问题，即这座建筑快要塌了。所以，1693 年，他们启动了一项建设计划。在最初的 3 年里，建设资金为 6000 英镑，而到最后，总额高达 38000 英镑。这笔钱来自 450 个捐赠人。其中有 3 间病房是由托马斯·盖在 1707 年负责建设的，而另 3 间病房则是另一个理事负责建设的。在这一过程中，据说医院是得益于某些人的精明或好运，这些人成功地在南海危机爆发之前卖脱离手，所以才有钱捐给医院。通过这一建设工程，医院的容纳能力翻了一番。在 18 世纪初，圣托马斯医院已经能够容纳超过 200 名病人了；而 1788 年 9 月，当约翰·霍华德（John Howard）造访该院之时，有 400 名病人正住院接受治疗，而这个数字还没有达到它的最大承

---

① Sir Norman Moore, *The History of St. Bartholomew's Hospital*, 2 vols. (London, 1918), II, 348.

② D'Arcy Power, "Rebuilding the Hospital in the Eighteenth Century," p. 31, *St. Bartholomew's Hospital Reports*, 1926.

载能力。①

虽然皇家医院的承载能力有了实质性的增长，但这还远远不够。与它们有紧密联系的人都会注意到，情况依旧很严峻，而要想解除这种困境，只有建设新的医院。带头的可能是医生、教士、有公共精神的市民——或者因为得到一笔遗产，而出来发起建设项目的人，如剑桥的阿登布鲁克或者威尔特郡的费弗舍姆（Feversham）勋爵，后者发起了一项建设计划，推动了索尔兹伯里的全科医疗所的建设。②但是，无论这些项目是如何发起的，它们所采用的运作方式主要是慈善联合体的形式。在伦敦的5个新的全科医院建设项目中，只有1个项目是依托个人捐赠——托马斯·盖基金会——完成的。其余4个项目都是集体努力的结果。圣阿萨菲斯（St. Asaph）的主教曾提醒威斯敏斯特医院的管理者说，联合慈善这种工具不仅很方便，还是有《圣经》依据的，因为"经上写着'我们是互相为肢体'的……所以我们接受神的指引，组成联盟共同对抗苦难，同心协力共同完成拯救，而这不能靠一个人的努力来达成"。③

伦敦的5所全科医院是在不到30年的时间里建设完成的，具体为1719～1746年。其中最早的一所志愿型医院是威斯敏斯特医院，是一群伦敦人在亨利·霍尔（Henry Hoare）的领导下建立起来的。霍尔出身于一个银行世家，他也是西圣邓斯坦慈善学校的主要支撑力量。"这些慈善的、满怀善心的人"组织起来，想要帮助生病的穷人。最终他们决定在威斯敏斯特地区的圣玛格丽特教区建一个医疗所，因为"在威斯敏斯特

① Benjamin Golding, *An Historical Account of St. Thomas's Hospital*, *Southwark*（London, 1819）, pp. 88, 96 - 109, 140; John Howard, *An Account of the Principal Lazarettos in Europe*, 2d ed.（London, 1971）, p. 135. 在开始调查监狱没多久，约翰·霍华德（1726? ～ 1790年）开始对公共设施的状况感兴趣了，特别是应对健康和疾病的设施。在走访监狱的过程中，他也偶然会去调查一下传染病院，他感到十分震惊，因为各大贸易国家都遭到"所有传染性疾病，大瘟疫的破坏"，显得不堪一击。为了找到事实，霍华德对欧洲大陆的传染病院开展一项广泛的调查（1785 ～ 1787年）。他的调查报告最初发表于1789年，其中包括"对某些外国监狱和医院的进一步调查；对大不列颠和爱尔兰的监狱和医院现状的附带评论"。[John Aikin, *A View of the Character and Public Services of the Late John Howard*, *Esq.*（London, 1792）, pp. 128ff, 151ff; Leona Baumgartner, "John Howard（1726 - 1790）, Hospital and Prison Reformer: A Bibliography," *Bulletin of the History of Medicine*, 7: 521（May and June 1939）]

② *VCH*, *Wiltshire*, V, 340.

③ Maddox, *James Street Infirmary Sermon*, 1739, pp. 9 - 10.

熙来攘往的城市自由区里还没有这类设施"。① 他们在贝蒂弗兰斯街搞了一套房子，并于 1720 年 5 月开始接收病人——开业后不久，即面临设备不足、资源紧张的问题。

第二所重要的志愿型医院是圣乔治医院。它是威斯敏斯特慈善社团内部纷争的产物。这个团队之所以会分裂——这一分裂最后产生出了这所新的医院——部分是因为理事会内部对选址产生了争论。有一部分人想要在原址的旁边设立医院，而另一部分人则想要去海德公园角站的雷恩斯博瑞楼，这栋楼最近终于挂牌出售了。但这还不是故事的全部。该组织在推动威斯敏斯特计划时，采用的是完全民主的管理方式，所以，该组织决定，该医院的所有的赞助人，也即所有的认捐人，甚至仅是略有薄财的人，都是该医院的理事，并有权在理事会上投票。而圣乔治医院的创始人则为了保护自己不被这些小捐款人纠缠，推翻了该组织的决定，在机构新的章程里做出规定，只有每年捐款超过 5 个金基尼的人，才有资格成为理事。在所有的志愿型医院中，圣乔治医院是贵族赞助人最多的一所医院，而且它的成长过程也不像其他医院那样艰辛。在第一年中，大额认捐金额就达到了 2300 英镑，而小额捐赠也超过了 1850 英镑。② 圣乔治医院的第一任院长是温彻斯特主教，然后接班的是威尔士亲王以及王室成员的一位继承人。在该医院的主要捐款人名单上列了至少有 150 位捐赠额超过 5 个金基尼的人，其中包括很多主教、公爵：切斯特菲尔德（Chesterfield）勋爵、柏林顿（Burlington）勋爵、巴瑟斯特（Bathurst）勋爵、罗伯特·沃波尔（Robert Walpole）爵士、加里克（Garrick），以及其他一些名人。③

相比之下，伦敦医院的出身就要卑微多了。和其他医院一样，它的创立也是为了回应"每天都有很多不幸的人，他们的数量超过了现有医院的承载力"④ 这一问题。虽然一开始，它的财政基础很薄弱——第一年的收入为 300 英镑——但它的创始人还是勇往直前。在不到 20 年的时

① Maddox, *James Street Infirmary Sermon*, 1739, pp. 9 - 10. App.
② Malcolm, *Manners and Customs*, I, 44 - 45.
③ Gray, *English Philanthropy*, p. 130; J. Blomfield, *St. George's Hospital, 1733 - 1933* (London, 1933) p. 13.
④ *Gentleman's Magazine*, 17：564（Decmber 1747）.

间里，这所医院规模快速扩大，最初的两处场地已经装不下它了。[①] 18世纪 50 年代末期，它搬进了位于怀特查佩尔路的新楼里，而还是因为资金紧张，这栋楼里只放置了原定计划一半数量的床位。[②] 但是，自此以后，伦敦医院就成了服务于伦敦东区拥挤的各教区的最大一所全科医院。医院的管理者们可能不得不向潜在的认捐人确保，尽管因为它太远，捐款人无法亲自监管，但它依旧是一家负责任的、运营良好的慈善组织。[③] 事实上，伦敦医院收到了充足的赞助款，而且和很多同类机构一样，很多家族世世代代都在支持它。有的名字，如巴克斯顿（Buxton）、巴克利（Barclay）、查林顿（Charrington），以及汉伯利（Hanbury）等，每年都会出现在伦敦医院主要捐款人名单里。[④]

在 18 世纪的志愿型医院中，米德尔塞克斯医院的经历是最艰难的。米德尔塞克斯医院成立于 1745 年，位于磨坊街的两栋房子里。自成立伊始，它就存在财政问题。到 18 世纪 50 年代中期，在诺森伯兰郡（Northumberland）伯爵（他担任该医院主席长达 30 年的时间）的领导下，理事们决定在马里波恩区建一栋永久性建筑。事实上，他们的建设计划在随后的半个世纪里，使该医院处于险境，使它的功能受到了极大的影响。到 1788 年霍华德走访该医院时，他发现该医院毫无亮点，它提供给 70 名患者的护理也一无是处。[⑤] 直到 18 世纪末期，它的财政状况才有所好转，这部分是因为流亡的法国教士去该医院付费看病。[⑥] 但是，在某一个点上，米德尔塞克斯医院是医院实践的一个重要先锋。在这些早期的全科医院中，只有该医院向临产的妇女们提供特别的护理服务。事实上，在该医院迁往磨坊街之前，理事们已经建立一个妇产科病房，并任命著名的解剖学家威廉姆·汉特（William Hunter）做外科助产士。

在出身方面，伦敦的第五所医院与另外四所截然不同，它是由一名伟大的慈善家捐资设立的，而不是一群人集体努力的成果。"它的全部开

---

① Secker, *London Hospital Sermon*, 1754, "Account," p. 34. 该医院的第一处选址是在费瑟斯顿路，而在几个月后，它就搬去了位于古德曼广场的普雷斯科特街。

② Morris, *London Hospital*, pp. 81, 87.

③ *Gentleman's Magazine*, 17: 564（December 1747）.

④ Morris, *London Hospital*, pp. 53 – 54.

⑤ *Lazarettos*, p. 133.

⑥ H. St. G. Saunders, *The Middlesex Hospital*, *1745 – 1948*（London, 1949）, pp. 14 – 18.

销是由托马斯·盖先生一人掏腰包的"，所以，这所位于萨瑟克区的医院是纪念这名英国人的高耸的丰碑，他的善心比同时代的任何其他人都要博大（从捐赠数量上来看）。[1] 托马斯先生出生于伦敦，但在八岁那年，他就被他寡居的母亲带到了塔姆沃思市。他在那里完成了基础教育，可能就读于塔姆沃思文法学校。他的第一桶金源于图书销售生意。他在朗伯德街和康希尔街交会处开了一家店。但他最主要的财源还是进口荷兰印刷的英语版《圣经》，他的这项业务打破了几个大学、皇家出版社以及文印公司的垄断。事实上，有一段时期，牛津大学退出了这场争斗，授权托马斯代表它来印刷《圣经》，以与皇家出版社竞争。结果，托马斯印刷出了一批制作精美的《圣经》以及其他书籍。

托马斯的出版业务，以及其他一些投机性的运作，都给他提供了丰富的利润，使他得以开始自己的慈善事业。他在塔姆沃思市，也即他在童年时期待的地方，建立一个救济院，以及一个市政厅；他出钱救济自己的穷亲戚，还帮助破产的债务人、不幸的家庭、普拉蒂奈特的难民等。托马斯发现，这样花钱是一个令人愉快的消遣方式。他自己没有结婚，过日子又相当节俭，甚至近乎吝啬，而且，据我们所知，他除了挣钱和捐钱这两样以外，没有其他的娱乐方式。

使这个富裕的商人变成一个富甲天下的名人的事情是他准确地把握时机，卖掉了南海公司的股票，他的这一判断力是他的几位伙伴带给他的。他以 50 英镑或 60 英镑的价格买进股票，然后将时价 100 英镑的股票以 300 英镑到 600 英镑不等的价格卖出。就这一下，他就使他的原始投资翻了数番。在 1720 年 4~6 月，托马斯将价值 54000 英镑的股票卖到了 235000 英镑的价格。[2] 有这样巨额的财富，他就可以放手做慈善了，这是因为这一兴趣对他的吸引力最大。从 1704 年开始，托马斯成为圣托马斯医院的一名理事，而且是该理事会中十分积极的一名成员。此外，他已经为该医院建了 3 间新的病房。他的本意是要建一所新的医院，即

---

① 本段以下的内容主要参考下列作品：William Maitland, *The History and Survey of London from Its Foundation to the Present Time*, 2 vols. (1760 ed.), II, 1305 – 1309; Sir Samuel Wilks and G. T. Bettany, *A Biographical of Guy's Hospital* (London, 1892); Bettany's article on Guy in *DNB*; William Roberts, *The Earlier History of English Bookselling* (London, 1889); H. C. Cameron, *Mr. Guy's Hospital, 1726 – 1948* (London, 1954)。

② Cameron, *Mr. Guy's Hospital*, p. 29n.

在圣托马斯理事会的管理下建一所医院，而且他还和这所医院签了一份合同，租用一块属于该医院的土地，租期为 999 年。但是，在这座建筑还在建设过程中时（建成于 1725 年，处于威斯敏斯特医院和圣乔治医院这两所医院的建成时间之间），他改变了自己的初衷，开始想要建一所独立的医院，虽然该医院的早期理事会还是圣托马斯医院的。①

虽然托马斯没有活到他的那个庞然大物建成的那一天，但他慷慨地留给这所医院一宗价值 335000 英镑的遗产。按照遗嘱，在处理完这些事情（包括照顾完托马斯的远房亲戚，遗赠一笔钱给基督教医院，帮助贫穷的债务人，替一些学徒支付掉费用，捐一些款给 18 世纪的其他传统慈善组织等）之后，"盖先生的医院"手里剩下的资产还剩下 22 万英镑。这笔钱的一大部分，按照托马斯在遗嘱中表达的意思，被用于购买林肯郡、艾克塞斯郡、赫里福郡的农地——这一决定意味着该医院在 19 世纪晚期的大萧条中将面临很大的财政危机。但是，无论未来将面临什么样的困难，这家新机构，连同它的 400 张病床，都将为照顾伦敦的穷人的事业补充新的力量。这笔巨大的捐款使该医院可以额外雇用一大批员工，并使该医院有能力每年支付工资 1350 英镑。② 与某些志愿型医院为生存苦苦挣扎不同的是，托马斯的医院在一开始过的基本是田园牧歌式的小日子。

在伦敦大量建设医院的同时，在各郡，人们也在推动医院的建设工程。有的医院被设计成服务于整个郡的机构，而其他一些则被简单地落实为服务于郡中心区的地方性医疗所。至于到底是谁先成立的，要想从四五家机构中找出这么一家机构来，不仅是很危险的念头，也是没有什么实际意义的做法。剑桥市的阿登布鲁克医院（通常人们认为其始于 1719 年）很明显是不合格的，因为它自开业后，一直到 18 世纪 60 年代为止，都没有按照捐赠人的意愿开展运营。③ 爱丁堡医院（地处北方边境，而且在这里，医学教育正经历巨大进步）和温彻斯特医院分别开业于 1729 年和 1736 年。但布里斯托尔医疗所，作为一个常设性机构，还

---

① 关于托马斯早期想要建一所医院，以扩大圣托马斯医院的规模的事情，参见 *ibid.*, pp. 40 – 41。
② *Ibid.*, pp. 60 – 62.
③ *VCH*, *Cambridge*, III, 106.

有一栋专门用于该目的的建筑，可能有资格占据魁首的位置。它至少比离它最近的英格兰竞争者，即温彻斯特医院，稍微早了几个月。[1] 努力推动布里斯托尔医疗所建立的团队是一个有趣的混合体，其中既有医护人员，也有富裕的贵格会成员和其他人。在这些人中，有约翰·埃尔布里奇（John Elbridge）。他是一个富人，出生于马萨诸塞州，任海关征税员。他死时遗赠给这个医疗所 5000 英镑。在成立早期，这家医疗所的年收入处于 1000 英镑上下，约有 200 个大额认捐人，而到了 18 世纪 50 年代中期，它的年收入就飙升到了 3000 英镑以上。[2] 在布里斯托尔医疗所和温彻斯特医院成立后，后续还有很多医院，它们基本是按照这个次序成立的，包括约克郡、艾克塞斯郡、北汉普顿郡、赛洛普郡、利物浦市、苏格兰的伍罗切斯特郡和亚伯丁郡、科克市以及都柏林市（有三所医院）。这些医院都是在 1750 年以前建起来的。

所有这些医院，伦敦的或地方的，在组织架构和运作方式上，都是按照类似的形式来安排的。在一开始，它们的主要资金来源是在世的理事们的年度认捐款或一次性捐款。在威斯敏斯特医院早期开展的关于民主管理的实验之后，伦敦的多数医院都开始做出规定，年度认捐额不得少于 5 个金基尼，或者一次性支付不得少于 30 个金基尼，这样才可以从捐款人升格为理事，才有权在理事会议中投票。但这些捐款人也不仅仅是在做慈善，或者只是获得了一个名头。他们拥有每年向医院送几名病人入院接受治疗的特权，而具体人数则根据捐款数额大小，上下浮动。事实上，入院接受治疗的正规途径——对有的医院来说，除急救以外，这是唯一途径——是拿到理事的推荐信，这样持信人便可以入院接受治疗了，但入院审查委员会认为有合理理由拒绝他入院的除外。

所有这些措施不仅使赞助人产生一种愉快的做慈善的感觉，而且，当病人是他的亲戚的时候，还可以给他省下一笔小钱。一般来说，这些机构的服务基本是免费的，仅收取一些零星的费用。但有一些项目是由服务提供者单独收取的，这些人包括护士、门房，以及其他人。此外，还要收取死者埋葬金（如病患有幸康复离院的话，则会退款）。这些开

---

[1]　G. Munro Smith, *A History of the Bristol Royal Infirmary* (Bristol, 1917), p. 9; *Annual Account of the Bristol Infirmary*, 1744.

[2]　Smith, *Bristol Royal Infirmary*, pp. 44, 57, 72.

支对穷人来说依旧是不小的负担。比如，圣巴塞罗缪皇家医院入门就要收取19先令6便士的费用；圣托马斯医院和"盖先生的医院"的收费也基本相当。在志愿型医院里，这种收费相对较少或免费。比如，威斯敏斯特医院和伦敦医院都拒绝收费。[1] 但是，这种高收费的行为或多或少还在继续，而且在伦敦和地方都一样。所以，1828年马斯登（Marsden）医生成立了皇家免费医院，以抗议这种举动。[2]

三

要把这些18世纪的医院当成解决疾病的机构来研究，这不是本项研究的主题。而且总的来说，历史学家们不止一次对它们做了相当负面的报道。在这里，更重要的是，我们要把这些医院当成18世纪的慈善事业来研究。当然，我们甚至无法大致算出社会公众一共捐了多少钱，用于重建皇家医院，和兴建这些志愿型医院，但是我们可以找出零星的证据，来证明当时的人对这类机构有着一种广泛的热情。在前文中，我们已经提及了整修圣托马斯医院，重建圣巴塞罗缪皇家医院所花的巨额开支各有多少。1754年，伦敦医院的终身理事有600名（每人一次性捐款额超过30个金基尼），年度理事有170名（每人每年捐款额超过5个金基尼）。在同一年，会计报告说，医院年度总收入为7500英镑，其中有约2500英镑被拨入建设基金。[3] 下述材料证明了该世纪中期几所典型的医院在有代表性的年份里的收入情况[4]：

单位：英镑

医院	收入
威斯敏斯特医院（1738～1739年）	2087
伦敦医院（1750～1751年）	5477
米德尔塞克斯医院（1749～1750年）	992

---

[1]　Howard, *Lazaretto*, pp. 131, 136.

[2]　John Aikin, *Thoughts on Hospitals*（London, 1771）, p. 55；Sir D'Arcy Power, "Medicine," *Johnson's England*（Oxford, 1933）, II, 283－284.

[3]　Secker, *London Hospital Sermon*, 1754, "Account," p. 34.

[4]　这些数据来源于公开出版的慈善布道中附加的医院报告，以及 Smith, *Bristol Royal Infirmary*, p. 72。

续表

医院	收入
布里斯托尔医疗所（1757 年）	3197
廷恩新堡医院（1751～1752 年）	2643

在这些收入中，大额捐款平均要占总额的 1/2 到 2/3。至于剩下的部分，医院通常要依靠遗赠（这可能作为基金，或者更大的可能是遗赠人未对资金设定信托条款的，则可直接用于日常开支）、小额捐款和专场的筹款活动来填补。和慈善学校一样，年度慈善布道也是慈善医院的筹款计划的主要项目之一，但慈善医院还有一项主要项目是慈善晚宴，"晚宴和慈善……合二为一"。马尔科姆（Malcolm）提到：每次想到这样的场景就很舒心，即"晚宴，以及晚宴后的筹款活动，使乐善好施之心放大，拯救数千人于水深火热之中"。① 这些年度晚宴，打开了微醉的宾客们的钱包，成为整个慈善经济中不可或缺的一道亮色。伦敦医院在成立后没多久就开始举办年度庆典。在市教堂听完慈善布道后，嘉宾们会一同前往城市商业公会的大厅或者去一家酒馆，共进晚餐。虽然参加宴会的宾客要买票入场，但宴席是由庆典活动承办人来安排的，每次大概要花去 20 个或 25 个金基尼，而所有门票收入则全部归医院所有。对于承办人来说，至少他可以根据传统，从午夜开始起，享受所有的酒水都不用花钱的优惠（晚宴从 5 点开始）。伦敦医院的第一场晚宴筹集了 36 英镑 14 先令，第二场筹集了 82 英镑。一个多世纪后，即 1856 年，参加晚宴的嘉宾竟然给出了高达 26000 英镑的捐款！②

此外，伦敦医院还有一些零散的、小额的收入。募捐箱每年可以产生几英镑的收入，有时，慈善演出或其他一些营利性表演也可以救急。随着机构持有的投资基金和土地资产不断增值，红利和租金收入也开始成为伦敦医院收入中的重要组成部分。1782～1784 年，每一年，这两项收入的总额都达到 1000 英镑，约占伦敦医院总收入的 1/3。③ 当医院到

_____

① *Manners and Customs*, I, 56 – 57.

② Morris, *London Hospital*, pp. 73 – 77；克拉克（Clark-Kennedy）（*The London*, I, 51 – 53）对 1744 年的庆典做了一番有趣的描述。

③ "Report by F. O. Martin," *Corr. between the Treasury*, *Home Office*, *Charity Commissioners*, 1865, p. 236.

了生死攸关或者启动了新的建设计划的时候，它就会组织特别的吁请活动，并向尽可能广泛的公众筹集资金。对于 18 世纪的医院来说，开展建设计划超过自己的资金承受能力是很常见的现象。对于理事们来说，他们深切地感受到要满足这一需求所承受的压力，所以他们有时甚至会做出饥不择食的举动。在建新建筑时，他们经常要靠富户或公共团体捐赠土地。在利物浦和纽卡斯尔，医院就是建在市政当局给的或以象征性价格租出的土地上。而伦敦医院开始在怀特查佩尔路建新的大楼，也是建在从政府手里以极低的价格租来的土地之上。[①] 有的时候，私人地产主会介入，比如，克拉克（Clarke）院长的一位朋友给德文与埃克塞特医院捐了一块土地，而格罗夫纳（Grosvenor）勋爵则租给圣乔治医院一块两英亩的土地，以帮助该医院扩大规模，租期是 98 年，且只收取象征性的房租。[②] 但是，18 世纪的医院，和之后的医院一样，在解决运营经费和添置附属设备方面，还是面临着严重的问题。

　　到 18 世纪下半叶，当伦敦的全科医院运动陷入停顿时，这些困难进一步放大了。很重要的一点是，在成立于 18 世纪 40 年代中叶的米德尔塞克斯医院和成立于 1818 年的查令十字医院之间，并没有新的医院成立，而且其中一些新发起成立的医院也只是取得了表面的成功，做的都是表面的功夫。有的机构在建设新大楼方面施力过猛，而其他一些机构则成了厄运或不良管理的受害者，比如米德尔塞克斯医院的募捐人贪污了该医院 400 英镑的基金。[③] 有的医院——其中一所还得到过约翰·霍华德的帮助——的卫生条件变得极为糟糕，即使按照 18 世纪的卫生标准来看也是如此。约翰·艾金曾在一篇文章的摘要中提出，相比于穷人肮脏污秽的住所，医院的条件要好太多了，而当他真的看到这样的场景，即医院的病房拥挤不堪，里面恶臭难当，病人们"相互传染"，躺着等死时，他就再也不说这样的话了。[④]

　　很显然医院失去了在该世纪早期对慈善捐赠人的某些吸引力。诚如

---

①　Thomas Baines, *History of the Commerce and Town of Liverpool* (London, 1852), p. 412; S. Middlebrooke, *Newcastle upon Tyne* (Newcastle, 1950), p. 122; Morris, *London Hospital*, pp. 81 – 82.

②　Oliver, *City of Exeter*, p. 162; Stephen Paget, *John Hunter* (London, 1897), p. 196.

③　Sir Erasmus Wilson, *The History of the Middlesex Hospital* (London, 1845), p. 39.

④　*Thoughts on Hospital*, pp. 8 – 9.

约翰·霍华德和有些医院的理事会所怀疑的那样，可能是这场医院运动使某些早期的支持力量调转了方向。[1] 或者也可能是全科医院不再像过去那样，善于吸引富人群体的想象力了。无论是哪种情况，对于伦敦的志愿型医院来说，这都是持续达半个世纪的经济窘境，以及开支的不断减少。在这一过程中，那些在18世纪50年代和60年代大繁荣中建起来的医院新大楼，实际使用面积要远少于它们的最高承载能力。18世纪70年代的萧条使很多病房都关门了，在有的情况下，有高达75%的病床被空置。伦敦医院在怀特查佩尔路的新大楼在1757年投入使用。它原本预计可以安放350张病床，但实际上只安放了161张病床。而到1785年，由于经济压力增大，又有6个病房的65张病床被闲置。[2] 1788年9月，当约翰·霍华德走访该医院时，各病房总共只有120张病床。大概就在这个时候，医院的理事会对医院的财政状况惊慌失措，急急忙忙地通过了一项令人吃惊的规则，即要求将医院的年度开支限制在2500英镑以内，并将每周新接收入院的病人限制在20人以内。[3] 圣乔治医院有200张病床，其中也有50张病床被闲置，而在1810年，海默尔（Highmore）也谈到，威斯敏斯特医院有数间病房关门了，而且在该机构中只有66名病人（外加上14名无法治愈的病人）。[4]

米德尔塞克斯医院度过了一段相当艰难的日子。在18世纪50年代，为了建新大楼，理事们劝大卫·加里克（David Garrick）做了两场义演，演出的剧目是《无事生非》，《统治，不列颠》的作者托马斯·阿恩（Thomas Arne）演出了一部宗教剧，而拉纳勒夫花园的业主也尽了自己的一份力。新的配楼是在1766年完工的，但一直到1780年还是因为资金问题而空置着，到18世纪80年代早期，医院的收入缩减到1264英镑，而认捐人数量也下降到了442个。由于向各个商户大量欠债，医院的理事们焦急地尝试了各种可能的收入渠道，比如在西敏寺办音乐演出，据说这种方式让圣乔治医院和威斯敏斯特医院一下子获得了4000英镑的收入。虽然各所医院在西敏寺的音乐会已经停了一段时间了〔因为

---

[1] Wilson, *Middlesex Hospital*, p. 50; Howard, *Lazarettos*, p. 140.

[2] "Report by F. O. Martin," *Corr. Between the Treasury …*, 1865, p. 236.

[3] Morris, *London Hospital*, pp. 87, 100–101; Howard, *Lazarettos*, p. 131.

[4] *Lazarettos*, pp. 136–137; Highmore, *Pietas Londinensis*, p. 313.

它们的赞助人（即国王）的身体欠安]，但它们最终还是恢复举办该活动了——而且，米德尔塞克斯医院的理事们还将医院的一间病房命名为"汉德尔"，以表示感谢。① 所以，当威廉姆·布利泽德爵士提出要在伦敦范围内开展挨家挨户的募捐时，我们也没啥好奇怪的，因为这反映了志愿型医院的每况愈下，它们的紧急状况与两所皇家医院以及盖先生的医院的相对富裕的状况形成了鲜明的反差。在约翰·霍华德走访这些医院的时候，事实上，这3所医院收治的病人数量几乎占了所有志愿型医院收治病人数量的1/3②。③

可以想到的是，其中一些支持全科医院的力量现在转投了专科机构，这些机构是在该世纪的后1/3时成立的。其中最重要的，也是最成功的一类机构是妇产科医院，历史中它的情况整体上要比全科医院好得多。虽然在该世纪早期，它是在爱丁堡最先起步的，但到该世纪中叶，伦敦已经成为妇产科医院的中心，而且不仅是英国的中心，还可能是全欧洲的中心。1749～1765年，伦敦成立了数量惊人的妇产科医院：不列颠产科医院（1749年）④，伦敦城市产科医院（1750年），皇后夏洛特医院（之后改成了产科医院，1752年），威斯敏斯特产科医院（1765年），朗伯斯区的综合产科医院（1765年）——这还要加上妇产科慈善机构，以及皇家妇产科慈善机构（成立于1757年，上门向妇女们提供帮助）。

虽然妇产科医院的规模相对较小，但它们的环境干净整洁，远优于志愿型医院，这可能是因为"它们是这样一类医院，当时，妇女在医院管理方面占据了重要的位置"。⑤ 无论如何，它们的成功助产的记录是相当可信的。在成立后的第一个21年里，不列颠产科医院成功助产了9108个妇女，失败了196起，成功与失败的比值46.5∶1。海默尔宣称，到18世纪90年代，成功比例大幅下降了，为1∶288。这个比值看起来是不可信的，除非这家机构接到的都是一些反常的、复杂的个

---

① Wilson, *Middlesex Hospital*, pp. 36 – 50; Saunders, *Middlesex Hospital*, p. 16.
② 原文为"3倍"，但看注释中的数据，疑为"1/3"。——译者注
③ Blizard, *Improvement of Hospital*, pp. 95 – 101. 皇家医院和盖先生的医院收治的病人数为1172人，而所有志愿型医院收治的病人数是4255人。
④ 最初名为"产科医院"，"不列颠"一词是1756年加上去的。
⑤ Buer, *Health, Wealth, and Population*, p. 129.

案。① 就它们的体量而言，这些妇产科医院所得到的赞助还是相当可观的。在成立后的第一个 21 年里，不列颠产科医院共获得近 27000 英镑的收入，其中有 8300 英镑是 40 名个人的遗赠款。在 1770 年，这所产科医院有不少于 80 人的终身理事（一次性捐赠款在 30 个金基尼以上），其中排在第一位的是波特兰（Portland）公爵——他是该医院的保护人。此外，该医院还有超过 200 人的年度理事（每年捐款不少于 3 个金基尼）。②

虽然这些妇产科医院都是很出色的医院，但因为它们总共的床位数不超过 200 张，所以只能解决伦敦市的穷人中很少一部分妇女的分娩需求。所以，很可能它们主要的贡献，除了协助积累产科知识以外，就是扮演了助产士培训中心的角色。而一个更为现实的，帮助穷人妇女分娩的方式是各种慈善计划，也即由妇科慈善机构（1757 年）实施的，派助产士上门协助妇女分娩的计划。相比之下，不列颠产科医院每年会助产四五百例个案，而妇科慈善机构每年助产的数量要 10 倍于它。在 1774～1775 年度，伦敦通过这种方式助产的个案数量是 5428 例，这一数据相当于《伦敦出生与死亡周报表》中出生人数的 1/3。而在这个世纪的前半叶，该机构共帮助了近 18 万名妇女。不仅如此，该机构开展的助产士免费培训也在一定程度上改进了这一职业的技术水平。③

人们应该还会注意到医生和慈善家在其他领域的合作。但具体是哪些领域，则取决于全科医院的政策，即它会限制接收哪些种类的病例。比如，天花、性病、肺痨、无法治愈的癌症、严重的精神错乱等的病例一般是不受欢迎的。总的来说，全科医院一般会接收非传染性的、可治愈的病人，特别是突发疾病或遇到事故的情况。所以，有的明智的观察家认为这就是它们独特的业务领域。④ 但事情也有例外。在这些机构中，其中就有一所专为占领这些缝隙领域而成立的医院。这是一所磨坊街的医院，它有一栋小楼，专门接收天花病人。这所医院开业于 1746 年，也

---

① *Account of the British Lying-in Hospital, 1749－1970* (London, 1771), p. 17; Highmore, *Pietas*, pp. 191－192.

② *Lying-in Hospital, 1749－1970*, pp. 24－29.

③ *Buer, Health, Wealth, and Population*, p. 143－144.

④ Aikin, *Thoughts on Hospitals*, pp. 23ff; Blizard, *Improvement of Hospitals*, p. 33.

就是米德尔塞克斯郡天花病医院。① 后来，它又设立了很多科室，并形成了一个链条，专门治疗这种疾病，接种疾病疫苗。但是，米德尔塞克斯郡天花病医院努力的成效是值得怀疑的。不管怎么样，它不接收 7 岁以下的病人，而事实上这些才是最需要帮助的人。但无论是否有效，这家慈善组织收到的捐款还是不少的，比如 1766 ~ 1767 年，它在圣潘克拉斯建了一栋新大楼，花了 9000 英镑。这栋大楼预定可以容纳 300 名接种疫苗的病人。②

同样，人们也会注意到 18 世纪在治理精神疾病方面的努力。贝特莱姆是一所皇家医院，也是一家做了各种本不该由它做的事情的机构。在 18 世纪中，它引入了很多改良机制。比如，1770 年，它不再允许观光客和游客进入参观（这每年会产生 400 英镑的收入），因为这与"营造一个安静的康复的氛围"背道而驰，虽然实际上贝特莱姆从未真正营造出这样一种氛围。到 18 世纪末，约翰·霍华德在走访这所医院后，还是认为这所医院根本就·无是处。③

1750 年，一群仁善的伦敦人决定为精神病人建一所医院，因为他们认为，其中很多病人如果能够得到及时治疗的话，是可以恢复健康、重归社会的。他们不仅想解决精神疾病治疗过程中缺少设备的问题，而且还希望推动对精神疾病感兴趣的人研究这个"医学中最重要的分支之一"。④ 他们努力的结果是成立了圣路加精神病医院。这所医院在成立一年后才正式开门接收病人。在半个世纪后，这所医院从芬斯伯里广场附近搬到了位于老街的新大楼里，这栋新大楼计划可容纳 300 名病人。约翰·霍华德称这所医院是"宏伟的医院……干净而整洁"。⑤ 从一开始，圣路加精神病医院做的就是一项得到异常多支持的慈善事业，它收到了相当多的，而且接连不断的遗赠款。在它成立后的前 30 年里，有超过 150 名捐赠人向它做了遗赠，总价值超过 66000 英镑，所以，到 18 世纪

---

① 格雷（Gray）（*English Philanthropy*, pp. 130 – 131）将这所医院与米德尔塞克斯医院搞混了。

② Highmore, *Pietas*, p. 289. 每个接种疫苗的病人要在医院里待 3 ~ 4 周的时间。

③ *Ibid.*, p. 19；Howard, *Lazarettos*, p. 139. 同时参见 Kathleen Jones, *Lunacy, Law, and Conscience, 1744 – 1845*（London, 1955），pp. 11 ff.

④ Highmore, *Pietas*, p. 173.

⑤ *Lazarettos*, p. 140.

末，除了医院大楼以外，圣路加精神病医院其他资产的规模超过了131000英镑。[①]

四

在这个世纪中叶，人们开始关心其他医学性或准医学性的社会问题，比如卖淫、非婚生育等，并设计机制来解决这些问题。[②] 在这里，我们顺带提一下洛克医院。这所医院成立于1746年，专门治疗和救助患有性病的病人。这是一项与偏见和敌意作斗争的事业，乃至于它的赞助人不得不向公众强调的确有成立这么一个机构的必要，因为"很多无辜的妇女在毫无过失的情况下，被他们放荡的丈夫感染患病"。[③] 洛克医院宣称的治愈病人数量大得有点惊人——前50年治愈了超过30200人——这是18世纪的同类数据中最可疑的数据之一，特别是在该医院只有65张病床的情况下。但至少，这是一种勇气，是18世纪中叶的慈善家们与他们身处的这个时代的罪恶作斗争的一项大胆尝试。

相比于洛克医院的小规模，弃儿医院的规模就要大得多了。这是18世纪慈善事业树立起来的最宏伟的一座丰碑。关于弃儿医院是如何触动这个时代感情，并得到艺术家和音乐家的帮助，包括荷加斯（Hogarth）、雷诺兹（Reynolds）和汉德尔的故事，已经是老生常谈了。在这里，我们可以额外关注一下弃儿医院在其产生的前半个世纪中的内在逻辑，以及它的一些主张在英国慈善史中所占据的独特位置。这是18世纪人道主义运动的首要案例，而且，在它的很多伙伴看来，它还带有重商主义的品性，即担心人口的大爆发，并对任何衰退的信号感到焦虑不安。它不同于慈善学校和19世纪的社团，要改造孩子。它也不像宗教机构那样，要做什么宗教启示。在弃儿医院的所有建立者中，他们在掏钱时，都没有一丁点儿传教的想法。所以，整体上来说，弃儿医院是慷慨的、不为自己利益打算的慈善事业的代表。这么说虽然容易言过其实，但我

---

① *Reasons for Establishing St. Luke's Hospital*（London, 1780），pp. 32 – 36；Highmore, *Pietas*, pp. 181 – 82. 同时参见《成立圣路加医院的理由》（*Reason for St. Luke's*）（1851年），第40 – 62页，书中有100年里捐赠人和遗赠人的完整名单。
② 医药改良运动发生在18世纪晚期和19世纪早期，笔者将在第四章里加以探讨。
③ Highmore, *Pietas*, p. 143.

们还是认为，它的确是深刻地影响了 18 世纪社会的风貌。

　　托马斯·库拉姆是一名退休的航海船长，住在伦敦的罗德海特区。他没有孩子，所以对孩子有一种强烈的感情。他在前往和离开伦敦的路上看到很多幕惊人的景象——有的孩子，活的或死的，被这样扔在路边，而且有一次，他还看到有一个妇女在扔她的孩子——这些都促使他采取行动。库拉姆变成了一个肩负使命的人，这一使命占据了他今后 17 年的人生。他义无反顾地投入实现自己的想法的行动当中，直到像一个朋友说的"上层人士看到一个头发花白的老头到处化缘，却一无所得，于是，他们开始感到惭愧不已"为止。① 到最后，库拉姆的坚持取得了成功，他会聚了"高贵和上等"的人，来支持他成立弃儿收容机构的计划。1739 年 11 月是一个值得纪念的时刻，当时，人们在萨默塞特楼办了一场聚会，主要的与会人员有 6 名公爵，11 名伯爵、城市大亨，以及各类专家，包括威廉姆·贺加斯和理查德·米德（Richard Mead）——这两位可能是这个时代最著名的内科医生。在这场聚会上，库拉姆收到了开业特许状，然后将之交给了贝德福德（Bedford）公爵，贝德福德公爵后来担任弃儿医院的总裁超过 30 年之久。

　　该委员会的运转出奇的顺畅，大家分工合作，这可能受益于正在实现中的初步构想十分的完善。成立这么一个机构的想法对于人道主义者和重商主义者来说，都是十分熟悉的。在 1/4 个世纪以前，在《守卫者》第 105 期中，艾狄生（Addison）就谴责这种遗弃婴儿的行为，说这是不人道的，也是在抢劫"全体市民的共同财产"，而且他预测会有相关措施出现，这也就是之后弃儿医院采取的那些行动。② 医院委员会在哈顿公园租了一块临时的场地，并先后接收了 2 组共 30 个孩子。但是，尽管

---

① Dr. John Brocklesby，引自 Nichols and Wray，*Foundling Hospital*，p. 15. 除有特别说明以外，笔者关于弃儿收容所的研究全部是以这部作品为依据的。但是，弃儿收容所的档案前几年已经向学者们公开了。所以，人们可以对这些档案做更为细致的研究，这毫无疑问会使关于这一机构运作情况的研究变得更为扎实，而且这也有助于佐证 18 世纪社会史的其他方面。

② 1713 年 7 月 11 日。在哈佛大学图书馆里，有一本小册子。这本小册子的历史可以追溯到 18 世纪 20 年代末，作者是布雷（Bray）医生。布雷医生呼吁人们支持"可敬的 C－m 船长"，支持他提出的"成立一个孤儿院或收容贫穷的被遗弃的儿童或弃婴的机构"的提议。这份小册子的名字是《库拉姆先生的礼物》（"The Gift of Mr. Coram"）。

事情快速进展，但在雄心万丈的库拉姆看来，这一进展还是太慢。1740年9月，他记录说，已有5000～6000英镑花出去了，很快又有526名年度认捐人（最低认捐额为2英镑）将要加入，以及有2300英镑的遗赠将要入账，但他感叹说，委员会推进新大楼建设的力度还是不够。[1]

这位老船长后来跟这些委员们吵了一架，然后就跟这个机构切断了正式的联系。但他毕竟是早期阶段的领导者，所以他也由此成了偏执的批评家们的目标，他们说他在鼓励作恶，鼓励违法，并将他当作他们那烂俗的幽默中的笑柄。在他退出以前，他已经看到建设新大楼的计划正式启动了。建设地点是兰姆康迪街附近的一块56英亩的土地。当时，业主向索尔兹伯里伯爵索要7000英镑的价款。但是，委员会不愿支付超过6500英镑的费用，结果伯爵爽快地、慈善地解决了这个问题，他自己掏腰包补足了500英镑的差额。买入这块地成了该委员会早期最棒的一项决策。地上的建筑动工于1742年，最终在10年后完工，共花去略高于28000英镑的费用。[2]

不过，这所医院还为大量的医疗和管理问题所困扰，而且，这些问题只是得到了缓慢的、部分的解决。在第一年里，它收容了136名婴儿，远超原计划的60名，而在这些被收容的婴儿中，共有56人夭折。结果，委员会决定将收容的婴儿的下限限定为3岁，并决定给这些孩子在乡下找个养母。虽然医院内的死亡率还是在一个令人震惊的高位（按照20世纪的标准），但是这一比例要比《伦敦出生与死亡周报表》中"济贫法"项下的孩子死亡率低很多。[3] 此外，同样有个事实是，很多孩子在进入医院时，已经不成人形了，有的甚至是濒死，没有可能救得活了。

在开头的两三年里，事实上，委员会没有制定出系统性的准入政策。

---

① Nichols and Wray, *Foundling Hospital*, p. 21.

② 关于该大楼的权威的、精彩的描述，参见 Walter H. Godfrey and W. McB. Marcham, *King's Cross Neighbourhood* (St. Pancras, Part IV), *L. C. C. Survey of London*, XXIV (London, 1952), chap. 2 (Plates 15–41)。

③ 1741～1756年，在准入政策改变后，该收容所收容的所有37%的两岁以下的孩子（1384人中的511人）夭折，而据《伦敦出生与死亡周报表》（1728～1750年）显示，济贫院孩子的死亡率是近59%。但汉威给出的收容所的死亡率数字略有不同，参见 Jonas Hanway, *A Candid Historical Account of the Hospital* (London, 1759)。笔者这里用的37%死亡率的数据来自尼古拉斯（Nichols）和威锐（Wray）的表格，而这两人的数据则来自该收容所开始于1767年1月的登记记录。

但是，由于往医院送孩子的母亲挤满了医院的大门，以至于委员们不得不引入一个抽签准入机制，规定抽中白球就是可以立即接收，抽中黑球就是不予接收，抽中红球就是等待候补。委员会的管理工作产生了很多奇怪的、没有想到的副产品，其中一个就是从下述规则中产生出来的，即在接收孩子入所后的第一个周日给孩子施洗。按照规矩，在施洗时，要给孩子取名字。而要给这么多孩子取合适的名字，是需要动点脑子的。所以，委员们就让其中一些孩子跟自己姓，或跟他们的朋友姓，而这就产生出了一些尴尬的后果。很多年以后，有些与委员同姓的人出来主张说，自己与委员有血缘关系，或者说委员是自己的教父，应向自己发全额的补助。还有很多人取的是历史人物的名字，或同时代小说中人物的名字。查尔斯·奥尔沃西（Charles Allworthy）、克拉丽莎·哈洛（Clarissa Harlowe）、汤姆·琼斯（Tom Jones），还有约翰·弥尔顿（John Milton）、彼得·保罗·鲁本斯（Peter Paul Rubens）和米开朗基罗（Michaelangelo）等。但是，之后，被接收的人实在太多，这些名字也用完了，于是甚至鸟的名字、野兽的名字、手工艺品的名字、行业的名字等也被用上了，但这还是不够。到最后，秘书准备了一份可以用的名字的列表，专门在施洗的时候给孩子起名字用。

在最初的15年里，这所医院经历了起起伏伏。最让它的赞助者们困扰的是，他们越来越感到自己的努力，无论采取什么形式，都无法解决伦敦的弃儿问题。每年都有上百名弃儿入院，但另一个令人们难以想象的事实是，其实还有"数千名弃儿在教区护士的怀里凋零、死去"。[1] 在或许解决了该院所面临的紧张的财政状况后，它救助的范围就可以相应扩大一些，而弃儿问题也能得到部分解决？一个明显的解决财政问题的策略是向议会发出呼吁，因为很清楚的是，政府对这一问题，也即该医院正着力解决的问题，表示了直接的兴趣。当时，无论是私人慈善家，还是公共部门，都不懂得这个在19世纪的人看来不言自明的道理，即私人慈善组织和政府各有自己合适的范围，两者越少掺和在一起，对两者来说越好。[2] 1756年，议会同意拨付1万英镑的款项，但附带了两个条

---

[1]　Nichols and Wray, p. 46.
[2]　中国与英国的情况不同，读者应根据中国实际情况，审慎对待这一观点。——译者注

件，而这两个条件都是毁灭性的，即该院要在全国建立分支机构，以及更为毁灭性的是，该院要同意接收一定年龄以下的所有申请人入院，最开始是两个月，然后是六个月，最后是一年。① 议会在做出这个决定时，它正为与法国战争中所遭受的兵员减损而苦恼，所以，弗里德里克·艾登（Frederick Eden）爵士怀疑说，议会这么做，可能是为了方便"招募国民，参加这场昂贵的、死伤惨重的战争"。②

毫不夸张地说，双方合作的第一年并不足以成为志愿型团体与立法机构合作的成功范例。很明显，没有人对弃儿医院的大门向所有人都开放之后会发生什么有任何想法。在第一天，在位于吉尔福德大街的医院大楼正门口，就有117名孩子被丢弃在悬挂于那里的篮子里，而在第一个月，共有425名婴儿被遗弃，所有人的年龄大概都小于两个月。各地的人都在像潮水一样涌入伦敦来丢弃婴儿，在最初的6个月里，共有近1800名孩子被遗弃，而且将不想要的孩子送给弃儿医院俨然已经成了一项全国性的事业。③ 该院对这一状况毫无准备，而死亡率则是这一缺乏准备状况的明证。让人震惊的是，尽管行政工作堆积成山，该院的管理者们还是能够像从前一样地处理事务（显然，他们付出了额外的努力，这是具有典范意义的），因此，就算是在这一无门槛准入的时期，死亡率也并有没有比其他时期高出很多。但就算是这样，这个数据还是相当可怕：在46个月的无门槛准入时期内，在近15000名被接收的孩子中，有68.3%的人死亡，而在此之中，有5500名死者是不足6个月的婴儿。④ 此外，这个项目也让公众背上了沉重的负担。最初的1万英镑

---

① Nichols and Wray, pp. 48 - 49.

② *State of the Poor*，引自 Rodgers, *Cloak of Charity*, p. 31。

③ Nichols and Wray, pp. 52 - 52. 虽然该院正根据下议院的决议，建立全国的分支机构，但它的想法是要将伦敦总部作为唯一的接收中心，然后从这里再将孩子送往农村地区。

④ *Ibid.*，p. 62. 这些数据是：

存活人数	4103 人
被收养做学徒人数	484 人
被索回人数	143 人
死亡人数	10204 人
合计	14934 人

汉威的数据（*Candid Historical Account*, pp. 77 - 78）看起来略漂亮，但因为他将超过两岁的孩子的死亡率一并计入，所以其数据有些失真。

的拨款仅仅是一个小零头，到最后，国库总共支出了近 55 万英镑的款项。① 到 1760 年 2 月议会决定停止这一实验时，在伦敦和各郡的登记册上，该院尚有 6300 个孩子在册，他们的抚养费每年为 6 英镑。对于这些孩子，政府继续掏了余下的 11 年的费用，但政府也日渐强烈地向该院施压，要求它尽快把这些孩子送出去做学徒，一刻都不要耽搁。

该院的委员们从与政府的合作中挣脱，这一做法使机构变穷了，日子更难过了，但也变得更明智了。此前，委员们被迫扩张机构，特别是设立全国分支机构，而与此同时，来自公共渠道的收入增加了，私人的认捐减少了。现在政府撤出了，这使该院面临严峻的财政状况，所以它节衣缩食，以至于不得不减少收容孩子的数量，因为这是唯一的出路。最终拯救该院糟糕经济状况的是一个让很多城市慈善组织获益良多的策略。当时，索尔兹伯里伯爵坚持要该院买下兰姆康迪街上 56 英亩的土地，而不是该院委员会所想要的 34 英亩土地，他当时坚持这么做真是帮了委员们一个大忙。结果，到 18 世纪 80 年代末期，该院面临财政吃紧问题时，委员们决定开发这块土地。具体细节可以参见尼古拉斯和威锐的《弃儿医院史》。值得一提的是，在对土地做了一些改造（如新开了四条通往南汉普顿街的道路——塔维斯托克街、大科拉姆街、伯纳德街和吉尔福德街）之后，委员会将土地大量租出去，供人们建房子用。这一运管过程并不容易，但到 19 世纪末，其所得的租金则很丰厚，超过了每年 3000 英镑。在 1836 年，这些资产带来了 5450 英镑的收入，再往后，在 1908 年，弃儿医院位于兰姆康迪街的这些土地所产生的租金高达 25000 英镑。②

尽管弃儿医院在 18 世纪下半叶遇到了很多困难，但它依旧是这个仁善的时代里具有代表性的一家慈善组织。这不仅是因为它的机构规模最为庞大，也是因为在 18 世纪，捐款支持它的人最多。当时，登记在特许状上的委员会成员中，有很多公爵和伯爵，还有罗伯特爵士、霍勒斯·沃波尔（Horace Walpole）、亨利·佩勒姆（Henry Pelham）、威廉姆·贺加斯，以及大量著名医生。贺加斯亲自负责，在新大楼的墙体上创作艺

---

① Nichols and Wray, p. 80. 这其中包括议会在停止无门槛准入政策后，所支付的在停止政策前入住的孩子的抚养费。
② *Ibid.*, pp. 283 - 284.

术作品，以装饰这座大楼，同时，他还劝说一大群艺术家为这一事业做出贡献，结果这所医院成了一座著名的艺术馆。它的这一名头甚至比它作为孤儿院的名头还要响。乔治·弗里德里克·汉德尔（George Frederick Handel）特别关心弃儿医院的礼拜堂，所以他捐了一架风琴，而且在1750年5月1日，他还举办了一场名为"弥赛亚"的义演，共收到728英镑的善款。据说，他提供的宗教剧在很多年里一共募得了总额达7000英镑的善款，而在他死的时候，他将"一份保存良好包含各个音部的乐谱"捐给了该医院。① 无论是其成功，还是其失败，弃儿医院都可以给未来的慈善家们提供有益的经验。

五

洛克医院和弃儿医院的经历无疑会引发人们对不幸的妇女们的关切。在一封写给漫步者（Rambler）的信中，"法官顾问"说：他四处漫步，并由此"深陷了沉思，因为我的眼睛只看到医院在接收被遗弃的孤儿，直到后来才为自然的感情所触动，开始反思母亲们的命运。她们又该找个什么容身之处呢？"② 洛克医院的情况很能反映情况，因为当这所医院关门的时候，其中的女性病患没有其他的归宿，只能回到自己从前的生活。她们毫无出路，除非又有什么新的慈善计划付诸实施，能够帮她们找到一些自尊，并让她们过上正常人的生活。

从良妓女收容所的主要创立者是罗伯特·丁利（Robert Dingley）。他的一本小册子，名为《关于建立一个公共场所，接收悔过的妓女的建议》（1758年），开启了这场运动。丁利是一个在俄国从事贸易的商人，乔纳斯·汉威是他公司的股东之一。同时，丁利也是一个有些想象力的人，是艺术家与赞助人业余爱好者协会的成员，也是约舒亚·雷诺兹（Joshua Reynolds）爵士的朋友，而且，从1748年开始，他也成为皇家协会的一名成员。③ 该收容所最初的8名理事，其中就有汉威的名字，他是

---

① Nichols and Wray, pp. 205.
② No. 107, 26 March 1751.
③ H. F. B. Compston, *The Magdalen Hospital*（London，1917），p. 26. 贝奇·罗杰斯（Betsy Rodgers）（*Cloak of Charity*）就从良妓女收容所的建立做了一番精彩描述，但可能是因为她书中的主角是汉威，所以，她将更多的功劳归于汉威，而不是丁利，这显然超出了历史的现实。（Compston, *Magdalen Hospital*, p. 148）

该机构的主要赞助人，而福音派先驱约翰·桑顿（John Thornton）则属于相对富裕的那一类，因为其中有 7 名理事捐赠了 50 英镑，而第 8 名理事则捐赠了 30 英镑。① 从良妓女收容所占了伦敦医院刚刚腾出来的那块地，它略带紧张地做着准备，准备接收 50 名妓女。虽然妓女的困境引起了 18 世纪的人们的情感的最温柔的共鸣，但这一观念，即有很多妓女想要从良，可能只是一个一厢情愿的想法。不过，的确有一小撮从良的妓女立刻出现了，该收容所接收了其中的 6 个人，有 2 人被拒之门外，其中 1 人是因为她患病了，而另 1 人被拒之门外的原因则是她没有专业资格，"不算是妓女"。②

尽管这一事业是出于这个时代的敏感的情感而发起的，但它的管理却是出于共识和共同的理解。丁利自己发表了一通讲话，我们要尽"最大可能关心，人道和温和。只有这样，这一机构才是令人梦寐以求的，人们才不会把它想象成为一个矫正院，而是一个快乐的救济院"。③ 他的愿望看起来实现了，因为它从来就没有缺过申请人。到 1761 年 3 月，共有近 300 名申请人被接收，而在成立后的第一个 50 年（1758～1807 年）里，它一共接收了 3865 名妇女。④ 其中的改造妓女的手段，一方面是宗教和道德教育，另一方面是培训一种有用的手艺或活计。这些改造手段到底起到了多大的效果还是存疑的。人们发出了很多批评的声音，指责这种对待一般的妓女以"异常的人道"的做法只是在奖赏和鼓励罪恶。不过，有一项研究调查了在 1786～1790 年出院的 246 名妓女，结果显示大约有 2/3（157 名）的人从良了，而只有 74 人"行为不端"。⑤

随着 18 世纪慈善事业的发展，从良妓女收容所得到了很多资金支持。在它成立后的最初的 18 个月里，它共收到超过 8100 英镑，而只花了 10 年多的时间，理事们就筹够在萨瑟克区圣乔治广场建设新大楼的

---

① H. F. B. Compston, *The Magdalen Hospital* (London, 1917), pp. 37, 39.

② *Ibid.*, pp 46. 理事们最终决定还是不接收被父母遗弃的女孩，虽然在一开始他们曾动过这方面的念头。结果，约翰·菲尔丁爵士设立了一个女性孤儿救济院。

③ 转引自 Rodgers, *Cloak of Charity*, p. 51。

④ *Ibid.* Highmore, *Pietas*, p. 221；Lord Kames, *Sketches*, II, 46.

⑤ Highmore, *Pietas*, pp. 221 - 222.

钱。在早期，年均的遗赠收入就能达到约 1500 英镑。① 该收容所还有一个重要的收入来源是小礼拜堂的筹款，因为收容所的教堂礼拜吸引了很多赶时髦的人，但他们是来体验一把的，而不是真的来寻求精神上的抚慰的。② 不仅是这样，小礼拜堂里的布道者的惊人的口才也不容小觑，他总能有条不紊地让听众们泣不成声，然后掏钱包捐款。该收容所第一个专职牧师是尊敬的威廉·多德（William Dodd），他命运多舛。不过，正是他确定了小礼拜堂布道的风格，而且他的布道收费很高，所以收入情况自然也很棒，但到最后，他却给该机构带来严重的恶名。事实上，多德是一个负面典型，他野心勃勃，在财富上奢侈浪费，而且道德品质不好，所以，他日渐深陷债务危机。到最后，他伪造了查斯菲尔德阁下的签名借款，然后被逮捕、审判、定罪，并于 1777 年 6 月在泰伯恩刑场被处死。在慈善机构的专职牧师身上，很少有出现这种情况的，所以，收容所也一时受到恶名的冲击。但之后不久，多德事件的影响力消减了，而他的继任者也继续运用同样的风格开展讲坛演讲，不过，他没能像多德那样，熟练地将听众们的情绪引入一种泪流满面、善心大发的状态之中。

一些参与设立收容所的人在两年前也参与成立了航海协会。这是一家致力于解决航海业人员招募，以及贫困男童收容问题的组织。该组织的主要代表是乔纳斯·汉威，他的慈善生涯是这个世纪中最值得纪念的篇章。他在俄国呆了数年，负责管理丁利在圣彼得堡的工厂，在那里，他最卓越的功绩是带着一船的英国产布匹顺着伏尔加河一路往下，穿过里海，想要同波斯建立直接的商贸联系，而当时这块区域还处于半无政府状态。1750 年，他退休回到伦敦，并将之后的 36 年生命投入慈善理论与实践。汉威是航海协会的主要创立者，是从良妓女收容所的主要发起人，而且，在 18 世纪 70 年代和 80 年代的 15 年中，他是弃儿医院的副院长，他尖锐地批评了该院的某些政策。③ 让这位精力充沛、特立独行，

---

① "Report by Walter Skirrow," *Corr. Between the Treasury ...* , 1865, p. 113. 从成立之日到 1782 年，遗赠收入为 27500 英镑，而 1783～1802 年遗赠收入为 19500 英镑。

② 1758～1795 年的筹款数据没有保存下来，而 1796～1828 年筹款额为 57750 英镑。

③ *Candid Historical Account of the Hospital*（London, 1759）; *The Genuine Sentiments of an English Country Gentleman*（London 1759）.

并略有些古怪的改革家感觉不快的不仅是该院高企的死亡率，还有他所确信的该院只是围着被遗弃儿童问题的外围打转，而不肯深入问题的核心这一事实。之后，他还将批评的眼光投向了伦敦教区济贫院中的人们虚度光阴这件令人震惊的事上。他最著名的努力是他英雄般的创举，即想要解救负责清扫屋顶烟囱的男童的悲惨命运，但这个努力终其一生都未能取得什么成效。

航海协会是慈善和爱国心的混合体。"英国的慈善，"汉威预见道，"由此便和英国当地人的激情混合在了一起，并通过这些领域，使纯真的爱国主义精神传播开来；而且，我们很快就有希望看到，航海业中的这些改变，当我们的子孙回头看的时候，将会献出掌声和赞美。"① 对于人们来说，要在海上对抗法国，就要大量招募海员，这对于传统的招募方式形成了极大的挑战，同时，其也挑战了人们的爱国心。约翰·菲尔丁爵士担任治安法官，这给他提供了一个无可比拟的优势，即可以研究伦敦的犯罪者们。他对弃儿的问题深感忧虑，并且也已经想出一个计划，要送这些男孩去海上。② 乔纳斯·汉威也对同样的情况感觉苦恼，所以组织了一群船主和商人，并在1756年的时候成立了一家协会，专门为航海业提供男性海员和男童，并给他们发放合适的装备。在1756～1763年英法七年战争期间，共有10625名男性海员和男童被派出海，这共花费了约23500英镑。③

但是，在战争结束后，航海协会的活动却陷入了停滞，它明显是在等待，等待对海员的需求再度旺盛起来，以及汉堡的一名英国商人答应的价值22000英镑的遗赠款兑现。1769年，法院批准了该遗赠（核定款项为18000英镑，而非原初的22000英镑），而协会也恢复了运作。现在，它的计划主要是搜寻贫困的或被遗弃的男童，给他们提供装备，并让他们去商业领域做学徒。1786年，该协会得到了一艘船，在那里，有150～200个男孩将会被"从他们邪恶的同伙那里救出来，清掉他们身上的破衣烂衫，学习如何服从和听话，温顺地遵守纪律"。④ 仅就受益的人

---

① *Account of the Marine Society*, 6th ed.（London, 1759），p. 13.
② Highmore, *Pietas*, p. 788.
③ *Ibid.*, p. 794.
④ *Ibid.*, p. 813.

数和收到的捐赠金额来看，航海协会是 18 世纪的慈善组织中最令人叹为观止的机构之一。在成立后的前 53 年（1756～1808 年）间，它共装备了超过 27500 名男童，将他们投入航海业，并有超过 36000 个未出过海的人做了海员，为皇家海军服务。在此期间，它所得的收入约为 246000 英镑。[①]

让我们回到 18 世纪的医药和准医药事业这个话题上来。提到这个话题，有一家机构是人们无法绕过的，那就是皇家人道协会，虽然现代人可能会对它所唤起的热情感到有那么一点的小困惑。它的宗旨是救助溺水者，并推广这种"神圣的救助技术"。[②] 在当时，人们很少了解这种技术，而且也几乎没有使用过这种技术。该协会因此试图唤起人们的兴趣。它这么做，靠的不仅是它的人道主义宗旨，还有它所推崇的精巧的（有时也是愚蠢的）半科学化的小工具。英格兰艺术协会发现，在 18 世纪晚期，这一组合是最具吸引力的。其直接的启发来自荷兰，因为在那里，人们很容易掉进河里，结果就有不少人不幸罹难，所以，人们就组成协会，救助这些落水的人。托马斯·科根（Thomas Cogan）医生翻译了荷兰协会的一本备忘录，这本书启发了威廉·霍斯（William Hawes）。霍斯是一名药剂师，后来成了一名内科医生。他发起了基本上就只有他一个人的救助运动，他自己掏腰包奖赏那些能在规定时间里把溺水者带到他这里来的人。很明显，科根后来告诉霍斯说，总是这么掏自己的腰包是一种愚蠢的做法，并建议他向别人劝募，以让众人分担这一重担。[③]

结果，在 1774 年春天，人们成立了一家协会，以"救助人们，使他们不会溺水身亡"或死于其他形式的窒息——包括"外国人所说的，几乎这个国家独有的一种最邪恶的犯罪的致死效果——自杀"。[④] 该协会推荐的某些方法稍微有些毛骨悚然，比如往患者的大肠里灌入烟草的烟雾，而另一些建议则没有这么古怪，而且事实上基本是合理的，如开展人工呼吸等。但是，该协会还是用了很多技巧和心思，以使它的活动吸引人们的注意。它会给为这项事业做出突出贡献的人们颁发奖章，并给写文

---

① Highmore, *Pietas*, p. 815–816.

② *Brief Statement of the Royal Humane Society* (London, 1801), p. 73.

③ J. Johnston Abrahams, *Lettsom* (London, 1933), p. 141.

④ Trans, *Royal Humane Society*, *1774–1784*, p. xvii.

章介绍协会的人发奖金。在年度聚会上，那些在当年被救的人会受到邀请，齐聚在理事面前，这些理事在亲眼看到自己慈善行为的果实后，会情不自禁地感到万分满足。[①] 该协会在伦敦和联合王国其他地方设立了很多站点，甚至那些分布很远的站点，如牙买加、布拉格、圣彼得堡和波士顿、马萨诸塞等，也都加入了这项运动。该协会声称自己自成立后的 27 年里共救了近 2600 人的生命，而只花了很少的钱（但未作详细说明）。它列出了超过 600 名的捐赠人，其中有一些终身理事捐赠了 10 个金基尼以上，以证明它是由仁善的公众支持建立起来的机构。[②]

六

我们认为，整场监狱改革运动都位于慈善之外，或者至少是处于慈善事业的边缘位置。欠债的因犯的事情，有数千人因为慈善的个人或团体的努力而被释放，虽然似乎与慈善直接相关，但也不值得我们详细来谈。值得一提的是，那些被投入监狱的欠债者大都是因为欠了很少的钱，而他们因此所背负的法庭诉讼费用和监禁费用则要远远超过他们原来的欠债。狱卒向他们勒索监禁费用，律师、法警，以及各类附着在这类诉讼上的人也都强加了不少费用，这些经常使得欠债的人几乎成为被终身监禁的因犯。1792 年，下议院委员会发布报告说，荒唐的是，欠债 12 英镑，各类费用却高达 28 英镑，欠债 14 先令，费用却高达 6 英镑 10 先令 10 便士。同时，它还报告说，有一个因犯因为欠了 4 英镑 10 先令，而在因船上干了 8~9 年，另一个因犯则因为欠了 35 英镑而被监禁了 24 年。[③]

虽然下议院委员会对现实情况感觉很沮丧，但事实上，在这个世纪里，还是有了一些改善的。1716 年，有一名改革者宣称，有 60 名欠债者在监狱里受苦，而乔治夫人则提出，如果把他们的家属也算进去的话，那情况或许还要更不乐观。[④] 无论总人数到底有多少，毫无疑问的是，

---

① Malcolm, *Manners and Customs*, I, 83.

② *Brief Statement of the Royal Humane Society*, pp. 8 – 9, 77, 79. 笔者没有找到关于该协会在 18 世纪的财政状况的报告。笔者现在能找到的报告中主要是对该机构成功案例的介绍，以及一些想要唤起公众对该事业兴趣的宣传材料，而没有协会收支情况的数据。不过，在 1800 年，该协会的收入是 1525 英镑，这应能反映出该协会的年度收支情况。

③ *Commons Journals*, 47: 647 (2 April 1792).

④ Geroge, *London Life*, p. 307.

在这个世纪初，被投入监狱的囚犯的人数是十分惊人的。在此后数十年间，由于立法机关和个人的共同努力，欠债者和其他囚犯的状况都有所改善，但没有一项改革真正对这一问题产生决定性的影响。[1] 在基督教知识普及协会的工作日程表上，很早就出现了改革纽盖特监狱和其他监狱的计划，而且该协会的成员甚至还就此事出席了议会。[2] 协会、卫斯理以及早期的卫理会教徒开展了数次监狱探访，虽然他们的主要目的是去看囚犯的改造，而不是监狱改革。[3] 詹姆斯·奥格尔索普（James Oglethorpe）因为一个熟人在囚船上被虐待致死，而怒火万丈，大发雷霆，于是下议会委员会便授权他"调查联合王国监狱的状况"，这才推动监狱改革成为公众关心的话题之一，哪怕这只是在一小段时间里。[4] 奥格尔索普报告忧心忡忡地揭露出，整个监狱管理系统从头烂到了尾，这份报告的直接结果是推动议会出台了"欠债人释放法案"。[5] 无论这份法案是否有缺陷，但至少它让数百名不幸的囚犯被释放回家了。

这些被释放的欠债者糟糕的境况和毫无希望的未来使得奥格尔索普启动了他准慈善性的殖民地计划。为什么不能让这些人去新世界有一个全新的开始？各种好奇且互不相干的人捐出钱来支持奥格尔索普的这一计划。其中有5000英镑来自一笔价值15000英镑的用于慈善目的的遗赠款。这笔遗赠款惹上了官司，而奥格尔索普则帮忙解决了这场官司，于是，遗嘱执行人为了表示感谢，将其中5000英镑捐给奥格尔索普用于他的计划。还有一笔很大的款项来自布雷博士联合会，该机构主要为延续布雷的慈善行为，以及管理达艾龙（D'Allone）（1689～1694年玛丽女王的秘书）的一笔遗赠款而成立。虽然奥格尔索普筹集到的11000英镑的善款对于他所构想的计划来说是杯水车薪，但他和他的朋友却认为他们正在开展的是一项充满热情的、难得的广为人知的筹款活动。他们最初的安置100名欠债者的计划后来快速发展成为开拓一块新的殖民地的计

[1]　J. L. Hammond, "Poverty, Crime, and Philanthropy," *Johnson's England*, I, 326; S. and B. Webb, *English Prisons under Local Government* (London, 1922), pp. 40 – 41.

[2]　Allen and McClure, *Two Hundred Years*, pp. 54 – 57; McCulloch, "The Foundation of the S. P. C. L. ," *Historical Magazine of the P. E. Church*, 18: 14 – 15 (1949).

[3]　Eric McC, North, *Early Methodist Philanthropy* (New York, 1914), p. 52.

[4]　关于奥格尔索普的报告，参见 *Commons Journals*, 21: 274ff, 376ff, 576ff。

[5]　3 Geo. II, c. 27.

划。于是，国王给他们颁发了特许状，而他们则立刻就链接上了伦敦市的资源，东印度公司给他们捐了 600 英镑，伦敦银行捐了 300 英镑，而政府感觉到可以通过这种方式解决当时普遍的流浪汉问题，便也提供了一笔 1 万英镑的拨款。

虽然奥格尔索普成功地在北美建立了一块新的英国殖民地，但他和他的朋友们却没有想出管理被释放的欠债者或者，更准确地说，普通英国贫民的办法。在最初的 8 年里，915 名英国移民来到佐治亚，但并非所有人都值得帮助，即他们不都是那种能够自立，却没有一个自立的公平的机会的人。① 此外，虽然奥格尔索普自己的想法可能是慈善性的，但是，这个项目从一开始就是一项公共事业，而不是什么私人支持的慈善事业。1733 ~ 1740 年，议会共拨款给殖民地 94000 英镑，而捐款人则向殖民地捐了 18000 英镑。② 佐治亚殖民地计划的发起来自人们的慈善冲动，而它的实现，如果没有国家的协助，则毫无可能。

甚至在奥格尔索普揭露囚船和马歇尔希监狱的糟糕状况以前，有的慈善人士就已经开始帮助那些悲惨而又贫穷的欠债者了，这样既能解救受难的个体，又不至于触及司法体系，所以，他们感到很满足。比如，在 1717 年 8 月，一个匿名的爱心人士据说从马歇尔希监狱搭救了 30 个人，给他们衣服穿，请他们吃饭，并给他们每人 2 先令 6 便士，然后 6 个月后他又这么做了一次。马尔科姆提到，在 3 年里，因为罗马天主教徒的捐赠，共有 1100 名小额欠债者（具体数据不详）被从马歇尔希监狱释放了。想要为这些不幸的人做点什么事情的冲动感染了整个上等阶层。乔治一世给了 1000 英镑，他的贴身男仆，一个名为穆罕默德（Mahomet）的土耳其人，据说解救了 300 名小额欠债的人。③ 此外，在 18 世纪中，还有很多人捐出了善款，其中绝大多数是小额捐赠，目的是解救欠债者，或者给他们提供食物和钱。④

不过，个人慈善能够做的事情是很有限的。而到 18 世纪 70 年代以

---

① *An Account Shewing the Progress of the Colony of Georgia*, 1741 (*Force's Tracts*, I, 30).

② *Ibid.*, *passim*; L. F. Church, *Oglethorpe* (London, 1932), p. 252.

③ Malcolm, *Manners and Customs*, I, 23 – 24, 27. 关于贵族和上流人士解救欠债者的例子，参见 Lewis and Williams, *Private Charity in England*, 1747 – 1757, pp. 15ff.

④ S. C. *on King's Bench*, *Fleet…*, 1814 – 1815, App. 29 – 30.

后，联合慈善技术被运用于帮助欠债入狱者，情况也就开始改变。驱动这种改变的力量是詹姆斯·尼尔德（James Neild），一个富裕的伦敦珠宝商。他在还是学徒时，曾去看过一个在国王法庭受审的欠债的学徒同伴，他对眼前的情况感到十分震惊。在18世纪60年代，他花了很多业余时间去调查监狱的状况。但是，真正促动尼尔德去正式组织他人从事这项事业的还是他1772年2月在皮姆立科的夏洛特礼拜堂里听的一次布道，当时的布道者是"纨绔牧师"威廉·多德。① 他一共筹集了81英镑，于是尼尔德和他的小委员会就可以解救34名欠债者了。他们的第一步看起来很令人感到安慰，因为在1773年5月，他们成功地成立了一个社团，名为"解放和解救小额欠债入狱者社团"。

总的来说，这是一项很棒的、管理周全的慈善事业，甚至我们可以这么公正地说，"没有什么慈善机构能够拥有如此广泛的支持者，他们都极其热情地参与其中"。② 该协会只会帮助那些欠债少于10英镑的人（或者债主同意只接受10英镑即放人也行），但平均解救1名囚犯的费用不足2英镑11先令，这其中还包括社团的行政开支。它的政策是不全额偿债务，但要求债主完全销账。社团的行政人员负责从大量个案中找出有价值的个案，特别是那些有家庭的男性，如果他们被搭救出来，清除债务，就可能回到正常的生活的话。自成立开始到这个世纪结束，该协会一共解救了16405名囚犯，平均每年600人，总开销为41748英镑。③

与大多数慈善组织不同的是，草屋协会恰如其名，吸引了各种各样的慈善人士的关注。同时，它也从遗赠信托里获得了收入，当时，人们将之前直接用于解救欠债者的钱交给该协会来管理。④ 在1799年发布的协会的账目中，（自成立开始）协会的捐赠人清单共有75页之多，这些捐赠既有来自慈善布道的募捐收入，也有来自商业公司的捐赠、遗赠、出租马车租金、博彩活动筹款、餐会筹款，以及个人的捐赠等。这些项目的收入会按照下述方式计入协会的账目：

① 而该社团的官方记载有意地略去了布道者的姓名。
② （J. Neild）*An Account of the Society for the Discharge and Relief of Persons Imprisoned for Small Debts*（1799 ed., London），p. 27.
③ *Ibid.*, end paper.
④ *Ibid.*, pp. 27–28.

项目	英镑	先令	便士
安德鲁主教慈善机构理事的捐赠（14 名捐赠人）	1600	0	0
酒馆账目剩余款	0	12	9
在酒馆里为支持怀尔科斯先生竞选市长而举行的博彩活动	3	13	6
9 位出租马车夫的佣金	3	8	0
伊顿公学教务长的捐赠	5	5	0
罗伯特·赫里斯爵士公司的捐款（23 名捐赠人）	84	5	0

　　如果我们认为草屋协会只想把人从监狱里捞出来，这是不对的。虽然在它的章程中，没有提到它有其他的宗旨，但其实它的领导人还有其他想法。他们并不认为因为一点债务就把人投入监狱的做法是公正的、可接受的，所以，他们指挥开展了一系列连续的宣传活动来反对这种做法。协会发布的年度报告开篇通常是一篇谴责，即"将小额欠债者投入监狱是不公正的，不明智的，不人道的，对社会是一种伤害"，并提出一项合理的主张，要废除这种做法。事实上，该协会的一项重要的贡献就是揭露出了对小额欠债者的不公正的处置，以及英国监狱里可怕的情况。詹姆斯·尼尔德是一名监狱调查员，约翰·霍华德合法的继任者。他也对推动英国监狱逐步改变做出了一定的贡献。他与莱特森（Lettsom）博士的通信于 1803～1813 年在《绅士杂志》上发表。这些通信对监狱和囚犯的情况做了生动的描述。他的其他调查记录汇编成了《监狱状况》（1812 年）一书。该书使他在众多改革者中占据了一个突出的位置。

　　我们在这里还要简单提一下被关在外国监狱的囚犯的情况，因为很少有吁请能够得到如此积极的回应——这些基督徒俘虏被关在伊斯兰国家，或在那里被奴役，而有人代表他们在英国提出赎身的吁请。根据笔者的研究，这些为俘虏筹集赎金的信托，历史都很悠久，所以也都积累了大量的资金，而随着它的受益人逐步减少，它们的收入却不断增加，这给衡平法院和大律师们留下了很多复杂但又利润丰厚的工作。① 此外，

---

①　其中几家较为著名的基金是托马斯·贝通（Thomas Betton）（1723 年）遗赠成立的机构（他将他留下的产业的一半用于这一目的），以及亨利·史密斯（1627 年）在较早前遗赠成立的机构。在乔丹所称的 180 年里"最重要的，也是最有趣的"慈善信托机构中，史密斯遗赠是一个相对次要的对象。［*The Charities of London*，*1480–1660*（London and New York，1960）. p. 122］

值得一提的是，18世纪，英国还向北非诸国支付赎金，以解救那里的基督徒俘虏，这些赎金有的来自人们的直接捐赠，也有的来自这些遗赠信托收入。1721年，在英国与摩洛哥签订协议后，280名囚犯被释放回到英格兰，但他们回国的举动却导致一场原本的慈善盛会发生了意外。这些被释放的囚犯"穿着摩尔人的衣服"，列队前往圣彼得大教堂，他们的突然到访[1]给这场慈善活动造成了巨大的干扰，使"很多慈善人士的善心大为受挫"，所以这场活动只筹到100英镑。在圣詹姆斯教堂，国王视察了他们，并给了他们500英镑，此后，他们又去了莱斯特楼，在那里，威尔士亲王给了他们250英镑。[2] 在1734年，又有135名英国人，其中有9人是船长，被从北非释放回国。国王接待了他们，赐给他们钱，还在五金商同业会馆里请他们吃了顿饭。[3] 至于这场谈判是如何进行的，花了多少钱，则无人可知。我们也无法估计英国在这方面的慈善开销到底有多大，我们只知道它以爱国和虔诚为名，获得了资金。但是，对于某些英国人而言，解救基督徒奴隶的困境是一项有利的、富有意义的事业，而且这一事业可能还与另一项事业，即之后几代英国人在遥远的异域土地开展传教事业有着潜在的联系。

中欧的新教徒遭受迫害的事情，引起了英国人的同情。在被本地的新教徒居民骚扰数年之后，1731年，萨尔茨堡大主教终于将他们撵走了。于是，有数千个家庭去德国其他州和立陶宛安了新家。当他们遭受折磨的消息传到伦敦的时候，人们迅速成立了一个救助基金，基金总额达33000英镑。比如，在威斯敏斯特的圣玛格丽特修道院，人们共举办了4场慈善布道和1次上门募捐，所得善款用于帮助流亡的萨尔茨堡新教徒。[4] 事实上，每当国内外出现大规模的灾难事件时，英国人都会成立一个急救基金。大规模的火灾必然引发人们的慷慨解囊，而遇到严冬，人们也通常会开展特别的救济募捐。比如，在1767～1768年，珀西（Percy）伯爵捐赠了400英镑，而另外的200英镑则是在阿尔玛教堂里

---

① 根据上下文意思，他们到访，应该是去讨要救济的。——译者注
② Malcolm, *Manners and Customs*, I, 26.
③ *Ibid.*, I, 42. 同时参见 Lewis and Williams, *Private Charity*, pp. 68 – 70。
④ Church, *Oglethorpe*, pp. 141 – 144；Malcolm, *Manners and Customs*, I, 29.

筹集的。① 如果碰上贸易凋敝、工人失业，且情况十分严重的，慈善的人们也会进行捐赠。但对于这类吁请，18 世纪英国人所给予的回应可能有些忽冷忽热，而如果遇上的是什么惊人的紧急事件，而且有一群体面的人出来发起筹款的话，那英国人就会给予积极回应，这些人也能筹得可观的善款。所以，在 18 世纪英国慈善综合体中，非正式的联合慈善，以及有组织的社团，都是很重要的元素。

最后一类吸引慈善人士行动的社会问题是济贫法体系存在的缺陷。《定居法》对符合教区救济的人的标准做出了规定，不符合这一标准的人包括：欧洲大陆来的难民、法国战俘、德国巴拉汀来的去往美洲的人，以及苏格兰、爱尔兰和英格兰擅自迁移的居民。在 18 世纪早期，英格兰胡格诺教徒的处境引起了他们的清教徒同伴一定的同情。这些清教徒发起了一些机构来救济胡格诺教徒。其中最著名的是法国贫困新教徒医院（1718 年），这家机构一半是济贫院，一半是（现代意义上的）医院。到这个世纪末，该机构共能容纳"200 名上了年纪的，或身体、心智存在异常的贫民"。② 在英法七年战争期间，其他来英格兰的法国人是以战俘的身份来的。当衣服出现短缺，天气严寒，以及住宿环境不卫生，引起他们生病或死亡时，英国人便开展了捐赠活动，一共捐赠了约 1800 英镑，用于救济他们。此外，特鲁里街的剧院还开展了义演活动，其中演出开场的歌是这么唱的：

> 围观的人群还是冷漠地看着，
> 但每一个英国人的心却大方怜悯，
> 他们慷慨而又勇敢；虽然他们心似钢铁
> 勇敢无畏，但他们心里还是有着
> 慈善那温柔的冲动：他们赞美这一点，
> 那里面有着对谦卑的歌颂，对自傲的压抑……
> 所有人，只要想得到帮助，就能如愿以偿；
> 因为英国人是所有人的朋友。③

---

① Malcolm, *Manners and Customs*, I, 74.

② Highmore, *Pietas*, p. 255.

③ Malcolm, *Manners and Customs*, I, 52 - 53.

在德国人和法国人提出人道主义的吁请时，英国人立刻给予了回应。德国巴拉汀人不止一次受到怂恿去英格兰，发起人承诺说会用船载着他们去美洲，但后来却把他们抛弃了。比如，1764 年，有 600 名贫穷的巴拉汀人被（德国的）发起人抛弃了，在博（Bow）附近饿死了，而另外 200 人还被扣在船上，因为他们没有付从德国来的船费。古德曼广场的德国路德教会的牧师带头发起了一场筹款活动。巴特森咖啡屋的牧师出了 800 英镑，而国王则给了 300 英镑，政府还提供了帐篷和其他生活必需品。不过，在巴拉汀人启程前往加利福尼亚前，他们很不幸地见识了 18 世纪伦敦的另一面。周日早上，4 个塞满衣服的帐篷被抢劫了。当时，人们都去做礼拜了，而只有孩子被留下来看家。劫匪只用半个便士就把这些孩子给骗了。劫匪给他们半个便士让他们去买蛋糕吃。①

另一类普遍的苦难现象是某些市民生活贫苦，却又不符合公共救济的标准。在所有的较大规模的城市里，都有不少贫民，他们没有合法的定居权，不能向教区的政府提出救济申请。其中有一些得到了住在城里的富裕的同乡的帮助。1665 年，查理二世特许伦敦苏格兰社团成立，以救济"英国北方人，因为他们无权享受英格兰诸教区的救济"。② 伦敦的威尔士居民，作为"古不列颠最荣耀的和最忠诚的群体"，成功地为他们不幸的同乡的孩子们开办了一所慈善学校。这所学校最初在哈顿公园附近的一个房间里，然后又搬去了克勒肯维尔格林，最后则搬到了格雷旅馆路，因为这最后一个地方的设施可以接纳 150 名孩子入读。③ 在各郡中，赫里福郡（1710 年）是最早行动的一个，它率先成立了一些协会，来帮助住在伦敦的贫困同乡。

在众多组织中，救助范围最广的是 18 世纪晚期成立的一家组织，名为大同善意协会——这是这个世纪里最为奋进的名称之一。它的前身是诺里奇的苏格兰人协会。苏格兰人协会是一家救助无权享受教区救济的苏格兰人的机构。该协会在 1784 年扩大了服务范围，这个新的服务范围与它的新名字即大同善意协会一致。在该协会中，苏格兰人拥有第一序

① Malcolm, *Manners and Customs*, I, 17, 64–72.
② *A List of Charitable Institutions in Great Britain*（York, 1794）.
③ *A Brief Account of the … Society of Ancient Britons for Supporting the Charity School*（London, 1827）.

列的获得救济权，然后是英国人，最后是外国人（有很多外国人得到了帮助）。在 10 年里，有来自至少 18 个国家的超过 1000 人得到过帮助。① 虽然最终该协会未能在伦敦扎下根，但伦敦和各地的外地人之友协会则做了类似的事情，解决了这一问题。这些协会的原型是早期的卫理会教徒访问协会。卫理会教徒访问协会采用这样一种形式，即"上门走访和救济生病和受苦的外地人和其他穷人"。② 事实上，这个领域是在这个仁善的时代里，受卫斯理运动直接影响而产生慈善行动的少数几个领域之一。③

　　和观察着 18 世纪世界的其他人道关切而又消息灵通的人一样，约翰·卫斯理心里也很确信，这个世纪的慈善活动是千古功德的事情。虽然他可能对这个时代的道德和仪止感到沮丧，但他还是承认这个时代产生了一种对人类所受苦难的全新的同情。"尽管一方面奢靡和亵渎在不断增长，"他在临终前承认，"但另一方面，对各类人类苦痛的同情和仁善也在不断增长，而且所采用的是一种自古以来未曾见过的形式。关于这方面的证据，我们可以看到，在这个世纪里，至少伦敦城里或附近新建的医院、医疗所以及其他公共慈善设施的数量，要超过前五个世纪的总和。"④ 历史学家恐怕没人会想推翻卫斯理的这一看法。

---

① *Articles and Regulations Proposed for the Society of Universal Good Will*（1789）；Gray, *English Philanthropy*, pp. 169 – 170.

② 该引文来自 1785 年由伦敦卫理会教徒成立的慈善或外地人之友协会的名字，转引自 Ford K. Brown, *Fathers of the Victorians*（Cambridge, 1961）, p. 238。

③ North, *Methodist Philanthropy*, pp. 46 – 52. 关于卫理会教徒成立的地方的外地人之友协会的例子，参见 Margaret B. Simey, *Charitable Effort in Liverpool in the Nineteenth Century*（Liverpool, 1951）, p. 21。

④ 引自 North, *Early Methodist Philanthropy*, p. 118。

第三章　18 世纪的捐赠人和慈善信托

一

到目前为止，我们一直关注的是在 18 世纪出现的新型机构，即医院和慈善学校，因为它们都是福利模式方面最著名的创新。通常，它们都采用一种为特定宗旨而进行志愿联合的形式，而英国的中上层也都将向这类机构捐款作为一种可以接受的替代直接布施的，或者额外的做善事的方式。当然，除了向这类机构捐款以外，慈善家的其他善行依旧是慈善领域中的一股决定性的力量。从这里开始，我们将把目光从受益人转向施益人，从受捐的机构转向捐款人，特别是那些家财殷实且心向慈善的人。

要想推断到底是什么原因促使他们捐赠或者将大笔金钱遗赠出去，用于公共目的，这么做是没有什么用处的。由于有志愿型组织的推动，虔诚、人道主义关切和爱国主义等都在一定程度上发挥了作用，而我们也不能忘记一些没有那么高尚，但无疑也是很有用的因素，即想要获得公众（或当地）的尊重，想让自己名垂青史，甚至因为讨厌自己的亲人（这虽然不那么好听，但却是经常出现的导致慈善行为的辅助因素）。所以，我们也只能大概窥测 18 世纪慈善捐赠特征变化的某些趋势——它的发展方向，所关注的对象，其中的主要代表人物，以及与慈善行为相关的法律规定。

在一开始，我们要回顾一下法律对慈善组织的分类。法律将它们分为两大类：志愿型的和大额捐赠发起成立的。虽然这两类机构所发挥的作用相似，但从法律的角度来看，它们却有本质的区别。如果一个儿童之家组织是靠志愿型的认捐来维持的，而另一家孤儿院则是靠信托提供的资金来运营的，那么这两家机构的基础是完全不同的。就前者而言，法律没有做出太多规定。它既没有提出太多要求，也没有给予什么特权。而就慈善信托而言，即永久性的慈善捐赠，法律就有很多复杂的要求了，于是它也就成了资产管理方面一个规定繁多、规则复杂的分支了（当然利润也是很丰厚的）。当然，慈善法是一个非常复杂的话题，哪怕就是对其发展做一个概略性的研究，都是一件很宏大又很困难的事情，这超越了本项研究的范围，也不是笔者之力所能逮。① 就算是这样，由于在随后的内容中，大额慈善捐赠大量出现，所以我们还是不可避免地要对其中一些问题做非技术性的解释。

虽然慈善法肇始于 1601 年《伊丽莎白慈善目的法》②，但慈善信托早已是一个为人们所熟知的工具了。在最开始，这是一种将财产捐出，用于宗教目的的办法，所以，它在宗教法庭的保护下得到发展，然后它逐渐扩展，纳入了世俗目的。③ 于是，捐赠人或立遗嘱人便可以信托的形式，将财产交给另一个人或数个人，指定用于法律规定的慈善目的，而衡平法院则从宗教法庭那里接过这项工作，逐步替代了僧侣，展示出自己在这方面的优势。对于一个以慈善为宗旨的信托，衡平法院不仅会放弃关于信托存续期限的一般性规定，允许其永久存续，而且在该信托的原始宗旨无法实现的情况下，还会给它指定一个新的近似于立遗嘱人原始目的的宗旨（最近似原则）。之所以会这样，是因为法律推定立遗嘱人的目的是"以善功为自己的灵魂增益"，而如果仅仅因为特定的运作模式无法运转，就导致他的目的无法实现的话，那这是令人难以接受的。④ 简单地说，诚如南森委员会总结的那样，慈善信托拥有三个特殊的特权："不适用关于存续期限的条款；尽管遗嘱关于慈善的条款含糊不清，但其依旧可以成为一个有效的或'正常的'信托（在这种情况下，

---

① 近来，一项不是那么过度技术性的，但又被普遍认可的研究是乔治（George W. Keeton）的作品，即《当代慈善法》（*The Modern Law of Charities*）（London，1962）。

② 43 Eliz.，c. 4.

③ 关于 1601 年伊丽莎白第 43 号令的出台背景及重要性，参见 Jordan，*Philanthropy in England*，pp. 109 – 117；关于该法的简述，参见 Lord Nathan，*The Charities Act, 1960*（London，1963），pp. 2 – 4。

④ *Nathan Report*，Par. 71，引自 *Tudor on Charities*，5th ed.（1929），pp. 142 – 143。

法院可以为其制定明确的条款）；如果创始人一开始设定的目标不可行，或在日后的运行过程中变得不可行，则该信托可以获得新的目标。"①

伟大的伊丽莎白法令所做的事主要并不是创设了一个关于慈善目的的概念，而是（用乔丹的话来说）将"急切需要正统表述的事物法典化了"，并通过给予捐赠人以可靠的法律保护来促进慈善捐赠。② 这份跨时代的文件清楚地宣示，慈善不再是一种宗教活动，现在已经成为一种社会建设的工具了。伊丽莎白法令的主要目的是矫正和防止在慈善组织管理方面的不当行为，并设定程序（本章下面的部分会予以介绍），以保证英国在信托中的财产得到合理的、诚实的管理。在这部法令中，也有一些宣传性内容，目的是推动其余捐赠人参照国家设立的榜样和"其他处置的很好的人"来做。对于他们而言，伊丽莎白女王的议会不仅像备忘录一样，在法令的前言中列举了各种被视为慈善的目的，而且还对用于慈善目的的财产给予了特别有利的待遇。

毫无疑问，伊丽莎白第43号令通过阐明法律对慈善的态度，以及强调公共机构的慈善利益，在一定程度上推动了在18世纪的前40年里，用于公共目的的财富的井喷。不仅如此，这部古老的法令，特别是它的前言（对慈善目的做了非正式的列举），是慈善立法的基础，在此后三个半世纪里，大量、详细而又摇摆不定的（这是某些衡平律师干预的结果）慈善法体系就是建立在它之上的。从那时开始，这部法律的前言就是关于慈善目的的最终权威，而尽管如此，它并未对慈善目的给出什么定义，而仅是特意地列举了一些在数个世纪以前就被认为是慈善的目的。尽管在很多时候，人们在情感上想要一个更为精确的定义，但到头来，人们还是决定反对这种将概念限定为一个法律公式的做法。

二

要对18世纪的捐赠数量和方向得出一个令人满意的定量结论，就需要像乔丹教授分析都铎－斯图亚特王朝那样来进行数据分析。新的慈善捐赠和遗赠主要是根据在18世纪早期由捐赠人所探明的，并为他们所熟

① *Nathan Report*，Par. 70.
② Jordan，*Philanthropy in England*，p. 112.

悉的路径开展的。除了医疗机构（一个非常重要的受捐主体），以及慈善学校（重要性稍微差一点的）以外，在这个世纪里，慈善家们并没有把捐赠挪到其他什么别的目的上。虽然有很多例外的情况——托马斯·盖的皇家基金会可能是其中最值得纪念的一个，但 18 世纪的新兴捐赠确实是缺少了充满想象力的翻天覆地的变革，也就是乔丹在前两个世纪里看到的那种情况——在前两个世纪里，英国人"不计成本地大量支出，以尝试将那些大胆的想法变成社会现实"。[1]

但是，如果我们将 18 世纪的慈善说成急剧下坠的，则会遗漏掉新机制的重要意义，而正是通过这种新的机制，慈善捐赠才得以继续开展下去。我们需要再重复一遍，这个世纪最重要的成果不是由个人成立的公共目的的永久性信托，而是社团和协会，以及在慈善运作方面产生的影响深远的改进。在过去，人们的慈善表达可能是捐出某项财产上的永久性租金，而现在则变成了向一个机构或社团捐款。比如，18 世纪 70 年代，约克郡精神病院就是靠大概 300 人捐款而得以建设完成的。在这 300 人的捐款中，最多的一笔捐款高达 500 英镑，而多数人捐款数则为 100 英镑。[2] 建设新的全科或专科医院之所以成为可能，就是靠这些捐款人，以及凭借不断流入的善款而成功运作的。

这还只是全部改变的一部分。当时，有大量可靠的志愿型机构不断开展社会筹款活动，而正是这些机构推动了立遗嘱人遗赠方式的转变——至于这种情况有多普遍，现在已经很难确知了。当然，据乔丹的材料显示，在这个世纪里，永久性慈善信托所收到的遗赠款已经不像初期那么多了。[3] 捐赠人通常会把财产遗赠给慈善机构，且不附带任何条件，这些机构大都承受着慈善界常见的贫困之苦，故而将这些遗赠款视为一笔救急的当前收入。所以，这些遗赠并没有增加英国的慈善捐赠总量，而在正式的慈善资金账目（《吉尔伯特申报表》与《布鲁厄姆委员会报告》）中也找不到这些款项。除了捐给一些著名的机构的遗赠会出现在它们的年报和其他公开材料里以外，捐给其他机构的遗赠则没有出

[1] Jordan, *Philanthropy in England*, p. 322.

[2] *Abstract of the（Gilbert）Returns of Charitable Donations*, 1786 - 1788, repr. 1816, pp. 1440ff.

[3] Jordan, *Philanthropy in England*, p. 118.

现在任何历史记录里，也没有被用于慈善的实践目的。

当然，人们也能指出这些数据，即在成立后的头 16 年里，从良妓女收容所共收到遗赠款 27500 英镑，其中绝大部分款项都没有规定具体的信托条款，同样的情况也出现在英国妇产科医院在 1750～1770 年高达8300 英镑的收入之上。1751～1891 年，圣路加精神病医院收到的遗赠款超过 8 万英镑［包括卷宗主事官托马斯·克拉克（Thomas Clarke）爵士的一笔 3 万英镑的遗赠款］。其中具体哪一部分进入了信托目前无法确知，但我们现在可以确知的是，其中绝大部分成为圣路加精神病医院自己的财产。早在 1780 年，圣路加精神病医院收取的财产孳息就已经超过了 3000 英镑。① 自 1740 年成立后两年，伦敦医院采取了一个相当大胆的举动，医院理事会决定成立资本基金，并将遗赠款直接纳入该基金——基于此，人们可以推断出，其中有一大笔款项成为没有限制的钱。② 所以，这也就说明了，无论对于 18 世纪捐赠的研究多么详尽，也无法对当时的慈善捐赠做出一个准确的估算。在都铎－斯图亚特王朝时期，有一些慈善款项是流动在慈善信托法规定的渠道以外的，而这些款项在一定程度上是不为人们所知的。

虽然在这个世纪里，很多捐款都采用认捐和现金遗赠的方式，但英国信托基金还是有巨大的增长。这些增长来自两个方面：老的基金的增值和新的基金的成立。目前，我们很难算出到底增长了多少。我们所能做的是举出几个，甚至是个别的案例，来说明其发展趋势。

很明显，老的基金收入的增长主要是因为城市或农村土地的增值。土地为英国慈善行业提供了超过 3/4 的收入。③ 当然，受托人经常没法获得资产增值的全部好处，这是因为他们总是签订期限过长的租约，有时合同条款又过于宽松、慷慨，而且他们还有一个习惯，即在续约时，虽

---

① *Corr. Between the Treasury, Home Office, and the Charity Commission*, 1865, p. 113; *Account … of the British Lying-in Hospital* (1771), pp. 26 - 29; *Reasons for Establishing St. Luke's* (1780); *Reasons for the Establishing and Further Encouragement of St. Luke's* (1851).
② *Corr. Between the Treasury …*, 1865, p. 235.
③ 这一比例是基于十分不完整的《吉尔伯特申报表》得出的。尽管如此，但这还是足以说明问题。根据《吉尔伯特申报表》，来自土地的收入为 210450 英镑，而来自投资基金的收入为 48250 英镑。[*Abstract of the (Gilbert) Returns*, 1786 - 1788, repr. 1816, p. iii]

然资产价值增长了不少，但租金却只涨一点。有一个例子是诺威奇的女子医院，布鲁厄姆委员会发现，在该医院签订的 20 份租约中，只有 1 份合同的期限是短于 99 年的，而有 1 份合同的期限是 202 年，所有合同的平均期限是约 125 年。该委员会极为反对的是，它在出租财产时，"合同期限远长于衡平法院通常规定的期限，哪怕是在房屋出租时也是如此，而且，它的租金又远远少于转让该财产时，财产的实际价值"。①

虽然慈善财产的管理不如普通土地那么有效，但它还是分享到了城市发展、农村改善的红利。比如，在 18 世纪里，圣克莱门特·丹尼斯机构在霍尔的不动产就增值了近 2 倍。② 象与城堡机构（The Elephant and Castle）的慈善财产最初的租金（1673 年）是每年 5 英镑；到 1797 年，租金是 190 英镑；到 1818 年，是 623 英镑。③ 公立文法学校在考文垂的财产的收入呈现出下述令人满意的增长④：

年份	英镑	先令	便士
1743	155	14	8
1763	202	—	—
1780	223	4	—
1801	284	8	—
1820	486	5	—

在 18 世纪的前半叶，威尔特郡弗洛克斯菲尔德镇的萨默塞特医院的捐赠收入从 226 英镑增长到 500 英镑。与此同时，1692 年，该医院将一块 41 英亩的农地租给菲尔特美克斯公司来管理，到 19 世纪早期，这块土地的租金比原来增长了 3 倍之多。⑤ 我们可以很容易地举出增长更为迅猛的例子。尽管土地值的急速增长是 19 世纪的一个现象，但是，很明显，英国的慈善组织早已享受了复辟时代和英国革命之间的经济扩张所带来的红利。

---

① *27th Report of the（Brougham）Commissioners*，1834，p. 552.

② R. J. Pooley, "History of the St. Clement Danes Holborn Estate Grammar School, 1552 – 1952"（unpubl.），pp. 31, 43.

③ *16th Brougham Report*，1826 – 1827，p. 380.

④ *28th Brougham Report*，1834，p. 127. 到 1832 年，该财产每年的租金达到近 900 英镑。

⑤ *R. C. on the London Livery Companies*（C. 4073），1884，III，378，421.

　　但是，论及新成立的信托基金，18世纪绝不是一个荒芜的时代。哪怕是那些完全为传统目的而设立的基金，其数量也叹为观止，资金数巨大无比。我们可以采用一种方式来测算新成立的基金的规模（当然这种方式有点粗糙）。我们一共收集了近1000家（973家）信托基金以及它们的成立日期。这些慈善基金的信息都来自《吉尔伯特申报表》与《布鲁厄姆委员会报告》。它们代表了分散在各个方位的6个郡的情况，其中既有农村地区，也有城市地区。在所有信托基金中，有不到40%（39.47%）的基金成立于1688年之前，有约35%（35.66%）的基金成立于1689～1740年，还有约25%（24.87%）的基金成立于1740～1788年。所以，有超过60%的基金成立时间是在1689～1788年这100年中。当然，每个地区的情况都不太一样。在伦敦的10个教区中，成立时间较早的基金数量占优势，即于1688年前成立的基金约有80%；西面的圣邓斯坦教堂的记录显示，在全部32家信托基金中，除3家以外，其余都是在1688年以前成立的。在其他地区——如南兰开夏郡的部分地区、德比郡的海皮克地区等——1688年以后成立的基金的数量较多。当然，这些粗糙的、简单的数据也只能概略地反映当时的情况，并不能形成什么坚实的结论。[①] 不过，这些数据的确说明了人们在遗嘱中提到慈善的习惯在18世纪继续影响着立遗嘱人，所以在都铎－斯图亚特王朝时期，才会有如此之多的各种规模的信托基金成立。此外，下述数据也反映出了一个更为重要的结论，至少是关于慈善领域的一个重要分支的结论，即救济院和老年人慈善组织的成立时间的情况（数据来自朗特里委员会）。这说明18世纪早期是这类信托密集成立的一个时期。[②]

———————————

① 诚如下述，这些数据仅涉及信托基金的数量，而不涉及它们资产的金额。要想对后者做出估算，需要付出远超我们本项研究的努力，并掌握比笔者所能驾驭的更为复杂的数据处理技术。请参见查尔斯·威尔森（Charles Wilson）的研究 ["The Other Face of Mercantilism," *Trans. Royal Hist. Soc.*, 5th ser., 9: 93-94 (1959)]，他的研究主要关注1660年之后50年中的情况。

② B. S. Rowntree, Chairman, *Old People: Report of a (Nuffield Foundation) Survey Committee* (Oxford, 1947), p.117. 表格中的这些慈善组织都"限定受益人的住所地"。不限定受益人住所地的信托基金数量不多，而且18世纪成立的基金的数量要超过16世纪和17世纪。

年份	提供住所的慈善组织（家）	不提供住所的慈善组织（家）
1496 ~ 1595	55	13
1596 ~ 1645	121	24
1646 ~ 1695	99	44
1696 ~ 1745	116	47
1746 ~ 1795	34	47

　　上述材料反映了新建救济院的情况。从这份材料来看，18 世纪新建救济院的数量未能维持之前的水平（150 ~ 220 家），但是不提供住所的老年人慈善组织的数量却远超之前（68 ~ 96 家）。尽管如此，我们需要重申一遍的是，18 世纪的大量捐赠并没有采用慈善信托的形式，虽然这些捐赠的宗旨还是趋向于传统目的，而且新成立的信托数量也十分巨大。

　　无论是建立新的信托，还是做出传统的财产遗赠，18 世纪的立遗嘱人都没有表现出开拓新的慈善领域的倾向。《布鲁厄姆委员会报告》涉及 6 个分散在各处的地方社群的情况，对这些材料做一个详细审读，可以帮助我们形成一个关于 18 世纪大额捐赠慈善组织的精确的印象。在新成立的信托中，绝大部分（资金量都不太大）是以向穷人发放救济金为目的的——或者有时表述为："以全体穷人的利益为宗旨。"可能发放救济金或类似情况的信托要占新成立的信托数量的一半左右。数量排在第二位的是以教育为目的的信托，这些机构虽然数量较少，但每一个的资金量都要大很多。在有的城市，宗教信托和救济院信托也占据了重要位置。除这些宗旨以外，剩余的宗旨就是一个大杂烩，五花八门，如支付学徒费用，给商人提供贷款、嫁妆，或为公共目的提供土地等。直到 18 世纪末，医疗类组织都只是偶然出现，这可能是因为它们收到的遗赠款大都没有设定信托条款的缘故。

　　对 18 世纪地方上的老城市的基金做一个审查，便可知这些地方的情况与我们前述的内容一致。其中主要的基金通常成立于都铎 - 斯图亚特王朝时期，而到 18 世纪，捐赠人主要将他们的捐款用于成立新型机构，或者捐给以救济穷人为目的的知名慈善组织。比如，如果我们对 18 世纪埃克塞斯郡新成立的信托做一个审查的话，便可以知道，其慈善宗旨并没有太大的改变。1800 年的遗赠与 1660 年的遗赠，在宗旨上基本是一样

的。当然，可以肯定的是，有一些捐赠进入了慈善学校，但其中主要的
遗赠还是用于传统的慈善宗旨——给穷人提供面包、衣服或现金，维持
救济院里的穷人或"医院"里的孩子们的生活，或者救济贫穷的商人或
手艺人。这些捐赠的捐款人与受益人一样，是五花八门的。其中，有商
人，通常是某个公司的股东，喜欢救济穷人，以纪念自己的过往；有专
业人士，即医生或牧师，这两类人都喜欢把钱留给当地入读大学的孩子
们；偶尔还有乡下的士绅。

　　诺维奇的慈善信托的情况与埃克塞斯郡和地方上的其他老牌的繁荣
的城市一样。在这里，主要的慈善信托的成立时间还是 16 世纪或 17 世
纪，但它们的绝大部分资金的捐入还是在 18 世纪。对比 1700 年与 1800
年的慈善格局，可知两者之间的区分不在于慈善的种类，而在于发展程
度。比如，由爱德华六世批准建立的大医院（The Great Hospital）收到大
量立遗嘱人的遗赠，并从土地价值增值中获得大量收益，到 19 世纪早期
布鲁厄姆委员会开展调查时，这些土地的收入已经接近每年 6000 英镑。[1]
其他一些老牌的机构也经历了同样的增长，但慈善的基本格局没有太多
变化。不过，诺维奇是其中一家面向未来（虽然它并不太确定）的机
构的所在地。这家机构是一所医院，也是这个国家最早出现的医院之
一，其业务是护理和治疗精神病人。它的创立者是玛丽·查普曼（Mary
Chapman）女士。她是一名牧师的遗孀。她捐建了这所伯利特医院，然
后在 1717 年又将遗产赠予了它，"为了使该医院可以接收更多精神病人，
并为他们提供更好的环境，但该财产不得用于天生的智力障碍者"。[2] 这
所医院很快就成为诺维奇城里那些立遗嘱的人的钟爱对象，它在 18 世纪
中共收到 35 份遗赠，总计 8000 英镑。[3]

　　村里或镇上的慈善组织，和人们想象的一样，相比于城里的慈善组
织，规模相对更小，也更为传统。我们可以从柴郡农村地区的信托中随
机抽取一些例子：为当学徒的穷人，400 英镑（1732 年）；为教区的穷
人，200 英镑（1737 年）；为穷人提供面包，50 英镑（1786 年）；每年
给孩子买书，1 英镑 4 先令（1719 年）；收益用于给寡妇和孤儿在圣诞节

① *27th Brougham Report*, 1834, p. 519.
② Anon, *The History of the City and County of Norwich*（Norwich, 1768）, pp. 495 – 496.
③ *27th Brougham Report*, 1834, p. 597.

时买面包，10 英镑（1789 年）；伦敦一个商人捐的，帮助两个镇上的穷人，150 英镑（1721 年）。[1] 这些案例已经足以代表全英国农村地区的慈善组织了，也能说明各类遗赠的规模和目标。[2]

有一个经常的情况是，一个本地的男孩到伦敦去发了财后，总会给自己出生地所在的镇子捐一大笔遗赠款。这事实上是一种很常见的捐款形式。这种捐款，特别是其中如果还有伦敦的不动产的话，经常会超过本地人口的实际所需，甚至会成为导致当地道德败坏的动因。有时，一个本地的士绅，因为自己丢了面子，也会把自己的全部家产遗赠给镇上的慈善组织。

比如，赫里福郡的臭名昭著的贾维斯遗赠（1793 年）就是如此。乔治·贾维斯（George Jarvis）因为自己女儿的婚姻而颜面扫地，于是把自己的价值 10 万英镑的家产捐出来，给了 3 个教区的穷人。而这 3 个教区的总人口不足 900 人。这个空想式的信托，虽然是根据 1852 年议会的一个特别法令而成立的，但到后来，一直是一个老人难问题，困扰着慈善委员会。所以，该委员会在 1946 年对该信托的管理进行了一次公共调查。[3] 显然，贾维斯信托被纳入贝弗里奇爵士所说的"慈善恐怖屋"之列，是合情合理的。[4]

相比于地方市镇，伦敦的立遗嘱者们更注重新的慈善趋向。较大宗的遗嘱在提及传统的目标——给穷人发救济金、设立信托支付学徒费用等——以外，经常也会提到其他的目的——捐赠给一个或多个最近成立的机构。如果我们查看一下《绅士杂志》在一个有代表性的年份（1750年）里刊发的讣告，就会发现传统目的依旧是遗赠的主要目的，但人们时不时也会提到新的目的。让我们来举一个适当的例子，这个例子就是克拉珀姆的玛丽·帕克（Mary Parker）的遗赠划分。她遗赠了总价值达 1200 英镑的财产，将之按照如下方式进行划分：100 英镑给伦敦的医疗所；300 英镑用于救济病人；300 英镑用于救济贫穷的寡妇；200 英镑用

---

① *31st Brougham Report*, 1837 – 1838, pp. 461 ff.

② 慈善委员会的记录显示，救济类慈善组织不可能完全过时。比如，参见 1951 年 6 ~ 10 月成立的信托的名单，printed in the *Nathan Report*, App. H。

③ Memorandum by the Charity Commissioners to the Nathan Committee, d. 25 May 1950.

④ *Voluntary Action*（London，1948），p. 366.

于救济穷人；300 英镑用于解救因为欠债而入狱的穷人。

在同一年，达什（Dash）太太去世了。她死时留下了"巨额财富"。她捐了 500 英镑用于在艾尔沃斯修建一个济贫院，并作为该院的运作基金，而她自己也被隆重地安葬在艾尔沃斯。杜卡塞（Ducasse）太太将 2500 英镑遗赠给法国教会的穷人。城市商人约翰·洛克给了弃儿医院和圣托马斯修道院各 500 英镑。有一个姓威利斯的文具商遗赠了 500 英镑给威斯敏斯特的圣玛格丽特修道院的穷人，500 英镑给威斯敏斯特医院，以及——这引入了一个新的方向——600 英镑给"托西尔乡间的农民，他们正饱受牛瘟的困扰"。①

三

要想了解 18 世纪慈善事业的席卷之势和多姿多彩，就有必要来看看其他 6 位捐赠人。这个世纪的慈善事业是一个奇怪的混合体，因为这个世纪与其他时代一样具有多样性。人们会发现，这其中混合了各种动机：宗教的动机、人道主义的动机、人的虚荣心、社会责任感、内心的怨恨、坚定的（经常是顽固的）认为存在某些特别的问题，或者立遗嘱人因为没有近亲属而产生的困惑等。但这个世纪也是一个以慈善行动为荣的世纪，是一个荣耀那些未曾忘记善功的立遗嘱者们的世纪——事实上，也正是因为这个世纪给他们的荣耀过多，所以慈善的风尚有时也会引起人们尖刻的讽刺。1748 年，有一份报纸指出："上个星期，贝德福德著名的医师布朗去世了。尽管这个时代崇尚一种虚荣，即将财产捐给公共机构——因为这样做能为自己博得美名，但这样便会遗忘了自己的亲人——但他还是将他的一笔巨大的财产留给了自己人数众多的亲戚。"②

塞缪尔·莱特（Samuel Wright）是伦敦的一个慈善家，也是一个保守的、有点古怪的人。他于 1735 年去世。在去世前，他捐赠了 21000 英镑用于慈善。有一本小册子，取了一个含混的名字，即《伦敦的奇迹，或纯洁的老巴彻斯》。③ 这本小册子记录了他的善行。莱特从他的父亲那

---

① *Gentleman's Magazine*, 20：139，188，429，479（1750）.

② *General Advertiser*, 18 July 1748，引自 W. J. P. Wright，"Humanitarian London from 1688 to 1750," *Edinburgh Review*, 246：295（October 1927）.

③ London, 1737.

里继承了超过4万英镑的财产。他的父亲是一名拉丝工。他在王政复辟时期通过买卖金银饰带赚了不少钱。虽然塞缪尔自己不信奉国教，但他将教会和非国教徒都列为自己遗赠的对象。不过，其捐赠的模式还是传统的——大部分资金给了12个教士（6个国教教士，6个非国教教士），40个贫困家庭，40名寡妇，40名女仆，以及20个孩子。同时收到捐赠的还有礼仪改革协会、境外福音传播协会、圣托马斯修道院、圣巴塞罗缪修道院、贝特莱姆皇家医院、伦敦4座监狱中的囚犯，以及5个教区里的穷人等。当然，在塞缪尔·莱特的遗嘱中，最具原创性的还应该是他言辞激烈地否认自己对任何女性有情感上的冲动："在万能的上帝和神圣的天使面前，我郑重宣誓，在全世界，我从未在任何时候对任何女性有过非分之想，就像男子对他妻子所做的那样，也没有凭借任何理由，通过契约或婚约的形式，与任何女性有过任何直接或间接的不当行为。"所以，塞缪尔·莱特的慈善行为是虔信与对女性的厌恶共同作用的结果。

布里斯托尔市给我们提供了两种慈善形式，这是18世纪的两种差异巨大的慈善形式，其中第一种出现在这个世纪早期，而第二种则出现在这个世纪后半叶。虽然这两种慈善行为都有大量的宗教元素，但两者所反映出的对上帝和邻人的义务观念却截然不同，乃至于我们不得不怀疑"宗教动机"在促进慈善行为方面到底起了什么样的作用。现在，布里斯托尔市的很多基金会都以爱德华·科尔斯顿（Edward Colston，1636年~?）的名字命名，很多街道和建筑也以他的名字命名。他生活在17世纪，是一个上层人士，而且他对慈善的关注也是国教——托利党复兴的产物，对这场运动的目标有着一种偏狭的固执。他的一生就是一个典型的机灵、雄心勃勃的外地青年的一生，他想在伦敦冒险闯荡，而不想在自己的家乡过一种安逸的生活。和他的那些发达了的同伴，特别是那些独身者一样，科尔斯顿毫不吝惜自己的财富，大方地捐出来，特别是他出生的城市的邻人，收到了8万英镑的捐赠。[1]

我们无须惊讶于科尔斯顿的慈善行为反映出他野蛮的宗教偏见。他的政治和宗教观念是在英格兰联邦时期[2]和王政复辟时期形成的，而他

---

[1] Bryan Little, *The City and County of Bristol* (London, 1954), p. 183.

[2] 在国王查理一世被处死后，英格兰成为共和政体，这段时间称为"英格兰联邦时期"（1649~1659年）。——译者注

的慈善行为又全部基于这些观念，所以，上面便烙上了他对圣公会高教会的狂热，对辉格党和非国教徒的深切仇恨，以及毫不掩饰地要将自己的想法强加给受益人的观念。在20多年（1690～1710年）里，他为布里斯托尔市在圣米迦勒山捐建了一所救济院，并捐建了一所学校（科尔斯顿学校），可以容纳100名男童入读；捐款以重修和扩建商人救济院，并为一所慈善学校（这所学校是之前由人们志愿捐款成立的）提供房子（科尔斯顿宫）；① 创立了一系列"四旬斋讲座"，并亲自确定了讲座的主题；还提供资金以装饰和装修四五座布里斯托尔的教堂以及主教大教堂。② 但是，科尔斯顿的慈善行动中混有市民自豪感和狂暴的政治宗教冲动，而没有对他人的同情，但偏偏这才是我们所认为的真诚的慈善观念不可或缺的内容。他的布施都包裹在严苛的政治和宗教限制之下——如禁止非国教徒进入科尔斯顿的学校，禁止人们将从科尔斯顿学校或科尔斯顿宫出来的不信国教的孩子招为学徒。事实上，他的学校主要不是开展教育的载体，而是向布里斯托尔市的年轻人灌输各种政治和宗教观念的工具。所以，科尔斯顿作为一个慈善家的道路，是与其狭隘的宗派主义的沟渠并行向前的。

爱德华·科尔斯顿与贵格会慈善家理查德·雷诺兹（Richard Reynolds），除了在有挣钱方面的超凡天赋和对把钱给出去很上瘾等方面有相同点以外，并什么其他相似的地方了。在他们之间，有着数十年的社会巨变，而他们各自出生的时代之间的百年间隔也使他们的思想之间存在一条鸿沟。在这个世纪末，萨谢弗雷尔时代和《禁止分裂教会法》（正是这部法，鼓舞了科尔斯顿）③ 的激情早已消逝，慈善，甚至是宗教慈善，都已不再与宗派主义的排他性有什么紧密的联系。那激发了雷诺兹的宗教冲动，也即贵格会慈善家的重要动因之一，当然也与科尔斯顿的宗教动机有着巨大的差异。对雷诺兹来说，他和他在贵格会里的同伴一样，都认为他们是在为上帝代管财富，并认为自己是上帝的管家，有义

---

① John Wade, *An Account of Public Charities in England and Wales* (London, 1828), p. 90.
② Little, *The City and County of Bristol*, p. 184.
③ 出台于1714年。该法规定，任何人要开办任何公私学校，或者任何人要当教师，都需要经过主教的特许。主教在确认该人严守国教的情况下，才会加以批准。该法意在禁止开设不信国教的学校。但由于在该法执行前，安妮女王去世了，其未能正式实施。——译者注

务做好财富管理的工作。因此，人们无法仅仅通过将剩余的财富给出去就能完成慈善的要求，因为如果是这样的话，那人们只要把剩余的财富留下来，或者在遗嘱中将之作为遗赠物，并送给他人就好了。雷诺兹并没有用到他所说的这种"身后慈善"，也没有将任何遗赠加入遗嘱中。[①]他的慈善是一种生活方式。这种慈善要成为可能，不仅要有大量的财富，还要能过简朴和不张扬的，乃至于近乎苦行式的生活。

雷诺兹是最早的拥有新的产业主义资源的慈善家之一。他是钢铁商的儿子。他最初是亚伯拉罕·达比二世（Abraham Darby II）的合伙人，然后又成了他的养子。他在塞文谷的钢铁生产代表了英国在钢铁制造方面最具革命性的进步。在他劳作的一生的绝大部分时间里，他都负责掌管凯特里的达比熔炉。在他的管理下，这成了一项自主运营的事业。[②]但是，在 18 世纪 60 年代，在他的养父去世后，他管理起了他的父亲在煤溪谷的事业。终其一生，雷诺兹都致力于慈善实践，包括志愿服务和捐赠财产。在 55 岁（1789 年）退休以后，他开始全身心地关注于做善事。此前，他已经慷慨地捐钱给达比熔炉所在地区的学校和其他地区的学校。而现在，在他退休后，慈善开始与贵格会一道，成为——首先是在煤溪谷，然后是 1804 年移居布里斯托尔市后变得更甚——他生活的头等大事。

他善行的绝大部分内容都已无稽可考，因为他是按照《圣经》的指示来做的。雷诺兹的善行都不是在人前做的，在多数情况下，他是匿名捐赠的。他所喜欢的变通的捐赠方式之一是，在做出常规性捐赠之余，再捐赠一大笔善款，而且是匿名的。他也经常会把一大笔钱交给经济条件不如他的朋友用于慈善，这些朋友凭着他们自己是没有能力拿这么多钱出来做善事的。作为布里斯托尔市的一个慈善家，他同时关心对机构和个人的协助。关于前一类，让他最感兴趣的慈善组织，包括陌生人之友、孤儿收容院、济贫院等。1808 年，他发起成立了一个资产价值10500 英镑的信托基金（由蒙默思郡各地的托管人投资），以为 7 家上述类型的机构提供资金，而他自己也经常会在它们遇到特别困难时出手相

---

① Hannah M. Rathbone, *Letters of Richard Reynolds with a Memoir of His Life* (London, 1852), p. 243.

② T. S. Ashton, *Iron and Steel in the Industrial Revolution* (Manchester, 1924), pp. 42 – 43.

助。例如，在各种不同的情况下，他捐赠给三一济贫院 4000 英镑，布里斯托尔医疗所 2600 英镑，陌生人之友 1260 英镑。此外，雷诺兹也毫不吝惜自己的时间和精力。对于这些慈善活动，他给它们带去了使其成为一名成功的商人的精明——例如，他拒绝了一名有钱人 500 英镑的支票，然后这个有钱人立刻拿出了 2 倍的金额。[1] 当然，雷诺兹的兴趣范围并没有被限定在布里斯托尔。他还出钱供给伦敦的代理人，在 1795 年困难时期，他给其中一个代理人汇去了 2 万英镑。[2] 在当地的和其他地方的善行中，他都将虔诚的贵格会教徒的同情心与他作为一名贵格会商人的对严格的业务流程的执著结合到一起。虽然我们无法确知雷诺兹善行的总体体量，但是按照 18 世纪的标准，这一定是个巨大的数字——之前，曾有人说他每年固定捐赠 8000 英镑——而且它还树立起了一个标杆，即一个机敏的、雄心壮志的制造商到底能积累起来多少财富。[3]

关于捐赠了大额善款的外地慈善家，一个更为典型的代表是理查德·陶顿（Richard Taunton，1694～1752 年）。理查德是南安普顿的市长及最成功的酒商。他死后，遗赠给当地的慈善组织 13000 英镑。他的一生基本上是沿着 18 世纪常见的曲线行进的——通过做生意发了财，然后又靠着财富获得社会认可和政治影响力。这并不是说理查德是从最底层爬到高位的。他的祖父和父亲都是镇上富裕的麦芽制造商，这里已经暗示着这个家族在未来将在当地获得显赫的地位。[4] 理查德自己从麦芽制造转向了酒品贸易，当时酒品贸易是最活跃的进出口贸易。之后，他就成了这个镇上最主要的酒商。随着财富的不断增长，他首先进入当地的不动产领域，随后又进入当地的政治和社会领域，并于 1734 年经过常规的程序成为当地的市长（于 1743 年连任），而且他在 1735 年还拥有了家族的徽章。他的第二次婚姻为他铺平了得到安多弗附近庄园的道路，并使他成为一名采邑领主。他后来卷入了两场恶名昭彰的议会选举腐败案，其中一场经众议院调查而推翻了其选举结果。尽管如此，他在南安普顿

[1] Rathbone, *Letters of Richard Reynolds*, pp. 70 – 74, 299.

[2] Ibid., p. 73.

[3] Arthur Raistrick, *Quakers in Science and Industry* (London, 1950), pp. 144 – 145.

[4] 理查德的妹妹玛丽嫁给了约翰·班普顿（John Bampton）。班普顿后来成为索尔兹伯里市的教士，他也是牛津大学班普顿讲座的创立者。理查德的一个姨妈是艾萨克·瓦特斯（Isaac Watts）拉比的妻子，她生的一个孩子后来成为一名赞美诗作者。

的威名也未曾有丝毫减弱。毕竟，这是沃波尔和帕尔玛家族的时代。

关于理查德慈善行为的动机，有一种猜测是他主要是一个热爱家乡的人，所以，他想要回报自己的城市，而且，可能还想因此而博得同时代人和后代的认可，被人们铭记为当地的一个大善人。关于他一生的慈善事业，我们知之甚少。我们只知道他是温彻斯郡医院的早期捐款人，外郡医疗机构的先驱者之一。此外，可能他没有直系继承人的这一事实在很大程度上促使他将财产遗赠给慈善事业，而不是用于打造一个当地的望族。具体而言，他将 5000 英镑遗赠给温彻斯郡医院，用于建一栋新大楼；100 英镑给伦敦的圣路加精神病医院；1400 英镑给南安普顿社团用于雇用一名圣十字架牧师，每天为公众祈祷者读两次经，并"救济家道破落的市镇官员"或他们的遗孀；200 英镑用于给穷人们发面包。

理查德的遗嘱中还规定，他的全部财产，在用于特别指定的遗赠后，将用于"前述我亲爱的南安普顿镇，即雇用这里的穷人并向他们支付生活费，抚养和教育他们的孩子，让他们从事航海事业"。[1] 但是，他的合法继承人却根据 1736 年《永业法》提起了一场衡平法院诉讼，将遗嘱中与不动产相关的遗赠全部归于无效，并导致这些遗赠的受托人每年损失约 300 英镑。[2] 最后，衡平法院的计划（1760 年）批准了一所学校，接纳不超过 20 个南安普顿男孩入读。法院要求学校教这些孩子读、写、算术和航海，以使他们适合从事航海事业。虽然在 19 世纪中期，陶顿中学失去了它与众不同的航海特色，但它依旧十分强调实操训练，并履践着它的创立者曾构想的目标。毫不夸张地说，18 世纪的慈善实践者们形色各异，所以，如果非要说某人是"代表人物"的话，那就是言过其实的。但是，理查德·陶顿的善行却以颇具代表性的言语宣示了外郡商人慈善家们的愿望。在这类愿望中，商人慈善家们的公民忠诚、推动社会变革的强大信念，与令自己名垂青史的自然想法混合在一起，成为一个混合体。

如果说理查德的慈善行为相当传统的话，那么，莱斯特郡兰顿教区

[1] Taunton's Will. 通过约翰·博埃尔的好心联络，笔者从陶顿中学校长那里获得了关于理查德·陶顿个人及其善行的信息。

[2] E. R. Aubrey, ed., *Speed's history of Southampton* (Southampton, 1909), p. 80.《永业法》及其重要意义在本节的下文中将会加以讨论。

的尊敬的威廉·汉伯里（William Hanbury）就是相当富有想象力的，甚至达到空想的程度。我们很难找到比这位精力充沛而又异于常人的教区牧师在18世纪50年代发起的这一系列项目更为乌托邦的慈善项目群了。他提出，通过利滚利这一神奇的手段，在他的镇子里成立一系列令人称奇的宗教和文化教育机构。这位牧师乐观的计划的实施基础是他对园艺的狂热，以及他的确信，即认为这将一定成为一个促使社会革新的工具。[①] 他储存了一些种子和植物，并从北美进口大量的种子和植物，然后在50英亩的土地上种了近2万棵树。不幸的是，这位牧师是一个种树的好手，却不太会与受托人打交道，而这个项目的历史就是刚愎自用的创始人与被他授权而对该基金负有法律职责的人们之间的无休止的争吵史。汉伯里最初提出的计划，虽然有些有违常规，但至少没有表露出太多的他在之后所提出的计划中四处充盈的自大。受托人建议将苗圃中的树卖了，然后将所得收益（当时可达1500英镑）用于翻新教区的教堂，以及建一所新的学校。并计划随着收益的不断增加，其他项目也可以逐步加进来，而随着该慈善基金的资金达到1万英镑，其慈善捐赠也可以拓展到其他教区。

但是，汉伯里不是一个只满足于取得小成功的人，碰到一点小失败也不愿轻言放弃。在最初的八九年，尽管他与受托人纠缠不清，但该项目还是有实现的可能的。但在1767年，受将要取得成功的鼓舞（实际上成功迹象并不明显），他通过一系列举动，不再参与基金的很多事情——他在一本长达450页的关于兰顿教区慈善事业的书中，用了超过一半的篇幅来写这些事情。这些奇异的材料多少反映出他有一些偏执狂。在这些材料中，他大体勾画出了一幅蓝图，即要在镇上设立一个永久财富和福利之源。可想而知的是，这位牧师一直在心底劝告自己下面这首赞美诗里所说的都是真的，这首诗是由他所尊敬的诗人和讽刺作家查尔斯·

① 关于汉伯里的计划，参见 William Hanbury, *An Essay on Planting and a Scheme for Making it Conducive to the Glory of God and the Advantage of Society* (Oxford, 1758), 以及他的作品 *History of the Rise and Progress of the Charitable Foundations at Church Langton* (London, 1767); *32d Brougham Report*, Part V, 1839, pp. 246ff; John Nichols, *History and Antiquities of the Country of Leicester*, 4 vols. (London, 1795 - 1815), II, 685 - 692; Guy Paget and L. Irvine, *Leicestershire* (London, 1950), pp. 220 - 223; *VCH*, *Leicestershire*, I, 395 - 396; II, 242.

丘吉尔（Charles Churchill）写的。

> 双翼载着那无尽的威名，
> 将汉伯里的美名和奇迹，
> 一起传到遥远的地方；
> 后嗣子孙，满心惊奇，看着，
> 那荒凉的山丘长满香柏，
> 还有那树下盛开的玫瑰。
>
> 展望未来，我看到
> （哦，在预言书的伟大帮助下！）
> 一座高耸的丰碑拔地而起！
> 通过观摩这些慈善计划，
> 年轻人学会如何做人，
> 还有如何符合上天的意图。[1]

　　汉伯里给受托人带来了不少（为数超过 12 个）功绩，包括一部分苗圃，以及他发起的一系列慈善机构——数家提供牛肉的慈善机构、一家公共图书馆、一家美术馆、一家印刷所，以及六个教授职位。这书本的"最终的，或需要解释的功绩"一章对汉伯里资助这一系列善事的办法做了说明，他的这一做法可以在经典的空想慈善事业中占据一席之地。[2]这位牧师似乎也怀有当时普遍的对利滚利这一金融工具的神奇力量的信仰，而他之所以宣布发起他的重大改善计划，也是因为这一金融工具证明了它在慈善方面的作用。简言之，在他的基金规模足够大，产生了 1万英镑以上的收益以前，它上面的这些慈善组织什么都不会去干，但当这一节点真的达到了的时候，他又命令他的受托人必须采取谨慎的态度，而且是过分谨慎的态度，所以，他们实际上是在收入达到 12000 英镑后才真正开始花钱的。因此，我们可以毫不夸张地说，兰顿人绝对没法抱

---

[1]　Hanbury, *History*, p. 131.

[2]　*Ibid.*, pp. 442ff.

怨说，他们的牧师是一个目光短浅的人。

将汉伯里好心搭成的空中楼阁与残酷的现实放在一起对比，是一件十分残忍的事情。但是，6 年以后，他发现基金的总收入只有 574 英镑，而他的宏大计划中唯一在实际运作的不过是那家给穷人提供牛肉的机构。① 当然，就算是这一机构也不能说是微不足道的，而且，到 19 世纪 60 年代末，汉伯里开辟的这 345 英亩土地每年都会产生近 900 英镑的收益②，不过这并不能与其创立者那恢宏的整体计划相媲美。另外，汉伯里基金还资助成立了一家免费的学校，为莱斯特郡兰顿教区提供教育，为修葺教区教堂提供了巨额的资金，还做了一系列较小规模的善行。③总之，在这位乐观向上的莱斯特郡牧师身上，古怪的想法并没有起到什么积极作用。

在这个世纪中，在相对具有原创性的基金会中，有两家是由两位非国教新教牧师创立的，这两位牧师都叫威廉姆斯。丹尼尔·威廉姆斯（Daniel Williams, 1643？～1716 年）是一名牧师。他没有孩子。他是长老会群体的领袖人物。在去世时，他留下的用于慈善目的的财产价值 5 万英镑。他特别指定了要将一些遗产用于两家长老会礼拜堂、圣托马斯医院、格拉斯哥大学、哈佛学院，以及其他机构，而剩余的财富则交给托管人供未来 2000 年使用。在他遗嘱的众多条款中，有一条是要求找一座或建一座可靠的建筑，用于储藏他的藏书，并给这些书找一名图书管理员。威廉姆斯自己的收藏，再加上他后来安排用 500 英镑购买的图书，共同组成了威廉姆斯博士图书馆的核心藏品。这家图书馆在两个多世纪中，一直是非国教徒群体的一个重要场所。此后，历经多年，有很多其他藏书陆续被收录进这家图书馆，同时收录的还有很多其他档案资料，包括不信国教的历史。这家图书馆最有用的功能之一是作为非国教新教牧师们，特别是那些住在很难借到书的村庄和小镇上的牧师们的首要的借书的地方。总而言之，威廉姆斯博士是在施惠于他的有共同信仰的同伴们，以及很多其他人。至于这些人有多大规模，恐怕是难

---

① *32d Brougham Report*, Part V, 1839, pp. 272－273.

② *General Digest of Endowed Charities*, *1877*, *Leicestershire*（1867－1868）.

③ Paget and Irvine, *Leicestershire*, p. 223.

以估计的。①

戴维·威廉姆斯（1738~1816 年）比他那位不信国教的同伴生活和去世的时间都要晚了一个世纪。当然，人们称一个人是"不信国教的同伴"，那他自己就要符合一定的条件。尽管戴维·威廉姆斯被任命为非国教的牧师，并在很多聚会上做圣事，但他的宗教观念却毫不教条，乃至于本杰明·富兰克林受此激发，给了他取了一个外号，叫"俄尔普斯，自然的祭祀"。② 而事实上，戴维是以这样的形象为人们所铭记的，即一个教育先锋、一个政治上的激进者，以及一名宣扬容忍的布道者。此外，可想而知的是，他那没有太多回报的作家工作将他的目光引向了不幸的作者们的困境。不管是出于什么原因，在 1788 年，他为文学基金起草了章程。这是他喜欢的项目之一。在 1790 年的春天，这一基金举办了一次全员大会和理事选举，便正式运作了。该基金不仅是捐赠基金这种慈善形式的鼻祖，而且运用了募捐与认捐这种方式来维持机构的运营。所以，这一事业在当时就激起了人们无数想象，而且随着历史向前发展，这一基金在慈善界也开始享有特殊的名望。1818 年，在正式注册登记后，该基金逐步积累了一笔基金，直到它存在一个世纪后，年收入 4000 英镑的一半来自投资收益，才停止这么做。自其成立后 100 年间，它一共给 400 名非国教新教作者发放了 119000 英镑的善款。③

四

英国慈善资源的不断增长令人印象深刻，但与此同时，它的政策却没有随之配套跟进。所以，在看到下列情况时，我们也不必感到惊讶，即在这个世纪里，政府对此类无聊的管理事务，如对数千个新成立的或既有的基金开展适当的监管，毫无兴趣。和在政府管理的其他领域一样，在这个世纪里，威斯敏斯特对各郡的管理明显是很松的，而且还给了个人和地方政府明显较大的自主空间。

---

① *Short Account of the Charity and Library ... of the Late Rev. Daniel Williams*, D. D. （London，1917），p. 31ff；DNB，xxi，385 - 389.

② Nicholas Hans，*New Trends in Education in the Eighteenth Century*（London，1951），p. 164.

③ *Charity Record*，19 April 1884.

其至政府对慈善募捐的支持变得更少见了，这可以从慈善通告使用率的下降看得出来。慈善通告是都铎－斯图亚特王朝时期的标准手段，用于为资金募集提供官方发起的身份，这些募捐活动都是为火灾、水灾或瘟疫的受害者，或为重建或修葺教堂而筹集资金的。当地政府可以向国王或议会提出申请，如果获批，则政府会签署特许状，授权教区的官员开展募捐活动。① 慈善通告日渐限于在教会范围内使用，而且最后被废除了。导致这一情况出现的原因在于联合慈善的广泛运用，特别是1818年教会建筑社团（该社团由捐赠20个金基尼的终身会员和捐赠2个金基尼的年度捐款人共同组成）的成立起了很大的作用。10年后，议会的法令正式承认了这种新的联合团体的法律地位，并取消了发布慈善通告的做法。②

关于慈善信托监督这一问题，在18世纪，政府不仅没有推出新的有效的举措，还听任由伊丽莎白女王时期的政治家们制定的老的机制被弃之不用。伊丽莎白法令想要禁止对信托基金的滥用，所以，它授权成立特别委员会，"由12人以上组成，经过特别宣誓"，对可能的滥用情况开展调查，并采取必要的措施，以使该慈善组织回到捐赠者原来设定的宗旨上来。这种特别委员会的机制，虽然现在看起来觉得很笨重，但在当时，也即在一个多世纪的时间里，它的确是运转自如的。在1818年，为了敦促政府尽快任命由他提出的调查委员会，布鲁厄姆强调说，特别委员会正在走下坡路。因为王座法院公诉署的诉讼登记册被毁掉了，所以，现在的人们很难统计到1643年为止该机构提起公诉的数量，但下一个世纪的公诉数量则是很准确的，因为这些数据是由布鲁厄姆给出的：③

年份	公诉数量（起）
1643～1660	295
1660～1678	344

① L. G. Ping, "Raising Funds for 'Good Gauses' in Reformation Times," *Hibbert Journal*, 35：54（1936）.
② 9 Geo. IV, c. 42. 关于1642～1827年发布的慈善通告的目录，参见 W. A. Bewes, *Church Briefs*（London, 1896）, pp. 269–361。
③ *I Hansard*, 38：606–607. 但是，他指出，在伊丽莎白第43号令出台后的第二年，该委员会共提起公诉案件45起。

年份	公诉数量（起）
1678～1700	197
1700～1746	125

然后，在从 17 世纪中叶到 18 世纪中叶的这一时间段里，共有 961 个特别委员会根据《慈善用益法》的规定被授权成立。但是，在那个时候，出于某些尚不完全明确的原因，该特别委员会，作为一个调查机构，好像并不太受人们的欢迎。1746～1760 年，特别委员会只被发起了 3 次，而且，如果布鲁厄姆的话是正确的话，那么，在 1818 年之前的 75 年里，该委员会只被发起了 6 次，而在此前的 20 年时间里，则是 1 次也没有被发起过。所以，很明显的是，这种传统的强制监督方式失效了。

不仅这一机制自身相当笨拙，而且，正如布鲁厄姆警告的那样，"谁只要追求它，那他早晚就也会被它带到衡平法院"——我们没法清楚地看到它能有什么好的前景。关于这一点，1787 年发起成立的历史上最后一个委员会很能说明问题。该委员会自发起后直到 1803 年为止，都未能有效地运转起来，然后，在 1804 年，有人向衡平法院起诉，要求法院确认该委员会的命令是否有效。不过，衡平法院又采纳了对方就该诉讼请求提出的异议，于是，博学的律师就此案展开了长时间的辩论。该委员会不得不要求延期 4 年，以等到该案做出裁决为止。在 10 年的时间里，它都在等大法官［艾尔登（Eldon）］就该案做出裁决，因为在最后 4 年的时间里，在大法官案头有大量案子要优先予以裁定。简言之，如果该委员会的某项命令因为它无止境延期，或可能对慈善组织的资金造成毁灭性的后果，而无法达成一致意见的话，那该问题就会被送到衡平法院。所以，无论人们对作为衡平法载体的衡平法院的看法如何，很清楚的一点是，我们对成立这样一个机关可以抱着极大的期待，即成立一个机关，至少能够单独处理半行政性事务。

如果说伊丽莎白法令的监督规则已经变成一纸空文的话，那么，普通法则提供了一项补救措施，这项措施只比上述规则实用那么一丁点儿。关于这一机制的信息，我们可以在由首席检察官归档的材料中看到，因为他经常就个人遗嘱事项提起诉讼——这些个人遗嘱中指定的慈善遗赠款被人给滥用了。但是，任何潜在的原告，如果稍微审慎一点的话，就不会愿意被卷入这类讼案，因为除非这个官司打赢了，否则他就要承担旷日持久的庭审开销。

在官方层面，没有任何明显的迹象打算简化这些法律程序，或将慈善基金置于更为直接的公共监督之下。在18世纪，只产生了一项发展成果，而且，这项成果的重要性主要在于它是一系列因素的第一项，而这些因素合起来，在半个世纪后共同促成了慈善委员会的成立。在18世纪80年代，政府开展相关调查，虽然这种方式还不太完善，而且调查的结果也有很多错误，但这的确反映了人们对慈善事业所抱有的好奇心，而且这种好奇心相当有用，涉及这个国家的大额捐赠到底有多大规模，以及它们到底是否得到了有效的运用等问题。19世纪20年代和30年代，因为布鲁厄姆对教育很关心，所以政府开展了数次大调查，这些调查的先驱是由托马斯·吉尔伯特（Thomas Gilbert）推动的《济贫法》改革。吉尔伯特的法令①要求牧师和教区委员提供关于致力于贫民救济的慈善组织的数据，目的是为另一部法令增补调查结果。这部法令是在吉尔伯特的《济贫法》之前不久公布的。该法要求教区监察员提供1783～1785年的《济贫法》项下的开支数据。② 很明显的是，无论是贫民的数量，还是慈善收入的数量，都是英国在计算救济贫民的资金时的基础数据。不过，教区并不能提供详细的信息——它只能说明某一慈善行为是"由谁，在什么时候，以什么方式，出于什么目的"做出的，捐赠的是土地还是现金，以及这些捐赠基金的年度孳息。

在反馈数量方面，令人惊讶的是，英国的教区几乎全部给出了反馈。在13000个教区中，据说只有14个教区没有给出反馈，根据近乎全部教区的数据汇总，可知济贫类慈善组织的年度收入达到了近26万英镑。当然，能够收到这么多反馈回来的数据，是值得祝贺的一件事。不过，如果对这些材料做一个审查的话，那祝贺就会变成批评。在这些反馈回来的表格上，有很多地区，其信息是相当不完整和不准确的，简直到了不

---

① 26 Geo. III，c. 58.
② 26 Geo. III，c. 56；S. and B. Webb, *English Poor Law History：The Old Poor Law*（London，1927），p. 153.

可思议的程度。就算我们这里不提及准确性的问题，但《吉尔伯特报表》依旧只能给我们描绘出关于英国众多的慈善捐赠基金的一幅不完整的图景，因为其数据仅限于"用于救济贫民目的，为贫民之利益"的基金的数据——这一界定会把很多其他类型的慈善信托排除在外。不过，就算是在乔治三世第26号令限定的这一范围内，其数据还是有很多有用的内容的。正如某特别委员会在1787年发现的那样，当时该委员会正准备就该材料进行提炼，做了一份摘要。随后，这份摘要被做成传单，送达到4000个教区，其中，共有45个教区做了反馈。① 后来，这些数据表被印刷出版，在出版时，其中补充的信息被印成了红色字体。在这份材料的有的部分中，增补和矫正的信息很多，乃至于使书页显得很有艺术感。

此外，吉尔伯特的努力也绝非毫无价值。这不仅是因为他的想要就英国慈善组织做一份目录的努力稍稍地勾起了人们对作为全国共有财产和公共问题的捐赠基金的兴趣，也是因为他提供的证据为慈善改革者们提供了很多有用的帮助。这两者共同构成了一个"军火库"，由此，布鲁厄姆和他的同伴们便可以随时取出一件趁手的兵器——可能用得有些太滥，有时绘声绘色，有时则黯淡枯燥——用于强调他们所主张的改革。所以，我们可以这样理解，吉尔伯特调查是英国在国家层面表现出对慈善事业更为合理、更为负责态度的第一步。

在18世纪中，立法机关仅在一个事项上介入其中，对慈善捐赠做了规范。这就是1736年《永业法》。② 但是，该法既不是议会所做出的对慈善领域的一部鼓励性法令，也不合乎人们的意料与理解。该法改变了之前各部法律在涉及慈善捐赠时所表现出来的传统的放纵态度。关于该法，考特尼·肯尼（Courtney Kenny）的话颇能说明其动因。她说，托马斯·盖的巨大的捐赠引发了人们如此之多的流言蜚语，人们编了如此之多的恶意谣言，中伤他被剥夺了继承权的亲戚（医院的理事们认为应印刷并散发托马斯·盖的遗嘱，以平息这些谣言），乃至于他的合法继承人

① *Abstract of the（Gilbert）Returns*，1786–1788，repr. 1816，p. iii. 1810年和1816年，政府又开展了两次数据调查。
② 9 Geo. II，c. 36.

成了富有的托马斯·盖的虚荣心的牺牲品。[1]

从我们的讨论动机出发，应该很明显就能看到，该法的支持者有两个目的，但两个都不是很合理。其中一个目的是防止土地大规模地集中在某些团体的手中，比如安妮女王善心机构[2]，它的大宗土地收购运作在当时引发了巨大的恐慌。[3] 于是，在当时人们的热议里，对该团体及其力量的忧虑大量充斥于其间。《永业法》的另一动机是更为一般性的目的，即要保护合法继承人的权利，虽然并没有理由认为在这一事情上，合法继承人们已经大规模输给了慈善组织。无论是在议会里，还是在议会外，该法都被解释成为一个工具，用于防止"人们错误的慈善行为，也即这种情况：人们想要通过没收他们继承人的遗产，然后用于某些所谓神圣的目的，以弥补自己生前的过失"。[4]

自此以后，英国开始对向团体捐赠土地实行了某些技术性的限制，不过这一新法的激烈程度并不仅止于此。此类土地捐赠和交付从此以后都是非法的，除非这是在捐赠人死亡前1年完成的，并于6个月内在衡平法院进行了登记。此外，这类捐赠是无条件的，不可撤销的；捐赠人不得改变主意。和从前一样，向团体遗赠土地依旧是非法的，但某些特殊团体除外，尤其是大学和公立学校。

在本章中，我们尚无法涉及《永业法》出台之后的历史情况。此外，它在多大程度上损害了各类的慈善团体，也是一件无法估量的事情，虽然某些团体，如罗马天主教会[5]，的确感觉该法不堪忍受。这一困境的产生，不仅是因为法律条文本身十分严苛，而且还是因为法院对法律

---

① *Cobbett's Parliamentary History*，IX，1126；Courtney Kenny，*The True Principles of Legislation … for Charitable and Other Public Uses*（London，1880），pp. 56ff，对《永业法》做了精彩的讨论。更多近期的研讨，特别是该法适用于安妮女王善心机构的问题，参见 Alan Savidge，*The Foundation and Early Years of Queen Anne's Bounty*（London，1955），pp. 100 - 104，and G. F. A. Best，*Temporal Pillars*（Cambridge，1964），pp. 104 - 110。

② 安妮女王基金是一家慈善组织，发起于1704年，目的是给年收入少于80英镑的英国教会的贫困教士增加收入。它并不直接向牧师们发钱，而是帮他们买地，用土地收益来增加他们的收入。——译者注

③ 参见 *Gentleman's Magazine*，6：204（1736）。肯尼（*True Principles of Legislation …*，p. 65）估计该机构花了70万～80万英镑来购买土地。

④ *Gentleman's Magazine*，6：204（1736），引自 the *Old Whig*。

⑤ 相关理由，参见第十二章。

条文做了异常严格的解释。我们可以用维多利亚时期末的一位大法官的话来说，即该法引发了"大量的诉讼，而且还划了一条界线，我想我们没法用别的词来形容这条界线，只能称为愚蠢不堪的界线"。[①] 但是，无论《永业法》是愚蠢的，还是明智的，它还是完整无缺地存在了超过一个半世纪，一直到 19 世纪的改革家消灭了慈善法中其他不合时宜的内容后很久还存在着。而且，尽管 19 世纪末期的立法者柔化了这部早期法律的严苛程度，但该法的真正废除还是要等到综合性的《1960 年慈善法》出台时才实现。

---

① Lord Herschell. (*3 Hansard* 354：714)

第二部分

进步时代的慈善（18 世纪 80 年代至 19 世纪 60 年代）

对于追求公共目标，我们有着一团高涨的热情。

——拉夫尔·瓦尔多·艾默生（Ralph Waldo Emerson）

我们现在的慈善事业已经泛滥成灾，只有上帝才知道它会在什么地方消停下来，以及它会将我们带去哪儿。

——查尔斯·格雷维尔（Charles Greville）

　　18 世纪末期的慈善家们是在一个正经历着快速，甚至革命性变革的世界中开展他们的慈善事业的。[①] 与此相伴的是观念上一个没有那么明显的，却真实有效的变革。凭借变革后的观念，当时的人们才得以合理解释和捍卫他们的慈善行为。无疑，人们很容易夸大这种差异。慈善事业 18 世纪的方向并不是在 18 世纪 80 年代才突然改变的，或者是在 1789 年后突然转向的。不过，这里的确存在一些差异，而且这种差异还很重要。那些创造了一个全新的物质环境，并影响了物质的社会价值的外在力量不可避免地影响到了慈善事业的目标和实施方法。

　　在这些外在力量中，最为明显的一项是这项复杂的变革，我们称为工业革命。无论人们用什么标准去看待它，但是，用哈蒙德（Hammonds）的话来说，一种"新的文明"正在崛起，而且，这个社会给慈善家们提出了很多问题，这些问题的困难程度与种类与他们在之前所遇到的截然不同。自此以后，英国的慈善事业在很大程度上开始根据工业社会的要求来塑造自己。[②] 就我们现在看来，在经济和社会变革方面影响最大的是英国总人口以及城市人口的快速增长。在新出现的工业中心，特别是纺织工业区，以及伦敦地区，这一增长所产生的效果是近乎灾难性的。关于这一点，我们只需回顾以下数据就够了，即在 19 世纪早期，某些工业城市的人口增长速度达到了 30%～40%，而且，在其中几个十年里，这一增长速度还要更快。比如，1821～1831 年，曼彻斯特市和索尔福德市的人口增长速度达到了将近 45%，利物浦的人口增长速度稍高于 45%，而利兹市则超过了 47%。

　　我们无须就这一点再做赘述。总之，如果英国人越来越多地生活在拥挤的城市里，而不是在小镇或村庄上，那么英国的社会形态就会因此而产生决定性的变化，人们日常生活中的问题也就会因此而变得更为严峻。由此，人们无疑也需要将原本使乡村化的英国成为一个有序社会的人际和机构之间的关系网络转成符合这一城市化新环境的形态。因此，那些想要改变他们同伴的人面临着一个状况，即他们某些传统的工具，如

[①] 当然，本部分的标题不是笔者想出来的，是取自阿莎·布里格斯（Asa Briggs）的《进步时代》（*The Age of Improvement*, London, 1959）一书。

[②] 尽管如此，在 18 世纪与 19 世纪之交，某些著名的慈善行动，如托马斯·伯纳德（Thomas Bernard）爵士的改善贫民生存状况协会，依旧是以农村为方向的。

果不说有害的话，也是已相当不敷使用了。直接的施舍，以及邻人慈善，这些原本在一个村子里可以开展的而无须担心会造成什么负面影响的慈善方式，现在只能成为鼓励职业乞丐的工具了。所以，无论如何，慈善家们要心怀善意，去寻找社会上最重要的需求，并熟悉这些需求。当然，这一转变的结果就是促进了慈善社团的发展，这类社团是作为个人慈善家和受益人之间的中介而存在的。虽然这早已不是什么新鲜事物了。但是，在19世纪，此类慈善组织的数量却开始出现大幅的增长，甚至近乎泛滥。

那些在农村地区的慈善家眼里从未出现过的问题，现在在城市地区的慈善家眼里猛地冒了出来。这些问题，如健康问题、住房问题等，开始表现出全新的重要性，而在城市环境下，对被社会遗忘的儿童的关爱的问题——流浪儿、孤儿，以及现在所谓的少年罪犯等——与农村环境下的同类问题之间，几乎没有太多联系，这就像城市里的乞丐大军以及工业化时代的失业人口与农村里的无所事事的懒汉是两回事是一个道理。

教育事业还未能对新的社会压力做出及时的反应。技能培训还是只适应了农村环境下的社会状况，而显然无法适应工业社会的需求。兰开夏的技工蒂姆·鲍比（Tim Bobbin）与农村的劳动力霍奇（Hodge）是两类完全不同的人，而当时的教育却是教人认字，而且还只能读懂《圣经》，这显然是相当不适应社会的现实需求的。而在这一问题上，世俗慈善（大致来说，是辉格党-功利主义学校）在不止一个地方成为宗教博爱的一股补充力量。而在很大程度上，亨利·布鲁厄姆关于学校教育极端重要性的认识，以及他的这一观点——事实证明这一观点是不成立的——国内的捐赠可以成为教育事业整体结构的基础，使他成为一名慈善改革家。而正是自他的第一波质疑开始，后来议会才对教育捐赠开展了一系列调查，并且最终对全国的慈善信托开展了大规模的调查，这一调查最终促成了慈善委员会的成立。

在志愿行动领域，国教教士和非国教徒分别组织了自己的机构，来应对教育问题。可以肯定的是，特里莫（Trimmer）太太依旧会反对给予"在书写或阅读方面表现优秀的学生"以奖金，因为"跟正直的行为相比，这些都是很低级的事情"。[1] 而汉娜·莫尔（Hannah More）则会在

---

① *The Oeconomy of Charity* (1801 ed., London), I, 122 – 123.

她的山地小学（这些学校都坐落在偏远且落后的地区）中要求学生们行为合乎规矩："我的贫民教育计划内容非常有限且要求非常严格。他们在平时学的都是些下等的手艺，这适合他们以后去做服务员。我不允许他们学习写字。"[1] 正如之后的情况所显示的那样，这两位女士以及她们的同盟者们站在了失败的一边。托马斯·伯纳德爵士可能是法国大革命时期具有代表性的英国慈善家之一。他谴责他们的这种做法是荒谬的："这些偏见与将教育共同且一般性的好处惠及穷人的趋势背道而驰，而且他们还妄自揣度，认为一个没有受过教育的、被社会所忽视的孩子能为一个成熟的工业与美德时代做出贡献。"[2] 这一观点，即一个无知的、文盲的劳工群体与这个国家的整体强盛毫不相称，逐步扩散开来——首先是在改革者中间传播，然后是在更大的范围内扩散。于是，私人慈善最先接受挑战，进行尝试，试图找到合适的办法来解决这一问题，但尚未取得全胜。

另一种类型的影响是由福音运动带来的。圣经基督教会的信徒们不知疲倦地做着善事，乃至于在公众的眼里，"慈善家"这个词几乎就成了"福音派信徒"的同义词，而"慈善"这个词在用于表示善事时，也主要是指那些最能吸引福音派信徒口味的事情。[3] 福音派信徒的社会良心是一个非常巨大且复杂的主题，我们无法自夸说完全搞清楚了它的价值以及边界。我们也无法揣测福音派信徒们在当时和之后的批评家群体中引起了哪些矛盾的情绪，哪个才是他们的社会良心的真实表现？是抑制邪恶协会，还是反奴隶制协会？哪一个最能代表他们的目标，或者用G. M. 杨的话来说就是，"自长议会以来，道德——以及阶级——立法中最具宗教内涵的一个部分"是什么？是迈克尔·萨德勒（Michael Sadler）的工厂议案，还是安德鲁·阿格纽（Andrew Agnew）爵士的守主

---

[1] M. Gwlayds Jones, *Hannah More* (Cambridge, 1952), p. 152. 关于这一颇具特色的18世纪的观点的更为详细的阐释，参见 John M'Farlan, *Inquiries concerning the Poor* (Edinburgh, 1782), pp. 235ff, 该书是专门讨论卡姆斯（Kames）勋爵的。

[2] *Report of the Society for Bettering the Condition of the Poor*, 1799, 引自 George, *London Life*, p. 252。

[3] 在这里"福音派信徒"（evangelical）一词，是在广义上使用的，包括英国圣经基督教会的全体信徒，而不仅指英格兰教会。在提及后者时，笔者会使用首字母大写的"Evangelical"（福音派教会）。

日议案？①

这些都是没有意义的问题，因为无论他们有什么盲点，这些圣徒们都绝对不是单一目标的改革家，他们的热情没有界限，在地理范围上和所关注的主题上都是如此。他们做出个人牺牲的能力是相当齐备的。虽然英格兰教徒的情况可能未必像福德·布朗（Ford Brown）所说的那样无可挑剔，但布朗教授就 80 名慈善家做了一份名单，这份名单上的每一个人都给超过 15 家的协会捐了款，这份名单使人印象深刻。威尔伯福斯（Wilberforce）固定将收入中的 1/4 捐出来。他给 17 家机构捐了款。格兰特家族的 3 位成员捐了 51 次，霍尔家族的 6 位成员捐了 220 次，桑顿家族的 4 位成员捐了 173 次。② 事实上，据说，约翰·桑顿在一生中捐了 15 万英镑用于善事。他的儿子亨利是一名城市银行家以及克拉珀姆团体的支柱，亨利因为婚姻而减少了他的捐赠。③

除了他们在具体目标上所开展的行动以外，福音派信徒的标志性成就当属他们重铸了慈善与宗教之间的联系。虽然这一联系并未遭到完全破坏，但在 18 世纪中叶的几十年里，在慈善领域开始出现一种趋势，即善行已然不能与宗教激励产生直接关联，于是，上述联系也就显得相对薄弱了。而现在，不仅明确的宗教性的探索使人感觉到了一股全新的、生机勃勃的冲动力量，而且在大量的世俗慈善中也注满了福音派基督教的精神。人们可以对布朗所描绘的福音派信徒慈善活动的某些细节持保留态度，但他们绝不能否认在慈善项目的大规模扩张与福音派基督徒群体的出现之间存在时间吻合的情况。不仅如此，老机构、老组织也发现

---

① *Victorian England：Portrait of an Age*（London，1936），p. 50. 虽然安德鲁的方案最终未能获得通过，但他得到了以阿什利（Ashley）勋爵为首的众议院 128 名议员的支持。

② Ford K. Brown, *Fathers of the Victorians*（Cambridge，1961），pp. 71，354 - 358；Charles I. Foster, *An Errand of Mercy*（Chapel Hill，1960），p. 36. 布朗的书的第九章，即"一千个关心"（"Ten Thousand Compassions"），对福音派信徒参与慈善事业做了一个极为有趣而详尽的讨论，并提及了大量的关于组织、个人以及福音派信徒的行动策略和技巧的信息。

③ John Venn, *The life and ... Letters of ... Henry Venn*（New York，1855），p. 365；E. M. Howse, *Saints in Politics*（London，1952），pp. 126 - 127，这一部分显然截取自 G. W. E. Russell, *The Household of Faith*（London，1902），p. 227. 其他作者过于贬低这位人物了，但他们无疑都承认霍尔的捐赠达到了一种自我牺牲的高度。比如，在 1793 年，他捐了 6000 英镑，参见 E. M. Forster, *Marianne Thornton，1797 - 1887*（London，1956），p. 13。

自己受到了福音派信徒的影响。① 于是，在福音派团体的支持下，慈善成了一种时尚。1813 年，巴鲍德（Barbauld）太太写道："现在，每一次劝导里都充满了大量的热情……圣经协会②、传教计划、布道、贫民学校开始运作，并向外扩散，这与其说是出于一种义务感，不如说是真正体现了这个时代的品位。"③ 19 世纪早期的慈善成就，以及整个维多利亚时期的慈善成就，都在很大程度上染上了福音运动的色彩。

当然，福音派信徒并没有将主要力量放在慈善或社会改革上。他们首先是虔诚的基督徒，他们最主要的关切是在全世界面前见证基督，并与其他人奉献他们基督徒的经历。一般来说，他们最大的热情是放在与他们的宗教兴趣直接相关的事业上的，如国外传教、圣经协会、反奴隶制运动、主日学校等。但是，在更大的群体中，某些策略性组合的福音派团体则有意识地尝试改革这个国家的礼仪和道德④，而有时他们所采取的方法完全无法适合 19 世纪的人的口味。所以，很可能的是，有很多力量在推动这些改革运动，而在此之中，福音派信徒的观点并不属于最好的一种。于是，人们应该也不会想在这类群体中寻找先进的改革家。当然，他们在废除奴隶制度方面所取得的巨大成功弥补了他们有时在看待其他公共事项上的目光短浅。

然而，福音派信徒的慈善事业，特别是当其涉及贫民时，则充分展示出它的小儿科的特点，即批评家科伯特（Cobbett）和辛迪妮·史密斯（Sydney Smith），以及近来哈蒙德和其他人所认为的像小孩过家家那样。福音派信徒与他们同时代的人一样，都有一种阶级关系观念，即认为社会的现有秩序是上帝预定的，这几乎是无法改变的。富人永远是富人，穷人永远是穷人。上帝呼召他们来到各自特定的身份地位上，双方都应

---

① 布朗列出了产生影响的名单，pp. 329 - 340。这告诉了我们在这些年里受影响而出现的慈善组织的比例。但是，这一现象是否像他所说的那样与福音运动直接相关，是值得讨论的。当然，他的证明因为在很大程度上依赖于对当时的个人、团体和他们之间的相互关联的分析，所以，的确很有启发性，且能使人信服地得出他的观点。而且，"雨后春笋般的增长"的确是出现在法国大革命之后，当时，威尔伯福斯和他的伙伴们才开始做他们的工作。不过，布朗应该也会同意，在其中，其他因素也产生了重要影响。

② 圣经协会一般负责翻译、勘校和出版《圣经》。——译者注

③ 引自 Maurice J. Quinlan, *Victorian Prelude*（New York, 1941），p. 121。

④ 布朗的书中的论点。

表现出感恩的心——富人要感谢上帝，穷人要感谢他们的恩主，以及上帝。不仅福音派信徒如此，其他英国人也一样，他们都接受了这一观念——马尔萨斯、李嘉图，以及其他次一级的思想家也是这么认为的——贫穷是一个无法改变的既定事实。不过，在马尔萨斯那里看起来是残酷的现实的东西，在某些福音派演说家那里看起来就只不过有点道貌岸然。要知道，宣布说穷人的前途是一片黯淡是一回事，而布道说要人们顺服于神法的命令则是另一回事。

如果人们去谴责福音派信徒的观点是伪善的，那就有点过于简单化了，会误读福音派的价值。现世的幸福是很重要的，但无疑是第二序列的善。如果说福音派信徒"关心穷人应该过得幸福"的话，那么，他们更关心的是穷人应该变得虔诚。[1] 他们作为慈善家的行动是以这一信念为条件的，而且，也正是出于这一信念，在他们的慈善项目中，严格的道德和宗教元素才会日渐增多。在这一点上，有一个例子是改善贫民生存状况协会克拉珀姆分会，其推动救助开展的先决条件不是需求，而是价值和虔诚。[2] 正如汉娜·莫尔的传记作家所评论的那样，关键不在于"出现了富有和贫困的分化，而在于……罪恶与救赎是一件至关重要的事情"。[3] 不过，这里需要强调的一点是，由此，英国慈善，和整个维多利亚时期的社会一样，都染上了福音派信徒精神的色彩。

接下来我们来谈福音派下的各个更具体的，且有着巨大影响力的派别，它们都跟慈善社团的快速发展有关，而且这些社团到 19 世纪还在继续运营。尽管有些团体，如"克拉珀姆派"，能够与善良的人们自如地开展合作，但更多的普通团体或小派别还是需要附属组织的全额补助。不过，显然有一些其他因素，如趋向于成为极为专业化的慈善社团等，在推动着这些组织快速地发展，这让那些哪怕是对慈善事业稍微有点批判态度的人都很是不解。每一个类型的需求都要有它们自己的机构，有时甚至是一系列机构。詹姆斯·史蒂芬爵士关于克拉珀姆团体的论文的结论并没有丝毫夸张。他在这一著名的段落中写道："我们的时代是一个

---

① Howse, *Saints in Politics*, p. 129.

② Quinlan, *Victorian Prelude*, p. 134. 从克拉珀姆分会的报告摘录的片段，可以明确证明这一点，printed by Mrs. Trimmer in her *Oeconomy of Charity*, II, 60 – 78。

③ Jones, *Hannah More*, p. 236.

社团的时代……我们有捐赠人、副会长和干事们。他们踏遍了我们的土地，走访我们的人民，治愈每一丝不幸。我们有委员会，人们可以共同参与其中，传播每一丝祝福。"① 关于这一发展，福音派的信徒们不仅愿意，而且渴望承担更大的责任。

工业化 - 城市化社会的发展极大地放大了，也改变了日常生活中的问题，这也就需要英国人以及其所组成的团体大胆努力，甚至经常是自我牺牲式的努力，来解决这些问题。随着新的社会问题被人们找出来，就有很多志愿型机构出现来解决它们；认捐名单上的人员数量和认捐金额都在增长；在有组织的慈善领域的分支中，人们积累了大量的经验，包括成功与失败的经验，这些经验随后都会被更大的群体所利用，成为其法定机构的工具。同时，新文明的要求也调整了改革者关注的目光，使他们关注英国的捐赠慈善组织里的社会资源，以及如下做法的可能性，即通过改组以及中央监管等手段，人们能够更具建设性地为共同幸福做出贡献。

不过，尽管年度慈善报告持有的是坚定的乐观态度，与募捐吁请相伴的是令人安心的承诺，但是，人们还是有很多不安的疑虑。慈善行动的拥护者，特别是那些看透了他们自己的代理人的人，鉴于维多利亚时代早期各城市大规模的不闻不问、疾病传染，以及穷困泛滥，有理由对私人慈善哪怕是最靠谱的进步都感到气馁。虽然这一问题的广度和复杂程度直到 20 世纪的后半叶才得以幸运揭开，但大规模的社会问题与可得的用于解决这些问题的社会资源之间的明显差距在观察家的脑海里已经引起了很多质疑，因为他们比同时代人要求更为严格。

不过，尽管他们持高度怀疑的态度，但在当时也没有第二条路可选。鉴于人口的高速增长，以及可以提供资助的途径又很有限，在当时，贫困——甚至是大规模的赤贫——是无法避免的。在这种环境下，贫困只能通过重新分配各类财产的方式才能减轻，而当然，这种方式对富人来说是没有太多吸引力的。贫困被人们认为是不可避免的，而穷人也因此接受了更多教育，以培养他们掌握服务技能，这两个因素加起来鼓励穷人坚强地自力更生，并会使他们顺从地忍受命运。宣扬独立自主的美

---

① *Essays in Ecclesiastical Biography*, 4th ed. （London, 1860）, p.581.

德——勤劳、节俭和忍耐——以及开展私人慈善活动（维多利亚时期的一项不可或缺的资源），这两者便是当时可为人们所接受的全部解决途径。另外，在某些领域，这些维多利亚时代早期的慈善家取得了显著的成功，而在其他领域，特别是与城市贫民有关的领域，他们严重地错误估计了问题的性质，轻视了其规模。所以，只有当生产和人口的更为合理的比例建构起来以后——当向工业化的转型完全完成之后——人们才对贫困问题展开了有力且思路更为明晰的进攻。①

---

① 其中有些内容是受加尔文先生的作品的影响而写成的，参见 Calvin Woodard，"Reality and Social Reform：The Transition from Laissez-faire to the Welfare State," *Yale Law Journal*，72：286 – 328（December 1962）。

第四章　工业化社会前期的慈善事业

一

在 18 世纪的最后几十年里，慈善活动染上了一种与大方且略微有点随意的施舍（如弃儿收容所）不同的性质。在这个世纪末期，慈善变得更为审慎，更注重结果，至少某些慈善家在开展行动前会更为严格地审视一下眼前的任务。像他们的前辈一样对慈善行动的旺盛的乐观主义，已经湮没不闻了。处于 18 世纪与 19 世纪之交的慈善家们是一群心情沮丧的人，他们不再幻想可以轻易地、廉价地取得成功，事实上，他们面临着如何给他们的项目找资金的问题，而且这一问题的难度正变得越来越大。① 相比于人们对仁善时代的估计，现在，在人们心里，这条路明显显得要更为漫长，更为颠簸。

现在尚不清楚这一沮丧的脾性是在多大程度上源于法国大革命所带来的冲击。当然，雅各宾主义的阴影也在一定程度上导致了环绕在这一时期某些慈善事业周围的恐怖气氛的形成。这在一定程度上变成了反对革命的保险措施，这一举措使平民就算不是十分满意，至少也会适度顺服。不过，当 18 世纪 90 年代中期反雅各宾的癫狂状态到来时，有一个问题是，与改革和激进运动相区别的慈善事业是否过度受到这一点的影响。的确，在上等阶层中，人们有些神经过敏，担心穷人的不幸可能会引发动荡。因此，在不景气的 1796 年，有人在伦敦设立了一连串的舍粥场，而在大概同一时间里，托马斯·伯纳德爵士发起了他的改善贫民生

---

① Gray, *History of English Philanthropy*, pp. 270 – 273.

存状况协会。1811 年的贸易不景气促使一群慈善家组建了一家"救助从事制造业和体力劳动的贫民协会",而且它在第一年就募集了超过 15000英镑的善款。① 在诸如此类行动中,对动荡的恐惧、福音主义的虔诚,以及真诚的人道主义各自都在动因里占据不同的比例。

　　无论采用哪种解释,在这些年中,慈善事业,哪怕是在那些动机无可指摘的人手里,都开始采取一种谨小慎微、步步为营,甚至近乎严苛的态度。在慈善活动中,开始弥漫起一种悲观主义的情绪,并渗透进了一种类似于害怕穷人的情感——这种情感不是人们主动引入的,而且这一情感也只有部分是故意主动要去害怕穷人的。这种情感将穷人想象成为一种危险的力量,而且人们认为,对这种力量,必须予以大力安抚或强力弹压。关于这种想法在多大程度上源于法国大革命,是有争议的。所以,在这里,我们有必要提一下威尔伯福斯的宣言公社。这一公社成立于 1787 年,经常被人们认为是 18 世纪末期上述反应的一个代表。② 该公社设立的目的是实施由威尔伯福斯劝乔治三世发布的《反对罪恶和不道德行为宣言》。这是一项不那么出色的福音派教会慈善事业,其目的是改造下等人的行为,并以他们认为更为体面的形象来重塑这些人。反雅各宾主义的恐慌无疑深深地影响了宣言公社的活动,因为其曾报复性地禁止一名无名的书商出版潘恩的《理性时代》,不过该公社的成立时间要比法国大革命早了两年。

　　对人类的灾厄所采取的更为谨慎的态度,部分是法国大革命所引发的恐惧的结果,但也为当时所流行的社会哲学所支撑。如果慈善是对人类需求的一个反应的话,那么这也是一种灌输为人们所认可的社会观念的工具。新慈善家不赞同不经过仔细的调查就给予布施的做法,并倾向于依照是否能让受益人实现自力更生作为判断一项慈善行为是否成功的标准。③ 他们认为,慈善应该仅限于帮助"值得帮助的人",这大概限于不幸的群体,而在 19 世涉及不幸这一主题时,指的都是遭受重大不幸的情况。

　　在这里,马尔萨斯的观点很有启发性,而且毫无疑问是很有影响的。

---

① *Report of the Society for Bettering the Condition of the Poor*, 1813, p. 11.

② 选择这一例子可能不能说明全部问题。参见 Howse, *Saints in Politcs*, pp. 119 – 120。

③ 参见 William Allen, ed., *The Philanthropist* (London, 1811 – 1819), VI, 313ff。

他推定，私人慈善的主体是贫民救济，所以，他提议逐步取消对贫民的法定补助。由此，他提出"将任何此类建议，即将穷人扔给私人慈善（做慈善的人靠着这种感觉，即为这一明确的目的，耶稣活在我们身体里）来救助，都当作严厉和苛刻的"，是一种愚蠢的做法，而且，他断言："私人的、主动的、有区别的慈善是一种道德义务。"①

在《人口论》中，他强调了区别对待的必要性。② 他提出，善行的冲动和性冲动都是"在看到合适的对象后所自然产生的激情"。虽然后者从根本上说要更为危险，但两者都会产生可怕的结果，除非以理性，以及实践和实用的经验加以控制。当马尔萨斯敦促做善事的人先完全搞清楚他们要救助的人的状况，审查"那些嚷嚷着的、伸出手的穷人，看看是否还有其他帮助他们的手段"，以及鼓励"那些遭受了无妄之灾的安静的退休劳工"时，的确，他对慈善的这些安排基本上预见了慈善组织领域未来的情况。无区别的慈善只会增进贫困和不幸的人的数量，因此，这必然是与自然法相违背的。慈善的合理领域应该限于救助那些遭受了"无妄之灾"和无法预见的不幸的人。如果非要给这找个《圣经》上的依据的话，那么，人们所需要做的就是去权衡基督的关于好撒玛利亚人的提议与圣保罗的警告，即"若有人不肯做工，就不可吃饭"。

二

在数十年间，英国社会不安的状况——快速增长的人口、高企的贫困率，以及经济的不稳定波动——引发了诸多关于贫民的生存状况的问题，并引发人们产生很多关于私人慈善合适的范围与方式的思考。福音派信徒的观点，即富人不过是上帝的代理人，给这一问题又增添了一些道德上的激励。总的来说，这一说法里面并不包含太多系统性的思考，也未能提供关于慈善事业的任何思虑周全的原理阐释。对于多数作家——如马尔萨斯——而言，帮助不幸者的冲动是人，即文明人，当然也包括英国基督徒，与生俱来的东西。但是，这种本能如何才能更有效地展示出来，是一件很不容易决断的事情。

---

① "A Letter to Samuel Whitbread" (1807), in D. V. Glass, ed., *Introduction to Malthus* (London, 1953), pp. 188, 190.

② Fifth ed. (London, 1817), Book IV, chap. X.

慈善家清楚地提出了各种想法，并记录在纸上，但是，他们提出的想法数量太少，而且包括各种相互矛盾的情况，如仁善且不知疲倦的特里莫太太（她的一生与她的作品中所自称的虔诚相去甚远）与社会经济学家先驱帕特里克·考尔克洪（Patrick Colquhoun）。特里莫太太的《慈善经济学》想要推动妇女参与慈善工作的兴趣，并带有"一种特别的观点，即想要在下等人中培养宗教信仰"。① 该书对慈善学校和其他慈善事业做了大篇幅的描述。其中关于家庭佣工和贫民劳工的段落（"英国有用的成员，因为他们的服务对社会的上等阶层生活的舒适和便利而言，是极为必要的"）解释了慈善事业的社会效用。的确，慈善资源可以被"看作是一种国家银行，里面存满了各种利益，那些遭受不幸和灾厄，至为贫苦者，可以自由地利用这种利益"，这一观点与马尔萨斯的说法高度一致。而且，在捐款之余，基督徒慈善还能从下等阶层那里捞到一些个人的好处；那些人会到贫民的小屋去走访，尽管那些贫民看起来"比野人和原始人好不了太多，跟这样的人沾上任何一点边都是有损名誉的……如果还不能算是危险的话"，但这可以在贫民心中培养起一种对上等阶层的感激之情。不过，特里莫太太却会谴责，以及告诫这些富人。她说她看到这些情况，心里感到万分悲痛：人们竟然坐视这么多普通人"生活在赤贫之下，而这块土地上肥沃的物产却在养着一群上等人，让他们享受生活的骄奢淫逸"。② 但退一步说，她的这一说法并没有太强的逻辑性。而且，哪怕是其最善良的目的也无法弥补她的文字中所带出来的那种高不可仰的恩主的语调。

尽管特里莫太太和她的同类人在 19 世纪的慈善事业中留下了一个邪恶的印记，而且这个印记是慢慢才被历史冲刷掉的，但他们却是在辛勤工作着的，而不只是宣讲他们的阶层的和这个病态的时代的传统观点，并捎带上一些苍白无力的虔诚论调。不过，在这个时代里，对贫困及其对策的系统性思考更多地归功于两位社会调查者的工作，即弗里德里克·莫顿·艾登（Frederick Morton Eden）爵士和帕特里克·考尔克洪。据艾登说，他是因为对 1794～1795 年的不幸事件的"仁善之心，以及受

---

① 取自该篇的标题。
② 本段中的引文来自 *The Oeconomy of Charity*（1801 ed.），II，45 – 60。

到对这些事件的个人好奇心"的促动，才开展贫民调查的。他的《贫民状况》一书出版于 1797 年。当时，他才 31 岁。他的这本书给对下等阶层生存状况的讨论提供了一个新的维度。①

在这里，我们注意到的是他关于志愿型慈善的观点，以及他关于贫民救济的公共体系和私人体系各自优点的观点。尽管对《济贫法》的某些特点感到不满，但艾登还是确信，对贫民的公共救济是无法被任何他者所替代的。在回应卡姆斯勋爵时，他提出："将贫民扔给志愿型慈善，无论这在其他方面能产生什么好处，都是让那些冷酷无情的人解除了重担……并将之全部加在关爱和仁善的人身上。"这个观点就算是特里莫太太也是毫不犹豫地转用了的。② 此外，由慈善所引发的风险——因为这种慈善过于"宽泛而不做区别"，而且，用卡姆斯勋爵的话来说，还"在英国善人中引发了善心的泛滥"——导致了懒惰和贫困的增多。③

那么，在英国的社会经济中，私人慈善应该处于什么位置呢？坦率地说，《济贫法》的存在并没有消除社会对富裕阶层大额慈善开销的需求——根据艾登相对乐观的估计，这个数据超过了每年 600 万英镑，远多于对贫民的公共补助的金额。④ 这就是说，社会上就还有充足的空间留给伟大的基督徒来施展美德，因为国家的集体能量只致力于"满足紧急情况下的极端需求"，而不关注"教育孤儿，扶养老人和无能力者，向勤奋者提供工作"等事业。因此，政府只在狭窄的规定范围内开展活动，而"将其他领域留给了那些真诚的（作为贫民之友的）信托，即我们内心的情感、心中的感受和良心的谴责共同汇聚而成的信托"。⑤ 简言之，志愿型慈善占据了《济贫法》剩下的领域，是英国社会机制顺畅运转所不可或缺的一环。

帕特里克·考尔克洪是格拉斯哥的一名商人，之后当了伦敦的治安法官。他比艾登开展了更多的探索性的调查，因此也得出了更具原创性

---

① *The State of the Poor*, 3 vols. (London, 1797), I, i.
② *Ibid.*, I, 358.
③ *Ibid.*, I, 359, 458.
④ *Ibid.*, I, 465. 艾登认为这一估计不够严谨。
⑤ *Ibid.*, I, 486 – 487.

的结论。① 促使致他对社会改革开始感兴趣的原因是他开始在伦敦生活，当时他成为格拉斯哥商人驻伦敦的利益代表，而且，更为重要的是，在1792 年的时候，他成为新任治安法官的一员。对于一个像考尔克洪这样拥有强烈的好奇心和机敏的智慧的人来说，博街提供了一个相当有利的据点。他的有些想法，特别是他关于制定一套更具建设性的国家社会政策的提议，不仅触及了现代体系的边缘，而且深入了核心，乃至于有一位晚近的作家称他"18 世纪的贝弗里奇规划者"。②

但是，尽管考尔克洪有一些先进的想法，如建立一个中央部门负责各类属于社会福利事业的事项，但他却不能算是福利国家的施洗约翰。他建议，就他的社会实验而言，最好的配置可能是有一位仁慈君主的宫廷，如像巴伐利亚选帝侯那样的君主，因为在那里，拉姆福德宫廷完成了一些他所认为的最重要的工作。简言之，他的改革是一场自上而下的改革。他给贫民孩子们所提的建议也没有任何内容是"超越他们在社会中生存状况的边界的……超越这一边界，将会成为空想式的、不明智的和危险的，因为这会搞乱社会的阶层，而下层人的普遍幸福——这一幸福并不比阶层更高的人少——则是仰仗这一阶层划分的"。③ 从某一点上来说，考尔克洪可以被视为一名重商主义者，而且可能是最后一位政治算术家。

他的作品并未给私人慈善的发展带来任何乐观的态度。在大众教育方面，他注意到慈善事业近一个世纪来的努力所产生的成效很有限，于是便断然总结道："这个目标对于私人慈善而言过于巨大了。"④ 同时，他对私人慈善在改善贫民的生活、避免赤贫化方面的效用也并不抱有乐观态度。对考尔克洪来说，贫困是一种正常状态，意思是人们要努力工作讨生活，而赤贫（或极度贫困）是不同的，赤贫意味着"缺乏、悲惨和不幸"。但是，两者之间的边界并不稳固，从前者很容易滑向后者，所以，社会需要"在关键时期，即贫民有堕入赤贫状态危险时，通过审慎

① 关于考尔克洪及其工作的最好的描述，参见 L. Radzinowicz, *A History of English Criminal Law and Its Administration from 1750*, 3 vols. （London, 1848 - 1856）, III, 211ff, 但现在尚缺更为广泛的分析。

② Oscar Sherwin, *American Historical Review*, 52: 281 - 290 （1947）.

③ *Treatise on Indigence* （London, 1806）, p. 148.

④ *Ibid.*, p. 143.

的安排来给予支持"。①

那么，在阻止赤贫化方面，慈善组织有什么成就呢？在这方面，考尔克洪强硬的结论似乎在慈善募捐者和捐赠者的美好的主张上泼了一瓢冷水。他估计英格兰和威尔士公共和私人慈善组织的年度总收入（包括捐赠基金的孳息收入）为不到 400 万英镑，这一巨大的金额"可能是世界上任何一个有同样居民人数的文明国家的慈善捐款的 10 倍"。但是，这一巨大的金额是如此的无用，"赤贫的人们得到了衣服穿，有了东西吃；但是，很少有人，只有极少数，回到了他们之前的有益于社会的自力更生的贫困状态"。这给这个国家造成了重创，因为国家不仅花钱供养他们，还损失了劳动力。②

在涉及伦敦的情况时，考尔克洪的结论只是泛泛的概述。在他的《论伦敦的治安》（首次出版于 1796 年）一书中，他难过地将用于提升下等阶层福利的大型机构与下等阶层长期忍受的不幸与悲惨并列在一起。为了帮助伦敦的贫民，人们花了 585000 英镑（不包括贫民救济税）③，但他们的不幸"并未得到任何减轻，而他们的道德却在不断地堕落"。在这里，需要注意的是，考尔克洪的观点有多么的犀利，这些观点是从他做治安法官的经验中，以及从他自己的慈善行为的得失经历中萃取出来的，所以不同于这个进步的时代惯常的充满幻想的看法。对于考尔克洪和他的同时代人来说，慈善事业的巨大开销只产生了一些细琐的益处。毫无疑问，这位伦敦的治安法官，以及他现实主义的视角与采集上来的数据，共同构成了一股力量，破坏了 18 世纪慈善家的某些幻想，并使他们产生了一种社会悲观情绪。在这种情绪的影响下，人们会满足于实现更为合理的成就，而不再会好高骛远。④

尽管这两类人之间存在明显的差异，但绝大多数反思慈善的原则和方法的人会在相当多的事项上达成一致意见。⑤ 他们之中很少有人，无论是信徒还是世俗人，会对英国社会的前景表示乐观，因为人口的增殖

① *Treatise on Indigence*（London，1806），pp. 8 - 9.
② Ibid.，pp. 60 - 62.
③ 但是包括捐赠基金的孳息收入。(*Treatise*，p. 382)
④ George，*London Life*，p. 322.
⑤ 这里，笔者指的是"一般慈善"——与救济和培训贫民直接相关的事业。其他慈善事业，如国外传教、医疗慈善等，则属于特殊慈善。

已经超出了私人慈善能力范围。甚至连《慈善家》杂志都表达出了同样的谨慎、实证主义的态度。该杂志是威廉姆·艾伦（William Allen）于1811～1819年发行的，是贵格会－福音派教会－废奴主义者的喉舌。不过，艾伦自己所关注的慈善事业并不仅限于本地区，没有表现出这样狭隘的地方主义。1813年，他与杰里米·边沁和一群贵格会信徒一道，给罗伯特·欧文（Robert Owen）提供了一笔资金，用于买下新拉纳克米尔棉纺厂。不过，欧文的宗教信仰之后也变得非常强大，乃至于成了他的合伙人的强有力的推动力量。而艾伦也在他的第一篇名为《培养善良品性的义务与乐趣》的文章中表达了同样的情调。当时，社会上各个阶层，甚至连最穷的人，都会帮着做善事。至于那些富贵之人，做善事则是他们的义务，他们不仅要捐款，还要"将懒惰、放荡者与勤奋的、值得帮助的人区分开来，要调查他们的情况，以及审查捐款是否得到了适当的使用"。[①] 贵格会信徒艾伦、经济学家马尔萨斯、无休止地开展着调查的治安法官考尔克洪等人都符合上述标准，甚至连特里莫太太，当我们剥去浮在她文字表面的上流社会的陈词滥调后，也能看到她符合这样的标准。

同时，所有这些人的文字里都充斥着对英国社会秩序中正在发生的情况的不安，以及对该秩序结构内外所受到的威胁的恐惧。而且，他们或多或少都注意到经济和社会正在经历革命性的变化，但他们（其中绝大多数人来自英格兰南部地区）并没有将自己的思想调整到契合这一现实上来。所有人都将他们的社会描述成为一个由多个阶层所组成的等级社会，每一个阶层都有他们各自的义务和责任，且各阶层之间相互高度依赖。各社会阶层之间的差异是由上帝恩允的，且是不可避免的，因为人与人的天赋存在差距，所以，这是上帝的伟大创造之一。当然，变得勤奋和驯服使穷人有义务。虽然并不是所有穷人都是处于近乎饥饿的状态，但穷人还是要依靠富人。这就像汉娜·莫尔所勾画的那样，她有一个计划，即"一个完全明智和高尚的天命，要将各个阶层的人联合起来，并且向穷人展示他们是如何直接依赖富人的"。[②] 不过，穷人顺从富人是

---

①　*Philanthropist*, I, 4.
②　"并展示富人和穷人都依赖他们自己存活。"（引自 Jones, *Hannah More*, p. 158）

当时的慈善作品的普遍主题。这些作品普遍认为，人们的幸福只能依赖"富贵阶层的促进而实现，而不能通过一个完美的平等状态来实现；但尽管如此，平等在本质上却从不是空想的和不切实际的"。①

上等阶层当然也有自己的责任，这些责任源于基督教的诫命，以及他们在社会上的上流地位。"等级、权力、财富和影响力，"托马斯·伯纳德爵士提醒说，"并不能让上等人豁免关注义务、履行义务；反而给拥有它们的人的肩上加上了巨大的责任。"② 1815年，一份在巴斯匿名出版的作品提醒富人们说，《圣经》通篇都认可阶层差异，但同时也反复催促富人们要行善。"善行是由自然秩序所要求的，也是福音书所庄严命令和要求的。"③ 而且，善行不仅仅是一项道德义务。正如威廉姆·艾伦所毫不犹豫地警告的那样，慈善行动说到底只不过是为了富人的利益，因为富人的安全，以及"他们对财富的享有，都受到美德在普罗大众中实现程度的实质性影响"。④ 简言之，慈善是上等阶层所承担的上帝的诫命，也是他们获得社会尊敬，以及进行自我保护的手段。

不过，人们还会就下述事项达成一致意见，即富人给的钱不够多。"慈善之杖轻轻一点，就将贪婪之石一分为二，然后财富就像泉水一样涌了出来"⑤，这种情况通常没有什么好结果。这个时代不需要激情式的慈善，而需要仔细与谨慎的区分，因为只有这样，捐款人才能把值得救助的人从骗子、懒人中区分出来。这样才能为捐款人带来更大的个人利益。上等阶层的成员在为了贫民的利益而做慈善服务时，不仅证明了基督徒的美德在起作用，还帮助巩固了社会架构，而其原本已经表现出不堪重负的状况。

在当时，在与慈善有关的文章里，充斥着阶层优越性的味道。这在我们现代人看来，是不符合20世纪社会民主的基本观念的。不过，在当时，哪怕是那些最投入的、最自我牺牲的人，在帮助穷人时，也绝不会以平等的视角待之，更不会因为受到平等观念的触动而去做慈善。在巴

① J. B. Baker, *The Life of Sir Thomas Bernard Baronet* (London, 1819), p.7.
② *Ibid.*, p.8.
③ *Collections on Charity* (Bath, 1815), p.6.
④ *Philanthropist*, I, 7.
⑤ *Collections on Charity*, p.9.

斯出版的《募捐》一书中，其作者明智地提醒他的上流社会的读者们：穷人虽然行为粗鲁，但还是很精明的，能够看穿华丽的言辞和表情。所以，他警告人们，不要"在他们面前提哪怕是那么一丁点儿的看法，讲任何话，或用肢体语言表达任何意思，因为这会引来不满，一旦出现这种状况，关系将难以弥合"。[1] 而且，显然，对于哪怕是当时最高尚的慈善家而言，慈善工作的最有价值的回报也不过是贫民的素质得到很大提升，特别是那些为上等阶层所看重的素质，尤其对那些鼓励贫民自力更生的项目而言，情况更是如此。[2]

尽管当时慈善事业发展得如火如荼，但与慈善相关的思想却不成体系。多数的理论构建都是公众作家的作品，这些人因为看到贫民问题十分急迫，内心感到不安，而写了这样的作品，而就当时慈善家而言，相比系统性思考的能力，他们提出慈善目标的能力要更强一些。几乎所有作者，有的是不情愿的，都承认有必要向贫民提供公共救济。没有一个人持有卡姆斯勋爵的苏格兰式的观点，即认为英国更适合采用由教区委员会募集自愿捐款的方式来筹集资金[3]，而且也没有人认为私人慈善是公共救济的合适的补充。在这个时代，没有什么值得纪念的慈善理论。到目前为止，最精致的且最具影响力的理论体系是由苏格兰教会领袖托马斯·查尔默斯（Thomas Chalmers）提出来的。他在《大城镇的基督徒和城市经济》一书中所提出的观点，虽然现在看来陈腐不堪，但至少可以被视为一种构建慈善理论体系的尝试。不过，查尔默斯的理论在南部地区并没有产生太多的实际影响，直到 18 世纪后半叶，正如我们在下文中将看到的那样[4]，才被伦敦慈善组织协会作为了理论基础。

三

在 18 世纪晚期，"慈善"一词更多地指涉救助不幸者。帮助赤贫者、饥饿者、无助的儿童，这些看起来都是值得努力的合适的慈善领域。在早期，这些需求都是通过教会以私人施舍或帮助的形式予以满足的，而

---

[1]　*Collections on Charity*, p. 200.

[2]　"Proposal for a Society for the Poor," *The Philanthropist*, VII, 313ff.

[3]　*Sketches of the History of Man*, II, 58 – 59.

[4]　参见第八章。

现在，人们日渐认为，这些领域已经不是私人慈善可以插手的了，需要组织化的团体介入。一般来说，贫困问题并没有进入联合慈善的关注范围，虽然慈善组织，如改善贫民生存状况协会，会毫不犹豫地向他们的客户提供很多关于有序安排和改善家庭经济的有用建议。甚至当贫困，用考尔克洪的话来说，堕落为赤贫时，人们还是认为这要靠教区救济、捐赠基金慈善组织的赈济，以及临时的布施来解决。只有当贫困问题加上了其他因素而被复杂化（包括严冬、庄稼歉收，或流行疾病等的时候），人们才认为，这属于联合慈善需要关注的合适的领域。

战争年代满足了其中几个条件。在 18 世纪 90 年代后期，农作物歉收以及粮食涨价引发了实际工资的急剧下跌，这一影响在 1795～1796 年以及 1799～1800 年最为剧烈。[①] 所以，社会上的复杂状况引发了很多问题，这吸引了上等阶层的关注，如弗里德里克·艾登爵士等，并使他们开始考虑贫民的困境。托马斯·伯纳德可能是这些年中最著名的英国慈善家。他在决定成立他的改善贫民生存状况协会时，大概也关注到了这一社会危机。伯纳德的行为给人们提供了一个关于纯粹的慈善冲动的大写的案例。这是因为尽管他自己是一个虔诚的教徒，并热情地倡导成立免费的小礼拜堂，"以向被我们遗忘的同伴们，即住在伦敦中心区的异教徒居民们，提供建议，引导他们改变信仰"[②]，但他的慈善事业却并不是传统的福音派教会性质的。

如果我们将伯纳德描述成这么一个人，即他靠着改善他的同伴的状况来汲取快乐和满足感，那就实在是有点太简单了。这是因为他是这么解释他进入慈善世界的情况的："当时我想我已经从我的专业领域获得了如此的收入，足以满足我的欲求，我决定退出法律界，并且想要找一份有用的工作，这份工作必须是不会促进贫困。而尝试改变劳工阶层在家里的生活习惯是第一个跳出来的好主意。"[③] 对伯纳德而言，慈善给他增添了赢取建设性成就的满足感，这"有赌博的兴奋感，却没有其惊

---

① A. D. Gayer, W. W. Rostow, A. J. Schwartz, *The Growth and Fluctuation of the British Economy, 1790 – 1850*, 2 vols. (Oxford, 1955), I, 9.

② 引自 Baker, *Bernard*, pp. 62 – 63。

③ Sir Thomas Bernard, *Pleasure and Pain, 1780 – 1818* (London, 1930), p. 49.

恐"。① 这的确是真的。他曾略带哀伤地回忆说，和其他赌博类游戏一样，有时人们会在慈善中输光全部赌注，但是，更为常见的情况是，他断定在他生命结束前几个月，他的赌博能够赢取回报。

马萨诸塞州最后一位皇家总督的儿子托马斯·伯纳德（之后成了托马斯爵士），在他父亲的召唤下，于1769年回到了英格兰。他娶了一个有钱人家的女儿，然后自己又有一份成功的职业，也即做办理不动产转让事务的律师。所以，在从业15年后，他得以选择退出，开始成为一名真正的全职慈善家。与其他支持应用科学的人一样，如杰里米·边沁，伯纳德极大地信任应用科学的力量——它能够提出创造性的办法和更有效的措施——并将之作为一项进行社会改良的工具，而且，他还对由伦福德（Rumford）伯爵所证明的机械发明在日常家庭生活中的作用很感兴趣，特别是这些发明能够推动节约燃料和食物。1785年，他在成为弃儿医院的出纳之后，第一个动作是在伯爵的监督下，重新安装了医院的厨房和壁炉设施。据说，这一项改革节省了厨房用煤量的2/3。②

伯纳德心中满是各种计划，想要推广伯爵的观点，而且他还开展了很多特别的实验。不过，他未能成功劝说马里波恩贫民院的委员会引进伯爵的措施，尽管当时他已经和威尔伯福斯以及其他几个人一道筹集了一笔钱，用于支持这项实验。而正是因为马里波恩贫民院的主管者回绝了这个想法，才促使伯纳德决定成立一家改善贫民生存状况与增进贫民舒适感协会。在这家协会的领导人中，福音派教会的特色主要体现在这些人员，即威尔伯福斯、扎卡里·麦考利（Zachary Macaulay）身上，此外还有很多来自克拉珀姆地区的人。但是，我们很难说该协会是一家福音派教会的机构。在众多人员当中，这家机构的主要精神领袖和首要的捐赠者（52英镑10先令）是托马斯·伯纳德，而他的福音派信仰并非毫无疑问地被接受的。尽管他并不是一个一根筋的慈善家，但他在该协会中投入了主要精力，而且他投入的这些精力是如此之多，乃至于在有的活动中，该协会不过就是伯纳德的另一个名字。

根据发起人最初的想法，该协会要成为一个（用现代的术语来说）

① Sir Thomas Bernard, *Pleasure and Pain, 1780–1818* (London, 1930), p. 55.

② Baker, *Bernard*, pp. 11–12.

信息"交换中心"，用于交流有关贫民生存状况的信息，以及关于改善生存状况的有用的主意："来自经验的有效而实用的信息，并以简短和平实的话语表述出来。"① 该协会尝试对贫困问题采用实证的办法——这些办法是伯纳德认为在他的时代很经典的一些办法——以与模糊的善行划清界限，而"直接针对事实做出处置"。② 总的来说，该协会出版的那些报告（后来这些报告重印了一个普及版，以便更为广泛地流通）实现了他们的这个想法。这些报告中记满了他们的各种计划。这些计划经常是基于他们的经验提出来的，目的是改善贫民的生存状况——如建立友好的协会、村社花园、教区谷物磨坊、城镇厨房和汤铺，饮食节俭，以及类似的计划。

从一开始，该协会对贫民的饮食问题就有着浓厚的，有时甚至是病态的兴趣，这种兴趣部分源于伦福德伯爵提出的方法所引发的希望。协会在发布的报告中列了很多食谱，这些食谱上的菜肴都是美味而又可口的，虽然其中有一些——如由一位德比郡的女士所提交的食谱，"给贫民炖公牛头的做法和开销"③ ——让20世纪的人们都大跌眼镜，因为这些菜谱近乎滑稽可笑。在1800～1801年食品严重短缺的时期，该协会在会员中筹集了近4000英镑，用于向伦敦提供鱼类食物，并在其他地区也进行了类似的努力。同时，伯纳德向贫民解释说，国王正在做"一位仁慈的父亲所能做的所有事情来消解现在这个时期的压力"，并树立了一个榜样，即减掉了他自己家里的面包消耗量，换成了土豆或大米。④

除了发布报告以外，该协会还搞了一系列项目。伯纳德写了一份关于利物浦盲人收容所的名单，并印在了报告中。这促动人们在伦敦为贫困的盲人成立了一所学校。该协会还捐款用于照顾病人，即捐建了癌症医院和发热医院。其中，后者是仿照曼彻斯特的康复中心建的，它的成立标志着专科医院的发展迈出了重要的一步。⑤ 在最初几年里，协会表示自己受到了伦福德伯爵的影响，而随着报告的数量越来越多，协会发

---

① *Reports of the S. B. C. P.*，I，App.，p. 3.
② 1800年版报告中伯纳德写的前言。
③ *Reports*，I，91 - 85.
④ *Ibid.*，III，66.
⑤ Baker，*Bernard*，pp. 49 - 50，69 - 76.

现自己认同各种提议，其中有一些是远远领先于这个时代的。其中有一个例子是养老金计划，这些养老金都来自一个基金，这个基金的钱都是由雇主从工资单中提取一个固定的比例，以及由土地所有人从土地价值中提取一个比例，交给该基金的。① 总而言之，伯纳德将协会构想成为一个交流主意的工具，以及一个类似于控股公司的东西，它会开展特定的行动以提升下等阶层的福利水平。

可能是因为该协会毫无保留地接受了有关阶层关系的主流观点，所以现代的社会历史学家们对其活动并无太多兴趣。的确，在它的报告中，并没有太多大胆的想法。通常，人们都会对这一点感到印象深刻，即尽管该协会的领导者十分关心伦敦的贫民，但他们在相当大的程度上还是从农村环境的角度来思考问题的。他们所热衷的很多举措都是与村镇的慈善组织有关的，而他们又经常抱怨某些因素，而这些正是毁掉老式的家庭手工业的因素。又如，伯纳德一方面祝贺劳工们好运，他在一封信中指出，虽然"他们习惯于认为生活中不可或缺的成分"不太足，但至少"他们的责任与他们的享受是成正比的，都很少"；另一方面，在同一封信中，他又提醒上流社会的读者们，"宽敞而高耸豪宅里的居民都对住在（传染病流行的）拥挤、逼仄的公寓里的贫民所受的苦毫无概念"。②

在有的事项上，该协会采取一种更为主动的立场。比如，在1800年，伯纳德尝试成立一个机构，以保护清扫屋顶烟囱的男童。但是，他发现，除了少数水平一般的人以外，多数清扫高手都极度拒绝合作，而该计划也就了无所成了。③ 该协会也表现出了对兰开夏棉纺织厂教区的学徒的一些兴趣。协会副主席罗伯特·皮尔（Robert Peel）爵士捐了1000英镑④，指定用于这一目的。后来，位于奥特利附近的伯利的工厂主却抗议《工厂法》，因为该法禁止让儿童上夜班。这时，该协会也做出了强势的回应。值得赞扬的是，伯纳德和他的团队拒绝向工厂主的主

---

① Countess of Jersey, "Charity a Hundred Years Ago," *Nineteenth Century*, 57：656（April 1905）.

② 伯纳德写的前言，d. 15 Feb. 1803, *Reports*, IV, 21 – 24.

③ Bernard, *Pleasure and Pain*, p. 61. 关于保护扫烟囱男孩的运动，参见 J. L. and B. Hammond, *the Town Labourer*, *1760 – 1832*（1928 ed., London）, pp. 176 – 195.

④ 皮尔也是曼彻斯特康复中心的主席、基督医院的理事、大卫·威廉的文学基金的副主席。[Norman Gash, *Mr. Secretary Peel*（London, 1961）, pp. 26 – 27]

张——工厂主提出，他们只有与自由劳工签订非常不利的条款，才能使他们去上夜班——做出任何的让步，并冷冷地提出，强迫孤儿和弃儿去做自由的劳工不愿意做的工作，不具有合理性。[1] 但是，我们也不能过度美化协会在工厂改革中的行动记录。令人难以置信的是，伯纳德因为怀疑工厂的孩子的条件是否能够"充分满足"皮尔基金的要求，就改变了该基金的用途，调整到用于促进英国各个地区的教育上去了。[2]

在战争年代，该协会和很多慈善的个人将大量精力用于经营舍粥铺和其他廉价食品慈善机构。他们不仅想要减轻因为战争时期的物资短缺而引发的痛苦，还想要教育穷人养成节俭的习惯。因为工人阶级的主食面包变得稀缺和昂贵，所以大量的人开始想办法，尝试以土豆或大米为材料制作美味的食物。"的确"，莱特孙（Lettsom）医生建议说，"一颗粉质的土豆被很好地煮过或烤过后，就立刻成了一个小面包，并成为小麦的最廉价的替代品。"[3] 于是，伦敦和各郡一下子冒出了很多食品类慈善组织，其中绝大多数都是在18世纪90年代中期的困难时期之后，以及在1799～1800年出现的。[4] 在伦敦，帕特里克·考尔克洪是该运动的精神领袖。该地的委员会是在1797年初开始启动的，但其一启动就发现自己是在管理一项兴旺的事业，每周要向1万人发放每人2次价值1便士以下的食品。3年后，伦敦共有22处不同的机构在舍粥。仅就这一项事业，1799～1800年，伦敦的慈善家就捐了超过1万英镑。[5] 该委员会总收入的1/3来自23家商业和企业实体，而其余收入则来自540名个人的捐赠。1799年末，当时饥荒闹得十分剧烈，于是英国贸易委员会开始关注舍粥铺，并根据考尔克洪所提出的一系列建议，在全国设置了大量的舍粥铺。[6]

---

[1] *Reports*, IV, App. I, p. 3; Countess of Jersey, "Charity a Hundred Years Ago" (n. 44), pp. 664–665.

[2] Bernard, *Pleasure and Pain*, p. 62.

[3] J. C. Lettsom, *Hints Designed to Promote Beneficence ...*, 3 vols. (London, 1801), I, 37.

[4] 很明显，最早开始这类尝试的是弃儿医院的伦福德厨房，该厨房可以为300人提供低成本的食物。（Bernard, *Pleasure and Pain*, p. 52）

[5] A Magistrate (Colquhoun), *An Account of a Meal and Soup Charity* (London, 1797); *General Report of the Committee of Subscribers* (London, 1800).

[6] Lettsom, *Hints*, I, 95. 在本书中，莱特孙用了超过165页的篇幅来写舍粥铺，以及节食的建议。

推动人们进入舍粥铺领域的动机并非只有人道主义。特里莫太太在里面发现了一种可能性，即吸引贫民去新的免费的小礼拜堂。① 在其他的极端情况下，食品类慈善组织对于那些想要利用社会善行的纯真或善良本质来做坏事的人来说，是一个无法抵抗的诱惑，如赞美组织。该机构启动于 1800 年，它向公众公布的创始人团队包括 5 名公爵、6 名侯爵，以及各类贵族和贵族夫人。它所宣称的宗旨是以低价向贫民提供高质量的肉类和蔬菜。但是，此后不久，赞美组织（其发起人一定具有一种讥讽式的幽默感）就完全变成了一场骗局，博街某个著名人物的妙计。② 虽然舍粥铺作为一个改善社会状况的机构，已经或多或少成为伦敦贫民窟中一个永久的特色，但是这并没有给伯纳德、考尔克洪以及其他赞助人的期望提供什么正当性的理由。相反，在不久之后，人们的热情变成了怀疑和敌意，而更为"科学化"的慈善家也开始提出，慈善机构对贫民的生活产生了有害的影响。

四

对普通的上层城市居民而言，社会痼疾的最明显的证据是有一个行乞大军的存在，这群人靠着公众的善心存活，公众只能对他们做出无力的抵抗。毫无疑问，就这一现象，没有什么数据是完全可靠的。不过，目前，最负责任的估计是伦敦共有乞丐 1.5 万多人，其中可能有 1/3 是爱尔兰移民。当然，其中有不少是专业人士，不过，还有相当多的人是失业的劳工或在家乡没有找到工作而流浪来伦敦的陌生人。③ 我们甚至无法估计涌入各大常去之地（如巴斯和巴克斯顿）的乞丐和贫民有多少人。乞丐委员会于 1815～1816 年采集的证据告诉我们，乞丐行业，比如在圣吉尔斯，是一个高度组织化的行业，乞丐们划分成不同的帮派，而各帮派内又进一步细分为各个堂口（"walks"），每个堂口都有自己的地盘和行乞时段。④ 另一种更为专业化的高端行乞是一种叫乞讨信写手的活，也即所谓的"两便士乞丐"。做这种事的人一般接受过一些教育，

---

① *Oeconomy of Charity*, II, 241.

② *S. C. on Mendicity*, 1815, pp. 69 – 71.

③ Matthew Martin and Patrick Colquhoun, *ibid.*, pp. 5ff, 54ff.

④ Matthew Martin and Patrick Colquhoun, *ibid.*, pp. 48ff.

可能是学校的老师，他会给各个恩主写求助信，向每个人索取 2 便士的施舍。①

马修·马丁（Matthew Martin）的工作在很大程度上推动了对伦敦乞丐状况的披露。马丁是一个商人，他的业余爱好是研究自然史和做慈善。他秉持人道主义的观点，又结合了某些考尔克洪对社会调查的热情。在早期，他以个人事业的形式，调查了伦敦的乞丐。他想通过这种方式使自己确信，不是所有的乞丐都是无可救药或毫无希望的堕落者。开始，他与改善贫民生存状况协会合作，一度还成为它的助理。但后来，他发现这项工作对他一个人来说，有点太大了。于是，他向波特兰（Portland）公爵提出申请，要求官方给予支持。靠公共基金拨给他的 500 英镑（后来又给了 500 英镑），他成立了一个工作室，招了一名工作人员，开始做系统性的调查。他会发票给乞丐和贫民，以吸引他们来接受调研。那些人在讲完自己的故事后，可以凭票去领取一些小的救济品。在 7 个月的时间里，他调查了约 2000 名乞丐，以及约 600 名贫民。②

马丁带着一种同情式的理解开展着他的工作。很快，他就欣慰地看到，人们去做乞丐，经常是因为遭遇不幸，而不是出于主动选择，而且将所有乞丐都界定为懒惰的无赖，这种幻想是没有太多依据的。他最开始的调查是在 1800～1803 年开展的，这项调查未对减轻贫困或减少乞丐的相关措施产生巨大的影响。③ 但是，到 1811 年的贸易萧条期间，改善贫民生存状况协会又成功地劝说了内政大臣重启马丁的调查。1811～1815 年，他调查了 4500 个案例，而当这场危机到了最严重的时候，他筹集了一笔资金，用于给那些最贫困的人提供工作。④

在这场危机中，改善贫民生存状况协会的领导人和其他人共同建立了一个全国性的廉价食品组织，以尝试减轻危机所带来的影响。这家机

---

① *S. C. on Mendicity*, 1816, p. 8.

② Matthew Martin, *Letter to the Rt. Hon. Lord Pelham on the State of Mendicity in the Metropolis* (London, 1803); *S. C. on Mendicity*, 1815, APP. IV.

③ 马丁提议说，要解决伦敦的贫民问题，特别是那些从其他教区来的贫民的问题，有必要采用更为集权化的方式，同时还提出了各种策略，以阻止街头行乞（*Letter to Pelham*, pp. 20ff）。

④ *S. C. on Mendicity*, 1815, p. 5; Martin, *Appeal to Public Benevolence for the Relief of Beggars* (London, 1812).

构叫作"救助从事制造业和体力劳动的贫民协会"。该协会偶然发现鱼类是解决贫民食品危机的一个出路,所以它不仅劝告贫民用鲱鱼和腌鳕鱼来解决腹饥之困,还直接以低价售卖大量的鱼类——一天可以卖掉17000条鲱鱼,每条价格是1便士。这是一家全国性的机构。它有一个中央委员会,以及许多地方性的分支协会。其中,后者在很多情况下都是靠全国性的母机构的拨款来维持运营的。在成立后第一年,该协会共拨付了4000英镑,共拨出54笔款项,其中有的拨款单笔高达200~300英镑。1813~1814年,该协会共花了21000英镑,其中有高达12000英镑的款项被用于购买鱼和盐!①

在我们看来,在解决这场关于乞丐的危机的过程中最重要的成果是有一群人决定就这一问题做些什么事。当然,这也是出于对这个时代的认识,因为在当时,人们更指望机构的志愿型行动,而不太看好公共机构的救助行动。伦敦反乞丐组织不是这个领域的第一家机构。在巴斯、爱丁堡以及其他不那么出名的地方,类似的机构已经开展了数年的活动了。巴斯是职业乞丐的天然的"狩猎场",所以也注定成为反乞丐运动的主要据点。而"巴斯的乞丐"则是熟练的强采型乞丐的终极代表。正如其名字所标示的那样,"巴斯打击惯常的无赖和骗子、救助偶然的不幸、鼓励勤劳协会"主要致力于解决乞丐问题,因为这些人把城市的街道弄得恶臭不堪,甚至威胁到了人们的安全。该协会雇用了一名官员,专门负责逮捕职业乞丐。但是,就算是在发起该协会的时候,其成员也都认为,真正的不幸是真实存在的,而该协会则认为自己是在运营一个个案工作机构。会员们轮流值守办公室,接收各类申请,并就申请开展调查,最后批准救济——经常是食品券。逐渐地,负面的那一方面开始退场,这家巴斯协会发展成为一个有趣的先锋机构——它拥有一笔永久性的基金,贷款给小商人(在1820~1830年,每年的贷款额超过了600英镑),并向困难和失业者提供救济。比如,在1817年,该协会花了1200英镑用于提供各类工作,而其代表则走访了1850例个案。②

在伦敦,相关行动开始于《时代与年代》杂志上的宣传广告,署名

---

① *Reports of the Association*, 1813–1814; *The Philanthropist*, II, 229–239; III, 374–378.

② 关于巴斯协会的故事,参见 P. V. Turner, *History of the Monmouth Street Society*(Bath, n. d.)。

是"博爱者"（"Philanthropos"）。这位"博爱者"后来被证明是 W. H. 博德金（W. H. Bodkin）。托马斯·胡德（Thomas Hood）后来在他的颂诗中这样赞美他[1]：

> 万岁，乞丐之王，万岁！
> 驱散贫民的人！
> 你的狗在办公室里大声吼叫，
> 将所有的乞丐都驱离大门！
> ……
> 毫无疑问，你就是哈姆雷特说的那样——
> 是可怜的人的最后的朋友：
> 凡人忍受了多少的折磨，为何他们就不能有
> 一个彻底的博德金式的结局？

在成立后，乞丐协会吹嘘自己的赞助人都是贵族，但是在其管理委员会中，我们却看到了这些名字：大卫·李嘉图、帕特里克·考尔克洪、威廉姆·艾伦、约瑟夫·休谟。事实上，动议成立该协会，并为该协会命名的就是休谟。[2] 和巴斯的协会一样，伦敦的这家协会也同时以惩罚性和建设性的手段来处置乞丐问题。该协会的压制性行动是由一群巡察警官开展的。其最开始有八名警官，这些警官两人一组在街上巡逻。他们会逮捕乞丐，并将乞丐带到协会位于红狮广场的办公室去，或者将他们转交给治安法官。这些警官以极大的热情努力实现着他们那毫无魅力的使命，所以，在协会成立后的前 14 年里，他们共逮捕了 9500 名流浪汉，其中有近 4800 名被定罪。[3]

不过，该协会的领导人却认为他们是慈善家和准警察，而且他们会给予真正有困难的人以救济。但是，为了确保这些援助只提供给合理的个案，该协会宣布要打破公众的一个源远流长的惯例，即向乞丐提供

---

[1] "Ode to H. Bodkin, Esq. "（1825）. 博德金之后去了法院，成为多佛的书记员、米德尔塞克斯法庭的助理法官，以及罗切斯特的下议院议员。1859 年，他获得了骑士爵位。

[2] Mendicity Society Minute Book，8 Jan. 1818.

[3] *14th Rept.*，1831.

施舍。① 作为施舍的替代，乞丐会收到一张券，乞丐可以凭这张券向红狮广场办公室提出申请，该办公室会对其是否为善意申请人进行仔细的审查。协会的捐赠人可以得到不限额的券，而其他人则可以 1 先令 5 张券的价格进行购买。

但是，这个新的体系并没有完美地运转起来。除了其他问题以外，乞丐，至少在英国出生的乞丐，对该协会的券进行了广泛的抵制（虽然爱尔兰的乞丐乐意接受它们），而捐赠人在提供帮助被拒绝后，也满是挫败感，特别是协会的管理者承认说：拒绝"通常都伴有咒骂"。② 在最困难的时期，券计划彻底崩溃了，而协会则开始变成一个普通的救助机构。在 1819 年的严冬，有大量失业者上街行乞，乃至于协会不得不停止折磨乞丐，而将其全部人手都投入救济工作当中。③ 此外，我们可以看到，在不景气的年份里，大群的贫民——主要是没有资格领取教区救济的爱尔兰劳工（在早期，协会近 1/3 的申请人是爱尔兰人）④ ——围住了协会位于红狮广场的本部。在协会成立后没多久，协会的管理者就曾提出说，仅凭券和调查是不够的。所以，协会引入了一项劳工审查。在一开始，这项审查包括以碎石为内容的劳动能力测试、善意证明，以及如果是贫民的话，还要证明自己确实饥饿。不过，在之后，协会购买了一处磨坊，于是便让它的这些受益人去磨坊里做研磨和制作谷物的事，这些谷物是用来制作面包，以作为救济品分发的。⑤

无论乞丐协会有什么缺陷，它早年间的数据还是很令人震惊的。比如，在第一年里，它处置了近 3300 个个案，其中有 550 个个案被移交起诉，有 1220 个个案被移交给伦敦教区，而对其余的人则以各种方式加以救济（或者判定不属于迫切需求的情况）。在第二年里，协会的办公室登记了 4700 个个案，分发了 33000 份餐食。到 1831 年，它共处置了近 27000 个个案，分发了超过 50 万份餐食。⑥ 到这个时期，协会每年的开支达到了 5400 英镑，来自 3000 个不同的年度认捐人和单项捐赠人。在

① 宣布材料参见 *1st Rept.*，1818。
② *9th Rept.*，1826.
③ *2d Rept.*，1819.
④ *1st Rept.*，1818；*11th Rept.*，1828.
⑤ *11th Rept.*，1828.
⑥ *2d Rept.*，1819；*14th Rept*，1831.

协会成员的眼里，协会中处理乞款信的部门并不是没有用的服务部门，因为该部门在 10 年多一点的时间里调查了约 28000 封信。① 该协会全心全意地想以慈善的方式帮助不幸者，并严厉地对待无赖，它相信，正如其管理层提醒自己的那样："善心所动，审慎先行。"②

五

各种各样的乞丐协会都或多或少指向 19 世纪末期的社会个案工作。而在向贫民的孩子提供合适的训练这一流行的项目中，我们却很难找到这类预见性的因素。无论这些项目各自强调什么主题，18 世纪 80 年代和 90 年代的这些教育运动，比其他常见的项目，更是时代的产物。雅各宾主义，以及无信仰的威胁使在下层人中开展教化，让他们认知基督信仰的义务成了一件比以往更为迫切的事情，而且在城市中未成年贫民数量的激增——他们的"品性和性格很难说与那些野蛮的受造物有什么大的区别"③——对福音派教会成员－非国教徒的良心形成了挑战。总的来说，主日学校是工业主义的产物，这是因为工厂只有在安息日才会让孩子们休息。但是，主日学校、慈善学校和工艺劳作学校的主要兴趣却并不在开发孩子们的知识技能上面，而是在琼斯小姐所说的建立"一个屏障和防护盾，以预防该时代特殊的宗教、政治和社会风险"④ 上面。

在 18 世纪末，有三类慈善事业都在向贫民的孩子提供教育。当然，这时大量的老牌慈善学校还继续存在着，其中条件较好的学校正在逐步变成"下等阶层中的贵族学校"。⑤ 而主日学校之所以能够出现，部分是因为慈善学校运动的势头减弱了。主日学校基于一周上一天课这个基础，恢复了慈善学校的目标和措施。主日学校并不致力于开展 20 世纪所说的知识教育，而是完全向着慈善学校原初的模样去做；它就是一个这样的机构，即负责改造下等阶层行为，在他们心中植入对基督教以及上等阶层的合理的敬畏。当然，它一周只运营一天，因为童工们一周只有一天有空，可以

① *14th Rept.*，1831.
② *2d Rept.*，1819.
③ Letter by Robert Raikes，引自 Jones in *Charity School Movement* p. 146。
④ *Ibid.*，p. 343.
⑤ R. K. Webb，*The British Working Class Reader*，*1790－1848*（London，1955），p. 16.

参加活动——它也会在那天沿街宣讲，乃至于使安息日变得令人生厌。[①]

在周日给贫民孩子以教导，这个主意一点都不新，但这让格洛斯特的报纸发行人罗伯特·雷克斯（Robert Raikes）提起笔来写文章，并开展人际游说，以至于推动了一场全国性运动的开展，使这项事业脱离了纯粹地方性探索的局限。针对雷克斯开展的宣传活动，莫尔姐妹的山地小学、部分主日学校，以及特里莫太太在布伦特福德的工艺劳作学校都增添了不少的实践证据，以及劝导性的宣传，因为汉娜·莫尔和莎拉·特里莫两人在宗教虔信的宣传方面都颇有造诣。不过，这里需要强调的是，在雷克斯和主日学校运动背后站着由一群慈善家组成的一个积极主动的机构，即主日学校协会。主日学校协会从未达到不列颠和外国圣经协会，或伟大的传教协会那样的高度，但它表现出了大量的同样的热情，以及在策略上的精明，乃至于成为福音派教会成员－非国教徒所开展的其他事业的一个标志。

推动该协会发起成立的动议主要来自一位富裕的商人、浸信会教徒、慈善家威廉·福克斯（William Fox）。当时，他已经在克拉普顿开办了一所免费的日校，因为他是克拉普顿的采邑领主。此前，他一直在游说成立一套全国性的教育体系，而且他在雷克斯的计划中发现了这套体系的基础。最终，在1785年8月召开的一场由福克斯召集的会议中，该协会正式成立了。该协会主要以促进主日学校的发展为宗旨，并以此来拯救贫民的孩子不染上"邪恶和懒惰的低劣习惯，并促使他们过上一种有道德的、虔信的生活"。[②] 这场改革的最主要的媒介应该是《圣经》。因此，改革者极端强调阅读，将《圣经》《公祷书》《教义问答》作为主要的教化工具，并且协会也认为自己有责任提供这些文本和其他材料。创始人决定搁置教派之间的差异。福音派教会成员放下了对非国教派的偏见，表示认同他们的工作，而主日学校协会也成为一个关于教派合作的值得人们尊敬的成功案例。在协会理事会的24位理事中，国教会和非国教会的人各占一半，而且，双方派出的都是在慈善史上颇具声名的人物。比如，在1813年，就有霍尔（Hoare）、桑顿（Thornton）、巴克斯顿（Bauxton）、

[①] 这段关于主日学校和工艺劳作学校的内容，主要参考了 Miss Jones's, *Charity School Movement*, chap. IV。

[②] *Plan of a Society for ... Sunday Schools* (1810), pp. 8 – 9.

格尼（Gurney）、威尔伯福斯、格兰特、威廉姆·艾伦等著名人士成为协会的理事。[①]

这些主日学校的创办时间真是恰到好处。大量的贫困阶层的人，抛弃了他们在 19 世纪早期的想法，迫切地想要接受基础的教育，特别是如果这些教育不会干扰他们的正常工作的话。关于促使这些人突然爆发出学习热情的具体原因，我们现在尚未完全搞清楚。卫理会的复兴（以及它对读经的强调）、激进观念在劳工阶层中的流行、科学和经济学知识的增长都是在 19 世纪后半叶发生的，且可能在一定程度上促使人们产生出了自我革新的激情。当然，很明显的是，识字也是劳工阶层的一种财富，特别是对于那些可以据此改变自己地位的人来说。[②] 无论原因是什么，主日学校协会发布的统计数据（虽然这些数据可能有些夸大和过于乐观）告诉我们，贫困阶层对教育的需求在高速增长。人们可以说雷克斯的有些主张是荒唐可笑的，但早在 1787 年，该协会就与 201 所附属小学建立了联系，共有 10200 名学生接受教育。在接下来的 10 年里，这个数据膨胀了超过 5 倍；到 19 世纪的前 25 年的结尾，该协会共与 3350 所学校建立了联系，覆盖 275000 名 "接受教育的学生"。[③] 这些数据只反映出主日学校的行动的一个方面，因为多数学校是地方发起成立的，由地方的捐赠人资助，协会没有给它们什么资金支持。在资金方面，与其他大型志愿型协会不同的是，主日学校协会没有太多建树，它每年的开支很少有超过 1800 英镑的。

现在回头来看，主日学校在它们的支持者中所唤起的确信的希望是相当天真的。但是，无论它们的教化有多么可叹，无论它们的前提（学校教育可以用零碎的时间来完成）有多么荒谬，主日学校的实验还是以一种全新的视角向我们提出了大众教育的问题。虽然它们依旧确信贫民教育是为了被遗忘的阶层的利益所开展的一项传教工作，但这场运动的领导者还是意识到，城市劳工人口的增长在改变这个问题的构成要件。无论它们的举措有什么缺陷，但它们是将大众教育当作一个全国性问题

---

① *Plan of a Society*（1813），p. 13.

② 参见 Jones，p. 149；同时参见 Webb，*Working Class Reader*，p. 15。

③ *Plan of a Society*（1810），p. 46. 该协会同时还报告说，它分发了 285000 册拼写簿，超过 62000 册的《新约全书》，以及超过 7700 本的《圣经》。

来看的，并想要在全国性范围内解决这一问题。而且，它们的工作也使对大众的教育问题变成一个公共的问题。

不过，上述说法都不适用于第三种类型的慈善学校。尽管特里莫太太付出了巨大的努力，而且改善贫民生存状况协会又做了大量的宣传，但工艺劳作学校并没有给我们留下任何永久性的遗产。在主日学校关注童工的同时，工艺劳作学校却在，正如特里莫太太所说，将其他人"从每一个人都在面临着的懒惰的危险中拯救出来"。① 当我们现在再回头来看，便会发现他们在当时基本没有对之所以要这么做给出合理的理由，更不用说付诸文字加以详细说明了。我们现在也不清楚，他们的这项事业从经济意义上来说，在多大程度上能算得上是慈善事业。位于刘易舍姆的学校是一所老牌的、十分成功的学校，但这所学校一方面领取着教区的补贴，一方面又从制造厂那里获利，而且所获利润可以抵掉它每年预算的90%。②

工艺劳作学校是靠人们对正在变革中的英国社会生活的发展方向的一系列误解而产生出来的，所以它在整体上是低效的，而且是昙花一现的。对于上述这些问题，改善贫民生存状况协会和其他倡导这类学校的人是不太明白的。有一个大律师认为自己是贫民问题的权威，但他却拒绝（1808年）了人们所提出的要求对下等阶层进行书写和算术培训的合理要求，他给出的理由是商业和工业的专业人才供给已经充足齐备了。想象一下"有无数的人都是通过这条路径往上攀升的，这也太荒唐了……简直不值一驳"。③ 而工艺劳作学校在一定程度上也反映了类似的观点，所以它很快就证明自己在快速工业化社会里属于不合潮流的事物。编制稻草和手工纺织是这些劳工学校的主要课程，但它们却既不能产生经济价值，也没有任何教育意义——尽管特里莫太太坚定地认为这些学校可以成为贫民孩子的道德教化的媒介。

---

① *Oeconomy of Charity*, Ⅰ, 195. 关于特里莫太太及其工作的介绍，参见 Besty Rodgers, *Cloak of Charity*, pp. 125ff, and W. K. Lowther Clarke, *Eighteenth Century Piety* (London, 1944), pp. 118 – 25。这两者都认为特里莫太太是心怀同情的，这与笔者的看法是不同的。

② *Education of the Poor* (selections from the Bettering Society's reports on education, London, 1809), p. 186.

③ John Weyland, Jun., *Letter to a Country Gentleman on the Education of the Lower Orders …* (London, 1808), p. 50.

而到 18 世纪末，这场群众教育运动的基础变得更为宽广了起来。尽管在较早的时期，领导者们主要是受虔信、慈善和社会纪律等因素促动的人，但现在其他元素出现了，其中有哲学激进主义者和一小撮但数量却在不断增长的劳工阶层的代表，他们对教育的兴趣具有更为广泛的社会意义。随着人们对教育的热情日渐增长，一个公共的体系开始逐步形成了。但是，其产物却是完全背道而驰的；志愿原则在其中所发挥的作用比以往更大了。在保存并复兴这一原则方面出力最大的是两家新的志愿型组织。全国（贝尔）协会和英国与外国（兰卡斯特）学校协会的令人震惊的成功再次确认了志愿原则的有效性，并重新将教育领域划定为慈善的一个分支领域。人们认为，各种证据都证明，将基础教育交给私人慈善要比交给一家官僚机构更好，因为这样的官僚机构会毁了英国慈善蓬勃发展的势头。[1]

这两家大型志愿型机构都算不上是 19 世纪早期的慈善协会的有指导意义的范例。全国协会因为是基督教知识普及协会的直系子嗣，所以它的财政收入状况良好。在成立后的头四年里，它的领导者就设法筹集到了 6 万英镑，用于"本着国教的教义，促进对贫民的教育"。[2] 但是，在多数方面，跟它的对手相比，全国协会都算不上一个有代表性的慈善机构，因为在相当大的程度上，它所发挥的都是英国国教会的附属机构的功能。英国与外国学校协会对神学的关注倒是没有那么大，而且它的领导者经常是由各种人组成的，从虔诚的非国教徒和福音派国教徒到相对激进的宗教与世俗分离论者等，不一而足。所以，这家机构比全国协会更属于典型的志愿型协会的代表。

英国与外国学校协会源于约瑟夫·兰卡斯特（Joseph Lancaster）的巴罗大道学校。约瑟夫具有作为一个教育改革家的使命感，正如他具有高垒债台的天赋一样。在巴罗路，他构建出了一套完美的导生制[3]（让学生在老师的指导下去教其他学生，并负责学校的日常行政管理工作）。

---

[1] 参见 Jones, *Charity School Movement*, chap. IX, pt. I, "Triumph of the Voluntary Principle".

[2] H. B. Binns, *A Century of Education ... 1808 – 1908* (London, 1908), p. 81.

[3] 导生制（Monitorial system）又叫贝尔－兰卡斯特制，是由英国国教会的贝尔（Andrew Bell, 1753～1832 年）和公益会的教师兰卡斯特（Joseph Lancaster, 1778～1838 年）所开创的一种教学组织形式，曾在英国和美国流行过数十年，为英、美两国普及初等教育做出过重大贡献。——译者注

之所以能成功地构建出这套体系，是因为他具有极高的教育天赋，并且他在教育和监督他的学生导师方面展示出了大量的独创巧思。的确，兰卡斯特在巴罗路的成就，在当时和之后，导致了对导生制的过度强调，乃至于人们将之作为新学校的突出特点，并且还出人预料地导致了兰卡斯特的徒弟与贝尔博士的徒弟之间的无聊争执，争执的主题是何者才是这一不可思议的举措的发现者（虽然实际上这一举措毫无新意）。① 那一代人用实践解释了这一举措在解决资金上的进步，因为它成功地节省了劳动力。但是，他们自然也会相信，用一个类似的举措也能完成类似的推动公众启蒙的奇迹。托马斯·伯纳德爵士兴奋地说："第一个实际利用劳动分工的人……不如贝尔博士，为机械劳作做了必要的服务，即像开展聪明的运作……要知道，制造业中的原则与学校中的原则是一样的。"②

　　巴罗路的超常的成功并没有让兰卡斯特满足。他不安分的想象力总能发现新的方向来拓展他的工作，而一旦这与他个人不受控制的奢侈浪费的毛病黏在一起，便使兰卡斯特的事业长期处于困窘之中。很明显，这已经不再适合作为他一个人的事业了。有两人首先于 1808 年与兰卡斯特组成了一个委员会，他们是摩拉维亚的帽子制造商威廉·哥斯顿（William Corston）与富裕的浸信会信徒、牙医约瑟夫·福克斯（Joseph Fox）。他们以极为巨大的个人牺牲为代价，偿还了部分债权人的债务，并使其他债权人暂时不逼迫还债。直到该委员会扩充，接纳了两名贵格会信徒，即威廉姆·艾伦和约瑟夫·福斯特，这一事业才变得审慎和现实了起来。③ 艾伦是各种各样的慈善兴趣的提炼大师。他在兰卡斯特体系中发现了一个中意的目标，而关于这一目标的价值，他在他的作品《慈善家》中给予了盛赞。他提出了一个筹集资金的计划，即将该慈善事业作价折股，并出售永久性付息股票（因为兰卡斯特的印刷厂可以出售教材获利），但这一计划并未使学校恢复偿债能力，而该学校校长兰卡

---

① J. W. Adamson, *English Education, 1789 – 1902* (Cambridge, 1930), p. 24; Chester W. New, *The Life of Henry Brougham to 1830* (Oxford, 1961), pp. 200 – 201.

② *Education of the Poor*, pp. 35 – 36. 关于巴罗大道学校的描述，参见 L. C. C. *Survey of London, St. George's Fields*, XXV (1955), Plate 7。

③ *Life of William Allen*, 2 vols. (Piladelphia, 1847), I, 72 – 73; Binns, *Century of Education*, pp. 32ff. 除特别说明以外，笔者关于兰卡斯特和英国与外国学校协会的讨论都取材于宾斯的这本书。

斯特却继续花钱如流水。到 1810 年，他的经营管理使学校的亏空超过了
8000 英镑。

　　扩大学校的经济支持基础是可想而知的一条出路，因为兰卡斯特体
系受到广泛赞誉，被认为是对英国问题的一个回应。最开始的时候，赞
助人团队主要是不奉国教派和福音派教会成员，但这个委员会被证明难
以遏制兰卡斯特本人乱花钱的行为。所以，只有成立一个规模更大的、
更负责任的代表委员会，才可能产生更大的效果。后来，一个新的，由
47 名成员组成的赞助委员会形成了，这个委员会当中不仅包括之前就有
的贵格会成员和福音派教会成员的名字，还有布鲁厄姆、弗朗西斯·霍
纳（Francis Horner）、詹姆斯·密尔和塞缪尔·罗米利（Samuel Romilly）
等人的名字。这是关键的一步。现在，这家机构已经从兰卡斯特的朋友
和教友手里转到了一个公共慈善联合体的手里。新的管理层，在一群持
有价值 100 英镑股份的股东的共同决策（这些股东可能是认识到事情已
经不可避免了，于是决定将股权转成了捐款）的帮助下，在一定程度上
改善了该机构的财政状况，但其整体状况依旧不佳。推动该机构进一步
变革的是贝尔博士派别成员的攻讦。贝尔博士认为大众教育是国教会的
一项职能，并将兰卡斯特视为——用特里莫太太起的经典外号来说——
"傻大粗的分裂者"。而全国协会的形成则使委员会与兰卡斯特的分裂成
为一件早晚出现的事情了，即一旦兰卡斯特以同样的方法做出回应，分
裂就会爆发。

　　当时的情形是相当痛苦的，但这为英国和外国学校协会的产生提供
了基础。关于这一点，我们在这里就不再复述了。但这里需要提一下的
是，委员会与兰卡斯特之间的分裂是彻底的。协会是在 1814 年的春天成
立的，该协会致力于推广兰卡斯特体系，但它却不需要兰卡斯特本人的
合作，也不用他的名字。这标志着该体系开始进一步走向世俗化，因为
辉格派和激进派现在也开始在委员会中占据一席之地了，有的甚至还做
了副主席。他们包括：怀特布莱德（Whitbread）、拜伦勋爵、詹姆斯·
麦金托什（James Mackintosh）爵士、弗朗西斯·普莱斯（Francis Place）
和戴维·里卡多（David Ricardo）。[1] 在这些关键的年份中，自由思考的

---

① Binns, *Century of Education*, pp. 72 - 73.

激进派对政策的制定起了不小的作用。

接下来，我们来看看英国和外国学校协会此后的发展历史，并看一下它那家国教对手全国协会的情况。该协会名字中的"外国"一词不是没有特殊意味的，该协会的委员会相当关注将英国的体系向外推广的计划。它不仅想把这一体系推广到西欧地区和殖民地，还想推广到俄国、西班牙属美洲和马达加斯加。在英国本土，两家协会的记录在数据上也很炫目，但质量上却要差很多。最近，有一个权威人士认为，贝尔和兰卡斯特要对 19 世纪英国初级小学的状况负责，特别是要对"其机械化的方法、极低的标准、大规模的培养，以及对低成本的过度强调"① 负责。但是，毫无疑问的是，这两家协会，甚至它们之间的争执，的确在一定程度上使初等教育成为英国公众中一项实然的事物，使之成为一种给予大量的孩童以浅显的教育的途径。②

无论人们是以理解的眼光还是以批评的眼光来看这两家协会的工作，至少它们的成功都强化了一种传统的观念，即教育是私人慈善的一个分支。很明显，它们的活动，以及它们为各自所代表的"宗派"而做出的对抗，都在很大程度上拖延了国家介入的步伐。如下所示，从成立开始到 1859 年底，有很多家类似的志愿型协会从它们的慈善支持者们手里筹集到大量的资金。③

机构	金额（万英镑）
全国协会	72.5
英国和外国学校协会	15.7
天主教贫民学校委员会	7.2
本土和殖民地委员会	11.6
教会教育协会	1.0

① H. C. Barnard, *Short History of English Education*, *1760 - 1914* (London, 1947), p. 68.
② 对两家协会下属学校中登记注册的学生数量进行统计，可以发现两者之间的巨大差异。比如，参见 Frederic Hill, *National Education*: *Its Present State and Prospects*, 2 vols. (London, 1836), I, 65 - 66; Barnard, *English Education*, p. 67; G. Kitson Clark, *The Making of Victorian England* (Cambridge, Mass., 1962), p. 173, 引自 H. J. Burgess, *Enterprise in Education* (London, 1958), pp. 210ff.
③ *R. C. on Popular Education* (C. 2794), 1861, I, 575.

续表

机构	金额（万英镑）
卫斯理教育委员会	8.8
公理教教育委员会	17.4
伦敦贫民教育协会	5.8

学校协会不仅通过英国慈善取得了各类大大小小的成功，还因此形成了一个通道，通过这一通道，政府以极为小心的态度，进入了公众教育领域。在1833年，政府表决同意拨付第一笔教育拨款，总共为2万英镑，用于学校建筑的建设，"以作为私人捐款之补充"。这笔钱拨付的对象是那两家先锋协会，此后又逐步增加了其他机构。总之，在基础教育领域，私人慈善家不仅是先锋者，还在很大程度上决定了政府介入的条件。慢慢地，关系的形式开始成形了。国家在教育领域并不是要替代私人机构，而是要成为它的合伙人，即一个晚辈和监督者的角色。国家的这种身份在之后的年份里逐步发展，直到最后，平衡决定性地倒向了公共部门这一边。

在19世纪初，在人们日渐认识到公众教育问题的同时，对某些种类的残障人士的特殊培训也开始发展了起来。就像其他慈善事业一样，利物浦率先以其贫困盲人学校开启了帮助盲人的事业。这所学校成立于1790年。首先提出成立一个专门的慈善组织来帮助盲人的想法的人是爱德华·拉什顿（Edward Rushton），他自己在前往多米尼加的船上因为治疗生病的奴隶而染上恶性眼炎，最终失明。拉什顿和他的合伙人所盘算的并不是一家像培训学校那样的收容所，而是那种使盲人懂一门手艺，可以自力更生的机构。除了教授纺织、编篮子，以及其他常见的基本课程外，该学校还讲授音乐课程，并认为追求音乐是特别适合那些有足够天赋的人的。不过，可能的情况是，该学校是为了避免鼓励更多的盲人在街上拉小提琴行乞，所以，在它最初的筹款公告上曾提出："小提琴不在讲授范围之内。"[1] 1798年夏天，托马斯·伯纳德走访了利物浦的这家机构。然后，他唤起了人们在全英国建立这类学校的热情。爱丁堡和布

---

[1] Simey, *Charitable Effort in Liverpool*, pp. 19 - 20. 赛米太太提出，在该机构成立的过程中，拉什顿所扮演的角色存在一些疑问。

里斯托尔加入了这场运动，而在伦敦，伯纳德的报告则激起了人们的热情，人们要在圣乔治广场为盲人建立一家机构。这家慈善组织快速取得了成功。在短短几年间，它共培训了55名盲人，积累起了9000英镑的资金，而且这还不包含（1808年）从销售盲人制品以及捐赠中获得的3100多英镑。[①] 毋庸置疑的是，帮助盲人的善举总是具有特别的号召力。

聋人和哑巴也是人们所关心的对象。事实上，第一家针对这两类人的教育机构，即伯蒙德西贫困聋哑儿童收容所比伦敦贫困盲人学校要早了7年。不过，尽管在当时人们已经掌握了一些关于如何教育聋哑人进行交流的方法，但关于他们值得人们给予特别的同情和理解的理念却发展缓慢。第一个以聋哑人的利益为目的组织化的尝试是一个由几个人联合开展的项目，其中有独立牧师约翰·汤森（John Townsend）、伯蒙德西的教区长亨利·考克斯·曼森（Henry Cox Mason）、亨利·桑顿的助手，以及其他人。在最开始，这些发起人不得不与人们根深蒂固的观念作斗争，即针对聋哑人，我们无能为力。但此后，捐赠人逐步增多，而之前打算作为伯蒙德西地区的地方性机构的学校则变成了一家重要的全国性慈善组织，前来申请入学的人远远超过了它的接纳能力。[②]

在18世纪末，慈善家的良心受到了身体上遭受伤害的年轻受害者们的触动。但我们现在很难说他们是因为出于同情，还是因为审慎才对孩子们的困境——这些孩子所生活的环境明显注定了他们容易走上犯罪道路——做出这样的反应的。很可能的情况是，因为一系列动机的混合，才促使他们成立慈善协会。慈善协会成立于1788年，目的是通过改造孩子们而解决英国的贫民犯罪问题。无可否认的是，这是一个"将慈善宗旨与工业和治安目的相结合"的项目。这家机构能防止犯罪，而这既能够吸引人们的善心，又能够有利于社会中的每一个人。[③] 因此，该协会的客户，用现在的说法，都是青少年罪犯，或那些因为出身和环境而使他们有可能成为青少年罪犯的人。

---

① Thomas Bernard, "Account of the School of Instruction for the Blind," ext. in Lettsom, *Hints*, II, 121ff.

② *Ibid.*, II, 105–106.

③ *Address to the Public from the Philanthropic Society* (1791 ed., London). 在该机构的委员会中，出现了杰里米·边沁和莱特孙（Lettsom）医生的名字。

　　慈善协会超出了一家志愿型慈善组织的范围。几乎从一开始，它就拥有半官方的地位，因为治安法官和法官们都会判定将特定的青少年罪犯交付协会，由它予以规训并培训他们以有用的营生。那些被交付看管的男孩则会以学徒的身份在他们的工人师傅的监督下做工。① 之后，这变成了一种常规程序，即只要有孩子被判处长期监禁，且在《帕克赫斯特法令》保护范围内，就会被交给慈善协会予以监护。② 简言之，这所先锋工读学校给我们提供了一个有趣的早期案例，即一家志愿型组织接受政府的赞助，并履行某些公共警察的基本职能。正如后面所出现的情况那样，这种模式长期存在着，且在 19 世纪得到了长足的发展。它不仅存在于慈善协会当中，而之后也在其他工读学校成立时就存在于其中。

　　从一开始，社会公众对慈善协会的要求就超过了它的资源承载能力，虽然它之后变成了一家资源充沛的慈善机构。到 19 世纪初，有近 500 名年轻人经过它的手，他们之中的绝大多数是最可怕的环境的造物。③ 慈善协会从剑桥荒野的几处小房子开始，在短短几年时间里就发展壮大，搬到了位于圣乔治广场的总部。为了帮助单纯的少年犯们，协会还在伯蒙德西拥有一处房产，作为慈善改造中心使用。在那里，协会的改造以道德性和宗教性的强化教育开场，并辅以常规性的理麻絮工作——这是为了避免这些少年犯养成懒惰的习惯。当改造达标之后，这些少年犯会被转移到一个工厂。在那里，他们可以享有一定程度的自由。在旁边的一个房子里，女孩们则会接受家政服务训练。④ 推动该协会发展并发挥功效的工具是资金，其在协会的第二个十年末增长到了 6150 英镑。而在两年前，协会委员会决定修建一座小教堂，支出超过 6000 英镑，所需资金部分来自出售付息股份，部分来自捐赠。⑤ 慈善协会是维多利亚时期慈善史中的一个非常著名的机构，这不仅是因为它取得的卓越成就，也

---

① Lettsom, *Hints*, III, 162ff; Sydney Turner, "Early History of the Reformatory and Industrial Schools," *Report of a Departmental (Home Office) Committee on Reformatory and Industrial Schools* (C. 8204), 1896, App. I, p. 176; *S. C. on Criminal and Destitute Children*, 1852, Q. 223ff.

② 1 & 2 Vict. , c. 82.

③ Lettsom, *Hints*, III, 152 – 161, 171 – 173; Highmore, *Pietas Londinensis*, p. 861.

④ *Ibid.* , pp. 866 – 868.

⑤ *Ibid.* , pp. 869 – 871; *Philanthropic Society-List of Subscribers* (1850).

是因为它拉开了解决青少年犯罪问题的序幕。

六

为了从道德转向物质，19 世纪初的慈善在照顾病人方面产生出两大创新成果。在这些年里，医疗所运动开展得如火如荼，虽然这在一定程度上损害了全科医院的发展。此外，在这些年里，疗养医院首次出现了。两者都是富有社会责任感的医生们的工作成果，当然这些医生也得到了慈善家群体的赞助。事实上，18 世纪医疗方面的突出特点之一就是第一次出现了一群医生想要以自己的技术来帮助普罗大众的情况。这种新趋势的机制性表达就是医疗所的大量出现。在这些医疗所里，贫民可以得到免费的医疗咨询和治疗。医疗所的医生还会到那些没法出门的病人家里去访诊。在工作中，这些医生不仅帮助了很多病人解除痛苦，还教给他们一些关于疾病的社会学方面的知识，特别是疾病与贫困和污垢有关的知识。对那个时代慈善事业感兴趣的人而言，医疗所似乎是一类更有成效的慈善组织，而且，穷人还近乎狂热地欢迎医疗所。那些有权向医疗所推荐病人的理事时不时就发现自己被各种申请给淹没了。所以，可以预见的是，这场运动会在伦敦和各郡快速铺开。

就医疗所而言，至少在伦敦是这样，其最快速的增长期是 18 世纪 70 年代晚期和 18 世纪 80 年代，最先尝试这项事业的是成立于 1770 年的奥尔德斯盖特全科医疗所。尽管在前一年，乔治·阿姆斯琼（George Armstrong）医生在红狮广场为救助贫民的幼儿而开办了一个机构①，但真正确立医疗所这种模式的还是休姆（Hulme）医生的全科医疗所。可能我们不应该仅仅根据表面的价值来看待这些早期医疗所的统计数据，及其所声称的治愈数量。比如，全科医疗所宣称自己在 38 年里治疗了 14 万名病人，而伦敦医疗所在 20 多年里，帮助了 10 万名病人。② 莱特孙医生是休姆的全科医疗所的合伙人，也是一个该项事业的热情的拥护者。他估计，在伦敦，每年有 5 万名贫民接受医疗所的治疗，其中至少有 1/3

---

① G. F. McCleary, *The Early History of the Infant Welfare Movement*（London，1933），pp. 17 - 18；Malcolm, *Manners and Customs*, I, 74 - 77.

② Highmore, *Pietas*, pp. 376 - 378.

的人是在家里接受治疗的，每年这项事业的花费是 5000 英镑。[1] 我们现在无法准确统计当时到底成立了多少医疗所，但到 1820 年，伦敦至少有 25 家医疗所还或多或少地在发挥作用，而在地方上，则大概有 35 家医疗所在运作，其中有一些后来发展成为全科医院。[2]

在照顾病人方面，第二项工作是控制传染病，特别是控制斑疹伤寒或恶性伤寒的传播。从我们的研究主题的角度，关于这一问题，我们会把主要关注点放在各类康复所之上（因为所谓的发热医院不过是另一种相对委婉的说法）。在这个问题上，地方要领先于伦敦，因为彻斯特和曼彻斯特要先于伦敦建立自己的机构。尽管当时在邓弗里斯和爱丁堡有全科医院尝试开设了发热门诊，但最早专门治疗发热的是彻斯特的约翰·海沃思（John Haygarth）医生。而且，在此之前，只有那些在医院里染上这种疾病的人才会被发热门诊接诊，而海沃思则不仅向外来的病人开放接诊，还发起了一项运动，推广他这种专门接诊发热病人的做法。在 1796 年，曼彻斯特跟进了，成立了一个小的康复所，并于 1805 年开设了一家更大的康复所。为了建立这家更大的康复所，捐赠人共捐赠了约 5000 英镑。[3] 在伦敦，1800～1801 年斑疹伤寒的流行推动了包括托马斯·伯纳德在内的慈善家们的行动，并促使医生和公众采取行动。其结果就是 1802 年人们在格雷旅馆路开办了一家康复所。这家康复所在成立后的 9 年里共接诊 785 名病人，治愈且放出来 696 人，极大地降低了这类疾病的死亡率。[4]

发热医院是私人慈善的外围领域。在当时，哪怕是政治经济学的最坚定的拥趸都没有将发热传染病视为一种要通过志愿型工作来解决的危机。在利物浦，康复所完全靠地方税来维持，而曼彻斯特的由一群医生创办的康复所则靠富裕的商人和工厂主的协助。在伦敦，志愿型的赞助不尽如人意，那些医院越来越依赖教区当局的补贴（有时，每个病人可以得到 2 个基尼的补贴），以及议会给的至少一笔大额拨款。[5] 发热医院

---

[1] Lettsom, *Hints*, III, 185 – 186.

[2] 关于这些医疗所的名录，参见 Buer, *Health, Wealth, and Population*, p. 258。

[3] 关于这场运动的描述，参见 Buer, chap. XV。

[4] Bernard, "Account of the Proposed Institution (for) Contagious Fever," in Lettsom, *Hints*, I, 312ff; George, *London Life*, p. 54.

[5] Buer, *Health, Wealth, and Population*, p. 207.

并没有对捐赠人形成较大的吸引力，因为除其他理由之外，它还没有像那些投票式治理的慈善组织一样提供类似的吸引物。毕竟，一家康复所很难要求一个身患斑疹伤寒的病人在治疗前还要讨到理事的一份推荐函。

得到改善的医疗护理的一个副产品是使人们逐渐认识到，将病人从医院放出来可能只是使他恢复健康的一个阶段。这正如尊敬的格拉斯（Glasse）医生在介绍撒玛利亚社团时所提到的那样，很多贫困的病人"获得了医院的帮助，但一旦被放回家，却找不到工作或活计来干，或者也可能出现这样的情况，即他的身体还没有完全恢复健康和力量，无法恢复工作状态"。① 这里的医院指的是怀特查佩尔的伦敦医院。于是，1719 年，有一群人成立了一个协会，专门帮助那些从这所医院出来的病人。这些病人，有的缺衣少食，或者家庭困难；其他的则需要回到在农村的家，或者要走一两周回到沿海地区。马盖特的海浴医疗所是由贵格会成员、慈善家、宣传家莱特孙医生创立的。该机构开业于 1796 年，花去了超过 2000 英镑。它的运营为这个结论提供了一个证据，即治疗要比人们之前所想象的更为复杂。② 不过，关于康复的有组织的工作的发展还是相对缓慢。虽然其他医院也创立了它们自己的撒玛利亚社团，但直至 19 世纪下半叶，康复之家才牢牢地成为慈善的一个目标。

慢性病和致残性的疾病也吸引了仁善的公众的关注。其中有一个例子是伦敦的劳工群体普遍患有疝气这种疾病——估计有超过 10% 的人患有这种病③，于是医药方面的慈善家便动员大家，向患有这种病的人提供医疗机构所推荐的救助。英国疝带协会（1786 年）、疝气协会（1796 年）、伦敦城市疝带协会（1807 年）先后出现在慈善舞台上。其中，最后一家机构后来成为一家相当受欢迎的、（无论多么不可能）相当流行的慈善组织。它有很多知名的赞助人，也有充沛的资金供其运作。④

在 19 世纪初，处置患有精神疾病的病人的办法开始稍微转向更好的，或更为精准的方向，至少在其中一家机构里，病人开始接受相对先进的治疗。约克郡静养所对治疗精神病人的方法产生了特别明显的影响，

① Lettsom, *Hints*, II, 5.

② Raistrick, *Quakers in Science and Industry*, p. 311.

③ George, *London Life*, p. 203.

④ 在 1881 年，资金为 4510 英镑。（*Charity Record*, 2 Feb. 1882）

特别是在 1813 年塞缪尔·图克（Samuel Tuke）走访该机构，且他的
《静养所介绍》大量发行之后。有趣的是，静养所成立是由当地另一家
机构（也是一个慈善实体），所面临的恶劣条件引起的。这家机构是约
克精神病医院，它创建于 18 世纪 70 年代，是一家靠人们的认捐维持运
营的机构。它在困难时期堕落了。到 18 世纪 90 年代早期，它非但没有
提供卓越的治疗，反而堕落到这一程度，即它的治疗标准还赶不上绝大
多数在同一时期被废弃的机构。这也是为什么在 1815 年，在精神病医院
特别委员会的会议上，人们大量讨论约克精神病医院，并对之做出了极
差的评价。①

　　但是，这里重要的是这家精神病医院的治疗不当促使公谊会的成员
决定成立一家新的、更为进步的机构。有一名公谊会的成员在被关在这
家精神病医院里时死了，这引起了他的教友的怀疑，其结果就是引发了
一场运动，由威廉姆·图克（William Tuke）牵头，开办了一个新的庇护
所，接受"各阶层（精神失常）的人"。②"贵格会成员"，西德尼·史
密斯评论说："一如既往地成功了（因为他们从没有失败过）"③，而他们
的这家静养所也变成了治疗精神病人历史上的一个里程碑。在 1797 年，
经过一年的运作，这家静养所从财产上获得的收入接近 6000 英镑，而且
它每年还可以从整个英国公谊会那里获得捐赠收入。根据 1812 年公布的
数据来看，除 6 个郡以外的其他所有郡共捐赠了 8700 英镑，此外，还有
各类小分会赞助的年金，高达 2900 英镑。此外，静养所还有价值 11500
英镑的资产。④

七

　　在我们这项针对 18 世纪末期的慈善的研究中，虽然内容已经很多

① *S. C. for the Better Regulation of Madhouses*，1814 - 1815，pp. 1 - 10.
② D. H. Tuke，*Chapters in the History of Insane*（London，1882），p. 113.
③ *Edinburgh Review*，28：433（August 1817）.
④ Samuel Tuke，*Description of the Retreat ... for Insane Person*（Philadelphia，1813），pp. 53 - 54. 凯瑟琳·琼斯（Kathleen Jones）（*Law，Lunacy，and Sonscience，1744 - 1845*，pp. 57ff）回忆说，静养所并不是一家普通的慈善组织，而是一个设施，这个设施由一个有严格会员准入制度的团体予以维持。一般来说，病人还需要为入院治疗付费（费率高低不等）。

了，但它还是缺少一个类别的活动，这一类别的活动被人们认为是这个时代的善功中极为卓越的一种。当然，如果说传教士是前工业化时代领头的慈善家的话，那么在他们的善行中，处于最顶端的是反奴隶运动和国外传教运动。现在，我们已经无法合理估算出平均每一英镑的慈善捐款中到底有多少先令和便士进入了这些事业之中，但是，其中的某些残碎的片断并没有为历史所淹没。到 19 世纪中叶（1860 年），领头的几家传教协会每年的收入超过了 45 万英镑：[1]

名称	金额（万英镑）
福音传播协会	9
圣公会传教协会	14.6
浸礼会传教协会	3
伦敦传教协会	9.3
卫斯理传教协会	10.7

不过，虽然它们很重要，但据笔者研究发现，反奴隶运动和国外传教运动还是处在慈善主流的边缘地带。但我们认为，人道主义改革与慈善运动的边界并没有那么清晰，甚至当动机明显是宗教性的时候，会变得更模糊。此外，如果我们非要将本土教会的赞助排除在这项有关慈善捐赠的调查之外——无论其在原理上多么有道理，这都是不可能实现的，是违反常识的——我们很难将海外传教活动与本土传教活动区分开来。与其按照这种套路来介绍传教运动，我们不如只是概要地来看一下这场运动，也即以一种世俗的视角，把它当成英国慈善万象中的一个原子来看。

当然，传教活动在 19 世纪之初的繁盛是福音复兴运动的副产品，而这一活动的最著名的外在表现是——（从宽泛意义上来说）这些都是福音派信徒积极行动的结果——伦敦传教协会、圣公会传教协会以及英国和外国圣经协会。但是，浸礼会的信徒们在这些机构之前就先成立了自己的机构。他们的机构在很大程度上是威廉姆·凯里个人的成就。他在 1793 年夏天去了印度。浸礼会协会是按照传统的慈善组织形式组织起来

---

① Sampson Low, *The Charities of London in 1861* (London, 1862), pp. 256 – 257.

的，但它的投票权是给了低级人员的，这一点与流行的志愿型机构不同。① 我们的研究发现，凯里的传教活动的重要意义主要在于他对更大规模的新教徒传教活动所产生的影响。凯里曾经写过一封信，在这封信里，他关注了建立传教协会问题，因为某些"非国教派且又给婴儿施行洗礼的人群"已经对此产生了模糊的兴趣。②

传教协会（之后更名为伦敦传教协会）是在1795年底成立的。此前，它经过了一系列前期准备工作，以使其成为一个非世俗的机构，并且不仅招募不信国教的成员和卫理会成员，还招募支持福音派教会的安立甘宗成员。不过，事实上，这家协会还是强烈地倾向于独立运作，并且越来越倾向于成为一家独立的（公理会的）机构。负责起草该组织活动规划的委员会注意到了传教工作，他们认为这项工作耗费颇巨，所以，他们提供了各种类型的会员身份，其中最低的是捐赠1个基尼，而想要提高会员权利的等级，就要捐更多的钱。③ 这里需要重复一下的是，传教协会绝不是通常意义上的慈善组织。正如该组织的计划所说的那样："我们唯一的目标是在不信上帝的人当中传播有关基督的知识"，并拯救"这个世界上的那些还生活在死亡的阴影之中的愁苦的居民！"④ 虽然将早期的传教活动说成只是关注"拯救灵魂"有点过于简单化了，但很清楚的是，这些活动中的我们通常所认为的"慈善"目的——教育、医疗和社会目的——在很长的一段时间里，都被认为是次于基本的宗教和神学目的的。但是，无论这些传教活动是不是慈善性质的，至少它们得到的赞助——这些赞助在一定程度上表达了英国人，特别是中间阶层的英国人的想法——惠及了生活在遥远土地上的人类同伴。

---

① H. Newcomb, *Cyclopedia of Hissions*（New York，1854），pp. 170 - 171. 在成立后头两年里，浸礼会协会的收入平均只有每年2700英镑，而在之后的12年里，它的年度收入接近1万英镑。
② Richard Lovett, *The History of the London Missionary Society, 1795 - 1895*, 2 vols.（London，1899），I, 5. 引文来自尊敬的戴维·博格（David Bogue）发表的论文标题，该文发表于《福音杂志》（*Evangelical Magazine*）。
③ *Ibid.*, I, 30 - 32.
④ 本句引自"An Address to the series and zealous Professor of the Gospel" by the Reverend George Burder, *ibid.*, p. 19.

在成立早期，伦敦传教协会犯过错误，也遭受过厄运。在最开始，传教士的遴选是有待改进的，而委员会早期的某些经济主张——比如，在回程的传教船上装上畅销品进口，而使该协会自给自足——都是有点怪的。而一艘法国武装民船抓到了达夫号船，当时船上有 30 名传教士，也使协会承受了大约 1 万英镑的损失。[①] 不过，在经过了这一起始的试错阶段后，协会的管理变得非常明智，有政治家的风格，展现出一种混合了精明的商业头脑的理想主义味道。在最初的 20 年里，在经济事务上引导协会前进的是一名来自约克郡的移民、城市商人，约瑟夫·哈德卡斯尔（Joseph Hardcastle）。

自从一开始成功募集了大笔资金之后，委员会开始确信，无论大钱小钱，对于他们的工作都很重要。于是，他们提出一个"附属协会"计划。所谓附属协会，就是地方性的传教团体，对于这些团体，会员们会定期捐赠小额善款。虽然新的计划并没有立刻反映到协会的收入变动上来——协会的收入在之后的十多年里都要低于第一年的收入水平——但从长期来看，这些地方性机构成为协会最为重要的收入来源。从 1813 年往后，收入快速且均匀地增长，先是 15000 英镑，然后是 2 万英镑，4 万英镑（1825 年），此外，还从遗赠和投资回报上获得了大量收入。在最初的一个世纪里，协会共募集了超过 560 万英镑的善款，用于海外传教活动。[②]

伦敦传教协会曾一度要求某些英国福音派教会给予支持，但在此前不久，这些教会刚刚成立了自己的机构。克拉彭学校的教士们本身就不太接受伦敦传教协会，以及它的公理会的教义；而已有的教会机构，如福音传播协会和基督教知识普及协会，也不可能给予帮助，因为除其他原因以外，它们都是以抵制福音派教会的影响而恶名在外的。[③] 不过，逐渐地，人们的观点开始倒向支持传教活动这个方向，因为这种传教活

---

① 本句引自 "An Address to the series and zealous Professor of the Gospel" by the Reverend George Burder, *ibid.*, pp. 62 – 63。1 万英镑的损失明显是高估了，但很明显的是，这些传教士由于不是经过仔细挑选出来的人，所以他们在回到英格兰后，还要求协会给予自己补偿。

② *Ibid.*, I, 88.

③ Eugene Stock, *The History of the Church Missionary Society*, 4 vols. (London, 1899 – 1916), I, 64 – 66.

动在本质上是隶属于安立甘宗的，从外观上看却是福音派形式的。"根据教会的教义，但不是高教会的教义"成立一个传教协会，这个想法的直接来源是 1799 年亨利·维恩（Henry Venn）的一篇讲话。他在发表这篇讲话时，面对的是接纳协会的一群福音派教士。[①] 随着协会的发展，来自克拉彭的慈善家在协会的领导人中变得非常醒目。虽然威尔伯福斯拒绝了协会主席的职务，但他和查尔斯·格兰特（Charles Grant）都成了副主席。亨利·桑顿无可争议地被选为财务主管，而委员会的主席则是尊敬的约翰·维恩。

在收入方面，教会传教协会起步缓慢。[②] 而在伦敦传教协会方面，只有当该协会的委员会依循其非国教前辈的引领之时，它才真正得到了一个可靠的经济基础。只有当教会的整个福音派教会分支接受劝导，接纳了该新协会时，穷寡妇的钱囊才成了那些慈善家发挥其天赋时的坚实根基。为了教育福音派教会的信众，该协会派出数名领导人组成"代表团"在各地巡回，而在这项活动之后，在各地出现了很多地方性的传教协会。此后没多久，这些地方性协会变成了伦敦传教协会的主要赞助力量。比如，在 1812～1813 年，伦敦传教协会的总收入只有约 3000 英镑，而在之后的年份里，由于当时地方性协会大规模成立，所以伦敦传教协会的收入开始暴涨，超过了 13000 英镑。在 1819～1820 年，其他收入增长到 3 万英镑，7 年增长了 10 倍之多。事实上，这些收入远远超过了它实际的开支，所以其中有很多资金被投资购买了政府的债券。当然，这一不太可能的状况并没有持续很长时间，伦敦传教协会后来也发现自己和其他慈善机构一样缺钱。在 19 世纪 30 年代和 40 年代，地方协会的捐赠款占到了伦敦传教协会总收入的至少 4/5，而协会来自遗赠的收入则不足其总收入的 1/20。在筹款方面，人们认为，各传教协会属于各类慈善组织中更能体现民主性的那一类。这是因为教会传教协会、伦敦传教协会，以及其他新近成立的协会依靠的都是虔诚的个人的小额捐赠，而

---

① Howse, *Saint in Politics*, p. 76.

② 可能其早期的最具标志性的成就是施加压力，打开了印度的国门，可以在那里进行传教。这一关键性的决定体现在东印度公司 1813 年的章程中，这一章程将教授基督教教义予以合法化。为了取得这一胜利，该协会开展了一场规模浩大的运动，以支持威尔伯福斯在议会里的请愿。这次请愿共包含近 850 份请愿书，共有超过 50 万人签名。

不是伦敦少数慈善家的大额捐赠。①

　　毫无疑问的是，福音派信徒们的慈善机构的领导层存在明显的重叠（有人可能会说，这是各方商量好的结果）。同一个名字出现在一个委员会中，又出现在另一个委员会中，于是，这几乎就像是一整套内在关联的管理机构。负责管理伦敦传教协会和教会传教协会的团队是由两股力量组成的，这两股力量来自两项知名的活动，即英国和外国圣经协会，以及反对奴隶贸易（之后也反对奴隶制本身）运动。尽管英国和外国圣经协会作为"慈善组织"的身份比其他传教协会更存疑，但它提供了一个重要的标杆，即伦敦的福音派信徒有能力为这一目标（用他们的话来说，是涉及道德或宗教的问题）而做多少工作，或做多大的牺牲。无论在运作上，还是在捐赠资金上，英国和外国圣经协会都在进行一项规模庞大的事业。在当时，其他圣经协会早已经开始运作了，它们之中有些有着更为专业的目标，而这家机构在 1804 年初成立后，则把在全世界范围内"传播无注释版的圣经"作为自己的使命。其第一届委员会 36 名委员的名单基本上就是一份福音派信徒慈善家的名人录，其中英格兰福音派教会成员和其他非国教新教信徒都有体现。不过，公平地说，前者是掌握了主要话语权，而这一点之后又因为得到两位主教的支持而加强，即伦敦的波蒂厄斯（Porteus）与达拉莫的舒特·巴林顿（Shute Barrington）。

　　英国和外国圣经协会发展得很好，这种情况对于此类机构来说是不常见的。威廉姆·威尔伯福斯曾怀疑该机构的年度收入能否超过 1 万英镑。而事实上，在前 4 年里，它的年度收入超过了 12000 英镑。到前 10 年的末尾，它的年度收入超过了 7 万英镑。② 促使这一快速增长的关键因素之一是分散在各处的附属机构的大量增加，这些机构有时是地方上主动成立的，有时是在中央机构的鼓励下成立的。组织健全的附属机构以一种系统化的方式来开展筹款活动，并通常会将一半收入交给伦敦总部，用于协会开展总体性的工作，而留下的余额则用于地方上的福音传道。

① 数据来自 Stock, C. M. S., chap. XXI。关于教会传教协会地方性机构的介绍，参见 Ford Brown, *Fathers of the Victorians*, pp. 270ff。

② William Canton, *A History of the British and Foreign Bible Society*, 5 vols.（London, 1904 – 1910）, I, 13 – 14, 50 – 51。

无论如何，这种自下而上的资助模式产生了一个令人惊讶的结果。1814～
1815 年，也即附属机构出现在英国和外国圣经协会的资产负债表上 5 年
后，它们提供了 62000 英镑的收入，占协会年度总收入的近 90%，这是
使该圣经协会成为这个世纪早期最为富有的慈善组织的最主要因素。[①]
在 20 多年（1802～1825 年）的时间里，英国和外国圣经协会，及其 859
个英国附属机构，一共花了 1165000 英镑，共发出 450 万本以各种语言
印制的《圣经》。所以，我们不得不承认这一结论，即这的确是"到目
前为止，这个世界上在基督徒管理下的最伟大的道德改革机构"。[②]

　　如果说外国传教协会运动在属于宗教还是慈善的问题上边界模糊的
话，那么反奴隶运动则在属于慈善还是属于政治 - 社会改革的问题上边
界模糊。因为威尔伯福斯和他的朋友的目标只有在他们说了某一类公
众改变观念，就这个问题对议会施加影响时才能实现，所以，他们的运
动更多的是煽动改革式的行动，而非通常被认为是慈善性质的志愿性工
作。不过，成功地释放黑人的确是福音派信徒改革者及其同盟的伟大成
就。在这项事业中，克拉彭人，"基督徒政治家兄弟会"，得到了非国教
徒——伦敦传教协会、浸礼会、卫理会成员，以及最主要的是贵格会的
会员——的支援，之后又得到了"福音复兴运动"所未曾涉及领域中的
世俗改革者的支持。这群人在 1787 年的夏天组成了一个机构，名为废除
奴隶贸易委员会。在这群人中，占主导地位的是英格兰福音教会的成员
和贵格会的成员（他们在此前有自己的小规模的委员会）。格兰维尔·
沙普（Granville Sharp）是一个克拉彭人，虽然从严格意义上来说，他不
是一个福音派教会的成员。他在 15 年前，在萨默塞特案中确立了在英国
奴隶制是非法的这一规则。所以，他成了该委员会第一任主席，而塞缪
尔·霍尔——贵格会信徒、银行家、"真诚的慈善家"[③]——则做了委员
会的财务。

　　尽管有上述内容，我们还是很难就反奴隶兄弟会的活动，特别是其

---

① William Canton, *A History of the British and Foreign Bible Society*, 5 vols. (London, 1904 - 1910), I, pp. 48 - 51; Foster, *An Errand of Mercy*, pp. 87ff.

② Brown, *Fathers of the Victorians*, pp. 246 - 250.

③ 这句话出自他的后嗣，坦普尔伍德（Templewood）勋爵，载于 *The Unbroken Thread* (New York, 1950), p. 47。

组织架构和资金状况等隐藏面进行清晰的描画。① 和后来的改革运动一样，废除奴隶贸易委员会发现，诉诸议会的理性与仁善效用不大，而尽管威尔伯福斯并不想参与大规模的煽动活动，但也只能去煽动公众的意见。其中第一步就是要搜集关于奴隶贸易的信息——这只是针对奴隶贸易，而不是奴隶制——不知疲倦的托马斯·克拉克森（Thomas Clarkson）被委员会派去利物浦、布里斯托尔、兰卡斯特和其他贸易中心搜集情况。而随着这一使命的重要性日渐显现，委员会也逐渐形成了一套煽动技术。在一开始，委员会共发出 500 份传单，得到了人们广泛的支持——在其中，很不协调的是，同时出现了来自约翰·卫斯理和布里斯托·德·沃特维尔（Brissot de Warville）的回信。此后，委员会还建立了自己的通信网络，每一个通信站服务一个民众煽动中心。②

委员会用的一些宣传手段是很新颖的。库伯的诗，《黑鬼的抱怨》，虽然算不上他作品中最精彩的，但它的宣传效果却是毋庸置疑的，特别是当配上音乐作为民谣来唱的时候：

> 毛茸茸的卷发和黑黢黢的皮肤，
> 并不能作为剥夺自然权利的理由；
> 肤色可能不同，但情感，
> 黑人和白人的情感却是一样的。

乔赛亚·韦奇伍德在委员会成立后不久加了进来。他设计了一方印章，印章上部被雕刻成为一个跪着的黑人的形象，这就和鼻炎盒和手镯上的雕刻一样，即以鲜活的形象引发人们的愤怒情绪。关于直接行动，某些更为迫切地想要废奴的人发起了一场对由奴隶种植的蔗糖的联合抵制活动。这场活动共有 30 万人参加，乃至于克拉克森都对这场活动做了

---

① 豪斯介绍了这场运动早期的情况（*Saints in Politics*）。之前的介绍，参见 Klingberg, Mathieson, and Coupland, 以及下述材料: Clarkson, *History of the…Abolition of the African Slave Trade*, 2 vols.（Philandephis, 1808）; Prince Hoare, *Memoirs of Granville Sharp*, 2 vols.（London, 1828）; 以及他儿子写的五卷本的 *Life of Wilberfoce*（London, 1838）。雷金纳德·库普兰（Reginald Coupland）的精彩的《威尔伯福斯》当然也对这场运动给予了大篇幅的关注。

② Clarkson, *Abolition*, I, 353, 356ff, 392–396.

过于乐观的判断。① 1787～1788 年，在一年多一点的时间里，委员会共印刷并散发了 55000 份小册子和书册，此外还有 26000 份议会的辩论报告，以及相关材料。② 其直接后果是在 1792 年春天，议会共收到 519 份请愿书，而在当时，威尔伯福斯正准备发起动议，要求废除奴隶贸易。

在这场运动中，其中一项内容符合我们所说的纯正的慈善活动（根据本书的定义），尽管这一活动并没有大获全胜，因为甚至连克拉彭人的热情、努力、信念和顽强都不足以有效应对塞拉利昂计划中内在的困难。当时，人们想要帮助被曼斯菲尔德勋爵在萨默塞特案中释放的 14000 名释放奴，给他们一块殖民地。毫无疑问，这些释放奴会得到沙普和救济黑人贫民委员会持续的帮助，因为该团体在 1786 年成立时就是这么规定自己的使命的。而且，人们是想要让这些黑人重新在非洲定居，而政府也同意提供资金将这些黑人运回去，并给这些黑人殖民者提供每周的补贴。③ 新殖民地遇到了挑战，这些挑战是这类任务都会遇到的，特别是当理想主义被当成实践经验的替代品时。在第一年里，在近 500 名黑人殖民者中，共有一半人死亡，而余者则为沙普派来的船所搭救。沙普是自掏腰包派出这些船的。而且，事实上，在这块小殖民地满一周年时，慷慨但绝不算富裕的沙普发现自己花掉了 1750 英镑。④ 这个故事的最后一幕是，邻近的酋长，在做了合理警告以后，为了报复英国奴隶贸易商破坏他的村镇而放火烧掉了殖民地。

不过，沙普并没有就此灰心丧气。他在总结后做出的第一个明显的举动就是成立一家公司，以作为所有废奴者们的集体的，特别是他的克拉彭兄弟们的责任心的体现。这家塞拉利昂公司成立于 1791 年，将私人慈善、商业公司和政府赞助的殖民地项目等元素合并到一处。⑤ 沙普继续做该公司的董事，与他一道在该公司任职的有威尔伯福斯、查尔斯·格兰特、廷茅斯（Teignmouth）勋爵等人。但是，这回担任公司董事局主席，即主要的负责人是一名商人，名叫亨利·桑顿（Henry Thornton）。

---

① Coupland, *Wilberforce*, pp. 154－156; Howse, *Saints in Politics*, pp. 40－41.

② Clarkson, *Abolition*, I, 454.

③ Coupland, *Wilberforce*, p. 276.

④ Hoare, *Granville Sharp*, II, 87.

⑤ 1790 年，它先以圣乔治海湾协会的形式成立，以 "为打开和建立非洲的自然产出贸易"。

J. C. 卡胡恩（J. C. Colquhoun）写道，桑顿"是领导者……所有困难都是由他决断解决的"。[①] 在筹集资金方面，董事们是按照慈善事业的方式来操作的，因为他们承认，"并没有把握它能够成为一项有利润的事业"。[②] 在他们眼里，真正的成败关键是能否废除奴隶贸易，将文明带到非洲。但是，该公司要筹集大笔资本金也并不是太困难，特别是它决定在塞拉利昂（用政府的资金）成立一块殖民地，并在那里殖民 1000 名黑人之后。当时，英国军队已经从美国独立战争的战场上撤出了，这些黑人被困在了新斯科舍，这些人的困境极大地打动了英国的捐款人。到最后，这家公司的资本金达到了 25 万英镑，而这块殖民地的财富似乎成为使情况变得更好的转折点。

但是，在早期的塞拉利昂，"天启四骑士"在这片肥沃的牧场肆虐着。疟疾、成群的蚂蚁、难以对付的部落，以及法国海军中队的破坏——仅仅是前 10 年里遇到的一小部分的困难。年轻的扎卡里·麦考利（Zachary Macaulay）——在他那里，桑顿看到了解决总督空缺问题的答案——有着不可思议的精力和奉献精神。1799 年，他离开殖民地，回到英格兰。他走的时候，当地已有 1200 名殖民者和 300 处房子，而且这些房子已经不再处于毁灭的边缘。但是，塞拉利昂殖民地所承载的某些价值到头来成为赞助人的一厢情愿。1808 年，年轻的佩罗内特·汤普森（Perronet Thompson）公布了他的发现。他提到，麦考利对被解救的奴隶所实施的学徒计划恢复了事实上的奴隶制。[③] 白人殖民者创造了一切，但唯独没有创造出一个神圣而节制的共同体。汤普森是第一任皇家总督（桑顿通过协商，将这块殖民地转手给了政府），他发现这家公司虽然规模庞大，但按照他的观点来看，效果却并不太好，也没有产生什么大的影响。殖民地从未自给自足，亨利·桑顿自己损失了 2000 ~ 3000 英镑，并白白浪费了数年的苦工。但是，无论是他还是他的同伴，没有一个人认为这场实验是一场彻头彻尾的失败。对于这场失败，他并没有太多遗憾，因

① 引自 Howse, *Saints in Politics*, p. 47。
② 引自 Coupland, *Wilberforce*, p. 277。
③ L. G. Johnson, *General T. Perronet Thompson* (London, 1957), p. 40. 本书对塞拉利昂的福音派信徒的成就并不太关注，这和近来的历史学家的研究是一样的［Christopher Fyfe, *A History of Sierra Leone* (London, 1962), e. g., pp. 46 - 47］。

为他同意他朋友的观点，即这家公司"是一家真正意义上的伟大的传教协会"。①

和多数煽动活动一样，反奴隶运动断断续续地开展着，一会儿陷入消沉，一会儿又猛然勃发。所以，这绝不是这样一个个案，即一连串稳定的高压压在微弱的抵抗之上，甚至在1823年反奴隶制协会成立而宣布这场运动进入最后一个阶段之后，也是如此。② 该协会的主要缔造者是扎卡里·麦考利。在他的带领下，该协会向全世界宣布，他们这些慈善鼓动者的新目标是废除奴隶制本身。从宏观层面来看，这家协会的领导者是福音会教徒，但是，我们也应该提一下，在其核心圈里，和反奴隶制内阁一样，有一个明确不是福音会教徒的人物，即亨利·布鲁厄姆。③这场新的运动，在麦考利的熟练的带领下，比之前对奴隶贸易的攻击变得更有体系性。托马斯·克拉克森（Thomas Clarkson）再次启程，开始了一场环游全国的旅行。在这场旅行中，他组织了近200个地方委员会。④ 事实上，这些地方委员会承担了很多责任。由麦考利创立、编辑和主要撰写的《反奴隶制报告》有时会公开认捐人和捐赠人的名单。例如，在1830年11月和12月，协会共收到近300英镑，其中有60英镑直接来自个人，而其余的则来自地方协会。其中，有代表性的捐赠有来自利物浦女士协会的35英镑，来自爱丁堡协会的21英镑12先令，来自库尔布鲁克戴尔协会的22英镑10先令。⑤ 当然，地方机构的活动并不仅限于捐赠。在运动的关键节点上，它们推动开展了大规模的公众集会，通过决议，并大量向议会提交请愿书。

如果说金钱上的牺牲及对人类苦难的同情是慈善运动的标志的话，那反奴隶制运动便是符合标准的。我们甚至无法估量用于改善奴隶生存

---

① 引自 Howse, *Saints in Politics*, p. 50。

② W. L. Burn, *Emancipation and Apprenticeship in the British West Indies* （London，1937），p. 83. 废奴主义者严重地低估了推动反奴隶贸易禁令的难度，而他们原本寄予厚望的在非洲创造出文明的非洲机构则将主要精力放在了毁灭奴隶贸易这一旷日持久的斗争之上。

③ E. L. Griggs, *Thomas Clarkson* （London，1936）p. 162.

④ New, *Brougham*, p. 297. 其他成员包括勒欣顿（Lushington）、麦考利和鲍威尔·巴克斯顿（Fowell Buxton）。

⑤ *Anti-Slavery Reporter*, IV, 76.

状况，以及为他们缴纳的赎金的捐款数，而其中大部分捐赠人自己也不富裕。从《反奴隶制报告》中，我们可以发现，该运动的主要支持者，至少是在该运动的后期，是大量的中等家境的人。对于其中有些人来说，比如扎卡里·麦考利，他们的捐赠意味着使自己陷入贫困。麦考利的财富曾一度达到 10 万英镑上下，但这却在帮助黑人的事业中化为乌有。[①]

　　和 19 世纪初的很多慈善家一样，福音派教徒也有一些恶行，而且对他人也有点漠不关心。他们秉持甚至大力扩散对雅各宾主义和无信仰者的普遍恐惧，而且，他们接受了当时流行的社会哲学观念，以及马尔萨斯宿命论，这些观点经常会束缚人们的手脚，当然也包括人们的慈善想象。这些圣徒们为了实现福特·布朗的主张，想要通过下列方式来扭转英国人的道德观念和宗教信仰（因为他们信这些），即改变这个世界上的绝大多数人，组织慈善和改革社团，以及向那些在世的人渗透，争取这些人等[②]，所以他们所取得的成功是有限的。不过，尽管在后世看来，他们的行动的方向有些偏，但是这个时代的人道主义的确在某些方面使通往工业化社会的道路变得不那么颠簸。至少他们的工作告诉海内外正在受苦的人们一个信息，即英国的中上层中还是有那么一丝的同情心的，虽然中上层不能经常理解他们。

---

① Howse, *Saints in Politics*, p. 126.

② 还有很多其他策略（相关总结参见 Brown, *Father of the Victorians*, p. 5）。同时参见 David Spring, "The Clapham Sect: Some Social and Political Aspects," *Victorian Studies*, 5: 35 – 48（September 1961）。

第五章　城市贫民的挑战：1820～1860年

一

在摄政时期①和维多利亚时代早期，慈善事业主要是为城市劳工群体，或至少是贫民服务的。当时，有一个令人惊慌的而又无可逃避的事实是，在新工业城市，以及伦敦城里某些大区中居住了大量的人口，这些人口的收入十分贫瘠，活得几乎不像人。这种情况令当时的观察者们，无论是心硬的还是心软的，都感觉忧心忡忡。当然，对于伦敦而言，这已经不是什么新鲜事了。但是，在18世纪后期，其他中心城市也开始感受到大量的工业贫民所带来的压力。这些人在最好的情况下是听凭季节和贸易周期的摆布，勉强找一份糊口的工作，在最差的情况下则常年露宿街头。在1752年，当时曼彻斯特医疗所的创始人呼吁城市社区里的居民向工业贫民提供持续的赞助，他们指出，城市里永远都需要医院，"因为在工厂里工作的人数很多，其中难免有不少人是患病的贫民，这些人需要医院来救治"。②

在19世纪前半叶，工业城市中的贫民成为下列地区最明显的社会特征，包括：南兰开夏、西赖丁，以及米德兰、泰恩赛德和拉纳克郡的某些地区等。这些工业城市继续以骇人的速度增长着，直到1851年人口普查提出英国的人口已经有一半是城市人口为止。地方政府和市民们看着

---

① 英国的摄政时期是指1811～1820年，乔治三世被认为不适于统治，而他的儿子，即之后的乔治四世被任命为他的代理人作为摄政王。——译者注

② 引自 Leon S. Marshall, *The Development of Public Opinion in Manchester, 1780–1820* (Syracuse, 1946), p. 45。

这场变革，心中既有极度的骄傲，也有迷惑。这场变革的确充满活力，变化无限，但它能否与稳定发展、有序前进共存，乃至于形成资产阶级的理想社会，以及后来扩大为全英国人的理想社会？

大体上来说，这一群体是一个全新的贫民阶层，其是因为经济变革而产生出来的。在 18 世纪中期，只有伦敦，以及下列中心城市，如布里斯托尔和诺维奇等——其人口在安妮女王时期超过了 3 万人——才出现了城市化可能导致的问题。在一些较大规模的城市里，贫民是一种如外国人一样不为人们所知的种群，处于社会的最底层，几乎就是一类野人，没有人知道他们，也没有人会去他们住的地区看看。在《1844 年劳工阶级状况》一书中，弗里德里希·恩格斯就曼彻斯特贫民的社会隔绝状况描绘了一幅令人难忘的图景①，这幅图景虽不十分准确，但其意味已然十分恐怖。伯明翰的刑事法庭书记员马修·戴文波特·希尔（Matthew Davenport Hill）指出，城市的扩张是犯罪数增长的主要因素。他说，在较大的镇上，"下等阶层的居民是不为绝大多数居民所知的，而在较小的地方，则有一套天然的警察系统，即每个个体都活在公众的眼皮底下。此外，城市里各阶层之间分开居住，如果有人负担不起费用，（如恩格斯指出的那样）就只能住到离中心区很远的地方，这也就导致各阶层之间产生尖锐的分歧"。② 很多富裕的曼彻斯特居民很熟悉伦敦，甚至巴黎，而满身污垢的劳工阶层则只能躺在店面旁的街上，连伦敦和巴黎是什么都不知道。

要想对新兴城市里的生活状况做出一个终极评价，那我们只需要看看城市和农村的死亡率就可以了。在约克郡、达拉莫郡、诺森伯兰郡、坎伯兰郡和韦斯特摩兰郡的农村地区，每 1000 人中有 204 人能活到 70 岁，而伦敦只有 104 人，伯明翰为 81 人，利物浦和曼彻斯特为 63 人。③ 在 19 世纪最初的 20 年里，这些城镇还勉强能将死亡率控制在临界点，而到了 19 世纪 30 年代，人口的高速增长使过时的城市机器、卫生设备不堪重负，于是，工业化的英国出现了死亡率高速增长的情况。在 5 个主要

---

① W. H. Chaloner and W. O. Henderson, ed., *The Condition of the Working Class in England* (New York, 1958), pp. 53ff.

② *S. C. on Criminal and Destitute Juveniles*, 1852, Q. 386.

③ *First Report of the Registrar-General*, 1836, p. 15.

城市里，在这 10 年（1830～1839 年）间，平均的死亡率从 21‰增长到 31‰，而伯明翰的死亡率近乎翻倍（从 14.6‰增长到 27.2‰），利物浦从 21‰增长到 34.8‰。[①] 当然，我们也不应过度渲染在农村生活的幸福程度，以夸大其与快速扩张的工业城市中的居民以及贫民的生活间的差别。总之，这是个新情况，是地方政府和每一个英国人都要面临的问题，只要他关心社会稳定，想要将这些离开自己家园的人群重新融入英国社群之中——简言之，这个问题即将两个种族重新联系到一起。

当然，这种状况催生出了一大批法律顾问和各种各样的咨询业务。这是因为直到 19 世纪结束，人们对工业社会里的贫困问题的性质还没有形成一个似乎比较恰当的理解。在之前数十年间，人们对《济贫法》及其弊政，以及可能的修改展开了大量的讨论，尽管这一问题与我们的主题并不直接相关，但贫民救济公共政策的建构明显与划定一块属于私人慈善的领域高度相关。而且，无论这些私人慈善的赞助者是谁，他们都将 1834 年新《济贫法》视为事实上的对在南方农业劳工中盛行的行乞现象的一剂解毒剂，而不同于高速增长的工业社会中的其他社会政策。新法的制定者从惩罚和遏制的角度出发来构思贫民救济问题，所以他们只准备提供最低标准的救济，而将更多的建设性的救助内容交给志愿型慈善组织来承担。这种观点所产生的一个不幸的结果是慈善承担了很重的职责，不仅要救助不幸的个人（它做这项工作可能有些效果），还要帮助劳工人群中的一大部分人来缓解他们所特有的苦难。[②] 当然，只要慈善没有为劳工的自助组织所控制，那它还是能够承担下劳工阶层福利的主要负担的。至于那些无法通过自助、互助或慈善解决困难的人，他们也就只能去面对济贫院里的严酷对待了。

但并不是所有认同新《济贫法》里的惩罚性思路的人都认为慈善事业可以成为缓解贫困状况的一项有效机制。在 19 世纪后期，受到慈善组织协会声援的那种关于贫困解释论，其本质上与之前几十年里流行的那套观点相一致。生活在维多利亚时代早期的人倾向于用道德观念来解释

---

① G. Talbot Griffith, *Population Problems of the Age of Malthus* (Cambridge, 1926), pp. 186 - 187; S. E. Finer, *The Life and Times of Sir Edwin Chadwick* (London, 1952), p. 213.

② 如西蒙（Simey）太太在她的作品中指出的那样。参见 *Charitable Effort in Liverpool*, p. 23。

社会问题，并将这种看法带到了新城市化－工业化环境中，用在前工业化时代形成的解释来回答这些新出现的问题。对他们来说，关键的社会问题不是贫困，而是行乞，而对这一现象，他们将之归结于个人的缺点所致。除非劳工阶层能养成节俭、忍耐、勤劳和有家庭责任感等必要美德，否则英国社会就不会有什么希望。①

举一个著名的例子。哈丽特·马蒂诺（Harriet Martineau）相信，贫困在很大程度上源于个人性格的缺陷——或者因为自然法无情地运作。她在担任济贫法皇家委员会的委员时曾说，我们有各种理由来替换掉过去那漫无目的的救济安排，启用一个新的计划，对乞丐施加严厉的惩罚，并鼓励穷人靠自己的努力生活。但是，如果有心软的慈善家坚持要给予救助，或以其他方式帮助那些本要被逼着靠自己的努力生活的人的话，那这一体系又能发挥什么作用呢？想来其中多数慈善组织她都会毫不犹豫就给关停了吧。那她还能容忍什么样的组织呢？应该只有那些既不会减少资本金，也不会增加人口数量的组织吧。这样的组织主要是学校（不过这些组织要放弃学生寄宿或提供餐食的功能），伤亡抢救医院以及盲人和聋人机构，这些机构对资本无收益式的消耗很少，几乎是微不足道的。当然，按照这一逻辑，济贫院则是糟糕的机构，因为它们给了年轻人一个躲避照看他们那无依靠的双亲的责任的机会。"工作的人应赡养他们的父母，抚养他们的孩子，这是一条普世的铁律。如果这条铁律得到遵奉，那我们就会看到，在穷人群体中慈善和社会责任的温和的精神开始复苏，而这些精神的丧失则是令人扼腕的。"②

如果我们只是简单地说哈丽特·马蒂诺讲得不对，那就有点太草率了。我们必须清楚，这些故事是被用在大众教育中的，而且几乎都是在公开报道中，同时，这些文章都是作者在极大的压力下，以极快的速度写成的。此外，这些故事还反映出马蒂诺小姐早年间很迷恋"忧郁科学"（Dismal Science）③，她相信对其中的原则的把握是推动社会改善的

---

① 加尔文·伍达德（Calvin Woodard）博士在其颇具启发性的（未公开发表）剑桥大学博士学位论文中对此作了详细研究，"The Charity Organization Society and the Rise of the Welfare State"（1961），pp. 174，179。

② Harriet Martineau, *Illustrations of Political Economy*, 9 vols.（London，1832－1834），No. VIII, pp. 40－42.

③ 即政治经济学。——译者注

第一步。她成熟的观点是相当复杂的，比我们从《政治经济学例证》一书中所了解到的要复杂得多。不过，她附在"马歇尔侄子"故事后面的"原则总结"值得读一下，我们可以将它看成传统理论（或马蒂诺小姐版的传统理论）在社会福利方面的应用，而且她讲得相当直白。她宣称，慈善的实践满是对救命钱的滥用和毫无产出的分配，而且，所有此类的"对生活必需品的胡乱分配都是对社会的伤害，无论这是以私人布施、公共慈善机构，还是以合法的行乞体系完成的"。①

　　倒也不是所有观察家都像马蒂诺小姐一样这么简单地看问题。在《爱丁堡评论》中，威廉姆·爱普生（William Empson）（他是马尔萨斯在黑利伯里学院的同事），就对她关于私人慈善的总结感到很是惊讶②，而且，事实上，维多利亚时代早期的人们作为一个整体，其中也包括新济贫体系的设计者们，也并没有真的想采取这么严苛的解决手段，虽然他们提出了这些理论观点。他们继续将公共体系作为"私人慈善和个人慈善事业的主动行动"③ 在某些极端情况下的一个补充。也正是因为严格限定了公共救济的适用范围，才使英国给私人慈善留下了一块巨大的社会空间。

　　不过，人们在主张采取更为严格的公共政策的同时，其实也是在暗中批评私人慈善实施者的宽松的策略，即无差别的救济程序。像对旧《济贫法》一样，调查委员会对慈善组织的这种宽松的办法也没有太多热情。而且，这种漫无目的的善良所产生的有害结果是维多利亚时期的人们关于贫民生存状况进行反思的一个永恒主题，在后面的章节中，我们也会对维多利亚早期的慈善活动的一些明显弊端做出介绍。在这里，我们只要提一下埃德温·查德威克（Edwin Chadwick）关于伦敦和伯克郡的报告——这份报告激起了人们大量的评论——里的一个证据就够了。这就是尊敬的威廉姆·斯通（William Stone）描述的一番关于斯皮塔佛

---

① Harriet Martineau, *Illustrations of Political Economy*, 9 vols. （London, 1832－1834）, No. VIII, p. 130. 关于哈丽特·马蒂诺及其政治经济学，参见下述富有启发性的讨论：R. K. Webb, *Harriet Martineau, A Radical Victorian* （New York, 1960）, chap. IV。
② 他抱怨说："过度强调一个个案，并不断地勒紧自己的观点，直到绳子绷得吱吱作响，这么做是不对的。"（New York, 1960）, chap. IV.
③ Samuel Laing, Jun., *National Distress: Its Causes and Remedies* （London, 1844）, p. 137. 这是一个有趣且温和的评论。

德的慈善组织的情境。这些机构都是志愿性的，而且都是以捐赠基金为基础的。斯通的这番描述让调查委员会看到了一幅这样的场景，即慈善产生了伤风败俗的效果。他提到，在前几年里，他通过斯皮塔佛德协会的观察员接触到了斯皮塔佛德超过 8000 英镑的善款分发事项，其中有一半是以舍粥协会的食物的形式，有超过 2000 英镑是以面包券、煤券和其他物资券的形式。据这位相当铁石心肠的牧师说，这些慈善组织只扩大了它们原本准备减轻的不幸，而且又无法解决它们自己新创造出来的不幸。他指责说，这种滥施的救助机制成为一块磁铁，将乞丐从其他教区都吸引了过来，因为志愿者们在发放医疗和食品券时，根本就不想区分值得救助的申请人和不值得救助的申请人。斯通的社会视野之偏狭可以从这一事例中看出来，即他竟然完全没有看到有任何因这种挥霍浪费而造成的苦难，那照这么说的话，"婚姻就是一种巨大的浪费"。坦率地说，他事实上并没有遭受基督徒或其他类型的慈善过量而造成的痛苦。①

　　斯通描绘的斯皮塔佛德的慈善组织的境况并非没有受到质疑。不仅斯通概括的这些案例数量相当少，而且，更为重要的是，他还忽视了斯皮塔佛德丝绸业的萧条，及其带来的低工资和失业的问题。斯皮塔佛德的确是一个很特殊的案例。但是，无论这一攻击产生了多少效用——而且，这一攻击也并非完全没有基础——他的这些批评都帮助巩固了调查委员会的决定，即要对贫民下狠手。事实上，公共救济和私人慈善是互补的服务，其中公共救济在一个有限的、狭窄的范围内运作，而慈善的范围则没有那么狭窄。在调查委员会和其他人的眼里，私人慈善的缺陷，即无组织性和无差别性，在一定程度上跟旧《济贫法》的问题是一样的，而且这也需要接受与公共体系将要接受的合理化改造一样的调整。

二

　　如果说英国慈善在这些年里的重要问题是新城市人群的话，那它解决问题的第一步就是建立与他们的联系，并寻找道路使他们融入英国社群。这一过程不可避免要有很多尝试和失败。想要将传统的人际慈善的应用场景从在村上或小镇上变为在城市贫民区里，这看起来，而且的确

---

① *Extrcats from the Information Received by the Commissioners* (London, 1833), pp. 283ff.

是，一个不可能实现的愿望。维多利亚时代早期的人对这一问题的主要
贡献是提出了各种街区拜访的计划，在这些计划中，宗教团体或其他慈
善组织的代表到穷人家里去拜访他们。① 这些探访并不是想成为出手阔
绰的女慈善家的一场远足，而是真的服务于一些特定的目标，这在一定
程度上推动了现代家庭个案工作的方法和目标的形成。对于维多利亚时
期的人来说，家庭是基石，在家庭的基础上，整个社会结构才得以安放。
所以，只有那些想要维持这一基石的行为才是本性良善的，而那些想要
削弱这一基石的行为则是本性不良的。

　　街区探访者毕竟还是关心这些困难情况的，无论这些情况是紧急的，
还是连续性的，因为它们威胁到了贫困家庭的稳定性。探访者会去了解
贫民区的特殊人群，了解他们特别的生存状况、他们的需求、他们的缺
点。这样一来，与随意的施舍，或某些慈善组织随便的善行不同的是，
通过探访者给出的救济能够与具体个案的需求高度吻合。他们作为赈济
人员的朋友和顾问，会建议扣住或给出物资救济。查尔默斯（Chalmers）
博士成功编纂了有关格拉斯哥的报告中糟糕的章节中的其中一节，但他
这一成就的完全的影响力要到 19 世纪后期才能为人们所感觉到。尽管如
此，他的文字和证据在被提交给了爱尔兰济贫法特别委员会（1830 年）
后，也引起了南方人的兴趣。人们没有必要说自己对任何形式的公共救
济充满根深蒂固的敌意，也没有必要妄想用他的这一体系作为一个完全
的替代品，就像他已经做的那样，并在这里面找到什么希望。② 甚至，
还有人敢想，按照苏格兰领导人勾画的蓝图，两个民族之间可以就此搭
起一座桥梁。

　　宗教性的机构对与城市贫民建立联系这件事表现出了最大的积极性。
每一家探访协会可能各自代表一个宗教团体，也可能是跨宗派性的或非
宗派性的，但是它们的领导人的宗教信念普遍都很明显。它们的目标或
多或少都明确包括对穷人开展宗教教导和道德改造这一项。当然，探访
贫民作为基督徒的一项义务是有着很长且光荣的历史的，是《圣经》所

---

① 关于这方面情况的简要而有趣的介绍，参见 E. C. P. Lascelles, "Charity," in *Early Victo-rian England*, II, 337 - 138。

② 关于这一点，有一个例子是一部匿名的作品，作者很熟悉查尔默斯的观点，参见 *Essays on the Principles of Charitable Institutions* (London, 1836), pp. 142 - 143。

命令的，也是早期教会的执事所奉行的。安立甘宗教协会将探访贫民作为与它们的基本的虔诚的目标相关的辅助性行为，而卫斯理信徒，如上所述，将之作为教会组织的一项常规机制而开展了很多探访活动。在他们的陌生人之友协会和其他探访协会中，他们扩大了慈善活动的范围，从卫斯理信徒扩大到所有有困难的贫民，特别是那些在城镇里没有合法居住权，无法得到教区救济的人。[1]

具体的宗教目标可能会（也可能不会）统治某一家协会。但是，一般来说，常规探访的目的是成为贫民的朋友，了解他们的生存状况，给值得帮助的人提供救济。对很多中间阶层的探访者来说，这是一种富有启发性的、味道浓烈的经历。在利物浦，早在 18 世纪 90 年代，"（陌生人之友协会的）一群真诚而又相当震惊的志愿性探访者每周都会碰面，讨论他们碰到的个案，分配救济品"。[2] 他们勇敢地调和自己那深切的人类同情心与对原则及严格的程序的需求。这不是一个很容易解决的矛盾，而批评家也毫不犹豫地谴责这些探访者的同情心泛滥，因为他们在发放医疗和食品券时没有做太多调查，他们甚至半公开地宣布，自己有这些券可以发给大家。不过，以"不要让他们成为乞丐学校"的观点来看，获得更多的尊敬是这些团队的目标，如布赖顿地区探访协会，它们的主要目标是"号召贫民自己振作起来"，而将免费的救济"只作为一项附属的措施"。[3]

这是一项有重要意义的活动，动员了大量的志愿探访者。一度，仅伦敦一地，就有约 2000 名探访者探访了 4 万户家庭，调查他们所属的宗教派别、孩子的教育情况、经济来源以及可能需要的医疗治疗。[4] 如果探访者要给被探访对象以救助的话，那所给的也不是现金，而是券，持券者可以获得某个特定机构的帮助。毫无疑问，很多相对缺乏经验的志愿者做了无效的个案。有时，他们的介入还遭到了人们愤怒的抱怨，但未必总是像烧砖工人恶狠狠地甩给帕蒂格尔（Pardiggle）太太的最后通

① North, *Early Methodist Philanthropy*, pp. 49 – 52.

② Simey, *Charitable Effort in Liverpool*, p. 21.

③ Anon., *Essays on ... Charitable Institutions*, pp. 208 – 209.

④ A. F. Young and E. T. Ashton, *British Social Work in the Nineteenth Century* (London, 1956), pp. 88.

牒那样："你们再也不要这样随意闯进我的地方来了。你们再也不要来缠着我了。"帕蒂格尔太太很少参与探访活动，所以，她犯了一个常见的错误，即同情心泛滥，容易情绪化地对待她的探访对象。但是，过度的屈尊俯就，还有无度的纠缠可能会导致探访对象怒气升腾而闭口不言，甚至闭门谢客。因此，组织者警告探访者说，贫民会认为他们的关心是爱管闲事和过分殷勤。"如果他认为不应该用对待他同阶层的人那样的态度和礼貌来对待他……需谨记，下等阶层对他们受到什么样的对待是非常敏感的，而慈善的道德影响力的大小更多的是取决于捐赠人的行为如何，而不是他捐赠的财物的多寡。"①

在 19 世纪 20 年代和 30 年代，各探访社团在伦敦和各郡快速扩张，且每一家都有规模庞大的宗教团体主动参与工作。这些机构可能是地方性或地区性的社团，或者也可能是更为综合性的机构，由当地的中央委员会来负责统一运营。比如，在 1828 年，很多福音教会赞助的团体合并在一起，成立了促进街区探访总社团，3 年后，大约有 573 名探访员为其所"经常聘用"，共走访了近 165000 户。② 15 年后，伦敦主教区正式加入这一领域，成立了一家机构，且覆盖范围更为广大，协调更具技巧性。尽管这家机构可能不那么典型，但我们还是可以将它，即伦敦走访和救助协会，教区走访社团的总联盟，作为这整场运动的一个缩影。

该协会在 1843 年严酷的冬天里直接冒了出来，当时，一个由教士和平信徒组成的调查团调查了一些贫困地区，他们撰写的报告里这些地区极度贫乏困苦的情况促动人心。他们总结说，这不仅仅是贸易萧条时期的结果，还是一种更深层的社会病症。简言之，他们发现伦敦的劳工阶层身陷凄惨的贫困之中，他们总结说，这种贫困状态正在不断加深。他们注意到，很多家庭之前靠自己的诚实勤劳一直过得很好，但现在也陷入了极度的贫困。③ 这种危险的状况号召大家采取了一个二元的进攻行动，即救助贫困，外加改变贫民社会和宗教信仰状况的实在的尝试。合适的机构可能是一个覆盖整个主教区规模的组织，而其中央委员会要从富人手里筹集捐赠，然后在教区的贫民那里散发救济物品。之所以要这

① Anon., *Essays on ... Charitable Institutions*, pp. 210 - 211.
② Brown, *Fathers of the Victorians*, p. 241.
③ M. V. R. A., *1st Ann. Rept.*, 1844, p. I.

么做，是因为无论教区作为一个基本的行政单位在逻辑上多么合理，但是，考虑到财富分配的重大不均，将贫困救济限定在教区范围内自收自支，无疑会受到很多限制。很多教区已经有它们自己的探访社团了，在较为贫困的地区，需求是很多的，但因为缺少资金却无能为力。

伦敦走访和救助协会①是在 1843 年 12 月成立的。其直接宗旨是通过地区探访协会在"对每个具体个案的情况做最充分的调查之后"，将救济引导到最急需的贫民那里，但其还有更为广泛的目标——去除"会创造或加重欲望的道德根源；鼓励节俭、勤劳和清洁……以及促进不同社会阶层之间的友好，而在此之前，这些阶层因为各自生存环境的巨大差别而相互远离，搞得社会四分五裂"。② 这些都是人道的目标，虽然里面有一些将中间阶层的价值观强加到贫民身上的味道，而其领导人——精力充沛的布洛姆菲尔德（Blomfield）主教和其他人——不仅在救助困难，还促使阶层关系改善。无疑他们就贫民对教会的明显的冷漠感到不安，但该协会却不仅仅，甚至主要不是服务于机构目的。

随着伦敦的慈善协会在 19 世纪 40 年代成立，一股大规模的、丰沛的慈善资助到来了，随之同来的还有数量巨大且地位很高的捐赠人。在它的中央委员会里，有在伦敦市非常著名的人物，如托马斯·巴宁（Thomas Baring）和乔治·卡格兰宁（George CarrGlynn），以及从教士和贵族中选出的常规代表，包括到处可见的阿什利勋爵。起始捐赠包括大量的 100 英镑和 200 英镑捐赠，此外还有单笔最大的 300 英镑捐赠，捐赠人是威斯敏斯特侯爵。还有大量的商行——如皇家担保交易公司，捐了 200 英镑——出现在捐赠人名单中。在第一年里，它就收到超过 2 万英镑的善款。中央委员会的主要职责是筹集资金，并分配给各个教区协会。由于控制着钱袋子，中央委员会可以将某些标准套到地方协会头上，并要求它们监督。在第一年里，各教区团队共从协会的财库里收到 8125 英镑的资助。③

作为一名历史学家，在讨论捐赠时，对慈善组织的年度报告持一种

---

① 这家机构的全名叫"伦敦以教区和地区探访的方式促进贫困救助，改善贫民生存状况协会"。
② 引自 M. V. R. A. 的章程。
③ *1st Ann. Rept.* ，p. 35.

怀疑的眼光是其展现智慧的开始。这是因为这些文件不仅被当成当年工作的记录，还被作为呼吁人们支持的材料，而在这些材料中，一家协会的成就从来都不会很差。不过，剔除了各种水分后，伦敦走访和救助协会早期的记录依旧很迷人。在其第一个 5 年中，有超过 3 万英镑的善款被拨到各个教区，此外还有本地自行募集的善款，用于本地社团的工作。[1] 事实上，中央委员会还出台了一个政策，即鼓励那些自行筹集工作经费的教区，给它们拨付较多的资助款，而惩罚那些落后的教区。[2] 而在特别紧急的时期，协会还能拓展它的资源范围，如在 1849 年霍乱流行时期，它共筹集到近 12000 英镑。[3]

伦敦走访和救助协会更有特色的政策之一是以金钱为诱导，鼓励贫民节俭。实际上，此前有的教区已经在运作存款基金了，但中央委员会的提议，即拨付补贴用于创建和维持运营教区储蓄互助会，使这类系统性的存款项目在劳工阶层中有了较大的拓展。比如，1850 年，该协会共帮助了 36 家储蓄互助会，吸引了 28550 名存款人，吸纳了 13356 英镑存款。[4] 这是这个时代的一个信号，也是未来的一个预兆，虽然当时没人认识到这一点，即 1880 年开始协会不再向储蓄互助会提供补贴，因为后来出现的邮局投资存款的能力十分高超。尽管只有少量的私立慈善组织后来变成了这类公共机构，但这至少是一个苗头。

在 19 世纪 40 年代和 50 年代，有七八十个社团，1000～1200 名左右的探访员加入了伦敦走访和救助协会。这项事业的成功都依赖这些机构和人员的能力和审慎，此外，和绝大多数志愿者团队一样，它也是一个大杂烩。有的人在处理背景和身份地位与自己迥异的人时缺乏技巧。而其他人则在最初的激情消散后慢慢淡出了。这是各类志愿型慈善组织永远都要面临的难题。不过，在数年之后，协会可以一本正经地宣称，我们可以看到"协会中的上等阶层愿意跟伦敦的穷人打交道，还积极采取行动改善他们的状况"，而且它还能指出，大量劳工之前提出的质疑，即

---

[1] *5th Ann. Rept.*，1848，p. 7；14th，1857－1858，p. 16.

[2] *4th Ann. Rept.*，1847，pp. 11－12，22. 关于 1859～1860 年拨款给各会员协会的数据报表，参见 John Hollingshead，*Ragged London in 1861*（London，1861），pp. 260－262。

[3] *6th Ann. Rept.*，1849，p. 14.

[4] *12th Ann. Rept.*，1855. 关于接受帮助的储蓄互助会，以及它们的存款人和存款情况，参见 Hollingshead，*Ragged London*，p. 265。

探访城市贫民没什么用的说法是不成立的，因为他们"经常表现出的邪恶"现在已经成功地被平抑下去了。[1]

人们可能不太会相信更为极端的说法，即协会取得了什么样的成就，以及它们在促进各阶层相互理解方面有什么样的影响力。在 19 世纪 60 年代中期，甚至连伦敦走访和救助协会都会经常感慨贫民与富人之间的裂痕日渐加深，这部分是因为上等阶层逐步从城里搬了出去。[2] 不过，在它自己眼里，它并非是不起作用的。大量的中间阶层的安立甘信徒被引导着与平民直接接触，而贫困家庭不仅得到了食物、煤和衣服的资助，还能经常与其他机构接触，这些机构会提供更为专门的帮助。在 19 世纪 50 年代初期，协会还可以吹牛说（合理地来说，它没资格这么说）令人震惊的不幸的个案从未发生在它覆盖的范围内，而且根据社会福利的最低的水平来看，它的努力成功地阻止了受饥而死，只是"这种恐怖的情况在几年之后变得十分寻常"乃至于在公众那里没有产生什么影响。[3] 总而言之，这场由伦敦走访和救助协会主导的志愿者个案工作的大型试验没有产生什么成效。但是，尽管阶层孤立之墙并没有受到明显的动摇，但该协会的某些原则和措施还是成为后来个案工作机构的先导，特别是后来的慈善组织协会。而且，伦敦走访和救助协会所采取的方法可能要更为人道一些，况且它对破坏慈善组织协会行为的那些令人讨厌的社会准则并不负任何责任。

三

到贫民家里去走访是一件值得尊敬的事情——但是这只是对那些自己有家的人而言。在不断扩张的城市里，有一群人——其群体随着时节和年份而变化——没有定居地点。虽然无家可归的贫民并不是一个新奇的现象，但在城市环境下，这个问题变得如此尖锐，乃至于问题的性质和程度都与之前不同。城市里新出现的无家可归者不仅有流浪者和流民，还有无业的工匠、季节工和一大群遭遇不幸的受害者。特别是如果冬天下了一场暴雪，天气极寒的话，受害者就会大量出现，且情况十分严重。人们很容易遗忘城市里有多少边缘阶层处于季节的肆虐之下，而一场严

[1]　*7th Ann. Rept.*，1850，p. 21.

[2]　*20th Ann. Rept.*，1865，p. 6.

[3]　*9th Ann. Rept.*，1852，pp. 10 - 11.

冬又会给救助机构带来多少陡增的压力。

　　1819～1820 年的冬天就是一个严冬，这推动了人们发起第一次重要的尝试，给无家可归的人提供一些临时的住处。如果我们要说这场为"夜间的流浪者"提供庇护所的运动是一场过度审慎的运动，那是不公平的。要知道在彼得卢，前一年（1819 年）8 月就已经发生过事情，11 月和 12 月国会通过了 6 个相关法案，而卡托街阴谋①是在 1820 年 2 月正式登场的。在这种紧张的氛围下，我们可以很容易就发现某些幸运的事，"就算是在这个严酷的季节里，这场运动也通过唤起人们史无前例的热情，大力救助贫民，从而有效地使贫民认识到了真正在帮助他们的善人的情况"——这与另一种力量针锋相对，这种力量"在下等阶层中散布不满和不快的情绪（下等阶层在很多情况下都会被哄骗，认为富人是压迫他们的人）"。② 该运动的捐款名单上有 3500 个名字，浏览一下这份名单，我们就能知道人们对慈善有着冲动，而不是毫无兴趣。在这些人中，其中捐赠 10 英镑及以上的人有不少是政府成员，包括利物浦、艾尔登、皮尔以及捐了 10 个基尼的卡斯尔雷女士。③

　　无家可归贫民夜间庇护所委员会（它后来转型成为救助无家可归贫民协会）以极快的速度投入了行动。一名善良的业主给他们提供了位于伦敦城墙附近的房屋，而在启动募捐活动后 6 个小时，无家可归贫民避难所就开始接收人们入住了——平均 1 个晚上 200 人。政府提供了衣服，伦敦煤气公司提供了照明和取暖，新河流公司慷慨地提供了水，城市剧院还帮助开展了义演活动。委员会试图使它的庇护所不只是成为一家慈善的廉价公寓。所以，它给其中的一些住户提供日间工作，而且有时，委员会会毫不犹豫地贷给人们一些小额款项，或给他们提供衣服或工具，这样他们可以再次变得自给自足起来。海员协会也帮助组织床位，提供给水手们，由此，最大的一个职业群体便得到了帮助。

　　这完全是一家到冬季才开展活动的慈善组织。在数年里，该委员会

---

① 1820 年的一场阴谋，想要谋杀英国所有的内阁成员和首相利物浦勋爵。——译者注

② *Report of the Houseless Poor Society*，1819－1820。

③ *Ibid.*；同时参见 John Sard，*S. C. on District Asylums*，1846，Q. 4581，Q. 4653。对于夜间庇护所运动持狂热支持态度的作品，参见 "The Unseen Charities of London," *Fraser's Magazine*，39：639－647（June 1849）。

都是临时开展运作，在秋季做出一些基础性安排，然后到冬天再看季节是温和的，还是严酷的。比如，1830~1831 年，该协会共经营了 3 家庇护所，接纳了近 55000 人次（超过 6500 个人）入住，发出了 135000 份口粮。[1] 这一成就令人振奋，但这也引起了问题：住在庇护所里是不是让人感到难受？在最开始，该协会得到了慷慨的资助，到第二年结束时，它拥有的资产将近 1 万英镑，所以，它可以自由而轻易地表示自己的好客之心。但随后，出现了整个一家人都搬进避难所，就是要领取免费餐食的情况，而关于该机构慷慨赠与的报告吸引了来自全国各地的宾客。于是，该机构便毫无办法，只能采取严格的行动，砍掉餐食供给，确保睡觉的床不要太舒服，并且更为仔细地审查每一位申请人。[2]

对于"科学慈善"的实践者而言，夜间庇护所这种方式是相当有问题的。管这件事的人无法恰当地调查每一个个案，而经常会被乞丐、酒鬼、骗子和少年犯给蒙骗。乞丐协会相信，这个项目使那些"懒惰而放荡的人"不愿意再找工作，而是确信自己一定能有个地方睡觉，这种想法鼓励他们把白天浪费在酒吧，而不是用在工作上。10 年后的慈善组织协会同样不看好这个项目。[3] 至少在早期，合法的慈善夜间庇护所染上了一些污名，与收容所相混同。收容所以慈善的名义开展运作，由士绅委员会捐款支持，但在很大程度上却成了管理者私人的物什。[4] 尽管有一些庇护所之后获得了好名声，但私有的或半私有的收容所却不能算是维多利亚时代早期慈善事业的一个漂亮的装饰。

然而，慈善性的夜间庇护所的确在一定程度上减小了日渐扩大的城市的死亡率。另外，跟从救助无家可归贫民协会的领导，其他收容所也纷纷在伦敦和其他地方建立起来。利物浦无家可归贫民夜间庇护所在 1830 年开放了它的永久收容处，这个收容处是它接手贫民窟的一座大型联栋房屋并加以大幅改造而成。[5] 关于伦敦救助无家可归贫民协会，在 19 世纪 40 年代中期，它的 3 处无家可归贫民庇护所经过装修，可以同时容纳 1200

---

[1]　*Report of the Houseless Poor Society*, 1830 – 1831.

[2]　*Reports*, 1826 – 1827, 1829 – 1830.

[3]　*S. C. on District Asylums*, 1846, p. xx; *The Houseless Poor of London*, 1891 (C. O. S.).

[4]　G. Guyerette, Q. 2060ff, and S. Hughes, Q. 1732ff, *S. C. on District Asylums*, 1846.

[5]　Simey, *Charitable Effort in Liverpool*, p. 27.

人，此外，该组织还宣称自己提供了约150万人次的过夜服务，并分发了超过350万份面包。①

四

在社会的不幸事件中，最让维多利亚时期的仁善的人们感到恐怖且最挑战他们的同情心的是这些可怜的人，即无人照顾的儿童、城里流浪的少年犯，以及各类雾都孤儿。用玛丽·卡彭特（Mary Carpenter）的话来说，就是"该死和危险的阶层"的孩子们，意思是这些（"该死的人"）如果得不到拯救，就一定会陷入犯罪的生涯，而那些（"危险的人"）已经靠小偷小摸来过日子，踏上了走进监狱的道路。② 值得承认的是，少年犯罪确已达到危险的程度，其增长速度非常快，已经超过了成人犯罪。因此，在1834年，被判入监服刑的10～20岁的罪犯达到了每449人中有1人的比例，而在1844年，这一比例为每304人中有1人。③ 1847年，在上议院，萨金特·亚当斯（Serjeant Adams）偶然提及各大城市都面临少年犯罪的问题。他证明，每两周就有上百名罪犯经过审判，其中有16～40名不等的罪犯是少年犯。而马修·戴文波特·希尔（Matthew Davenport Hill）则报告说，在伯明翰法庭审判的罪犯中，有约25%的人是年龄在16岁以下的孩子。④ 不仅如此，在累犯中，少年犯所占的比例也要比成年犯高。⑤

在那些出手应对未成年犯罪的人当中，极少有人看到刑法的荒唐之处，因为这部法律竟然会判一个7岁的孩子以重罪（虽然他要到14岁才能以推定的方式，被认为有犯罪意图）。⑥ 1851年，哈罗比（Harrowby）

① *S. C. on District Asylums*, 1846, Q. 4617; William Tuckniss, "Agencies for the Suppression of Vice and Crime," in Henry Mayhew, *London Labour and the London Poor*, 4 vols. (1861 – 1862 ed., London), IV, xxviii.

② Mary Carpenter, *Reformatory Schools for the Children of the Perishing and Dangerous Classes* (London, 1851), p. 2.

③ *S. C. (Lords) on the Execution of the Criminal Law*, 1847, *1st Rept.*, Q. 2927.

④ Q. 90, 279.

⑤ 在利物浦，1840年，一名监狱的巡查员报告说，在男性少年犯中，有2/3的人会成为累犯，而在成年犯人中，只有36%的人是这种情况。而且，在被判有罪的少年犯方面，利物浦的比例要远低于全国平均水平。（*Ibid.*, Q. 1613.）

⑥ 在没有证据的情况下，7～14岁的孩子只能被推定为无犯罪意图，但这一推定可以，并且经常是由控方提出证据抗辩而被推翻。（*S. C. on Criminal and Destitute Juveniles*, 1852, Q. 1822；同时参见 Radzinowicz, *English Criminal Law*, I, 12）

勋爵致信给当时的伯明翰议会，提出"就在上周，我在我们的乡下监狱里看到有两个孩子，一个是 6 岁半，一个是 7 岁"。[1] 被判犯下 5 项罪名，一两次进宫，且被送入监狱服刑的孩子也大有人在。肮脏的贫民窟，"孤独汤姆"的荒凉山庄——这样的地方就算警察也不愿意跑进去——用格思里（Guthrie）博士的话来说，必然会造就"城市的流浪儿……这些人就像被遗弃的人一样野蛮"。[2] 当时，没有一家既存的机构，无论是志愿型学校还是探访协会，敢于声称自己达到了这样的社会深度。这些孩子，少年犯或刚开始犯罪的少年犯们，绝不仅仅是贫困的孩子，也不仅仅是乞丐，他们是维多利亚时期城市里的"人间垃圾"。

关于无家可归的孩子的问题，维多利亚时代早期的慈善家们三管齐下，开展攻击。经常是在热情的个人领导人的带动下，各志愿型社团创建了三类主要的机构：贫民儿童免费学校（日间或夜间）、工艺劳作学校以及工读学校。这三者各自的方法和教学对象都不相同，而且被设计来应对的不幸或恶行的程度也不相同；但是，它们都是这一为无家可归的孩子的利益而开展的运动的组成部分。

尽管有的机构领导人主要关注一个方面，比如阿什利勋爵及其贫民儿童免费学校，但其他人关注的问题则要广泛得多。玛丽·卡彭特是这场运动的核心和灵魂。她作为一位论派信徒，没有阿什利那样的福音派信徒的强大的先入为主的观念。她决定改变对少年犯们的所有的对待，改变官方的政策，以及获得私人慈善家的捐赠。在她位于布里斯托尔的圣杰姆斯回归贫民儿童免费学校的房间里，满是肮脏的小野孩。而对于这些孩子，她特别感兴趣那些难啃的骨头，因为这些孩子很容易走上犯罪的道路，如果他们目前还没有开始犯罪的话。她素来不喜欢法庭里那些施加在年轻的违法者们身上的报复性惩罚措施，这种观点也为某些更为开明的法官们所共同信奉，其中著名的有伯明翰刑事法庭书记员马修·戴文波特·希尔。后来，希尔成了玛丽在这场运动中的同伴。玛丽小姐的第一本书，《该死和危险的阶层的孩子以及少年违法者们的工读学校》（1851 年），不仅为那些服务于年轻的犯罪者们的特殊寄宿制机构做

---

[1]　Mary Carpenter, *S. C. on Criminal and Destitute Juveniles*, 1852, Q. 940.

[2]　*Seed-Time and Harvest of Ragged Schools*; *or a Third Plea* (Edinburgh, 1860), p. 25.

出呼吁，还为那些致力于开化维多利亚时期的流浪儿的其他学校做出了合理性说明。[①] 她总是喜欢反复地说，现在有一种迫切的需求，即要建立一批学校，服务于那些"超过我们国家（常规）教育机构能力范围之外"的孩子。这些孩子①愿意就读并接受免费教育；②他们野蛮的习惯使他们成了"街上的流浪儿"；③他们已经触犯了法律。[②]

到目前为止，宣传效果最好、报名孩子数最多的学校是贫民儿童免费学校，这类学校主要由贫民窟孩子中的顶层，以及部分第二阶层的人就读。如果我们要挑出一个人作为贫民儿童免费学校的创始人的话，那就有悖事实了。创办这类学校的想法也并不独特，因为这是任何人道主义者在对贫民孩子的愚昧与无知感到不幸后，都会做出的自然反应。而某些主日学校则主要致力于帮助贫民窟中的孩子。一个残疾的鞋匠，约翰·庞兹（John Pounds），很善于聚拢朴次茅斯被遗弃的孩子，仅凭一人之力，在30年里聚拢了约500人，培育他们的品德，传授他们知识——数量甚至可能比前者还要多，而庞兹自己则只是一个接受了很少教育的人。不过，诚如格思里（Guthrie）博士所说，他是"这方面的天才"，他有一种对付那些被吸引来他的店里的淘气鬼的天赋。[③]

在伦敦，贫民儿童免费学校基本上是福音派的成就，它们在价值观和行动界限上看似都带有福音派的烙印。伦敦城市传教团成立的宗旨是将福音带到贫民的家里。它成为创立贫民儿童免费学校的主要先驱。但是，这几家挣扎求生且各自为政的学校后来能汇在一起，变成一场慈善运动，则是因为阿什利勋爵这一强大同盟的加入，此外还有查尔斯·狄更斯。[④] 对阿什利来说，贫民儿童免费学校给他提供了一件武器，使他可以攻击日渐困扰他的弊病，也即日渐严重的伦敦的流浪儿的状况。

---

① 一部关于玛丽·卡彭特新的传记有助于我们认识维多利亚时期的社会史。关于她的老的传记是由她的侄子，J. 埃斯特林·卡彭特（J. Estlin Carpenter）写的《玛丽·卡彭特的一生和事业》，这部传记写得不太好。关于玛丽·卡彭特的简要介绍，参见 Young and Ashton, *British Social Work*, pp. 163 – 172。

② Carpenter, *The Claims of the Ragged Schools to Pecuniary Educational Aid*, a pamphlet (London, 1859), p. 2.

③ D. K. and C. J. Guthrie, *Autobiography of Thomas Guthrie and Memoir by His Sons*, 2 vols. (London, 1874 – 1875), II, 112 – 113.

④ *S. C. on Criminal and Destitute Juveniles*, 1852, Q. 3282; C. J. Montague, *Sixty Years in Waifdom* (London, 1904), pp. 34 – 35.

1843 年 2 月，他看到《泰晤士报》登出了一篇呼吁文章，要求大家给一所贫民儿童免费学校提供帮助，这所学校位于霍尔本山街以北的一个颇具恶名的地区，这个地区就是个"死刑犯的养殖场"，所以，一看到这篇文章，阿什利就热情地给予了回应。

菲尔德巷学校在伦敦城市传教团的赞助下，开办了两年时间，在周日和周四的晚上开课。① 这么一家机构之所以能够运转起来，完全是靠福音派教师们的大无畏气概和奉献精神。狄更斯在向安吉拉·伯德特-库茨（Angela Burdett-Coutts）汇报时说："它看起来糟透了，我都羞于引用《雾都孤儿》里的话来作为佐证……但它的确是处于这样的基础上，而且它就是这样一个地方，就像犹太人住的那样……我见过很多被关在监狱里的孩子，但这里的状况要更糟，虽然他们还没有被关进监狱，但很明显，他们就在被运往监狱的路上，就像他们正在走向坟墓一样。"② 这样的学校看起来毫无希望，而这正是阿什利要找的，他怀着作为一名基督教斗士的热情，接手了这项事业。他一头扎进了这个肮脏的地区，他的传记作家写道："他对菲尔德巷的情况变得非常熟悉，就像他熟悉格罗夫纳广场周边的情况一样。"③ 开办贫民儿童免费学校成了他最喜欢的慈善事业，而且没有人能比阿什利办得更好。阿什利的声望立刻使它们成为一项有价值的慈善事业，并使它们在捐赠者和其他人眼里获得一个全新的地位。

之后，在同一年里，狄更斯作为安吉拉·伯德特-库茨的非官方的赈济员，走访了菲尔德巷学校。当时，安吉拉请狄更斯做她的秘书。在做完调查后，狄更斯总结说，这有点像是一场赌博，但真诚仁善的人应该接受它。菲尔德巷可怕的景象无法吸引娇柔的慈善，因为"这些事情的存在本身并不能吓到它，但只要它知道了这些事情，就会完全被吓倒"。④ 最后，靠着狄更斯的斡旋，安吉拉小姐成为贫民儿童免费学校最大的，也是最主要的赞助人。从理论上来说，小说家与福音派信徒之间

---

① Edwin Hodder, *The Life and Work of the Seventh Earl of Shaftsbury*, 3 vols. （London, 1887）, I, 481.

② Edgar Johnson, ed., *Letters from Charles Dickens to Angela Burdett-Coutts*, *1841－1865*（London, 1853）, pp. 50－51.

③ Hodder, *Shaftesbury*, I, 484.

④ *Letters from Charles Dickens*, p. 54.

没有什么共同点，而福音派信徒才是这场运动的精神领袖。但是，狄更斯对孩子们的爱却和福音派信徒一样深厚，而且更为公正无私，同时，他极为讨厌残忍和野蛮的暴行。正是出于这些原因，他才成为贫民儿童免费学校的忠实的拥护者，尽管他偶然会对学校的教师（"如此偏狭而又古怪"）以及某些安排（"如此混乱"）持保留意见。①

贫民儿童免费学校联盟成立于1844年，是由伦敦的一小撮教师发起的。这个联盟对贫民儿童免费学校开展了一定程度的集中管理和资助。阿什利在联盟成立伊始就担任其主席，并且这一当就是40多年，所以，他在某种程度上代表了贫民儿童免费学校联盟。而且，这家联盟是根据他的构想成立的，它的政策反映了他的想法或偏见，同时，对于公众而言，他是整场运动的代表。在这个世纪中叶，用听课人数和资金支持情况来衡量的话，伦敦贫民儿童免费学校联盟是维多利亚时期的慈善事业中比较成功的一项。比如，在1861年，联盟宣称自己有176所学校，平均每天听课人数达到了约2.5万人，而且其年度收入，包括每个学校自己的收入，超过了35000英镑。② 在25年时间里，共有424名授薪教师在联盟的这些学校里教过书，此外还有3500名志愿教师也参与其中。③

在176所贫民儿童免费学校里，共有16处夜间庇护所，这些庇护所是联盟很不情愿地设立起来的。这一做法与贫民儿童免费学校，以及维多利亚时期的社会工作的主要根基相违背，即重视家庭，以及家庭生活的基础性意义。这一点是贫民儿童免费学校信条的基础，所以，在加入联盟的学校里，孩子们会被送回家就餐，因为除其他原因以外，人们认为只要将孩子送回家，就会让孩子产生改变。不幸的是，之后人们才搞明白，这种影响可能是相反的，一个孩子虽然在学校待了几个小时，但却会将一天余下的时间花在不好的环境里，这会对他产生十分坏的影响。不仅如此，正如一所学校的捐赠人所发现的那样，他们让孩子们在晚上9点放学回家，但其中一些孩子并没有家可以回。所以，从老派街校舍里的几张吊床开始，这场活动逐步扩大，直到变成有16处夜间庇护

---

① *Letters from Charles Dickens*, p. 173.

② *S. C. on the Education of Destitute Children*, 1861, Q. 5, 186. 在这些收入中，联盟自己的收入为5000～6000英镑。

③ *Report of the Conference on the Ragged Schools*, *Exeter Hall*, 11 April 1863, p. 24.

所在运作为止。①

　　并不是每一个倡导贫民儿童免费学校的人都会完全支持贫民儿童免费学校伦敦联盟的思路，特别是因为它被阿什利所控制，且带有福音派教会的特征。当然，所有的贫民儿童免费学校都服务于那些因为太穷，（根据其字面上的意思是）衣着太破烂，而没钱支付普通学校学费，无处上学的孩子，但是相比于地方上的学校，特别是苏格兰的学校，在伦敦的学校里，宗教和传教的味道要重得多。联盟的秘书甚至称这些学校是"伟大的福音传播机"。福音派信徒们相信贫民儿童免费学校运动是在英国本土所开展的传教事业的一个分支。当他们想要找到导致犯罪，以及混乱的威胁变得如此普遍的关键原因时，他们通常会认为是因为这些人不信教，特别是缺乏宗教训练，而当他们将下等阶层的越轨行为归因于无知时，他们的意思是这些人缺少宗教知识——如无法背诵《主祷文》。② 结果，贫民儿童免费学校联盟的所强调的重点是，第一，在一定程度上，尝试将孩子们训练成水果贩、码头工人、制砖工人、服装经销商，以及其他此类工人；第二，反复灌输基督教中的某些基本教义。在宗教教学方面，《圣经》是主要的载体，此外还有《天路历程》和其他一些以改造人为特点的作品。另外，学校里还会稍微教一点算术，并带孩子们读一些书，如塞缪尔·斯迈尔斯的《自助者天助》（该书出版于1859 年，其一经出版立刻就成为学校的基础读本）——这些就足够了。③

　　没有人认为贫民儿童免费学校提供的教育有多么好。正如它们自己以及某些批评家所指出的那样，它们的问题并不是教得不够好。真正的问题是它抵制人们向社会上层攀爬的冲动，而这或多或少成了这类教育机构的特点。"好好地待在贫民窟里。"沙夫茨伯里（Shaftesbury）这样劝告这些孩子，而所有的贫民儿童免费学校也都遵循这一信条。当有孩子的水平好像要超过初等教育的水平，或者他的社会阶层要超过下等阶层时，它们立刻就会鼓励他转学到付费学校，或者去当擦鞋工人。④ 它们绝不允许有任何东西干扰联盟里的学校实现其传教和宗教目的，甚

---

① *S. C. on the Education of Destitute Children*, 1861, Q. 402, 403.

② Carpenter, *Reformatory Schools*, pp. 21 – 23.

③ Montague, *Sixty Years in Waifdom*, p. 311.

④ *S. C. on the Education of Destitute Children*, 1861, Q. 91.

至不许干扰教学，正如沙夫茨伯里反复强调的那样。所以，这里的教学其实就是初等形式的基督徒教化，而按照沙夫茨伯里的说法，这比世俗的学问更值得学。1870 年，议会通过《教育法案》后，沙夫茨伯里又哀悼说："不信神的、非圣经的体系降临了；贫民儿童免费学校，以及它们所有神圣的政治组织，它们所有的燃烧着的、富有成效的对贫民的爱，它们所有的为被遗弃的、不信基督教的、贫困的、悲伤的，同时也是天真无邪的孩子们的世俗和永恒幸福而做出的祈祷以及收获，都在这场以人的智力征服一切的运动中化为乌有。"① 虽然沙夫茨伯里是维多利亚时期流浪者和受压迫者的朋友，但他的人道主义观念没有带有一丁点儿民主思想的痕迹。他更为同情贫民的不幸，而不是理解他们的心愿。

伦敦贫民儿童免费学校联盟在各地其实并没有什么地盘。无论那些在各个重要的镇里面的学校，还是那些依循与伦敦的学校不同的原则而开展运作的学校，都不是它的地盘。② 在 1861 年，利物浦——它成立了自己的联盟——据说有 64 所学校；而曼彻斯特则有 17 所学校；两地的日均就读人数分别为 7500 人和 3500 人。③ 玛丽·卡彭特的 5 所位于布里斯托尔的学校在全国都很有名气。尽管她强调宗教和道德训练，但她的教学方法却如伦敦的学校那样带着浓重的福音派味道。但是，与伦敦的教学方法差别最大的还是苏格兰学校，它们在一开始就没有参照英格兰的模式。苏格兰的先锋是阿伯丁的沃森（Watson）治安官，他在 1841 年的时候创立了一所学校，以应对十分严重的、需要大量投入警力的少年犯罪问题。他的学校就是一所"劳作给食学校"，学校里的孩子是在警方的压力下，被鼓动入学的，并且，校方还会用一天有三顿饭这件事来收买他们，让他们留下来。在校期间，他们所得到的教育含有各项内容：宗教、道德、勤奋的习惯，以及基础的阅读、书写和算术。

阿伯丁的实验在敦提、邓弗里斯等地都扎下了根，而受其影响最深

---

① Hodder, *Shaftesbury*, III, 266.
② 不过，需要说明的是，联盟是一个松散的联合体，正如沙夫茨伯里想要它变成的那样。他反对直接从中央机构下命令。关于 1851 年设立了贫民儿童免费学校的镇的名单，参见 *S. C. on Criminal and Destitute Juveniles*, 1852, Q. 3396。
③ *S. C. on the Education of Destitute Children*, 1861, Q. 324. 当地有 64 所学校这个数据可能是高估的。另一个见证人给出的数据是当地有 20 所学校，这个数据更为合理。

的当属爱丁堡，在那里，沃森的朋友、苏格兰自由教会的著名布道者，托马斯·格斯利（Thomas Guthrie）博士发起了 3 所阿伯丁模式的学校。和其他地方一样，在爱丁堡，少年犯罪拉响了警报，而在新学校成立后第一年里，就读学校的孩子们的身份背景则似乎进一步印证了人们的这种担忧，因为人们发现了"城里的阿拉伯人"。在 742 个孩子中，有 120 人虽有父母但无人管教，他们在世的父母都是酒鬼；有 199 人已知或据认为是小偷；有 232 人是骗子；有 69 人曾经蹲过监狱或进过警察局。① 爱丁堡的学校是给食学校，因此该学校的入学人数相当突出；它们也是劳作学校，学校里的劳工项目一是为了训练孩子，二是为了减少学校的成本。② 在伦敦贫民儿童免费学校联盟，只有很少量的学校是劳作学校，尽管其中有不少都有劳作班，而在苏格兰，劳作训练则是基本原则。此外，与伦敦的学校全部都是志愿型机构不同的是，苏格兰的学校都与城市政府开展合作。很自然的是，苏格兰的运动从未能达到英格兰的层面，但在某些方面，它的指导思想，即社会现实主义，要比伦敦的同类更为扎实。

　　在教育史中，贫民儿童免费学校运动只占据了一个相对次要的位置。这些学校更为主要的贡献是在社会领域内的。不仅它们给那些毫无希望的肉体带去了些许教化，乃至于泰纳（Taine）夸奖它们是"道德去污"的工具③，而且由它们提供的庇护还推动了各类福利事业的发展。其中有服装俱乐部和一便士银行（据称，在 1861 年，它们共有 8000 名储户，有 19000 英镑存款），"贫民免费教会"（给孩子的父母提供服务），以及乡村新鲜空气假日服务。④ 在收到政府的一笔临时资助后，伦敦贫民儿童免费学校联盟的移民基金每年都会帮助一群孩子到海外谋差事，因为在英国本土，在某些年份里，有高达 2000 名孩子找不到工作。在贫民儿童免费学校的所有这些分支机构中，最有特色的一个是擦鞋团。该机构成立于 1851 年，是由约翰·麦格雷戈（John Macgregor）（又称"罗布·罗伊·麦格雷戈"）创立的，服务于水晶宫的人群。在水晶宫的展览期

---

① Guthrie, *Seed-Time and Harvest*, pp. 65 – 66.
② *Ibid.*, pp. 80 – 81.
③ *Notes on England*（1958 ed., New York）, p. 171.
④ *S. C. on the Education of Destitute Children*, 1861, Q. 181.

间，共有 25 名或 30 名男孩给参观者擦了101000 双鞋，挣了 500 英镑![1]

当1870 年法令摧毁了贫民儿童免费学校的教育宗旨后，这场运动，在经过了一段不稳定的时期后，不得不做出必要的调整。这些学校开始变成"传教团"，它们的主要活动开始变成宗教性和社会性的活动。[2] 但是，贫民儿童免费学校运动还是可以宣称自己对下等阶层的孩子的社会工作产生了深远的影响。通过让中上阶层中富有同情心的成员直接面对城市贫民中年轻的受害者们，贫民儿童免费学校为其他慈善机构的创立，以及社会上其他需求得到满足铺平了道路。此外，在贫民儿童免费学校的历史记载中，还出现了这些名字：昆廷·霍格（Quintin Hogg）、巴纳多（Barnardo）博士、汤姆·休斯（Tom Hughes）、高登（Gordon）将军，以及利昂·利维（Leone Levi）教授。巴纳多·霍姆斯是直接从贫民儿童免费学校运动中崭露头角的，而昆廷·霍格的工艺学校也是这种情况。[3] 所以，这既不是第一个，也不是最后一个慈善组织，其副产品反而比它刻意追求的成效影响更为深远。

五

玛丽·卡彭特著名的行动号召，即创办工读学校，不仅是为了帮助那些 "该死和危险的阶层的孩子"，也是为了帮助那些已经触犯法律的少年违法者，也即少年犯中范围最清楚的类别。虽然有点啰唆，但这里我们还是要再提一下，在 19 世纪中期，将刑法适用于年轻的罪犯是一种很愚蠢的做法。在 1852 年，面对下议院，一位法官提到，自己曾不得不审问一个年仅 7 岁的孩子，还有一次他审问另一个孩子，这个孩子被控偷了一个价值一便士的果馅饼。[4] 5 年后，一名监狱巡视员提醒上议院说，流放刑依旧被适用于年龄非常小的孩子身上："今天早上，我跟一个

---

[1] Hodder, *Shaftesbury*, II, 342. 1852 年，约翰·麦格雷戈在出席犯罪和贫困少年议会特别委员会时提供了一份证明材料，里面有关于他的组织的详细情况，参见 *S. C. on Criminal and Destitute Juveniles*, 1852, 也参见 "Rob Roy," *Ten Thousand Street Folk* (London, 1872).

[2] 在 1893 年，联盟组建成为 "贫民儿童免费学校联盟与沙夫茨伯里协会"。20 年后，它又变成了 "沙夫茨伯里协会与贫民儿童免费学校联盟"。现在，它的名字是 "沙夫茨伯里协会"。

[3] 关于这段内容的简介，笔者将在第九章里予以介绍。

[4] Serjeant Adams, *S. C. on Criminal and Destitute Juveniles*, 1852, Q. 1819 – 1820.

被判处流放刑的（孩子）讲话，他只有 9 岁……今天早上，我写信给国务大臣，要求他将一个 9 岁的孩子从流放站给送回来，因为这么做完全不合适，他不具备被流放的条件。"①

对少年犯罪，以及刑事司法程序的不安，并不是仁善而富有公共精神的人们新产生的担忧。诚如我们所见，慈善协会可以追溯到 18 世纪 80 年代末期，当时正处在公众对伦敦的乞丐十分愤怒的时期，而一家名为"改善监狱规训，改造少年违法者协会"的机构开展了对少年犯罪根源和对策的研究。慈善协会的委员会成员包括很多熟悉的名字：威廉·艾伦、戴维·李嘉图、T. F. 巴克斯顿、塞缪尔·霍尔以及詹姆斯·密尔。它对少年犯罪的组织机制开展了大量研究，并总结出，除其他因素以外，刑法典的严厉处罚，以及监狱规训的体系都是制造少年违法者的机制性因素。② 此外，人们还就少年犯开展了几个家庭实验。除了这一内容，以及慈善协会的工作以外，在这个世纪早期，人们没有取得什么有建设性的成就。③

然而，在 19 世纪 40 年代，因为少年犯罪的统计数据还是继续飙红，所以，事情变得更为紧急了。某些管理者和教师，如著名的玛丽·卡彭特，从贫民儿童免费学校中获得的经验开始泛起，对应对少年犯罪产生了一种严肃且斗志旺盛的兴趣。马修·戴文波特·希尔明显是出于他作为出庭律师和法学家的社会良知，而对刑法感到日渐不满，因为他不得不将这些法条适用到年轻的违法者身上。他的《有关刑罚原则的报告》起草于 1846 年。该报告是他为法律修订协会起草的。在该报告中，他提议成立少管所，而不是采用威慑性处罚手段。④ 该报告在一定程度上推动了成立一个上议院特别委员会，该委员会由布鲁厄姆作为主席。不过，

---

① Rev. W. Russell, *S. C.* (*Lords*) *on the Execution of the Criminal Law*, 1847, *1st Rept.*, Q. 674.

② *Philanthropist*, 6：199ff (1816)；同时参见 Radzinowicz, *English Criminal Law*, 1750 - 1833, p. 597。

③ 在 1818 年，沃里克郡的治安法官以私人身份为少年犯们在邓莫尔斯上特雷顿区创建了一个小型的庇护所，这家机构一直运营到 1854 年，此后它因为缺乏经费而被迫关闭。[M. D. Hill, *S. C. on Criminal and Destitute Juveniles*, 1852, Q. 420；Rosamond and Florence Davenport Hill, *The Recorder of Birmingham* (London, 1878), p. 156.]

④ 参见 *S. C.* (*Lords*) *on the Execution of the Criminal Law*, 1847, Q. 415。

该委员会的结论虽然站在了道义的一方，但也没有取得什么实质性的进展。[1]

同时，在英吉利海峡对岸的一项令人激动的、成功的尝试，即所谓的对少年违法者更为合理的教养，也刺激了这场运动。有一块为年轻的违法者准备的农业聚居地，这块聚居地位于图尔市附近，是由一个刑庭法官，梅斯（M. De Metz），在1840年开辟的。这个地方让到访的英国人感触很深，他们认为梅斯发现了一个处置少年犯的创造性方法。该计划的中心是农庄或房屋体系，这么做是为了维持一副家庭生活的样子，哪怕这是在一个惩戒机构里。这些改造设施的主要原则是构建男孩与男主人之间的紧密的人际关系，这些男主人事先都接受了特别的训练。孩子们每天的绝大部分时间都在劳作，虽然其间还是会有一些正规的教育内容，其中音乐教育占了很大的比重。梅斯精明地提出，要让孩子们一天从头到晚都很忙，这样到了晚上，他们就会累得没有力气了。[2]

当梅斯取得成就的消息传到英格兰的时候，参访梅特莱成了关心少年犯罪问题的英国人的一个常规考察项目。其中有些人，如马修·戴文波特·希尔，虽然一开始时很不情愿地出门，但一看到里面的情况，就立刻变得近乎狂热。他公开承认说："虽然伊斯兰教徒都虔诚地相信去往麦加朝圣的作用，但这还比不上我对于去梅特莱朝圣的作用的信念来得坚定。"[3] 至于尊敬的辛迪妮·特纳（Sydney Turner）（慈善协会的仪式牧师，后来又担任了内政部的少管所视察员），他回来后就劝慈善协会离开圣乔治广场，搬到乡下去。在1848年，协会的农场学校在萨里的雷德希尔成立了，该学校采用梅特莱的模式。特纳不无道理地暗示说，到这时，英国的工读学校运动真正进入了现代。[4]

---

① 该上议院委员会报告同时也载于1847年的《众议院资料汇编》。

② *S. C. on Criminal and Destitute Juveniles*，1852，Q. 431，433. 尽管德国福音教徒艾彻（Wichern）博士（他在1833年创建了拉赫豪斯机构）很早就提出了梅特莱实验的想法，但是后者才是影响英国实践最深的元勋。[Kathleen Heasman，*Evangelicals in Action*（London，1962），p. 184]

③ Hill，*Recorder of Birmingham*，pp. 158，160.

④ Turner，"Early History of the Reformatory and Industrial School Movement，" *Departmental Committee on Reformatory and Industrial Schools*（C. 8204），1896，App. I，p. 176.

在这个大转变的时代，慈善协会开展了长达 60 年的有意义的活动，是至今为止此类机构中最稳定的一家机构。在这个世纪中叶，在它的捐赠人名单中列了约 120 个名字，在这些捐赠人中，仅英格兰银行一家的捐款就达到了 2125 英镑。它共收到遗赠款近 105000 英镑，而其年度开支，即用于在雷德希尔的学校（约 100 名男生）的运营开支，为 3000 英镑左右。① 总的来说，在这些孩子中，有一半是自愿入校的，而另一半则是少年犯，被判了流放刑，他们接受了附条件的赦免，然后被亲戚或朋友送到这所学校，而且这些亲戚或朋友还为此支付了费用。雷德希尔农场学校占地 150 英亩，它按照梅特莱的运营原则来运营，同时还贯彻了辛迪妮·特纳的理念作为其指导精神，这些原则和理念在这里被快速引进，并得到了全面贯彻。但是，这里有一个制约因素，诚如其之后所表现出来的那样，就是缺少有能力的教师，所以，在数年之后，雷德希尔农场学校就不得不放弃家庭体系。尽管有这些初始的困难，这家农场学校还是采取了明智且严谨的改造少年犯的举措——尽管有人抱怨说，它耗费巨大，此外，彼得黑德的 H. M. 囚犯监狱的监狱长还反对说，家庭体系让看守和囚犯搞得太熟了。他宣称："阶层区分是我们的一个民族特色。阶层之间可以仁善相对，但无法做到亲密无间。"② ——当然，这就是让那些更为敏感的同时代人感到内心不安的东西。

在工读学校广泛建设起来之前，它们与英国刑罚体系的关系问题就已经被解决了。事实上，对少年犯的处置为维多利亚时期的学说的实践提供了一个很有教益的改进，这一学说严格区分了私人志愿性活动的领域和公共权力的领域。那么，处置少年犯的责任又应该如何划分界定？如果要建设工读学校，那它们就完全不该带有一丁点儿的公办机构的属性吗？更有洞见的改革者们认为，这些机构不能完全成为少年犯监狱，但将它们完全变成私人运营的庇护所则会带来两个致命的缺陷，而让国家介入便能有效弥补这两个缺陷。一方面，这些机构的经济基础非常薄弱且不可靠；另一方面，它们没有强制力。所以，要授权治安法官将违法者送到工读学校，而不是送去监狱，并且要让学校有权留下这些违法

---

① Philanthropic Society, *List of Subscribers and Contributors*, d. March, 1850; S. Turner, *S. C. on Criminal and Destitute Juveniles*, 1852, Q. 303.

② Capt. D. O'Brien, *S. C. on Criminal and Destitute Children*, 1852–1853, Q. 881.

者。因此，公与私在这一基础上是可以有效结合到一起的。

可能多数改革者会赞成这些理念。而无论如何，1851 年在伯明翰举行的会议大体上也得出了这些结论。玛丽·卡彭特与马修·戴文波特·希尔是这场会议的精神领袖。这场会议在一定程度上是英国在处置少年犯罪方面的一个转折点。基本上，这场会议的结论都被卡彭特小姐的书（该书出版于同一年的早些时候）所预见，也被会议邀请函所预见，该邀请函也是卡彭特小姐撰写的。这些材料反复提到了三类学校——贫民儿童免费学校、劳作给食学校（强制入读），以及面向少年违法者的工读学校。这三类学校都被认为"最好由个人团体来负责运营，并接受政府密切且严格的监督，以推动它们有效地开展工作"，而且，当然还需要获得公共财政的支持。简言之，玛丽·卡彭特以及她的支持者们所认同的完美模式是要成立一系列机构，帮助被遗忘的人和少年犯，这些机构要由私人团体负责运营，并由私人捐赠、父母的付款，以及国家的补贴共同来维持。这应该属于一种准公办的体系，政府提供法律许可、经济支持，并开展一定程度的监督。①

伯明翰会议的成功，不仅在于它使少年犯罪问题变成了一个相对次要的公共问题，还激励了改革者自己投身实践活动。19 世纪 50 年代早期，英国成立了一系列工读学校，遍布于全国各个地区，包括：格洛斯特郡哈德威克地区的巴维克·贝克工读学校，斯托克城农场（靠近布罗姆斯格罗夫区）的约瑟夫·斯特奇工读学校，廷恩新堡的奥布赖恩船长工读学校等。其中，最著名的当属由玛丽·卡彭特创办的金斯伍德工读学校和同样由她创办的位于布里斯托尔的红客栈女子工读学校，以及位于索尔特莱的学校。在索尔特莱的这所学校里，C. B. 阿德利（C. B. Adderley）（诺顿勋爵）发现了一个管理野孩子的天才，虽然这个天才，即库博尔·埃利斯（Cobbler Ellis）没有接受过太多培训。此前，埃利斯一直参与伯明翰一家小机构的运营。所有这些工读学校都想要调整雷德希尔模式，因为人们认为这种模式太费钱，而且太不本土化了（或者说，太不英国式了），所以，他们想要开发出属于他们自己的更为简单且经济

---

① 伯明翰会议的邀请函，以及相关决议全部收录于 Mary Carpenter, *Juvenile Delinquents* (London, 1853), pp. 330–333。

的模式来。①

《1854 年青年违法者法令》是由阿德利负责起草，并由帕默斯顿（Palmerston）负责实施的——该法被希尔称为"被遗忘的孩子们的《自由大宪章》"——因为该法授权私人团体成立工读学校。② 法院或法官会送年龄低于 16 岁的囚犯去这些合法成立的机构。在这些机构里，少年犯们会待 2~5 年时间（他们待在学校里，以作为他们开始正常的监狱生活前的一个简短的体验）。对于这些违法者，在 19 世纪的绝大多数时间里，财政部会支付给这些机构每名孩子一周 6 或 7 先令的费用。③ 这是公共机构与私人慈善事业之间的一种互利且预见性的互助，并且，作为对 20 世纪福利国家内涵的预演，它建立起了一种立法 – 志愿关系的新形式。④

去仔细观察这一二元体系的细节是一件不值得做的事情。而真正重要的则是强调这些学校，虽然受到国家的监督，并作为一个团体得到国家很多支持，但还是维持了基本的特点，即一家独立的、半慈善性的机构。在 1861 年，纽卡斯尔议会委员会报告说，在英格兰和威尔士共有 47 所合法成立的工读学校（其中有两所是船上学校），这些学校的 2/3 以上的收入来自国库拨款。⑤ 这种折中形式，维多利亚时期的英国人确信，要比直接由国家管理的体系好。因此，《泰晤士报》认为这些学校的成功成为其信念正当性的证明，即认为相比于国家，志愿型组织更能像一个改善社会的代理人那样开展行动。⑥

劳作给食学校的情况比工读学校更为复杂，因为它们的目标是处置

---

① 关于这些机构的简史，参见 Turner, "Early History of the Reformatory and Industrial School Movement"; W. S. Childe-Pemberton, *Life of Lord Norton*, 1814 – 1885 (London, 1909), p. 128。关于玛丽·卡彭特的红客栈女子工读学校的"历史、原则及运营"的很有用的整理总结，见于该校的 20 周年总结报告 (Bristol, 1875)。

② 17 & 18 Vict., c. 86. 阿德利在前一年提出的一部法令提案未获通过，因为议会延迟开会了。1853 年法令经过了多个修正案，并最终于 1866 年合并成为 29 & 30 Vict., c. 117。

③ *Inter-Departmental Committee on the Provision of Funds for Reformatory and Industrial Schools* (Cd. 3145), 1906, p. 1.

④ 对此，笔者会在第十九章里做出介绍。

⑤ *R. C. on Popular Education*, *1861*, Part 1, p. 406. 这 47 所工读学校共接收了约 2600 名学生。在 1858 年，它们共从财政部收到 52000 英镑的拨款，以及 16000 英镑的遗赠和认捐款。

⑥ *The Times*, 8 Aug. 1856.

那些位于少年犯这个概念的边缘模糊地带的人。它们的筛选标准"要比工读学校更宽泛"，即针对"那些还没有完全犯罪的孩子，或那些因为年龄太小而不能被处以令人厌恶的刑狱的人"。[1] 随着《1854年青年违法者法令》得到有效实施，1857年，阿德利又推出了一份法令，对劳作给食学校也采用同样的审批程序，并授权治安法官将那些被判定属于流浪者的孩子送到那些学校去。[2] 由此，劳作给食学校也可以依据与走读学校一样的理由获得拨款了。但是，这些劳作给食学校比工读学校在更大程度上保留了自身作为志愿型机构的特点，它们依靠私人捐赠来维持，并且主要不是靠法律的强制来留住孩子们。同一时期的纽卡斯尔议会委员会的调查（1858～1861年）显示，在英国，共有18所合法成立的劳作给食学校，有近1200名幼童入读这些学校，其中只有70人是由治安法官送来的，这些学生主要在其中3家机构就读。国家的拨款仅占劳作给食学校收入的15%～20%。[3]

关于这一问题，即由国家援助普通的贫民儿童免费学校，也就是那些关注"该死和危险的阶层的孩子"的机构，人们似乎并没有形成统一的声调，相关公共政策也不太明朗。在地方上的学校和伦敦的贫民儿童免费学校联盟之间，意见也有很大的差异。伦敦贫民儿童免费学校联盟在沙夫茨伯里的领导下，激烈地反对国家援助，因为这可能会影响这些学校的宗教性和传教性。但是，沙夫茨伯里所反对的正是玛丽·卡彭特所极力赞同的，她有些尖刻地提出伦敦贫民儿童免费学校联盟是很有钱的，所以能够负担得起它那些昂贵的教条。[4] 在她看来，如果贫民儿童免费学校能够在政府的监督之下，就会变得更好，而且这样一来，它们的帮助也会变得更为确实可靠，特别是如果它们将劳作技能培训作为它们教育的一部分的话。

到最后，政府拒绝了卡彭特小姐的主张。贫民儿童教育特别委员会和纽卡斯尔议会委员会认为补贴贫民儿童免费学校会成为对公共资源一

---

[1]　Hill, *Recorder of Birmingham*, p. 173.

[2]　20 & 21 Vict., c. 48.

[3]　*R. C. on the Education of Destitute Children*, 1861, Part 1, pp. 399 – 400. 它的总收入为2万英镑，而政府拨款只有不到3000英镑。在前一年（1859年），政府拨款为4250英镑。只有少量劳作给食学校申请了政府的牌照。

[4]　*S. C. on the Education of Destitute Children*, 1861, Q. 2172, 2379.

种难以把控的滥用，而且，它们和中央委员会一样，倾向于将这些学校视为"外地的机构"，这些机构的功用不过是暂时性的。[①] 这种评判得到了 1870 年《教育法案》的支持，该法案极大地改变了初级学校的处境。纽卡斯尔议会委员会预见到了其中的某些结果，虽然它赞许贫民儿童免费学校的老师和管理者们所做出的巨大的牺牲，但同时，它也为这场运动写了一篇"墓志铭"："当慷慨和慈善的事业为更为有利的综合性系统所替代，那么，它的大限就到了，但是这些事实，就是它们首先将公众的目光引向这一主题，以及它们的辛苦劳作揭示出这一问题的广度和急迫性……是我们所不应忘记的。"[②]

六

如果那些帮助被遗忘的孩子的志愿型日间学校都被关停了的话，那么，运营其他机构——如收容所、庇护所、孤儿院等——就有可能成为长期和有用的慈善事业了。到 20 世纪 30 年代末，这些志愿型协会已经管理了超过 100 处收容所，能够照顾的孩子的数量达到了公共救助机构的水平，其中，在 1938 年，它们收容了 35500 人。[③] 19 世纪涌现了一大批孤儿院，这些机构的形式、规模、支持者、政策各不相同。有的机构只是服务于一小撮特定的支持者群体；其他的则是打开大门，广纳四方来客。其中有很多机构，特别是那些建立于 19 世纪后半叶的机构，更有选择性，只愿意收比收容所里的孩子的背景更为体面的人，也即比穷人中的最穷者高一个档次的人。比如，在早期成立的机构里，有一家名为圣安娜皇家庇护所的机构。这家机构是高教会复兴的产物，成立于 1702 年，目的是帮助这些孩子，即其父母曾经阔气过，但后来家道中落的人。19 世纪的孤儿院经常会设定特别的入院标准，比如，父亲的工作（邦克牧师孤儿院、伦敦警察孤儿院、商船水手庇护所、铁路服务员孤儿院）；社会地位（"服务于父母曾是中产阶层的贫困孩子"）；[④] 或者最常见的，

① Circular of 30 Jan. 1958，引自 *R. C. on Popular Education*，1861，Part 1，p. 394。
② *Ibid.*，p. 404.
③ R. M. Wrong, "Some Voluntary Organizations for the Welfare of Children," in A. F. C. Bourdillon, ed., *Voluntary Social Services*, p. 31.
④ The British Orphan Asylum（1827）.

宗教信仰的归属。

在 19 世纪早期，规模最大且最著名的孤儿院是福音派[①]导向的，而且，当然在维多利亚时期，这项帮助孩子的事业中的相当一部分内容是准传教性的，而指导开展这项工作的人也是这么构想的。博纳多的"医生之家"是当时英国最大的一家孤儿院。这家机构是一个人靠一己之力创办起来的。这个人受到了中国内地传教团的创立者赫德森·泰勒（Hudson Taylor）的影响，一开始投身于医学传教的事业，之后又将兴趣转向了用自己在伦敦东区接受训练时获得的经验来帮助贫民窟里的孩子们这件事情上。在数年里，他都称自己的机构是伦敦东区少年传教团，而且，他认为这是一家福音传道性的，也是福利性的机构。所以，这种慈善事业的内涵与弃儿医院或孤儿劳作学校（1758 年）是不同的。

虽然儿童之家的宗旨无疑是宗教性质的，但是，特别是在早期，其在发展定位方面却不受教派的控制。在其最积极崇尚福音派教义的时期，它也没有强调宗派的差异，而是想要（至少是出于善功的目的）将所有的圣经基督徒都视为捍卫上帝、对抗邪恶的战友。但是，到 19 世纪下半叶，孤儿院就开始变得更像专属于教派的后花园了。[②]在当时，如果一个教派没有一个自己的儿童之家，服务于它的领圣餐者的遗子们的话，那真是一件很稀奇的事情了。在当时，"无家可归者"机构服务于英国国教徒的孤儿们；全国儿童之家与孤儿院服务于威尔士的教徒；还有规模更小一点的，如新孤儿院，则服务于斯韦登伯格人。

在为孤儿建立儿童之家方面，最突出的人物是两名福音派牧师，安德鲁·里德（Andrew Reed）博士和尊敬的乔治·马勒（George Müller），后一位是极端的福音派信徒。这两人的区别与相同点一样巨大，里德是相对正统的慈善践行者，而马勒的方法则完全是非传统的。不过，直到博纳多医生成立了他的规模宏大的儿童庇护所连锁机构之前，他们建立的机构都是 19 世纪里规模最大的。

安德鲁·里德是 6 家颇为令人尊敬的伦敦慈善组织的驱动者，在这 6 家机构中，有 3 家是孤儿抚养机构。在整整半个世纪（1811～1861 年）

---

① 这里的"福音派"当然指的是英国整个的教会，包括不信国教者和安立甘宗信徒，这些人都认为自己属于"圣经基督徒"。

② R. M. Wrong in Bourdillon, ed., *Voluntary Social Services*, p. 37.

里，他都担任新路上的公理会教堂，以及东区圣乔治教堂的牧师，同时，在他负责的整个东区，他积极地从事着慈善家这个副业，或者，更准确地说，是慈善创业人，虽然他自己的慈善捐赠也很大。真正转变他的注意力，让他将目光投向贫困孤儿的困境上来的事情是有一个人对孤儿的剥削倾轧，这个人会定期招募一个年仅5岁的孩童作为他的长期学徒。一开始，这些孩子会被安排在沃平纺纱工厂里工作，他们每天都要工作很长的时间，然后到他们12岁时，又会被送到陶尔山的鞋厂去工作。这一情况在里德看来是与这个雇主的提法（即开展一项慈善事业）背道而驰的，所以，在1813年，他在神职人员群里来来回回地鼓动，要大家共同成立一个真正的庇护所，名为"伦敦东部孤儿庇护与劳作学校"。这一工作进展很慢。他的第一次吁请只获得了66英镑的支持，但他得到了一处房产，然后他近乎搬空了自己家来装修这处房产，最后这个地方就这样接收了一小群孤儿入住。

这家不断挣扎的慈善组织后来相对繁盛了起来，当时，里德依循成功的慈善事业的固定套路，吸引了一位皇家的赞助人加入。随着肯特（Kent）公爵主持庇护所的一次公开晚宴，这家机构的声望就得到了保障，它的命运也转瞬拐向了好的方向。于是，里德这个积极的游说者现在便发现从城里人的口袋里拿钱变得不那么困难了，所以，他提出了新的计划，即要盖新大楼。这家位于克拉普顿的伦敦孤儿庇护所开业于1825年，建设耗资25000英镑，其中绝大多数资金都是里德自己筹集的，共能容纳300名孤儿，之后又扩充为400名孤儿。[1] 但是，就像我们经常能在慈善史里看到的那样，一项慈善事业满足了一个需求后，就会有其他需求跟上来。后来的情况是，伦敦庇护所的设计并不适合安置非常小的孩子。而其解决方案不是修一座新的翼楼，而是成立一家独立的机构。此后，又是在坚实的皇家赞助人的支持下，一场建设运动就这么搞起来了，到19世纪80年代初期，他们在旺斯特德成立了一家弃婴庇护所，这家机构[2]的楼很大，能够容纳600名小于7岁的孩子。

在如下方面，正如里德博士自己所发现的那样，他的倡导是毫无瑕

---

① Andrew and Charles Reed, eds., *Memoirs of … Andrew Reed*, 2d ed. (London, 1863), p. 101.

② 现在改为皇家旺斯特德学校。

疵的。他是一个毫无宗派心的人，他反对引入宗派的学说或观点。但他的委员会不同意他的想法，并建议用英国国教的《教义问答》来作为孤儿们的教材，而这么做就会将里德的其他教友们的孩子排除在外。有人还针对其他有争议的问题提出了质疑，因为和很多其他精力充沛的人一样，他并不是那种完美无瑕的合伙人。这些情况引发的结果就是他切断了与这两家机构的联系，并决定成立一家新的、没有宗派性的儿童之家。这家孤儿庇护所经历了和里德的其他慈善事业——里士满、哈克尼路、斯坦福德山——一样的几个发展阶段，逐步从小变大。最终，在19世纪50年代末期，它有了一座自己的永久性的处所，位于科里登附近。该建筑的名字被改为里德汉姆，以纪念里德博士。① 这是一座荣耀且当之无愧的纪念碑，因为在50年的时间里，里德博士通过这家机构向13000名孤儿提供了庇护和培训，这家机构的年收入现在达到了6万英镑这一标准，而他是这家机构最重要的领袖。②

我们在这里也有必要提一下里德的其他两项兴趣，尽管它们不属于帮助"被遗忘的儿童"这一范畴。他是如何对智障和无法治愈的疾病产生兴趣的，这一点目前尚不清楚。很明显，他并不是那种消极冷漠、没有善心的人，而他永不停歇地寻找不幸的领域，并将之纳入慈善救助范围，也在这方面起到了正面的效果。他发现的其中一个没有合适的机构的领域就是关爱智障者领域，因为智障者的家庭没有能力支付他们的扶养费用。③ 里德从1847年起为该项目筹集资金，该项目的花费为约3万英镑。其后来发展成为位于厄尔斯伍德的智障患者庇护所（现在为厄尔斯伍德智障患者皇家机构），并设有一家分支机构，位于科尔切斯特，为年轻的患者提供服务。贫困的绝症患者的处境也吸引了里德的同情心和注意力，因为常规的医院一般来说不愿意接收这些病人。他努力的结果是在帕特尼成立了一所绝症患者皇家医院，这家机构后来成为伦敦著名的医药类慈善机构之一，现在的年收入超过了10万英镑。④

---

① 这家机构现在变成了里德汉姆学校。
② Beveridge, *Voluntary Action*, p. 167.
③ 虽然沙夫茨伯里起草的《精神病患法案》在1845年获得了通过，但由于其实施时间尚短，不足以发挥大的作用。
④ 在1953～1954年，它的收入为111000英镑（*Annual Charities Register and Digest*, 1955, p. 58）。

　　里德非常具有慈善倡导人的天赋。很明显，他对不幸者的遭遇感触颇深；而他自己为他所捍卫的事业所做出的捐赠也达到了5000英镑，是他所筹集的善款总额13万英镑中的一个不小的组成部分。① 之所以说他很有天赋，不仅是因为他能很有说服力地表述出不幸者的主张，而且还因为他的主张一般都有坚实的现实基础。里德一点也不像是一个冲动的、感情用事的慈善福音派传教士。在他启动为智障病人庇护所的筹款活动之前，他先去走访了欧洲大陆上的机构，并与美洲的对此感兴趣的人做了通信联系，而之所以他能与他们联系，是因为在1834年的时候，他作为公理会代表团的一员曾经走访过那里。而在他准备做一次公众吁请之前，他会对他准备讲的主题做全面的研究。不过，在里德的慈善组织里，虽然它们都很成功，但人们却看不到一点点关于机构组织或内部管理方面的创新的迹象。在所有3家孤儿庇护所里，孤儿入住都是靠捐赠人投票或靠花钱买名额（意思是有人为这个孩子一次性付款）决定的。② 由于这些机构都是投票决策的机构，所以它们几乎都成了这些缺陷的完美范例，即慈善改革者在19世纪70年代和80年代大力反对的那些缺陷。绝症患者皇家医院则提供了关于投票式慈善所引发的困难更为恶名昭彰的案例，而且事实上，曾有一名捐款人向该医院提出过抗议，这等于是预演了查尔斯·特里维廉（Charles Trevelyan）爵士与慈善组织协会之后对该体系所发动的攻击。③

　　尊敬的乔治·马勒，19世纪巴纳多的儿童之家创立之前最著名的机构创立人，是《圣经》中最为纯粹意义上的福音慈善的代表。位于布里斯托尔附近阿什利丘的孤儿之家在35年的运营时间里共接纳了超过2000名孤儿，花去一笔建设基金，合计约10万英镑，这笔钱完全靠人们自发捐赠支持，而没有，诚如马勒经常说的那样，"靠着我向任何人去请求捐款"。④ 这家机构，在35年时间里，共收到合计超过37万英镑的捐款，从而成为一个宗教信仰驱动式慈善的大写的范例。

---

① Emma R. Pitman, *George Müller and Andrew Reed*（London，1885），p. 121.
② 比如，在1904年，一个7～11岁的孩子要入住，必须付费100～145英镑。（*Annual Charities Register and Digest*，1904，pp. 263–264）
③ 笔者将在第十七章里讨论这一问题。
④ George Müller, *The Life of Trust*（1873 ed.，Boston），p. 475.

1829 年，马勒从普鲁士来到英格兰，来接受向犹太人传教的培训。不过，不久之后，他改变了观念，认为在一家传教协会下工作是有违《圣经》教义的，而领取一份固定的工资也是如此。于是，他发起了一家名为"圣经知识机构"的组织，以为孤儿救助工作及各类其他项目提供支持。他的这家机构就是他关于《新约》的解读的外在表达。这家机构并不向外举债，也不向外筹款。他坚定地认为，靠着宗教信仰的驱动就足够了，而看它在第一个 50 年里总共筹到超过 100 万英镑的善款，我们又很难说他的这种信心是站不住脚的。

后来，有人成功地劝说马勒为贫困的孤儿们做点事，因为绝大多数慈善家对同伴们的关切都不太有神学的内涵，所以多少有点违背人伦常情。因此，虽然他很明显想要帮助孤儿们，但他的儿童之家却主要是为了放大上帝的权力和善恩，为信仰的力量证明。由此而论，可知如果该机构向外负债的话，便是缺乏信仰之明证，而这正是马勒的所有慈善事业中不可动摇的基本原则，即绝不做任何的资金上的承诺，除非有现钱在手。结果，这些事业的发展经常是很缓慢的，而且不稳定，它们的发展历程受到了大大小小各种危机的打断。不过，在圣经知识机构的发展史上，满是对人们信仰的奇迹般的回答。比如，在 1838 年 10 月，弃婴之家只剩下 2 便士了，而"主再一次明白地回答了人们的信仰，派人送去了 4 英镑 3 先令 1 便士"。[1] 对于那些不太笃信的人来说，马勒的方法可能不太灵光。不过，从结果来看，这些方法无疑是有效的。1836 年，从布里斯托尔的一所只能接收少数几个孤儿的孤儿之家，以及少量的资金（到该年结束，也总计只有 800 英镑）开始，在短短 10 年时间里，他的机构就发展成为拥有 4 所孤儿之家，能够收容 125～150 名孤儿，年度开销达约 1500 英镑的庞大机构了。[2] 10 年后，在布里斯托尔，他决定将该机构搬迁到阿什利丘，并决定开始向外筹措必要的资金。在两年时间里，就有约 11000 英镑进账，而在此两年后，该机构就达到可以接纳超过 2000 名儿童的规模了。

虽然马勒的所有行动都受着他的信仰，以及他对祈望的信念的牵引，

---

① George Müller, *The Life of Trust* (1873 ed., Boston), p. 163.

② *Ibid.*, p. 304.

但是，仅凭这一点并不足以解释他的成功。他无疑是一位极好的倡导者，也是一位有能力的管理者。仅仅在接收和分发善款方面，他的孤儿之家就开展了大量工作。比如，在 1871～1872 年，圣经知识机构的资产负债表显示，在其收到的捐款中，仅为孤儿做出捐款一项就高达 19000 英镑（手头的存余资金还有 15000 英镑），此外还有为机构其他项目所做的捐款，也有超过 14000 英镑的款项。在同一年里，它用于救助孤儿工作方面的开支超过了 23000 英镑。[①] 马勒对每一便士的开销都斤斤计较，对每一件捐赠物品都分毫必究（并不是所有的捐赠都是以现金的形式呈现的，不过非现金形式的捐赠物里面会包含一些相当奇怪的东西）[②]，他会把这些物品放到他开办的店里去卖掉。

他有一种办法，能让捐赠人和潜在捐赠人被他的信心所感染，让他们感觉自己是他在这项高尚的事业上的合伙人。他的作品《信任的生命》，对马勒系列慈善组织的成长做了直白而详尽的阐释。这一作品，以及马勒的其他作品，在福音派社群中广泛流传，并被福音派出版机构大量印发，这些都从侧面证明了祈望的力量。马勒所做的决定——他会为如何做出这些决定而在上帝面前困苦辗转——有时是很大胆的，但绝不是冲动做出的。马勒一定会长时间地权衡利弊，再做出决定。像其他最成功的慈善事业（在这些慈善事业中，宗教是决定性因素）一样，马勒作为这些慈善事业的设计者是这样一个人，即在他身体里，光明天使的智慧与尘世骄子的智慧完美而幸运地融为一体。

1820～1860 年，英国各地感受到失去控制的城市增长所带来的巨大的压力，而人道主义者们也对这些情况所引发的结果感到惊骇。私人慈善尽其所能地——富有同情心地、明智地或愚笨地——减轻这些结果中的一些最恶劣的影响。人们成立组织，以应对这类或那类不幸，或帮助不幸的人们。这些组织的数量出现了大幅增长，关于这一点，我们将在下一章里进行讨论。慈善机构帮助受难的个人渡过困难，使生活变得不那么难以忍受；它们会给孤儿提供一处庇护之所，或拯救少数刚刚冒头的少年犯。个人和志愿团体还会不时赞助兴建公共设施，例如，约瑟

---

① George Müller, *The Life of Trust* (1873 ed., Boston), p. 479.

② 比如，1872 年收到的物品名单里就有一些奇怪的东西 (*Ibid.*, pp. 476 – 478)。

夫·斯特拉特花费 1 万英镑，为德比建了一个植物园；曼彻斯特筹集了 2 万英镑兴建公园；等等。① 不过，当慈善家回头来以审视的眼光查看这些城市慈善组织的成就时，他们就乐不起来了。

对于英国城市里出现的下述问题，志愿型的事业并没有创造奇迹。它并未成功地弥合贫富阶层之间的裂痕，如果这还被当成一个正经的目标的话，也没有采取一两个试探性的举措，来教化粗野的大众或改善他们的物质条件。至于改变引发城市贫困的基本事实方面，它们的作用就更小了。只要贫困还被人们认为是道德失败（或意外的不幸）的一个结果，那么，除了鼓励和协助推动个人德性的矫正以外，人们不会做太多事情。总的来说，它们的工作十分犹豫，而且混乱，所以，在改善城市生活方面，公共机构其实要比私人慈善做得更多。对此，西蒙太太关于利物浦的结论同样适用于伦敦和其他城市的私人慈善力量："在公共管理领域，人们大踏步地前进，（但）在慈善事业上，人们还是感到迷惑。"②

① J. L. and B. Hammond, *The Age of the Charities*, *1832 – 1854* (London, 1930), pp. 345 – 346.

② Simey, *Charitable Effort in Liverpool*, p. 61.

第六章　维多利亚早期慈善的轮廓

一

维多利亚早期的慈善家们所获得的最激动人心的机会，或多或少都与城市社会的不断增长的痛苦有关。大量的贫困人口、贫民窟的拥塞、贫民窟居民的堕落，都给仁善的英国人提出了一个令人丧气的复杂问题，因为人们找不到一个令人信服的破解之法。在慈善的世界里，满是各种争吵和迷惑——人们不知道如何完成这项工作，也不知道该用什么工具——而且，人们也看似没有什么理由去改变在 19 世纪初由帕特里克·考尔克洪提出的冷静的判断。① 尽管某些更为专项的志愿型组织的确做出了一些令人尊敬的建设性成就，但私人慈善事业整体的确没有在解救城市之不幸这座高山上打下什么值得人们重视的深坑。

不过，无论人们对 19 世纪中叶慈善事业的成就给出何种保留意见，都不会怀疑它当时的增长速度。慈善机构的收入开始成倍增长，而它们之下的会员机构的收入也开始出现增长，正是靠着这些机构，善款才得以到达受益人手里。当时，慈善组织和机构的数量也出现了前所未有的爆发，甚至出现了过度专项化、大量重复的情况，以至于在相关社会需求消失后，基于慈善惯性某种神秘法则（有时，这与机构收到的慈善捐款的多少并没有什么关系），这些机构还长期存在着。在这个时代里，不仅出现了很多新的需求，这些需求引发了人们的各种尝试，深思熟虑的

---

① 诚如第四章所述，考尔克洪怀疑那些为帮助贫民而投入的沉重的慈善开支是否真的产生了富有建设性的成效。

或蠢笨不堪的，以图应对这些需求，同时出现了那些成立于更早时期的机构大规模扩张、延展的情况。一个元主张或一家母机构都可能会基于裂变或仿效而产生出大量纷繁的变体，但并不是所有的这些变体都具有确定无疑的效用。据研究从良妓女收容所的历史学家说，那时有超过400家机构都或多或少与这家机构有些类似。但无论如何，到19世纪50年代，伦敦的失足妇女，包括各种失足程度不同的妇女，要想改过自新，就能找出不会少于25家或30家忏悔所。① 所以，至少有一类伦敦的贫困人口——她们的需求总是牵动维多利亚人敏感的神经——现在得到了充分满足，如果这还算不上过度满足的话。

虽然在某些地区，慈善事业的状况引发了人们的批评，但对绝大多数英国人而言，这几百家慈善机构代表着英国传统的一份荣耀，并成为标志着志愿行动优先于国家干预的一块丰碑。英国人只要一想到有大量的英国资源被投入改善英国人生活的事业，他的身体里就会涌动起一种本能的自豪感。他们也普遍乐于赞扬泰纳，因为他精明地理解了英国的民族精神，他不仅注意到，在英国，"有大量的社团致力于开展善功"，而且还继续说："英国人很少抛开公共事务不管……他很少会离群索居；相反，他觉得自己有义务采用这种或那种方式为公共利益做出贡献。"②

要想搞清楚为何维多利亚时期有这么多的中上层人士花时间投入慈善事业，就会陷入一个找不到答案的问题当中。很明显，宗教的激励，特别是（我们再重复一下）福音派的慈善精神，对推动某些慈善领域的进步是起了作用的。我们也不该忘了这些经常出现的名字：格尼（Gurney）、霍尔、巴克斯顿、桑顿，更不用说无处不在的阿什利勋爵，他是多家慈善组织的理事。在伦敦的慈善组织的理事层之间，存在大量的内在关联；人们根本就不用猜，就可以知道，在很多慈善组织中，塞缪尔·格尼或约翰·格尼·霍尔——或者，约翰·拉布谢尔——是它们的

---

① Compston, *Magdalen Hospital*, p. 16. 比如，有人注意到，当时伦敦有这些机构：守护者协会收容所、伦敦女性教养所、教养女性之家（女性救助协会）、伦敦女性宿舍与劳作机构、教会教养协会的9个女性之家与6处收容所（不全在伦敦）、女性临时之家、圣马里波恩女性保护协会、伦敦南区青年妇女保护机构、伦敦女性预防和改造机构（有4个女性之家）、青年女性与儿童解救机构（有5处帮助"堕落者"的收容所）、三一之家、伦敦主教区教养所、圣詹姆斯与圣乔治之家等。

② *Notes on England*, trans. E. Hyams, p. 168.

财务。当然，也有不少机构是由圣公会或者它的一个主教机构，或非国教新教派的宗教团体半正式地提供赞助的。而医院，特别是那些治疗特种疾病的医院，则经常是医生的造物，这些医生想要获得更好的医疗设施。他们能从朋友或其他愿意支持这项事业的人那里筹集资金，来成立这个新的机构。对于某些慈善捐赠人来说，当然，公民的自豪感也是一个强有力的激励因素。老的社群，如老伦敦人，有着悠久的慈善传统，而新兴的城市人则是出于公民的爱国情感，也表达了自己的慈善心，甚至比老社群的人还要强烈。所以，我们可以说，合伙式的慈善是 19 世纪社会风潮的有效表达。因此，尽管当时有很多盲点，社会上也有很多若隐若现的罪恶，但这依旧是一个人道主义的时代。人们相信个人和公共生活都会得到改善，而且他们也发现人类命运中的一丝希望，而这在其他时代是没有的。

但是，这并不是说它们的视角有多么宏大，甚至连那些开明的机构都不是。就某些慈善组织而言，它们就是一个道德或情感性的事物。慷慨的理查德·波特（Richard Potter），即贝特丽丝·韦伯（Beatrice Webb）的父亲，认为慈善的实践给他带来的最重要的回报是让他明白了"'做善事是一件多么奢侈的事情！'他这样想着，一边把 5 英镑，而不是几个小硬币拿出来，扔给为穷人开展的募捐活动，然后走开，于是，感觉这剩下了的一天就可以'过得好了'"①。有时，做慈善可以在人们的心中就宗教信仰的懈怠，或者，政治上的真相，找到一些补偿感。但是，这类善行很容易退化成为一种多愁善感的情绪，用菲茨詹姆斯·史蒂芬（Fitzjames Stephen）的话来说，就是"一种无聊的慈善情绪……一种矫情的善良教义，让这种教义蔓延开来，那所有更为深刻的、更为严格的宗教信仰元素就都存活不下去了"。② 所以，狄更斯提出的社会改良的信条，也不过是在赞美善良的心，还有人类的热情。而某些更为严谨的人则会担心，生怕人们将在各类慈善机构中当理事与对道德生活的追求画上等号。卡莱尔怒斥说，这是"一种盲目的、啰唆的对不加甄别的慈善主义的渴望，人们用它，外加上大量的自我赞颂，替代了静默、神

---

① Georgina Meinertzhagen, *From Ploughshare to Parliament* (London, 1908), p. 170.

② 引自 Walter E. Houghton, *The Victorian Fram of Mind, 1830 - 1870* (New Haven, 1957), p. 275。

圣而又可怕的是非观念；于是便十分清楚地证明了，这里不再有什么神圣的是非观念了"。①

维多利亚时期的英国人，虽然还和绝大多数人类社会中的人一样，关心是非问题，却对这些警告置若罔闻，并继续醉心于，甚至是相当过分地醉心于慈善事业。在当时的社会中上层中，人们普遍认为自己负有做慈善的义务，至少是向慈善组织捐赠，不管是出于何种目的，这使慈善变成了一项不可避免的社会责任，一个惯例，是那些上等人，或想要成为上等人的人要予以遵奉的。在其最庸俗的一面，当然也免不了染上维多利亚时期的人的势利，即可想而知地依循那些富人的领导，而富人对着贵族察言观色，并依从父爱的传统来对待贫民和不幸者。

虽然过度强调维多利亚时期的慈善是一条社会阶层攀爬的甬道有点矫枉过正，但那些想要在社会上向上升的人都最大限度地展现出了他们对善功的得体的兴趣。更为重要的是，维多利亚时期的慈善组织，在它们的组织内部，也忠实地模仿着社会阶层建立了一套体系，而这些机构取得成功的一个条件就是获得王室成员或贵族中高级别人物的代表的赞助，这些人偶尔会投入他们喜欢的慈善事业，勤奋且无私地工作。自然，最令这些慈善组织梦寐以求的人物是女王本人了。1835 年，维多利亚女王和肯德公爵夫人同意成为禁止虐待动物协会的赞助人，在该协会的发起人眼里，"从这一刻开始，该协会的生存就得到了保障"。② 英国皇家救生艇协会靠着强有力的爱国吁请，有幸在一开业就得到乔治四世的赞助，以及 5 位王室公爵的跟从赞助，还有 2 位大主教和一群主教作为协会副主席，英国当时的首相，利物浦勋爵，担任其主席。③

这并不是说，除了找到著名的赞助人，其余就啥都不用做了。就机构的理事长来说，无论其是否有名，都有很多人要靠他来做，因为除其他事项以外，至少在潜在捐赠人面前，他是该组织的代表。要负责机构全部事情的人通常是机构的秘书长，无论他是荣誉性的还是授薪的，他的主动性和决断对于慈善组织的生存状况很是关键。对于一些规模较大

---

① 引自 Walter E. Houghton，*The Victorian Fram of Mind*，*1830－1870*（New Haven，1957），p. 276。

② F. G. Fairholme and W. Paine，*A Century of Work for Animals*（New York，1924），p. 72.

③ A. J. Dawson，*Britain's Life-Boats*（London，1923），p. 50.

的机构而言，这可能是一个全职的岗位，因为对那些想要在这项工作中寻找快乐与满足感的志愿者来说，这个岗位明显责任太重了。

不过，也有一些上等人的名字与某一家慈善组织联系到一起后，改变了维多利亚时期的捐赠人。剑桥公爵，"邪恶的叔父"中最年轻、名声最好的一人，成为大量慈善组织的有价值的支持者。这不仅是因为他帮它们大费唇舌，四处奔走，还因为他切切实实地给这些机构捐了一大笔钱。但是，他那些冷嘲热讽的同时代人却暗示说，他的这些做法就像是把陶瓷做的蛋放在巢里，然后让母鸡去孵蛋。① 毫无疑问，各家慈善组织的支持者所能看到的就是这一结果，但公正地说，公爵他至少对各类慈善事业是真有兴趣，如果不算是特别有鉴别能力的话。各位公爵，特别是剑桥公爵，都接到大量邀请，成为现在算是传统的慈善晚宴的主持人。对此，有一位法国的参观者评论说，英国人将做善事的快乐与和富人喝酒的快乐合到了一起。② 在 18 世纪，人们发现，在慈善聚会上，筹款的规模与聚会发言人的名望和地位不无关系，所以，在一场晚宴上，一位著名的主持人和发言人从热情的聚会者那里筹到的款要远多于一支平庸的团队。《泰晤士报》用幽默的口吻指控道，阿什利勋爵匆匆地冲进"一间间会议室，一家家小酒馆，为各种名义上是慈善宗旨的项目发表演说，享受饕餮晚宴"，侵犯了皇家公爵的专利，这些公爵经常凭着他们的"善良天性和滔滔不绝"而得到人们的倾慕，得以主持慈善晚宴。《泰晤士报》坚称，剑桥公爵应该获得福音教会教众们更多的敬重，因为"他的心地和口才随时等候各类慈善的呼唤。"③

二

维多利亚早期的人们因为各种原因而对慈善产生兴趣：同情、怜悯自己的同伴，想要宣扬宗教（在某些情况下，也可能是为弥补自己不坚定的宗教信仰），关心英国社会的稳定，社会压力对他们产生的影响，或者他们自己独有的雄心。但是，无论他们是出于什么动机，有意的或无

---

① Roger Fulford, *The Wicked Uncles* (New York, 1933), p. 306.
② A. J. B. Defauconpret, *Six mois à Londres en 1816* (Paris, 1817), p. 69. 他同时在这一章里说 "l'ostentation et la vanité ... dans tous ces actes de bienfaisance"。
③ *The Times*, 15 July 1845.

意的，毫无疑问的是，慈善事业在维多利亚时期都有着一定的重要地位。尽管比顿（Beeton）太太的《完整的尺牍》里有很多相当特殊的条目——如如何给一个要去非洲传教的牧师回信，表示自己同意婚约——但是，下面这封信在她提供的模板中也是相当重要的，即"一位女士写的信，邀请另一个人去协助一家慈善组织"。① 对很多英国人而言，他们可以确定，慈善捐赠的规模和慈善组织的多样种类给人们提供了一个确定的证据，即他们生活在一个进步而人道的时代。

另外，维多利亚时期还有一些心存疑虑的人并没有加入这一我赞扬的队伍，没有像其他人一样欢呼这个时代的慈善事业。在整个18～19世纪，社会上一直有一种针对善功，即他们的同胞们正在埋头苦干的事业的怀疑的潜流，甚至是敌意。批评者们一看到维多利亚时期慈善领域混乱不堪的状况，就会感到十分不安。在这些形形色色的怀疑者中，他们从沮丧开始，对伦敦市里的重复的、矛盾的、不断扩展的慈善组织冷眼相对，一直发展到彻底质疑这些组织的社会功用。对有些事业，如教育类、住房救济类、医药类慈善组织，他们也是支持的，虽然做了很大程度的保留，但对慈善事业的其他分支，他们则皆视之如无效之物，认为只会产生害处。他们坚称，慈善领域满是各种小规模的、低效的、多余的组织，它们所产生的效果与它们的数量和所筹集的资金完全不成正比。《泰晤士报》上的一个记者指控说，伦敦的慈善组织涌入了"如此之多的分门别类的细分领域之中，所以，就很少有组织能够有足够的力量达到预定的目标；很多组织在前进的路上就凋零了"。② 这些抱怨在慈善史中是一条连续的相反的线索，所以，直到今天我们也能看到，一点也不特别，而且，在其中一些年份里，如果外部环境合适，它们也会酝酿出一场慈善组织运动。

批评者们不仅仅关心慈善体系的机制性缺陷。在整个时代里，都回荡着这些人的哀叹，他们感慨慈善捐赠是在鼓励穷人依赖他人，而不是自力更生。虽然在每个时代里，这些错误的施舍在表现形式上都会有一些细微的变化——其本质都是一致的——但是，总体上来说，质疑者认

---

① 引自 James Laver, *Victorian Vista* (London, 1954), p. 69。
② *The Times*, 4 Dec. 1850.

为，慈善事业的多数做法都是有问题的，这些事业都是对社会问题的一个冲动的、欠考虑的回应，相比之下，它们所制造的恶要比善多得多。沃尔特·白芝浩以一种马尔萨斯式的哀婉的独白评论说："从事慈善事业的人的确做了很多善事，但它也做了很多恶事。它制造了这么多的恶，导致了那么多苦痛，给那么多人带来了伤害，让他们变得罪恶，所以，人们是应该好好讨论一下这到底是不是这个世界上的一种罪恶了，而且，它出现完全是因为杰出的人物认为他们可以凭着迅捷的行动做很多事——他们能够最大限度地惠及这个世界，同时也能最大限度地平复自己的情绪，即一项罪恶一被看到，就应该被立刻抑制或阻止。"①

福彻（Faucher）的《1844年曼彻斯特》的编者和译者——一个本地人——说："我们大量的，各种领域的慈善机构，以及它们所提供的大量的不加区分的救济都是一种正在增长的罪恶……如果说自我尊重的习惯、自力更生的正直的骄傲之心，是劳工阶层的安全保障，是一道地域贫困侵袭的屏障的话，那么，我们就可以说，这些公共机构正在直接或间接地引导他们在贫困或生病时依靠他人的慷慨，并在潜移默化地鼓励他们变得懒惰和贪图眼前利益……它们根本就不是公共慈善组织，而是公共作恶组织。"② 批评者提出的这些忧虑有1850年的统计资料做支撑，这些统计资料见于桑普森·楼（Sampson Low）公开出版的《伦敦慈善组织名录》（第一版）中。③ 一位威斯敏斯特评论员在评论这本手册时，给自己的文章取了一个标题，叫"有害的和仁善的慈善组织"，把他所处的时代描绘成"一个愚蠢的温和、孱弱的温柔、不理性的脆弱、不明智的和有害的慈善并济的时代。在一张似是而非的假面下，即怜悯罪犯，同情不幸者，我们收起了自己的感情，对这个社会上最主要的道德原则、审慎美德的最直白命令，以及我们国家里最珍贵的利益置若罔闻。我们对每一个人都很好，但我们的社会除外。"④ 这些控诉没什么新奇。这是对有欠考虑的慈善事业，即"仁善的错误"的标准式的攻击。这类攻击

---

① *Physics and Politics*, *Mrs. Russell Barrington*, ed. （London, 1915）, *Works*, VIII, 122.

② 引自 Norman McCord, *The Anti-Corn Law League*, *1838 - 1846*（London, 1958）, p. 27。

③ Sampson Low, Jun., *The Charities of London*（London, 1850）. Charles Knight, ed., *London*, 6 vols（London, 1841 - 1844）, VI, 337 - 352. 这本书给笔者提供了一份关于19世纪40年代早期伦敦慈善组织的调查报告，很值得一读。

④ *Westminster Review*, 59：62 - 88（January 1853）.

提出，这种慈善事业仅仅满足于缓解不幸，却不愿意从事更有难度的事情，即依循社会科学的坚实原则，教那些"不幸的人和穷人避免陷入这些状况"。这里所说的社会科学的原则，类似于后来成为社会组织协会指引的那些戒律。所以，威斯敏斯特的评论员断言道："做慈善就像无照行医一样危险。"

但是，问题是这个国家的慈善组织是否就泛滥了呢？显然，英国慈善组织的"领域、种类和数量都很惊人"，能够应对贫民生活中的每一个突发状况。"从摇篮到坟墓，他们一直被各种缠绕不清的善意包围着。"该评论员在文章中回述了尊敬的威廉姆·斯通介绍给济贫法委员会的有关史必特菲尔的慈善组织情况。斯通以一个假想的年轻纺织工人，及其妻子、孩子为例，生动地描绘了这一情况。这个家庭被选定，有资格接受各种免费的优惠待遇，结果这对家里的孩子造成了灾难性的后果，他最后沦落为一个乞丐。"他生来没花什么钱，哺育时没花什么钱，穿衣服没花什么钱，教育没花什么钱；他去学手艺没花什么钱，吃药和看病没花什么钱；他自己的孩子出生、哺育、穿衣、吃饭、教育、成家和吃药都没花什么钱。有不止一家慈善机构——正是靠着这些机构，他才能活下去——对社会造下了孽。然后就是他的葬礼。他以一个教区贫民的身份死去，死后花的也是教区的钱，教区给他提供了寿衣、棺材、枢衣，还有坟地。"

最让威斯敏斯特的评论员感到恼怒的是，就像半个世纪前帕特里克·考尔克洪也为之感到不安一样，慈善投入与社会改进之间明显存在悖论。不过，诚如该评论员所认为的那样，令人欣慰的是，贫困和慈善都只是暂时的罪恶，随着更为明智的善行将社会恢复到神志正常、公正良好的状况之下，两者就会消失不见。一旦慈善捐赠被纳入理性控制之下，每一件事都会进入合理的令人满意的平衡状态。显然，这些批评家过度夸大了投入这些事业当中去的英国慈善资源的规模，或者，更准确地说，是低估了这项事业，认为在很大程度上这不过就是自娱自乐。

三

要对英国慈善组织的数量及其财政状况得出一个最终结论，是不可能的。我们很难获得捐赠基金慈善组织的数量，也不可能获得志愿型协会的数量，至于大量的没有正式成立的慈善机构、个人捐赠，以及临时捐赠名单，那更是无从得知了。不过，从 1850 年开始，我们可以搜集到的关于伦敦的信息变得越来越多，这主要是因为是公开出版的桑普森·楼的《伦敦慈善组织》（第一版），以及 11 年后出版的第二卷，给我们提供了很多信息。凭着这些材料，尽管有些不准确和不完整，我们还是可以描绘出一幅关于伦敦慈善组织的五彩斑斓的图景。虽然桑普森说自己的调查仅限于伦敦市的情况，但事实上，他的界定没有那么严格，因为他纳入了很多全国性的慈善组织，如禁止虐待动物协会，以及教士之子团体，这些机构的办公室设在伦敦，但它们的服务范围都是全国性的。另外，他也列上了很多机构，这些机构的慈善身份（就本项研究来说）是存疑的。[1] 尽管桑普森的调查有这些问题，但是，翻阅他的这些资料，我们依旧可以全面了解到人道主义冲动那近乎失控的无限多样化的表达。

桑普森统计的慈善收入和机构总数没有太多意义，因为他将很多存疑的种类纳入慈善科目。[2] 真正有价值的是具体的慈善组织种类及其增长情况的信息，此外还有关于慈善事业整体的扩张情况的信息。1850 年，有一封寄给《泰晤士报》的信抱怨道：当年有 15 家或 20 家新的慈善机构成立，这一情况为 1861 年版桑普森的统计（即其对 19 世纪 50 年代的统计）数据所证实。在该统计数据中，共罗列了在这 10 年间新成立的 144 家机构，同期增长率为 25%。[3] 在同一时期，各慈善机构的收入从 175 万英镑增长到 250 万英镑。虽然我们对桑普森第一版统计数据前数十年间的情况不甚了解，但据我们掌握的这些机构大概的成立年份可以推知，在这一时期，致力于各种各样慈善宗旨的机构数量有了一个明显的增长。只有孤儿院和老年救助机构数量的增长幅度不大。而在医疗救助、残疾人救助、贫困和无助者救助、少年犯罪救助等领域，1820～1860 年，慈善家们的热情达到了一个高点，甚至到了近乎狂热的程度。

从资金方面来看，增长最快的世俗慈善领域是医药领域。在这一领

---

① 这包括 25 家外国传教协会，以及至少 56 家圣经和本土传教协会中的一部分。

② 这些信息是有价值的，即桑普森 1861 年版统计数据显示，伦敦 640 家慈善组织的收入为近 250 万英镑，其中有约 160 万英镑来自志愿捐赠，有近 85 万英镑来自租金、股息和贸易收入。

③ *The Times*, 4 Dec. 1850.

域，维多利亚时期的人们的人道主义关切与他们对科学作为人类进步的一个代表的信心在慈善事业中联合到了一起。就算维多利亚早期的医院并没有成为它们应该成为的那样，而且其中有一些医院杀死的人和它们治愈的人一样的多，但从长期来看，这些慈善事业还是和其他慈善事业一样具有建设性意义，所以英国人选择慷慨解囊、鼎力相助。到 19 世纪的末尾，伦敦人每年向各家医院和医疗所捐赠约 155000 英镑，此外这些机构还有 21 万英镑的收入来自投资基金和不动产收益。[1] 在地方各郡，与伦敦一样，机构数量的增长也是很明显的。尽管我们得到的数据只是一个粗略的数据，但我们还是可以看到，1820~1860 年除伦敦以外的各地新成立的医药类组织的数量是之前 40 年里的 4 倍。[2]

伦敦全科医院的发展史是不规则的。在盖先生的医院和威斯敏斯特医院成立后，从 18 世纪前半个世纪剩下的时间开始，有长达 70 年的时间，没有一所新的全科医院成立。从 1745 年米德尔塞克斯医院成立开始，直到 1818 年，没有一所新的大医院成立。而在 1818 年，终于有一家伦敦西区医务所，即查令十字医院成立，这开启了一个新的医院建设时期。查令十字医院来自本杰明·戈尔丁（Benjamin Golding）的慈善实践。戈尔丁是一位知名的医生，他相信查令十字区需要建立一家新的医药类慈善机构。他和他的朋友为建立这家新的机构发起了一场筹款运动，最后共筹得超过 6000 英镑。19 世纪 30 年代早期，他们兴修了一座大楼，耗资约 2 万英镑。[3] 和慈善界的其他机构一样，查令十字医院也获得了王室和贵族的大量支持，但是其管理委员会则主要是由伦敦市民组成的。

大学学院医院开业于 1833 年，国王学院医院开业于 1839 年，两者都未曾想成为慈善设施。它们主要的宗旨是向医学学生提供医疗器材。虽然位于高尔街这所新学院的创立者们设计的医学课程不像英国医生的传统课程那样完全是诊疗性、经验性的内容，但学院里至少还是要有必备的医疗设备的。[4] 所以，该学院一度想要与米德尔塞克斯医院合作，

---

[1] *Low's Charities of London in 1861*, p. vii.

[2] 根据有关资料提供的新设机构的日期统计所得，即 *Burdett's Hospitals of the World*（1906 ed.）。苏格兰和爱尔兰的情况未纳入统计口径。

[3] Benjamin Golding, *The Origin, Plan, and Operations of the Charing Gross Hospital*（London, 1867）, pp. 36, 41.

[4] H. H. Bellot, *University College, London, 1826 - 1926*（London, 1929）, pp. 54 - 55.

以解决上述设备短缺的问题，但在 1833 年，大学学院的理事会最终决定冒险一把，将高尔街的资产抵押出去，并筹集捐款，来建一所医院。理事会乐观地估计，一旦医院建起来，它就能自收自支了，但事实上，与伦敦的其他全科医院一样，它还是要在相当程度上依靠志愿捐赠。①

和它在布鲁斯伯格的这位亲戚一样，国王学院也不想建自己的医院。该学院换了个方法，接手了位于葡萄牙路上的陈旧的圣克莱蒙特·丹尼斯济贫院，这件事后来被证明花费颇多，虽然在短短数月间，国王学院就筹集了约 1 万英镑，但该机构在一开始就闹起了资金荒。诚然，资金危机是经常困扰该医院的难题。建设基金尚且可以，能持续地筹集上来，但运营开销和年度赤字这种常规性支出则是另一番景象了。不仅如此，该医院的情况还经常会严重地影响学院自身的财政状况。因为，尽管医院有其自己的委员会，由捐赠人（捐赠资金在 3 英镑 3 先令以上者）予以选任，但该医院的最终责任还是压在学院的肩上，因为该医院的本质目的还是为医学院提供服务。②

不过，在医疗机构领域最为突出的发展并不是全科医院，而是专科医院。在更早的时期，就已经出现了一些机构，专门治疗某些疾病，特别是性病、发热、妇科疾病，但在 19 世纪中叶，新的机构又大量冒了出来，它们治疗的是其他疾病。在 1820～1860 年，相比于前 40 年，伦敦的专科医院增长了 3 倍（超过 40 家），它们致力于治疗如下疾病：肺病（维多利亚时期最典型的疾病）、心脏病、眼耳疾病、儿科疾病，以及骨科畸形等。到 1860 年，据桑普森的数据，伦敦共有 66 所专科医院，年收入中有近 755000 英镑为捐赠收入，有近 8 万英镑为投资收入和资产孳息。③

推动创立这些机构的动机当然是很复杂的，而并不必然是慈善性的。可能最有力的影响因素是医学专家想要有属于自己的医院，或者是通过成立一所专科医院而使自己成功地转型成为一名专家，而且，其中一些

① 关于该医院早期的收入来源，参见 Newton H. Nixon, *North London or University College Hospital* (London, 1882), p. 12。

② F. J. C. Hearnshaw, *The Centenary History of King's College, London, 1828 – 1928* (London, 1929), pp. 142 – 146, 229 – 230.

③ *Low's Charities of London in 1961*, p. vii.

机构，尽管也有传统的赞助人和委员会这样的外表，但其实不过是一个人主导一切。和慈善机构以及其他医疗机构一样，专科医院也是五花八门、参差不齐的。但其中一些发展较好的机构成为健康治疗机构的重要补充力量，这不仅对伦敦来说是如此，对整个英国来说也是如此，因为伦敦的医院，在某种程度上来说，是全国性的机构。

如果说维多利亚前期是专科医院增长时期的话，那么与之相应，伦敦的医疗所则出现了逐渐萎缩的状况，虽然地方上的情况并非如此。在18世纪晚期，人们将医疗所作为应对贫民医疗护理问题的一个对策，原本应用于资助医院发展的资金纷纷流到医疗所那里去了。到现在这个时期，虽然在伦敦，医疗所还在不断兴办起来，但是，步子却明显慢了下来。而在地方，医疗所还在大量喷涌而出。到20世纪初，在还在运作的医疗所中，约有一半机构是成立于1820～1860年的。不仅如此，地方上的大量医院一开始也是以医疗所的身份问世的，只是之后取得了正规医院的资格罢了。这是一种很自然的发展模式。

在19世纪60年代早期，医疗护理与护士培训的真正革命才刚刚开始。圣托马斯医院里的弗洛伦斯·南丁格尔（Florence Nightingale）的学校是在1860年开业的，而在同一时期，在利物浦，威廉·拉思伯恩（William Rathbone）启动了他的调查，这在后来引发了一场地区医疗护理运动。[①] 不过，慈善机构也有一些尝试性的举动，很明显它们是受到了欧洲大陆天主教和新教徒国家的护理命令的促动。1840年，护理姐妹机构成立了。在该机构成立过程中，贵格会的女性们发挥了主要作用。在该机构中，每100名护士就有80人向无力支付报酬的贫民提供免费护理，并向其他人提供平价护理。[②] 9年后，国教会兴办了一家类似的机构，这家机构位于诺福克街的圣约翰楼，它培养出来的护士会分流到两个方向，即去往国王学院医院和从事私人家庭护理。在成立后10年，圣约翰楼的年收入达到了约5500英镑，其中有一半来自捐赠。诚然，上述这些机构取得了不少功绩，但这里需要重复一下的是，这些先驱事业不

[①] Cecil Woodham-Smith, Florence Nightingale, 1820 - 1910（London, 1950）, p. 346. 关于拉思伯恩的工作，笔者会在第十六章里予以介绍。

[②] "The Unseen Charities of London," Fraser's Magazine, 39: 640 - 641（June 1849）; Low's Charities of London in 1861, pp. 35 - 36.

过是指明了一条通往决定性变革的道路，而这场变革要到之后几十年里才会真正爆发出来。

在准医疗慈善领域，人们会提及的是肢体残疾者，特别是盲人和聋人救助类的组织。有史以来，盲人都会激发人们的同情心，而那些受此折磨者总是能够从未曾受此折磨的同胞们那里得到特别的同情和救济。有一些救助他们的基金，如由城市财团管理的赡养金，就很有年头了。但是，诚如我们所见的那样，机构性的护理和对盲人的训练要到18世纪90年代才开始出现，其首先出现于利物浦，然后推广到布里斯托尔、爱丁堡和伦敦。到维多利亚早期，人们不仅增加了惠及盲人的机构的数量，还想出了帮助他们的新方法。如伦敦盲人阅读教育社团（1839年）、盲人家庭教育社团（1855年）、促进盲人普遍福利协会（1856年），其中最后的机构是帮助盲人实现自力更生的机构。

尽管英国在盲人救助方面最大规模的捐赠高潮出现于19世纪80年代，当时加纳德（Gardner）遗赠了30万英镑，但是，此前数十年里，这方面的捐赠也是有所发展的。比如，在19世纪30年代，戴＆马丁城市公司的查尔斯·戴（Charles Day）遗赠了10万英镑，也曾让盲人受益，因为他的这笔遗赠是为了帮助像他一样被夺取了视力的人。但是，令人遗憾的是，大法官法庭却决定以一种不是很有效的方式使用这笔钱，即将之分成很小份的救济金。1861年，桑普森列出了16家伦敦的盲人和聋人福利方面的机构和基金，所有这些机构，除了较老的赡养基金、圣乔治广场的贫困盲人学校、聋哑儿童庇护所（1792年）以外，都是在19世纪20年代后成立的。这些机构每年的收入约为45000英镑，在这些收入中，有近1/3是志愿性捐赠。地方上的情况也类似，在1820～1860年，共成立了40家慈善组织，致力于盲人和聋人救助事业。①

在各种事业中，诚如我们所见，仁善的维多利亚时期的人们最不能抵御其魅力的是那些与保护女德有关的事业，或者重塑失去女德的人的价值观念的事业。② 在这个时期成立了大量的机构，标志着这一事业高度专业化的发展方向，在这些机构中，不仅有各种类型的庇护所，也有

---

① 该数据基于有关材料中所列的成立时间统计而得，即 *Annual Charities Register and Digest*。

② 参见 above n. 2。

更为激进的机构，它们为女性提供法律保护，打压妓院，惩处拉皮条者。当时，在伦敦市的慈善收入中，有一部分流入了这项事业当中，具体有多少，我们很难估计。我们只能看一下从 1861 年版桑普森统计资料中的测算情况，即 95000 英镑，其中有 43000 英镑为慈善捐赠，有近 52000 英镑为股息、租金和被收容者劳作的收入。

四

桑普森的《指引》用很大一块篇幅介绍了这类赡养基金，即救助异常环境的受害者们的机构。维多利亚时期的人们认为这些慈善组织是很有价值的，因为它们帮助了很大一群不幸者。慈善事业的批评家说，人们经常忘了要去帮助这些人，而将大量的善心浪费在那些不值得帮助的、只会瞎吵吵的穷人身上。在很多情况下，我们很难将这些组织归类，特别是那些惠及具体行业或职业的组织，它们既像是慈善组织，也像是福利基金。比如，执业食品销售者基金（1794 年）在 65 年时间里支出了 375000 英镑，但要想获得受益资格，人们需要先交纳 3 个基尼的入门费，并需要在工作期间订阅《广告者晨报》（一份食品销售类报纸，其收益绝大部分捐入基金），以及在退休后每年支付 22 先令，以代替订阅费。[1] 有一些机构更类似于互助性保险公司，或友好互助社团，而不是慈善组织，而另一些机构则在很大程度上依靠非会员的志愿性捐赠，或与城市公会、某些富裕的贸易协会一道，从那些单位的非限定资金中领取补贴。当时，桑普森共找到了 72 家这类专项基金，其每年的收入为 173000 英镑，其中有 55500 英镑来自志愿性捐赠。这些数据不包括 20 家致力于帮助牧师或非国教新教牧师的赡养基金，这些基金收入为 5 万英镑。桑普森估计，这些机构总共收到了 25 万英镑的收入，而在扣除大量的管理费用后，这些资金可以分发到约 1.2 万的人身上。[2]

那些限定不太严格的赡养基金有一定的慈善性质。贵妇人、女家庭教师和其他女性就申领了这类机构的救助：女家庭教师仁善机构、贵妇临时困难救助机构、友好女性协会、贵妇之家（在生活窘迫的情况下），

---

[1] *Low's Charities of London in 1861*, p. 146.
[2] *Ibid.*, p. 120.

以及奇西克的低智商女性救助机构。有很多机构致力于为衰老的商人、职业人士以及他们的遗孀提供赡养金，如全国仁爱机构、王室普通年金社团、英国仁善机构、伦敦市普通赡养金社团等。在这些机构中，最著名的是全国仁爱机构，该机构成立于1812年，主要靠的是彼得·赫夫（Peter Hervé）的努力。赫夫是一名微型画像画师。从一开始，这就是一家很棒的慈善机构，而它一旦有了起色，就得到了丰沛的资金支持。在上半个世纪，全国仁爱机构向1000多位领取养老金的人发放了183000英镑，这些人主要是贫困的绅士和职业人员。早在1836年，它的年度支出就已经超过了5600英镑。① 此后不久，该机构又开始从人们那里劝募遗赠，这些人被与自己相同阶层的人所遭遇的困境所触动，愿意捐赠遗产。比如，在1860年，在其11500英镑收入中，有约4000英镑来自年度捐赠，其余的都来自遗赠和股息。②

在桑普森的伦敦慈善组织名单中包括一个种类，虽然这个种类有点混杂，也很难做出准确界定，但看起来对维多利亚时期的慈善家而言，都是特别值得去做的事业。桑普森将这类组织列在这一条目下，即"帮助勤劳者"的组织，它包括这些很难归类的机构，如培训和帮助仆从的机构、帮助缝纫女工和女帽贩的机构，以及各类职业母亲的婴儿日托机构。在这一条目下，桑普森也列了很多乡村社团，这些社团都是根据赫里福协会（1710年）这个原型成立的，这些社团的主要活动是资助从各个郡来伦敦当学徒的孩子们。这一类共有21家机构，其总收入是8500英镑，其中有3/4来自捐赠。

上述机构目录并没有穷尽桑普森列出的600多家机构的全部。在这些机构中，有一些机构我们会在下文中加以介绍，如住房计划，之后的章节会提及，而另一些机构则是应城市环境的变化而出现的，笔者在前面的章节中已经提及了。在伦敦，这类机构，即少管所、工读学校以及各类街头贫民救助机构，共有45家，根据桑普森的估计，这些机构每年的收入不到10万英镑。此外，桑普森还提及了其他有特色的城市慈善组

---

① E. Evelyn Barron, *The National Benevolent Institution, 1812–1936* (London, 1936), p. 34.
② *Low's Charities of London in 1861*, p. 121.

织，如提供澡堂和浴室服务，以应对卫生设施不足的机构。在全国范围内，致力于这一事业的机构可以追溯到 19 世纪 40 年代中期，首先成立于利物浦。在短短 15 年时间里，伦敦的浴室服务数量就增长到了惊人的一年 200 万人次。尽管该运动最初需要由慈善家们来发动，但浴室和澡堂之后就可以靠着向它们的顾客收取小额的服务费而实现自收自支了。另外，干渴的城市居民还需要免费的饮用泉，而如果不给他们提供干净的水，他们就只能去喝污水，所以，1859 年，有人［塞缪尔·格鲁尼（Samuel Gurney），一名财务］成立了伦敦免费饮用泉协会。虽然利物浦没有参加这场运动，但伦敦协会还是开展了一场主动筹款活动，不仅为它自己的免费饮用泉筹措款项，还劝说潜在的捐款人出钱自己挖一口泉水。两年之后，伦敦共有超过 80 口泉水，其中有一些可能是在协会成立之前就有的，挖建这些泉水共耗资 2 万英镑。①

慈善捐赠的总和总是低于现实情况的。甚至就算去掉个人捐赠不提，因为这块没有记录，还有很大一块捐赠是捐给临时性的、全国性的或地方性的，这块也很少被纳入统计。只有全国性的募捐——1861 年，为印度遭受饥荒侵袭的人们开展了各种各样的爱国基金筹款和募捐活动——才在维多利亚时期的慈善历史上留下了一丝痕迹。而这类慷慨捐赠的行为——1859 年，尊敬的 H. 道格拉斯为他的教区（维多利亚码头地区）饥饿的居民筹集善款，而在《泰晤士报》上发出捐赠呼吁，人们看到信息后捐了 15000 英镑——则是没有计入总数的。②

伦敦治安法庭的"贫民募捐箱"则给我们提供了另一个个案。该项目原初的想法是筹款以救助那些特别贫困或不幸的，来治安法官这里寻求帮助的人们，但是它的运行却以一种高人一等的态度进行，乃至于变成了一种对他人的羞辱。而且，治安法官既没有时间，也没有经过训练，不懂如何像一个公共的救济品散发员一样去提供服务。比如，南华克区治安法庭就完全不知道该拿 1860 年冬天收到的 1371 英镑捐款怎么办，特别是当近 300 英镑的前一年结转下来了 300 英镑，以及需要找牧师、女性走访员、城市传教士和其他人提供帮助时，情况就变得更糟了。所

---

① *Low's Charities of London in 1861*, pp. 49 – 51.

② *Ibid.*, p. 80.

以，伦敦的治安法官们不得不呼吁人们不要捐太多，以至于超过了值得帮助的个案的实际所需，至于那些值得帮助的个案，本来也在他们的职责范围之内。①

突发状况、灾难事件总能成为激发公众情绪，推动他们采取行动的契机。根据桑普森的估计，伦敦每年平均会为这类宗旨筹集 10 万英镑。②但我们现在已经无法知道关于这些慈善事业的情况了。有时，这些机构可能会像这些基金一样，如劳埃德爱国基金，启动于 1803 年，以救助英国士兵和水手中的幸存者为宗旨，以及另一个爱国基金，成立于克里米亚战争时期，从一个慈善捐赠基金发展成为一个慈善基金会，该基金会继续其原有宗旨，乃至超过该宗旨，拓展活动范围。

当然，在这些慈善活动中，最给人以深刻印象的是由全国爱国基金王室委员会开展的活动，该基金会在 1854～1847 年筹集了超过 150 万英镑的善款，在此期间，它严重高估了战争遗孀和孤儿的需求，乃至于多出了大额剩余款项。因此，该委员会扩大规模，成立了皇家维多利亚爱国庇护所（现在为皇家维多利亚爱国学校），以救助战争孤儿，并抚养了很多被其他机构收容的孩子。最终，该委员会变成了一个准官方性的救助机构，旗下管理了一系列爱国紧急救助基金。③印度士兵叛乱救助基金在 3 年时间里筹集了 475000 英镑，则进一步证明了当为国家提供服务的人遭受不幸时，人们会给予怎样快速而又慷慨的回应。总之，这些事业的倡导者既不是第一个，也不是最后一个发现这一现象的人，即有很多人准备好了钱，愿意倾尽所有帮助应对紧急状况或全国性危机，却不太愿意把钱投到日常的建设性的慈善事业当中。

---

① *Low's Charities of London in 1861*，pp. 80ff. 在 1860～1861 年的冬天，泰晤士治安法庭的贫民募捐箱筹集了大量款项。这给该法庭惹了很大的麻烦。对于这一情况，有两位治安法官，E. 亚德利（E. Yardley）和 H. S. 塞尔夫（H. S. Selfe），向（英格兰）贫民救济特别委员会（*S. C. on Poor Relief*）做了介绍，1861，Q. 2177ff and 3911ff。
② *Ibid.*，p. 163. 该数据明显不只反映了伦敦人的善心。各家突发事件基金的总部一般都设在伦敦，但它们却接受来自全国各地的捐款。当然，全国爱国基金并没有包括在桑普森这里提到的 10 万英镑每年的突发事件基金的收入中。
③ 到这个世纪结束时，该基金达到了百万级的规模，积累的剩余资金成了一个大问题。议会特别委员会建议给该委员会以更大的自由决定权，以妥善处理这些剩余资金。（*S. C. on the Royal National Patriotic Fund*，1895，1896）

五

1820～1860 年，英国还成立了很多全国性组织，虽然我们很难将这些组织归入具体哪一类，但是它们都属于英国慈善事业中最宏大、最独特的那类组织。在这些组织中，最杰出的当属英国皇家救生艇协会和禁止虐待动物协会。这两家机构都尝试将慈善事业与英国人关心的其他利害点联系到一起。

对美国人来说，有点令人困惑的是，在半社会化的英国，一项基本服务反倒被交给了私人慈善机构来管理，而在美国，从很早的时候起，该事项就是由海岸巡逻队来负责的。就像在很多其他事情上外国人都感觉英国人的生活充满了神秘一样，这件事也是由历史环境，甚至是历史偶然事件所造成的结果。在近乎整个运营过程中，英国皇家救生艇协会都能完满地完成它的使命，而且是只花公众很少的钱。更为重要的是，历经了多少个春秋，它依旧恒定运行，甚至连 20 世纪的社会变革都未能动摇它的位置分毫。它成立于 1824 年，是由威廉·希拉里（William Hillary）爵士和托马斯·威尔森联合发起成立的。其中，希拉里住在马恩岛，他曾看到很多起骇人的海难事件；而威尔森则是伦敦市的下院议员。[1] 虽然乔治四世提供了支持，而且它在一开始就收到近 1 万英镑的捐赠，算是给这项新兴的慈善事业开了一个好头，但是它还是很快就碰上了低潮。在 19 世纪 30 年代，慈善捐赠从高点的 1714 英镑下滑到低点的 254 英镑，而且在整个 40 年代都从未能达到 800 英镑这一水平。[2]

真正改变该协会命运的是 1849 年 12 月发生在南希尔兹的一场惨剧。这场惨剧发生在一艘满载了 24 名船员的救生船上，它夺去了其中 20 人的生命。于是，人们重新燃起了对这项曾经被忽视的服务的关切，这也给这家机构带来了很多资金，而到 19 世纪 50 年代早期，诺森伯兰公爵就任该协会的主席时，它的财源立刻出现极大好转。正如下表所示，其收入增长很快。[3] 自 19 世纪 50 年代以来，到 1887～1896 年为止，救生

---

① 以下内容，除特别提到的外，都来自 Patrick Howarth, *The Life-Boat Story*（London, 1957），以及 Dawson, *Britain's Life-Boats*。

② *R. N. L. I.*, *10th Ann. Rept.*, 1839；*S. C. on the R. N. L. I.*, 1897, App. 7.

③ Sir E. Birkbeck, *S. C. on the R. N. L. I.*, 1897, Q. 2；App. 7.

艇协会开始收到大量的遗赠和特别赠与，所以地位也得到了明显的巩固。它在这一时期收到了 225 项遗赠与特别赠与，其中最大的一项遗赠，总额为 5 万英镑，用于购买 20 艘救生艇和运输船，以及支付相关维护费用。[1]

年份	年度平均收入（英镑）
1851~1860	6400
1861~1870	33000
1871~1880	50500
1881~1890	71700

这家机构日渐成为一家名副其实的全国性的慈善组织。毕竟，人们很难拒绝这样一家机构的吁请，因为它宣称自己在 70 年时间里，共救了近 4 万人的性命。[2] 该机构的委员会表现得十分精明，自 19 世纪 50 年代早期重组以后，它就鼓励捐赠人资助救生艇，以作为对离世的亲人的纪念，或者作为从溺水事件中逃生后的感谢品，而资助者也可以享有给救生艇命名的特权。除个人捐赠以外，还有城市、乡镇、公司、俱乐部，以及其他团体也捐赠了各种设备。事实上，该协会像其他一些机构一样，也有自己的苦恼，即它总能收到大量的物资设备，却没有足够的资金来维护设备以及满足各种杂项需求。

就算是的确有一些大额的现金捐赠，但在有些年份里，救生艇协会的委员会还是不得不大量动用资本金，比如，在 1890 年，它动用了超过 33000 英镑。[3] 如果我们把时间线往后延伸，超出本章内容涉及的时间范围的话，那么我们就可以看到，在 19 世纪 80 年代，该协会的经济基础已经变得很弱了，这引起了人们的不安。当时，约有 2/3 的常规收入完全靠约 100 个个人的捐赠。[4] 后来，在 1891 年，曼彻斯特的查尔斯·麦卡拉（Charles Macara，即后来的查尔斯爵士）提供了一个解决方案，他吸取了志愿型医院筹资的经验，推动协会成立了救生艇周六基金，该基

---

① Sir E. Birkbeck, *S. C. on the R. N. L. I.*, 1897, Q. 231; App. 29.

② *Ibid.*, Q. 2.

③ Charles Macara, *ibid.*, Q. 10, 638.

④ *Ibid.*

金快速拓展到全英国较大型的城市和乡镇，为协会增加了数千英镑的收入。比如，在 1896 年，它为协会提供了 16000 英镑以上的收入，约占当年 117000 英镑总收入的 14%。[①]

收入（英镑）	项目
39673	认捐与捐赠
16367	周六基金
17548	股息与红利
43449	遗赠

该协会从未面临国有化的危险，而且，除 1854～1869 年收到了贸易委员会的少量付款以外，协会在运作过程中从未获得国家的财政援助。不仅如此，在协会位于格罗夫纳花园的总部，人们能清楚地感觉到协会的一个决心，这个决心源于协会悠久的、光荣的传统，即继续成为一家独立的服务机构，绝不隶属于任何公共机构，或被公共机构所掌控。[②] 对于协会，在 19 世纪 90 年代中期，曾召集过一次秘密会议，当时，很多期刊上刊登了控诉协会的文章，希望推动议会成立特别委员会来进行审查，并游说政府国有化该协会。[③] 最后，多数指控都被证明是毫无根据的，包括协会发布了错误的财务报表这件事，虽然看起来这份财报的确有些臆测的空间。而对另一个更大的问题，即救生艇服务国有化问题，协会则强硬反对："既然目前，凭着公众的善心，该事业能有效而成功地运转起来，那何必又要国有化呢？"[④]

救生艇协会是在 1824 年成立的，而在同一年里，皇家禁止虐待动物协会也正式成立了。然而，在这家组织正式成立前，人们经历了一段比较不安与焦虑的时期。18 世纪的人道主义者们有时会反对残忍地对待动物，在世纪之初，人们采取了不少举动，以建立法律制度，保护动物。时任大法官的厄斯金（Erskine）勋爵提出了一个议案，而且当时至少有

---

① Charles Macara, *ibid.*, Q. 10, 638. p. v.

② 参见 Howarth, *Life-Boat Story*, pp. 64ff。

③ 主要的一篇攻击文章是《应该国有化救生艇服务》。该文的作者是贝利（E. H. Bayley）。该文刊载于《威斯敏斯特评论》［*Westminster Review*, 147：120 - 127（February 1897）］。

④ *S. C. on the R. N. L. I.*, 1897, pp. vi - ix.

一家以"阻止恶意虐待动物"为宗旨的协会红极一时。① 决定性的第一步是在这个时候做出的,即"人道的"理查德·马丁(Richard Martin),一个热心肠的、脾气急躁的、稍微有点古怪的爱尔兰下议院议员,成功地在法典中增加了一套全面的措施,如果还不算太精致的话,以确保马、牛和羊得到最低限度的保护。②

如果说马丁是保护动物方面的先驱的话,那么禁止虐待动物协会的真正创立者是博街畔堡贝门利地区的圣玛丽教堂的尊敬的亚瑟·布鲁姆(Arthur Broome)。他辞去了他的职务,将全部精力投入这一事业。在初期犯了几个错误之后,在1824年6月,他成功地发起了一家机构,该机构委员会的主要委员包括很多在19世纪早期的慈善圈里十分有名的人物,有T. F. 巴克斯顿、贝尔博福斯、萨缪尔·格尼,以及詹姆斯·麦金托什爵士等。和很多宗旨广泛,不仅限于一项简单的变革的协会一样,该协会在一开始也面临策略的问题。它应该成为一家提起公开检举、起诉的协会吗,就是有自己的授薪律师的那种,还是采取一种更为平和的路径,推进公众教育和宣传呢?但正如经常所见的那样,策略问题都是以折中的方式解决的。该协会试图改变公众对虐待动物的感觉,"在下等人群中……传播一定的道德感,这会推动他们像一个上等人一样思考和行动"。③ 但是,它也没有放弃采取法律行动。在成立后第一年里,协会就成功地提起了149起诉讼。④

禁止虐待动物协会的早期岁月并没有一直取得成功。在这个时期里,它在行动上所取得的成功超过了在资金收入方面取得的成功。布鲁姆个人对协会的债务承担法律责任,因此被投进了监狱。而他的继任者,刘易斯·冈珀茨(Lewis Gompertz)则又十分厌烦该协会委员会的宗派偏见,因为该委员会不愿意使协会成为除坚定基督教组织以外的其他类型的组织。不过,在19世纪30年代,情况出现了一些改变:公众意见表现出了对动物更多的同情,立法方面也取得了一些成就。在1840年,当年轻的女王恢复她的支持,允许该协会在名称前加上前缀"皇家"的时

---

① 这是一家利物浦的机构。(Fairholme and Paine,*Century of Work for Animals*,p. 23)
② 3 Geo. IV,c. 71.
③ Speech of the Chairman,T. F. Buxton.(Fairholme and Paine,p. 55)
④ *Ibid.*,p. 59.

候，就清楚表明了该事业将会继续下去，以及会有多大的规模。

查尔斯·洛赫（Charles Loch）对慈善组织协会的意义，就是约翰·科尔姆（John Colam）对皇家禁止虐待动物协会的意义。科尔姆连续担任该协会秘书长长达 45 年（1860～1905 年）的时间，而且他退休的时间，也基本上是洛赫从慈善组织协会辞职的时间。顺着时间线从前往后看，我们可以看到，在他的任期内，协会的巡查员从 16 名或 17 名猛增到了 157 名，分支机构从 0 处增长到 425 处。至于协会资金资源增长的情况，我们很难置喙，因为在这 100 年历史中，协会对这方面事情都是语焉不详的。不过，到 19 世纪末的时候，该协会（包括其分支机构）的年度收入达到了 4 万英镑，而且，它还变成了一家标准的慈善组织，英国的未婚女性和其他人在写遗嘱时，都会把财产遗赠给它。[1] 在特殊时刻，特别是爱国主义和英国人对动物的热爱相重合的时候，协会总能筹集到数额惊人的善款。一个这方面的例子是在第一次世界大战期间，该协会为参战动物的福利共筹集并支出了 20 万英镑。[2]

爱动物人士总是愿意说出自己的观点，至少是在他们的宠物受到关注时是如此，而且，他们有时表现得甚至近乎古怪。所以，协会也有它自己的困难，即它的会员组成十分复杂，管理起来很难。这些会员，从激进的素食主义者，到大体上反对残忍虐待动物行为的人，各种人都有，不一而足。活体解剖是协会圈子里的一个永久热门的话题。对于这一话题，在这个圈子里，唯一可能的立场是决绝采取任何一种立场，而协会则拒绝以机构的身份介入这一事项。之后，汽车时代的到来改变了协会的处境和政策，因为它曾经最关心的对象是马。不过，在这一变革发生之前，维多利亚时代的公众已经吸取了协会传递的信息，并且相信不应该容忍对动物的过度虐待的行为。

六

在桑普森的调查中，一个主要的类别是外国和本土的传教协会，以及其他主要是宗教宗旨的机构。这些组织的很多工作都不在本项研究的

---

[1] Speech of the Chairman，T. F. Buxton.（Fairholme and Paine，p. 55）p. 288；*Annual Charities Register and Digest*，1904，p. 513.

[2] Fairholme and Paine，p. 213.

范围内，但是我们还是可以看一下下列这几家机构，因为它们一些涉及
慈善事业的内容接收了大量的慈善捐赠。下面是一些外国传教协会的情
况，从这些数据里我们可以看到，无论这有多么反常，但这一高尚的事
业还是发展得如火如荼。在 1861 年，5 家较大规模的协会总收入超过了
46 万英镑。①

机构	收入（英镑）
圣公会传教协会	145000
卫理会传教协会	107000
伦敦传教协会	95000
福音传播协会	90000
浸礼会传教协会	30000

　　总共 25 家外国传教基金和协会的捐赠总收入超过了 57 万英镑，而
股息和红利收入则为 66000 英镑。②

　　我们没法对本地传教事业做出很精确的界定。所谓的本地传教事业，
包括一系列的活动（宗教性的和半世俗性的），所以，任何总数统计都
是随意专断的。桑普森给出的数据是，共有 56 家各种各样的机构，它们
不属于常规的教会组织，也是维多利亚时期慈善捐赠对象中一类值得简
单一看的对象。在 1860 年，这些组织共收到捐赠款 332500 英镑，股息
和红利近 36000 英镑。③

　　关于维多利亚早期慈善事业的这样一项随意的调查，不可避免地会
产生误导性。就算是就伦敦而言，都有很多被遗漏了——慈善的英国人
还在其他一些慈善事业上花了数目不等的钱——而且该项调查还只偶然
提及了外地的捐赠。不过，要想将统计的口径做得更大一些，又会变得
很困难，而且非常不值得。没有人能够将大量致力于每一个可以想得到
的宗旨的小型协会（有时甚至是转瞬即逝的协会）都纳入统计范围。在
19 世纪中期，联合慈善野蛮地生长了起来，而那些抱怨慈善组织门类太
多的人——这事实上是每一个熟悉慈善领域的人的感受——正是说到了

---

① *Low's Charities of London in 1861*，pp. 256 – 257.

② *Ibid.*，p. xi.

③ *Ibid.*，p. x.

点子上。毫无疑问，对此有各种解释：每一个宗教团体都要有自己全套的附属协会；一有事情要做，盎格鲁 – 撒克逊人就会想去创立一个机构；老机构分裂成了很多新机构；围绕遗赠信托，冒出了很多机构；以及，公平地说，新的社会需求的出现，导致了很多新机构成立。如此大量的慈善组织，合理的或不合理的，重要的或不重要的，毫无疑问（但也没有事实佐证），它们的收入应该远超桑普森的估计。

在这里，我们可以再一次看到，在维多利亚时期人们对慈善事业的骄傲上，还微微带有那么一丝不确定与失望。他们反问道：慈善事业真的实现了当初的目标了吗？慈善事业倡导者所期望的对贫民的改良真的就有希望吗？所有的想法真的都是有理有据的吗，无论这些慈善事业是在预防、减轻，甚至有时是在加重苦难？虽然医院、学校、住房计划、储蓄互助会通常都很受欢迎，但是维多利亚时期有思想的人还是怀疑慈善事业的扩张是否带来了相应的产出，即贫困状况的转好或下等阶层状况的改善。现在我们已经熟知的情况是，维多利亚时期的人对社会苦难的理解是十分模糊的，而且，需要重复提出的是，他们还将贫困理解为个人道德的败坏，而不是一种社会痼疾，所以，他们在私人慈善上压上了太多的负担，远超其能力，也不管这种慈善的组织与运用能够有多大的效率。因此，尽管对于维多利亚时期的人们而言，对贫民的最终拯救力量在他们自己手里，但同时慈善事业也承担了很重的职责，这种职责远比它所能真正履践的要重得多。

第七章 《末日审判书》与慈善委员会

一

在这里，我们需要重复一点历史常识，即在 18 世纪，英国并没有太多行政管理改良的迹象，而且，很自然的是，官方对慈善基金也是漠不关心的。不过，1786 年的《吉尔伯特申报表》（虽然它不够全面，不够精确）还是让英国政治家注意到了英国的慈善资源，并引发了一系列事件，这些事件最终导致一项更为积极的政策的出台。《吉尔伯特申报表》在 1810 年、1816 年两度重印，就英国慈善信托的规模和资产状况给出了很多信息。而且，这些信息还揭示出，英国的慈善信托在行政管理监督方面尚有很多的欠缺。可想而知的是，英国并未从慈善基金中获得足额的回报。

维多利亚中期激进的慈善改革者们极力主张说，整个慈善信托领域，其中有些信托已经过时，显得陈旧不堪，并对社会有害，急需一场暴风骤雨式的整顿。不过，在 19 世纪早期，情况并没有那么紧急。在当时，最紧要的问题并不是如何变革过时的信托，或者如何改变创始人明确表达的意愿（甚至在他的意愿很荒唐的情况下），而是如何将一些恶名昭彰的管理混乱、中饱私囊的情况矫正过来。在一开始，人们并没有想成立一个永久的监督机构，人们想要的只是对某些滥用情况做总的补救，以及对一些过时的信托做总的调整。而正如我们在下面会提到的那样，这些补救只能通过大法官法庭那繁复的法律程序才能实现。这种程序不仅十分复杂难懂、花费颇巨，而且对检举人而言也十分危险。由于大法官法庭的办事效率全凭首席检察官来设定，而它又只能靠某一个检举人所提供的信息来做出行动，这个检举人要富有公共精神到近乎自我牺牲的程度，并将自己的大量精力都投入这一关切。[1] 因此，毫无疑问的是，检举人的群体是无法形成规模的。人们需要一种更为称手的工具，来对付慈善信托管理上的不当行为。

第一个解决问题的尝试未能太好地实现倡议者们的良好想法。《1812年慈善捐赠登记法案》要求中央政府制定名单，对大额捐赠进行登记，以防止捐款可能出现的损失，但是人们大都选择违反该法，而不是去遵守它。[2] 同样，塞缪尔·罗米利爵士的提议，即建议提高大法官法庭的办事效率，减少大法官法庭的开支，也收效甚微。[3] 虽然《慈善程序法》（1812年）想要做出总的矫正，但19世纪中期的一位首席检察官[4]诙谐地评论道："'总的'这个词具体要做何解释，还是要看看大法官法庭开出的词汇表吧。"如果哪怕是最小的案件都要靠大法官法庭的介入才能解决的话，那这一改革就很难取得什么成效了。

这场运动引出了一项更为积极的政策，特别是对慈善委员会的创建而言，该委员会源于对全国慈善捐赠基金的一次大调查。这场大调查与亨利·布鲁厄姆的名字联系在一起。这场运动是顺着一场改革运动而兴起的。我们可以将这场运动称为，如果不太精确的话，苏格兰－辉格－功利主义的运动。关于这场慈善改革的倡导者，即这些18世纪的慈善家们，他们不同于库拉姆船长那样是出于人道主义的同情和怜悯，也不像威尔伯福斯或巴克斯顿那样是受到福音派教义的驱使。他们只是决然地相信英国法律和政治体系里满是过时的元素罢了。他们感觉，不断变化的经济环境，以及权力在不同社会阶层之间的更替，要求对机构做出调整。无论他们是否是有意识地在追随边沁——当然其中绝大多数人都没有这么做——但他们依旧都是小写的功利主义者，而且他们还倾向于用一种为工商业中产阶层所理解与欣赏的标准来衡量英国的机构。

---

[1] *1 Hansard*, 19：515-516；*Memoirs of the Life of Sir Samuel Romilly, Written by Himself*, 3 vols. (London, 1840), II, 385.

[2] 52 Geo. III, c. 102；Romilly, *Memoirs*, III, 20；*Journals of the House of Commons*, 20 March 1812；*1 Hansard*, 22：1119-1120.

[3] 52 Geo. III, C. 101.

[4] 即弗里德里克·塞西杰（Frederick Thesiger）爵士，之后成为切姆斯福德（Chelmsford）勋爵, *3 Hansard*, 120：21。

在他们提出的具体的改革要求中，有一个重要的要求是建构一套更为适宜的教育体系。因为他们将社会想象成为一个个人主义的、充满竞争的，但也有井然有序的社会，所以，在这一淘汰过程中，如果有这样一套教育体系，那人们就能开展公平竞争了。社会上的成功会由那些人获得，即在向所有人都公开的竞争中，凭着自己的头脑和性格而努力攀到顶峰的人，而且，在这场竞争中，人人平等，没有人会有不适当的竞争缺陷。这一理想图景预示着人们要建构一套更好的教育设施，也即一套教育机制——这套机制既要能筛选出中等偏下阶层，以及劳工阶层中的有能力的成员，又要能提供足以应对不断扩大的城市环境所要求的最低标准的学校培训。

这些改革者，主要是苏格兰本地人，指出北不列颠的做法要比英格兰好得多。在苏格兰，人们认为教育是一项公共责任，提供合适的学校教育是教区的服务体系中一个不可或缺的组成部分。这些教区学校都属于公共事业，虽然不是免费的。在教区学校以外，还有私人学校作为其补充。此二者共同发挥作用，完满地撑起了整个国家教育体系。对这套苏格兰的教育理念，英格兰地区最主要的倡导者（至少是政治圈里的主要游说者）是亨利·布鲁厄姆。[①] 他自己就是这一体系的产物，所以，他自然能发现其中有多少好处。他的公开行为有时近乎荒唐，时时都有煽动公众的言行。尽管如此，但总的算起来，英国的自由改革运动还是从他那里受益良多。无论他对某些目标的拥护引发了多少质疑的声音，除反对奴隶制运动以外，他的确是对这两项改革抱有真诚的兴趣，即法律和教育，而在慈善捐赠基金领域，两者是结合到了一起的。作为一名律师，布鲁厄姆对慈善信托管理之松散感到颇为吃惊；而作为一名教育热心人士，他怀疑如此多样的慈善基金是否得到了合理的管理，又能否采取行动，为英国建立一套文明的教育体系。此外，人们可能还会提到，作为一位准边沁主义者，他可以毫无担忧地向混乱的教育信托基金领域逐步引入一套理性的秩序规则。简言之，布鲁厄姆提出的对慈善基金开展调查的要求背后隐藏的主要动机，是希望推动很多基金发挥教育方面

---

① New, *Brougham*, p. 199；同时参见 L. J. Saunders, *Scottish Democracy*, 1815 – 1840 (Edinburgh, 1950), pp. 241ff.

的作用。

一开始，他将主要的攻击火力集中在少数几个目标上。此外，他的第一项提议写得很婉转，所以并没有引起太多的反对。1816 年 5 月，他向议会伦敦城市教育特别委员会提交了一份动议，那些赞同这份动议的人怎么也想不到，正是这份温和的计划书后来竟然引发了一场规模巨大的调查，而且，这场调查覆盖了几乎所有的英国捐赠基金，前后持续达20 多年，调查的成果足有约 40 卷之多。在该委员会中，布鲁厄姆是主席，罗米利、威尔伯福斯、麦金托什、托马斯·巴宾顿（Thomas Babington）都是其委员。该委员会不仅开展了一场势头猛烈的调查，对各类学校，特别是服务于贫民的学校开展了调查，而且还更进一步，调查了这些机构，如基督医院、圣保罗教堂、卡尔特修道院等——这些机构的种属在当时还是不确定的。布鲁厄姆毫不迟疑地利用自身所具有的优势，而且他也相当乐意将自己调查的触角伸向那些古老的、富有声名的捐赠基金。在他看来，这种做法是很可惜的，即伦敦的学校经常用它们的资源来向一小群孩童提供饭食和衣物，而不是向一个更大的群体提供教育。①

在对伦敦的慈善组织开展详细调查的同时（委员会在 1817 年得到了再次任命），该委员会主席又嗅到了另一个水坑里的恶臭，那就是伦敦市外的教育捐赠基金领域的滥用现象。然后，他就开始推动开展更大范围的调查了。他敦促说，这表明需要成立一个专门委员会，这个委员会要拥有比特别委员会更大范围的裁量权，可以巡视各地，当场采集证据。议会同意扩大布鲁厄姆的委员会的管辖范围至整个英伦岛，但是他提出的要建立一个专门委员会的提议则没有得到太多赞同。布鲁厄姆为了保护他的提案不遭到过度修改，所以他预先将这份提案交给了托利党的大臣，想得到他们的赞同。他原初的目标是要对所有捐赠基金开展调查，但是，由于大臣们反对这一想法，所以他同意（但持有保留意见），在当前阶段，该调查的范围仅限于教育类的捐赠基金。②

尽管布鲁厄姆采取了很多预防措施，但该提案还是在议会里遇到了困难。老哈罗维恩·皮尔（Old Harrovians Peel）和罗宾森都感到很不满，

---

① *I Hansard*，34：120off；New，*Brougham*，p. 211.

② *I Hansard*，36：822 - 823；37：815ff，1297 - 1298；Henry Brougham，*A Letter to Sir Samuel Romilly ... upon the Abuse of Charities*（London，1818），p. 3.

因为有一些基金会被免于接受委员会的审查，而牛津、剑桥、伊顿、温切斯特和威斯敏斯特等学校则不在其列。其他人则甚至反对整个名单，或者威胁要将拉格比、什鲁斯伯里等学校，以及诺维奇的免费学校都加进来，如果哈罗被列入名单了的话。[1] 不过，布鲁厄姆本人并不想要什么豁免名单，其之所以要省去对伊顿、温彻斯特和威斯敏斯特等学校的审查，一个可能的理由是特别委员会已经审查过它们了。委员会已经对它们以及它们的章程做了彻查，并提出质疑，即认为随着时间的推移，它们已经偏离了最开始的教育贫民的宗旨了。关于豁免名单，这并不是一项太有价值的争论。特别是一些这样的问题，如贫困学生的准确含义——这是很多基金会致力于帮助的对象——在议会内外，耗去了委员会太多的精力和脑筋。

更为重要的问题是人们所提出的对调查范围的质疑。布鲁厄姆同意限制调查范围，即只调查某些教育类慈善组织，但他并不是没有心怀希望，认为议会可能会扩大覆盖的范围。因为连教育特别委员会的临时调查都已显示出，慈善组织领域的滥用情况并不是只在教育类基金会中出现。大量慈善组织的土地都是以低于市场价的金额出租的，而有时这些承租人是受托人自己或他们的朋友。梅尔医院的位于林肯市附近一块650英亩的土地每英亩只租了10先令6便士，而且，更为严重的是，穷人们还只能从这块土地上得到24英镑的善款，剩余的款项则明显是被机构管理员和承租人给侵吞了。[2] 毫无疑问，这是一个例外情况，因为该基金是由臭名昭著的汤姆林（Tomline）主教所支持的慈善体系中的一部分。其他的没有那么恶劣，但同样有害的则是另一种常见的情况，即同意给予超长的租期。这么做就会损失租金上涨所带来的收益，并且只能按期收租，而不能提前收取地租。

此外，草率管理也是一个常见的问题。该委员会有理由认为，有的慈善组织已经完蛋了，而其他机构也正处于极度危险的状态。[3] 不过，

① *1 Hansard*, 38：614–616.
② Brougham, *Letter to Romilly*, p.13；*S. C. on the Education of the Lower Orders*, 3d Rept., 1818, pp.173ff.
③ 《吉尔伯特申报表》已经反映出这些情况。比如，在伯克郡，大家认为慈善基金中的近2000英镑已经找不到了。［Francis Charles Parry, *An Account of Charitable Donations to Places within the County of Berkshire* (London, 1818), pp.130ff］

一个更为直接的难题是这一简明的事实：委员会经常无法将教育类基金与非教育类基金区分开来，因为二者经常是混在一起的。比如，约维尔的一个受托人委员会负责管理一些慈善资产，这些资产会向 4 家不同的慈善组织提供资助，而其中只有 1 家是学校。不过，正如布鲁厄姆所指出的那样，该委员会可以 "调查与学校收入相关的契约与账户，但如果他们发现里面提到了任何其他慈善组织的情况，那就应该立刻合上账本"。[①]

虽然众议院最终同意了他的议案[②]，但布鲁厄姆的预感，即他的提议会在上议院中遭到更多坚决的反对，得到了充分的应验。其他事情除开不论，上议院大法官的可怕存在就是眼前一个足够难对付的麻烦了。虽然埃尔登（Eldon）可能有时会对受托人的管理松懈表示不满，但远没有达到成为一个同伙，支持干预信托基金的管理，或者承认大法官法庭的救济措施不足以解决问题的程度。下面这段话是一位不愿具名的目击者说的，且经常为改革者们所引用，以证明上议院大法官可能并不是对变革充满敌意："我们应充分地理解这一情况，即全英国的慈善资产都遭到了严重的浪费；这形同于直接地违反信托契约。"[③]

没有什么情况可以比这更奇怪了。在埃尔登眼里，布鲁厄姆正大力提议的干预是无理取闹、毫无用处的，而且和之前的做法一样令人气恼，因为布鲁厄姆是该新做法的倡导者。上议院大法官一定是被布鲁厄姆在众议院里的攻击给蜇了一口，因为当时布鲁厄姆攻击说，法庭审案的速度就像蜗牛爬一样慢。诚如我们后来所见，当时唯一获得批准的委任状是《伊丽莎白第 43 号令》，该委任状从 1787 年发布开始，直到 1818 年还在等待最终裁定。虽然在 1808 年，该批准决定的条件已经成熟了，但该命令还是在大法官法庭那里停了 10 年之久。[④] 尽管在某一方面，托利党的上议院大法官比辞藻华丽的布鲁厄姆更能把握现实——当时，布鲁厄姆指出，只批准 4000 英镑作为开展调查的经费是十分荒唐的——不过，在这一点上，布鲁厄姆的指控是正确的，因为他提出这笔费用只能

---

① Brougham, *Letter to Romilly*, p. 15.

② *Public Bills*, 1818, 1, 503 (d. 8 May 1818).

③ *Attornely-General v. Griffith*, 13 Ves. Jun. 580.

④ *1 Hansard*, 38：608.

满足必要的调查工作 1/40 的经费。① 埃尔登可能认为 4000 英镑的 40 倍是一个异想天开的数字，但最终结果是，连他有意毛估出来的数据都被证明是太小了。当议案最终结算出来的时候，该调查实际上花掉了超过 25 万英镑的费用。②

在该议案通过上议院审议时，上议院的议员们给该议案强加了一些修正条款，对此，布鲁厄姆视为一个重创。调查的范围原本已为众议院所扩大，而现在又被上议院给缩小了。现在，委员会只能调查教育类慈善组织了，同时，它的权力也被限定为只能要求证人出席作证，以及制作档案。在豁免调查的机构名单上，不仅加上了哈罗和拉格比，更为令人丧气的是，还加上了所有在特别巡视员管理下的慈善组织。在后者身上事实上发生了一些更为腐败的情况，而且特别委员会的调查已经揭露了这些情况，如约克郡的波克林顿学校，这是一家古老的基金会，接受剑桥的圣约翰学院的巡视员的监督。到 19 世纪，这一巨大的捐赠基金只赞助一名小学生，而这所学校的处所则被改成了一个锯木坑或者伐木间。③ 上议院议员们对该议案所做的这些粗暴修改自然令布鲁厄姆与他的朋友们倍感愤怒。而卡斯尔雷（Castlereagh）的承诺，即在接下来的议程中重新考虑这一事业，则给了他们些许安慰。④

不过，当新的委员会名单发出来的时候，布鲁厄姆感到更加悲伤了，因为里面只有两个人是他的教育特别委员会推荐的人员。⑤ 很可能的是，布鲁厄姆的某些愤怒是源自"内政部知名的首长（卡斯尔雷）的拒绝，以及这一拒绝中所带有的无声的蔑视"⑥，因为他拒绝了布鲁厄姆主动提出的亲自担任委员的想法。不过，同时令他感到害怕的是名单中有来自托利党政府中的候选人，其中有一人据说曾提出"心怀提升贫民福利的志向是患上了雅各宾主义症"⑦ 的说法，这样的候选人只会关心如何捍

---

① Brougham, *Letter to Romilly*, pp. 975 – 977.

② *Statement of the Expenses Incurred by the Commissioners* (*Parl. Pap.*, 1846).

③ *S. C. on the Education of the Lower Orders*, 3d Rept., 1818, pp. 144ff; Brougham, *Letter to Romilly*, p. 17.

④ *1 Hansard*, 38：1212ff.

⑤ Brougham, *Letter to Romilly*, p. 34.

⑥ *Ibid.*, p. 40.

⑦ *Ibid.*, pp. 35 – 36.

卫和证明原有体系，而不是致力于揭露其中的问题。

在议会争论，以及委员任命后的数周里，出现了密集的言论大战。布鲁厄姆的攻击见于他的《致罗米利的信》中，这本册子前后至少有 11 个版本之多。① 政府的反驳见于《致威廉·斯格特爵士阁下的信》中。威廉·斯格特是其中一名委员，他和布鲁厄姆一样，反对这一任命决定。② 这本小册子的作者丝毫都不认同布鲁厄姆或他的观点，因为布鲁厄姆将"亚当·斯密或其他苏格兰经济学家提出的原则凌驾于英国土地法和宪法确立的准则之上"。③ 在他看来，这一切好像是一场反对者谋划的阴谋，想要夺取教育基金的控制权，并将它们转成兰卡斯特体系下的学校。

两边都不缺少言论支持，而各家基金会的捍卫者也都毫不犹豫地拿起武器，捍卫自己，对抗布鲁厄姆的指控。④《爱丁堡评论》由他的首席政治作家执笔，也连续刊发了三篇文章。这三篇文章是有关慈善基金不当行为、教育委员会和新委员会的，这些文章都以布鲁厄姆提供的素材为基础写成⑤，刊发于 1819 年 3 月到 1820 年 1 月。不过，最有分量的攻击是由《季刊》做出的。该杂志刊发了一篇 77 页的文章。该文的作者是剑桥钦定教授詹姆斯·亨利·蒙克（James Henry Monk），但他在写作时也得到了吉福德（Gifford）、科克（Corker）、康宁（Canning）等人的重要帮助。该文不出所料地对布鲁厄姆进行了一番狂轰滥炸，而且文中还提到了几个论据，指责布鲁厄姆对这一事项所开展的管理。不过，从文中我们还是可以看出作者对社会的理解的价值导向，这体现于他基于教育委员会提供的证据而总结出的令人吃惊的结论："对安息日的亵渎是导致下等阶层产生放荡行为的最普遍的原

---

① 该数据来自《大英博物馆目录》。

② 据《大英博物馆目录》，这本小册子共有 5 个版本。

③ *Letter to Scott*（London，1818），p. 59. 根据《大英博物馆目录》，这份小册子的作者是威斯敏斯特大学爱尔兰学院院长，也即《有关克罗伊登慈善组织的一封信》的作者（n. 25 below）。

④ 比如，W. L. Bowles，*Vindiciae Wykehamicae*（London，1818）；Liscombe Clarke，*A Letter to H. Brougham，Esq … on Winchester College*（London，1818）；John reland，*A Letter to Henry Brougham …*（London，1818）。最后一份的作者是威斯敏斯特大学的院长，涉及克罗伊登的慈善组织。这份材料在提到这些组织时，持的是否定的态度。

⑤ New，*Brougham*，p. 223.

因。"① 这是教会与国家托利主义的声音，即公开指责对"我们的教会神权政体框架"所做出的各种指控。所以，介入慈善捐赠基金是不可容忍的，除非这种干预起到的是让它们重新服务于创始人原初宗旨的作用。《季刊》希望该调查的所有内容都不会导致它们落入国家之手，并将它们"根据现代的革新要求，进行重新包装"。② 所以，在这些托利党人看来，布鲁厄姆提出的"思想的前进"不是别的，只是一种激发加工的过程。

二

因此，在一开始，该调查是在严格的限定条件下，并且是在临时性的基础上开展起来的。委员们不敢冒险逾越教育类慈善组织这一边界，而就算是在这一限定的领域中，他们也被禁止对两家大学及其学院，6所公立学校③，有特别巡视员或监察官的机构，主教教堂和牧师会主持的教堂、犹太学校或贵格会学校开展调查。在委员会最多14位委员中，只有8人是授薪的，而且，因为法律规定最少有3人到场才能开展一次检查工作，所以，工作进程不可避免地被拖得很慢。因为有上述这些限制，所以委员会只派出了两支调查队伍在外开展调查（虽然他们获得了荣誉委员们的帮助），此外还有一支队伍坐镇伦敦。④

不过，他们拿出来的头两份报告真正引起了人们的担忧，而布鲁厄姆的《致罗米利的信》也成为对他的这一事业有效的宣传。⑤ 因此，在1819年春天，卡斯尔雷兑现了他的承诺，将委员会的管辖范围扩大到非教育类慈善组织，尽管让布鲁厄姆感到遗憾的是，这还是不包括那些有特别巡视员的机构——这一豁免资格一直到1831年才被拿掉。⑥ 此外，卡斯尔雷还提议扩大委员会的规模，以加快工作进度。从此以后，该委员会的规模扩大到20人，其中有10人是授薪的，而且有任意两人就可

---

① *Quarterly Review*，19：50（January1818）. 关于该文作者的问题，参见 Hill Shine and Helen Chadwick Shine, *The Quarterly Review under Gifford*（Chapel Hill，1949），p. 64。

② *Quarterly Review*，19：567.

③ 这些学校是：伊顿、温切斯特、威斯敏斯特、哈罗、拉格比和卡尔特豪斯。

④ W. Grant, *S. C. on Public Charities*，1835，Q. 115.

⑤ New，*Brougham*，p. 220.

⑥ *S. C. on Public Charities*，1835，Q. 23.

以组成一个工作组。① 由此，该委员会便具备了规模，并且还得到了授权，这使它可以在其后 10 多年间有效开展这项工作。

在这一时期里，调查稳步推进着，只是进度有点慢，而且还缺乏有效的工作机制。所有委员都是出庭律师，其中有些还是正在执业的律师，他们要继续开展本职工作，因此经常出现的情况是，他们只能拿出 1/2 或 2/3 的时间用于开展调查工作。② 而且，调查工作也好像没有任何的既定计划。关于一个城市或郡的慈善组织的材料会零散地分布在六七份甚至更多报告中。正如 1835 年特别委员会所批评的那样，关于布里斯托尔的慈善组织的情况散布在 6 本报告中，关于贝德福德慈善组织的情况散布在 5 本报告中，而要了解约克郡慈善组织的情况，研究者们需要读 20 多本报告。这种首尾不相连的情况的出现，部分是因为委员会要求委员们提交半年报，部分是因为委员们会被临时召集去处置不同地区的紧急情况，但是，最主要的原因是委员会在开展这项工作时漫无章法、随性而为。委员会允许委员们根据他们自己的计划表便宜行事，却没有形成自己总的计划。③

常规的调查队是由两名委员和一名书记员组成的。他们一到一个新的地方，第一件事情就是找一份精准的慈善组织名录，并对其加以研究，然后就是传唤那些最有可能提供必要信息的人前来。在他们的工作中，委员们遇到了各种麻烦，而其中最让人苦恼的就是缺少信息。正如福利厄特（Folliott）所说的那样，他们派委员们去调查其所在镇上的公共慈善组织，被调查者向他们汇报说："先生，这里的公共慈善组织的情况相当简单。这里就没有公共慈善组织。这里的慈善组织都是私立的，正因为它们是私立的，所以，我本人对它们一无所知。"④ 尽管在郡报纸上经常会刊登调查通告，但很少有本地人在未接到特别邀请的情况下主动参与该项活动。⑤ 而且，委员们也相信，没有什么手段可以替代现场调查，因为这种调查方式可以采集口供，还可以审查契约以及其他材料。但事实上，亲往现场调查的办法并不一定能让这项工作变得简单一点。委员

---

① *1 Hansard*，40：660，1153ff；59 Geo. III，c. 81.

② *S. C. on Public Charities*，1835，Q. 26，50ff.

③ *Ibid.*，Q. 310ff.

④ Thomas Love Peacock，*Crotchet Castle*，chap. VIII，"Science and Charity."

⑤ *S. C. on Public Charity*，1835，Q. 101，108ff.

们经常会发现这些机构的记录遗失了，或者机构的保管员宣称遗失了，而且有时这些机构会直接表示拒绝提供这些材料。比如，林肯教堂的主教和全体教士就不让委员们看与梅尔医院的腐败情况有关的材料。主教声称这家名声败坏的慈善组织属于豁免调查的机构，但这也没能阻止得了委员们将其信息提供给首席检察官。[1]

在 19 世纪 20 年代绝大部分时间里，委员们一直试图在没有议会干预的情况下开展工作，到这 10 年结束的时候，他们已经发布了 24 份报告，涉及的慈善组织的年度收入总计超过了 50 万英镑。[2] 这在本质上是一件发现事实的事业，即对英国的慈善捐赠资金做一份清单，而不是一项矫正它们的恶行的程序。对于这些恶行，委员们是无能为力的，除非这些行为相当严重，乃至于他们有理由报告给首席检察官，以推动他启动笨重的大法官法庭的审查机制。如果达不到这一程度，他们仅有的救济措施就是在他们公开发表的报告中披露这些不负责任的或办事低效的受托人。这么做也就是聊胜于无吧。

在 19 世纪 20 年代后半期，委员会受到了议会里一名议员的挑战，这就是丹尼尔·惠特尔·哈维（Daniel Whittle Harvey），一名有经济头脑的激进分子，报纸出版商。在 1828 ~ 1835 年，他个人——有时也和约瑟夫·休谟联合——对委员会的工作提出了一系列批评意见，涉及它的行动迟缓、耗费巨大、矫正恶行上的手段缺乏等内容。[3] 更有见识的人，即皮尔（Peel）（他在一开始也反对委员会，但后来发现了它的好处）和布鲁厄姆，则着力于矫正他的错误看法。他们强调委员会的主要成就的重要意义，即做出了一份关于国内每家慈善捐赠基金的精准的、详细的清单，而且他们坚称，仅凭这项调查也减轻了慈善管理中的恶行，于是，在很多情况下，便没有必要再启动司法程序了。[4]

第一期委员会的任期截止于 1830 年 7 月，16 个月后，一部新的法令[5]

---

[1] *32d Rept. of the（Brougham）Commissioners*，Part IV，1839，pp. 394 - 399.

[2] *S. C. on Public Charities*，1835，p. v.

[3] *3 Hansard*，18：981 - 985；21：1756 - 1757.

[4] *Ibid.*，21：1759.

[5] 1&2 Will. IV，c. 34. 关于该委员会重新任命的情况，参见 *Tudor on Charities*，4th ed. (1906)，pp. 21 - 22. 就本项研究的角度来看，这一版本的法令比之后（1929 年）的修订版更有用。

再次启动了这项工作，不过，这一次，它想加快调查速度。当这届委员会在 1834 年末卸任的时候，英国绝大多数慈善组织，共 26571 家，都接受了调查，虽然威尔士有近一半的组织，以及英格兰有 6 个郡的组织都整体尚未被触及，此外，还有一些郡的组织只是部分接受了调查。① 丹尼尔·惠特尔·哈维虽然当时已经改变了态度，对该委员会采取了一种更为建设性的态度，但是他和其他人一样，都认为要对委员会做出调整，否则这就只是一项常规性的调查工作。他提议成立一个特别委员会，对该委员会提供的证据进行审查，并授权该特别委员会采取措施，以对管理方面存在较大问题的慈善基金开展全面调查。在当时，没有一个思维健全的人会认为向首席检察官报告信息是一个有效的解决方案。我们只需看一下这个情况就够了：虽然委员们披露了很多丑闻，但这些案件却陷入大法官法庭的审查程序之中，如泥牛入海，未得到任何矫正。所以，这不是第一次，也不是最后一次，议会提出普通衡平程序不适用于绝大多数慈善类案件了，它提出，英国真正需要的是一套简便、快捷、费用低廉的处置方法。②

虽然公共慈善组织特别委员会做的比一般调查队要好，因为它的主席是哈维，罗素、皮尔、古尔本（Goulburn）、休谟等任其委员，但是，该委员会的调查——该调查花费了超过 20 万英镑的费用——也只能得出一个初步结论。而要解决这一问题，可用的策略只能是大幅增加委员的数量，并且允许他们单独采取行动，而不是只能两人一组。委员会认为，这些改进可以使调查工作赶得上 1837 年 3 月 1 日的最后期限。不过，除此以外，这里还有一个更为基础性的问题，委员会称之为一个"举国关注"的事项，即如何保证那些每年总计产出 100 万英镑收益的捐赠基金得到合理有效的管理，以及如何对这些基金开展有效监管。委员会毫不犹豫地开出了一套看起来有点冒险的解决方案，虽然当时的人已经十分熟悉中央监管机构的概念了。当时，济贫法委员会正好刚成立，且尚未像后来那样，遭到人们的彻底怨恨，基督教委员会也将要成立。为了监督大额捐赠基金慈善组织，委员会提出的

---

① *S. C. on Public Charities*, 1835, p. vi.

② *3 Hansard*, 28：675ff.

解决方案基本上就是议会在 20 年后被说服采纳的那套办法，即成立一个由 3 名委员组成的中心机构。该中心机构负责监管慈善组织财产的出售与交易，审查慈善组织账目，在特殊情况下任命或解聘受托人，在必要时解除捐赠基金学校的教员和助理教员，就慈善组织的管理提出自己的方案，矫正机构内部治理与管理中出现的不当行为等。[①] 这些提议都不是革命性的，特别是当人们还提出它们能为慈善组织提供完美支持时，所以，很奇怪的是，为何它们竟然会被搁置 20 年之久而一直未获采纳。

三

由于有委员会推荐的更有效率的程序，以及受人员规模扩大之利好的影响，这场范围巨大的调查最终得以完工。最终报告，即第 32 册，共分为 6 个部分，在 1837～1840 年陆续公布。我们很有必要简单介绍一下这部巨大的"末日审判书"的内容。在这部报告里，委员会一个郡接一个郡、一个教区接一个教区地介绍了全国的情况，虽然整体结果凌乱，不成体系，但委员会还是试图收集并记录了近 3 万家捐赠基金的主要情况。他们从受托人和其他本地的知情人那里获取信息，从合同、遗嘱以及其他可以找到的法律文件中采集信息，从各种各样教区石制品——教会的石碑以及类似的东西上搜集信息。他们辛苦劳作的结果是形成了一套对古代或现代大额捐赠基金慈善组织研究者来说不可或缺的参考资料，它规模巨大、内容详尽，而且到目前为止，它还是慈善委员会工作中最常用来参考翻阅的作品。

随着 1840 年《分析摘要》的编辑并在数年后正式出版，该报告的用处得到了更大的提升。《分析摘要》以表格的形式罗列了各家慈善组织的基础数据，并向完整版报告做了索引。[②] 从《分析摘要》中，人们可以得到关于英国慈善组织财政状况的一幅宏伟的全景图。它们的资产状况如下：[③]

---

① *S. C. on Public Charities*，1835，pp. viii – ix.

② 《分析摘要》载于 *Parliamentary Papers for 1843*，XVI，XVII。

③ *Digest*，II，826 – 827.

项目	数量
土地	442915 英亩
现金、银行存款、印度股票	5656746 英镑
抵押贷款以及其他动产	1001782 英镑

它们拥有的慈善土地遍布英国各郡，从诺夫克（超过 28000 英亩）和达拉谟（超过 22000 英亩），到坎伯兰（1380 英亩）和康沃尔（1249英亩），都有它们的土地。正如人们之前预测的那样，威尔士各郡的慈善土地最少，其中只有 5 个郡的慈善土地超过了 1000 英亩，2 个郡（卡迪根和马森）的土地不足 250 英亩。当然，伦敦的慈善组织拥有的土地最多，它们拥有全英国超过 47000 英亩的土地，其中，仅皇家医院一所就占有 34000 英亩的土地。关于慈善组织在基金、股票和抵押贷款方面的投资，城市化程度更高的郡的情况自然要更好。在这方面，米德尔塞克斯的组织有 37 万英镑的资产，而肯特郡的组织则有近 31 万英镑的资产。而英国各郡中最穷的是康沃尔、贝德福德（虽然贝德福德在慈善组织资源总量方面并不差）和亨廷登，它们只有 10500 英镑的资产，比它们更少的是卡迪根，只有约 2500 英镑的资产。在这方面，伦敦再一次成为特例，它的慈善组织的投资超过了 1825000 英镑，其中有 865000 英镑的投资由皇家医院持有，有 75 万英镑在城市公会手里，有超过 33 万英镑属于教区的慈善组织。

不过，更为重要的是收入情况，关于这一问题，委员会报告说，捐赠基金年度总收入超过了 1209397 英镑，包括如下几项：①

项目	金额（英镑）
租金	874314
不动产出租许可费 *	79930
利息	255151

  * 不动产出租许可费是英国之前普遍存在的一种财产利得。这种费用附加在租金之上。这笔许可费一般为每年 2～5 英镑。收取这笔租金的可以是业主，也可以是其他对该土地没有其他权利而只保留了出租许可权的人。这里及以下提到的情况就属于捐赠人把这一许可权捐给了慈善基金。——译者注

---

① *Digest*，II，826 - 827. 该表格低估了捐赠基金的总收入，因为正如之后披露的那样，委员会在统计时漏掉了很多慈善组织——约有 4000 家组织。

在收入方面，最繁荣的郡（除了伦敦，它的慈善收入主要靠皇家医院和同业工会，总计超过 25 万英镑）是西赖丁郡（约 53000 英镑）、肯特郡（约 4 万英镑），以及萨里郡（约 38000 英镑），而最穷的郡是亨廷登郡（3650 英镑）、坎伯兰郡（3400 英镑）和康沃尔郡（3250 英镑）。卡迪根郡再一次垫底，只有 271 英镑的慈善收入。特别让人震惊的是大量记录在案的捐赠基金的收入数据。在委员会开列的 28880 家慈善组织中，有近一半的组织（13331 家）每年的收入不足 5 英镑，只有 1749 家报告说自己的收入超过 100 英镑。[1] 很明显，任何机构要监管这些慈善信托机构，都会发现自己是在管大量鸡毛蒜皮的事情。

布鲁厄姆委员会虽然报告了英国教育用途的慈善收入总额，即 312500 英镑，但没有尝试对英国慈善收入的其他用途做出分类。[2] 但是，我们也不应怀疑从布鲁厄姆调查至 19 世纪 60～70 年代期间（后者是慈善委员会发布新的《分析摘要》的时期），用于各类慈善目的的资金的组成出现了剧烈的变动。这些收入包括更早的报告中所提及的那些慈善组织的收入（这也是其中最大的组成部分），但是，我们也需要将此后新成立的组织，以及因为各种原因而在当时未能纳入统计列表的组织的收入纳入考虑范围。之后的《分析摘要》显示，教育类捐款占据第一的位置，约占收入总额的 30%，而在布鲁厄姆提供的数据中，其占了 26%。紧跟其后的是济贫和养老金、赈济款或类似方面的收入（数量庞大，但单笔款项很小），以及用于贫民救济用度的捐赠基金、医疗类捐赠。除这些之外，接下来是各种细小但人们十分熟悉的类别，包括学徒基金、布道和演讲基金、公共目的信托等。[3]

---

[1] 组织收入分类情况［载于 *R. C. for Inquiring into Cases Reported but not Certified*（1849），*1st Rept.*, 1850, p. 3.］如下：

5 英镑以下	13331 家	50～100 英镑	1540 家
5～10 英镑	4641 家	100～500 英镑	1417 家
10～20 英镑	3908 家	500～1000 英镑	209 家
20～30 英镑	1866 家	1000～2000 英镑	73 家
30～50 英镑	1799 家	2000 英镑以上	50 家

顺便提一下，这些慈善组织中，约有 35 家的情况是由布鲁厄姆的委员会报告的。

[2] 在 1843 年，其也罗列了贫民赈济类慈善组织，但没有给出其资产价值的情况。该情况概览载于 *Parliamentary Papers*, 1843, XVIII。

[3] *General Digest*（Parl. Pap., 1877, LXVI），pp. 16 - 19.

总的来说，布鲁厄姆委员的成就是非常卓越的。它的报告所披露出来的情况证实英国有大量积存下来的慈善资金，这使议会演说家或其他人的沾沾自喜有了现实的理由。的确，这是历史上一个独一无二的社会现象，而且，正如人们的爱国精神所期望的那样，公共资源得以大量积存下来，这本身也构成了英国社会生活中的一种荣光。[1] 尽管调查披露出在资金管理方面存在不少不适当、不合理或更糟的情况，但这并不影响这一现象的历史地位。因为这是另一层面的问题，而且委员会也已经考虑将这些问题曝光。在工作当中，委员会向首席检察官提供了近400家慈善组织的情况，而首席检察官则将其中绝大部分组织的信息予以归档。[2] 委员会最主要的任务是调查和报告，它严谨认真地完成了这项任务。但同时，它也希望为未来的慈善政策打下一个更为坚实的基础。在其最后提交的那份事实报告中，它在后面加上了一段自己的简短评论，以及关于未来的一系列建议。

可喜的是，关于严重的不当行为，如彻底的投机以及违反信托契约的行为等，委员会并没有发现太多这样的个案。但是，让人更为困扰的是，烦琐的法律规定在很多情况下使对慈善组织予以有效管理变得不可能。最主要的问题是除衡平法院以外，没有其他司法机构对此拥有管辖权，可以采用更为便捷的司法程序，而针对这些小微事项的审理，毕竟还是需要一套更为便捷、更为节省的司法程序的。比如，其中一个问题是任命受托人，可能有时捐赠人没有依法指定受托人，或者他们的任期届满未能续任。有时，年老的或不胜任的受托人需要替换，换成可以合理履职的人。比如，塔维斯托克的约翰·格兰维尔爵士捐赠基金，这是一家17世纪成立的慈善机构，致力于为本地的文法学校和大学提供奖学金。这家慈善组织从1796年开始就没有合法的受托人了，虽然倒数第二个受托人的儿子认为自己有权而且也的确一直在收取租金。[3] 所以，委员会总结道，需要给它任命一个合适的人做受托人，而且这完全不必要诉诸任何衡平法院的司法程序。

---

① Nicholas Carlisle, *An Historical Account of the Origin of the Commission* (London, 1828), p. 3.

② *R. C. for Inquiring into Cases Reported but Certified* (1849) *1st Rept.*, 1850, p. 3.

③ *5th* (*Brougham*) *Rept.*, 1821, pp. 332ff.

委员会同时发现慈善组织还在资产出售和交易方面存在困扰。英国没有审批资产出售事项的机关，而在现有法律[1]下，完成有效交易的办法又十分笨重，所以小规模的慈善组织根本无法开展此方面的活动。此外，受托人被要求对他们的投资进行一定的监管。而在极少数情况下，他们可能中饱私囊，比如以自己作保而贷款给某些个人，或者以极为宽松的条款将慈善土地租给自己或他们的朋友。[2] 亨廷登财团的几位市民议员就很慷慨地滥用慈善资产，乃至于委员会向首席检察官提交了一份关于该财团的信息报告。[3] 事实上，作为慈善受托人，城市财团一直都不太干净。城市财团委员会找到了很多关于这类机构的重大不当管理情况的证据，像这些反面典型：埃克塞特、特鲁罗、考文垂、纽瓦克、伊普斯威奇和剑桥。[4]

就算没有贪赃的事情发生，慈善受托人常用的管理办法，特别是在土地管理方面，也会造成严重的问题。其中，最常见的问题，诚如上述，就是土地出租头款（租金溢价）事项了——继续以旧地租续租，以及只向承租人象征性地收取少量土地增值后的头款。由于受托人没有足额地收取土地增值后的溢价，导致英国的慈善业界每年损失数千英镑。委员会注意到，牛津郡一块超过4500英亩的肥沃土地平均每年只给伊维尔米的济贫院提供725英镑的收益，即平均每英亩只产出3先令2便士。[5] 在特鲁罗，慈善不动产收取正常的头款，却只收取名义租金，因为那里的城市财团将收到的名义租金用于慈善目的，却将头款收归己用。[6] 在有的时候，人们也很难判断头款不足是因为受托人与承租人串通一气，还是因为受托人的管理惯性或只是缺乏眼界。

不仅慈善资产管理方面存在不当行为，在收入使用方面也存在此类情况。虽然只要受托人遵守他们的信托条款，委员会就不能表示反对，

---

① 1 & 2 Geo. IV, c. 92.

② J. (later Lord) Wrottesley, *S. C. on Public Charities*, 1835, Q. 450 – 451.

③ *S. C. on the Education of the Lower Orders*, *3d Rept.*, 1818, pp. 213 – 218.

④ 关于城市公司的慈善财产的问题，参见详细的《公司慈善基金报表》[*Return of Corporation Charity Funds* (*Parl. Pap.* 1834)]。19世纪30年代的市政改革使情况略有好转，但并没有彻底解决这些问题。

⑤ *R. C. for Inquiring into Cases* (1849), *1st Rept.*, 1850, pp. 6 – 7.

⑥ *1st Rept. of the Municipal Corporation Commisioners*, 1835, p. 47.

无论委员会认为这些受托人到底有多么无用甚至恶意，但有的时候，受托人还是会将慈善信托条款做过度解释，乃至于超越了法律边界。比如，教区有时会依循一种传统，从慈善收入中征取本地的济贫税，只要该慈善信托的条款提及，哪怕是含糊地提及，要帮助穷人。该习惯做法并不普遍，但在各区时有所见，如伦敦市，因为那里的慈善收入增长太快，超过了它正常应帮助的群体之所需。除此以外，慈善领域中还有一种不当管理行为是管理过松，这有时是因为信托条款规定不当，而更为经常的是因为得到了习惯的认可。当这些情况涉及资金比较大时，委员会通常会将情况报告给首席检察官；或者，它也会依靠训诫和公开披露等方式予以矫正。①

布鲁厄姆没有报告的一个个案是关于诺福克郡南洛帕姆的村镇土地的。在这里，有一处沃瑟姆庄园，是 1486 年完成捐赠的，捐赠人指定将该处土地的收益用于"支付上述教区和教区居民的税款、平民税，或者其他税费，以及用于支持当时教区内的贫苦居民"。到 19 世纪——当然之前无疑也曾出现过——它每年 130 英镑的收入（以毫无计划随意拨付的方式）被用于向贫民发放救济品，赞助学校，但只要它的收入还有剩余，就会被充入济贫税款。1850 年，委员会被派去调查布鲁厄姆委员会决定不予上报的案件。在这些案件中，它并没有发现故意胡乱管理的情况，但仅仅那些对慈善收入的随意使用也已经不可原谅了，所以委员会决定将这些情况正式上报给首席检察官。② 他们准备以相当严格的要求对待这些教区，即那些拿了"以穷人的利益为宗旨"的信托的钱来减轻自己的济贫负担的教区。③

在一次有如布鲁厄姆委员会所开展的调查那样的全面调查中，是不可能漏过那些零星点缀在慈善世界中的过时之物的。④ 在其中，最为明显的是于宗教改革运动之前成立的古老的收容所，这些收容所以保持宗

---

① *Final (Brougham) Rept.*, 1837–1838 (in the 32d Rept., Part I, pp. 3–6).
② *R. C. for Inquiring into Cases* (1849), *2d Rept.*, 1851, p. 12.
③ W. Grant, *S. C. on Public Charities*, 1835, Q. 237.
④ 其中一个最为复杂的问题是与衰败的文法学校相关的，正如委员会所注意到的那样，这些学校"受制于已经过时的条款，或者对条文中的术语做僵硬的解释，将本应成为基金会直接的受益对象的孩子们排除在外"。笔者将在第九章里讨论大额捐赠基金学校的问题及其改革的情况。

教的或"迷信的"习俗为目标，并向少量贫民提供庇护所。这些机构现在已经完全过时了，而其中一些，如果不涉及违法问题的话，早就该予以改革了。约克郡的霍尔盖特大主教收容所——这是一家宗教改革基金会（1555 年成立）——里收容的兄弟姐妹人数很少，但该机构每年的收益却不少，乃至于他们每人每年都可以多领 94 英镑。"对于这样的人，给他们这样一笔巨大的收入真是太过分了，是害了他们啊。"①

还有一个更为著名的案例，这个案例是一位著名的神职人员侵吞慈善收入的事件，发生在温切斯特的圣克罗斯收容所里。正是这件事给了特罗洛普以素材，他把此事加入了对海勒姆医院的描写之中。② 这件事情的情况大概是这样的：吉尔福德（Guilford）伯爵，因为他的父亲，即温彻斯特主教的关系，而得到了圣克罗斯收容所所长的职位。他每年从该收容所中渔利 1200 英镑，虽然表面上来看，收容所里的被收容者们各安其位，而收容所里的资产也是井然有序。事实上，该收容所之前就有很长一段所长侵吞收容所收入的不光彩历史，而且在有的时候，情况还异常严峻。这个神职人员当然不是笨蛋，而是很精于犯罪的。不过，1849 年秋天，首席检察官还是对其启动了司法程序，并于 4 年之后做出判决，对该所长处以十分严厉的刑罚。③

当委员会开始审查那些在他们眼里无用或有害的信托时，委员会十分小心地翻开了这堆乱麻（虽然这并不是完全不可行），但至少委员会还是抓住了它。跟他们同时代的更为开明的人士一样，他们对发放救济品这种做法评价很低，他们认为这类善行完全就是一种浪费，甚至更糟。④ 他们在一些地区看到的情况让他们印象深刻，如伦敦的一些大区会在几个固定的日子里向穷人们布施 200 英镑的物品，平均每人 1 先令或 1 先令 6 便士。委员会报告说，这些布施品很快就会被送到隔壁的酒店里换成酒，为此，这些酒店在这些幸运日里还需要加雇人手。委员会承认，在北方地区，这些慈善资金所产生的效果不像在南方地区那样恶

---

① *R. C. for Inquiring into Cases* (1849), *2d Rept.*, 1851, pp. 5–6.

② 关于海勒姆医院的其他材料，参见 G. F. A. Best, "The Road to Hiram's Hospital," *Victorian Studies*, 5: 135–150 (December 1961)。

③ *Proceedings in Equity Relating to Charities*, 1852, p. 16; *30th* [*Brougham*] *Rept.*, 1837, p. 843; *Attorney-General v. St. Cross Hospital*, 17 Beav. 435–469.

④ *Digest of Dole Charities*, 1843, p. vi.

劣，因为管理者总是以单笔较大的金额发放善款，而且会以更为谨慎的态度审查申请人的情况。① 在委员会的眼里，数量庞大的布施类慈善组织占去了一大块慈善资源，实在是一种浪费。为什么这些慈善捐赠不被用到教育或其他真的有利于贫民的目的上呢？这当然是自布鲁厄姆发起调查以来每一任委员会都认同的主旨，因为布鲁厄姆最原初的宗旨就是关注改善学校教育。他们暗示，如果能有一个有权的机关来决定将慈善捐赠用于这些新的用途的话，这会让英国人获益——当然，他们在这里提到的所谓的"有权的机关"并不是指任何一家衡平法院。

很明显，委员会所做的事情回应和强调了1835年特别委员会所提出的建议，即成立一个永久的机构，该机构应具有监管权，以监督全国的慈善捐赠基金。事实上，在该特别委员会之前，他们之中的一个人就已经极大地丰富了这一命题，对此做了详细的阐释。② 但是，此后的委员会又一次惊人地扩充了这一命题，而且扩张的幅度甚至超过了他们自己的意识，他们提出该机构要"拥有合适的权限……以改变创始人的指令，如果严格遵循该指令已经变得不可行或已经不适合社会新情况的话"。③ 可能他们最后一句话不是想要推动任何大的变革。在说这句话的时候，他们在脑子里原本想的可能是像米克夫人基金或贝顿基金这样的理应变革的过时之物，这些机构是出钱赎回基督徒奴隶的大型慈善基金——而且他们可能想要将这类大型捐赠基金置于首席检察官的监管之下。不过，事实上英国还有大量的规模较小的机构——一些古老的收容所，一些捐赠基金文法学校，绝大部分布施类慈善组织——也是不适合"社会新情况"的，于是委员会便被彻底说服了。他们关于设立一个永久监管机构的提议——这个机构主要是负责行政管理，但也具有一些大法官法庭的准司法性的职能——给改革指出了一条明路。只是，从结果上来看，这条路比任何人所想象的都要漫长得多。

四

虽然议会老是抱怨布鲁厄姆调查拖了太长的时间，花了太多的钱，

---

① W. Grant, *S. C. on Public Charities*, *1835*, Q. 230 – 231.
② J. Wrottesley, *ibid.*, Q. 466ff.
③ *Final Rept.*, p. 4.

但委员会的建议刚一提出来，议会就不假思索地给推行下去了。这份提案，虽然犹犹豫豫，前前后后花了15年时间才变成法令，但正如约翰·罗素（John Russell）勋爵所一本正经地评论的那样："这是在这个国家里面，一项改革措施要达到成熟通常所需要花费的时间。"[1] 这一拖延是相当难以理解的，因为当时没有人否认英国需要进行立法干预——温和的或严厉的。不过，这些有关规范管理慈善组织的提案却并没有获得19世纪40年代政府的支持，至少未能施加足够的压力，盖过地方上的利益集团和特别利益集团的势头。人们接连不断地提交提案，但是出于这个或那个原因——特别利益集团、党派利益、其他更为紧迫的立法事务，或者只是出于不赞同和迟钝——直到1853年以前，议会在这方面还是一事无成。此后，一直等到皇家委员会动手戳了议会一下之后，它才真正动起来。

改革者们的目标是防止英国慈善资源因为管理不当而遭到浪费，或者为打官司而花费大量资财。至少，政府要创立一套机制，为慈善信托设定一些基础性的标准，以免它们诉诸令人讨厌的、费用昂贵且速度缓慢的衡平矫正程序，或者承担向议会申请私人法案[2]的费用。负责管理这套机制的机构要提供一套简单、经济的方法来任命新的受托人，获取出售慈善土地或开展慈善土地交易的权利，以及改变不可行的信托条款。关于最后一点，人们提出的意见自然是差异极大，但至少没有多少衡平法学家认为将大法官法庭的程序适用于小型慈善组织不是一种荒唐的做法。根据该程序，在涉及外地的案件时，需要由四组事务律师提供协助，因为该法庭位于伦敦，所以，不仅要把所有材料写成书面文件，还要让所有证人都到伦敦来，随时等待传唤出庭作证。

我们只要随便翻开《布鲁厄姆报告》，就能看到很多慈善领域中的诉讼案件，这些案件像"贾得西诉贾得西案"[3] 一样令人惊惧。慈善捐赠基金完全被大法官法庭的司法程序给耗干了，慈善收入也在漫长的司

---

① *The Times*，4 Aug. 1853.

② 私人法案是英国议会的一种常见做法。当事人可就某个私人事项向议会提出申请，由议会做出批示。议会所做的该项批示仅适用于特定对象，而不像公共法案那样具有普遍适用效力。——译者注

③ "贾得西诉贾得西案"是查尔斯·狄更斯在《荒凉山庄》里面提到的一个案件，该案件是在大法官法庭里审理的。——译者注

法程序中被浪费掉了，一个案件审理了 25 年的事情也不是没有过。① 有一个案件涉及的慈善资产价值 3000 英镑，这些资产的年度收益约 150 英镑被挪用到了缴纳济贫税和教堂维持费上。为了完成大法官法庭冗长的程序，该慈善组织卖掉了这批慈善资产中的一部分，到头来，这些资产的价值只剩下 105 英镑了，但该机构还是欠法院 2000 英镑的诉讼费用。为了筹措这笔钱，该机构以 4.5% 的比例做了抵押贷款，这样一来，该组织的收入只剩下 15 英镑了，也就是它原初收益的 1/10。② 《爱丁堡评论》的一位作者曾这样说道：对于一家年收入不足 30 英镑的慈善组织而言，跑去走法律程序无异于自杀。年收入有 60 英镑的，就会被砍去一半；年收入有 100 英镑的，会被砍掉 1/3。③

当然，这还是问题的一小半，而且可能是问题中最小的那部分。除了费用昂贵以外，还有一个事实是大法官法庭的诉讼行动是完全法律性、司法性的。大法官法庭完全遵循不告不理的原则，而且只能矫正技术性的不当行为——没有根据创始人指定的目的来使用慈善资产——或者，在慈善信托的宗旨无法实现的情况下，为其指定新的最近似目的。人们真正需要的是建构一套程序，来应对慈善组织内部管理的问题，而这反倒是大法官法庭颇有争议的管辖范围所不涉及的事项。尽管有人会主张说合适的解决办法是改革大法官法庭的程序，但这个办法绝不足以支撑大法官法庭的程序继续下去。现实的情况需要对管辖权问题做更大幅度的调整，而不仅仅是改革大法官法庭。

这次立法涉及了所有这些基本点。但急迫的改革者们还想走得更远，想要将过时的以及在他们看来有害的信托都纳入管理。他们不想遵从创始人的意愿，如果这些意愿会阻碍他们将救助类慈善组织的资金改用于教育事业，或者创始人的意愿是创立一所提供拉丁文、希腊文教育的文法学校，而当地对这些传统课程并不需要的话。这些改革者引用 1835 年特别委员会提出的直率的改革提议中的内容，即一旦这么一个监管机构

---

① Wilks's Almshouses, Leighton Buzzard. [*12th (Brougham) Rept.*, 1825, pp. 24ff.]

② *Edinburgh Review*, 83：476（April 1846）. 关于其他案例，参见 Courtney Kenny, *The True Principles of Legislation with regard to … Charitable … Uses*, pp. 148 - 149；Standish G. Grady, *Gross Abuses of Public Charities*, 2d ed. （London, 1853）, pp. 11 - 12。

③ *Edinburgh Review*, 83：477.

创立起来了，那么它其中一个职能是"如果（创始人）的目的无法实现或者已经无用，就给这个机构指定其他可取的目的"。[①] 这种改变"目的无法实现"的信托的想法的确不会影响到任何人。毕竟，这符合最近似原则的含义，但是，说要改变"无用的"信托就是另一个性质的问题了。

想要创立一个机构，授权它在信托目的无法实现或不适应"社会新情况"的情况下改变信托目的，这个想法如果是做成长线战略的话，那是很好的。事实上，这一争论纠缠了整个19世纪，而且，这个问题也一直并没有得到解决，到1950～1952年南森委员会修改慈善法时，它又被人提了出来。所以，很神奇的是，在维多利亚早期的英国人竟然会赞同这种做法，即对"无用的"信托做普遍的变更，或超越必要的最低限度来干预慈善组织的内部管理。因此，该管理机构要做大量的审查，以确认慈善资源是否得到有效管理，并防止受托人不诚实的管理行为，但是它不会涉及私人财产事项。监管者也不能随意轻视已故的创始人的意愿，除非在某些情况下，这些意愿被公认是理想化的，或者甚至是有害的。在他们眼里，信托只有在有迫切必要的情况下才能加以变更，并且要采用尽可能符合创始人遗嘱（有时很愚蠢）的方式。

在19世纪40年代以及50年代早期，上下两院或其中一院就这一问题，即是否要实施布鲁厄姆委员会提出的建议，讨论了总共约10次。罗伯特·皮尔爵士的政府（1841～1846年）对这一问题表现出了持久的兴趣，特别是通过林德赫斯特（Lyndhurst）勋爵，大法官在连续三年（1844～1846年）时间里反复向上议院提交这一立法提案。第二部法案，基于1835年特别委员会的报告起草完成，通过了上议院的审核，却在下议院流产了。[②] 林德赫斯特在1846年做了他最后一次也是最坚决的一次尝试，当时这份提案如果没有撞上政治反对派以及与《谷物法》斗争有关的党派争斗的话，一定是能够通过上议院审核的。

在立法案二读开始前，大法官对慈善法做了一番经典的也是最常被人引用的讲话。这是一次精彩的演讲，颇具说服力、相当锐利，在有些点上又极具讽刺意味。大法官一再强调他的法庭不适合处理涉及小型慈

① *S. C. on Public Charities*, 1835, p. ix.

② *3 Hansard*, 80: 766ff.

善组织的案件，并向下议院举出了一系列新的案例，这些案例都是有关
大法官法庭巨额开销问题的。他遗憾地承认，无法抵抗的压力使他不得
不将某些类型的慈善组织排除在外，也即大学、皇家基金会下属的学校、
大型医院、志愿型（非捐赠基金类）慈善组织，以及基督教各宗派的慈
善机构。但是，对于城市公会，虽然这类机构也组织人手起来反对，但
他还是拒绝做出让步。不过也正是因为这些同业公会，他才将他最严厉
的讽刺收了起来，因为他注意到他提交的 19 条针对 11 家公会的信息引
起了他们的请愿，反对这份提案。但他也暗示说，如果他们作为慈善组
织管理者的行为能够真正符合他们的职业要求的话，那他们提出的列入
豁免名单的要求才算有些合理性。他讽刺地提到了翠尼提·蒙代（Trini-
ty Monday）的公费旅行，蒙代作为绸商公会的代表前往格林尼治，名义
上是去拜访诺桑普顿勋爵慈善机构。创始人允许每年 5 英镑的费用用于
开展该项视察工作，而 1833 年的差旅费则涨到了 89 英镑 10 先令 5 便
士，包括早餐、午餐，以及一顿丰盛的晚餐，这些钱都是从慈善组织的
基金里随意拿出来的。林德赫斯特苦笑道，正是这家绸商公会，还"声
称要将自己列入豁免名单，因为它严格、忠实的管理行为保证了它能严
格地履行自己的义务，而且也应能在未来再次履行这些义务"。[1]

　　一些利益受到该提案影响的有实力的慈善组织提出了大量反对意见。
皇家医院、弃儿医院、福音传播协会、考文垂的慈善组织，以及其他区
很多组织都上书请愿，反对这份提案，而城市公会则将它们申请豁免权
的提案直接交到了众议院的手里。[2] 不过，真正摧毁林德赫斯特的努力
的是辉格党众们无力抵抗党派政治的诱惑。他们对托利党贸易保护者怀
着盲目的愤怒，反对皮尔首相，并将这视为封印他的政府所带来的最终
厄运的一个机会。在《谷物法》提案尚未提交上议院之前，里士满
（Richmond）公爵带着贸易保护者们提出一个动议，说要与辉格党联合，
将慈善法提案给否掉。"我们，啊呀，我们无法抵制这样的诱惑"，坎贝
尔勋爵之后惭愧地承认。结果，双方联合，导致该法案差两票未能通过
表决。"我不得不惭愧地承认，从党派的角度……这个主张是针对我们

① *3 Hansard*，86：747.

② *Ibid.*，85：149.

的，而贸易保护者们则跟我们站在一起。"① 这是皮尔政府倒台的开端，也是慈善立法活动的一次失败。这导致慈善立法被推迟了7年。《泰晤士报》哀叹道："人们一致决定反对大法官提出的调查，保护了受托人和公会们，让它们苟延残喘，可以继续不承担责任，得以豁免。"②

尽管约翰·罗素勋爵的辉格党政府几乎每年都会提出有关慈善信托的提案，但这没有引起太多的变化。有时，他们是在会议快要结束时才提出提案的，所以，该提案根本没有机会参与表决，而有时他们的支持也不过就是敷衍一下。虽然没有人怀疑和讨论该立法需求的真实性，但是对法案的反对意见却也从未失过手。一方面是衡平法学家们高度赞扬改革后的大法官法庭的优越性，另一方面则是其他反对者请求将他们所庇护的慈善组织纳入豁免名单。基督医院以及其他一些伦敦机构提交了豁免的老要求，而罗伯特·英格利斯（Robert Inglis）爵士则大力拥护救助困苦的文学作者们的皇家文学基金所提出的主张，说这么做会让这些受益人受辱，这些人"从他们的思想和职业本性上来看，都是相当敏感和易受影响的，不愿意让他们的不幸像那些住进了联合济贫院里的人一样为公众所知"。③

与此同时，1850～1851年，一个新的皇家委员会又施加了额外的压力。该委员会是由议会授权的，负责调查布鲁厄姆委员会没有向首席检察官报告的慈善组织的不当行为。该机构趁机推动政府，并一再地呼吁，要求"获得永久性的公共权力，以监督所有这些慈善信托的内部管理"。④ 后来，阿伯丁郡的上议院大法官克兰沃斯（Cranworth）勋爵也提出一个法案，这个法案最后获得通过，成为法律。虽然到这个时候，无人可以提出该问题的原始解决方案，但仅就克兰沃斯法案来看，它里面也不是没有大胆的突破。除了常规的职务以外，该法案还提出授予慈善委员很大的自由权，可以处置过时的或有害的捐赠基金。在信托的目标无法实现，或"鼓励行乞或不道德行为"⑤（在维多利亚时期，这句话

① Lord Campbell, *The Lives of the Lord Chancellors*, 8 vols., 2d ed. (London, 1848–1869), VIII (1869), 160, 542.
② *The Times*, 20 May 1846.
③ *3 Hansard*, 120：228.
④ *R. C. for Inquiring into Cases* (1849), *1st Rept.*, 1850, p. 4.
⑤ *3 Hansard*, 126：1017.

可以做很多种解释）时，委员会可以决定将该基金用于不同的目的。在这个方面，以及在其他某些方面，克兰沃斯的草案比任何其他提案要走得更远，并且远超大法官法庭此前遵循的规则与先例。

可以充分预见的是，上议院并不同意授予皇家委员会这样的权力，而那份被送到下议院的提案，里面呼吁成立的监管机构也被砍掉了很多权力。不过，在众议院，争议主要集中在一些次要事项上，因为人们不太想就基本问题进行争论。当时，真正占据众议院精力的是约翰·罗素提出的修正案，即给予天主教慈善组织以豁免权（这是对"教皇的攻击"所引发的群情激奋做出的反应）。政府只是不想提及大型的天主教慈善组织的合法性问题。事实上，因为其中很多机构是为死者举办弥撒仪式而设立的，它们根本就经不起《迷信用途法》的推敲，而且，很多机构也无法通过1736年《永久保有权法》规定的登记。换句话说，在该法修改以前，天主教慈善组织的法律地位是岌岌可危的，一旦将之列入慈善委员会的监管范围，这一地位就会崩坏。[1]

五

1853年《慈善信托法》[2]虽然最后变成了正式的法令，却只是对捐赠基金类慈善组织的问题做了温和的、近乎试探性的规定，远没有达到1835年特别委员会或1850～1851年皇家委员会所建议的那种强度。所以，《泰晤士报》对这部法令是有点过誉了："我们从未看到一套比这套法令更完善、更有效的措施"，当然，这话还是有一些道理的，因为它在后面加上了一句："没有一部法令会为人们如此千呼万唤——没有一部法令在制定时会经过如此缜密思虑、完善考量。"[3] 新的委员会——其中有3名委员是授薪的，2名委员做了至少12年出庭律师——被授予相当宽泛的权力，可以对捐赠基金类慈善组织开展调查。当然，他们主要的权力是开展质询检查。他们可以通过其检查员，要求受托人宣誓并接受检查，还可以要求对方提供材料。受托人需要向委员会提交年度账目。很明显，议会是希望慈善组织内部管理中的不当行为可以通过委员会的调

① *3 Hansard*, 129：1158.

② 16&17 Vict.，c.137.

③ *The Times*，22 July 1853.

查和曝光而得以解决，同时这些活动又不至于触及慈善法的关键点。

在该法令较有远见的条款中，有一条是与慈善组织的资金托管有关的，因为这些慈善基金的内部管理之松懈曾令布鲁厄姆委员会惊愕不已。新委员会的秘书长担任了公共慈善组织司库（之后是慈善土地的法定受托人）。这是一个法人，可以接受托管，负责管理慈善财产。更为重要的是，该法同时还创立了慈善基金法定受托人。慈善组织基金的受托人可以通过该机构，在不花费慈善资金的情况下，完成对由他们负责管理的基金的保管和投资等工作。投资所得收益会被移交给这些受托人，用于常规用途。该机构后来被证明是这套机制中的一个非常有用的组成部分，所以它的业务体量不断增大。

克兰沃斯法令所设立的慈善委员会可以遏制一定种类的管理不当行为，但它并未触及衡平法院的主导地位。[①] 比如，委员会甚至无权在不诉诸大法官法庭的前提下，任命一位新的受托人，而过时的信托及其变更的问题，如果是在 1853 年该法令出台前就存在的，则也将得不到解决。如果委员会发现一个信托需要变更，则它也不能亲自动手予以变更，而必须通过其他机构来完成。如果该变更可以依照最近似目的原则完成，则它必须通过首席检察官向大法官法庭起诉来实现。如果最近似目的原则不足以解决问题，而需要对该信托做全面重组，则它只能做一份能体现它想法的方案，呈递给议会，由议会制定正式办法。在第一种情况下，它要忍受大法官法庭惯常的拖延、大额开支，以及有限的管辖范围等问题。而在后一种情况下，委员们很快就发现，这甚至更让人沮丧。

新委员会的委员人选并没有引发普遍的赞誉。《泰晤士报》——虽然它的信息并不完全准确——质疑说，该委员会的人选是否"全都合格，在他们的事业上是否有足够高的声誉"。[②] 该委员会的主席是彼得·埃勒（Peter Erle），他是民事王座法庭首席法官的兄弟，具有丰富的处理不动产转让事务的经验。《泰晤士报》质疑道，这一背景可能不足以胜任这一职位，因为该职位需要相当的思想活力和创造力，虽然他的确可能不

---

① 大法官法庭档案记录保管员和副大法官被授权处理年收入超过 30 英镑的慈善组织的案件，新设立的郡破产法院和区破产法院负责处理年收入低于 30 英镑的慈善组织的案件。

② *The Times*，26 Oct. 1853.

像他的同类人那样带有先入为主的偏见。在 20 年时间里，埃勒一直担任委员会的主席，他是该委员会的引领者，而且，他至少还负责了部分繁重的与慈善组织的司法性和合法性——在晚近一些批评家眼里，是死抠法条的——相关的问题。

他的同伴，其中一个是出庭律师詹姆斯·希尔（James Hill），另一个是牧师，即尊敬的理查德·琼斯，《泰晤士报》对这两人的印象都不太好。但是，在这里，编辑的攻击有点太离谱了。我这么说，不仅是因为希尔是一本很有用的受托人手册的作者，也是 1850～1851 年皇家委员，还是因为，根据一位同伴出庭律师的说法，在任命他时，政府顶住了大量的政治压力。[1] 我们还有理由相信希尔是《慈善信托法案》，也即克兰沃斯提交的那部草案的主要起草人。[2] 同时，琼斯的任职资格也没有问题。他曾经是伦敦国王学院以及黑利伯瑞学院的政治经济学教授，也曾担任过一个重要的政府委员会的秘书。第四位（未授薪）委员是乔治·格雷（George Grey）爵士，当时他将要去担任殖民事务大臣，所以，他除了代表该委员会出席众议院的会议以外，一般没有太多时间用于这些慈善事务。

在两名协助委员会开展工作的检查员中，有一个拥有突出的才能。汤姆斯·黑尔（Thomas Hare），人们现在主要记得他是比例代表制的创始人，但其实他对促进英国慈善组织管理的改善做出了突出贡献。他在担任检查员以及助理委员的过程中，将扎实的法律职业技能、勤奋、洞见等品质与一种更为稀有的推理天赋结合到了一起。他能像其他调查者一样，挖出事实，并将这些事实对应到一系列慈善组织身上，但是，这远没有结束。黑尔不仅对"是什么"感兴趣，还对"为什么"感兴趣，他并没有被他自己所接受的法律职业技能训练所束缚。他撰写的一系列有关伦敦市教区慈善组织的出色的报告为 1880 年皇家委员提供了事实基础，而且，还导致这些捐赠基金合并为城市教区基金会。[3] 和很多其他以作调查为职业的人不同的是，黑尔会毫不犹豫地做出批评和类推。他

---

① *The Times*, 31 Oct. 1853. 前两位委员是永久性的，而第三位委员（琼斯）是临时性的，但是，在琼斯死后，根据 1855 年法令，三个委员职位都变成永久性的了。

② *Ibid.*, 12 July 1854.

③ 参见第十章。

在社会科学协会和其他地方所做的发言——这些发言经常是考虑周详的，有时也会有一点过于富有想象力，但总是起到促进作用——反映出他致力于推动彻底的甚至近乎极端的慈善改革的想法，这有点类似于亚瑟·霍布豪斯（Arthur Hobhouse）爵士在19世纪70年代所拥护的那种理念。所以，在黑尔那里，委员会得到了一个相当有能力且十分尖锐的检查员。

慢慢地，委员们才开始感觉到他们的职位的缺陷，特别是缺少必要的权力开展重要的改革。从一开始，他们就向地方慈善组织的管理者们证明自己是有用的，特别是在提供协助和常规建议方面。事实上，他们的这些书信在相当大的程度上预示着一个更为全面的计划的推进。在第一年末尾，委员会报告说，共收到慈善基金受托人提交的约1100份申请，要求委员会就各类问题提供协助和建议。虽然他们满心期待4万家慈善组织能向他们提交账目①，但是在第一年里，令人遗憾的是，他们只收到了1万份账目。如何才能劝说慈善组织提交常规账目，成为委员会一个从未能成功解决的难题，这也是一个世纪后，困扰南森委员会的难题。检查员以看似非常规性的活动，调查了约800家捐赠基金，其中包括一些大型的个人基金会，此外，还梳理出了某些城市的慈善结构，即考文垂、沃里克和伦敦等，所有这些城市都有很多古老的慈善组织，而且有不少管理不佳的捐赠基金。

然而，委员会却发现他们直接的矫正权力受到了严重限制，而且，他们正开始为这种严格的限制而感到烦躁。任命新的受托人的办法，即由委员会批准，向大法官法庭或郡法院提出申请的办法，依旧很复杂，而且花费颇巨，乃至于吓退了一干小型慈善组织。特别令人讨厌的还有将慈善资金移交给官方受托人时所受的管控，因为委员会自己没有权力批准这一事项。这一公认是有益的机制只能凭法院令才能启动起来。同样，委员会对其有限的调查权感到颇为不满，因为他们只能向受托人索取信息，而不能调查任何第三方。总之，只要1853年法令还在管着委员会的活动，慈善领域的任何改革就只能是相当小规模的了。

到1854年夏天，《泰晤士报》便不再对委员会，还有该法令抱有任

---

① 当然，在布鲁厄姆调查以后，慈善捐赠基金的数量有了大幅增长。虽然这些新的信托主要是增量部分，但是其中也有一些是布鲁厄姆委员会没有发现的组织，是这个总数中原本应该包含的部分。

何幻想了，而仅仅在 12 个月之前，它还在欢呼这是一个完美的解决措施。报纸编辑最终发现，该法令在实施过程中采用姑息放任的态度，这反映在它所依凭的一个奇怪的前提上，即那些正在吞噬和贪污慈善资产的受托人"所想要的不是别的，而是一个改正他们的错误行为的机会"。[1] 偶然也会有人在众议院的会议上提及这些怨言。比如，在 1854 年，在一场关于慈善监管权的争论中，小埃利斯（Ellice）哀叹道，议会正在"想尽办法，避免给（委员会）调查以外的最基本的权力，但调查权反而不是最必要的，因为老（布鲁厄姆）慈善委员会已经做了全面的调查"。[2] 如果委员会真的只能拥有如此有限的权力，那我们就应该坦率地承认，即实际上，布鲁厄姆调查或《慈善信托法》并没有带来什么真的改变。

1855 年修正案只在很有限的方面给委员会的地位提供了支撑。[3] 其中最有用的条款说明了官方受托人的权力与责任，并允许慈善组织不用诉诸法院就可以将资金转移到该部门。其他条款虽然也值得期待，但在众议院表决时被删去了。[4] 这部修正案仅凭这么一项底气不足的规定不足以敷衍，更不必说消除人们的这项需求，即需要一套更为彻底的解决措施，而且，也没有人会真的就把这当成最终解决方案。在该提案还在议会审议的时候，《泰晤士报》就呼吁出台一部法令，将衡平法院对慈善事业的优先管辖权授予该委员会，"如果有人向这些法院提出简易起诉的话"。[5]

最让委员会沮丧的事情是有一个扳不倒的障碍，即议会一直反对他们提出的有关个人基金会的绝大多数方案。1853 年法令规定慈善组织，如其信托不能依据最近似目的原则予以变更的，则可以由委员会提出重组方案，并通过议会按照常规方式完成变更。不过，之后随即出现了一个情况，即除极少数情况下（它提出的方案不会损及当地的利益或冲击当地的观念时），委员会无法通过这种方式完成对慈善组织的变更。委员

---

[1] *The Times*，12 July 1854.

[2] *3 Hansard*，134：1310－1312.

[3] 18 & 19 Vict.，c. 124.

[4] *3 Hansard*，139：1875－1893.

[5] *The Times*，19 April 1855.

会最终得出一个结论，即提交有争议的方案是没有意义的，他们最佳的办法是将自己的方案改得温和一些，以至于能够按照最近似目的原则，在大法官法庭里完成变更。①

在达拉谟附近的舍本地区，有一所基督医院，关于该医院的案件给委员会提供了一次很有启发性的、让他们头脑冷静下来的经历。这家机构有一个基金会，它的状况非常糟糕，重组已是不容置疑的事情了，但是委员会的方案遇到了僧俗两界人士的反对，乃至于委员会不得不放弃尝试，彻底变更其方案。这所医院成立于12世纪，目的是救助麻风病人，其现任院长是由达拉谟主教任命的，其中共入住了30人，有一半是常住其中的。这所医院的财产主要是土地、矿产、什一税，这些财产增值巨大，所以，到19世纪中叶，其年收入已经达到4700英镑。这完全是特罗洛普式的状况，因为其每年刨去开支，还剩下约3000英镑的款项。这些钱都归该院院长控制，而正如委员会所说的那样，它"并没有发挥任何重要的作用"。② 当然院长也拿出了一小部分钱，用于维持邻近地区的几所学校，增设医院赞助的牧师职位并扩建牧师住所，以及修缮这些建筑。但是，该院院长职位还是一个难以想象的神职肥差。

这个院长的去世给了委员会一个机会，来提出一套关于该捐赠基金的更有建设意义的方案。委员会并没有轻视创始人的遗嘱，相反，他们提议恢复创始人的原始意图，将该慈善组织重组成为一个救助慢性病的机构，类似于现代麻风病院。此外，他们的方案还建议永久性地增设医院的牧师职位，并给予当地的贫民救助机构一些赞助，此外还要每年给达拉谟郡医院一笔捐款。他们同时提议清算该神职院长职位，建立一套管理机制，以更好地适应该机构的新职能。同时，委员会还真诚地提到，只要扩大该基金资金的用途，就不会留下一大笔钱，乃至于该院院长"可以凭借他的职位来掌握巨大的资金支配权"。③

这个计划是非常合理的，但是委员会还是惹怒了僧俗两界。他们提议不再续设神职院长职位，让达拉谟主教出离，使很多人愤怒。向郡医院提供捐赠的建议也遭到人们反对，因为这是对该慈善资金的不恰当使

---

① *6th Annual Report of the Charity Commissioners*，1858，p. 5.

② *2d Ann. C. C. Rept.*，1854，*Suppl. Rept.*，App.，p. 6.

③ *3d Ann. C. C. Rept.*，1855.，App.，p. 16.

用，相反，该补贴应该被拨给其他医院。当该提案被提到上议院的时候，这些老爷们对这份提案乱改一气，乃至于委员会不得不放弃这场争斗。[1]然而，随着该慈善组织实际上停止运作，以及该组织的收入增加到了令人担心的水平，委员会不得不又采取行动。他们没有其他选择，只得向大法官法庭提出一套符合最近似目的原则的方案来尽可能抢救其中的财产。他们知道，大法官法庭并无法批准那套本应该配套给舍本医院的机制，但他们又没有其他办法来劝说上议院（以及大主教）采取更为审慎的态度。

舍本案并不是孤案。在委员会提出的方案中，有的方案，如纽卡斯尔的圣马丁从良妓女机构案，直接被扔了出来，而其他方案被改得面目全非，还有一些则被束之高阁。所以，委员会在改组考文垂和布里斯托尔的各类基金会的计划上并无半点进展，而且虽然有些法案因为没有引起反对而被议会接受了，但委员会也并不感觉太有希望能提出大批量的此类方案，以获得议会的批准。在前 15 年时间里，据 W. E. 福斯特（W. E. Forster）说，只有 18 个议案获得通过。[2] 因此，在很早的阶段，他们就不得不迫使自己接受这种状况，即在权力扩大之前，还是尽可能依照最近似目的原则，通过大法官法庭来开展工作。[3] 同时，他们也期待能变更法律，这样就可以授予委员会以类似于大法官法庭的优先管辖权，此外，他们还希望获得这一授权，即在某些情况下，不用严格遵循创始人的指定，虽然他们"并不会严重违反创始人的主要意图"。[4]

虽然 1860 年《慈善信托法》只实现了委员会一半的愿望，但正是这部法令创建了委员会，并授予它超越调查权的其他权力。现在，议会两院中关于该法案的争论变得相当少，因为很明显的是，人们提出了一个强力的主张，即要么扩充委员会的权力，要么废除它。上议院大法官承认，之前的法案没能就小型慈善组织提出一个令人们满意的矫正办法，

---

① *4th Ann. C. C. Rept.*，1856（d. 1857），p. 5；*Corr. Between the Bishop of Durham and the Charity Commrs.*（*Parl. Pap.*，1856，LIX）.

② *3 Hansard*，194：1370. 关于一个方案通过议会审议之艰难，参见下述证据：Sir Arthur Hobhouse，*S. C. on the Charitable Trusts Acts*，1884，Q. 2880。

③ 相关证据，参见 Henry Longley，*ibid.*，Q. 149；Robert Lowe，*Schools Inquiry*（*Taunton*）*Commission*（G. 3288），1867－1868，IV，Q. 6547。

④ *7th Ann. C. C. Rept.*，1859，p. 6.

因为向大法官法庭提出申请要花费平均 50 英镑的经费。[1] 所以，现在的主要目标是创立一个在行政管理事项上，而不是司法事项上能替代大法官法庭的机构，而且这个替代品的开销要低于大法官法庭。因此，新的法令中最重要的条款是授权委员会"下达与大法官法庭行政办公室的法官、郡法院或地区破产法院一样的命令"——批准方案，任命或解除受托人职务，以及批准各类交易事项的命令。[2]

不过，根据该法令，委员会的法律行动被限定在两个重要的方面。

第一，他们的方案制定权只能适用于年收入小于 50 英镑的慈善组织；至于其他组织，如要由委员制订方案的，必须先得到机构多数受托人的同意。由此，在英国的捐赠基金中，有相当大的一个比例，也即超过 80% 的组织被归到了委员会的管辖范围下，但是这些组织所占有的慈善资产却只是全部慈善资产的很小一个部分。因为，正如委员会主席在 19 世纪 80 年代中期所宣称的那样，英国 10% 的捐赠基金获取了 85% 的慈善收入。[3] 委员会并不喜欢这个 50 英镑的标准，而且，随着年头的一点点过去，这个标准变得越来越低。只要有这一条标准在，他们要为大一些的慈善组织制订新的方案，无论现实中制订这一方案的需求有多么迫切，都必须先收到受托人的邀请。

第二，其限制是不同种类的限制。关于小规模的慈善组织，该法令规定，委员会的行政管理权和"大法官法庭行政办公室的法官"一样，这是一个相当不精确的界定。该委员会无法对诉诸议会的法令做出界定，因为议会从未对大法官法庭的权力做出规定。简言之，委员们很快就注意到，他们的权力有些模糊，因为，正如委员会主席在数年后所说的那样："与多数行政管理机关不同的是，没有任何文件对委员会的权限做出规定，我们只能在诸如都铎王朝时期的《慈善信托法》中找到一些只言

---

[1] *3 Hansard*，159：1188. 笔者对 1884 年特别委员会的陈述（p. iv）感到有点困惑，不知道该如何做出解释，即罗伯特·洛（Robert Lowe）根据 1835 年特别委员会的建议而提出了一个更为激进的议案，但是这个议案被众议院做了大幅修改。事实上，罗伯特提出的这个提案是从上议院被派给下议院的，上议院没做重大修改，而下议院的修改也没有涉及其中的重要问题。罗伯特的讲话，并没有提及其他提案，或者比最终出台的法令中更为激进的条款。

[2] 23 & 24 Vict.，c. 136，s. 2.

[3] Henry Longley，*S. C. on the Charitable Trust Acts*，1884，Q. 185，189，190.

片语。"① 同时，该法令的第 5 部分虽然提出了警告，即要求他们不要介入属于司法裁决的诉讼案件，但也没有增加委员会的安全感。

尽管如此，1860 年法令还是将委员会变成了更有用、更负责任的机构。委员会在拿到方案制订权后，业务规模快速扩大，而大法官法庭的法官和郡、区法院的业务规模则相应缩小。委员会可以提供给那些规模不太大的捐赠基金类慈善组织上述其他机关所能提供的所有东西，而且这些东西都是不花钱的。事实上，在这些年里，委员会将自己主要定位成一个类似于贫困慈善组织的大法官法庭的机构，在它的行政管辖范围内，它能提供法院所能提供的多数好处，而且这些都几乎没有什么缺陷。②

---

① Henry Longley, *S. C. on the Charitable Trust Acts*, 1884, Q. 156.

② 熟悉奥利弗·迈克唐戈（Oliver Macdonagh）的读者一定不会漏掉这一情况，即在他的文章中，他在提到慈善改革前，提到了他自己创立的"模式"，参见 "The Nineteenth-Century Revolution in Government: A Reappraisal," *The Historical Journal*, 1 (1958), no. 1, esp. 57-61。

第三部分（Ⅰ）

私人慈善与公共责任（19 世纪 60 年代至 1914 年）

时间湮没了古代的善良。

——詹姆斯·罗素·洛威尔（James Russell Lowell）

因为他们对政府的职责没有概念，他们希望将政府限定在只解决金钱争议或处罚犯罪等职责上。恰恰相反的是，对于治安法官而言，他们更应该将自己的精力用在培养善良的公民上。

——胡安 – 路易斯·维渥斯（Juan-Luis Vivès，1526）

　　自 19 世纪 60 年代以来的半个世纪，以及第一次世界大战的爆发，带来了一场革命。虽然这场革命完成于 1914 年，但它的影响却远不止于此。这场革命改变了英国人的观念，即关于私人慈善与公共行动各自所占领域的问题。在一定程度上，这反映出他们关于贫困的观念，以及有关工业化社会中的对策等，出现了更为深层次的变革。19 世纪很多关于社会苦难及其对策的思想都与 19 世纪的现实状况没有太多关系，是从前工业化时代继承而来的。一般来说，维多利亚时期的社会思潮将这些困难，如贫困、赤贫的老人甚至很多失业的人口，都归咎于个人的缺陷，而不是任何更为一般化的社会机制的失败。简言之，这些情况都被视为例外的、个人性的状况，而不是英国社会的病症。所以，只要人们从道德的角度思考维多利亚时期的社会问题，也即将之归咎于个人的缺陷，那么，他们就没有太多理由去质疑维多利亚时期的解决措施。

　　这涉及私人慈善组织与法定机构之间关于两者合理的运作范围的一个广为人知的甚至是心照不宣的协定。在这个时代里，人们理所当然地认为，大型公共社会服务难以有效扮演维多利亚时期的人指定给私人慈善组织的那些独特的角色。所以，理所当然的是，在整个 19 世纪，以及 20 世纪，社会福利的主要职责都是由志愿型机构来承担的。而国家的职能则主要是补充性的，即填补私人慈善网络留下的亟须填上的空隙，以及承担救济真正的贫困者的传统职责。

　　维多利亚中期的人对此感到十分满意，甚至喜不自胜。不过，他们关于责任划分的这种理解恰恰说明了他们关于社会问题的理解有多么浅薄。他们不仅没有社会知识，也缺乏社会想象。英国在维多利亚时期高潮阶段的经济扩张，以及中间阶层和技工阶层收入的日渐改善，都使人们很容易遗漏掉——如果这不是否认的话——这么一种情况的存在：存在一个"社会最底层"（这是之后广泛流行的说法）。甚至亨利·梅休（Henry Mayhew）在他的《伦敦劳工与贫民》一书中揭露的状况都没能对他同时代的人的社会观念产生什么直接的影响。他的这部作品发表于 19 世纪 60 年代早期，但是，到这十年结束的时候，新成立的慈善组织协会所使用的机构形式，体现的还是指引维多利亚人的社会行动的那套传统观念。

　　慈善组织协会的历史并不是没有讽刺成分的。在该协会成立之初，多数开明的维多利亚人本都接受它的纲领，至少是它的基本的哲学观念，而没有提出太多质疑。但是，结果该协会却成为一个将死的，或者在二三十年里将会朽烂的信念所留下的遗迹。① 从 19 世纪 80 年代开始，维多利亚中期的成型理念开始受到越来越多的质疑，于是，维多利亚晚期的人被迫开始探寻其他解决措施。在那个时期，人们会经常研讨有哪些因素在推动社会状况发生变化，对此，我们不必加以一一详述。② 19 世纪 80 年代中期的年景不佳更是凸显了工业社会中大量失业的真实状况，导致人们对社会不幸更为广泛与深刻的关切。在这一系列探索中，有一部分内容，科学的或炒作的，深入了英国社会底层的生活。在这些探索所得出的解决措施中，志愿性捐赠并不在其列。相反，共同体，也即国家，则要承担义务，来处置这些不幸和贫困，如果这些结论能像查尔斯·布斯的数据或其他同样意思的材料一样得到广泛传播的话。不仅如此，随着英国工业化的日渐成熟，社会资源也开始出现大幅增长，因此，用来解决福利问题的措施也就相应获得了成功的希望。

新的措施并没有为人们所立刻接受，因为很明显的是，这些措施与维多利亚人信念中绝大多数不证自明的"真理"直接对立。在维多利亚晚期，人们遇到了他们时代的所谓"最紧急的道德困境"，"也即如何协调集体行动，解决社会问题，促进个人福利，以及维持和鼓励个人责任感和主动性"。③ 在这个问题中，争议主要集中在两个方面，老年人的养老金和失业救济。在这两个问题上，相互冲突的两股力量正面相对。这是一场非常尖锐的争论。但是，到 1914 年，平衡被打破了。自此以后，主要的福利担子被压在了政府的肩上，而私人慈善则开始越来越多地在不断扩大的法定服务体系之侧扮演起一个补充性角色。

在这个时代，和其他时代一样，国家从慈善机构那里大量汲取经验。

---

① 加尔文·伍达德（Calvin Woodard）在其剑桥大学博士学位论文《慈善组织协会及社会福利的兴起》（未出版）中，就当时社会的几个转变提供了一个有趣的解释，而正是这些改变导致该协会所依凭的原则很快就过时了。

② 比如，Helen M. Lynd, *England in the Eighteen-Eighties*（New York，1945）；Gertrude Williams, *The State and the Standard of Living*（London，1936），chap. I；Charles Loch Mowat, *The Charity Organisation Society*（London，1961），pp. 114 – 120；Beatrice Webb, *My Apprenticeship*（London，1926），chap. IV。

③ T. S. and M. B. Simey, *Charles Booth*（Oxford，1960），p. 5.

对此，在 19 世纪 50 年代中期，《泰晤士报》抨击说，政府不该总是依赖志愿行动而沾沾自喜：

> 这就是所谓的行动的自发性，正是靠着这种自发性，我们才能使我们的社会卓尔不凡，正如我们让立法、诉讼程序变得声名远播一样……但我们总是靠着个人来寻找与发现社会的弊病。我们总是靠着个人的慈善来探索解决之道。只有等到这些实验成功了，议会和政府才缓缓跟进……但是，只有在极少的情况下，才会出现政府主动设计出一套全面的慈善方案的事情。它总是坐在那里等着私人探索的结果和私人的经验。[1]

在实践中，政府可能会在各个阶段，通过各种路径介入私人慈善开拓的服务领域，而且介入的程度也各有不同。但是，其介入的程序在各个时期，在各次介入中——教育、住房、医疗护理、少年犯罪，以及勉强还算是介入了的老年援助和失业救助等领域——都是一样的。自此以后，在社会福利问题上，政府政策开始成为一个日渐重要的主导因素。

在这些事业中，主要的慈善家们，以及有组织的团队，也扮演了重要角色。维多利亚人手里有很多闲钱，所以，那些制造商、销售商、金融家等，只要稍微对共同体的需求有一点关心，都有能力慷慨地做慈善。我们在这里无须列出这些人的名字，以及他们具体捐了什么。我们只需看一下这些情况就够了：当时成立了不少新的医院，还有不少老医院多次从破产边缘被救了回来；新成立了不少高等教育机构——各类红砖大学[2]；资助医学和科学研究；富人捐赠或遗赠建立了文化和娱乐设施——图书馆、博物馆、艺术馆、公园；开始了一些城市住房计划尝试和村镇工业化的尝试。至少，在这个时期，人们拿出了维多利亚时期经济产出的一小部分，用于解决当时的福利问题。

维多利亚时期的政府在经过了改革，并且日渐变得更为民主后，开始面临一项改革任务，即要对捐赠基金慈善组织领域中明显的过时之物

---

[1] *The Times*, 8 Aug. 1956.
[2] 红砖大学指英国 19 世纪末用红砖建造的在伦敦以外的城市大学。——译者注

做出调整。在古老的慈善捐赠基金中，有两类组织亟须改革：伦敦市里大量被废弃不用的教区慈善组织，以及杂七杂八的以教育为宗旨的捐赠基金，特别是在中等教育领域。要让这些机构适应现代需求，政府就要采取改革的姿态，授予委员会特别权力，以掌管重组事项。在这方面，有两项改革内容（参见第九章和第十章）标志着政府突破极限的改革姿态，第一是政府将它的权力延伸到慈善信托之上，第二是在一些重要案例中，政府明确抛开最近似目的原则，不将之作为机构重组的基础。①另外，经过三四十年的积极活动后，慈善委员会的活力明显减弱了，它的政策开始日渐依循传统路径。委员会无法从议会那里得到它想要的权力，同时，在1914年之前（以及之后），它的工作，以及它在更早一些时候的探索，看起来都是不愿冒风险的，是循规蹈矩的。

此后，到19世纪中叶，英国政府开始表现得越来越想要解决公共生活中的问题了。政治民主的进步使人们不可避免地更为关心社会政策，过去阻拦公众行动的一些障碍，意识形态的和经济的，现在都被逐渐消除了。新的关于贫苦问题的令人不安的分析——这些分析源自布斯详细的调查——使政府采取更为积极的社会政策变得势在必行，而且它还凸显了人们的怀疑，即仅靠慈善不足以解决问题，同时，这种怀疑在某些人眼里正在快速变成一种确然。所以，无论志愿型组织积累起来的经验对有效的政府行动有多么重要，20世纪的英国人已然发现，只靠这些组织的探索是远远不行的。

---

① 法院和慈善委员会还是要适用最近似目的原则的，虽然议会的方案未必要遵循这一原则。

第八章 "科学慈善": 慈善组织协会

一

慈善组织运动可能是维多利亚中晚期的慈善实践中，最具代表性的一股潮流，当然也是最有特色的一次创新改革。其中，很少有机构能比伦敦组织慈善救助与抑制行乞协会就它对社会问题所提出的解决方案提出更为彻底的主张，或者设定比该协会更高的目标，因为该协会的目标是由一群道德高尚的辩护者设定的。而且，没有什么机构能比它吸引更多的奉献，特别是在它的影响力达到顶点时，也没有机构能像它那样引起如此强烈的反感。

该慈善组织的组织者意识到，他们并没有产生普适的吸引力。该协会的一个创始人自认为是该机构的主要创始人，所以认为自己有义务解释"为何3名绅士认为自己值得为这一发明而奋斗，而正是因为这一发明，该协会才成为伦敦城里最不受欢迎的，也是最被人们误解的协会"。[1] 一些人心里——这不仅仅包括那些利益（自私的或慈善的）受到损害的人——对此事满是质疑，他们认为该协会所倡导的"科学慈善"是非人际性的、很不情愿的，裹挟在官样文章之中，而且它针对不加区分、无脑的慈善行为的长篇说教经常意味着对慈善事业的全盘否定。正如高教会的牧师（也是基督徒社会联盟的一名领导者）所说的那样："从巴尼特（Barnett）教士嘴里说出的理论，就算是错误的，也都看起来很高尚；从洛赫先生笔下写出的理论，就算是荒谬的，也都能成为齐嚣的人们的实践，因为这简直就

---

①   W. N. Wilkinson, *The Invention of the C. O. S.*, *Charity Reform Papers*, No. 10.

是紧捂口袋最好的借口。"同时，他还提议，用乔治·赫伯特（George Herbert）的下面这句话来作为该协会座右铭是最合适不过的了：

> 好似有着一个亲切、善良的灵魂，
> 但却像风干的木材一样——铁石心肠。[1]

基督徒们，只要坚持将慈善行为视为对《圣经》所命令的基督徒美德的实践，就不可能对该协会所主张的原则和程序有半点热情。甚至那些致力于帮助贫民的人也越来越怀疑私人慈善，无论管理得有多么尽责，是否能成为贫民问题的解决方案，以及敦促人们要节俭、节制和检点，甚或仅仅是抑制不加区分的施予，是否真的能对那些可怜人产生很大的影响。

慈善组织协会并不太接受对它的信条或方法的批评。它的辩护者们认为批评者们都很蠢，或者都很自私，一味想将他们那毫无根据的信条变成永恒，而且这些抵挡智慧的光芒的人都是偏执狂。的确，要客观地审读该协会的记录是一件十分困难的事，而更为困难的是对它所享有的名声，以及它所激发的激情表示赞赏。[2] 它所遵奉的社会信条传递出了它所采用的程序和使用的手法，这一信条是过时的。而且，回头来看，我们也会发现，这一信条也与英国社会的发展方向背道而驰，乃至于人们对其并不能给予理解和接纳。所以，很不幸的是，慈善组织协会在一个时代的末尾成立，立足于当时广为接受的假说之上，而在此后不久，这种假说就过时了，与越来越多的英国人扯不上关系。

不过，正如其道德高尚的拥护者们所说的那样，该协会倡导的慈善范式是真正崇高的，因为这种慈善范式，包括个人服务以及金钱资助，都超越了单纯的施予。该协会说自己是现代社会个案工作的先驱者中的领头羊，这一点也没有人可以说不是。但是，很奇怪的是，邻里服务的

---

[1] Charles L. Marson, *Charity Organization and Jesus Christ* (London, 1897), p. 33.

[2] 查尔斯·洛赫·莫厄特（Charles Loch Mowat）教授的颇有价值的研究 [*The Charity Organisation Society, 1869–1913* (London, 1961)] 在本章写完后才出版。笔者的研究目的和视角与他有些不同。而且，尽管笔者后来参考他的作品时做了一些细节性的调整，但并未做出太大的调整。不过，笔者大量参考了他之前发表的文章，即 "Charity and Casework in Late Victorian London: The Work of the Charity Organisation Society," *Social Service Review*, 31: 258–270 (September 1957)。

观念有时似乎也能与它的程序中所蕴含的坚定的职业性相一致，并且与这种职业性相伴随的那种傲慢的态度也一样相符。该协会从未真正靠近它所宣称的目标，但负面的目标除外。它也从未成功地将伦敦的慈善救助合理化，或者将自己建设成为伦敦慈善组织的"证券清算中心"。无论是志愿型组织，还是济贫法机构——这些机构在该协会的理论里都被指定了一个独特的角色——都没有跟着该协会预先设定好的剧本走。随着年份一点点过去，该协会对社会和政治现实的把握开始变得日渐浅薄，直到后来，按照韦伯的话来说，它变成了"一个极度排外的派别"。①

慈善组织协会是由一大堆元素混合而成的，其中有一些元素是理想主义的，有一些是审慎性的，这些元素非常多，乃至于人们经常很难判断到底该协会传递了什么样的信息。其中，与该协会直接相关的社会因素是19世纪60年代越来越多的贫困问题。虽然地方政府委员会的统计结果并不太支持这一说法，但当时人们主要还是认为贫困问题在增加，而且增加的比例十分大，而且在这方面也不缺乏决定性的数据支撑。②从英国全国来看，贫民数量和（人均）开销金额无疑都是上升的。③

无论贫困增长比例是大还是小，协会创始人所采用的解释——因为济贫法过于宽松，又吹毛求疵，而人们的施予又不加区分——总是过于简单化了。比阿特丽斯·韦伯（Beatrice Webb）回忆道，下面这个信条，几乎是"让人着迷的"，所以在19世纪60年代得到人们普遍接受，即"大城市的大量不幸之所以会出现，主要是因为，如果这不是全部原因的话，零散的、不加区分的、不附加条件的救济，无论这种救济采用的是

---

① Sidney and Beatrice Webb, *English Poor Law History: The Last Hundred Years* (London, 1929), p. 456.

② 莫厄特教授（*Charity Organisation Society*, p. 5）提出，根据地方政府委员会的数据，在19世纪60年代，伦敦的贫困率实际上是下降的。但是，该协会创始人普遍接受的数据则显示了相反的情况。比如，在1858～1868这10年里，贫困的比例从2.9%上升到了5.09%。〔J. H. Stallard, Pauperism, *Charity and the Poor Laws* (London, 1869); Thomas Hawksley, M. D., *The Charities of London* (London, 1869), p. 8; E. L. O'Malley, "Charity Organisation," Trans. *Social Science Assn.*, 1873, p. 589〕

③ Mowat, *Charity Organisation Society*, p. 5. 在这10年里，贫民数量从844000人上升到1032000人，而他们的开销则从5454000英镑上升到7673000英镑。（O'Malley, "Charity Organisation," n. 5.）

施舍的方式，还是济贫法救济的方式"。[1] 采纳这一观点的人好像都没有注意到这两个情况，第一是在这 10 年里，英国的经济上下波动——1866 年爆发了金融危机，还有粮食歉收问题；第二是在 19 世纪 60 年代，伦敦下等阶层的生活，特别是城里和邻近地区的居民的生活发生了巨变。有很多人因为新造的伦敦铁路而搬家，搬到了新建的街道上去居住，此外还有很多其他的"改变"也使他们很难适应。因此，无疑在很多情况下，他们都不得不依靠慈善或济贫税。[2]

但是，同样真实的是，针对这种情况，我们也可以把其中一些责任公平地归咎于济贫法管理方面出现的混乱与松懈。该体系完全没有实现 1834 年法令所构建的系统化机制，而且各地的监察委员会都享有非常宽泛的权力。在 19 世纪中期，各地的实践变得越来越五花八门，适用《户外救济禁令》的济贫院联盟的数量持续下降。换句话说，济贫法委员会在 1834 年所设定的严格的原则非但未能完全发挥作用，而且随着时间的推移变得更为散漫。[3]

人们很困惑贫困问题为何会变得更糟，但也没法通过志愿型慈善的办法让自己真的放心。当然，我们也不能完全接受慈善组织协会的指控，即质疑公众投入慈善领域的资金无论如何都不可能给其提供足额的产出。在 19 世纪 60 年代晚期，伦敦的慈善开支每年大概在 550 万～700 万英镑。[4] 这些资金的流出在很大程度上缓解了伦敦平民所承受的痛苦，但是，因为慈善的非系统性、不加区分等特点，它也渐渐使穷人养成了一种习惯，即依赖慈善，认为自己事实上是理所当然地应该得到这些救济的。很多致力于慈善事业的机构被开明人士认为是无用的，甚至是有害的，但是更为令人丧气的是这种做法，即它还在大量分发现金或食品券等救济品，而不对受益人的需求或品行做任何的区分。巴尼特说，他早

---

① Beatrice Webb, *My Apprenticeship* (London, 1926), p. 200.

② 城市"改变"所产生的结果还体现在一些其他方面，特别是在与慈善相关的问题上，如伦敦的人口减少、住房计划等。在这里，笔者可以引用慈善组织协会的先驱者，爱德华·丹尼森（Edward Denison）的观点，他将伦敦的变化归结为导致伦敦贫民增长的首要原因。[Sir Baldwyn Leighton, ed., *Letters and Other Writings of the Late Edward Denison* (London, 1872), p. 130; M. V. R. A., *20th Ann. Rept.*, 1865, pp. 6-7]

③ The Webbs, *English Poor Law History*, pp. 204-205.

④ Hawksley, *Charities of London*, p. 6.

年间在圣犹达大教堂的日子过得烦恼不堪，因为他总是接到资金或食品券的筹款请求，而且这些请求中还夹杂有威胁和恐吓。如果一个人接到请求后胆敢予以回绝，一幅全副武装的盗匪上门抢劫的场景就会上演了。有一次，一个盗匪堵住了巴尼特等人的牧师住宅，于是，巴尼特不得不走牧师住宅的后门，跑到教堂里，然后这位牧师才得以溜出去找警察。① 威廉·怀特利（William Whiteley）是一个"慷慨的施与者"。他经常从位于基尔代尔斜街的家出发，走到位于韦斯特伯恩格罗夫街上的店里去。每次，他都被"数百名乞丐团团围住，强行跟他要钱。他估计，这样一趟的开销要比他乘马车的开销多了有十倍"。②

没有一个头脑清楚的人会怀疑伦敦人的大量善行，虽然能让捐赠人产生一种美好的感觉，即自己是有美德的，却对社会没有建设性意义，而且它还在受赠人那里植入了一种习惯，即可以得过且过地依赖他人，可以不负责任，而这些恶习原本是慈善所要改变的。对于慈善事业的这些批评意见是常见的。我们在之前就碰到过，现在又再次碰到了。慈善组织协会就被贫民问题，以及某些慈善活动的致贫化现象所困扰了。我想，如果它当时能够将它在对贫困问题发出警告方面所用的精力哪怕分出一小块来，关心一下大众贫困问题，那人们在回顾这家协会时，都会将之作为 19 世纪末期有预见性的机构之一。

现在，我们已经没有必要去找出成立一个慈善组织的行业机构这个主意是怎么提出来的了。我们也没有必要去找出谁才是慈善组织协会的创始人，而且没有必要探究这一相当令人讨厌的争论，这一争论之后甚至还发展成为争论谁才应在协会创立中居头功。③ 事实上，在该协会的

---

① Henrietta O. Barnett, *Cannon Barnett, His Life, Work and Friends*, 2 vols. (New York, 1919). 1 84. 尊敬的 J. R. 格林（J. R. Green）提到他在东区教区所经历的另一桩类似的事情。［参见 Karl de Schweinitz, *England's Road to Social Security* (Philadelphia, 1943), pp. 141–142］

② R. S. Lambert, *The Universal Provider* (London, 1938), p. 133.

③ 最客观的也最可信的记述，见于 E. C. Price, "The Origin of the London C. O. S.," *Charity Organisation Review*, 8; 355–372 (October-November 1892). 在家庭福利协会（慈善组织协会）图书馆里，有一册活页文选和剪报，是关于这一争论的，里面收录了: C. B. P. Bosanquet, *The History and Mode of Operation of the Charity Organisation Society* (1874); Thomas Hawksley, *Objections to "The History"* (n. d.); W. M. Wilkinson, *A Contribution Towards the History of the Orgins of the Charity Organisation Society* (1875); G. M. Hicks, *A Contribution Towards the History of the Origins* (1875); Sartor（转下页注）

创立过程中，不仅有很多人做出过贡献，而且从更为宽泛的意义上来说，在此之前，某种类似于慈善组织协会的东西已经传了好多年了。在利物浦，威廉·拉思伯恩（William Rathbone）在 1863 年决定改变慈善界的混乱格局，将三家救济机构合并成为一家中央救济协会，同时，在苏格兰，爱丁堡改善穷人生存状况协会（1867 年）提前就具有了伦敦这家协会的一些特色。此外，如前所述，各类传教机构早已在不同程度上使用了慈善组织协会的很多方法，而慈善组织协会真正所做的不过是使这些方法变得更为普及罢了。①

不过，在这方面，最直接的先驱是救助不幸者协会，根据它的启动报告，它是由"少数几个绅士，鉴于 1860 年秋谷物歉收、粮食价格上涨，治安法官法庭的诉讼揭示出很多不幸的情况，出现了饥饿而死的情况"②等而发起成立的。不仅在某些措施上，救助不幸者协会与慈善组织协会一致，而且在人事管理方面两家机构也是相似的。前者招募了一大批志愿者做赈济人员，将伦敦各个需要帮助的片区划为大区，并将这些志愿者分派到各个大区里（后来发现，将人指定到大区，还是范围太大了）。

爱德华·丹尼森（Edward Denison）是慈善组织协会诞生的预言者。他对贫困问题的了解是从伦敦东区开始的，当时他正做救助不幸者协会在斯特普尼的赈济员。他认为，这种通过分发救济品来开展救济的方式是会弄巧成拙的，所以，他决定不再做兼职的赈济员，而是以一种兼职赈济员不可能做到的方式分享他关于贫困问题的经验。他在斯特普尼住

（接上页注③）Minor（可能是 Hawksley），*Philanthropic Tailoring and Historic Cobbling*（1875）。另外，相关材料还有：Wilkinson，*The Invention of the C. O. S.*（Charity Reform Papers，No. 10）and *Lord Lichfield and the Origin of the C. O. S.*（No. 11）；W. A. Bailward，"The Charity Organisation Society：A New Historical Sketch，"*Quarterly Review*，206：55 – 76（January 1907）。莫沃特（*Charity Organisation*，p. 18）列举了近期一些其他的说法。

① Simey，*Charitable Effort in Liverpool*，chap. VI；Heasman，*Evangelicals in Action*，p. 290.

② 引自 *37th Ann. Rept.*，1897。该协会的主要创始人是威廉·布罗姆利·达文波特（William Bromley Davenport）。他是一位年轻的乡村绅士。1860～1861 年冬天的气候十分恶劣，当时他正在伦敦，他被所见、所闻的不幸情况吓到了。他后来经历了一段糟糕的时间，因为他提供的材料中统计数据不准确，不足以提供支撑，而被贫民救济议会特别委员会弄得看起来相当幼稚，不过这反过来倒证实了他的怀疑。［*S. C. on Poor Relief*（England），1861，Q. 1597ff；W. L. Burn，*The Age of Equipoise*（London，1964），pp. 121 – 123］

了下来，把自己事实上搞成了一个一人安置之家。① 这场实验只持续了不到一年的时间，因为他后来成功地在议会中获得了一个席位，此外还有其他兴趣吸引他离开了东区。他死于 1870 年，也即他前往斯特普尼开展尝试两年后。丹尼森对待贫困问题的办法，从他基本的正统经济观念，以及他对要制定更为严格的济贫法的信念来看，都预示着慈善组织协会的信条将要降世。而且，他也相信，无组织的慈善活动会造成灾难性的后果。偶然，他也会逾越慈善组织协会那僵硬的意识体系，但总的来说，我们并没有太多理由怀疑丹尼森是该协会创始的先驱者。

慈善组织协会直接的设计者有好几位，虽然他们各自具体的贡献已经很难分得清了，而且就我们现在的研究目标来看，完全搞清楚也没有必要。G. M. 希克斯（G. M. Hicks）是救助不幸者协会的赈济员，他对该协会所采用的救助措施感到不满，于是提出了一系列改变的办法，其中有一些后来被慈善组织协会所采用，其中用得特别多的是设立地方办公室，负责接收申请，并对申请开展调查。② 此外，希克斯还编辑并在《泰晤士报》上发表了一份很吸引人的列表，这份列表是关于伦敦慈善组织的情况（包括它们的收入情况）的，另外，他还让编辑组了三篇社论。③ 但是，更为直接的情况是，慈善组织协会脱胎于一个之前的机构，这个机构有一个很大的、不作区分的目标，这个机构就是伦敦预防贫困与犯罪联合会。在尊敬的亨利·索利（Henry Solly）（一位不倦的改革与启蒙拥护者）的反复促动下，该联合会终于勇敢地启动了。该联合会的主席是伦敦主教，联合会的计划书是由约翰·拉斯金（John Ruskin）起草的。④ 但是，该组织在成立伊始，就已蕴含快速解散的种子。它里面装着各种无法共存的元素。在一开始，一个主要关心失业问题的团队就发现自己与另一个想要让联合会服务于其他慈善组织的宗旨的团队互相不对付。无论这两个宗旨各自的价值是什么，至少后面这个团队的计划更为符合实际，于是，该协会立刻采取行动，与伦敦大量的慈善组织建

① Leighton, ed. , *Letters of Edward Denison*, pp. vii – ix.

② *Charity Organisation Review*, 8：357 –359（1892）.

③ *The Times*, 11 –13 Feb. 1869.

④ Ruskin to Solly, 29 Oct. 1868, Solly papers（London School of Economics）. 顺便提一下，拉斯金也当了几年慈善组织协会的副主席。

立了联系。这家新的机构将不会成为另一个救助机构，而是成为一个给慈善组织提供建议，并将它们的工作协调起来的机构。慈善组织协会的团队早期的行动洋溢着一种近乎天真的乐观主义，他们向外发出约1250份邀请，邀请大家参加一场大会，但只有不到400份邀请为人所接受（几周后，该团队向慈善组织发出1700份传单，却只收到2个回应）。[1]这场大会没有实现太多的目标，除了以毫无讹误的文字明确地记录了这一点，即伦敦的慈善组织不愿意听从另一家"组织"的话。

不过，在这一过程中，这家新机构的雏形已经成型了。它结构的基本特点是权力下放——设立诸多地方办公室，负责接收申请，对申请人开展调查，以及将值得帮助的人转给合适的慈善机构。[2]此外，值得一提的还有它在对待贫民时，明确区分了救济和慈善；两者不可相互替代，虽然出于明显的理由，这两者应协同发挥作用。慈善是被用于帮助"值得帮助者"的，而公共救济则被用于帮助其他人。基于这两个基本理念，地方办公室以及与贫民救济明确不同的慈善事业，都被纳入了一个计划，即劝阻乞丐（也即一个募缘券体系），它有点类似于布莱克西斯一位牧师提出的一个计划。[3]

不过，当这个计划的全貌慢慢展现出来的时候，多数领导者倾向于否定其中更为宏观的目标，因为这会激活团队中最初的那部分力量。联合会主要的目标是确保慈善机构之间的合作。在最开始的时候，最具影响力的人物是利奇菲尔德（Lichfield）勋爵，他在1869~1877年担任了慈善组织协会理事会主席。他不仅在白金汉街的办公室里成立了这家新机构——这家机构直到35年后才搬到沃克斯豪尔桥路的丹尼森楼里去——而且让他的私人秘书，李伯顿-特纳（Ribton-Turner）做了该机构的秘书。后来，该秘书将协会微薄的资产（一共42英镑）卷走了，并且伪造了一张支票去协会的开户银行那里兑付。结果，相比于其他人，

---

[1] *Charity Organisation Review*, 8：370（1892）.

[2] 霍克斯利（Hawksley）在一篇论文中提出这一建议，这篇论文曾在艺术协会的一场会议上宣读，然后发表于《伦敦慈善组织》。

[3] 尊敬的马廷·哈特·W. M. 威尔金森（Martyn Hart. W. M. Wilkinson）声称自己是这个协会的创始人，因为很明显，他曾提出一个计划，这个计划里就带有上述计划的很多特征。而且，这个计划曾被人们反复提及和争论。参见 Mowat, *Charity Organisation Society*, p. 17。

重整旗鼓的重担再一次落在利奇菲尔德的肩上。[①] 在 1869 年 4 月下旬的时候，他主持做出一个决定，将协会的名字从"预防贫困与犯罪联合会"改为"组织慈善救助与抑制行乞协会"。

二

这家新的机构认为它的主要目标是，正如其第一份年度报告所说的那样，提供"一套机制，以将公众的善行系统化，但不对此做不合理的控制"。[②] 特别是在最早的几年里，慈善组织协会理念中负面的、准惩罚性的元素表现得更为明显。因为得到当时一套流行的理论的支持，即认为导致乞丐问题主要是考虑不周、缺少体系化的慈善活动引起的，所以该协会大力推进运动，反对行乞、不加区分的布施，以及慈善法管理上的宽松现象。它的一个直接目标是与济贫法管理部门取得相互理解，这样双方可以界定清楚公共救济和私人慈善各自的范围，并将对方的范围从自己这里划出去。该协会认为，慈善只应帮助那些"值得帮助"的个案——约 30 年后，这个类别变成了"可帮助的"，因为人们经常发现，他们无事可做，甚至是对有的明确值得帮助的个案也是如此——而且，它还认为，这里的"值得帮助"的个案是很容易辨识出来的。[③] 虽然有一些更为现实的组织者提出质疑，认为值得济贫法帮助的个案与值得慈善帮助的个案两者之间只能划出一道模糊的边界，但是这项工作还是自在地向前推进，因为它立足于一个假定之上，即认为这条界线可以不太困难地划出来。

在这一点上，协会获得了格莱斯顿（Gladstone）首相政府的济贫法委员会主席乔治·戈申的支持，他在 1869 年 11 月 20 日的会议上明确提出支持慈善组织协会的立场。[④] 虽然我们可以很自然地推断说，在戈申的这番话背后是有协会的影响的，但我们找不到相关证据来证明这

---

① Helen Dendy Bosanquet, *Social Work in London, 1869 - 1912* (London, 1914), p. 26.
② *1st Ann. Rept.*, 1869, p. 6.
③ O'Malley, "Charity Organisation," *Trans. Social Science Assn.*, 1873, pp. 592 - 593; Beatrice Webb, *My Apprenticeship*, pp. 201 - 202.
④ Poor Law Board, *22d Ann. Rept.*, 1870, pp. 9 - 12; W. Chance, *The Better Administration of the Poor Law* (London, 1895), pp. 232 - 235.

一点。① 在任何情况下，委员会都明白无误地认同协会信条的基础：区分和划定私人和公共救济机构各自的责任范围，以及采用地方办公室来负责登记接受慈善或教区救济的人。志愿型机构通过这种方式（将那些已经成为济贫法体系救助对象的人划出在帮助名单之外），而得以不再对行乞行为做出变相的鼓励。

纵观整个历程，慈善组织协会都带着成立时的痕迹，也即对贫困问题的惊慌，同时，它也从未摆脱那种近乎病理性的恐惧，认为贫困问题随时都会失去控制。而真正的问题，正如一位相对友好的批评家所指出的那样，应该是"如何让贫困人口不至于陷入赤贫，而该协会却将它想成了……如何防止他们依赖公共资金，以及阻止给予救济"。② 因此，慈善组织协会所提出的政策的基本目标是在公共救济与私人救济之间划定一条泾渭分明的界线，并且确保在公共机构方面能够采取相对严格的程序。为了推广这一理念，协会的领导人接受了济贫法监察员的职位，尝试对地方上的救济实践进行改革。当然，他们攻击的主要对象是户外救济，他们要求一切都回到1834年《济贫法》规定的原则上来。在东区的三个济贫联盟——东圣乔治、怀特教堂和斯特普尼——里，监察员和志愿型协会达成了一个协议，内容是前者废除户外救济，而后者负责帮助那些被认为是可以挽救的穷人。

我们很难从其结果中得出什么重要的结论。当户外救济被取消后，接受帮助的人数自然下降了，慈善组织协会的拥护者们，如圣乔治教堂的慈善且虔诚的 A. C. 克劳德（A. C. Crowder），依旧满意地看着这一实验。但是，其中有一个事实是没有被重点提及的，也可能是没有被人们所完全认识到的，即随着公共救济停下来，志愿型组织的花销上涨了。尽管慈善组织协会依旧死守着自己的底线，反对不做区分的救济，但其他机构（如救世军和教会军队）则无论如何也不苟同。到最后，该协会发动的反对宽松执行济贫法的运动了无成效。人道且深思熟虑的英国人之后不久就开始探索办法来解决城市贫困问题，他们找到的这条道路比

① Calvin Woodard, "The Charity Organisation Society and the Rise of the Welfare State," unpubl. Diss., Cambridge University, p. 110.

② U. M. Cormack, "Developments in Case-Work," in A. F. C. Bourdillon, ed., *Voluntary Social Services* (London, 1945), p. 94.

慈善组织协会所采取的惩罚性的套路更有希望取得成功。

协会活动的基础在一开始就建立了。它的运作是集中到一系列地区委员会那里的，每一个委员会覆盖的范围都与一个济贫法联盟的范围大致一致。事实上，慈善组织协会认为它自己就是一个地区委员会联盟，这些委员会依照共同的慈善理念联合到一起，并遵循共同的慈善救济政策。它的理事会也代表了地区委员会的观点。在其官方理论中，这些委员会不应该作为救助机构而运作，虽然，从结果来看，它们都不可避免地倾向于变成救助机构。它们设计的功能应该是将申请人（经过了充分调查的人）带到一起，然后由志愿型机构提供相应的服务。正如其第二份年度报告中所提及的那样："委员会为私人慈善理清了道路，即取得了普通人通常搞不到的信息，这样这些人就会很乐意地把申请人留给那些慈善家，因为这些慈善家不仅乐意而且有能力帮助他。"① 然而，理事会却不得不给委员会留下一条后路，允许它们在"万不得已时"提供救济，但更好的情况是，这种临时性的救助还能够产生永久性的好处。

委员会在执行这些政策方面所取得的成功，可以从其年度数据统计中看出来。比如，在1874年，25个地区委员共处理了12656个个案，其中有4738个个案被认为不合格、不值得帮助或无需救助，所以拒绝给予救助。在剩下的7918个个案中，有3163个个案被转到其他机构，但另外4755个个案是委员会自己救助的，通过补贴、贷款、雇用或者推荐去医院等方式。② 尽管中央办公室极力敦促地区委员会，这一二难困境依旧存在，而且，直到19世纪80年代早期的年度报告中才终于不再区分这两类个案，即转给其他机构和由地区委员会自己直接帮助。尽管据称协会的目标"不是成为伦敦的一个大型救助机构，而是使自己成为所有其他慈善机构的服务员"，但这一区分对地区委员会来说并不那么容易划定，多数地区委员会还是在继续大量地分发救济。③

各地区都欣然地建立了自己的委员会，而令人尴尬的是，协会成立一年以后，这些委员会只剩下了19个。④ 很自然的是，其中牵头的地区

---

① *2d Ann. Rept.*，1870，pp. 5 – 6.

② *6th Ann. Rept.*，1874，pp. 2 – 3.

③ *Ibid.*，pp. 3 – 4；*11th Ann. Rept.*，1879，pp. 13 – 14.

④ *2d Ann. Rept.*，1870，p. 2.

是这样的地方，即富人和穷人混杂在一起，当地对于慈善的需求是十分明显的，而且人们总是收到各种强行的募捐吁求。马里波恩，即利奇菲尔德勋爵和奥克塔维亚·希尔（Octavia Hill）所在的地区，是第一个入场的，然后圣乔治汉诺威广场、帕丁顿和肯辛顿纷纷加入。东部比较穷的区，即肖尔迪奇、贝思纳尔格林、怀特查佩尔等区，出现了更多的问题，因为在那里领导人和工作人员都出现了短缺，而协会理事会又依循它的自助理念，不愿意提供补贴，除非地方上先把自己能做的事情做了。① 此外，不可避免的是，这35个地区委员会（至1873年全部成立）所掌握的资源出现了巨大的分野，而理事会则在想办法，想将一些资金引导到比较穷的地区去，因为在比较富裕的地区筹资很容易。在协会成立后第一个年头里，圣乔治汉诺威广场帮助了圣贾尔斯区，以及威斯敏斯特较贫穷的区，之后又捐了1000英镑，用于设立地区委员会救助基金，其他地区委员会（还有个人）之后都给该基金捐赠了一些小额款项。② 但是，理事会从未能成功劝说地区委员会依循统一的政策。毕竟，高度的地区自治是协会的主要基础，各委员会都按照自己效率最高的方式运作，相互之间差异巨大。

三

大概过了一年，人们就发现那群名誉官员不能满足行政官员职位的需要。在1870年年中的时候，理事会任命了一位授薪秘书，即查尔斯·B. P. 博桑基特（Charles B. P. Bosanquet）。博桑基特的书，即《伦敦的发展，及其慈善机构和贫困》（1868年），为某些像协会这样的组织指明了方向。③ 1875年，他退休去约克郡庄园，理事会面临挑选继任者的问题。这次，负责选人的委员会难得拥有预见的天赋，或者也可能是撞了大运，反正它比慈善委员会理事会做得好。当它从四十来个候选人中选人时，它选了一个只有26岁的年轻人。

如果我们非要说协会真正的历史是在查尔斯·斯图尔特·洛赫担任

---

① *4th Ann. Rept.*，1872，pp. 3–4.

② Bosanquet, *Social Work in London*, p. 39.

③ 在博桑基特接任秘书的同时，李伯顿－特纳也接任了协会组织秘书的职位。正是靠李伯顿－特纳的努力，那些地方委员会才会那么快就成立起来。

秘书后才开始的，就像《牛津杂志》在 1905 年所说的那样（那年，牛津大学授予他民法学博士学位），那是有点过头的。事实上，协会发展的主线在更早的时间就已经开始了，但是，洛赫虽然只从贝列尔学院毕业没几年，却不仅给协会增加了组织化的冲力和行政管理的控制力，还带来了一个积极的理想主义元素——这个元素不是明显的，或者至少在一开始没有表现出来。在近 40 年时间里，洛赫的个人传记也就等于协会的历史，至少在很多外人看来，洛赫就等于慈善组织协会。用《牛津杂志》的话来说，就是他"勾画出了一条原则，创造出了一种模式"，虽然它进一步的判断，即在洛赫的管理下，协会变成了一个"装满贫民救济妙计的锦囊"，并不能得到人们一致的赞同。[1] 此外，在维多利亚晚期的慈善界，没有人比洛赫更具影响力了。根据他的文章和书，以及他在《泰晤士报》上刊登的信件，我们可以知道，他在一系列皇家委员会中任职，所以他在影响贫民的社会政策事项方面达到了一个近乎独一无二的权威地位。

在洛赫那里，高度的行政天赋与丰富的人类同情心结合到一起，而且这种人类同情心从未被他严格的个人主义社会观念所完全掩埋。他在接任秘书职位后不久就反思到，在一个像慈善组织协会这样的机构里当领导人，需要拥有"狄更斯的心以及俾斯麦的头脑和意志"，而在洛赫的本性中，两类元素都是大量具备的。[2] 在他的意识形态限定的范围内，他的工作原则和规程是政治家式的，而且，超过慈善组织协会多数同事的是，他可以给一项紧急任务带去一种视角，以及一定程度的学者的冷静超然。他的社会观点受 T. H. 格林（T. H. Green）的影响较小（在贝列尔学院上学期间，格林曾当过一段时间他的导师），而受他的同乡汤姆斯·查尔默斯（Thomas Chalmers）的作品影响较大，洛赫认为他的重新发现是 19 世纪下半叶里慈善领域最重要的发展。[3] 所以，按照查尔默斯的模式重构慈善组织协会，并在其中融入其独特而全新的社会理想，是

---

① 引自 Beatrice Webb, *My Apprenticeship*, p. 196。关于洛赫的个人传记的精彩概述，参见莫沃特作品的第四章，关于洛赫及其影响的精彩且中肯的讨论，参见 Kathleen Woodroofe, *From Charity to Social Work in English and the United States*（London，1962），pp. 28ff。

② Ms Diary（Family Welfare Association Library），17 Sept. 1877.

③ C. S. Loch, *Charity and Social Life*（London，1910），p. 345.

洛赫自觉的目标。①

托马斯·查尔默斯（1780～1847年）在19世纪是一个有名的人物，他主要的名气是退出苏格兰教会运动的带头人，这场运动最终造就了苏格兰自由教会。但是，他的思想和写作却不仅限于此。对英国经济所面临的问题，特别是从社会角度进行思考，令他十分沉醉，他的理论——他在提交给议会特别委员会的有关爱尔兰济贫法的证据，以及在他重量级的《大型城镇的基督徒和国民经济》中介绍了这套理论——的影响力也不仅限于苏格兰的范围。他断然否定贫民是政府行动的一个合适的领域，这一点引发了人们的共鸣，因为在这二三十年里，济贫税不断高企，而且济贫的权力不断集中。他提出的减轻社会不幸的方案很简单，即强迫城市贫困人口靠自己生活，这一方案与他的观众所信奉的自助理念相一致。他提出了一个看似合理的说法，即在大型城市社区里可以恢复乡镇的社会价值观念，即将城市划分成很多小社区，然后由邻人对穷人开展监管，帮助他们养成自力更生、自立自主的品质。查尔默斯曾在法夫郡的农村地区当了12年牧师，在那里，苏格兰的农民因为得不到英国济贫法的恩惠，所以只能"靠自己的勤劳和有德行的自立"而自己谋生。这让他相信，要想产生有利的后果，慈善必须基于对周围人的熟知，以及对人性的理解。②

在查尔默斯看来，解决社会不幸的最终办法不在于外部环境，而在于个人的品性。他认为，真正有问题的不是社会结构，而是人性的缺陷，所以，他毫不犹豫地接受了他所在时代的社会安排，也即"贫民"与"富人"这一阶级结构和种类划分。如果，正如他所呼吁的那样，社会进步主要靠加强个人品性建设，那么第一个问题就是与济贫法有关的，因为它引诱人们懒惰和依赖他人。所以，何时济贫法不再败坏道德了，何时自助、互助以及仁善的合作形式的慈善，才能接管一切。出于后来已经搞不太清楚的原因，查尔默斯及其在慈善组织协会中的精神继承人认为，在关爱和同情心笼罩下的私人慈善是"人与人关系中的一个美丽

---

① MS Diary, 17 Sept. 1876.

② N. Masterman, ed., *Chalmers on Charity* (London, 1900), p. 264ff. 关于查尔默斯及其作品的有深度、有见地的介绍，参见 Saunders, *Scottish Democracy*, 1815–1840, chap. 4; de Schweinitz, *England's Road to Social Security*, chap. XI。

的部分"，同时，他们还对公共救助提出了强烈的反对，他们这么做，部分是认为公共救助将会伤害这种神圣的和谐。

查尔默斯理论的影响力不仅仅体现在雄辩上——在雄辩方面的影响力已经展露无遗了，或者仅限于精神领域——他在讨论这些主题时，以一种愤世嫉俗的（当然也是不公正的）视角，并且这些都与节省公众资金有关，也是在反复灌输公共德行。事实上，他的确检验了他的理念，并得出了让他自己以及他同时代的某些人满意的结果，即证明这些理念不仅是可行的，而且对社会幸福而言也是不可或缺的。在他做格拉斯哥的德伦教区（一个有1.1万人口的教区，其中的贫困居民养成了根深蒂固的依赖他人的习惯）牧师的4年时间里，查尔默斯好像有着用不完的劲，试图走访每一户家庭。这个调查确认了他已经沮丧的疑虑，即揭示出当地人对宗教信仰普遍漠不关心，同时还揭示出一个令人悲伤的事实，即穷人们很乐意靠公共的或私人的救济过活。

在有了这些结论做支撑之后，查尔默斯成功地劝说了格拉斯哥镇议会在城里贫民聚集、肮脏污秽的地区设立一个新的教区（圣约翰大学区），这样这位有天赋、诱惑力的牧师就可以有一个社会实验室了。在圣约翰大学的四年里，查尔默斯在组织一个城市社区方面取得了出色的成就。这一点是不可否认的，无论人们是否同意他从这些经验里得出的更宽泛的推论。所以，卡莱尔的评价是很有道理的："如果每一个英国教区里都能有一个查尔默斯，那很多事情就能办了。"[1] 但这一点后来为慈善组织管理者们所强烈反对，因为这一说法看起来像是在说查尔默斯的成就应归因于他个人的天赋，而不是他对慈善工作"真理原则"的把握。他的目标就是在他那巨大而无组织的城市教区里重建一个小型的农村社区，或者说是一系列社区。他一开始设立了25个分区，并给每一个分区都安排一名执事，负责监管其中的约50个家庭。执事要负责对救助申请开展调查，如果距离不是太远的话，要亲自去见一下，鼓励申请人变得更加勤劳、节省，并要他的亲戚和属于劳工阶层的邻人一起加入，共同来帮助他。[2] 只有到万不得已时，他们才会动用查尔默斯的救助基金，

---

[1] 引自 Masterman, *Chalmers on Charity*, p. 323。

[2] *Ibid.*, p. 299ff.

而且救助金额也会刻意控制在一个相对较低的水平。

查尔默斯对自己在圣约翰大学区所开展的为期四年（1819～1823年）的试验很是确信，即这一实验不仅证明了它在地方上是可行的，而且指出了一条道路，沿着这条道路走，人们可以找到处理全国贫民问题的更好的措施。在查尔默斯离开去接任圣安德鲁大学道德哲学教授职位时，他收到了各个执事送来的他之前下发的问卷，根据这些问卷可知，每年每位执事只收到约 5 份申请，且每个分区只有不到 1 位申请人得到了救助。[①] 我们从这些材料中所得出的结论与查尔默斯及其追随者得出的结论有明显的不同。显然，这些材料并不能证明在圣约翰大学区已经实现了一种社会福利的状态。如果申请救济是不可能的，或者是相当困难的，那么申请人应该会因为其邻居和亲戚的反对而放弃申请机会。此外，也没有充足的证据证明，该计划使富人与穷人之间的关系变得更近了，相互之间更有好感。毫无疑问的是，查尔默斯真正证明的应是系统性志愿工作的价值，这一工作立足于对每一个个人状况的彻底了解。通过强调这种方式，查尔默斯并未能解决掉这一社会问题，甚至也未能指明解决问题的正确方向，但他给人们打下了一个基础，这在后来变成了所谓的社会个案工作。

耐人寻味的是，查尔默斯的理论在当时并没有引发什么反响，而在19 世纪下半叶却产生了巨大的影响，因为当时社会政策的浪潮正要转向他曾经探索过的那个方向。如果人们非要在 19 世纪中叶找一个当时在尝试建立查尔默斯体系的地区，那他就要横跨北海，去莱茵兰的埃尔伯费尔德，那里正在实行一个计划，这个计划或多或少近似于查尔默斯的构想。所以，在某种程度上，我们可以公平地说，查尔默斯的思想是通过德国传到英国的。而且，当然，他的复兴在很大程度上是靠慈善组织协会的团队，特别是查尔斯·洛赫。因为洛赫不仅给人们提供了一个实例和一套原则，还提供了关于解决问题的出路的精神和哲学方面的基本原理，而且其中一些原则已经被完美地应用于这一出路。毫无疑问，查尔默斯对这些领导人，如奥克塔维亚·希尔和 C. S. 洛赫产生了巨大影响。他强调，慈善是捐赠人与受助人之间近乎神圣的关系；他认为，对申请

---

① 引自 Masterman, *Chalmers on Charity*, p. 309。

人处境的全面理解是开展有效救济的一个不可或缺的组成部分；他坚信，随意的布施是一种彻底的罪恶——这些都被慈善组织管理者们视为公理。

当然，在查尔默斯的思想里也有一些矛盾，这也体现在慈善组织协会团队的态度中。所有人都同意个人是解决社会问题的关键，而且最终，社会改善立足于劝说、鼓励或强迫他自力更生。因此，慈善意味着捐赠人方面的同情和理解，而且慈善的实现也不能靠单方面的行动，而是要靠双方持续不断的联系。不过，在慈善组织领导人中，很多关于睦邻作为慈善本质的讨论——以及真切的信仰——都是与他们对他人的庇护，以及一种自大的感觉联系在一起的，这在很大程度上是一种潜意识，因为这出自他们的职业性。我们只需看一下奥克塔维亚·希尔对待她租客的态度，便可以完全明白这就是一种庇护人-受庇护人的关系，而且，人们很容易就会认为，在这种关系中，富人优越的美德使他们有权利对穷人的生活指手画脚。亨丽埃塔·巴尼特（Henrietta Barnett）回忆说，在希尔为年老租户设立的"在家"机构中，那些租户"羞怯地从后门走进去"。① 所以，在某种意义上，我们可以将查尔默斯提出的有关合理管理的慈善事业的概念等同于社会的一种准体系化，因为它将人与人、阶层与阶层联系起来，从而构建出了一种你中有我、我中有你的状态。但是，无论是查尔默斯，还是慈善组织协会的领导人——他们也公开宣扬查尔默斯的慈善理念——都没有尝试离开他们严格的个人主义的轨道。

事实是，洛赫不仅吸收了查尔默斯的慈善理论，还采纳了他在 19 世纪早期提出的大量社会观念。在洛赫这位慈善组织协会领导人的心中，虽然查尔默斯也做过诗人和牧师（这些身份是他形象的重要组成部分），但这些都经常会被洛赫作为最正统的政治经济学家的形象给挤到一边。洛赫一生都对这些行为抱有刻薄的敌意，且少有变化，如果真能算有些许变化的话，即可能是针对由协会指定给志愿型慈善组织的领域造成侵害的行为，或可能减轻个人自力更生的责任，或减轻父母养育孩子的责任的行为。他的全部职业生涯，以及他管理的机构都依凭这样的理论，即赤贫（而且在很大程度上，贫困）是个人有缺陷的道德的产物。因此，当慈善组织管理者谈及——他们经常会这么说——找到"根源"，

---

① 引自 Beatrice Webb, *My Apprenticeship*, p. 206；Webbs, *English Poor Law History*, p. 456。

而不是只看到"病症"时，他们并不是在想 30 多年后人们所想的那些根源，而只是在想穷人个人、他的家庭状况、他的习惯，以及其他个人因素。虽然洛赫的能力很强，但他对一些较大的社会问题的认识却都是相当近视的，而且，日渐清楚的一点是，英国已经越来越不满足于慈善组织协会所提供的答案，所以，洛赫看起来越来越像一位生活在 20 世纪的帕丁顿（Partington）夫人，徒劳地想将集体主义创新的潮流赶回去。

虽然洛赫的到来并未让社会产生太大的波动，但我们还是能从中读出一些有用的信息。其中一点我们可以从洛赫的年度报告中看出来，很多份报告都完美地展示出了慈善组织协会的观念，而且，这些报告很明显都是为了教育会众和公众而发布的。洛赫很娴熟地每年变一种形式，有时强调一个方面，有时则强调另一个方面，但是都围绕慈善组织协会展开。比如，有一年，他在报告的开头加了"反对"与"赞成"两个栏目，这两个栏目分别写的是对协会的共同的批评意见，以及对这些批评的回复；在另一个场合，他又对十年来慈善领域的发展做了一个总结和分析，或者是对中世纪、都铎王朝以及现代的慈善历史做一个研究，并停在现代，然后就由此出发，突然发动猛击，攻击那些"激烈的改革者们，他们轻蔑地将我们看成偏狭、守旧的……在他们匆匆追赶新事物的路上，对我们视而不见"。[1] 洛赫有一种天赋，能够熟练地开展公众教育。他清楚地知道组织开展这种教育，以及让这种教育变得有效的技巧和重点所在，因此，他能将他的案例，哪怕有时是有争议的案例，都以一种新鲜的、吸引人的方式呈现出来。

在洛赫在位的这 40 年里，慈善组织协会的影响力达到了历史最高点，并由盛转衰。甚至在他退休之前，协会已然很明显走过了它最好的岁月。对此的合理解释是，私人的慈善事业已经不符合社会的风潮了，因为当时人们日渐将解决贫困问题视为一种社会责任。慈善组织协会的宣告越来越微弱，只不过是在虚弱地鼓励日渐减少的会众不要放弃，而它所信奉的教条则正如一位费边主义的批评家所说的那样，变得近乎荒诞，不符合人们从日常经验中所发现的事实。[2] 关于它更为广泛的主张，

---

① *23d Ann. Rept.* , 1891, p. 1；*32d*, 1899 – 1900, *33d*, 1900 – 1901.

② Emily C. Townshend, *The Case against the Charity Organisation Society*（Fabian Tract 158, 1911），p. 5.

虽然这些主张不像它开展的那些个案工作行动一样偏狭，但在这些事情上，慈善组织协会还是被很多爱德华七世时代的有思想的人视为来自旧时代的回响，而不是一股预示着未来的浪潮。

四

协会取得了一些成就，这些成就本应得到人们的普遍承认。协会的领导人向慈善领域的不当行为宣战，发誓绝不姑息行乞行为、临时性的慈善，以及乞募信的作者们——伦敦慈善领域的一大常见的特色。1874年，该协会掌握了约 34 份地址目录，这些目录是写乞募信的那些骗子们所使用的，地址目录上还做了标记，共有近 3000 名伦敦居民被标了出来，标示这些人有可能被打动。① 但是，协会在攻击错误的慈善行为时，组织者的努力却受到了法律的限制，因为这部法律有很多漏洞，乃至于那些最为恶名昭彰的不诚实的人也都成了漏网之鱼。比如，有一个人，他在救济协会里当救火员，横贯整个 19 世纪 70 年代和 80 年代，他的事业取得了巨大的成功。他雇用了一大群劝募员，筹集了大量的资金，并试图让他的连续的诈骗行为变得看起来合理，虽然他们的确与伦敦消防队有些联系。② 协会只能让很少的几个个案成功定罪，但它打击那些可疑的慈善事业的最有用的武器是将那些组织的名字列入警告清单并且广泛分发这份清单。而且，对此，法院拒绝承认其属于诽谤行为。③

在其他方面，慈善组织协会积极地对它所认为的不合理慈善行为发动了攻击，尽管这些慈善行为可能没有明显的欺诈成分。有些出于好意的事业，如伦敦舍粥铺，也吸引了慈善组织协会极大的注意力，这完全是因为这些机构低于成本价出售粥汤，而且不尝试对值得帮助的与不值得帮助的申请人做出区分。④ 此外，正如我们将在下一章中看到的那样，该协会也毫不犹豫地与查尔斯·特里维廉（Charles Trevelyan）爵士站在

① J. Hornsby Wright, *Thoughts and Experiences of a Charity Organisationist*（London，1878），p. 34.

② *19th Ann. Rept.*，1887，pp. 17ff.

③ Bosanquet, *Social Work in London*，pp. 130－131. 关于慈善组织协会打击不诚实的慈善行为的其他案例，参见 Mowat，*Charity Organisation Society*，p. 48。

④ *Report on the Metropolitan Charities Known as Soup-Kitchens and Dinner-Tables*，1871；*2d Ann. Rept.*，1870，pp. 12ff；*3d Ann. Rept.*，1871，pp. 11－12.

一起，发动反对"投票式慈善治理"这一传统程序的运动。① 协会的这一做法是很有合理性基础的，但它从未想到这样一个经过仔细筹谋的策略，竟然引起了一些古老、富有的伦敦机构的质疑和敌意。但是，无论慈善组织协会有多少不足之处，至少没有人可以指责它牺牲原则来换取自己的名声。

在某些情况下，协会的热情超过了审慎。其中一个案例是它对巴纳多博士之家的指控，巴纳多博士之家是伦敦一家很吸引人的、快速扩张的慈善组织。协会尝试介入这家慈善组织。和乔治·马勒一样，巴纳多一开始是想做一位外国传教士的，后来他被本土被遗弃的孩子的需求所打动而改变了自己的方向，他作为一所贫民儿童免费学校的校长，近距离地看到了这些孩子的状况。1867 年，巴纳多博士之家设立了头两家机构，即"东区抚养无依靠贫困儿童之少年使团"和斯特普尼考斯韦路上的少年之家。自此开始，巴纳多博士之家以现象级的速度快速扩张，其收入从 1867~1868 年的 215 英镑增长到 1876~1877 年的 3 万英镑。② 不过，这一慈善组织虽然热心、激情澎湃，却带有侵略性、不科学性，所以它也带有令人不安的特性。后来，斯特普尼的一位浸礼会牧师写了一本小册子，正是这本小册子挑起了这场毫无意义的争论。在这本小册子中，这位牧师对巴纳多及其机构做了一系列指控，其中最严重的指控是有关巴纳多使用他筹集的资金的事情的。③ 正是在这一点上，协会介入了，并指定一个特别委员会开展调查，但协会的这一要求很快就遭到了巴纳多博士之家的受托人的拒绝，他们提出自己已经组成仲裁委员会了。

此后，协会抓住了巴纳多博士之家在某些区域里被人们认为明显存在不合理的事情，这样一来就引发了人们大量的质疑，而躲在这些攻击背后的真正发动者其实正是慈善组织协会。虽然在听证会上，因为巴纳多拒绝接受盘问，而使事情变得很困难，但委员会最终还是消除了对他

① *5th Ann. Rept.*, 1873, pp. 6 - 7.

② J. Wesley Bready, *Doctor Barnardo* (London, 1930), p. 105. 虽然可能有点过于激情了，但关于巴纳多的最好的传记还是这本：A. E. Williams, *Barnardo of Stepney* (London, 1943)。

③ George Reynolds, *Dr. Barnardo's Homes: Startling Revelations* (London, 1877).

最严重的那项指控，即挪用资金的指控。然而，这次调查所提出的问题并没有得到满意的答复，而仲裁员们也不得不在有限的条件下做出他们的裁定。不过，人们发现了这样一个事实，即巴纳多及其机构是一个十分特殊的个案。尽管巴纳多有自己的受托人团队，但他的事业依旧是他在唱独角戏，所以，该机构亟须重组——事实上，之后它的确进行了重组；他在吉森大学拿的医学学位是一个野鸡文凭，虽然在此前一年，他的确通过了最后一门考试，获得了爱丁堡的皇家医学院执业证书；该机构的资金全部在巴纳多的控制之下，他每年收到并花出去大量的钱，这些都没有记账。简言之，这是一个高度个人化的，甚至有点不太负责任的机构，而负责管理这个的机构的人又是一个胆大妄为的发起人，但也是一个真正的天才，他宣传推广的天赋是极为出色的，他对孩子的爱也是很深沉、很通情达理的。

慈善组织协会本应该扔下这件事不再管。但是，在这个麻烦的开头，慈善组织协会就把巴纳多博士之家放上了警告清单，而现在，委员会又发出了一份传单，指出因为巴纳多的态度问题，仲裁员无法了解某些重要的事实。所以，就协会的某些指控，从正义的角度来看，它的某些行为是不合适的。它已经给巴纳多上了一课；而现在，这次调查直接且有益的结果应该是任命一个委员会，去"协助"该负责人，就像巴纳多博士之家的理事会所建议的那样。所以，这件事也让慈善组织协会背上了这样一个名声：它是慈善组织杀手，它更感兴趣的是审查低效的慈善事业，而不是促进积极的慈善事业。[1]

关于协会更具建设性的内容，它的工作是令人失望的。它在协调慈善组织的工作方面，没有取得什么重大的成效。甚至在反对乞讨和欺诈慈善方面，它与乞丐协会的合作也不过只停留在纸面上，虽然慈善组织协会曾三次提议合并。它与救助不幸者协会的关系相对更为真诚些，但两家机构也并没有想要达成机构上的联合。[2] 协会在这些方面也没有取

---

[1] *The Charity Organisation Society and the Reynolds Barnardo Arbitration*（London，1878）. 该书介绍了这件事，并提供了很多历史资料。

[2] *5th Ann. Rept.*，1873，p. 6；*12th Ann. Rept.*，1883，p. 21；*Report of a Committee of the Mendicity Society*，1 July 1872，以及慈善组织协会写给乞丐协会的一封信，February 1879（Family Welfare Association Library）。

得什么实质性的成果，即劝说慈善组织不要重复开展活动，甚至共同建立一套有效的登记系统，将申请救助的人的名字、状况以及收到的救助情况等登记下来。但是，那些慈善组织似乎出于机构生存的目的，拼命想要维持自己的独立性，经常反对有关效率和共同意识的主张。

慈善组织协会投入了大量时间和精力的领域之一是伦敦医院这个混乱不堪的领域，但这些投入并没有很好的产出。在这个领域中，协会无法对伦敦的医疗机构的政策和问题、它们坚定的个人主义、它们勉强糊口的资金，以及长期赤字开展调查。不过，慈善组织协会关心的问题还是包括两个方面。第一，它确信它们的门诊部门被那些原本可以自己付费看病的人给滥用了。第二，协会也有理由相信，医院对其多个分支部门的管理是懒散且浪费的。

虽然对门诊部门最清楚全面的批评意见是由查尔斯·特里维廉爵士提出来的，但协会的领导人也借鉴了这些意见。比如，1875 年，协会的一个委员会对皇家免费医院的门诊部门开展调查后，得出结论说，在它随机抽取的 641 个申请免费治疗的样本中，有近 250 个样本有经济能力去私人诊所看病，或者付得起医疗保险费。[①] 而在剩下的样本中，只有 169 人被视为合适的个案。[②] 在 4 年前，在第一份报告里，协会的医疗委员会就已经忧心忡忡地讨论了由楼（Low）的《伦敦慈善组织》统计的 16 家全科医院治疗的 55 万名门诊病人，并且将医疗慈善事业描绘成这样一个状况：这些组织相互竞价，以争夺对下等阶层的庇护权。该委员会警告说，医疗机构诊治的大量申请人都不是任何意义上的好人——尽管如此，众医院还是认为这类统计数据能够吸引捐赠人。[③] 让协会感到困扰的，不仅是医疗机构大范围地鼓励"医疗穷人"这件事，还有另一件看似更为合法的事情，即门诊部门的数量太多，乃至于对合理的个体化治疗产生了干扰。

---

① 原文为节俭诊所（provident dispensary），意译为医疗保险费。这是出现在 19 世纪与 20 世纪初的一种诊所形式。人们要每周向该诊所支付一小笔医疗保险费，然后在生病后，就可以去该诊所看病。——译者注

② *Report by the Administrative Committee of the C. O. S. on an Inquiry into the Out-Patients of the Royal Free Hospital*，1895. 那些被认为不属于合适的个案的病人包括给了错误地址的人（103 人）、没有给出核实信息的人、应该由所在教区负责的人等。

③ *Report of the C. O. S. Medical Committee*，30 Oct. 1871.

为了反对免费门诊部门的不当行为，协会发掘出了节俭诊所的价值。不过，协会在一份出版物中哀叹道，这些机构现在成了盘踞在伦敦上空的一堆乌云，因为其中很多机构变成了"不节俭诊所"，而且它们在外地的其他城市里也正在大量冒出来。① 这场运动取得了一些成绩，但未能真正实现协会设定的大目标，虽然它花了很多精力来发起和推广这一目标。1889 年，怀有敌意的《慈善档案》提到，准确地来说，诊所依旧在依靠人们的捐赠，而且，可以预计的是，如果没有人们的支持，诊所的发展很快就会停下来。② 不仅如此，伦敦节俭诊所协会最终承认，在某些地区，诊所从未能实现自给自足。③

在 19 世纪 80 年代和 90 年代，协会的攻击焦点从门诊部门转向了一个更为广泛的范围。伦敦医院的管理程序都是毫无计划性的，同时缺少统一的政策，由此，医疗委员会认为这正需要慈善组织的大量介入。主要是靠慈善组织协会的推动，最终，上议院组建了一个特别委员会（1890～1892 年），对伦敦的医院状况开展调查。④ 事实上，在某些关键地区，该委员会成了一个工具，通过这一工具，慈善委员会和慈善组织协会想要获得对英国医疗机构的控制权。《慈善档案》的编者暗示说，被协会纳入荫蔽之下，便意味着一家机构的死亡，也意味着将捐赠人拒之门外——这也正是慈善组织协会不受欢迎的明证。⑤ 尽管慈善组织协会的代表出席特别委员会，除提出其他建议以外，还敦促建立一个中央委员会，负责制定医院政策、管理医院活动⑥，但委员会最终提出的建议却不太具有革命性——事实上，这些建议很是平淡无味，满足了多数人希望政府不要太干预的愿望。

虽然协会继续搅动风云，但没有取得什么明显的成效。从长期来看，

---

① *On Selecting a Charity*（*Charity Reform Papers*，No. 5）.

② *Charity Record*，19 June 1889.

③ *Philanthropist*，Christmas 1889.

④ *15th Ann. Rept.*，1883，p. 56；*S. C. of the House of Lords on Metropolitan Hospitals*，1890 - 1892. 在很多年里，医疗委员会都获得一位捐赠人的大力支持，这位捐赠人提供了协会一位秘书，即伊曼纽尔·蒙蒂菲奥里（Emanuel Montefiore）上校的工资。他花了很大精力做了很多研究，也做了很多宣传推广的工作。

⑤ *Charity Record*，19 April 1891. 我们也不用太拿这番话当真，因为《慈善档案》基本上是伦敦志愿型医院的内部刊物。

⑥ *S. C.*（*Lords*）*on Metropolitan Hospitals*，1890 - 1891，Q. 222 - 228；26，166.

真正推动更大程度的统一化的，不是慈善组织协会的大力劝诫，而是伦敦医疗机构所面临的不断增长的财政困难。正如之后我们将谈到的那样，医院周日①以及威尔士王子（爱德华国王）基金毫不犹豫地在这些状况中介入，提供帮助，从而构建了一定程度的秩序。不过，从长期来看，只有来自公共基金的拨款才能使伦敦的众医院保持在一个合理的效率水平，而且在某些情况下实现完全正常运营。但就算是这一应急方法还是未能解决问题，而最终的解决办法，当然，还是由政府接管志愿型医院。这是慈善组织协会神奇的历史中最反讽的篇章之一，因为它寻求的目标最终只得通过与它所坚信的方向相反的道路才得以实现。

在英国医院领域中，协会在一个重要但相对不太引人注意的方面留下了它的印记。如果说在协会更为广泛的活动领域中，其最为持久且突出的贡献是个案工作方法的话，那这一结论同样适用于医疗领域。医疗委员会认为，伦敦医院在对接受治疗的病人开展研究时，缺少更为仔细的问询，不仅对申请人的经济状况没有仔细问询，而且对他们的整个背景都没有仔细问询。其中有很多人很明显需要的并不是具体的医疗治疗，而是提供给生理残疾的人们的援助。1890～1891年，洛赫在上议院委员会对医院赈济员的职能做了概述，并强调了医院个案工作的重要性。②四年后，协会与皇家免费医院合作，任命并持续聘请了一名赈济员，也即慈善组织协会众秘书中的一人。尽管在一开始，医院管理层对此有些误解（他们认为赈济员就是一个侦探，负责找出欺诈者，确定病人真实的财政状况），但后来，这件事更具建设性的一面占了上风，而医院赈济员这一职业也就应运而生了。在十多年的时间里，发现和训练这些个案工作人员的主要责任都是由协会的一个特别委员会承担的，直到1907年它将这一职责转给一个混合机构（医院赈济员理事会）为止。③

如果说慈善组织协会在试图将秩序带入混乱的伦敦慈善领域中之时，遇到了无法逾越的困难的话，那它在应对自己的组成单位，即地区委员会时，也遇到了同样的困难。协会的主要构件是40多家（在顶峰时）草根委员会（如果它们还可以用伦敦这个名头的话），这些委员会的主要

---

① 医院周日（Hospital Sunday），为医生募捐的星期日。——译者注

② *Ibid.*, Q. 26, 125.

③ Young and Ashton, *British Social Work in the Nineteenth Century*, pp. 108 - 109.

工作就是调查申请人，并做出相应处理。这些地区委员会所掌握的资源和所具有的能量各不相同。其中有一些非常高效，而且有自己的授薪秘书班子、勤勉的志愿者团队和丰沛的基金。其他一些委员会则在挣扎求生，勉强糊口，没有能力或不愿意执行中央办公室奉为慈善组织之公理的政策。同时，最为关键性的分歧出现在慈善组织协会理念的一个关键点上。从一开始，协会有一个基本的想法，即认为自己不应该成为一家救助机构，而劝导地区委员会相应执行也应该是没有问题的。但是，毫无疑问的是，处于外围的地区委员会所遇到的情况与中央办公室不太一样。口头上宣传一项政策是一件事；而将之适用于地区委员会，而且要在这些地区委员会人手不足、资金不足且申请人又讨要直接的救济的情况下，则是另一回事了。纵观整个协会的历史，"救济"和"组织协调"之间的关系问题一直都没有得到解决。[1]

这种在伦敦的慈善组织协会里出现的矛盾在地方上的协会里表现得更为明显。从 19 世纪 70 年代早期开始，慈善组织运动快速扩张，1891年洛赫在报告中列出了与伦敦协会有联系的 75 家英格兰的协会，以及 2 家爱尔兰协会、9 家苏格兰协会。在伦敦的团队看来，当务之急是帮助这些新成立的协会，并向它们灌输慈善组织协会的信条。但是，我们有理由相信，有些新成立的协会所使用的方法与慈善组织协会的标准相去甚远。[2] 所以，对于救济问题，采取共同行动看来是有必要的了，如果慈善组织运动作为一场运动还有任何意义的话。其中一步是重新召开地方协会的年度会议，从 1890 年开始，这些会议都会定期召开。另一项举措是设立一个分委员会，它的主要服务群体就是除伦敦以外的地方协会。这一团队，在一个笃信慈善组织协会信条的领导人的带领下，采集信息，举办年度会议，以及组织伦敦的会员单位参访偏远地区的协会——简言之，以所有可能的方式尝试鼓励地方上的团队，并劝阻它们，使它们不至于偏离慈善组织协会的思想路线太远。

尽管这场运动的影响范围比伦敦协会更广，但伦敦的团队依旧是英国正统慈善观念的源头。[3] 地方上的协会都将伦敦协会看作自己的指引，

---

① 比如，参见 *11th Ann. Rept.*，1879，pp. 13 - 14；*14th*，1882，pp. 21 - 23。

② Bosanquet，*Social Work in London*，p. 394.

③ 它在海外的影响力，特别是在美国的影响力，是十分巨大的。

有任何问题都向它咨询，而伦敦协会对自己的这一职责自然也十分留心。其管理者和委员会发出了一系列小册子，如《慈善组织论文集》《专题论文集》等，向地方的协会做出解释、介绍和告诫——描述慈善组织协会的程序，讲解它的理念。该协会办了一份刊物，最开始被称为《慈善组织记录者》（周报），1885 年之后又改名为《慈善组织评论》。这份刊物所关注的范围远远超出了伦敦市的地理界线，而洛赫在其年度报告中就曾基于来自外地的材料而提出他的看法。1882 年，他开始发布那份非常有用的年度报告：《慈善组织登记簿与摘要》，这是这场运动向慈善组织事业所做出的众多具有永久价值的贡献中的一项。在这些大部头中——到 1914 年，它已经累积到了 1000 多页——洛赫对伦敦的慈善组织做了罗列、分类与描述，而且他比由各类商业赞助的名录还要做得更为细致、更为可信。此外，在每一份年度报告里，他都写了一个很长的引言，回顾这一年慈善领域的发展情况，批评或表扬政府的决策，详细说明慈善组织协会的观点。和慈善组织协会（或者是现在所说的家庭福利协会）的多数其他活动一样，《年度慈善组织登记簿》后来被大大压缩和简化了，但对于社会工作者或研究者，或者对英国慈善组织感兴趣的人来说，它依旧是一本十分有用的手册。

五

在 40 年里，慈善组织协会一直占据支配地位。在此期间，它开展了多方面的活动。而其中有两项成就具有特别重要的意义。一项得到最普遍认可，且可能给社会带来最大、最持久利益的成就是它在社会个案工作方面的创举。但是，它还有一项重要贡献是通过它的特别调查委员会，教育伦敦人和其他人认识到了社区里的问题，对问题的状况做了描绘并提出了解决方案——至少这套方案可以作为讨论的材料。这些发现事实的特别报告所关注的主题五花八门、引人入胜，但质量参差不齐。[1] 其中一些报告对公众观念，甚至是对公众政策都产生了明显影响。毫无疑问，在协会最先开展的调查中，其中有一项是关于协会非常关心的流浪

---

[1] 关于这些报告的总结，参见 Bailward，"The Charity Organisation Society," *Quarterly Review*，206：58ff（January 1907）。莫沃特（*Charity Organisation Society*，pp. 73ff）对这些委员会处理问题的流程做了详细介绍。

汉问题的，协会组成了一个庞大的 81 人委员会对此开展调查。在这个委员会中，有 11 名贵族、40 名议员。另一份早期的报告是有关收容无家可归者的宿舍和夜间庇护所的。对于这一问题，协会的管理者们表达了一种冷冷的态度。19 世纪 70 年代开展的一次有趣的调查则揭露出蛇头向英国偷渡、贩卖意大利孩子的问题，并且还引发了一场运动，打击这种残忍、声名狼藉的贸易。特别委员会就劳工阶层的住房问题所做的报告在一定程度上推动了克罗斯（Cross）1875 年《工匠居住法》的出台，而此后在 19 世纪 80 年代早期的另一份报告则对之后议会开展的调查产生了一些影响。[①]

在众多很有成效的报告中，有一份是关于英国社会残疾人问题的——盲人、聋人和神志不全者。在这一问题上，委员会不仅代表他们当时最先进的观点，而且指出了进一步改善解决残疾人问题的办法和路径。委员会发现了处置盲人问题时人们所犯的严重错误。其中有几个主要机构所提供的帮助是非常低效的，即把它们的资源全都浪费在了提供现金救助上，而不是用于培训这些不幸的人上，让他们掌握自力更生的办法。由于将所有的钱都用于提供这些救助上，慈善组织协会的报告说，只有不到 2% 的人能够自力更生。[②]

协会同样关注神志不全者——或者说"可以改变的傻子"的情况，人们对他们的情况有很多错误的认知。查尔斯·特里维廉爵士对这一问题特别感兴趣。他清楚地看到，这些不幸者所应得到的培训是不同于给予傻子和疯子的培训的。也正是因为志愿型机构明显不能提供所需的必要的设施，所以协会承认，政府的介入是合适的，而且委员会也毫不迟疑地敦促政府采取具体行动，如征收税款，在全国开办一系列培训学校。协会历经了一场马拉松式的奋斗，才成功地推动政府考虑这一项目，甚至采取行动，但就算到这一阶段，协会还是在不停地呈递大量报告、解决方案，派出代表团。当然，这些特别委员会细致的工作具有很大的价值，但是，可能它们更大的成效是将公众的注意力引向了某些具体的社

[①] 关于特别报告的目录，参见 Mowat，p. 179。

[②] *On Selecting a Charity*（*Charity Reform Papers*，No. 5）。规模很大的救助盲人的加德纳信托基金对慈善组织协会的观念产生了巨大影响。关于该机构，笔者将在第十七章里予以介绍。

会问题。关于慈善组织协会，我们可以用哈蒙兹（Hammonds）评价埃德温·查德威克时所说的那番话来做出一个评价，即他是"一个坏了的灯塔，却照出了一束绝妙的探照灯光"①，这句话或许有点夸大或贬低，但总之是大致说出了真相。

不过，从长期来看，慈善组织协会的重要意义并不在于其开展的社会调查，虽然这些调查和其他活动一样值得称赞、很有用，也不在于其自命不凡的——用我们后世的眼光来看，是相当荒谬可笑的——价值观念。该协会最大的贡献来自它的这一确信，即社会进步的必要条件是坚定的、自立的个人和家庭，而处理与个人和家庭有关的问题是一门科学，也是一门艺术。所以，在某种意义上，慈善组织协会的社会愿景的局限性也是一种财富。因为它的信条精确地将社会进步的可能性局限于只有通过个人的改善才得以实现，也正因为如此，协会才非常重视完善的社会个案工作方法。简言之，该协会以及慈善组织运动整体给我们留下的永久遗产，是它成功地发展了个案工作的技术，并推动社会工作变成了一项得到广泛认可的职业。

鉴于本项研究的主题，我们将不对协会所采用的这种方法的具体内容做出介绍。② 在这项工作中，协会更多地扮演了推动该方法系统化的角色，而不是该方法的创立者，因为原初的个案工作曾被探访协会以及其他机构所广泛采用。慈善组织协会所采用的方法的精华在于对每一个个案做彻底调查，而地区委员会，正如前述，则提供了一种机制上的条件，可以对每个申请人开展筛选和判断。慈善组织协会是如此遵奉开展仔细调查这一原则，乃至于不友好的批评者们提出，协会的政策更偏向于阻止不当的慈善行为，而不是救助不幸者，而教会支持者们也不得不对此做出解释说，协会这套谨慎的方法并不与基督教关爱的精神相违背。③ 所以，当有一个团队用了这样的标题来表示反对向孩子和乞丐做

---

① J. l. and B. Hammond, *The Age of the Chartists, 1832 – 1854* (London, 1930), p. 60.

② 关于这个问题，参见 Mowat, "Charity and Casework," *Social Service Review*, 31：258 – 270 (September 1957)；Mowat, *Charity Organisation Society*, chap. II；Kathleen Woodroofe, *From Charity to Social Work*, chap. II；Young and Ashton, *British Social Work in the Nineteenth Century*, pp. 102ff。

③ Samuel A. Barnett, "Christianity and the C. O. S. ," *Economic Review*, 4：184 – 194 (April 1894).

出施舍，即"施舍一分钱，毁掉一个孩子"的时候，我们也不能怪人们误解它基本的人道宗旨了。[1] 更为客观的批评者们，其中有些人甚至是拒绝慈善组织协会的信条的，则认为个案工作方法是有价值的。比如，斯内尔（Snell）勋爵在年轻的时候曾经参与过伍立奇慈善组织协会的工作，但这并不是一段太愉快的经历。他总结说："总的来看，个案工作……不仅做得很不错，而且做得非常正确。"[2] 至于人们经常抱怨的协会在对待最需要帮助的人时所表现出来的迟延、官僚作风，以及不管不顾，斯内尔则并不太相信。

需要再提一下的是，地区委员会为处置申请人提供了机制条件。到19世纪70年代晚期和80年代，它们每年可以处置超过2万个个案。比如，在1886～1887年，共处置了约25500个个案，其中有超过一半的个案据汇报说是"得到了救助"的。申请人可能会因为各种原因，实质性或技术性的，而被拒绝予以救助。他们可能会因为已经接受了《济贫法》规定的救助，或者因为被列入模糊但包罗万象的"不值得帮助的人"的类别（1886年被改为"不太可能有利的"）而失去资格。两年后，甚至连这个标签也被弃置不用了，慈善组织协会的统计数据只区分了"得到帮助的"和"没有得到帮助的"两类人。很明显，"值得帮助的－不值得帮助的"的分类给协会的管理者们造成了逻辑上和实践中的困难。比如，那些"不值得帮助的人"有可能就是那些最需要得到帮助的人。[3]

虽然协会调整了正式的分类，但它却一点也不想给那些被认为不值得帮助的人提供援助。有的申请人被证明完全是骗子；其他人则已经解决了他们的问题，不再需要得到帮助；还有些人被发现存在酗酒或不良行为史，所以被证明不符合申请条件。早期的一些严格的解释者们甚至倾向于拒绝向不值得帮助的人的妻子和孩子提供援助。《慈善组织记录者》记录了一个孩子死于饥饿，据调查材料显示，他的父亲"因为酗酒而失去了多个谋生的机会"。（慈善组织协会）伦敦东区调查委员会的荣

---

① "C. O. S. Leaflet" for April 1883.

② Lord Snell, *Men, Movement, and Myself* (London, 1936), p. 71. 贝特丽丝·韦伯并不是完全不喜欢该协会的工作，她也对此做出了判定，参见 *My Apprenticeship*, pp. 194ff。

③ Mowat, *Charity Organisation Society*, p. 37.

誉秘书总结道："在这种情况下，无论是慈善机构，还是济贫法，都不能阻止一个孩子被饿死。这就是一种很多人所说的'自作孽'的情况。"①

更容易令人满意的类别是那个"得到帮助的"类别。对于这类人，慈善组织协会工作的标准是所提供的救助应当适当，即救助应该充分，而且符合被救助对象的需求。如果一个地区委员会决定提供救助，那它的首要目标应该是劝说他的亲戚或朋友首先提供帮助，如果这一目标不能达成，则再帮助该申请人与合适的慈善机构取得联系，这些机构可能是一家疗养院或者一家专门提供医疗援助的协会。其中必然会出现一些剩余的个案，找不到合适的救助机构，却依旧拥有合理的申请救助的权利。哪怕是为了帮助这些值得帮助的申请人，协会依旧不认为从自己那有限的资源里拿出一部分是一件值得做的事情，所以，作为替代方案，它鼓励地区委员会去为这些个案专门筹集资金。《慈善组织评论》定期会为这些需要帮助的个人和家庭发布募捐吁请，吁请中会对这些人的情况做详细的介绍。如果一个地区委员会能找到一个捐赠人愿意向一个需要帮助的寡妇提供一台缝纫机，或向一个卖水果的小贩提供一头驴子，那这不仅能够帮助受赠人恢复自立，而且这一行为也符合协会原初的目标。在这一过程中，地区委员会扮演了管道的角色。通过这一管道，救济品得以流通到受助人那里。也正是在这一过程中，地区委员会会将慈善组织的原则适用到人们捐赠的这些救济品之上。② 不过，这种依赖其他机构和慈善人士的做法最后被证明是不能令人满意的。随着地区上年轻一辈的、不那么正统的领导人物的出现，各地区的委员会越来越认为自己的主要职能是管理救济业务。事实上，这一趋势是普遍性的，乃至于在 19 世纪 80 年代，有一个慈善组织协会的忠实的拥护者在《慈善组织评论》上发出了这样的疑问："难道慈善组织协会的唯一职能就只是管理救济业务吗？"③

在一开始，协会就认定志愿者是实践慈善事业的合适代理人。特别是在早期的几十年里，它所招募的志愿者都是有产者，让他们代表"穷人"的利益来从事常规工作。在一开始，诚然，这些受过训练的业余人

---

① *Charity Organisation Reporter*, 6 March 1872.

② *23d Ann. Rept.* 1890 - 1891, pp. 3 - 4.

③ *Charity Organisation Review*, 5：24 - 32（January 1889）.

士有着一种盲目的自信，并对职业人员有着不少偏见。而雇用授薪的员工看起来又与协会的邻人互助精神相违背，这种精神来自查尔默斯的传统，是协会的精髓。当然，协会的中央办公室雇用了一位授薪秘书，但是在很长一段时间里，地区委员会的管理职权全部在志愿者手里，并且由一位只领取微薄报酬的人作为辅助。这个授薪人员的职位被称为代理人、采集员或调查员，他的能力尚不足以成为一位专业人士。① 从 19 世纪 70 年代晚期开始，授薪秘书在地区办公室中逐渐出现，到世纪之交的时候，超过一半地区办公室都有自己的授薪秘书。但是，这并不意味着协会失去了对志愿员工的信心。相反，一个使用授薪秘书的常用的理由是这样能给志愿者提供更多的自由空间，让他们可以在外面从事更重要的工作。

在协会所信奉的事情中，这一件事是完全正确的。如果慈善工作要有效开展起来的话，那做这项工作的人就应不单单只是有一股热切且积极肯干的劲头。做慈善也是一门手艺，做这项工作的人需要接受专门的训练，就和做其他工作的人一样。开会、听课、参加讨论，以及在地区办公室的监督下开展实践工作，这些就是这些新的志愿者们掌握这门手艺的途径，他们通过个案工作接受训练，透彻领会慈善组织协会的理念。② 协会鼓励这些新人调查研究他们的邻人。通过这种方式，他们可以了解劳工阶层的态度和状况，搞清楚其机制和问题。总的来说，无论协会意识到没有，一个新的职业正在逐渐形成（尽管如此，其中一些最好的从业者依旧是业余人士）。莫沃特教授关于慈善组织协会在这一方面的成就做了一个不错的总结。他说："部分是因为明智的判断，部分是因为略带盲目的信念，还有部分是因为好运气，慈善组织协会跌跌撞撞地进入了个案工作领域，对它做了改善，给了它一套模式。"③

六

从 20 世纪的视角来看，慈善组织协会的故事剩下的篇章就没有那么好了。应该是从 19 世纪 80 年代中期开始，其领导人误解了在英国协会

---

① Mowat, "Charity and Casework," *Social Service Review*, 31：265（September 1957）.

② Young and Ashton, *British Social Work in the Nineteenth Century*, pp. 105 – 106.

③ Mowat, "Charity and Casework," p. 269.

里工作的人员，当他们认识到这些潮流的时候，他们所采取的办法是把他们当成偶尔偏离正轨，开除他们，而正是这一偶尔偏离正轨将很快耗尽协会的力量。协会所公开宣扬的观点重点强调个人和家庭的自立，将之作为社会福利实现的关键，所以它对其他人提出的提议，即要求政府采取行动来减轻贫困的状况，抱有一种深深的敌意。洛赫在 1889 ~ 1890 年发布的报告中提到，在 19 世纪的末尾，出现了两种社会思潮："第一种思潮想要推动那个阶层前进，仿佛他们是住在一个漂浮的岛上一样，并拖着他们进入一个全新的社会状态。另一种思潮则来自我们既往的社会的坚实的土地，它将基于这些现成的材料，构建一个更好的结构，为我们新的一代人所用。第一种思潮将会给我们施加一种普遍的社会规训。而第二种思潮则宁愿相信那些生活教给我们的，慈善带给我们的自我规训。"① 所以，权威的慈善组织协会的信条继续自欺欺人地、肤浅地拒绝接受除个人的自我革新以外的任何社会改革措施。

我们无法彻底解释为何慈善组织协会的理念固守原有内容不变，为何它顽固地抵制正在改变的社会风潮。② 英格兰地区正日渐成为英国社会改革的引擎。而正是在这一地区，协会依旧宣称之前那一套内容，即政府行动使道德败坏，而在合理的管理之下，私人慈善能拯救人们。这听起来好像是慈善组织协会在宣称自己对贫民问题拥有既定权力，并感觉自己有义务来抵制那些源于其他渠道的提议，因为这些提议侵犯了它行善的垄断权一样。毫无疑问，洛赫具有统治地位的影响力部分地导致了这种固守不变的状况，使协会坚持所谓的永恒的真理。他向慈善组织协会的理念中注入了一种理想主义的且近乎是福音式的元素，这种元素部分地来源于查尔默斯的传统，而他又在这之上加上了一种准神权性的权力。③ 有时候，他的年度报告里会透露出一丝的不安，但他的疑虑永

---

① *22d Ann. Rept.*，1889 - 1890，p. 1. 关于个人主义的最极端的表述见于博桑基特（Bo-sanquet）太太的《人民的力量》（*The Strength of the People*，London，1902）一书。在这本书中，她为个人品性和自力更生史成功的原因做了坚定辩护。

② 我们需要感谢加尔文·伍达德（Calvin Woodard），他写的没有公开发表的剑桥大学学位论文，以及意味深长的结论，都是围绕这一问题展开的。

③ 莫沃特（*Charity Organisation Society*，pp. 72 - 73）指出，洛赫的一位密友，伯纳德·博桑基特，对洛赫的社会和政治借鉴提供了一种哲学上的解释，即其在某种意义上属于"右倾的黑格尔主义"。

远都只是转瞬即逝的。

协会早期的顶梁柱，即巴尼特（Barnett）教士和他的太太的背叛自然给洛赫造成了很大的打击。随着时间一点点过去，他们作为这个团队的成员，越来越感到不安，虽然对于这个团队，他们相信它是"出于同情心，并带有一种塑造我们的时代的力量"。[1] 他们在贫民窟里的工作被证明是具有高度指导意义的，而且他们还发现了一大堆问题，在应对这些问题上，"科学"慈善只比不加区分的布施稍微有效那么一点儿。他们不再对国家主动采取一项社会政策而感到惊骇。早在 1883 年，也即巴尼特担任托因比中心的管理员之前一年，他就已经明确表示支持一种"切实可行的社会主义"，这也就是说要政府采取行动，向公众提供住所、教育、医疗和养老金。[2] 在接下来的一年里（在慈善组织协会发出的一份传单里），巴尼特的太太抓住时机谴责协会，说它明显缺乏对更为广泛的社会改革的兴趣。[3]

在整个 19 世纪 80 年代，巴尼特的社会理念一直随着他在东区的经历不断丰富而发生变化，而且，他与协会之间的疏离也变得日渐明显。1895 年，他在协会理事会上做了一场发言。当时，他提出了他所说的——可能这并没有故意讽刺的意思——"对慈善组织协会的一个友好的批评"。[4] 事实上，这是对协会，包括它的信条、政策和实践的一个相当彻底的控诉。他提到，慈善组织协会不仅没有抓住贫困和福利问题的重点，而且尖刻、盲目地反对任何公共或私人的尝试，只要这些尝试与它严格的正统观念有所差异。在他看来，国家提供养老金并不必然会比协会提供的补助更容易导致人们道德败坏，而且他还提出，将"国家赞助"等同于"致贫根源"是毫无道理的。为什么慈善组织协会的主人们一听到有人提起社会主义，就总是那么惊慌失措呢？一言以蔽之，协会所发起的改造英国慈善实践的运动已经"变成了为慈善的某种方式立言"，故而失去了与公益的现实潮流的联系。

[1] Henrietta O. Barnett, *Canon Barnett*, II, 267.
[2] Practicable Socialism（London, 1888）. 这个"切实可行的社会主义"的标题见于 1883 年 4 月刊《19 世纪》（*Nineteenth Century*）。
[3] "慈善组织协会就社会改革做了什么？"
[4] Barnett, *Canon Barnett*, 266ff.

在洛赫看来，这些批评是令人震惊的，而且几乎是一种对神明的亵渎，所以，他对巴尼特做出的回应也变成一场恶毒的人身攻击。但是，事实上，慈善组织运动当时正在失去风头。1906 年以后，协会内部出现了很多闲言碎语，抱怨协会中央办公室对法律的自由化改革所抱有的不妥协的敌视态度。领导人抱怨说，年轻的志愿者们不再像过去那样纷纷前来，而是跑去了政府那头，而政府"并不能真的让他们做上什么志愿服务工作，而是给他们提供了一条摆脱所有社会问题的近路"。[1] 洛赫撰写的最后一份报告（1911～1912 年）对慈善组织协会的社会愿景做了一番描绘，这番描绘极为清楚地显示出这一愿景条理清楚，但又十分短视的特点："当国家公益的狂风……刮过，我们现在除了看到人们还是老样子以外，还看到了什么别的情况吗？它是没办法对付这些人的，但沉思的官员们就是不肯就此打住。而公众现在已经知足了。他们现在知道了真相是怎么样的。而且，如果公众的兴趣减退了——我们都可以看到其增与减——所有靠别人存活的人，或其中绝大多数人就没有其他路可以走了，而只能回到原来那条简单的道路上，靠着个人和社会的努力、适当的救助以及自立而存活下去。"[2]

比协会严苛的理论更能反映真实情况的可能是它在对待那些意图通过公共行动来减轻社会不幸的提议时所采取的态度。慈善组织协会不仅擅长呼吁，还会主动出击，对那些向贫困的学童提供免费晚餐的计划发起猛烈的抵制。最早向学童提供餐食的社会实验启动于 19 世纪 60 年代，是一个人道主义的项目。这个项目很单纯，也很简单，致力于帮助那些孩子，如在贫民儿童免费学校里的孩子。[3] 这个问题在 19 世纪 70 年代变得更急迫了，因为在当时，新的初级学校招收了大量的劳工阶层的以及贫民窟的孩子，并且披露出他们令人震惊的状况。那就是健康状况堪忧，但学习能力很好。所以，在整个 19 世纪 70 年代和 80 年代，向学童提供餐食，无论是免费的还是低价的，都成了志愿型机构的一项责任。不过，这些事情需要与校董会以及它们的巡视员密切合作才能做成。对于所有这些项目，除了那些可能是自立性的项目以外，慈善组织协会都抱有坚

---

[1] *44th Ann. Rept.*, 1911–1912, p. 2; *41st Ann. Rept.*, 1908–1909, pp. 5–6.

[2] *44th Ann. Rept.*, p. 4.

[3] 参见 M. E. Bulkley, *The Feeding of School Children* (London, 1914), chap. 1。

决的敌意。在洛赫及其团队眼里，在院外"救济"这些孩童，而且未经过彻底调查，这是相当有害的一种行为。这事实上不仅是在向孩子们提供有害的布施，还是在鼓励这些孩子的父母忘记自己的责任。洛赫预测说，很可能出现的情况是，如果一个孩子能够领到一份不错的午餐，那他的父母就会拒绝给他准备早餐和晚餐。而且，这等同于增加了这些父母的收入，并在就业竞争中给他们增加了一个不公平的优势，因为他们需要通过工作来获取的收入变少了。①

对于这一问题，协会官方的立场记载于一本名为《向学童提供餐食》的小册子里。这本小册子刊发于1889年，当时伦敦学校理事会的分委员会正好也在考虑这一问题。② 在这本小册子里，协会提出，那些长期处于贫困状态的孩子应该归政府济贫法机构管，而那些父母有病的孩子则需要接受家庭救济。第三类孩子是那些饥饿的儿童，正是这类儿童以及他们那挥霍的、失职的、罪恶的父母使慈善组织协会的怒火有时具备了那种令它感到自命不凡的正当性。"给那些父母的孩子餐食就是破坏他们的道德标准……即通过帮助那些父母……在懒散或酗酒中挥霍他们的时间和金钱，而他们本应该用这些时间和金钱来为他们的家庭挣取给养。"无论如何，人们很难说清楚到底谁需要帮助，谁又不需要帮助。事实上，有的孩子看起来"很体面，所以拿不到一个子儿的救济款，但其实他们才是最需要帮助的人"。

和慈善组织协会神庙里其他理论支柱一样，这一根支柱虽然历经岁月，却没有任何动摇。1906年，议会通过了《教育（餐食提供）法》。于是，海伦·邓迪·博桑基特（Helen Dendy Bosanquet），这个团队里最坚定的个人主义者，便在《慈善组织年度登记簿》的引言部分历数了这一法令的各项罪恶。正是这部法令通过授权各地政府的学校管理部门采取分派餐食的方式，使提供餐食变成了一项准公共性的职能。慈善组织协会认为这种做法是不明智的、没必要的——因为给的越多，需要的也就越多，而且协会对这些孩子的状况做了调查，发现他们领取餐食是没有合理理由的。

---

① *16th Ann. Rept.*，1883－884，p. 32.
② *C. O. S. Occasional Papers*，1st ser.，no. 14，1889.

关于失业的问题，就像对待其他社会问题一样，协会坚定地拒绝随着时代的前进而迈入 20 世纪。只有出于极度不得已的情况，而且这些情况要严格符合协会的界定，它——也即协会中央办公室——才会承认失业问题真的存在。洛赫在他撰写的多份年度报告里习惯性地给"失业"这个词加上了引号，而且他还花了很大力气来批评那些致力于解决这一问题的人。这部分是因为，他将失业问题，如果确有其事的话，划在慈善活动的领域之外（而且，老实说，他还认为对此问题无法采取任何矫正措施，但一种传统的措施除外，即根据市场需求来调整劳动力的供给）。他说，无论如何，"有人失业是事实，但是其中有一小部分不幸的个案虽然也顶着'失业'这个名头，却经常过着花天酒地的日子"。①

并不是所有地区委员会都能够按照中央办公室划出的那条羊肠小道往前走。事实上，不同的区域所采取的程序大不相同。后来协会改变了其官方政策，允许开展救济工作，但前提是失业必须是某些特别因素所导致的，而且有一定的期限限制。但是，慈善组织协会特殊困难救济委员会在 1886 年这个特别困难的年份里报告说，它确信慈善组织的资源已经完全满足解决这种紧急情况所需，如果有合适的机制来针对要进行救助的个案开展调查的话。洛赫一而再地谈及社会的最终真理，也即要帮助这些失业的人，唯一可靠的办法是"对这些个案施加个人影响。如果我们不是去帮助一个人做到收支平衡，节俭度日，有效储蓄，那我们所做的就没有真正的价值"。②

慈善组织协会的领导人把下面这些应对办法当成了笑柄，如梅森豪斯基金和布斯（Booth）将军的"最黑暗的英格兰"计划。诚如下文所述，针对大主教曼宁（Manning）的梅森豪斯委员会在 1885～1886 年所筹集的大额资金（将近 8 万英镑），人们感到担心的确是有理由的。③ 不过，洛赫写给《泰晤士报》的那封批评信甚至激起了他自己的理事会里的成员的关切，其中有一个成员谴责说，这封信"不仅是不合时宜的、

① *19th Ann. Rept.*，1886‐1887，pp. 32‐33. 同时参见洛赫向劳工代表委员会提交的证据，（C. 7063Ⅰ），1893，Q. 5802ff。
② *19th Ann. Rept.*，1886‐1887，pp. 55‐56.
③ Cf. the *Reporter of the Mansion House Relief Fund*，1886.

胸襟狭窄的，而且是不明智的"。①

　　协会的领导人都对救世军的布斯将军在他《最黑暗的英格兰》里提出的计划感到愤怒，认为布斯狂妄的计划所引起的广泛的兴趣——该计划将读者大众分为支持布斯的阵营和反对布斯的阵营两类②——对协会的原则和地位都形成了挑战。从一开始，协会就很讨厌救世军，以及它慷慨大方的、不加区分的慈善形式，用博桑基特太太的话来说，这就是"将我们20年来的所有教导和努力在根子上都化为乌有"。③用慈善组织协会的标准来看，救世军的策略就是一种不可救药的感情用事，而且它的发展方向也是不负责任的、专制独裁的。但是，这家组织，跟现在一样，具有广泛的公众号召力。所以，慈善组织协会忧心忡忡地看着这一状况，认为这是对此类慈善资源的一种浪费（甚至还要更糟）。在1890年12月，协会继续表明自己的观点，即由洛赫在一封写给《泰晤士报》的信里公开对"布斯将军的社会计划"进行谴责。在接下来的一年里，协会又重申了对布斯的攻击，将洛赫的这封信扩展成为一本书，还附上了伯纳德·博桑基特和德怀尔（Dwyer）教士的论文。④尽管洛赫针对救世军失业问题的解决方案所提出的一些反对意见是完全合理的，但他自己给出的那些应对措施却并不能令人满意。他坚持说现在的机构已经足以应对这场危机了，如果能够将他们有效地组织、协调起来，这真是一种很愚蠢的做法。⑤

　　慈善组织协会成员心中继续带着一点不安，但是他们对于公共机构以及支持他们那些笨拙而又纵容的政策的人所代表的发展趋势的不安要多一些，而对它自己提出的解决方案的有效性的不安要少一些。1904年，有一个委员会，其成员主要是慈善组织协会的人（虽然其中包括乔治·兰斯伯里，并且乔治后来还撰写了委员会报告中的反对意见部分），该委员会对失业救济问题开展了研究。该委员会提出的个别具体建议是

---

①　*Charity Record*, 6 May 1886.

②　参见 Herman Ausubel, "General Booth's Scheme of Social Salvation," *American Historical Review*, 56: 519 – 525 (April 1951)。笔者将在第十七章里论及这一计划。

③　Bosanquet, *Social Work in London*, p. 341.

④　C. S. Loch, Bernard Bosanquet, and Philip Dwyer, *Criticisms of "General" Booth's Social Scheme* (London, 1891).

⑤　参见 H. Greenwood, *General Booth and His Critics* (London, 1891)。

有价值的，但该委员会的结论一点也不像慈善组织协会的其他论调，宣扬构成协会基本理念的审慎、远见和自立观念。[①] 就算当观念合理性之天平倾向了提供经常性、系统性的保护，以应对失业风险这一边，协会依旧还是在宣扬其传统的对策——济贫法负责对付那些奢侈浪费、懒惰的人，而志愿型慈善组织则负责照看那些坚定、品行端正的人，而且在照看这些人时，不要采用救济工作或公共基金。[②] 在慈善组织协会的领导人看来，1911 年《全国保险法》自然是代表社会政策领域的一次终极的脱轨，而《慈善组织年度登记簿》的编者（现在已经不是洛赫了）也变得越来越恼怒，因为他认为该法之通过，是"以各种可能的方式反对英国个人自由和志愿合作的传统"。[③]

慈善组织协会官方对这一时期的绝大多数社会立法都不太看好。洛赫警告说："我们在谨慎地对待，以防止依赖，而新法的大量通过却在给我们大量地制造依赖的情况。"[④] 协会一度对人们提出的有关政府养老金的提案感到十分不安。这不仅是因为这是一个大规模的不加区分的布施的大写个案，而且是因为这种做法与某些地区委员会已经在开展的养老金实践相冲突。从 19 世纪 80 年代早期开始，协会的政策就一直反对用自有资金来支付养老金，但是各地的委员会却一直从人们的亲戚、朋友和前雇主那里筹集资金（1895 年，这笔存款超过了 12000 英镑）。但后来，就算是那些笃信的慈善组织管理者也已经开始怀疑这笔钱不够用了。1895 年，洛赫就曾敦促将更多的救济金转变成为养老金。[⑤]

作为阿伯德尔老年贫民委员会（1893 ~ 1894 年）的一员，洛赫对这一点深信不疑，即在他看来，查尔斯·布斯提出的无须缴纳即可领取国家养老金计划是一个彻头彻尾的骗局。在此前一年，他就已经公开表达了反对意见，而在 1899 年，他又和慈善组织协会的领导人团队一起共同组成了一个委员会，名为（反对）养老金计划委员会，"以组织大家，对议会的议员们施加压力……表达我们对把人养成贫民的法律的反

---

① C. O. S. Special Committee, *The Relief of Distress Due to Want of Employment*, 1904.

② *37th Ann. Rept.*, 1904 - 1905, pp. 9 - 11.

③ 1912 ed., p. cccxxxi.

④ *40th Ann. Rept.*, 1907 - 1908, p. 2.

⑤ *27th Ann. Rept.*, 1894 - 1895, p. 13; *C. O. S. Occasional Papers*, 2d ser., no. 3.

对意见"。① 同年，地方协会报告年度汇编的编者表示自己很震惊，因为老人群体"吸引了大量的公众注意力，挤掉了人们之前关注的'失业群体'和'社会底层群体'"。② 此外，洛赫提出了一个说法来反对国家为老人谋取利益的行动，这个说法是不可理解的，并且近乎故弄玄虚。他认为，政府发放的补贴是根据冷冰冰的概念来做区分的，因此缺少了慈善的味道。"现在，从正确的角度来说，慈善增强了我们的社会义务感……而不带有慈善味道的补贴则削弱了这种义务感。那是因为能提供这些补贴的只有政府一家。"③ 然而，随着时间的过去，关心社会福利问题的英国人开始变得越来越不相信这些说法了。1908 年的法令虽然很是谨慎，但还是建立了政府养老金无须缴纳即可领取的原则。对于慈善组织协会的官方发言人来说，这标志着政府布施的大规模复兴，"跟过去捐赠基金慈善组织一定可以领到的救济金没什么分别"④，而且这一次法律还放肆地鼓励老年人赖上别人。

七

在 20 世纪早期，协会将很多的精力用于抱怨和抵制集体主义的潮流，而没有花一点时间来思考这一个重要的问题，即重新调整自己的行为。洛赫的年度报告中偶尔会出现对自己行为是否正确的一丝疑虑，而且在慈善组织协会内部也出现了不同的看法。⑤ 慈善组织协会将很多宝押在了济贫法委员会的《多数派报告》上，而该报告事实上揭示出了协会正统观念的明显崩坏。但是，对于这些创新，如国家保险、养老金等，该报告所做出的回应还主要是负面的。直到 1914 年，甚至在此后一段时间里，慈善组织协会圈里流行的看法还是否定这些创新的，将它们看成一种偶尔偏离正轨。但英国公众很快就会清醒过来，并且会撇下那些计划，即那些个人性的计划，那些基于人际互帮互助的、友好关系的计划，

① Mowat, *Charity Organisation Society*, p. 142; papers in the Family Welfare Association Library collected by the committee. 同时参见 *Old-Age Pensions: The Case against Old-Age Pension Schemes* issued in 1903 by the committee。
② N. Masterman, ed., *Introductions* (London, 1899), pp. 14 – 15.
③ *27th Ann. Rept.*, 1894 – 1895, p. 15.
④ *40th Ann. Rept.*, 1907 – 1908, p. 2.
⑤ 参见 *41st. Ann. Rept.*, 1908 – 1909, pp. 5 – 6。

虽然协会相信代表了它的工作方向，但它们是消极的。

到这个时期，洛赫已经老了，身体状况也很不好，而且他进入了一个与爱德华七世自由主义鼎盛时期完全不同的时代。对于维多利亚时期的人来说，富人就是富人，穷人就是穷人。富人有义务帮助穷人变得自立和品行端正。那个时代的穷人不能想得太多。在一份关于当前改革趋向的相当刻薄的介绍材料中，洛赫引用了《费利克斯·霍尔特》中的一段支持的话："如果说有什么东西是我们的人民所欠缺的话，我们相信，那就是幸福和人的尊严，而不是改变他的身份。"① 洛赫作为慈善组织协会的主要建设者，是很有能力的、很明智的，甚至是很敏感的，但他完全没有理解英国的新时代，这个新时代起于 19 世纪后半叶。对于同样是从爱德华七世时代走出来的人来说，慈善组织协会所宣称的邻里互助并不比由一个社会高位者提供庇护要好多少，而它之所以看起来要更为动人，是因为它在根底上更为清白无邪。

第一次世界大战之后，协会也不愿意屈从于这些更新的潮流。② 对任何团队来说，只要它没有那么固守自己得到的上天的启示，就不会将这些新出现的社会服务作为过渡阶段的产物。洛赫现在已经不再掌舵了，但是他的继任者缺少对于现实的敏感，所以未能将协会从维多利亚中期的幻想中解放出来。所以，看起来令人不敢相信的是，一个社会工作领域的英国领导人会写出这样的文字。尊敬的 J. C. 普林格尔（Reverend J. C. Pringle）在他撰写的 1930 ~ 1931 年年度报告中这样写道："'再见了，朱莉·罗根（Juile Logan）小姐'……集体主义，在我们英国，就是一个幻觉，让一些人着了魔。现在，它就像罗根小姐一样，已经消失得无影无踪了。"③ 直到 20 世纪 30 年代中期之后，B. E. 阿斯特伯里（B. E. Astbury）来做了协会的新任秘书，慈善组织协会才开始面对现实，认识到英国日渐成为一个集体主义国家。很明显，问题并不是这个趋势

---

① *30th Ann. Rept.*，1897 – 1898，pp. 1 – 2.

② 比如，在 1920 年，担任了很多年慈善组织协会领导人的贝尔伍德（W. A. Bailward）出版了一本书（他的立场可以很明显地从他所用的标题看出来），名为《光滑的陡坡》（*The Slippery Slope*）。

③ *63d Ann. Rept.*，1930 – 1931，p. 19. 当然，该引文也见于詹姆斯·巴里（James Barrie）爵士的《冬天的故事》（*Wintry Tale*），该文首度刊发于 1931 年《泰晤士报》的特别增刊。

可否被逆转，而是协会的经验和特殊技巧在一个准社会服务的国度内是否多余。对于这一问题，答案是明确的。无论法定的福利机制变得多么显要，在社会上总会给解决个人和家庭问题的专家留下一块空间，让他们在一个志愿型机构的支持下开展活动。1944 年，在第 75 届禧年会上，贝弗里奇爵士正确地提出了这一点，当时他宣称："无论这个国家做了什么，我们所有的公民也一定能那样做，所以社会上总是留有一块空间给个人救助、个人同情，同情那些出于各种理由而需要得到更多的或不同的帮助的人。"①

这在之后就变成了协会未来的行动领域。这一领域非常重要，虽然相比于它最开始划定的领域要小很多。协会采取新的方向这一点体现在它放弃旧的名字这一决策上，因为在这一名字上凝聚着过去 75 年的传统，以及各种激烈的支持或反对主张，而现在，它所选用的名字则更为精确地表明了它关心的主要问题是家庭的个案工作。1946 年，"慈善组织协会"变成了"家庭福利协会"，这在一定意义上标志着社会工作的一个时代的结束。更准确地说，这个新的名号只不过是将之前已经出现的东西标示出来了，这些东西之前被协会隐藏了，因为它一直不愿意重新考虑一下自己在一个准集体主义的社会里所扮演的新角色的问题。

---

① *76th Ann. Rept.*, 1943－1944, p. 1.

第九章　改造古老的信托：捐赠基金学校

一

在慈善的所有分支领域中，从某些方面来看，对于历史学家来说最可怕的是教育领域。所以，特别是对一个外国人来说，要想在错综复杂的英国教育体系中保持方向而不迷路，理解其术语体系，解开组织之间盘根错节的关系，领会教会和礼拜堂之间相互矛盾的利益所引发的怨恨情感，是一件非常难的事情。更具体地说，在英国的学校体系内，要将慈善属性单独分出来并做界定几乎是不可能的，因为相比于其他领域，在这个领域中，慈善、自助和国家行动是混杂、搅和在一起的，令人难以分辨清楚。早在19世纪初期，当布鲁厄姆对这个问题开始感兴趣的时候，没有人会想要将教育事业作为由公共资金支持的事业之一。当时，人们普遍同意的一种看法是这些学校的学费应该由上等阶层和中等阶层来支付。他们除了要为自己的利益设立捐赠基金以外，还需要做私人慈善——一般将之视为"慈善救济"，而不是"公共义务"——以给穷人提供适合他们地位的技能培训。19世纪的一大贡献是打破了这一平衡。英国人逐渐地、犹犹豫豫地接受了这一观念，即教育是一项公共责任，与此同时，政府也开始成为这项事业中的主要参与者。

在这一章里，笔者将聚焦这一过程的一个阶段。在这一阶段中，慈善委员会大量介入其中。在19世纪70年代和80年代，人们做了很多的努力，试图重组英国的以中等教育为宗旨的捐赠基金，以使它们变成英国教育体系的基础。纽卡斯尔委员会（1861年）报告了下等阶层的教育状况，克拉伦登委员会（1864年）概述了上等阶层的教育状况，并详细

303

介绍了 9 所公共学校的情况。① 在这两极之间，是教育领域中一块极为巨大的但相对来说未经探索的空地，人们认为这块空地归属于中等阶层。

布鲁厄姆的调查搞清楚了一个情况，即存在大量的捐赠基金，这些捐赠基金大概都属于中等学校这个范畴，这些机构占据了初等学校和大学之间的领域。但是，"中等学校"这个概念并不太准确，它经常被用于指称捐赠基金文法学校，也即主要是在 16 世纪或 17 世纪成立的教育类基金会。② 同时，这些捐赠基金的规模差异巨大，其教育质量在创立之初也显得参差不齐，而且这种情况到布鲁厄姆调查期间变得更为严重。此外，时间过去了几十年，情况发生了很多改变，不仅有的私人捐赠基金会亟须重组或者已经关门，而且整个捐赠基金学校领域看起来都不太符合 19 世纪的需求。比如，它们的地理分布自然更多取决于当地的爱国心，以及创始人的特别情怀，而不是出于对这个国家教育需求之考量。从公众的角度来看，这个方面存在非常严重的分配不均的情况，有一些城镇分到了大量的捐赠基金，而另一些人口集中的中心地区则只分到了很少的捐赠基金。此外，还有一个事实是，到布鲁厄姆调查时期，从教育质量来看，很多文法学校基金会与初等学校没有什么差别，乃至于人们很难确定一个捐赠基金到底是想开展初等教育，还是开展中等教育。③

如果说还需要什么东西来加速中等学校的衰退的话，那就一定是艾尔登（Eldon）勋爵就利兹文法学校案（1805 年）所做出的判决了。④ 当时，利兹文法学校的管理层除了开设传统课程以外，还想要用捐赠基金来开设算术、写作和现代语言等课程，这引起了争议。大法官法庭批准了管理层的请求，但当该案件上诉到上议院大法官那里时，上议院大法官推翻了这一决定。艾尔登给出的理由在当时就不能让所有人信服，此

---

① *Report of the Commissioners Appointed to Inquire into the State of Popular Education* （C. 2794），6 vols., 1861；*Report of H. M. Commissioners on…Certain Schools and Colleges* （C. 3288），4 vols., 1864.

② 在 18 世纪，人们较少捐赠成立文法学校，而且事实上，自乔治一世继位以后，人们就再也没有捐赠成立过一家文法学校了。［A. F. Leach，"On the History of Endowed Schools," *R. C. on Secondary Education* （C. 7862 - iv），1895，V，59］

③ 关于布鲁厄姆委员会对此事所形成的不太好的印象，相关证据参见 William Grant，*S. C. on Public Charities*，1835，Q. 141ff。

④ *Attorney-General v. Whiteley*，11 Ves. Jun. 241.

后亦然。S. T. 柯尔律治（S. T. Coleridge）认为上议院大法官对 16 世纪的历史不够熟悉。他指出："本·琼森（Ben Jonson）用'文法'这个概念时指的并不是精深的语言。"而一个维多利亚时期的上议院大法官也指出，在有的文法学校创立之时，希腊文还没有成为教育的科目之一。[①]但是，艾尔登的分析虽然从历史上来看是不可靠的，却并不是没有根据的。利兹文法学校的宗旨是"向所有合格的青年学生，包括儿童和青年，提供免费教育"。因为免费文法学校的主要特点是"免费"，而且，根据塞缪尔·琼森（Samuel Johnson）的意见，一所文法学校就应该教授精深的语言，于是，结果就变成了利兹基金会只赞助传统课程的讲授，除此以外一概不予支持。[②] 如果有受托人想要引入其他课程，就会被视为违反信托协议。[③]

　　尽管布鲁厄姆委员会并不认为艾尔登判决的束缚是导致文法学校悲惨状况的主要原因，但随着时间的推移，这一障碍变得越发令人厌烦。小额捐赠基金因为金额太小而不足以聘请一位教师来教授拉丁文和希腊文，但法律又不允许将之用于其他次要用途，如开展常规英语教育的某一个科目，因此这些钱就只能放在那里，毫无用处。另外，在商业化、工业化的城镇里，中等阶层又不太想要接受传统教育，而是想要接受职业培训，以适应成年后的生活和工作。虽然这里所说的培训并不仅指"职业性"的教育，但毫无疑问的是，传统课程多少会让位于数学、英语，以及现代外语等课程。[④]

　　先后有不少人想要解除利兹案判决的束缚，但都收效甚微。《厄德

---

① Table Talk，引自 J. P. Fearon, *The Endowed Charities* (London, 1855), p. 58; Lord Westbury, *Report of Commissioners … on Certain Schools not Comprised in H. M. Two Recent Commissioners* (Schools Inquiry Commission) (C. 3966), 21 vols., 1867 – 1868, Part IV, Q. 16, 625。关于其他衡平法学家们的看法，参见 Sir W. P. Wood (Later Lord Hatherley), *ibid.*, Q. 12, 802; Lord Romilly, *ibid.*, Q. 13, 433; Sir Roundell Palmer (Lord Selborne), *ibid.*, Q. 14, 219。贺瑞斯·戴维（Horace Davey）勋爵也向捐赠基金学校法案特别委员会提及过这一问题，1886, Q. 5141。

② 关于这一事项的裁定，以及之后的一些判决，参见 *Tudor on Charities* (4th ed.), pp. 631 – 632。

③ Brian Simon, *Studies in the History of Education, 1780 – 1870* (London, 1960), pp. 105 – 108. 对这一案件及其引起的反响做了一番有趣的讨论。

④ Sir W. P. Wood, n. 5 above.

利·威尔莫特爵士法令》（1840 年）想要给文法学校的管理层更大的自由空间。这不仅是要解除有关课程设置的限制，而且是要解除其他一些严格的信托条款的限制，如果这有碍于学校的运行的话——这样一来，就能推动"创始人宗旨的实质性实现"。[1] 但是，尽管该法令正式授权衡平法院对捐赠基金学校的管理和课程做出重大调整，但衡平法院的行动权也受到严重的限制。它们只能在下述情况下才能主动干预，即"如果其发现机构的收入存在不足的情况下"。这也就意味着只有那些最穷的基金会才能够从新法受益，因为法院通常不能干预其中，唯有在一个十分特殊的情况下才能如此。[2]

慈善委员会的成立也没有对捐赠基金学校的处境产生很大的影响。尽管学校的捐赠基金和其他信托一样，都归慈善委员会管理，但慈善委员会却无权开展大规模的改革。它的确能在最近似目的原则框架下对学校开展调整，即与对待其他慈善组织一样，但是，这仅限于某些最极端的个案。同时，无论是委员会还是大法官法庭，都不能从整体意义上对相互关联的学校动手，而只能将之作为独立的个体来看待。因此，就算想要重整一下中等学校的体系，也都是一个幻想。尽管某些捐赠基金学校，特别是那些富有的、机制完善的基金会有了很好的发展，但绝大多数机构的情况则是另一番天地。到 19 世纪 50 年代，对这些七倒八歪的教育类捐赠基金做管理和课程改革的条件看起来已经成熟了。现在可以对它们进行重组，将其填入国家教育体系的一个重要空位了——这一国家教育体系是维多利亚时期英国不断探索建立的一大体系。

英国在 19 世纪中叶探索建立的国家教育体系共有三个重要组成部分。其中，有关捐赠基金学校的相关改革工作是其中最后启动的一个组成部分。该项改革是由社会科学协会启动的，该协会成功地说服了政府，将其研究扩展到了中等阶层教育问题之上。[3]（其认为中等学校理所当然应该服务于中等阶层。）当学校调查委员会完成其名单时，该委员会的主

---

① Preamble of 3 & 4 Vict., c. 77.

② Lord Romilly, *Schools Inquiry Commission*, *1867 - 1868*, Part IV, Q. 13, 452; J. P. Fearon, *ibid.*, Q. 13, 281.

③ *Trans. Social Science Assn.*, 1863, p. 351; E. G. Sandford, ed., *Memoirs of Archbishop Temple*, 2 vols. (London, 1906), I, 133 (chap. By H. J. Roby).

席是唐顿（Taunton）勋爵（亨利·拉布谢尔，Henry Labouchere）；最活跃的成员有弗里德里克·坦普尔（Frederick Temple）博士，他是拉格比学校的校长，未来会担任坎特布雷大主教；利特尔顿（Lyttelton）勋爵，他是捐赠基金学校委员会的首席委员，人们更熟悉的是他之后的一个身份，即他参与了英国中等学校的改革工作；汤姆斯·爱克兰德（Thomas Acland）爵士；以及 W. E. 福斯特（W. E. Forster）。[1] 罗伯特·洛（Robert Lowe）拒绝成为委员，他以他那种标志性的尖酸刻薄的语调提出，他对这些将与他一起共事的人没有信心。[2]

在 3 年任期里，经历了大大小小 150 多场会议，委员会最终拿出了它的报告。由于委员会开展了比纽卡斯尔委员会更为彻底的调查，做了更为透彻的分析，所以，唐顿报告被人们视为 19 世纪最为引人注目的公共文件之一。很明显，在运行过程中，该委员会内部并未出现严重的观点不一致的情况，至少在基本看法上是如此，自然也就不存在那种曾妨害大众教育委员会工作开展的尖锐冲突了。此外，学校调查委员会在遴选助理委员方面不仅很有眼光，运气也很好，这些助理委员负责在国内外开展田野调查。这些助理委员有马修·阿诺德（Matthew Arnold）、詹姆斯·布赖斯（James Bryce）、T. H. 格林（T. H. Green）、乔书亚·费奇（Joshua Fitch），以及詹姆斯·弗雷泽（James Fraser）（之后成了主教）等。正是因为有这么一批人的存在，才确保那些证据被负责任地采集上来，并在完善梳理后又被提交上来。

我们没法恰当地总结这部报告，因为这部报告的体量太大了，更不用说它的证据部分，仅这部分就有 20 册之多。在委员会调查的约 3000 所捐赠基金学校中，约有 800 所——其中绝大多数，除 70 所或 80 所以外，都是文法学校——提供高于初等教育水平的教育服务。[3] 在这些学校里登记就读的学生共有近 37000 人，其中有 1/4 的学生属于寄宿生。这些学校的年度净收入总计约 20 万英镑（毛收入为 335000 英镑），此外还有约 15000 英镑的收入在证据中有显示，但并未计入其中。在这些基

① A. h. d. Acland, *Memoir and Letters of Sir Thomas Dyke Acland* (London, 1902), pp. 244ff.

② Lord Edmond Fitzmaurice, *The Life of Earl Granville*, *1815 – 1891*, 2 vols. (London, 1905), I, 433.

③ *Schools Inquiry Commission*, 1867 – 1868, Part 1, p. 108.

金会中，有 500 家历史超过了 200 年，它们所拥有的资金状况各不相同，教育质量参差不齐，组织情况也差异巨大。其中有像基督医院这样的机构，收入高达 42000 英镑，有自己的处所和大楼；也有一些可怜的小机构，年收入不足 10 英镑。在这些机构中，其中绝大多数都不算富裕；只有不到一半的机构报告说自己的年度收入超过了 100 英镑：①

收入水平	机构数
2000 英镑之上	9
1000～2000 英镑	13
500～1000 英镑	55
100～500 英镑	222
合计	299

中等教育类基金会不均衡的分布状况也令委员会感到吃惊。在绝大多数郡里，中等教育类捐赠基金每年的总收入为 1000～4000 英镑。但康沃尔的多家文法学校的收入总计不超过 400 英镑，而林肯郡的机构的收入则高达 7000 英镑，兰开夏郡的收入为近 9000 英镑。在人口大于 2000 人的镇上，有 304 个镇有自己的中等教育类捐赠基金，有 208 个没有。此外，经常的情况是，信托基金的规模与当地社区的需求没有关联。英国最大的中等教育类基金会位于约克郡的里什沃思（靠近哈利法克斯），但这个地方连一个镇都算不上。该基金会的年度毛收入超过 3000 英镑，学校里共抚养和教育着 55 名男童、15 名女童。要入读该学校必须获得受托人的推荐，这些受托人跟基督医院的理事一样，掌握了价值巨大的庇护权。②

尽管 800 多家中等教育机构中的绝大多数在名义上都属于文法学校，但是艾尔登勋爵却吃惊地发现其中有 43% 的机构既没有教授拉丁文，也没有教授希腊文，而且其中只有 27% 的机构属于古典教育机构。③ 在有的情况下，捐赠基金甚至都不足以支持开设一门古典课程；而在另一些

---

① *Schools Inquiry Commission*，1867－1868，Part 1，pp. 109－110. 基督医院的收入载于该报告的另一处（第 473 页），该机构投入了 48000 英镑用于开展教育。

② *Ibid.*，pp. 110，404.

③ *Ibid.*，p. 131.

情况下，孩子的父母既对古典教育毫无兴趣，又不愿意为其他课程付费。同时，委员会对多数创始人设定的免费教育感到非常厌烦，特别是在捐赠基金不足以支持这一宗旨时。在委员会提交的报告中，它只找到三所学校，即爱德华六世国王学校（伯明翰市）、贝德福德文法学校和曼彻斯特文法学校，它们提供的免费教育的质量是比较好的。同时，委员会还对这些情况表示哀叹，即不加区别地招录某一地区的儿童（这经常是由信托协议明确规定的），或者由一名受托人推荐入读。该报告宣称，不加区别地招录和更高级别的教育是不能相容的，因为在文法学校里就读的都是一些低龄儿童，只适合接受初等教育。如果还需要进一步的证据的话，那就是我们找不到太多关于捐赠基金出钱送孩子去读大学的记录。这些机构每年只送不到 40 名学生去读大学，其中送往牛津大学和剑桥大学的学生为 3 人，尽管总体上来说，文法学校所发挥的主要功能是作为大学的预科的功能。

　　总的来说，委员会描绘了一组学校的情况，这些学校，除很多特殊的优秀个案以外，都是奄奄一息的，遵循一部过时的章程，接受一群无能的或不愿意尽职尽责的理事的管理，此外还要加上一群经验和能力皆有欠缺的校长在做管理工作。它们之中的绝大多数既没有开展可靠的古典教育，也无法（或不愿意）开发现代性的课程，以满足更高的要求。正如委员会一位助理委员所提出的那样，学校以古典教育为办学宗旨，这有时成了它们"拒绝提供其他实用的教育内容的一个借口"。这位委员，即乔书亚·费奇，曾接受委派去达拉莫和约克郡开展调查。他总结道，那里的 45 所文法学校不管是在古典教育方面，还是在现代教育方面，都做得不太好。① 到最后，因为执行人只是按照字面意思来履行过时的遗嘱或协议，所以创始人的真实目的反而无法实现了。

　　但是，要解决这个问题，人们需要首先满足两个基本条件。第一，要将这些杂乱不堪的捐赠基金学校视为一个整体，而不是一个个单独的个体。委员会大力敦促说，在这些机构存在整体性的国家利益。委员会在提交的报告中提出："我们一直将学校教育视为由限定宗旨的专项信托

----

① *Schools Inquiry Commission*，1867 - 1868，Part 1，p. 133；J. G. Fitch，"Educational Endowments，" *Fraser's Magazine*，79：6（January 1869）。

来负责的事项，而不像国家的高等教育一样由地方的捐税来支持——这些高等教育可以根据社会变化而做出灵活的调整……现在，这些学校既不能满足死者的遗愿，又不能满足生者的意愿。"① 所以，委员会呼吁成立一个有权的机构，负责根据国家的需求来调整中等教育，使各所学校的功能相互协调，防止无意义的竞争，并由此创造出一个机会，以使所有学校的教育水平都能达到最高的程度。第二，如果不对慈善法做出修改，那改革将无的放矢。无论是大法官法庭还是慈善委员会，都无法提供一个有效的机制，因为它们的行为都受制于信托协议，而该信托协议又无法加以实施。② 只有议会才能"修改还有实现可能的慈善信托协议"，而这一类慈善信托正是委员会关注的信托中的大头。③

只有接受这两条基本原则，委员会才能继续进入具体规则的调整当中。这些调整的基本想法是要将这些中等学校做彻底的改造，将其整合成为一个清楚明晰、对称匀称的体系。这些学校将被分为三个级别，每一个级别都能提供符合中等阶层的孩子们所剩下的时间和层级的教育。委员会毫不犹豫地接受了这一理念，将教育作为社会阶层塑造的一个职能。正如哈罗比（Harrowby）勋爵在他的证词中所提出的那样："我想要将文法学校与所处的地方联系起来，根据这一点，我想说，这应该成为一所好的中等阶层低级学校；那应该成为一所中等阶层中级学校；而这又应该成为一所中等阶层高级学校。这些都是我们现在所说的文法。"④ 从本质上来说，委员会的提议依从了这一想法。一方面，高年级的学校会招收年龄在16～18周岁的学生，会开设高深的古典或准古典课程，以为他们进入大学就读做准备；另一方面，第三层级的学校是为那些年龄在12～14周岁的学生准备的，将会为他们提供略高于初等水平的教育。

唐顿和其同事致力于为本阶层不同水平的孩子提供（在他们看来）合适的教育，但是他们也相信要将这一安排设计得灵活一些。这样一来，在这个"教育的阶梯"上，一个有天赋的孩子就可以从较低级的学校爬

① *Schools Inquiry Commission*, *1867 – 1868*, Part 1, p. 115.
② *Ibid.*, pp. 463 ff.
③ *Ibid.*, p. 469.
④ *Ibid.*, pp. 578 – 579.

到较高级的学校那里去，也就可以使他的社会地位有所提升。出于这一目的，竞争性的奖学金（Scholarship and Exhibitions）[1] 便是不可或缺的，而作为委员会构想的对捐赠基金所做的彻底改造的一个组成部分，它敦促将那些规模最小的学校信托改制成为奖学金。同时，他们准备取消免费教育，因为他们将之视为洪水猛兽，但是他们也准备了一个较大规模的奖学金池，以奖励那些有天赋的学生。教育的阶梯是一个很有吸引力的概念，特别是在这么一个倾向于将竞争神化的时代，但是事实上的情况依旧是，委员会出于明显的真诚，正在大力倡导一个中等教育计划，而且它还将之作为维多利亚时期中等阶层教育体系的基础内容。

唐顿委员会总结说，一个拥有实权的中央机构对于发动重组行动，以及之后的监管来说，都是十分必要的。没有人认为慈善委员会能够完美地契合这一目标，法院自然也是不合适的。但是，现在必须有一个行政机构才能处理这一境况，所以，根据这些条件，看起来更好的做法是直接任命慈善委员会的委员，而不是创立一个新的机构。除了中央机构以外，委员会还提议成立地方委员会。这些地方委员会除承担各项职能以外，还要向慈善委员提交有关其所在地区的学校的计划，并审议批准由慈善委员提出的计划。后来，在政府准备就捐赠基金学校提出一个法案的时候，唐顿委员会提出的这一改革方案给人们提供了很多借鉴，而并没有被直接采纳。[2]

二

没有人会认为唐顿的报告是一份鲁莽或有欠考虑的文件。相比于委员会其他成员，坦普尔先生在该报告的结构设计上贡献更多，他还是其中两个基础性章节的作者。[3] 不过，委员会错误地对政府和人民表示乐观，认为他们会支持自己提出的激进的方案。它抱有了太多的期待，想象政府会完全依从这一改革方案，但后来，由 W. E. 福斯特提出的议案中省去了委员会的两项基本建议。政府并不想创设一个永久的监管机构，

---

① Exhibitions，英国各学校奖学金的一种，金额比 Scholarship 要小。——译者注
② *Ibid.*，pp. 637 – 644.
③ Sanford，*Archbishop Temple*，1，135. 由坦普尔撰写的章节的主要内容是权衡人们关于各种类型的教育所提出来的主张，并提出委员会自己的建议。

而且它提出，被任命的委员只有三年任期。此外，政府也不愿意（至少是在当下不愿意）搞什么地方委员会，而在唐顿委员会的提议中，中央机构是通过这些地方委员会来发挥作用的。①

福斯特的议案在下议院里未能获得一致赞同。议员们老生常谈式地对政府任命的三名委员范围巨大的权力表示不满，同时，一些办得比较好的学校（包括舍伯恩、阿平厄姆、雷普顿等）都提出了反对意见，它们极力主张自己应该获得公立学校的地位，而且它们强烈反对被置于捐赠基金学校委员会的管辖范围之内。教会的人员都表示担心，恐怕这一新的计划会将这些捐赠基金世俗化，而非国教徒们则担心在学校里开展宗教教育的问题。委员会针对这一问题所提出的解决方案是著名的"良心条款"，即允许非国教徒在英格兰的教会学校（绝大部分中等捐赠基金学校属于安立甘宗）里不用上宗教课程。

该法案在议会里有幸未被大幅删改，所以其在最终成为法令时，还是基本保持了政府构想的模样。《捐赠基金学校法》② 规定，应任命三名委员、一名秘书，以及适量的工作人员。在信托处置方面，他们的权力要远大于慈善委员，因为他们可以修改、增加或加强教育信托的条款，"以使教育捐赠基金变得更有利于促进对各类儿童的教育"。③ 不仅如此，这些委员还可以主动重组信托，而且，除非受托人或其他直接利益相关人启动诉讼程序反对这一计划，否则委员们提出的计划在经过教育理事会委员会的批准之后可以直接生效。④

这部法令中对先例破坏最大的部分可能是第 30 条，这一条规定最近似目的原则不适用于某些种类的捐赠基金。在获得受托人同意的前提下，委员们可以接管成立于 1800 年以前的教育目的信托，用于支付救济金、嫁妆、囚犯或俘虏的赎金，因欠债而入狱的贫民的救济款等，"如果这些信托的目的已经无法实现，或者相比于其他大多数捐赠基金已经变得无足轻重的话。"尽管这一条是否生效取决于本地治理团队的合作，但它依

① *3 Hansard*，190：113，1371–1372.
② 32&33 Vict.，c. 56.
③ Section 9.
④ 那些反对这一计划的人可以向枢密院司法委员会起诉，或者直接向议会陈情。在后一种情况下，举证责任在反对者，因为除非议会在 40 天内采取相反的行动，否则该计划将会生效。

旧是 19 世纪对死手条款最有力的一次冲击。① 很明显，政府并不只想要捐赠基金学校委员们组成一个迷你的大法官法庭。

不过，毫无疑问的是，委员们之后的经验证明，无论现实对这部法令有多大的需求，公众的观念还是远远落后于法令本身。当政府宣布拟任命委员的名字的时候，各地的不安情绪以及各宗派的恐惧心理也随之加深了。政府任命的首席委员是利特尔顿（Lyttelton）勋爵，他是格莱斯顿太太的妹妹玛丽·格林（Mary Glynn）的丈夫，他还是克拉伦登与唐顿委员会的委员。利特尔顿最开始提出了一个合理的理由，想要拒绝成为委员，即他已经公开宣称自己将对这一问题采取一种更激进的举措，但是他很快就被他妻子的善于说服别人的姐夫给说服了。② 也就是在此前一年，在社会科学协会伯明翰会议上，在详细解释学校调查委员会的思想体系时，他还曾明确表示反对这一做法，即无条件地遵从创始人的遗嘱。③ 对亚瑟·霍布豪斯的任命更令公众感到不安。霍布豪斯是一位出色的律师，同时担任了王室法律顾问，但他在 1866 年放弃了他的法律职业，成为一名慈善委员。众所周知，霍布豪斯倡导在处置慈善捐赠基金时采用一种强力的、直截了当的手段。在他们刚刚被指定成为委员，提名议案还未获得通过之时，这两位勋爵（霍布豪斯和利特尔顿）就很不慎重地参加了由社会科学协会与伦敦艺术协会联合召开的会议。霍布豪斯提出，在他能够想出的反对死手权最有效的方案是"将这些财产用于公共用途"。在对他的同事的这个主意做出评论时，利特尔顿承认，捐赠基金学校的管理者们可能"有理由抱怨自己处于持有这些观点的人——如霍布豪斯和我自己——的管控之下"。④

如果人们没有对这两位勋爵提出任何质疑，那反倒是一件怪事了，特别是当人们知道利特尔顿是学校调查报告其中一篇的作者时。这篇报

---

① 唯一一个与之类似的权力是 1883 年授予委员们重组伦敦市教区慈善组织的权力，具体参见第十章。

② B. M. Add. Mss. 44, 240, folios 97, 99. 彼得·斯坦斯凯（Peter Stansky）对利特尔顿做了一个富有启发的研究，"Lyttelton and Thring, A Study in Nineteenth Century Education," *Victorian Studies*, 5：205 – 223（March 1962）。

③ *Trans. Social Science Assn.*, 1868, pp. 38ff.

④ 不过，他坚持认为他的观点不像霍布豪斯那么极端（*Social Science*, 1868 – 1869）。霍布豪斯的文章载于他的专著的第三章，*The Dead Hand*（London, 1880）。

告一共提到了八家大型基金会，其中包括基督教医院，这所医院从不缺少有影响力的朋友，而且他们决心要自己掌控对该医院的改革（如果真有什么需要改革的话）。利特尔顿遇到了正面的攻击。虽然他否认他的看法超出了该报告的主旨，但他还是承认——并且向政府提出建议说——选择尚未形成确定看法的人来做委员要更好。① 霍布豪斯不愿直接为自己做出辩护，但是两年以后，在另一个场合，他激烈地驳斥这一指控，即他个人对慈善改革的看法使他无法以一种公正的方式实施现有法律。他反驳说，他的目标是"促进对法律的全面改革"，但是他依旧能以"（我认为是）最呆板无趣的专业精神，严格实施那些亟待革新的法律"。② 不过，虽然我们完全相信他们是公正的，但是，我们无需太多的预见能力也能看到，在这些委员们面前横亘着巨大的困难。逐渐地，英国人就发现了在《捐赠基金学校法》中藏着的炸药。③

按照一般程序，委员们首先将关注焦点放在比较突出的那几个郡的捐赠基金之上，他们选择从西赖丁、多塞特、萨默塞特开始入手。可以预见的是，实际推进的速度比委员们所预计的要慢很多。他们一开始想要成批处置那些基金会，产生大规模的组合效应。但是，委员们之后发现每一个信托都是一个独特的个案，都需要为它做一个专门的计划。此外，还有一些具体的因素在阻止他们按照计划有条不紊地从一个郡推进到另一个郡。一方面，他们的注意力经常从他们选定的地区转移到其他地区里更为急迫的境况之上。他们在下述两者之间出现了分裂，其一是想要系统性地推进对中等教育重组的工作，其二是不愿意在对下述重要学校采取行动方面显得拖拖拉拉，这些学校包括：贝德福德文法学校、伯明翰的爱德华六世国王学校、达维奇学院，以及其他基金会——这些机构都需要委员们的介入，如此才能有效运转起来。最终的结果就是达成了一个妥协，即在之前决定的计划与之后收到的个案申请之间实现一个折中。④

另一个更令人烦恼的分散委员们注意力的事情是捐赠基金初等学校

---

① *3 Hansard*, 197：1866ff.

② L. T. Hobhouse and J. L. Hammond, *Lord Hobhouse, A Memoir* (London, 1905), pp. 38 - 39.

③ Lord Colchester, "The Endowed Schools Inquiry," *National Review*, 9：216 (April 1887). 第三位委员是罗宾森（H. G. Robinson）教士，他是一个广教派教徒。

④ D. C. Richmond, *S. C. on the Endowed Schools Acts*, 1886, Q. 65.

的问题。对于自己与这些初等学校之间的关系，委员们在一开始并没有搞得很清楚。除了某些类型的学校以外，这些初等学校也都被归到委员会的管辖之下，但是，作为唐顿报告的执行者，委员们认为他们的主要职责是搞好中等学校。然而，人们永远也不可能在初等捐赠基金和中等捐赠基金之间画出一条清晰的界线，而且，委员们常年面临的一个困境是确定一个信托到底在法律上应该属于哪个层级。有很多机构是以文法学校的形式成立的，但是却下降到了初等的水平。对于很多这样的情况，委员会采取的做法是让这些捐赠基金重新提供中等教育服务，即将之变成文法学校里的奖学金——这一做法让本地的居民愤慨不已。委员们所宣称的偏爱中等教育而不是初等教育的观点，成为人们在直接反对他们所开展的工作时经常会提出的标准指控之一。

　　1870 年的《教育法》用了一个全新的视角来看待初等教育捐赠基金。到这个时候，委员们才勉强开始履行他们的义务。如果说现在提供初等教育是教区的法定义务的话，那么之前用于这一宗旨的信托又该如何合理处置？委员们很快给出了他们的答案，并且他们给出的答案很快成了他们与地方机关之间争论的主要肇因之一。从一开始，他们就因为这部法令中的一个特定条款卷入了这一问题之中。既然这部法律要求教区提供合适的初等学校，而在这方面又存在不足，各教区自然想要证明这样的不足已经不存在了。此外，信托基金的受托人则忙不迭地想要扩大或改善他们的教育设施，从教育部门那里拿到补贴。所以，为了给这些补贴找个理由，人们就要通过改革方案，来将一些现成的处所或建筑划归于初等教育用途。结果，大量的申请就开始涌到委员们这里了。

　　他们尽自己最大的可能来处理这些申请，尽管这会耽误他们的主要工作，不过，他们偶尔也会发布一份关于他们政策的概括性声明。《第 S 号声明》就警告说，既然初等教育现在已经变成了一项公共责任，那么，将捐赠基金的收入用于支付一所学校的日常运营开支就是有问题的。这些资金应该存留起来，用于修大楼，添置教室内的设备，支付去更高一级的学校就读的奖学金，以及，简单地说，用于满足教育税覆盖范围以外的其他需求。① 这一观点很明显是各地的教会和学校理事会所不会接

---

① *Rept. of the Endowed Schools Commissioners*（C. 524），1872，pp. 4 - 5，27ff.，App. 7.

受的。维多利亚时期的人认为教育税是一颗非常苦的药丸，他们只能一点一点地去适应它。

无论人们对委员们提出了什么样的批评意见，都没有人可以指责他们在执行任务时怯懦胆小。也正是因为如此，才导致这样的情况，即他们本应该在一开始就在策略上采用一种谨慎的态度，听取一下各方意见，然后从这样的基金会入手，即其理事们认识到了改革的需要，正在乞求得到关注，或者因为太弱小而不能提出有效的反对意见的基金会。但是，他们非但没有这么做，反而毫不迟疑地向那些很有实力的、富有影响力的法人提出了挑战。这些法人对外来的干预抱有强大的敌意，而且能在议会里纠集起一大股可怕的支持力量。在这方面，其中一个例子是对威斯敏斯特的伊曼纽尔医院的改革方案。1871 年上议院对这一改革方案做出否决，这给了委员们沉重的一击，同时使伦敦城内外的反对改革派和既得利益者们就此聚集了起来。可能委员们的办公地点在威斯敏斯特这件事与他们决定动手对付这家古老的基金会有点关系，因为正如秘书之后回忆的那样，在我们周围很近的距离内就有很多大型的捐赠基金，这些机构"在我们看来，都需要尽早开展大规模的改革"。[1] 霍布豪斯同意了这一说法，而委员会也就开始动手了。

伊曼纽尔医院是由戴克（Dacre）女士于 16 世纪创立的，并且由伦敦城市财团依据伊丽莎白皇家特许状开展管理。根据设计，该医院能够容纳 20 名贫困的老人入住，并抚养和教育 20 名贫困的儿童。由于该医院的收入大量增加，当时入住的人数已经达到了 60 人，而且入住救济院的老人和儿童都得到了很好的照顾。入住该医院的提名权由伦敦城市财团的董事们掌握。尽管委员们宣称伦敦城市财团对该医院并没有明显的不当管理行为，但是该医院的机制本身与教育学校调查委员会所构想的合理机制相对立，因为它向庇护人所选择的孩子们提供免费的住宿、饮食和初等教育。所以，委员们提出要为威斯敏斯特创建一个更为合理的中等教育体系，即将伊曼纽尔医院、圣玛格丽特医院以及另一家同类的基金会合并，以创建两所主日学校，一所市郊寄宿学校，这三所学校每一所都会招收 300 名学生。这些学校都不再是免费学校，虽然学校里都

---

① Hobhouse and Hammond, *Lord Hobhouse*, p. 49.

设有丰富的奖学金，而且，此后负责管理这些学校的是一个新设立的、由 20 名成员组成的治理机构，在这一机构中伦敦城市财团只有三名代表。这对伦敦城市财团来说已经足够了。看到这一情况，伦敦市游说人四处发起警告，发布声明，召开会议，在全国各地动员反对力量。[①] 当伦敦市市长和伦敦城市财团的请愿书递交到上议院的时候，索尔兹伯里勋爵作为其主要的鼓吹者做了发言，他的意见得到了巴克赫斯特（Buck-hurst）勋爵的支持。巴克赫斯特勋爵是戴克女士的后裔。他在索尔兹伯里勋爵讲话时，以幽默的方式穿插了几句支持意见，从而代表创始人家庭为伦敦城市财团的管理做了背书。[②]

事实上，针对委员们的方案，有人提出了两个合理的批评意见，但这两个意见都与伦敦市的反对无太多关联。委员们扩大了这些捐赠基金的服务规模，将服务人数扩大到 900 个孩子，而这一做法，正如他们经常所做的那样，使这些捐赠基金的收入不足以支撑提供优质的教育。他们决绝地想要处置资金的闲置浪费，所以，他们在评判一所学校是否有效时，有时是以学生和收入的比例来作为评价标准的。在这一方面，他们对唐顿委员会的一个主要理念做出了回应。此外，还有一个指控是说他们收费，哪怕只是收取很少的费用，都会相应地使一部分捐赠资金无法被用到向穷人提供救助方面。这一观点是由凯恩斯（Cairns）勋爵在一篇相当公正的讲话中提出的。凯恩斯勋爵是前任保守派上议院大法官，但是他私下里却否认自己"认同伦敦城市财团那种狭隘和自私的观点"。[③] 索尔兹伯里勋爵以他的阶级偏见对伊曼纽尔计划做了一大通鞭挞，但索尔兹伯里勋爵并不是平民的拥护者，反而是高度的拥护他所代表的那个阶层。这并不是最后一次委员们（正如利特尔顿提醒下议院的那样，委员们是在执行由唐顿报告和《捐赠基金学校法》确定下来的政策）被描绘成贫民的掠夺者，为的是满足中等阶层的利益。

在上议院否决了伊曼纽尔计划之后，保护针对圣玛格丽特医院和格瑞考特医院提出的类似的计划也就变得无的放矢和不可能了。两年之后，

---

① 伦敦城市财团还向枢密院司法委员会提起申诉，但该司法委员会支持了委员们的意见。（*S. C. on the Endowed Schools Acts*, 1873, Q. 178.）

② *3 Hansard*, 207：873 – 874.

③ *Ibid.*, pp. 880 – 884；Hobhouse and Hammond, p. 43.

也即 1873 年，格拉斯顿终于成功地将一个针对伊曼纽尔医院的修正版计划提请众议院审议并获得通过。格拉斯顿在他的热情洋溢的讲话中证明了伦敦城市财团以傲慢的态度对待创始人虔诚的愿望。这样一来，创始人得到了尊重。① 但是，在委员方面，他们的威望却已经严重动摇。这场争议给了不满者以希望，并且向他们证明委员们提出的计划可以被任何人成功摧毁，只要他们能在议会里纠集足够的力量。这个教训给了委员们以心理准备，而且来得明显不算晚，因为在之后的一年里，委员们共有三个计划被上议院给扔了出来。②

三

委员们在第三年任期里发布的报告绝对算不上是一份捷报。他们对正在开展的和已经完成的工作的总结传递出了一种令人尴尬的清晰观念，即之前关于重组英国捐赠基金学校的时间预计过于乐观。在 3 年的时间里，只有 24 个计划成功变成了法令，此外还有 34 个计划已完成并提交给教育部门审批，84 个计划草案对外公布。同时，有一批针对另外 214 所学校的计划正在讨论中。但是，相比于总共 3000 多家捐赠基金学校，前述 142 个计划和已完成的计划草案还是存在巨大的差距，而且在这 3000 多所学校中，绝大多数估计也需要接受类似的处置。③ 如果之后的办事速度还是按照前三年的速率来，那完成整项工作可能需要数十年的时间。

委员们并不想隐藏他们对自己的使命的失望情绪，他们也并不大力声称自己取得了成功。正如贝尔斯福德·霍普（Beresford Hope）尖刻评论的那样，虽然这不能算是"濒死的委员会在向下议院乞求仁慈的对待"，尽管委员会详尽地证明了"它遭受了众神与众人怎样的迫害"，但是他们说明了自己所遇到的大量困难。④ 他们哀伤地回忆起自己的挫败感，即他们试着将一项所有人基本同意（他们的说法有一点夸张）的改革付诸实践却遭遇失败时所感到的挫败感。至少有一位委员怀疑道，很

① *3 Hansard*，215：1875－1960.
② *S. C. on the Endowed Schools Acts*，1873，Q. 102.
③ *Rept. of the Endowed Schools Commissioners*，1872，p. 12.
④ *3 Hansard*，215：1889.

可能是这部法令早产了。他怀疑，如果一开始公众没有关注到《爱尔兰教会法》的话，那这部法令是否还能得以通过。亚瑟·霍布豪斯是这份委员会报告的主要起草人，他对他们工作的前景并不抱有乐观态度："我经常把我们自己看作传教士，被派去启蒙那些野蛮人，然后遭到他们亲手迫害和残杀。"① 因此，在遇到冥顽不化者的反抗时，他也不会感到吃惊。所以，在委员们的任期中，有一种倾向契合于《泰晤士报》的看法："这些委员领先于他们的时代。而学校的校长则走不了那么远，跟不上他们的节奏。"②

但是，只要格拉斯通政府还在，捐赠基金学校委员们的地位就还是稳固的。早在 1872 年，他们的处境就已经变得稍微好一点了，那时霍布豪斯因为在某些方面被人们视为一个惹人生气的分子，而被调去印度做了总督顾问委员会的法律顾问。③ 在接下来一年里，委员们出席了议会特别委员会的会议，该特别委员会由 W. E. 福斯特任主席，并由他们的自由派伙伴们掌控。利特尔顿和他的同事们成功地——至少令他们自己感到满意——对他们的一些存在争议的政策做出了合理性说明。在回答这一经常性的指控，即他们在干涉"坏的"学校的同时也干涉了"好的"学校之时，他坚持说，"好"经常是不稳定的、偶然性的，除非变更它们的章程，否则我们无法确保这些学校会一直这么"好"下去。他的同伴，即 H. J. 罗比（H. J. Roby）回忆起舍伯恩学校的事情，这是一所非常棒的学校，而且它适用了委员们提出的改革计划，并且对结果完全满意。④

但是，利特尔顿也想要柔化一下委员们的行为，抚慰一下那些被他们的行动所困扰的人的心，委员们的行动信奉竞争原则，将之用于构建市场准入和推动进步。他提出，这并不是说所有事情都应该接受市场竞争的检验。基本原则应是奖励"美德"："因为有的东西是孩子身上与生俱来的，而不是受他父母的影响得来的。"这个说法是无可厚非的，但是当利特尔顿不厌其烦地否认说，他没有提出任何主张，认为应给穷人任

---

① Hobhouse and Hammond, p. 46.

② *The Times*, 19 April 1872.

③ Hobhouse and Hammond, p. 59.

④ *S. C. on the Endowed Schools Acts*, 1873, Q. 1242 – 1243, 1165 – 1166.

何特殊的教育特权时，这一说法的效果就变弱了。他说，这些穷人"是自己选择变得更穷的，因为他们结婚了，并养了一堆孩子，却没有能力抚养他们。我并不是在责备他们什么；但这的确是我们现在正在做的事情（利特尔顿自己是 12 个孩子的父亲）；对待这种事情，志愿性的、私人的善行是更适合的；而且，我并不认为在这种情况下，穷人有权为他们的孩子争取什么教育特权。"① 如果以这种带有偏见的角度来看的话，那这种说法还算有点道理。但是，委员会的批评者们却坚信，如此大量的教育类捐赠基金就是专门为穷人设立的。竞争无疑是一个不错的过程，只要竞争者全部来自贫民阶层，但是利特尔顿的解释却很难令人满意，因为人们怀疑（事实上，随着这个体系的发展）来自中等阶层的孩子们不可避免占取了其中的好处。

从福斯特委员会那里，委员们得到了一个有一定合理性的赞成票，但是，政府提出的让他们续任三年的提案却跟托利党上议院的想法相左。为了避免该委员会就此销声匿迹，格拉斯通只能接受一年的任期——这成了麻烦的前兆，因为日常事务的批准权被移交给保守党掌控。② 在第二年，迪斯雷利政府提出的法案不仅是出于英格兰教会的利益而起草的，而且显露出了一种毫无廉耻的宗派主义，此外该法案用语含糊，也使其获得通过变得难以确定，虽然在当时的议会里，保守派占了绝大多数。《泰晤士报》称这是一份荒谬可笑的法律文件，并且每天都发表社论加以鞭挞。③

这部法案提出了两项主要改革。其中第一项是取消捐赠基金学校委员会，包括它的所有建制，并将其职责转给慈善委员们，与此相应慈善委员的数量也会得到增加。关于这一点，政府主要是基于强烈技术考虑提出的，也即这种重组其实是将一切恢复到学校调查委员会最初的提议。但是很明显，这么做看起来是要安抚各地的乡绅、受托人，以及其他对委员们恨之入骨的人——特别是对利特尔顿以及霍布豪斯的继任者罗比。同时，这部法案给了慈善委员们大量的褒奖，称他们为老练的、富有同情心的、有经验的指导者，而相比之下，学校委员们则倾向于蛮横地践

①　*S. C. on the Endowed Schools Acts*, 1873, Q. 1261.

②　*Ibid.*, Q. 1248; *3 Hansard*, 217: 1418.

③　*The Times*, 15, 21–24 July 1874.

踏地方的利益和传统。如果慈善委员们能够认识到学校委员们所遭遇到的不得人心自己有朝一日也会遇到的话，那他们可能就不会那么乐意接受这项职责了。尽管他们已经强烈意识到要想生存下来，第一个条件是要足够机智和谨慎，但是仅凭这些不足以保护他们免遭攻击。无论如何，利特尔顿和他的同事们都是不可能得救的。如果他们能得到一个行事温柔的美名的话，那他们就不可能在有的时候行事刚强[1]，这样他们还是不能得救的。

这部保守派提出的法案的另一个主要条款是有关受宗派控制的捐赠基金这个棘手的问题的。但是，因为这一条款——《泰晤士报》称之为晦涩不清的条款——最终被删除了（政府不太光彩地将责任栽在起草人的头上），这样我们就没有机会做分析了。总的来说，尽管1869年的法令想要设定非宗派主义的原则，但是托利党的这个提案却是向着相反方向去的，无论其准确的目的是什么。此后，在传统的漫长而又尖刻的争论中，很多存在争议的条款都被删除了，只留下将捐赠基金学校改革的职能转交给慈善委员会这一条。

这一调整带来了一段相对平静的时期。两位负责捐赠基金学校的慈善委员是罗宾森教士（他是从老委员会转过来的）和克林顿勋爵（他是前任主管印度事务的副国务卿，以及大学委员会的成员）。[2] 现在，委员们抱持一种在某种程度上算是更为安抚性的态度，所以，捐赠基金学校也就形成了一种和平的氛围。委员们认识到，最重要的美德就是变得柔和，而且他们毫不犹豫地聚焦于那些没有太多问题的、不会引起太多争议的学校。此外，将权力转给慈善委员会，也减少了管理上的复杂性。因为一所捐赠基金学校同时是一个慈善信托，所以，将教育和法律事务都放在同一个部门手中去处置是有优势的。同时，宗派主义的愤恨也变得平息了一些。不幸的事情是，对于利特尔顿的委员们来说，他们开始工作的时间正好是教会和礼拜堂之间吵得不可开交的时期（就像19世纪其他时期里一样），与此同时，非国教徒正在为他们在教育争论中的失败

---

[1] *3 Hansard*, 221：573 – 575.

[2] 同时，慈善委员会自己的班子也得到了加强，因为政府任命了亨利·朗利（Henry Longley）。在19世纪最后25年里，朗利在慈善委员会的相关事务上发挥了主导作用。

而感到痛苦不已，而安立甘宗教徒则决定坚持他们的权利。①

可能最重要的是对委员们提出来的原则，公众的态度逐渐转变。不管其他方面，利特尔顿的委员们在教育公众观念方面完成了很多工作。如果没有他们主动牺牲的话，后来者的道路应该会变得更加崎岖。新的委员们在 7 年或 8 年的时间里——在这段时间里，他们得以平静地开展工作——推动受托人和其他人习惯于学校重组的目标和方法。随着调整过的基金会的数量不断增加，他们给其他学校的治理团队上了一堂富有启发性的实物教学课程。于是，在有的个案中，这些治理团队的敌意变成了羡慕。② 关于委员们和各机构的治理团队的关系转好这一点，有一个证据是委员们提出的计划在议会里遇到的障碍变少了。在上述调整完成后的 10 年或更长的时间里，委员们只有不超过 500 个计划遭到议会否决，虽然有的计划引发了讨论，还有一两个计划引发了怀有敌意的动议。③

四

大概是 10 年后，委员们遇到了另一波敌对和批评的浪潮。这场新的攻击与利特尔顿的委员们遇到的攻击在来源和内容上都有所不同。因为尽管惯常的慈善业界的既得利益者们依旧牵涉其中，但是这波浪潮的主要压力却来自那些将自己视为那个时代的民主的希望的人。毫无疑问，和绝大多数其他时代一样，19 世纪 80 年代是一个充斥着当代与反当代两种趋势的矛盾的时代。然而，总的来说，英国的公众日渐倾向于对以社会公正为宗旨的吁请产生共鸣，而这种更为巨大的同情心的产生与当时一场政治民主化运动并不是没有关系的，这场运动在 1867 年伦敦的大行政区里取得了胜利，并在 1884～1885 年延伸到各郡。④ 对于一个政治家而言，他不需要动太多脑筋就可以预见到，社会问题将在政治事务中占据突出的甚至可能是首要的位置。

对于捐赠基金慈善组织而言，这场民主运动与自身最相关的方面是

---

① *S. C. on the Endowed Schools Acts*, 1886, Q. 5884, 5887.

② *Ibid.*, Q. 5904.

③ *Ibid.*, Q. 90－91.

④ 关于这一点，笔者将在第十八章里予以详述。

人们提出的对各地的郡和市政府进行改革的要求。在伯明翰，张伯伦、哈里斯、施纳德霍斯特（Schnadhorst）以及他们的团队成功地建立起一个改革后的自治市政府的典型模板，该政府致力于实施各种进步的社会政策。大概说来，伯明翰的成就、张伯伦指挥的才能、施纳德霍斯特组织的天赋三者结合，让其他先于伯明翰开展行动的市的成就变得暗淡无色。在所有情况下，那些在郡和市里引领民主运动的人都会为人们就慈善捐赠基金管理方面争取更大的权力。由于时隔久远，我们现在无法确定事实是否如科尔切斯特勋爵指控的那样，整场争论都是由张伯伦和他的党羽耶西·柯林斯（Jesse Collings）搅起来的。[①] 不过，根据现有的情况来看，如果没有伯明翰的激励，这些批评意见不可能成为这场运动一个重要面向，也不能在议会里扮演那么重要的角色。然而，无论伯明翰的人多么不感兴趣或有其他什么想法，他们看起来都像是贫民的捍卫者，很明显他们为济贫税纳税人、地方的受托人和其他特殊团队提出的利益更为相关的反对意见提供了掩护。

这部法令的第 30 条授权委员们可以无视最近似目的原则，将某些类型的捐赠基金转变宗旨，用于教育目的。这一条并没有引发太大的问题。在最初的 16 年里，委员们制定了超过 100 个此类计划，其中有不少是包含多家慈善组织的，涉及的组织的总收入将近 16000 英镑。[②] 总的来说，委员们只在看似不会遇到激烈反对的情况下才会提出此类计划，但有那么一两次，他们也敢无视当地的敌意，特别是在他们得到了地方上的支持的情况下。

比如，他们毫不犹豫地介入罗切斯特桥信托基金这个难以置信的个案。这家古老的慈善组织唯一的宗旨就是保养在罗切斯特的梅得维河上的一座石桥，但是，到 19 世纪后半叶，人们却发现它的资金离谱得多了。修复石桥只需要 8000 英镑收入中的约 700 英镑。[③] 石桥的看守们因为感到不好意思，提出要将积累起来的 2 万英镑剩余资金用于罗切斯特和梅德斯通的某些教育目的。这引起了这两座城市以外的资源方强烈的

---

① *National Review*，9：214（1887）。

② *S. C. on the Endowed Schools Acts*，1886，App. 7.

③ *Ibid.*，Q. 1649. 关于这座石桥之前的历史，参见 W. L. Jordan, *Social Institutions in Kent*, *1480 - 1660*［*Archaeologia Cantiana*，75：44，62（Ashford，1961）］。

反对，特别是肯特郡的治安法官们。表面看来，他们提出的主张是剩余的资金应该被用于为这条河沿岸的其他教区修桥（事实上，委员们也的确研究了这种可能性，发现该最近似目的无法实现）[1]，但这场争论的真正的根源却在于几个农村教区看到罗切斯特和梅德斯通有了大笔财富而生出了嫉妒之心。尽管这个信托最近花费了约 2 万英镑修了一座桥，但是，季审法庭的负责人还是反对将剩余资金挪作他用。他拿腔拿调地问道："如果这座桥被炸药炸毁了，或者被敌人摧毁了，而这时我们又已将罗切斯特的基金挪作他用"，那情况又会怎么样？[2] 事实上，在人们提出这些反对意见的同时，委员们也在考虑制订一个部分符合最近似目的原则的计划，将资金用于修复梅得维河上的其他桥梁。对此，肯特郡的法官们没有提出更多的意见，所以委员们的这个计划没有太大变动就实施下去了。

将捐赠基金改为用于教育目的只引起了少量的反对，虽然对这一方面的批评意见之后增多了起来，即在英国社会对劳工阶层的生存状况缺乏保障有了越来越多的关注之后。[3] 在 19 世纪 80 年代，更重要的问题是阶级偏见，这个问题从一开始就困扰着捐赠基金学校的改革。这是一个充满了各种——真实的或想象的——不满的事项，并且在 1886～1887 年的议会特别委员上又被人们装腔作势地宣扬了一番。两年前，慈善信托法特别委员会就已经报告了慈善委员们不受欢迎的主要原因是源于他们在捐赠基金学校领域中所开展的工作，这个结论的提出似乎引发了之后更为详细的调查。新的委员会由里昂·佩福来（Lyon Playfair）爵士领导，在该委员会中，考特尼·肯尼（Courtney Kenny）亦列其间。考特尼是一位著名的法律学者，曾大力倡导慈善法改革。

委员会倾听了针对慈善委员们所实施的政策的各种常见的批评意见。这些意见冗长而乏味，而且在某种程度上，针对的应该是由唐顿委员会建议的并由《捐赠基金学校法》确立的政策。这些攻击十分尖刻，甚至

---

① *S. C. on the Endowed Schools Acts*，1886，Q. 4642.

② *Ibid.*，Q. 4590.

③ 在 1951 年，南森委员会收到了一份来自全国济贫院协会的备忘录，内容是关于"教育宗旨的济贫院捐赠基金改变用途"事项的。当然，当时也有零星的反对意见，相关证据参见《泰晤士报》在 1888 年 4 月 5 日和 9 日刊发的三封信。

有时抱有严重的偏见，其涉及捐赠基金学校领域的初等学校和中等学校两个层面。关于中等学校，最猛烈的指责是有关委员们拒绝给予免费教育问题的。他们强调说，如果要让穷人享受中等教育的好处的话，那委员们就应该以善行来确保他们的权利。这一批评意见获得了枢密院司法委员会的一个裁定意见的支持，该委员会要求委员们在制定、废除或修改任何特定阶层的受教育优势地位或特权时，应"对该阶层的教育利益给予充分的考虑"。①

在委员方面，他们拒绝接受他们的对手提出的理由。他们回顾说，司法委员自己也拒绝承认在恰当地废除属于一个阶层的老的教育特权时，有必要给予它一种新的特权。他们不承认这种看法，即总的来说，文法学校是主要为贫民的利益开设的，而"免费学校"这个概念就等同于"免费教育"——这个问题在委员会引发了相当尖刻且内容颇为广博的争吵。② 他们极力主张，文法学校是为了提升各地方的受教育水平而开设的，服务于所有想要且有能力参加学习的人，虽然这些学校的创始人的确经常规定，贫民（或者在有的情况下，所有人）不用缴纳费用。事实上，当穷人们提出的主张，诚如詹姆斯·布赖斯所述，"不再依凭创始人的意愿这个基础，而是基于这一事实，即社会有义务帮助贫民"时，那他们的说法才更具说服力。③

初等捐赠基金学校领域也有自己的问题，尽管大量的规模较小的学校已经根据 1873 年法令被移交给教育部门主管了。虽然很多这类机构都是为贫民设立的，而且一直提供免费教育，但是委员会却认为 1870 年法令使这类设定全部失效了。拿这些捐赠基金的钱来减轻纳税人的责任，这是一个非常糟糕的公共政策，而且他们还质疑"300 年前的捐赠基金的创始人是否有打算减轻现在出台的法律规定的责任"。一位缺少审慎判断的委员所说的那样，如果中上阶层的人被要求为贫民的教育付款，那么之后他们就应该有权享受那些古老的捐赠基金（为贫民设立的）的财产利益。这段话恰恰证明了人们的怀疑，即委员们对下等阶层抱有偏见。④

---

① The Wiggonby School case. (*26th Ann. C. C. Rept.*, 1879, p. 6.)
② Sir Horace Davey, *S. C. on the Endowed Schools Acts*, 1886, Q. 5265 ff.
③ *Ibid.*, Q. 5526.
④ D. C. Richmond, *ibid.*, Q. 5459；S. C., 1887, Q. 6871.

委员们执着于 15 年前《第 S 号声明》提出的政策，即捐赠基金应被用于提供除满足基本教育目的以外的额外的福利；如果它足够大的话，则可以出资帮助一些学生在教育阶梯中提升一两个等级。委员们的这一决定在他们自己看来是非常合理的，却给他们带来了恶毒的咒骂，这些咒骂不仅来自纳税人，还来自贫民，因为他们感觉自己被剥夺了理应属于自己的教育特权。

比如，耶西·柯林斯就曾引用肯德尔的文法学校和桑兹慈善学校作为范例，来说明 1886～1887 年委员会对贫民的压迫和官僚主义式的暴政。[①] 此前，这所慈善学校接纳了 85 个孩子就读，并发给他们校服，柯林斯承认说，这对这个镇上的贫民来说是一个很大的福利。委员们提出的计划是要将这两家机构合并成为一所高中，并开始收费，但是，它也会通过合理发放奖学金来给就读文法学校的贫民提供援助。柯林斯说这个计划在当地的贫民和富裕居民中都引起了激烈的反对。不过，在对这个肯德尔计划进行指责时，柯林斯尚不够审慎，因为委员们毫不困难地就证明了他提出的说法是不准确、不负责任的。[②] 桑兹慈善基金会非但不是一所管理良好的学校，反而是一团乱麻，就读这所学校的都是由认捐人委员会选出来的孩子，这些孩子都是免费就读的。参加该认捐人委员会的人只要每年捐赠 46 英镑，就可以获得对这家年收入超过 500 英镑的机构的控制权。慈善委员们证明，这所慈善学校最初是打算建成一所中等学校的，但之后却衰落成为一所贫困的、缺少监管的初等学校。此外，也没有人能像在其他案例中一样，对该案例中委员们的该计划的这一做法（委员们准备为该文法学校提供奖学金）提出质疑，认为相比于被取消的赞助体系，这不能算是给穷人提供了一个更好的、更为公平的机会。

然而，现实的情况是，张伯伦－柯林斯的指控掀开了装满各种不满的潘多拉魔盒的盖子，而且，其中绝大多数不满说到底与保护贫民免遭掠夺没有太多关系。大量的反对意见是关于这些事项的：希望能确保将

① *S. C. on the Endowed Schools Acts*，1887，Q. 7240ff. 关于其他例子，参见 Simon，*Studies in the History of Education*，pp. 329 - 332。在曼彻斯特文法学校开展的改革在 1879 年社会科学协会的曼彻斯特会议上引发了激烈的讨论。

② D. R. Fearon，*S. C. on the Endowed Schools Acts*，1887，Q. 8100ff.

镇上大型的捐赠基金专归该镇使用，反对将基金移到人口更为稠密的中心地区，或者镇上的居民不愿意支付学费或课征的教育税。

其中有一个案例涉及很多独特的、令人困惑的因素，这就是奥尔德曼·当齐（Alderman Dauntsey）在 1542～1543 年成立的一家慈善组织。这家慈善组织为威尔特郡的西拉文顿提供了一所文法学校和一所济贫院。[①] 为了维持这所学校的运营，当齐留下了一些有价值的资产，交给绸商公会负责管理。绸商公会忠实地履行了它的义务，甚至比法律要求的还要多。但它也将一大批剩余款项装入了自己的口袋，因为按照法律规定，它大概"对此享有权利"。这所学校衰败得很厉害。它没有任何理由说自己超过了初等的水平，学校调查委员会甚至认为它比由政府监管的女子初等学校还要差。绸商公会急切地想要甩掉它这个模糊不清的责任，它甚至拿出了一大笔钱，共 3 万英镑，以此想让自己脱身。委员们认为这是一个不错的对价。他们提议将 14000 英镑用到西拉文顿——在这个小镇只有不到 1900 名居民，而且都是分散居住的。这笔资金有一部分会被交给济贫院，另一些则用于该学校和设立大额奖学金，还有一些则会被用于设立小额奖学金，来资助西拉文顿的孩子们升学。剩余的 16000 英镑被委员们视为绸商公会的自愿捐赠，而且并不属于这一特殊目的的信托，委员们计划将之用于"与奥尔德曼·当齐当初所构想的教育内容相关的方面，也即比初等教育更高级的教育内容"，并且其范围不限于西拉文顿地区。[②] 这一笔资金，加上其他捐赠款项，可以在迪韦齐斯成立一个基金会，用于资助威尔特郡的一所学校。

这个案例呈现出了一种极度的复杂性，其中包括当齐的两个遗嘱。这种复杂性导致人们对绸商公会与该慈善组织之间的关系一直都搞不清，引发了很长一段时间的争论。在西拉文顿，人们对此有各种截然不同的看法。虽然没有人质疑无论产生了什么利益，都应该归属西拉文顿，而且这些资金都应该被用于当地，但是有的人表示乐意接受绸商公会提供的对价，而另一个能说会道的团队却争辩说，教区才是整笔捐赠基金的

---

① 关于当齐这项慈善事业的早期的历史，参见 W. K. Jordan, *The Charities of London, 1480 – 1660* (London, 1960), pp. 139, 224。

② *S. C. on the Endowed Schools Acts*, 1886, Q. 1601.

所有权人，而绸商公会只是一个受托人。① 其中后一派试图证明委员们犯下了这样的罪行，即欺骗贫民，对本地的苦难情形不闻不问，拒绝提供免费教育，"特别是将那些原本明确用于该目的的资金截留不发"。② 这些发言人声嘶力竭地证明说，纳税人和地主（间接）可以从穷人所获得的这些救济中受益。总的来说，当然，这些在西拉文顿和其他地方反对委员们的人既不是在为贫民说话，也不是在为纳税人呼喊。这些反对的声音，部分是出于本能，部分是出于主动，都是在捍卫本地的特权（利己或利他），并是在反对由中央发起的全面改革。委员会的秘书承认，英国是一个这样的国家，"这里的人们极度不喜欢彻底的大改"。③

1886～1887 年的议会特别委员会并不想出手对法令或委员们的表现做出严厉的批评。虽然委员们的进度比预想的要慢，但他们还是重整了近 800 个捐赠基金，涉及总收入约 40 万英镑，而且在重整后，这些学校招收的学生人数是之前的 2 倍。④ 有一位委员估计，如果再有 10 年时间，就能完成这项工作了。⑤ 该特别委员会很轻易地就接受了委员们的这一说法，即他们构建的奖学金体系能够合理地为贫民提供赞助。委员们偏爱中等学校而不是初等教育，是有理由的，因为后者是一项公共责任，但这样一来，不可避免的是，他们的政策就是在为中等阶层谋利益了。至于劳工阶层的孩子们，委员们回应说，他们现在享有了"之前从未有过的好处，即获得更高级别教育的机会"，而且他们还举出证据来证明这一说法。⑥ 由于被下议院的批评意见激怒，他们在两三百所学校里散发问卷，因为这些学校根据委员们的计划都设立了奖学金。从 101 所有代表性的学校收回的问卷显示，有相当数量的劳工阶层的孩子利用了这一机会。⑦ 1882 年的数据（也就是所谓的福蒂斯丘报表）显示，在中等学校发放的近 3000 笔奖学金中，有约 1150 笔被来自公共初等学校的孩子

---

① *S. C. on the Endowed Schools Acts*，1886，Q. 2408，2597，5411ff.

② *Ibid.*，Q. 2390.

③ *Ibid.*，Q. 5906.

④ *Ibid.*，App. 2 - 3.

⑤ Sir George Young，*ibid*，Q. 687.

⑥ J. G. Fitch，*ibid.*，Q. 1221.

⑦ D. R. Fearon，*ibid.*，Q. 5812 - 5817.

所赢取，这些孩子大概都是劳工阶层的或者中下等阶层的子女。[①] 温斯敏斯特联合学校的小额奖学金报表也显示，劳工阶层的孩子在竞争中表现良好。[②]

然而，对于教育阶梯的有效性和公平性的问题，虽然有的人表示友好态度，但也有人表示敌意。考特尼·肯尼就怀疑说，委员们设立的奖学金是否能穿透工匠阶层，进入那些没有技术的劳工的层次，而布赖斯则认为这套体系在极度贫困的地区是没有用的。[③] 尽管特别委员会对慈善委员们的做法持普遍支持的态度，但是它还是毫不犹豫地加上了一句警告，提醒慈善委员们说，如果要将属于贫民的捐赠基金转变成奖学金，那要尽一切可能来保护他们的"首要权益"。[④] 这个警告没有对解决这一问题起到任何作用。尽管委员们得以从这个粗陋的指控中开脱，即将原本为贫民服务的捐赠基金用于为中等阶层的教育服务，但是他们构建的竞争体系天然倾向于那些做了较好准备的人，也就是那些就读更好的学校，且家庭背景在同阶层多数人之上的人。唐顿委员会之前给出的合理理由并没有说服人们，反而确认了人们的这一怀疑，即竞争的标准是被潜在操控了的："既然我们的目标是选出那些将教育作为上升途径的人，那最好的测试就是，竞争者们要与他那个阶层的其他孩子对抗，并通过这种方式使自己胜出。"[⑤]

很明显，从各教育机构的情况来看，它们的目的是将一部分学生提升到比他们所属阶层更高的位置上去。捐赠基金学校改革可能是对这些阶层的攀爬者有用的，或者用社会学家的话来说，这些学校推动了社会向上的流动。这些委员极力地拒绝开展免费的中等培训，他们选择使用竞争性的奖学金（这个奖学金的资金大多来自为穷人的利益而设立的基

---

① D. R. Fearon, *S. C. on the Endowed Schools Acts*, 1886, App. 4. 当然，这个数据到底是否可信是一个见仁见智的问题。西蒙（*Studies in the History of Education*, pp. 333 – 334）认为这个数据是可信的，但也提出这个"上升的阶梯"太窄了。

② *S. C. on the Endowed School Acts*, 1886, App. 8, 10. 詹姆斯·布赖斯及其他人也指出，委员们还通过这种方式来援助穷人：在传统学校的课表中加入对他们有用的课程，或者在有的情况下，将传统学校变成教授现代课程的学校。这有助于部分学校与穷人保持联系。（*Ibid.*, Q. 5510; Henry Longley, Q. 6261）

③ *Ibid.*, Q. 5511.

④ *S. C. on the Endowed Schools Acts*, 1887, Par. 5.

⑤ *Schools Inquiry Commission*, *1867 – 1868*, Part 1, p. 596.

金的剩余资金）制度，而且他们倾向于将这些捐赠基金提升到中等教育的层级。所以，他们推行的这些政策，无论正确与否，都遭到人们质疑，被认为是以牺牲穷人的代价成就了中等阶层的教育。

五

在19世纪80年代晚期和90年代早期，学校委员的处境变得更为扑朔迷离了起来。这种新出现的复杂情况主要来自议会的一系列决定，这些决定引发了在英国教育领域中行政管理方面的一次革命。首先，1888年依据《地方政府（郡理事会）法》以及1894年《教区理事会法》建立了地方层面的管理机关，而且这些机关被赋予了一部分教育管理方面的职责。不可避免的是，这些民选的主管机关在慈善基金和学校体系管理方面拥有了更大的话语权。对于慈善委员来说，这一政府层面的改革是有利的，也是复杂的。在19世纪80年代，他们就已经逐渐在经由他们重组的受托人委员会中引进了一些代表元素，但经常苦于缺少一个胜任的机构来遴选此类成员。如果说这些地方理事会的成立充分解决了这一问题的话，那么它也给那个毫无希望的、混乱不堪的行政关系网络体系新增了一个元素。委员们强烈感受到有必要与新的郡理事会建立紧密的合作关系，但是鉴于行政等级体系的复杂性，这被证明是不可能的。他们从未成功做到这一点，虽然他们采取了一些有用的步骤，如改变他们针对36所伦敦学校制定的计划，以便伦敦郡理事会能在这些治理机构中派出代表。①

《技术指导法》（1889年）也给委员们制造了一些麻烦。这不仅是因为该法授权地方机关发展当地的技术教育，而且是因为该法还给这些机关提供一些资金来发展这方面的教育。众所周知，这项援助采用的是所谓的"威士忌钱"的形式，也即烈酒和啤酒的税收所得，这项税最开始是由索尔兹伯里政府提议征收的，目的是补偿酒馆老板营业执照到期而没有更新所导致的公帑损失。由于议会强烈反对，政府最后接受了一项修正案，将这些收入用于技术教育方面。然而，"技术教育"这个概念是如此的宽泛，乃至于可以包括几乎所有非传统的课程内容。其结果就

---

① *40th Ann. C. C. Rept.*，1893，pp. 32 - 33.

是郡理事会开始向委员们提出呼吁，要求他们制订计划，革新濒死的文法学校和其他缺少捐赠资金的教育机构。[1]

虽然这些法令普遍来说是有利的，但对于委员们来说却使他们的职责变得更为复杂了。在这种情况之下，威尔士的《中级教育法》（1899年）——这部法在一定程度上属于威尔士地方自治运动的副产品——又给这个乱局增加了一个元素，因为它将制订计划的启动权从委员们那里转到了地方机关的手里。简言之，这符合学校调查委员会曾经构想的地方职责和地方管理的模式，却增加了委员们的困难，因为他们现在需要遵照两套程序来办事了，一套是英格兰的，另一套是威尔士的。

然而，在简化计划制订程序这项辛苦的工作方面却没有取得太多成就，所以当委员们对他们在19世纪90年代中期处境做出评估的时候都不太乐观。他们现在预计，正如他们8年前所做的那样，完成重组中等教育这项任务还需要10年时间。[2] 他们遇到的具体问题也没有消失。如他们曾经发现将中等学校分为一级、二级、三级并不切实际。特别是随着公共初等教育的改善，以及一些地方学校委员会出现了将初等学校提升到中等水平的趋向，设立第三级中等学校似乎并没有多大用处。[3] 此外，委员们还是总是遇到地方上的坚决反对，造成这一情况的主要原因是，正如亨利·朗利（Henry Longley）爵士所说的那样，教育改革早期的巨大热情已经消散了。[4] 虽然我们并不能说委员们发出的攻击陷入了停顿，但他们所隶属的行政管理体系无疑是令人沮丧的。中等教育领域已经变成了一块混乱不堪的荒野，满是各种含糊不清的管辖权限、相互重叠的职能，以及迟迟未至的合理化改革。[5]

罗斯伯里政府将这个问题扔给了皇家委员会，当时该委员会的主席是詹姆斯·布赖斯，该委员会负责开展19世纪教育大调查中的最后一次调查。布赖斯的调查沿袭人们熟悉的形式，即派出助理委员开展田野调查，向国内外的个人和机构散发问卷，以及向当事人开展口头调查。该

---

① *R. C. On Secondary Education*, 1895, 1, 12 – 13.

② D. R. Fearon, *ibid*., Q. 10, 840, 10, 843.

③ *42d Ann. C. C. Rept.*, 1895, pp. 38 – 39.

④ *R. C. on Secondary Education*, 1895, Q. 11, 416.

⑤ 关于21世纪晚期在英国教育行政管理方面的乱象，参见 J. W. Adamson, *English Education, 1789 – 1902* (Cambridge, 1930), chap. XVI。

委员会提交了一份大部头的报告，此外还有 8 卷证据和附件。总的来说，对该报告提出的建议做出一个总结既没有可能，也没有必要，但对于研究慈善的历史学家来说，其中至少有两项结论是有重要意义的。

首先，布赖斯委员会并未对自唐顿委员会以来的文法学校领域的重大变革提出任何质疑。他们认为，这些变革使学校招收的学生数量增多了，教育效果提升了。但是，这并不足够。布赖斯委员会最终不得不承认这一痛苦的结论，这也是慈善委员们后来逐渐认识到的情况，即捐赠基金并不能支撑起可靠的中等教育体系。① 自布鲁厄姆时代开始，教育改革者们或多或少会以这样的期望来欺骗自己，即过去时代的慈善组织，如果能够得到有效的管理，就可以在学生自己缴纳学费的基础上提供所有必要的东西。而且事实上，学校调查委员会的报告也是基于这一想法提出的。②

到 19 世纪 90 年代，这一自我慰藉的信条已经站不住脚了。因为一方面，各个郡的捐赠基金的设立情况存在巨大差异。关于这一状况，人们已经有了充分了解。贝德福德因为有一个规模庞大的哈珀基金会，所以可以在每 1000 个人中提供 13.5 笔奖学金，而西赖丁却只能提供 1.95 笔奖学金。在兰开夏，因为人口的增长速度大大高于捐赠基金的增长速度，所以这一比例也相应缩小到了 1.1 比 1000。③ 有一位慈善委员指出，全国有 11 个大型镇（其中有 7 个属于郡自治市）上是完全没有中等学校的。另一位著名的律师则戳中了这一问题的要害。他提出，在英国的绝大部分地区，捐赠基金甚至都不足以成为公共中等教育体系的"次要支柱"。④ 所以，到这个时候，没有一个明白人会再抱有这样的幻想，即英国的年轻人可以依靠虔诚的慈善组织创立者的赞助来完成他们中等教育阶段的学习。

那么，他们又该如何获取中等教育呢，特别是在这种资源不足的情况下？当然，答案取决于人们对中等教育在社会中地位的理解，特别是希望和应该就读中等学校人群规模的大小。在这方面，尽管很清楚的是

---

① D. R. Fearon, *R. C. on Secondary Education*, *1895*, Q. 10, 857 – 858; Part 1, p. 176.

② *Ibid.*, 1, 94.

③ *Ibid.*, 1, 18, 424.

④ D. R. Fearon, *ibid.*, Q. 11, 006; Lord Davey, Q. 15, 351.

公共机关应该承担更大的责任，但是布赖斯委员会却也不想开出劲道太猛的药方。① 他们提出，在现有学校之余做出增补的主要责任并不在于中央政府，而在于地方机关。简言之，中等教育将要依循初等教育已经走过的道路，虽然略显犹豫，且有所不同。这虽算不上是一个"公共体系"，但从此以后，人们也不再会认为中等教育是一种"准慈善救济"，或者全然属于那种毫无计划的私人赞助的对象了。

其次，更为重要的是委员会提出的行政管理方面的建议。它是想要从相互重叠、冲突的行政管理体系中找出一套"建立组织良好的中等教育体系的最佳办法"。尽管委员们也应知晓人们呼吁建立一套机制清晰、中央集权的体系，但是他们还是选择了一种更为谨慎的方式。他们设计的监管机制平衡了地方和中央机关的力量，两者之间相互支持、相互制约。各个郡和自治市都有自己的教育管理权，而且是实质性的权力。尽管这场改革十分巨大，但对于慈善史的研究者来说，其真正关键之处还是在于它对中央行政机关所产生的影响。在这一方面，委员会需要应对的是慈善委员们，以及他们对教育捐赠基金的管理权。慈善委员们掌握这些权力始于1874年，其中包括对捐赠基金的监管权（以及通过计划进行重组的权力），此外还有与学校的行政管理、授课直接相关的职能。前者要求有法律上的资格，后者要求有教育方面的资格，而慈善委员会只配备了法律资格，负责前一项职能。

然而，要将这两个方面全然分开，分头管理又是很难的。很明显，英国需要建立一个中央机关来统一监管初等教育和中等教育，包括规模更小的初等捐赠基金。② 毕竟，每一所学校都应被视为一个单独的实体，而不应被视为可以任意分割的带有教育元素的法律－财务联合体。而且，尽管慈善委员们十分高效地处置各个基金会，但他们还是以一种零散的方式逐个地开展工作，而不是依照唐顿委员会所勾画的整体性路线推进。慈善委员会并没有构建或实施一套全国性的教育政策。

布赖斯委员会想出了几套可能的解决方案。首席慈善委员亨利·朗利爵士同意说，更主要的教育职能应该被移交给这个新的中央机关，但

---

① D. R. Fearon, *ibid.*, I, 182－183, 314－315.

② 当然，这一新的机关将会接管科学和艺术部关于技术教育方面的职责，以及教育部关于初等教育方面的职责。

是他偏向于保留法律和财务方面的职能。① 其他人则倾向于将整个中等学校事业都移交过去，尽管这会将教育类捐赠基金与其他捐赠基金分开，并且会进而损及慈善委员们的威望。因为如果说他们根据《捐赠基金学校法》所开展的行动给他们招致了不少"荣耀的憎恶"的话，那另一个同样真实的情况是这些行动也花去了他们近 1/4 的预算。② 而且，关于这一方面，看起来无可争议的是，中等教育的问题应该从整体上加以解决。同时，随着中等教育的压力不断增加，这一点也变得日渐重要，即老牌的学校应该与新的、整体化的体系相联系——这一整体化体系的功能是契合于深思熟虑的、综合的教育政策的。最终，布赖斯委员会建议采用一套反对意见最少的改革方案，即将慈善委员会整个捐赠基金学校部门都移交给新成立的中央机关。

鉴于慈善委员们的状况，布赖斯的委员们本应该提议成立一个正式的教育部，但是他们选择了一条折中的道路。③ 他们建议成立的中央机关并不是一个新的部门，而不过是扩大了老的教育部，这个部合并了科学和艺术部，并接管了慈善委员会的捐赠基金学校的职能。而且，保守派政府提出的法案——布赖斯称之为"一个非常小的法案"④ ——还忽略了他提出的有关地方主管机关方面的建议，而仅仅提及了在中央成立一个统一的主管机关的事项。所以，最终解决方案就是成立了一个教育委员会，这是一个类似于农业委员会的部门，由一位大臣担任其主席。关于将慈善委员会的教育职能移交给这个新成立的委员会的问题，政府选择了一条试探性的道路。该法令并没有规定直接进行这一职能变动，而仅仅是授权以枢密院命令的形式，在合适的阶段完成这项转移。⑤

无论 1899 年的法令有多么模棱两可，至少它在教育领域中创造出了一个中央机关，而且，该机关所主管的机构不仅包括以公共税收支持的教育机构，还包括由慈善信托来支持的教育机构。任何其他解决方案都

---

① *R. C. on Secondary Education*, 1895, Q. 11, 447ff.

② *Ibid.*, Q. 11, 438; 4 *Hansard*, 73: 640.

③ *R. C. on Secondary Education*, 1895, 1, 256ff.

④ 62 & 63 Vict., c. 33; 4 *Hansard*, 73: 630.

⑤ 如果政府直接提议进行转移，那就可能出现更多坚决的反对意见，即反对将准司法性的职能授予一个行政管理机关。另外，又有批评者抱怨政府行动过于谨慎。（4 *Hansard*, 70: 338; letter from Lord Cranborne, *The Times*, 28 July 1899）

是不可接受的，至少到这个时候为止，特别是在初等教育阶段，两类学校构成了英国教育体系中不可分割的组成部分。事实上，这是一个很有启发性的、预见性的案例，即由国家补充、引导和组织私人慈善家的工作。此外，因为在教育领域中，为开展统一监管而付出的这些代价是很小的，所以，慈善捐赠基金的监管责任现在分归两个不同的部门了。

在将权力从慈善委员会那里移交到教育委员会的时候，关键性的一步是1901年枢密院的命令，该命令授权委员会享有之前由慈善委员们行使的计划制订权。将纯属于慈善领域的捐赠基金移交给教育委员会主管是比较简单的工作，但是，除此以外，有大量的慈善组织属于混合性质，即既有救济属性，又有教育元素。而且，在其中一些机构里，这两者如胶似漆，乃至于很难做出一个准确的判断。比如，学徒类慈善组织可能就具有教育类的内容，而有的学校有时则不以教育为目的，如开展主日崇拜活动等。慈善委员们的职责就是将这些组织进行分类，但他们却机智地从收入状况入手，做试探性的划分，而将这个最重要的问题留给之后处理。[①] 整项移交工作需要七八年的时间，而且是一项非常浩繁的工作，因为需要对慈善委员会档案中登记的每一家捐赠基金都做一遍审查。当然，其中绝大部分捐赠基金的情况扫一眼就足够了，但是，还是有很大一部分机构需要仔细检查一遍。最后，共有约9650个信托被界定为完全是教育属性的，此外，还有近2300个信托被界定为部分是教育属性的。全部加起来，共有约12000家慈善组织从慈善委员会那里被移交给教育委员会接手。[②]

在这项工作完成之前，情况已经被1902年《教育法令》再次改变（而且在一定程度上已经稳定了下来）。这部法令不仅是英国教育史上的一个标志，也是英国慈善史上的一座丰碑。在该法出台前数年里，情况甚至变得更为复杂了。因为不仅有郡议会和自治市的议会在根据《技术指导法》的规定推动中等学校的发展，还有地方上的学校委员会在根据《初等教育法》的授权，设立他们自己的中等教育班级。1899年的考科通判决（该判决的意见在上诉审判中依旧得到维持）反对学校委员会的

① *49th Ann. C. C. Rept.*，1902，pp. 15 - 16；*51st Rept.*，1903，pp. 15ff.
② *55th Ann. C. C. Rept.*，1908，pp. 3 - 6.

这一做法，禁止它们涉足中等教育领域，由此，制订一个全面解决方案的道路尚且是通畅的。[1] 根据1902年法令，整个教育阶段，从幼儿园到大学都被认为是一项公共责任，而在此之前其更多地被视为是一项准慈善性的事业。[2] 该法令以学校委员会代替郡议会作为地方学校的主管机关，而且它将志愿性的、归属于各宗派的学校与国家的教育体系相联系，即向它们提供一部分税收，但它们也相应要接受一部分管理。这一改革向前迈了很大的一步，但是，它的重要性却同时被托利党－教会的倡导者和自由派－非国教的反对者们所误判。

对于教育委员会，特别是其法律委员，1902年法令给它加了十分沉重的额外负担。一方面，志愿型学校现在在特定情况下可以获得税收援助了，因此它们自然迫不及待地想要获取相关资格。于是，在第一年里，共有11000所学校提出申请。而如果委员会必须以正式计划的方式改组这些学校信托的话，那它的机制毫无疑问会被彻底压垮掉。[3] 所以，它所选用了一个简化的措施，即所谓的"最终裁定"。这样一来，就能使学校立刻获得相关资格了。另一方面，其中还有一些令人生厌的法律技术问题，这些问题是有关大量的小型初等捐赠基金的。这些捐赠基金有15000多家，其年收入大概在30万英镑。[4] 显然，应该为这些微型的信托都制订一个单独的计划。然而，它们就这样被留在那里，也没有人提出法律上的反对意见，而其结果正如 C. P. 特里维廉（之后是查尔斯爵士）主持下的部门委员会总结的那样："就是信托的一个完全、彻底的失败，比如……那些从未经历过慈善法管理的信托。"[5] 虽然特里威廉委

---

[1] 该判决是由 T. B. 考科通（T. B. Cockerton）做出的。他是地方政府委员会的审计员。这是一个针对伦敦学校委员会的判例案件。简言之，考科通认为地方委员提供超过初等教育水平以上的教育内容，是违法的。

[2] "这部法案第一次明确将整个教育领域列为公共职能——不仅仅是基础教育，也不仅仅是技术教育，而是从幼儿园到大学的整个教育过程。"［Sidney Webb，引自 Elie Halévy, *History of the English People*, *1895－1905*（London. 1929），p. 203］

[3] Ministry of Education, *Education*, *1900－1950*（Cmd. 8244），1950，p. 14.

[4] *Departmental Committee on Endowments*（Cd. 5747），1911，ii，219. 这个数据是推断出来的，推断的依据是康沃尔、格洛斯特郡、达拉谟郡、肯特郡、北安普敦郡、斯塔福德郡和威尔特郡的1081个捐赠基金，这些捐赠基金每年产生近23000英镑的收入。

[5] *Deparmental Committee on Endowments*（Cd. 5662），1911，1，8. 特里威廉是查尔斯·爱德华·特里威廉爵士的孙子，笔者在之前一章里曾提到过他的这位先祖，他也是历史学家乔治·奥托·特里威廉爵士的儿子。

员会在 1911 年提议授予地方教育部门处理这些信托的职权，但这需要议会的批准，而一直到 1914 年，教育委员会还在等待这项批准。

不过，从本章的观点来看，1902 年法令最值得关注的要点在于它承认了中等教育。在过去，公共机关要负责管理由私人慈善成立的学校，但是，公共财政只是在偶然的情况下才会提供资金用于这些学校的维持和拓展。《捐赠基金学校法》认为，这些捐赠基金，加上学生们的学费，已经足以支撑起一个可靠的中等学校体系了。这种想法后来被证明是不切实际的，1902 年法令回到了这一原则之上，即与 1870 年法令适用于初等教育的原则相仿的原则。自此以后，中等教育也变成了一项公共责任，而这时初等教育成为一项公共责任已有超过 30 年时间了，同时，自此以后，地方主管机关也有义务采取必要措施来确保教育设施的完备了。

这项命令是由政府和私人联合执行的，所以，在多数外国人看来英国的教育领域是十分神奇的、难以理解的。尽管捐赠基金学校数量还有很多，但它们越来越依靠来自公共基金的拨款，并且开始逐渐服从政府的监管。同时，"预科"中等学校——用美国话来说，就是公立高中——的数量也有了大幅增长。到 20 世纪来临之时，所有层级的教育都已经褪去了之前它作为慈善活动的性质，并且已经带上了它作为公共事业的属性。事实上，在 1914 年之前的某个时候，慈善史学家就已经认识到，教育研究已经超出了他的研究领域，而且该事业在不知不觉之间已经变成了公共服务编年史研究的对象。

第十章　改造古老的信托：伦敦市的慈善组织

一

对于一个古老慈善组织的鉴赏家来说，维多利亚中期的伦敦市给他提供了一个无与伦比的博物馆，而对于一个慈善组织的改革者来说，这却是一个无法抗拒的挑战。在这座古老的、数百英里见方的城市里，集中了英国最大的慈善捐赠基金。它们的收入在不断增长，而它们的法定目标却在减少或已经消失，直至这一差别变得如此明显，乃至于连它们的受托人都感到了——根据字面意思来理解——暴富的尴尬。尽管受托人可能敌视和抵制最终实施在这些信托之上的激烈的举措，但就算是城里的小礼拜堂也并不否认需要对此做一定程度的改革。可能是因为这种情况的荒唐之处过于明显了，才使这种政治家式的解决方案变得可能，即将绝大多数捐赠基金合并成为一个城市信托——伦敦市教区基金会。说起来也奇怪，英国的第一家通用基金会并不是一位个人慈善家的杰作，反而是将这些古老的、逐步废弃的、不再使用的城市慈善组织合并到一起成立的。

这些城市捐赠基金被认为主要是教区慈善组织，即由城市教区管理的信托。这些教区捐赠基金并不消耗伦敦市的慈善资源，因为伦敦同业公会手里也管着大量的以慈善宗旨为目的的信托基金。不仅如此，正如后面会出现的情况那样，也正是因为它们掌握了大量的法人财富，才使它们成为社会和教育改革者的目标，他们想要从这些无所用处的捐赠基金资金池中汲取资源来用于他们的事业。大体上来说，它们尚能够抵制这些改革者们施加的压力——或者更准确地说，它们开展了一定程度的自我改革，以作为对价来避免接受公共部门的规训。

这些教区慈善组织的处境十分糟糕，它们突出地证明了由《泰晤士报》提出的那个关于慈善组织的界定，即"无可救药地为一种永久性的倾向而运作的机构"。[1] 城市捐赠基金领域中出现的这种失常现象是两个世纪社会变迁的结果，而且这种社会变迁是以一种不断加快的速率向前推进的。实际上，不仅是这些慈善组织，连整个教区的结构看上去都已经不幸过时了。在伦敦700英亩的土地上，有超过100个教区。[2] 这些教区的规模，从圣约翰使徒教区（占地4/5英亩），到主教门的圣伯托尔夫教区（占地40英亩），差别十分巨大。其中有23个教区的面积在2英亩之下，而有7个教区的面积在21亩之上。[3]

伦敦各教区手中掌控的这些慈善基金的体量不容小觑。而且，这1300多家信托基金中的绝大部分都是在1700年前成立的，其中最大的一个群落成立于17世纪。[4] 就算从最好的角度来看，这些基金中的很多也都是过时之物，比如，用于做布道的基金，为的是庆祝打败无敌舰队，以及火药阴谋案的失败；用于在新门监狱执行死刑前敲响圣兖教区的大钟的基金；用于从土耳其人或巴巴里海盗那里赎回基督徒俘虏的基金；用于灭杀康希尔的瓢虫的基金；用于比林斯门拐角处"永久"续油灯的基金。[5] 而且，这些慈善捐赠基金正常的老化过程还因为伦敦市的人口革命而被大大加速了。在19世纪中叶，随着劳工居住区大规模的拆迁（也伴随着环境的"改善"），以及一个个教区转换成为公共用途的区域，伦敦市出现了一个日渐明晰的趋势，那就是它已经不再是一个居住区了。坎农街火车站占去了大哈洛斯教区绝大部分面积，邮政总局占去了圣安

---

① *The Times*, 3 Sept. 1880.

② 通常给出的数据在107~112之间变动。很明显，准确的数据取决于如何计算合并的教区的数量。尽管最开始教区既是宗教单位也是政府的行政单位，但是这一界限开始逐渐变得模糊不清。在伦敦大火以后，人们并不想重建所有被大火摧毁的教堂，结果只有60个教会的教区得以重建。

③ *R. C. on the London Parochial Charities*（C. 2522），1880，1，21–25.

④ 关于伦敦都铎–斯图亚特王朝时期慈善组织的相关数据，参见 W. K. Jordan, *The Charities of London, 1480–1660*（London, 1960），p. 423.

⑤ *3 Hansard*, 261：1295；*S. C. on the Endowed Schools Acts*, 1886, Q. 640；*R. C. on the Parochial Charities*, 1880, Q. 2285, 7574.

妮教区和圣安格尼斯教区 3/4 的面积，而英格兰银行则彻底将圣克里斯托夫·勒斯托克教区从地图上抹去。[1] 这种变化对伦敦市的居民来说也是翻天覆地的。1851 年，人口调查统计出的数据是有 131000 名居民，而到了 1881 年，仅剩 52000 名居民。尽管很多城市的死忠者们反对这种"午夜统计"，并且极力辩解说，真实的人口数据要远远超过在市里睡觉的人口数[2]，但很明显的是，伦敦已经日渐成为一个巨大的账房加仓库。

随着伦敦市人口的萎缩，其慈善捐赠基金的收入便开始出现膨胀。1865～1876 年，出租的地块数量开始明显减少，而租约也都重新谈过，租金有了大幅增长。于是，伦敦的慈善组织的总收入增长了近 50%，即增长到临近 10 万英镑。[3] 在财富方面，正如人口数一样，各个教区存在巨大的差异。到 1876 年，圣伯托尔夫·阿尔德盖特教区和圣伊莱斯·克里普尔盖特教区两地的慈善收入都达到了近 1 万英镑，其中后者的收入1865～1876 年翻了一番多。而五金巷的圣马丁教区的收入也翻了一番多，但却是从 2 英镑增长到 4 英镑 10 先令。[4]

人口数的巨变以及慈善资金令人难以置信的增长，给伦敦市的教区制造了一个令人难以忍受的处境。教区委员、教区礼拜堂牧师、受托人和其他教区管理者都遇到了巨大的困难，没法找到一种方式，既把钱花出去又不违反信托协议。而事实上，伦敦市慈善组织宗旨的无法实现是普遍性的。大量此类捐赠基金是为教区内的贫民利益而创设的——施舍衣服、煤或面包，支付学徒费、嫁妆开支和同类开支——因此，其前提是推定伦敦市存在一定数量的贫困人口。但是，事实上，在 1878～1879 年的皇家委员会上，一个个教区都先后承认说，在教区里面找不到合适的贫民。当然，一些老派的人物，如老妇人，会很乐意说自己是"若斯柏瑞教区的圣玛格丽特教堂的贫民"，但是有人会质疑说，她是否真的是

---

[1] *R. C. on the Parochial Charities*, 1880, Q. 1406, 267, 6176.

[2] Benjamin Scott, *A Statistical Vindication of the City of London* (London, 1867). 事实上，伦敦市也批准开展了一系列日间的人口调查。开展这些调查是想要驳倒"这一论断，即伦敦已经失去其之前的地位和重要性"。(*Report on the City Day-Census*, 1881, p.89)

[3] 在 1865 年，其总收入为 66550 英镑，在 1870 年为 83570 英镑，在 1876 年为 99575 英镑。(*R. C. on the Parochial Charities*, 1880, 1, 20)

[4] *Ibid.*, 1, 18–20.

当地的一个居民。^① 而至于像巴博慈善基金这样的机构（其宗旨是帮助"比林斯门的圣伯托尔夫教区的穷处女和寡妇"结婚），也一直放任资金增长，因为无论是穷处女，还是穷寡妇，都已经有近 20 年没有出现过了。^②

教区捐赠基金可以被分为两大类，即教会基金和普通基金。其中，前者主要适用于这些宗旨：维修教堂、供养牧师和其他工作人员、支付与圣事相关的费用。这类捐赠基金约占全部捐赠基金总数的 2/5，虽然在某些新建的教区，人们可能会怀疑说，在伦敦大火之后，由于大量资料被毁，有不少原本是以世俗慈善为宗旨的捐赠基金后来都转成了教会基金。

相比于城市教区，教堂在使用收入方面的效度更低，这是因为伦敦市里的教堂太多了。我们可以很容易就证明这一点，因为总的来说，参加圣事活动的人数少得可怜，在有的教堂里面，平均人数不超过 10 人。对此，改革者们指责道："到了礼拜天，一场庄严的闹剧就开始上演了，现场有一群领着薪水的职员们在旁配合……有时还会有捐款的男男女女、老老少少"，这些人也就是 10 年之后人们所称的"被俘的人群"。^③ 为了花掉自己的收入，比较好的捐赠基金不得不诉诸一些奇怪的用途，如扩大所供养的圣职人员的骨干的人数，包括教区牧师、风琴手、风琴调音师、教堂座席管理人、敲钟人等；给唱诗班支付过高的报酬，发放过多的服装；有的时候对教堂开展毫无必要的维修。有的时候，如在康希尔教区的圣米迦勒教堂（这是雷恩^④设计的一座建筑）的个案中，翻修这

---

① *S. C. on the Parochial Charities Bill*，1882，Q. 1185.

② *R. C. on the Parochial Charities*，1880，Q. 4359.

③ Sir Charles Trevelyan，"The City Parochial Endowments," *Social Science*，1870 – 1871，p. 438. 在 1880 年 5 月上旬，亨利·匹克（Henry Peek）爵士对伦敦各教会（除了圣保罗教堂）和 5 个最大的教区的圣事活动的出席情况做了调查。匹克之前是一位改革者，并且他受到维多利亚时期对事实情况的病态的尊崇的驱动，很乐意做调查。在现存的 55 个教堂里面，共有 4837 人，但其中只有 2784 人真正属于自愿参加。这些教堂共有 27500 个席位。［*Return of Objections to the Central Scheme*（*Parl. Pap.*，1890）. p. 23］

④ 克里斯托弗·雷恩（Christopher Wren，1632～1723 年）爵士，英国皇家学会会长，天文学家和著名建筑师。1666 年 10 月 1 日，建筑师雷恩爵士提出了全伦敦市灾后的修复方案，并参与了圣保罗大教堂、肯辛顿宫、汉普顿宫、大火纪念柱、皇家交易所、格林尼治天文台的修复工程。——译者注

座建筑不仅完全是在浪费钱，而且维持了一个审美上的灾难。另一座雷恩时期的教堂也是通过一位教区居民精力充沛的活动，以大修的方式被救回来的。[①] 总的来说，没有一个心智正常的人会怀疑说，伦敦市拥有了太多的教会基金，这些基金都是空有虚名而无所用处的。

在世俗生活这一边，慈善捐赠基金主要包括两大类：以教育为目的的捐赠基金和总数更为庞大的以救济为宗旨的捐赠基金。这一分类忽略了一些特殊宗旨的捐赠基金，在其中，资助购买柴火以烧死异端者的捐赠基金可能是最为极端的例子了。[②] 改革者们对花在教育之上的18500英镑——主要是花在成立于更早时间的慈善学校上——并非没有好感，虽然他们同样毫不怀疑这笔钱可以用得更有效一些。关于各类慈善收入，在这里我们没有必要详尽加以介绍。每年投入1万英镑以上用于发放救济金普遍被认为是有害的，特别是在教区里，因为这里已经没有贫困居民了。[③] 对于后一种情况，可以采取下述两种措施之一：或者将慈善收入捐赠给申请者，无论他是否在法律上适格，或者也可以将这些资金用于其他宗旨。在发放救济金的时候，想要领钱的人都会蜂拥到这个教区去，"仿佛他们现在是秋天去肯特郡摘啤酒花一样。他们在领完钱之后就消失不见了，我们再也看不见他们的人影，直到再次发救济金之时"。[④] 虽然到19世纪70年代，其中一些最恶劣的丑行得到了抑制，但从一个理性的观察者的角度来说，伦敦市的救济金发放依旧是最不合理的慈善形式之一。

很明显，对于伦敦市的慈善组织管理者来说，他们无法严格按照创始人的意图来管理自己手上的捐赠基金。可以肯定的是，有的教区向慈善委员会提出了申请，要求重组它们手里那些无法运作的信托，而更多

---

① *3 Hansard*, 261：1295；160：910-911；*The Times*, 1 Sept. 1883.

② 我们不应太将这一信托当回事，虽然它是改革者们在发动攻击时趁手的武器。这一有问题的信托是沃克慈善组织，该捐赠基金共有资金6先令8便士，成立于15世纪，位于圣安娜和圣安格尼斯教区。目前并不清楚其收入是否曾被用于指定的目的。（*R. C. on the Parochial Charities*, 1880, Q. 262）

③ 关于救济金发放的金额，有很多个不同的版本，从1万英镑到31000英镑，差别极大。其中后一个数据是由伦敦学校委员会给出的，当时它正将其贪婪的目光投向城里的这些捐赠基金。（London School Board Minutes, 23 July 1879；*3 Hansard*, 261：1293）

④ *R. C. on the Parochial Charities*, 1880, Q. 7566.

的教区则自己制作了简单、方便的最近似目的重组计划。而其中至少绝大部分计划在法律上都是不成立的。就很多发放救济金的慈善组织来说，关于领取资格的解释过于宽松了，乃至于申请人只需要证明自己与教区曾有过一些模糊的联系就可以领取赏金了。① 有一个并不是太罕见的策略是将教区的慈善收入用于补充济贫税，而在其中一两个个案中，由于这笔资金非常巨大，乃至于纳税人完全免除了他们的法律责任。

每一年，伦敦市的教区都会从他们的慈善基金中大方地拿出一笔资金，用于给教区长、礼拜堂（有时也包括教区居民）提供食物和饮料。格林尼治或里士满的晚宴或爱心筵席被作为改善教区内人际关系的一种方式，这是已经为人们所熟知的。东市场路的圣克莱门特教区有一个古老的捐赠基金，金额是 5 先令，宗旨是在濯足节时举办爱心筵席，以将关系不和的教区居民重新聚拢到一起；该教区还有 1 英镑 6 先令 8 便士，帮助的对象是剑桥或牛津的“正直的、有德性的、善意的学者”。到 19 世纪 70 年代，这个 5 先令的爱心筵席已经发展成为里士满的一个颇有档次的晚宴，赴宴的都是教区里的显要人物，同时该宴会还会邀请其他嘉宾赴宴，与此同时，“正直的、有德性的、善意的学者”还在领取他们的 1 英镑 6 先令 8 便士。② 由福斯特巷的圣韦达斯特和圣米迦勒－勒库尔尼教区组成的联合教区成了改变慈善基金用途的极端案例，因为它们将慈善收入用于支付起诉教区长的诉讼费用——这一官司的起因是教区长不同意礼拜堂和教会委员管理他们手中的信托的做法。詹姆斯·布赖斯在下议院里一本正经地评论说：可能他们将这种做法视为“对这些基金的符合最近似目的的使用，因为这些遗赠基金的宗旨就是要烧死异端者”。③

二

在慈善改革者们的工作日程表上，伦敦市杂乱无章的捐赠基金牢牢占据了前排的位置。在整个 19 世纪 50 年代和 60 年代，最具原创性的、富有思想的慈善委员会检察员托马斯·黑尔（Thomas Hare）提交了一系

---

① *R. C. on the Parochial Charities*, 1880, Q. 4805, 5064, 6388－6392, 7401.

② *Ibid.*, Q. 540, 549－560.

③ *Ibid.*, Q. 1302, 1978ff；3 Hansard, 261：1295.

列报告，内容涉及伦敦市的各教区。在他提交的 1860 年报告中，有一篇尖锐的文章，提议对伦敦市的慈善组织大杂烩采取一种全新的措施。他坚称，将这些组织限定于古老的教区范围内是"一种懒政，而且别有用心"。① 很明显，人们需要对伦敦市贫民整个群体的需求做重新考量。他暗示说，这一重新调查的结果可能是要对伦敦市的慈善组织的管理权做一个整合，或部分整合，而这就要突破教区的边界（伦敦市自己的边界），或者由伊丽莎白或斯图亚特王朝时期的创始人设定的条款。对于这一提议，慈善委员们给予了官方的——如果算是相当谨慎的话——支持。② 诚如他们指出的那样，尽管因为慈善收入和受助对象之间存在巨大鸿沟，需要对伦敦市的信托基金做一个彻底重组，但这一整体性的改革不能通过慈善委员会或法庭的常规的计划制订程序来完成。这是一个先决条件，因为其要求议会直接介入。

正如慈善委员们所做的那样，仅仅将一个糟糕的状况呈现给议会看，并不能引起它的行动。但是，此后不久，另一些更为激烈的声音冒了出来。其中最为激烈的批评者是查尔斯·特里威廉爵士，他之所以会对慈善改革感兴趣，是因为他曾参加慈善组织协会的活动。和其他调查者一样，他对这一发现感到十分吃惊，即有如此多的慈善信托受到严格限定，乃至于在解救社会苦难方面无所作为。在他看来，伦敦市的捐赠基金不应该被人口减少的教区所垄断，而应该惠及整个伦敦市的所有贫民。他给《泰晤士报》写了两封信，之后又扩充为一篇文章，并在社会科学联合会伦敦分会上发表，还作为小册子出版，成为慈善改革家们的一次经典攻击。③ 特里威廉的观点无疑是正确的，而且具有不可否认的说服力，尽管其中夹杂了相当数量的讹误。然而，从一个 20 世纪的读者的角度来看，他的攻击的效果被他的这一做法给破坏了：他令人难以理解地坚持要将伦敦市的所有慈善不动产出售，并将其收益投入公共基金。无疑，作为这些财产的管理者，教会委员和受托人还有很多的改进空间，但我们也不应忽视这一情况，即伦敦市的慈善组织之所以会这么富裕，正是

---

① *R. C. on the Parochial Charities*, 1880, 111, 2.

② *11th Ann. C. C. Rept.*, 1863, p. 5; *13th Rept.*, 1865, p. 3.

③ *The Times*, 17 June 1869, 26 June 1870; "The City Parochial Endowments," *Social Science*, 1870–1871, pp. 437–451.

因为城市的土地价格大幅上涨。

特里威廉搅起的这一阵骚动并没有产生即时效果。在整个19世纪70年代，这场重组伦敦市慈善组织的运动依旧是一个悬置的问题，因为它是与另一个更大的问题，即伦敦市的城市改革问题联系在一起的。城市改革者们指责伦敦市就像是一座老旧的、独占特权的堡垒，当然，这些人在这么说时，也没有忘了伦敦市的慈善信托基金。① 他们连续采集有关伦敦市和威斯敏斯特的捐赠基金的调查数据，并将报表呈递给议会，而慈善委员们则更为直接地重申了他们的主张，即要求议会采取全面行动。② 在1877年和1878年，自由派成员们都在努力催促迪斯雷利政府的内政大臣 R. A. 克罗斯 （R. A. Cross），而他最终给予了回应，组建了一个皇家委员会。③

这并不是19世纪著名的调查之一。在年迈的诺森伯兰公爵的主持下④，委员会问询了伦敦上百个教区的代表，挨个审查他们的慈善组织，并拿着托马斯·黑尔的报告作为参考手册。然后，调查对象就变成了一般见证人和专家见证人。在这些人中，最有趣的一个人无疑是前捐赠基金学校委员会委员和慈善委员，亚瑟·霍布豪斯爵士。值得一提的是，霍布豪斯被认为是学校改革方面的极端派代表，他倡导对老的信托基金开展全面改革，将现在的社会需求（而不是创始人的意愿）作为决定性的标准。对委员会面临的关键性事项，霍布豪斯心领神会。他提出，英国应该立刻放弃教区属地管理的原则，并将伦敦市的慈善组织合并成为一个单一的信托，信托利益应该由全市共享。事实上，霍布豪斯设计的这一计划是一个合理而又准确的预测，因为这些信托基金最后合并成了

① 关于这一问题，参见这两本书：William Gilbert, *Contrast* （London，1873）; *The City* （London，1877）。

② No. 164 （1871） and No. 24 （1877）; *24th Ann. C. C. Rept.*，1876，pp. 5–6.

③ *3 Hansard*，233：665–666；234：858；235：594–595；239：1694–1704；241：327，1244，1852.

④ 委员会其他成员包括：自由派牧师坎农·罗杰斯 （Canon Rogers），他以在圣伯托尔夫教区的主教门开展教育和教区改革而著称；阿尔伯特·佩尔 （Albert Pell），他的改革主张传递出了一种强烈的以自助为主旨的社会哲学；法尔·赫舍尔 （Farrer Herschell），他后来成了上议院大法官。参见 R. H. Hadden, comp.，*Reminiscences of William Rogers*，2d ed. （London，1888）; Albert Pell, *The Reminiscences of Albert Pell* （London，1908）。

伦敦市教区基金会。[①]

委员会最终提交的建议并没有太多变革性，而这些建议也没有得到伦敦市内外人们的狂热追捧。[②] 他们提出的计划是要处置非宗教性的捐赠基金，这是一个无趣的妥协：在各个教区自己的利益主张与不能只把伦敦市的慈善收入花在伦敦市范围内这种观点之间达成妥协，也即在依从创始人的意愿的做法与认为无法一直贯彻创始人的意愿的看法之间达成妥协。简言之，这个计划的本质内容就是，只有那些剩余的教区基金，根据一个临时委员会的裁断，才应该汇入公共资金池之中。[③] 但是，如果教区利益表现得比委员会在计划中预计的要好，那改革者们就会感到尴尬了。现在，接过这项改革事业领导权的是詹姆斯·布赖斯。在1881年和1882年，他提出了几个议案。这几个议案是在霍布豪斯的帮助下起草的，它们都超越了委员会所提出的谨慎的建议。而尽管他的确应该留下一些大型的教区，让它们管理自己的捐赠基金，但是，就其他基金来说，临时委员会也早就该拥有根据这些基金的申请做出广泛的自由裁量的权力了。简言之，布赖斯提出的议案主旨是将伦敦市大量的信托基金从教区的管理和创始人的限定下面解放出来。[④]

伦敦市的各教区立刻动员了起来，集体反对这一外来的侵犯。无论它们曾多么坦诚地承认确有改变之必要，但是在教会委员和小礼拜堂牧师的眼里，这一侵犯已经不再是一场改革，而是一场革命了。他们在之前曾极力主张对慈善组织管理事务的任何变革"都应该从伦敦市的教会的主导权开始"[⑤]，而偏偏现在又提出了相反的主张，并且还拿出2000英镑的资金来支持这一主张。要不是慈善委员断然否决的话，那它们甚至还会从慈善收入中拿出资金来支持这次争吵，因为有的教区已经想那么做了。[⑥] 很明显，教会委员的提案的目的是确保伦敦市的利益享有优先地位。根据他们的提案，慈善财产的绝大部分会继续留在现有的受托

① R. C. on the Parochial Charities, 1880, Q. 7751ff.
② The Times, 23 March 1880; R. H. Hadden, "The City Parochial Charities," Nineteenth Century, 9: 324 – 337 (February 1881).
③ R. C. on the Parochial Charities, 1880, 1, 10 – 11.
④ 3 Hansard, 261: 296 – 297.
⑤ The Times, 5 May 1881.
⑥ S. C. on the Parochial Charities Bill, 1882, App. 1 – 4; 1883, App.

人管理团队手中（正如皇家委员会所提议的那样），只有"剩余的"部分收入才会被转到中央机关——甚至在这一机关的委员会中，伦敦市都具有委员数量上的优势。布赖斯指责道，伦敦市的这一计划明显表达了这样一种观念，即受托人对他们管理的各项财产拥有既得利益。[①] 此外，在整场争论之中，教会委员和他们的同盟者谈起来就好像伦敦市的各教区是一个个现实的共同体一样。他们极力主张说，这一实际上只是想象出来的世界是永久长存的。与教区发言人不同的是，改革者们推定，虔诚的创始人想要惠及伦敦市的贫民，而且他们会希望自己的捐赠随着人口的流动而流转——换句话说，他们想要帮助马里波恩和南华克的穷人，而不是维持伦敦市的既得利益。

在 1882 年的议会会议期间，双方的议案都通过了二读程序。一个特别委员会——由肖·勒费夫尔（Shaw Lefevre）领衔，且有很多城市改革者参与其中——偏爱那个更为激进的建议，尽管教区委员会们争论说，他们的（而不是布赖斯的）提案，才真正秉持了皇家委员会的合法意志。这一说法是站得住脚的，但是特别委员会质疑说，这是一个借口，为的是维持过时的制度体系，特别是当那些更为激进的伦敦市神职人员毫不迟疑地联合在一起，反对教会委员们的提案之时。[②] 不过，改革者们认识到，双方之间达成和解明显是值得期待的。与伦敦市的利益做彻底的斗争不仅是愚蠢的，也是耗费时间的——在 19 世纪 80 年代的议会会议上，辩论的时间是十分稀缺的。由于帕讷莱特斯（Parnellites）漂亮的破坏策略，导致关于布赖斯议案的辩论经常被拖到半夜，有三四次还被拖到清晨。此外，在自由派阵营中，还有一种越来越强的质疑声，即认为对教区慈善组织的攻击会令伦敦市与自由党的关系变得更疏远。[③] 当两方终于在 1883 年的夏天搁置他们的争议时，布赖斯并没有就任何重要事项做出让步，虽然他同意了一些保全面子的条款。[④] 在 1883 年 7 月 31 日 4 点 15 分，筋疲力尽的下议院议员一致同意，通过了这部法案。此

---

① *3 Hansard*, 261：1297.

② *S. C. on the Parochial Charities Bill*, 1882, Q. 2928ff；*Charity Record*, 29 June 1882.

③ *Ibid.*, 4 Aug. 1882.

④ 谈判双方是布赖斯与弗雷什菲尔德（Freshfield，他是教会委员派出的游说人），时间是 1883 年 7 月 19 日，地点是伦敦市教区基金会的办公室。

后不久，上议院也对该法案表示完全接受。①

《教区慈善组织法》的原则十分简单，虽然其中一些衍生内容会变得无限复杂。它的基本宗旨是拓宽伦敦市捐赠基金的"受益范围"，超越城墙内的老伦敦市这个范围，扩大到整个城市，并使这些捐赠基金迎合现代需求。为此，慈善委员会不仅获得了新的委员，力量得到加强，而且第一次负责审查全部慈善组织，将之进行分类，即分为"宗教性的"和"普通的"。② 该法令区分了被默认为还在运转的城市教区或已经僵死不动的教区，规定对待这两种类型教区采取不同的办法。其中，第一类共有 5 个大型教区③，这 5 个教区共有超过 31000 人，年慈善总收入近 3 万英镑，而第二类共有超过 100 个名存实亡的教区，有时它们拥有的捐赠基金的金额十分庞大，但它们的人口数却十分少。这 5 个大型教区将继续掌管它们自己的慈善组织，虽然在管理时它们需要遵守慈善委员们制定的新计划。不过，剩下的那 100 多个濒死的教区的职权则将被褫夺，它们的慈善收入也将被用于整个伦敦市，用于这些值得赞赏的宗旨之上，如教育、图书馆、博物馆、空地、互助储蓄机构、康复医院，以及总的来说，用于改善"伦敦市贫困居民的身体、社会和道德状况"。④ 起步的工作，主要是法律性质的，落在了慈善委员们的肩头上。不过，之后持续的管理职责则归于一个由 21 名委员组成的委员会，即伦敦教区慈善组织受托人委员会。在这一委员会中，王室和城市财团都有不少代表位列其中。虽然布赖斯的法令只不过移除了解决问题的法律障碍，但它在这么做的时候，却做得极为出色。现在就轮到慈善委员们来根据维多利亚第 46 和 47 号令的总体性规定构建一套机制了。

三

与此同时，伦敦市其他机构迎来了城市改革者更为猛烈的攻击。人们的共识是，如果说城市财团及其许可权是形成伦敦统一的政府班子的

---

① *3 Hansard*，282：1095–1104.
② 在遇到混合型慈善组织（既有宗教性元素，也有非宗教性元素）的情况下，委员们会根据其成分的比例，将之分为两个基金。
③ 这五个教区是霍尔佰恩圣安德鲁教区、阿尔德盖特圣博托尔夫教区、圣博托尔夫主教区、舰桥街圣桥教区、克里波门圣贾尔斯教区。
④ 46 & 47 Vict., c.36, cl.14.

主要障碍的话，那么该财团在进行抵制时，主要的力量源泉则在于那些富有的、强大的同业公会，特别是 12 个大型公会。除个别情况以外，这些公会都已经失去了任何与它们最初的功能之间的联系。但是，它们巨大的捐赠基金，以及它们在城市里的统治地位却使得它们得以掌控巨大的残留权力。这一不协调的状况——拥有大量财富和影响力，却不承担任何相应公共责任——使它们不可避免要引来改革派的关注。更为令人讨厌的是，它们还经常举办奢华的城市晚宴，甲鱼汤是其经典的菜品，而这则招来了大量的谩骂，如《一群死龟孙》。[1] 对城市公会的攻击与对教区慈善组织的攻击是同时进行的，而且两者都有着类似的动机。在 19 世纪 70 年代，只出现了少量的批评声音，在 1873 年，格拉斯通还提到，或许有可能将城市公会的资金用于更为有用的目的，这样一种状况的出现与伦敦市老自由派的溃散不无关系。[2] 1880 年，新自由派政府的第一个行动是成立一个皇家委员会。可能是为了让人们放心，在该委员会中，出现了一些无可挑剔的名字，包括德比（Derby）伯爵（主席）、贝德福德公爵。

这些公会的地位，法律的或其他的，并非如那些急切的改革者所描绘的那样不堪一击。它们的收入，总计 75 万 ~ 80 万英镑，包括两大类：第一类，来自约 1100 个信托基金，这笔资金只可以按照创始人的遗嘱或契约约定（或者根据适格的公共部门的调整）来使用；第二类，法人收入，完全是公会自己的财产。其中 12 家最大型公会，根据它们向皇家委员会报告的收入情况来看，这两类收入在各家公会收入中所占的比例差异较大。[3] 此外，62 家小型公会的信托收入约为 4 万英镑，而法人收入则超过了 115000 英镑。[4]

公会名称	法人收入（英镑）	信托收入（英镑）
绸商公会	47341	35417
杂货公会	37736	500

---

① J. E. Woolacott, *The Curse of Turtledom* （London，1894）.

② J. F. B. Firth, *Reform of London Government and of City Guilds* （London，1888），p. 90.

③ *R. C. on the Livery Companies* （C. 4073），1884，1，26.

④ *Ibid.* ，pp. 27 - 28.

续表

公会名称	法人收入（英镑）	信托收入（英镑）
布商公会	50141	28513
鱼商公会	46913	3800
金器公会	43505	10792
皮革公会	18977	9950
裁缝公会	31243	12068
男装裁缝公会	9032	20000
盐业公会	18892	2148
五金公会	9625	12822
酒业公会	9365	1522
纺织公会	40458	10000

　　人们或许会对这些同业公会的信托收入提出质疑，但一般来说，它们对自己的慈善组织的管理要比绝大多数其他机构好得多，而且它们是相当谨慎地遵循信托协议的要求的。在多数情况下，行政管理费用是用同业公会的法人收入来支付的，而不是信托收入。[①] 在20万英镑的慈善收入中，约有3/8（75000英镑）被用于救济院，以及向同业公会的贫困会员发放生活津贴，因为所有12家大型同业公会以及一些小型公会都有它们自己的救济机构。这些同业公会的慈善收入中的另外3/8被用于支持教育活动——它们在古老的大学里设立了约100个奖学金；在伦敦市里或周边设立了大学预科学校。此外，还有更大数量的所谓"中级班级"。其中，关于上述教育机构，包括：裁缝公会学校；圣保罗学校，由科利特（Colet）院长托付给绸商公会管理；皮革公会管理的汤布里奇学校；杂货公会负责管理的昂德尔学校。在承担它们的教育职责时，这些同业公会拿的是从专项的捐赠基金中获取的收入，以及它们自己法人收入中的很大一块。[②] 如果说这些同业公会的价值5万英镑的慈善信托——看起来都是与时代脱节的——中的绝大多数资金被用于杂七杂八的目的的话，那其中还有一些则是彻底废弃不用的。与其他古老的慈善组织一

[①] *R. C. on the Livery Companies*（C. 4073），1884，p. 36.
[②] *Ibid.*，p. p. 33－34.

样，在伦敦城内外，有大量此类信托急切需要重组。但同时，从一种有限的意义上来说，这些同业公会相比于英国国内的大量其他受托人来说，还算是效率比较高的慈善组织管理者，并且得到了一代代捐赠人的认可，所以他们才将资金托管给它们来管理。

这些同业公会的法人收入是它们信托收入的 3 倍，这引发了另一个层面的问题。有很多人，而不仅是热心的改革者，相信从道德上来看，公众对这些收入的一部分拥有权利，而且他们还可以举出著名法学家的观点来支持公众的利益。他们也对同业公会自愿捐赠给自己的或其他慈善组织的数额表示不满，虽然同业公会的确是从它们的法人收入中拿出了一个不小的数额。① 他们不无理由相信，这些法人基金的增长比信托基金要快得多，因为某些本应该由信托基金获得的收入流入了法人的财库。比如，有一个 17 世纪的捐赠人捐赠的慈善资金每年可以产生 20 英镑的收入。在当时，这是这项资产的合理孳息产出。但是在 300 年以后，这笔资产可能会产生数千英镑的收入。在这种情况下，同业公会通常会只支付固定的数额，而将其余的收益存入它们的法人基金。19 世纪初的法院判决都倾向于承认它们对这些收益拥有权利，虽然此后的判决则开始支持慈善组织的主张。② 这个问题绝不是黑白分明的，而且在面对这些批评时，同业工会拥有强大的法律上的——如果不能算是道德上的话——地位。

这一争论引出了同业公会模糊的身份问题。它们是单纯的私立组织吗，就像帕尔摩俱乐部，如一位托利党的副检察长所曾经暗示的那样；

---

① *R. C. on the Livery Companies*（C. 4073），1884，pp. 36，72 - 73. 关于同业公会捐赠的概述，参见 P. H. Ditchfield，*The City Companies of London and Their Good Works*（London，1904），pp. 11 - 13。

② 托马斯·黑尔提交了数份关于由同业公会管理的 1100 个信托的报告。在这些报告中，他对它们的管理行为的优缺点进行了讨论。他在分析时，引用了《泰晤士报》（1885 年 2 月 2 日）的激烈评论。关于相关的法律判决，参见黑尔提供的总结：*R. C. on the Livery Companies*，1884，Q. 69 - 70；*Attorney-General v. Skinner*，2 Russ. 438；*Attorney-General v. Grocers*，6 Beav. 526；*Attorney-Gneral v. Major of Bristol*，2 Jac. And W. 294。关于另一方面的判决，参见 *Attorney-General v. Wax Chandlers*，6 Eng. And N.，Ap. 1（Kendall's Charity）；*Attorney-General v. Merchant Taylors*，11 Eq. 35 and 6 Ch. Ap. 512（Donkin's Charity）。

或者它们是准公立机构吗？① 在它们的法人资产负债表上，有一些项目激起了城市改革者的欲望。在它们的对手看来，这些同业公会的一些开支是一种不负责任的挥霍，但没有一项开支能够像下面这项一样令人震惊，该项开支估计有 10 万英镑，被"挥霍地用在举办宴席上，而且必须承认，其中绝大多数都是无聊的宴席，搞的是那种人挤人的场面"。② 对此，同业工会给出的一个辩护理由是，很多活动都是以伦敦市半官方的身份来招待贵客，表达友谊，但这种说法并不能令改革者满意。在反对者眼里，这些同业公会完全就是萨克雷（Thackeray）所说的"丑陋的大肚子拜物教"的践行者。

批评者并不太想论及同业公会从法人收入中捐给慈善组织的 15 万英镑的事情，虽然他们可以指出这笔钱中的一部分是第 11 小时忏悔活动③的收益。到皇家委员会调查时期，同业公会每年从它们的法人收入中支出约 5 万英镑用于教育目的。此外，在支持它们自己的学校和大学的奖学金项目时，这些同业公会还对技术教育表现出一种积极的兴趣。④ 在西赖丁地区的一些城市里，纺织公会成立了一些教育机构，用于给毛纺工人提供技术培训。更为重要的是，在皇家委员会组成后不久，一些更为开明的城市同业公会成员，在辛迪尼·沃特娄（Sydney Waterlow）爵士和赛尔伯恩（Selborne）勋爵的领导下，发起了一个项目，目的是"成立伦敦城市和同业工会促进技术教育进步机构"，这是一家协会，宗旨是促进技术培训的发展。此外，同业公会还捐赠了超过 10 万英镑的资金，用于成立一个基金，以支持在南肯辛顿建立芬斯伯里技术学院和中央学院，这两所学院后来变成了皇家科学和技术学院的工程系。不仅如此，还有一群同业公会承诺说每年将会做出价值 25000 英镑的捐赠。⑤ 这些项目明显与同业公会的传统和所宣称的兴趣点相吻合。

它们的捐赠在纷繁复杂的慈善领域里也并不是微不足道的。皇家委

---

① *The Times*，12 April 1877.

② *Ibid.*，28 June 1884.

③ 指的是 19 世纪在英国富人阶层中流行的一种宗教活动。——译者注

④ 它们这么做可能是为了回应人们的呼吁，即重新确立它们与它们曾经代表的行业之间的联系。参见黑尔整理的材料，*R. C. on the Livery Companies*，1884，Q. 87 - 89；黑尔的记录，*ibid.*，pp. 105 - 106，*The Times*，14 Sept. 1880。

⑤ *R. C. on the Livery Companies*，1884，pp. 38 - 39，68 - 69.

员会估计，这些捐赠每年约有 9 万英镑，其中约有 7 万 ~ 8 万英镑的善款被用于伦敦地区的慈善宗旨和公共目的。如位于伦敦东区的伦敦医院就在 10 年多的时间里收到了杂货工会捐赠的约 26500 英镑善款，其他一些医药类慈善组织也收到过不少同类善款。[1]

到 19 世纪 70 年代，同业公会开始承认自己承担了某种程度的公共责任。如果有人接受它们的这一主张，即它们的法人资产是纯粹的、彻底的私人财产的话，那么在这种情况下，它们的捐赠就会显得异乎寻常的慷慨。作为一个整体（虽然它们之间有着巨大的差异）来看，同业公会并非不是慈善性质的，但是，它们却坚持将按照自己的方式，针对它们自己选择的对象来做慈善。它们发起了声势浩大的抵制，反对将国家权力延伸到它们的方向上来。在 19 世纪 30 年代，有几家同业公会直截了当地拒绝向城市委员会提供信息，而且它们在 19 世纪 80 年代与皇家委员会之间开展合作时，也不怎么热情。事实上，一开始人们有一些怀疑，即到底在收到皇家委员会发给它们的问卷后，它们会不会填，而到最后，它们虽然提交了报表，但它们在填写时，针对报表中与法人基金有关内容，还是表示了极大的不情愿。[2] 它们认为，这些事情跟大家无关，只是它们的私事。然而，就同业公会这个整体而言，虽然很不情愿，它们还是提交了被要求提交的信息。

在皇家委员会看来，这个问题并不仅是一个只需要制定一项政策的实践问题，还是一项关涉到证明同业公会的法律和历史合理性的问题。政府是否有权介入有关同业公会的法人收入的问题？在这一问题上，多数委员并不同意上议院大法官（他也是绸商公会的会员）的意见，他们认为基于一个普适的理由——这些同业公会至少是半公共性的机构——来看，这一问题是肯定的，而且此外还有一些更为具体的理由也支持这一肯定意见。[3] 有三位成员不同意多数派提出的理由，他们是理查德·克劳斯（Richard Cross）爵士、纳撒尼尔·德·罗斯柴尔德（Nathaniel de Rothschild）爵士以及阿尔德曼·科顿（Alderman Cotton）。其中，科顿是伦敦市前市长，而且是一位老派的伦敦市市民，他在相对比较温和

---

① *R. C. on the Livery Companies*，1884，p. 39.

② *Ibid.*，p. 42.

③ *Ibid.*，pp. 42 - 43. 这位上议院大法官是萨尔伯恩勋爵。

的反对派报告中附上了他自己激烈的反对意见。

在此之后，皇家委员会提出了一些建议，要求对同业公会的法人收入开展公共监管，但它也并不同意极端改革者的意见，因为这些极端改革者极力鼓动，要将同业公会的法人基金直接充公。伦敦学校委员会像往常一样搜寻了一遍闲置的捐赠基金，而且这些捐赠基金可以被转到教育用途。于是，它发布了有关同业公会的报告，对这些基金的滥用做出了控诉，并引述了一些闲置无用的、有害的慈善组织的案例。对于这些慈善组织，该学校委员会宣称，它们应该根据《捐赠基金学校法》第30条的规定，被用于教育目的。① 皇家委员会中一位著名的委员是 J. F. B. 弗斯（J. F. B. Firth），他是城市改革者中最积极的成员，并且被人们视为伦敦市政议会之父。弗斯与科顿两人的意见针锋相对，无法达成一致意见。

多数派报告不出所料采取了中间道路，也就是《泰晤士报》所认为的那条温和的、明智的道路。② 根据这一报告，人们应该将同业工会视为与牛津大学和剑桥大学类似的机构，其中后者已经被置于国家的审查之下，而前者也应该接受类似的审查。简言之，该报告认为，政府应该将同业公会置于它的管理之下，但这些管理只能出于特定的目的——如防止它们的财产被转让③，确保将它们的法人收入一直用于有用的宗旨，在必要时对信托进行变更等。

《泰晤士报》认为多数派报告对同业工会所遇到的困境来说，是一个考虑周详的解决措施，但是它的背书（担保）并没有引发同业公会一致的赞同。虽然温和派认识到，同业公会所受到的损害比预计的更小，但是持传统观点的同业公会成员则对该报告破口大骂了起来，说它是"不要脸的掠夺行为……就和伊甸园里光着屁股的亚当和夏娃一样"④，或者更为雅致地说，它是"现代民主体制之下的一种一脸严肃的贪欲横流"。⑤ 一位同业公会的小册子作者哀伤地回忆道："图尔斯的圣马丁将他的斗篷撕了一半给穷人，然后他就因此而封圣了；现在城市同业公会

---

① Benjamin Lucraft, *ibid.*, Q. 2161ff; London School Board Minutes, 17 Feb. 1881.
② *The Times*, 26 June 1884.
③ 这就是说，同业工会不得出售它们的财产，或将其收益在个人会员中进行分配。
④ George H. Blakesley, *The London Companies Commission* (London, 1885), p. 43.
⑤ 转引自 *The Times*, 2 Feb. 1885。

做了同样的事情，而它们却遭到威胁，要因此而殉道。"① 然而，在一个有合理理性的人看来，这么做是相当怪诞的，即只谴责由德比勋爵、贝德福德公爵、舍布鲁克（Sherbrooke）勋爵（罗伯特·楼，Robert Lowe）和柯尔律治勋爵（王座法庭庭长）签署了这样一份革命性的文件，而又只字不提辛迪尼·沃特娄爵士——辛迪尼曾任伦敦市市长，同时是两家同业公会的会员。②

长期来看，皇家委员会的调查最终发挥了警告性的和教育性的效果，而非惩罚性的。只要一涉及设定具体法律限制的问题，该皇家委员会提出的建议就变得无所成效。一方面，1885 年自由派政府的陨落导致在之后 20 年里托利党几乎独占了整个领导权，而保守派并不太想推动这一反对同业公会的运动。而到自由派重新掌握权力之时，伦敦已经建立了统一的政府，而伦敦市政议会也已经运作起来了。这导致原本要吞没同业公会的洪流被分流到了其他的河道之上。此外，在议会内外，针对设定限制这一问题，偶尔会有人采取一些单独的行动。在 1885 年，查尔斯·迪尔克（Charles Dilke）提出了一个温和的议案；4 年之后，霍布豪斯勋爵（亚瑟爵士）向新成立的伦敦市政议会下的法人财产委员会提交了一份报告，该报告促成了伦敦市同业公会抗辩联合会的成立，但该联合会只存在了很短的一段时间。③

毫无疑问，19 世纪 80 年代的改革者如果看到这种情况，应该不会相信，即在 20 世纪 60 年代的福利国家中，伦敦市的同业公会所享有的正式地位与维多利亚的发达资本主义时代下的地位是一模一样的。而且，这些同业公会以它们奇特的方式继续保持繁荣，它们的会员名单上共有 14000 人，还有很多人在申请入会。④ 相比于皇家委员会成立之前，它们在这个时候所受到的国家的控制更少，而且它们的法人财产也不再受到公共机关的掠夺，其中绝大多数财产和往常一样被藏了起来。虽然它们会定期向慈善委员会和教育部报告它们的慈善和教育信托基金的情况，

① L. B. S. , *The City Livery Companies and Their Corporate Property* （London，1885），pp. 57 - 58.
② George W. Smalley, *The Life of Sir Sydney Waterlow*, *Bart.* （London，1909），p. 164.
③ *3 Hansard*，298：1791 - 1793；L. C. C. Minutes, 7 May 1889；*The Times*, 22 May 1889.
④ *Ibid.* , 8 March 1962.

但是自皇家委员会以来，再也没有人公布过有关它们的法人收入的数据，而且，一直到这个年代为止，惠特克年鉴上有关这块的信息报表全都是空白。[①] 我们可以对这一数据做出粗略估计，即假设这些同业公会中的信托资产和法人财产依旧保持 19 世纪 80 年代中期的比例（这是一个相当保守的估计），那么，我们得出的结论是，12 家最大的同业公会的法人收入应该超过 100 万英镑，而且是大大超过。

尽管同业公会并没有受到什么损害，但皇家委员会这次调查还是提醒了同业公会它们的弱点所在，以及它们所要承担的公共责任。现在我们无法猜测后来到底有多少法人收入被用于慈善和公共目的，但这个数字一定不小。除了它们拨给学校的善款以外，12 家最大的同业公会每年捐给各类慈善组织的善款（来自信托收入和法人收入）估计超过 50 万英镑。[②] 法人基金经常被用于补充信托基金之不足，或者用于给需要开展基建投资的慈善事业提供资金。[③] 如纺织工会就用法人基金在伊斯灵顿重建了两所济贫院。[④] 到 1921 年，同业公会共向伦敦城市和同业工会促进技术教育进步机构捐赠了超过 100 万英镑，其中 4 家同业公会捐赠了 60 万英镑。[⑤] 各家单独的同业公会还设立了各类奖学金，甚至还给大学里的讲席提供赞助。[⑥] 有一些来自法人基金的年度捐赠一直持续，代代因袭，乃至于已经被人们认为是这些同业公会的义务了。尽管作为一个群体，这些老牌的同业公会并不像大型的基金会那样推出了自己的长期项目，但是，它们的很多以全国性的目标为对象的捐赠决定是集体做出的——有的时候是 12 家同业公会设定同一个目标，然后，正如纺织工会书记员所说的那样，它们告诉自己："现在这就是我们想要资助的对象，我们如何才能做到最好？"[⑦]

这些同业公会除了拿出它们的法人收入来做捐赠以外，它们手里的

---

① 纺织工会提交给南森委员会的证据，1951（unpubl.），Q. 5184。
② *The Times*, 8 March 1962.
③ 纺织工会提交给南森委员会的证据，1951，Q. 5049. 5057 – 5058. 5184。
④ *Ibid.*, Q. 5129.
⑤ C. T. Millis, *Technical Education: Its Development and Aims*（London, 1925），p. 164.
⑥ 比如，金器公会就是如此。关于该同业公会近来在教育方向上的捐赠，笔者将在第二十一章里进行讨论。
⑦ Nathan Committee, 1951, Q. 5189.

慈善信托资金也是英国慈善领域的主要资金来源之一。12 家最大的同业公会向南森委员会报告了它们的信托基金（不包含学校捐赠基金）的年度收入是约 32 万英镑。① 在管理巨大的慈善实体时，这些同业公会一般都没有提取它们有权提取的 5% 的管理费用，因此，它们从自己的法人基金里每年拿出额外的 15000 英镑用作这项开支。② 如今它们对慈善组织的管理被人们认为是活跃而明智的。可能 19 世纪中期的英国人甚至是英国的社会主义者，都不会想要再次对这些同业公会发动攻击了，尽管他们有时会有一些抱怨，抱怨它们不公开自己的财务信息。除了它们增加的那些典礼和仪式之外，这些同业公会都被视为具有真正的公共价值的机构，是对英国人的天才的纪念，因为他们保留了这些落伍的事物，对其加以改造，使它们重新运转了起来。如今，甚至同业公会的晚宴都不会再引起人们的愤怒了，反倒会勾起人们的羡慕。

四

为了完成重组伦敦市的教区慈善组织的任务，布赖斯法令给慈善委员们配备了比以往更大的权力。③ 为了给超过 1300 家信托基金制订计划，法律允许他们不顾及创始人的意愿，不用遵守最近似目的原则，而只需要根据实用这一基础来办事即可。但是，无论他们的职权有多么吸引人，这项使命还是太有难度了。为了完成这项任务，慈善委员们花了将近 10 年的时间，并且在最初的 4 年任期届满之后还要求将布赖斯法令延期了 2 次。他们办事所需的一些基本的文件或者是找不到了，或者是在那场"恰到好处的大灾难，也即伦敦大火"中被毁掉了。就算是有现存的资料，而且内容是清晰可辨的，可里面的信息也是相当不准确的，如到底有多少金额是留给满足"教区的利益"的，就是说不清的。教区牧师中有人提出，这些捐赠可以不受信托规则的约束，可以被用于抵扣济贫税，或用于看似有利于本教区的任何其他宗旨。同时，在每一个阶段里，都

---

① Nathan Committee, 1951, Q. 5016.
② Ibid., Q. 5059 - 5060.
③ 此外还任命了两位新的委员来完成这项工作：弗朗西斯·桑登（Francis Sandon）爵士，他是教育办公室的常务秘书；詹姆斯·安斯蒂，他是王室法律顾问，一位不奉国教的杰出大律师，他后来被证明是这一团队的活跃成员。

会有教区的官员理直气壮地要为他们自己的教区抢回尽可能多的利益。

在这一方面，有一个例子是霍尔本的圣龛教区，这个教区采取了一种更有技巧性的、坚持不懈的行动。这个教区凭着几个理由，对这一情况感到愤怒，即它被慈善委员们从计划一中的大型教区序列中给排除了，而它的慈善收入要比霍尔本的圣安德鲁教区或舰队街的圣布里奇教区高。该教区眼见着自己的慈善组织将会被汇入教区资金池中，感到十分愤怒。它组成了一个特别委员会，着手起草计划，改革单个的信托基金，其明显的目的是将这些信托基金继续留在教区的管控之中。该委员会提出，这个教区的官员要求继续领薪水，而他们的数量恰恰证明了改革者的攻击并不是胡诌的。这些人包括一名调查员、一名教堂司事和一名助理司事、一名手风琴师、一名仪仗官、数名教堂座位管理员、一名教堂尖塔管理员，以及一名园丁。逐渐地，圣龛教区才相信布赖斯法令说得对，而其特别委员会也承认它召开的 34 场会议完全是无用的。[1]

到 1887 年秋天，慈善委员们完成了他们第一步的任务，即将教区的捐赠基金分类。共有 107 个教区被列入到计划二之中，这些教区报告它们的宗教宗旨的收入达到 35459 英镑，而普通宗旨的收入则达到了 56567 英镑；位列计划一之中的 5 个大型教区在这两方面的收入分别是 2601 英镑和 24015 英镑。然后，总计的情况是，普通宗旨的慈善基金每年产生约 8 万英镑的收入，而宗教宗旨的慈善基金每年产生约 38000 英镑的收入。[2]

接下来的任务是决定这些收入该怎么花，而这就更令人犯难了。各个方向的人提出了各种有用的建议，将各种有价值的事业都汇聚到慈善委员们这里。在 19 世纪 70 年代末期，伦敦学校委员会彻底调查了伦敦市可用于教育的资源情况，也即能够增加教育税的资金来源，然后就盯上了教区的信托基金，以及同业公会。它组成了教育捐赠基金委员会，约翰·斯图亚特·密尔的继女曾一度担任该委员会的主席。事实上，该委员会试探性地抛出了一个明确主张，即要求获得 5 万英镑的赞助，约

---

① Minute Book of the St. Sepulchre Special Committee, 20 July 1886, 7 May 1888, Guildhall Library MS 7230.

② "Objections of the Open Space Societies," *Return of Certain Objections* (*Parl. Pap.*, 1890), p. 32.

占这些城市教区慈善收入的一半。① 公共空间的捍卫者们——公用土地保护协会、伦敦市公园联合会以及克尔协会②——在瓜分资金方面，做出了一个很有说服力的表率。实际上，当慈善委员们还在整理他们的计划的时候，这些汇拢起来的资金已经被分出去，用于购买一些公共空间了，其中最著名的是汉普斯德特希思附近的国会山260英亩的土地，当时这块公共空间正处于危险之中，因为它正在被作为建设用地挂牌出售。这些组织手里拿着议会批准的5万英镑，激励公共机关和私人捐赠人捐出了额外所需的25万英镑。③ 在新的教区基金会成立之前，慈善委员们在议会的命令下，就已经花出约135000英镑资金，用于购买公共空间。这笔资金引流了来自其他渠道的——私人的或公共的——资金超过425000英镑。④

慈善委员们对为拥挤的伦敦市提供公共空间这件事并不反感，但他们对其他计划表达出了更大的热情。毕竟，这是一个给英国技术教育（用美国人的话来说，就是中等专业学校）做出重大贡献的机会，这一想法点燃了他们的想象力。在很多英国人看来，由于受到外国的贸易竞争威胁，技术培训已经不再只是欧洲大陆人因为没有英国人那样凭经验办事的能力而采取的一种应急手段，而已经成为一种必需之物了。⑤ 在这种对英国工业未来发展的不安情绪中，还包含了另一种新的关切，即对劳工阶层生活福利的关切。慈善委员们提出的计划中也包含了这方面的利益诉求，即正如我们之后将会谈到的那样，他们所构想的技术学校不仅仅是中等专业学校，也是劳工阶层社交中心。

这些都是真实的。然而，和其他方面一样，下面这个情况同样也说明了为什么慈善委员们会如此支持这场技术教育运动：有一位助理委员拿出了颇具吸引力的维多利亚时代晚期的社会教育实验的例子，这给慈善委员们留下了深刻的印象。亨利·H. 坎宁安（Henry H. Cunynghame）

① London School Board Minutes, 23 July, 6 Aug., 22 Oct., 19 Nov. 1879.
② 关于这些组织的介绍，见本书第十八章。
③ *Charity Record*, 17 Nov. 1887；George Shaw-Lefevre（Lord Eversley），*English Commons and Forests*（London，1894），pp. 55-57. 慈善委员们还用了很多资金来购买克利索尔德公园（斯托克纽灵顿）。
④ "Objections of the Open Space Societies," *Return of Certain Objections*（Parl. Pap.，1890）. p. 30.
⑤ 相关证据参见 *R. C. on Technical Instruction*（C. 3171，C. 3981），1882-1884。

被传记作者称为"不同寻常的公务员"，以及一个不依循正统来办事的人。他承担了调查伦敦市贫民需求的任务。[1] 他微服私访了摄政街技术学校。在这所学校里，昆汀·霍格（Quintin Hogg），一位热心肠的伊顿公学校友，伦敦市的成功糖商，为很多中下等以及下等阶层的孩子提供了一些娱乐设施，并讲授了技术课程——这使他成为所谓霍格理念的积极倡导者。该计划在一开始的时候只是查令十字街道旁边贫民窟里的一所贫困儿童免费学校，后来经过一连串扩张，最终入驻了摄政街的一栋老旧的大楼，这栋大楼之前被用于开展大众科普课程和举办相关展览。这些年来，据说霍格自掏腰包，为这项事业花了约10万英镑。[2] 坎宁安一看到摄政街艺术学校的情况，就找到了解决伦敦市教区基金问题的办法。紧接着，他就开始劝说慈善委员们，而这些慈善委员们本来就有开展技术教育的想法。[3]

同时，他们为劳工阶层提供社会和教育方面的有利地位的想法还受到了另一个不太可能的因素的影响，那就是沃尔特·贝赞特（Walter Besant）爵士的空想作品，《各种各样的人》。这部作品有一个恰当的副标题，即"一个不可能的故事"，它源自作者于1880～1881年在伦敦东区游历的经历。在这期间，他开始相信，伦敦阿尔德盖特水泵以东地区需要一个知识和社交中心。[4] 他的这个乌托邦式的故事描绘的正是这样的一个"欢乐宫"。在这样一种社会氛围里，鼓励对贫民窟的穷人们抱持一种同情的甚至是怜悯的态度。贝赞特的作品成了点燃大火的火星，并且正如他自己所回忆的那样，这部作品还成了指路的灯塔，推动了在迈尔安德路建设人民宫的运动。尽管人民宫的财务状况不像摄政街技术学校那样井然有序，但慈善委员们还是同意将其作为"外围机构"纳入他们的技术学校圈。[5]

在慈善委员们眼里，技术教育不仅是一项值得期待的事业，还是一项能吸引其他捐赠人（特别是同业公会）的支持的事业。这些同业公会

[1] C. H. D. Ward and C. B. Spencer, *The Unconventional Civil Servant*, *Sir Henry H. Cunynghame* (London, 1948).

[2] 参见 Ethel M. Hogg, *Quintin Hogg*, 2d. (London, 1904), p. 215。

[3] Ward and Spencer, *Sir Henry H. Cunynghame*, pp. 180-181.

[4] Sir Walter Besant, *Autobiography* (London, 1902), p. 244.

[5] 在20世纪30年代早期，原先的人民宫被毁于一场大火。此后，人们重建了人民宫。从1954年开始，它成了玛丽女王学院的一部分。

的自我改革已经在开展了，其中一些还拿出了大量资金用于教育目的。在向同业公会劝募捐款的时候，坎安宁同时诉诸自我利益和公共精神。比如，在向男装裁缝公会募捐时，他提出："如果你做这种形式的慈善，那你就能得到政府的支持，因此也就会变得坚不可摧。"他也用类似的方式向布商公会劝募，最终该公会捐赠了 4 万英镑的捐赠基金，随后它又将金额增加到 7 万英镑。此外，该公会还提供了 2 万英镑的贷款，用于建设一所与人民宫有关联的技术学校。但是，令人遗憾的是，由此开始，布商公会陷入了无尽的麻烦。布商公会将人民宫作为自己的特别的责任，但这后来证明就像一个无底洞一样吞噬该公会的基金。1884～1917 年，布商公会从它的法人基金里拿出了近 96 万英镑，用于教育和其他慈善事业，其中很大一块捐给了伦敦东区的机构。①

　　尽管伦敦慈善改革的起步阶段是要成立一个中央的、合并的捐赠基金，但慈善委员们还是扩大了范围，以类似的方式处置了五个大型教区。在每一个个案中，委员们制订计划，将小型的信托基金予以合并，从而将老的基金转入现代用途。他们为主教门教区和克里普尔盖特教区制订的计划包括兴办图书馆（其中有一家图书馆是现在非常著名的主教门图书馆，在该图书馆里收藏有豪厄尔收集的有关维多利亚劳工史的资料），而其相关费用由公共基金来提供。但是，就算是在那些得到特别优待的教区里面，改革的进程也不太顺利。阿尔德盖特教区可能是伦敦最富裕的教区了，它每年得到的慈善收入约为 1 万英镑，但是，它却非常小心眼，在处理教区事务时，只管它自己。② 当慈善委员们还在制订计划的时候，相关知情人士就已经先发制人，将三块最有价值的教区土地以远低于其价值的金额租了出去（可能是租给了他们自己或他们的朋友）。关于此事，圣博托尔夫教区的新任牧师 R. H. 哈登（R. H. Hadden）将这些花招报告给了慈善委员们，而慈善委员们则又转述给了首席检察官。

① 布商公会之所以会对玛丽女王学院给予持续的资助，是因为该学院在早先与人民宫有联系。［Ward and Spencer, *Sir Henry H. Cunynghame*, p. 185; *Reports to the Charity Commissioners*（County of London），VII，452ff（*Parl. Pap.*，1904）. A. H. Johnson, *The History of the Worshipful Company of the Drapers of London*, 5 vols.（Oxford，1914 - 1922，IV，407）记录了布商公会 1884～1917 年每年的慈善捐款情况］

② A. G. B. Atkinson, *St. Botolph Aldgate: The Story of a City Parish*（London，1898），pp. 211 - 212（chap. By R. H. Hadden）.

当一个教区对其慈善基金的管理已经混乱至此的时候，慈善委员们也就毫不犹豫地彻底摧毁了它的旧秩序。他们将 30 多家信托基金合并，成立了阿尔德盖特自由基金会。该基金会用生活津贴代替了救济金；非常慷慨地提供医疗救助，每年提供约 150 英镑，用于维护塔园（毗连该教区）的一块公共空间，此外还有 50 英镑用于维护教堂的墓地。此前，该教区有将近 8000 英镑的教育收入被投入重建一所 18 世纪的教育慈善机构——圣约翰·卡斯学校。这是一所技术教育学校。但是，这所学校变成了一项混日子的事业，负责管理这所学校的人是一群自我选举产生的理事成员，他们用尽各种手段来限制人们入读该校，以保护他们自己的无节制的庇护权。卡斯基金会无可救药地落后于时代了，因此当慈善委员们提出这家基金会的用处遭到毫无必要的限制的时候，他们是很有根据的。慈善委员们迎着最尖刻的反对意见，持续推进重组，直到最后，该教区不仅同意放弃对这些基金的管理权，而且以这些机构的重生为荣。

1889 年，慈善委员们拿出了他们的计划，即将约 5 万英镑的信托基金及其收入合并成为一个非宗教宗旨的基金。首先，他们减少了该基金的年度收入，即从资产中拿出一部分用于捐赠。这笔捐赠超过了 16 万英镑，捐给了一系列技术学校和类似机构。此外，他们还指示新成立的伦敦市教区基金会每年固定给技术教育学校约 22500 英镑——这还不包括每年支付给一组连名称都没有的技术教育类机构的 5000 英镑。因此，未来该基金会的治理机构将会发现它的运营管理受到很多的限制。

慈善委员们全神投入，花了大量的时间，因此在很多方面，他们的计划颇有见地。但是，如果他们认为这么做就能够让人们欣然接受的话，那么幻想的破灭也就在眼前了。他们关于宗教性基金的决定并没有引起太多的抱怨。总体上来说，他们依循了教区管理机关的建议，将一半的收入固定地用于支付 55 个教堂的维护费用，以及赞助其开展圣事活动。① 但是，普通（非宗教性）基金则是另一番光景了。毫无疑问，慈善委员们也事先预知一些城市教区会嗷嗷痛哭。绝大多数教区举办了会议，来反对将这些慈善基金剥离出它们的控制，而教区牧师们则准备集体抵制

---

① 此外，慈善委员们还从资产中拿出了约 6 万英镑或 7 万英镑，用于修复伦敦市超过一半的教堂。这笔钱将会分十年期，逐步返还给该基金。总的来说，人们可以做出这样的合理推断，即在未来一段时间内，教会委员们将不会看到基金大幅增长的情况了。

将要面临的降薪。霍尔本圣龛教区的特别委员会再次采取了行动，要求教区的游说人起草案卷，并最终准备将这个案子提交到下议院。伦敦大主教并不鼓励这种示威行动，所以他给这个教区泼了点凉水，提醒它的特别委员会说，慈善委员们是严格按照他的建议办事。此外，他还加上了一句，即在富勒姆宫①看来，该教区最近的一些开支是"不太合理的"。②

对于这些反对者，慈善委员们是可以应对自如的。但更有威胁性的则是这些人的不满，即那些对布赖斯法令非常赞同，并且也会对慈善委员们的计划给予热切支持的人。人们可以说伦敦市的教区和同业公会之所以做出反对，是出于自己的利益考虑，但是霍布豪斯勋爵（亚瑟爵士）提出的反对意见就不能这么随意打发了，而且他在这么做的时候是代表了伦敦市议会，并且得到一些公共空间协会［有肖勒费尔夫（Sahw-Lefevre）和曼宁红衣大主教（Cardinal Manning）等人的签名］，以及慈善组织协会的联署。此外，同样不好打发的是詹姆斯·布赖斯本人的质疑，他一收到这份计划草案，就给慈善委员们一通温和但带有批评性的评论。③

在各方面的反对者中，大家对慈善委员们的计划错在哪里有一个基本一致的意见。其中，最不重要的缺陷是在这个新成立的治理机构中给伦敦市议会的代表席位不足，而之所以说它最不重要，是因为这个问题很好解决。在这方面，霍布豪斯做了呼吁。他的这一说法代表的是所有改革者一种乐观的自信，即认为民主制度是解决伦敦市所有问题的良药。受此激励，慈善委员们增加了伦敦市议会的代表席位，并相应减少了伦敦大学的席位——因为之前给伦敦大学的席位太多了。一个更为严重的问题是对技术教育投入太多。这是一项教育实验，虽然的确前景灿烂，但它依旧是一项实验。目前只有三所学校真的在运作之中。此外，还有一个教人节制的音乐厅——也就是后来的"老维克剧院"。该音乐厅与莫莉学院有关，是一项成人教育事业。除此之外，慈善委员们还计划为

---

① 富勒姆宫位于伦敦市主教公园旁，之前是伦敦大主教的主要宅邸。——译者注

② Minute Book of the St. Sepulchre Special Committee, 2 Feb. 1891, Guildhall Library MS 7230.

③ 所有的这些文件参见 *The Return of Certain Objections* (*Parl. Pap.*, 1890)，但慈善组织协会的相关材料参见 *The City Parochial Scheme* (London, 1889)。奥克塔维亚·希尔（Octavia Hill）在一封写给《伦敦标准晚报》的信（1889 年 8 月 2 日）中，大力宣扬要将更多的收入投入"慈善事业"，也就是慈善组织协会提倡的那种慈善事业。

三家技术教育机构提供永久性的赞助，而这三家机构尚在计划之中。简言之，对此我们可以形成一种强烈的但并非不合理的印象，即慈善委员们在支持这些机构方面做得有点过了头，同时，他们在与伦敦同业公会和其他捐赠人的交易中，不仅投入了太多的自有资金，还束缚了未来受托人的手脚。[①]

这引出了慈善委员们的批评者们提出的第三个也是最有破坏性的问题。新的计划对大部分慈善资产该如何使用做了详细的界定，因此，根据布赖斯的估计，新成立的治理机构每年只有对 4000 英镑收入的自由支配权。有人好奇说，那些慈善委员成天抱怨逝者的遗嘱做的限定太严格，老是要求一个更为宽松的机制来对信托做出变更，那他们现在为什么又能每年固定拿出钱来，赞助职业技术学校呢？可能的原因是，他们确信职业技术学校是解决教育和文化问题的万能灵药，而且他们确信，提供永久性的赞助是与伦敦同业公会和其他捐赠人合作的必要条件。出于实现这一计划之目的，他们毫不犹豫地将几乎他们全部收入投了进去，因此，看起来就是他们给未来的受托人只留下了一些日常的工作职责。

反对者们反对这一长期的赞助计划，但并没有起到什么效果。凭着慈善委员们承诺的背书，人们已经举办了多场筹款活动，以为在切尔西、克拉肯威尔、肖尔迪奇、伦敦南区等地成立教育机构筹集资金。这些筹款活动还得到了伦敦市同业公会以及其他捐赠人的支持。其结果就是，整个巨大的职业技术学校圈子花掉的资金已经远远超过慈善委员们提供的费用了，而且任何一家伦敦市同业公会也不足以挑起这个担子，因此只能由公共机关出手拯救了。[②] 但这是后来的情况。在眼前，议会没有

---

① 另一个问题是，根据 1889 年《技术教育法》，像技术教育学校这样的事业应该是以地方税来作为其经费的——虽然伦敦并不太想因此目的而征税。

② 议会提供的赞助来自"威士忌钱"。关于这一点，笔者在上一章里已经解释过了。凭着这笔钱，伦敦市议会每年就可以多获得 117000 英镑的预算收入。这笔钱的一大部分会拨给职业技术学校，因此，这些学校的发展前景也开始趋好，特别是在伦敦技术教育委员会（由辛迪妮·韦伯做时任主席）成立以后。此外，还有一个有趣的附带信息，是有关这笔由政府提供给技术教育的无事先计划的援助款的成果的，这个情况是由前农场工人约瑟夫·阿什比（Joseph Ashby）发现的 [M. K. Ashby, *Joseph Ashby of Tysoe, 1859-1919* (Cambridge, 1961), p. 227]。他提出："夜晚的'威士忌钱'技术教育班"对已经离校的人来说十分有价值。"同时，他还说："只有那些敏锐的学生，参加了夜校和地方特别委员会的，才会被邀请讲授技术课程。"

其他路可选，只能（在 1891 年初）批准了慈善委员们的计划。① 当然，当我们回顾这段历史的时候，我们很难不去同意批评者们的指控意见。结合慈善委员们给出的保证，我们很怀疑这家基金会的可自由支配收入是否足够大，以至于真的能够给伦敦带来些许改变，或者展现出有能力的受托人的工作成效。不过，有一个情况打消了这一个悲观的同时又是合理的预测，即伦敦市不动产的大额增值促使伦敦市教区基金会的收入在 1891～1950 年增长了 3 倍。②

五

伦敦市教区基金会暂时把办公场地放在了三庙花园"直到第二年夏天中期"为止（事实上，它头 7 年一直在这里办公），并且开始面对它真实的财政状况。由于慈善委员们在之前十分慷慨地把钱都花出去了，所以中央治理机构就没有必要考虑新的补贴申请了。不过，该基金会的资金立刻出现了增长。到 1895 年为止，其中央基金（非宗教性的）的总收入比之前 4 年增长了快一半。由于租金在 19 世纪 90 年代出现了下跌，受托人抓住这个机会，尽可能收购或置换邻近的物业，从而大幅改善了他所持有的物业的价值。到 20 世纪初，该基金会的资产已经达到了约450 万英镑，其中约有 300 万英镑，据估计属于该基金会持有的伦敦市物业。③

在一开始，受托人相对来说并没有对他们向技术教育方向所做的大量投入而感到困扰。除了强制性支出以外，他们还会定期从自己剩余的收入中拨出一大块投入这个方向，甚至在伦敦市议会作为教育主管机关，将技术教育学校纳入国家教育体系之后，他们还在继续这么做。一直到 19 世纪 20 年代，基金会才开始对自身的角色感到不安，即它作为由税收支持的教育机构的赞助人（尽管这些捐赠主要被投入社交和娱乐设施上），特别是当这些赞助占掉了它近 2/3 的收入时。当受托人注意到他们资助的技术教育学校的角色出现转变的时候，他们感到格外不安。有人

---

① *3 Hansard*, 349：1111 –1127.

② 唐纳德（现为唐纳德爵士）提交给南森委员会的证据，1951，Q. 5994 – 5995；Donald Allen, "Charity," *London School of Economics Magazine*, July 1953, p. 10。

③ *Nathan Report*, 1952, Par. 555.

提出了质疑，即事实上，这些技术教育学校的主要对象是否真的是"伦敦市贫困的阶层"，虽然很明显的是，只要真的有贫民入学就读，该基金会就不能解除其法定义务。但它可以减少并最终撤回它自由决策的那部分捐赠。因此，在20世纪30年代，受托人采取了这一做法，每年减少约23000英镑的投入。在1891~1951年这60年里，技术教育学校只从伦敦市教区捐赠基金那里收到约250万英镑的收入。①

有的时候，受托人将他们对技术教育学校的义务视为一种毫无根据的重担，但是他们还是会给一些"类似的机构"提供相当慷慨的赞助。他们为人民宫的非教育类活动捐赠了约25万英镑。对维多利亚音乐厅和莫莉学院，基金会根据改革计划每年捐赠1000英镑。但是，后来老维克去除了教人节制的音乐厅这一装饰，并且使自己成为伦敦文化生活中独一无二的场所，该基金会历年来一共支持了它超过133000英镑。怀特查佩尔艺术馆和地区护理协会也得到了很好的对待。切尔西植物园是由汉斯·斯隆（Hans Sloane）在18世纪早期成立的，并一直由药剂师协会负责管理，直到19世纪90年代。该植物园后来被基金会接手，并且向其资金池注入资金，以继续运营这一历史悠久的事业，由此才避免了关门的命运。该植物园有两项宗旨——教育性的宗旨，即向学校和学院提供植物标本；社会性的宗旨，即为切尔西的居民提供一块公共空间。抢救这么大一块土地是非常吸引受托人的，他们拨付了总计约50万英镑，用于伦敦市区域内的各种公共空间、休闲广场和运动场。

总之，现代伦敦大量受益于这些古老的捐赠基金。人们精明地打理着这些资金，将它们的收入用于建设性的目的。几乎从一开始，该基金会就采用了补助金递减原则，并且相关资金申请都会接受非常严格的审查。②它是在一个中央管理机关的管理下运营的，但这个机关又温和得近乎过分，而它的记录又事实上证明了帕金森定律并不具有普遍适用性，因为在70年时间里，它那小小的工作团队只增加了1个人。③近年来，和英国的其他大型信托一样，伦敦市教区基金会都在福利国家的体系下发挥作用，但这并不损及其效用。它现在非常有希望卸下它对技术教育

① Donald Allen, Nathan Committee, 1951, Q. 5986.
② Minutes of the Central Governing Body, 14 Dec. 1896, Guildhall Library MS 8966.
③ Donald Allen, Nathan Committee, 1951, Q. 6036.

学校的责任，因为这些学校已经得到了政府提供的丰沛的资金。它现在正在实行一项有趣的五年（1961～1965 年）计划。该计划的内容包括：服务残疾人；向年轻一代采取预防性和教育性的行动；鼓励调查“不称职”的情况，调查官方和志愿性行动之间的合作情况，以及调查社会工作者的培训情况。与洛克菲勒基金会或纳菲尔德基金会这样的标杆来比较的话，伦敦市的这家基金会在慈善业界既不能算是巨无霸，也别想跟它们比肩，虽然伦敦市教区基金会的有些政策有时会被人批评为缺少新意和不够大胆，但可能依旧是英国全国的信托组织中最为独特的一个了。它的根基深深地扎在这个岛国的过去，它也是英国人天才的典型的外在表达，也即通过改变旧有的事物来适应新的挑战。

第十一章　立法与管理：慈善委员会

一

慈善委员会经历了曲折的发展历程，但仍旧取得了诸多坚实的成就。慈善委员会本不具备为慈善捐赠基金提供普遍的合理性基础的权威，而且公众在观念上也从不接受这种官僚式的全能主义。因此，人们总是强烈抵制慈善委员会进行权力扩张。这些阻力一部分来源于财大气粗、影响力巨大的慈善组织，如皇家医院，它们顽固地抵制各种将它们自身纳入监管之下的努力。不过，就算是它们也承认，这些监管对小型的乡村慈善组织而言是急需的。[①] 有一部分阻力则是英国人对集权式指令所秉持的传统而本能的疑虑，还有一部分阻力则来源于他们的一种偏见，即反对公权力干涉立遗嘱人处置自身财产的"权利"。或许，那些虔信的创始人的确有些滑稽，但限制他们的自由是一种渎圣的行为。

在 19 世纪 70 年代以及 80 年代早期，慈善委员们一直在寻求扩张权力的契机。其间，《捐赠基金学校法》和《城市教区慈善组织法》赋予了其一些权力。这令慈善委员们信心大增，于是他们迫切希望在其他慈善领域也取得类似的权力。同时，在诸多因素的激发下，包括慈善改革言论广泛传播、慈善组织协会活动开展、社会提出了各类需求等，慈善委员会在社会科学联合会的活动上，以及通过亚瑟·霍布豪斯和考特尼·肯尼的作品，放出了有关放宽慈善制度的主张。此外，有不止一项

---

① *S. C. on the Charitable Trusts Acts*, 1884, Q. 3668ff. (Christ's Hospital) and Q. 4176ff. (the Bridewell).

法院判决表明，各法院或许正在向着放宽对最近似目的原则的解释的方向迈进。[1] 但是，这些愿望都落空了，没有一件事情最终扩大或增长了慈善委员会的权限。结果，它也好似丧失了早年间的那种魄力与进取心一般，甘于自身权力受限。它逐渐地像政府机关一样例行公事。但尽管如此，慈善委员会所取得的成就还是很大的，在其设立后的头三四十年里，它表现出了巨大的活力与想象力。

1860 年法令使慈善委员会成为负责制订重组计划的机关，并赋予其与"大法官法庭行政办公室的法官"同等的权力。而且，慈善委员会还可以主动介入，以重组年收入不超过 50 英镑的慈善组织，并根据最近似目的原则的规定，变更这些慈善组织所管理的信托的条款。但是，对规模更大的慈善组织，慈善委员会则必须在得到理事会的多数理事邀请的情况下方能行使上述权力。尽管这些慈善组织会按照规定向慈善委员会提交账目，但慈善委员会却从未取得 1835 年议会特别委员会所提议的那种强制审计权。但是，1860 年法令还是实现了它的主要目标。它将大部分小型慈善组织的事务（其中几乎全部机构都没有争议）从衡平法院和郡法院那里剥离了出来，并将它们交给慈善委员会处理。由此，在 1860 年之后，法院的慈善业务量出现了急剧下降。1861～1867 年，各法院仅收到 78 份组织改组方案（而在前 7 年中这一数字为 1279 份），而同期则有 2070 份申请被提交给慈善委员会。[2]

在慈善委员会的众多服务性办事机构中，有一个是官方受托人办公室。这也是一个稳定扩张的机构。它提供有关慈善基金管理问题的有效解决方案，特别是针对那些小型慈善组织。随着最初的疑虑逐步缓解，这些慈善组织渐渐发现了将基金置于官方受托人监管之下的好处。不过，慈善组织和官方受托人之间只是一种"消极信托关系"，即官方受托人的职责仅限于确保慈善资金得到合理投资，并负责将所得收益交给各地的慈善组织的理事会。由于上述机制十分有效，慈善委员会和各法院几乎无一例外地在慈善组织重组计划中加入了这一条款，即将慈善组织的资金转移至官方受托人名下。[3] 结果，慈善委员会在其设立后的头 25 年

---

① 本章后面将论及坎普登慈善组织案。

② *25th Ann. C. C. Rept.*, 1877, p. 6.

③ *S. C. on the Charitable Trusts Acts*, 1884, Q. 142, 1427, 4053－4054.

内就收到了约 800 万英镑的慈善基金。① 这是慈善委员会没有遭受太多异议的一项活动，但除这一情况外，一些大型慈善组织很担心它们的财务独立受到威胁。

从一开始，慈善委员们就为自身监管职责的范围与规模的不确定而倍感头疼。如他们负责的慈善信托的实际数量有多少，这不仅是因为英国慈善领域在布鲁厄姆调查后数年间持续活跃，而且是因为该报告本身也遗漏了大量信托，我们在后文中还会提到此事。有一部分信托被免予审查，而更多的组织则逃过了审查人员的视线。慈善委员们在开展工作前原本满怀期望，认为既然法律规定，捐赠基金慈善组织每年都需要提交财报，通过这种方式应该能搞到一份关于慈善信托的工作清单。但是，这一条款的执行并不稳定，也不完美，以至于到 19 世纪 70 年代中期，他们还是只收到一半多一点儿的慈善组织提交的账目，对它们有一个正式的了解。② 总之，一份有用的慈善组织花名册是必不可少的，而要想搞到这份名单，慈善委员们就必须自己想办法。于是，他们开始重新编纂英国慈善组织的摘要，以扩充和补充《1840 年摘要》。但随之而来的一个持续性的难题是，如何持续更新慈善组织登记信息？他们用来获知新的慈善信托的渠道，除了检索《泰晤士报》的专栏以外，就只有跟下述机构达成非正式协定来获取信息了：负责管理创立慈善基金的契约的衡平法院办公室，以及负责管理含有慈善遗赠内容的遗嘱的默塞特办公室。③

慈善委员们尽职地开展着这项编辑新摘要的工作，用他们所说的"海量的函件"来补充常规的信息来源。④ 他们编纂的成果发布于 1868～1875 年。根据该汇编，我们可以看到英国的慈善资金出现了快速增长。

---

① *25th Ann. C. C. Rept.*，1877，p. 3. 它在投资政策方面依循的是大法官法院的意见。到目前为止，绝大部分资金都还在基金中。在法院允许其开展更大范围的投资时，该委员会也开始循序批准此类投资：购买铁路债券、印度国债，以及市政证券。

② *Ibid.* 参见慈善委员会年度报告中关于这一或相关主题的摘要，*S. C. on the Charity Commission*，1894，App. No. 6。慈善委员会编辑的数据明显要低于英国慈善信托的总数，因为有不少机构，其中还有一些大型机构，如牛津大学、剑桥大学，以及它们的学院，还有一些老牌的公立学校，都没有进入它的管辖范围。

③ *S. C. on the Charitable Trusts Acts*，1894，Q. 1866 - 1869.

④ *Explanatory Memorandum and Tabular Summaries of the General Digest*，1877（*Parl. Pap.*），p. 9.

资本			
	不动产（英亩）	股权（英镑）	抵押贷款和其他 动产（英镑）
布鲁厄姆报告	442915	5656746	1011782
总摘要	524311	17418250	2197478
增长额	81396	11761504	1185696
收入			
	租金（英镑）	不动产出租许可费和 固定年度付款（英镑）	动产（英镑）
布鲁厄姆报告	874313	79930	255151
总摘要	1443177	115073	640213
增长额	568864	35143	385062

纳入慈善委员会管辖的英格兰和威尔士慈善组织的总收入合计约220万英镑，比之前增长了约100万英镑（989069英镑）。据布鲁厄姆委员会报告所示，其中约有一半的增长来自基金会收入的增长，另一半则不在此列。这后一半，其中有近1/2（475000英镑中的226000英镑）是布鲁厄姆调查之后成立的慈善组织的收入。在这个时期，有1338个凭契约成立的信托产生了11万英镑的收入，有3467个凭遗嘱成立的信托产生了116000英镑的收入。① 在这个时期的后期，新成立的捐赠基金以近乎每年500家的速度增长。② 可以预计的是，工业及城市地区的慈善收入最多。比如，伦敦西区的慈善收入从原来的46000英镑增长到88000英镑，而沃里克郡（不包括考文垂）的慈善收入则从31000英镑增长到63000英镑；米德尔塞克斯的慈善收入则增加了1倍之多。③

摘要的编写工作确实让慈善委员会办公团队承受了一定的压力，因为根据之前法令的规定，慈善委员会只能配备不大的人员建制。而后续的法案给他们增加了额外的职责，却没给他们配备新的人手。正如慈善委员们在1869年4月向时任首相格拉德斯通（Gladstone）所抱怨的那

---

① *Explanatory Memorandum and Tabular Summaries of the General Digest*, 1877（*Parl. Pap.*），p. 22.

② *S. C. on the Charity Commission*, 1894, Q. 239.

③ *Explanatory Memorandum*, 1877, pp. 16 – 19.

样：他们所取得的任何成就，完全是"以我们自己繁重而不间断的劳作为代价的。我们没有法律顾问来帮我们检索法条……（一般情况下）也没有律师去调查事实并还原真相……我们的文书往往是一些文笔拙劣的书信和备忘录，出自那些未受良好教育的人之手——除了我们以外，他们得不到任何其他人的建议与协助。尽管如此，我们也必须做到确保事实准确明晰，并将之结合复杂的部门法，来检查该组织在各个阶段的程序是否合规，来起草我们的命令，而且这些命令经常包括复杂的重组计划，来形成我们的裁定，在裁定中充分权衡各派的想法，以满足各派的利益诉求，还要告知上诉法院我们裁定的依据。简言之，这里没有一项法律工作，是民事法庭的法官要做的，却是我们不得不做的；而这里还有很多其他工作是法官要做的，但又是我们要自己来做的"。①

早在 19 世纪 60 年代中期，慈善委员会的工作就已严重落后于进度，乃至于慈善委员们不得不寻求取得扩充编制的权利，但这只取得了一部分效果。1869～1884 年，慈善委员会的工作量比原来增加了 50% 以上，而雇员人数却增长了不到 20%；1894 年，慈善委员会宣称：在过去的 19 年里，公函的数量增加了 70%，命令的发布量增长了约 50%，财务工作（官方受托人）增长了 1 倍以上，可委员会的雇员人数却只比原来多了 23%。② 事实上，慈善委员会似乎代表着一种公务员群体中关于人手不足想法的极端形式，而这本是各政府机构中长期存在的问题。③ 毫无疑问的是，此境况极可能与人们经常抱怨的慈善委员会在答复信件或开展日常服务时老是出现的延误现象有关，对这种现象的抱怨在慈善委员会的历史上是一直都有的。1896 年，一位记者在《泰晤士报》上提到：慈善委员会答复了 3 次信件，平均每次回信要花费 2 个月的时间；而另一名记者则提到，他们实施一个简单的契约，而且他已经支付了规定的费用，就这还花了 9 个月又 14 天的时间。④ 此外，更为令人蒙羞的是，第一财政大臣 W. H. 史密斯（W. H. Smith）曾在 1887 年控诉说，慈善委员

---

① B. M. Add. Mss. 44，420，f. 90.

② *S. C. on the Charitable Trusts Acts*，1894，Q. 936；*S. C. on the Charity Commission*，1894，Q. 193.

③ 关于其人员建制和运作的详细描述，参见 *Ibid.*，Q. 1769ff。

④ 6 and 8 Jan.

会有多达 6~7 名正式委员，存在"头重脚轻"的问题。不过，他似乎还忽略了这一事实：慈善委员会还会特别临时性地任命了两位捐赠学校委员和两位城市教区慈善组织委员。①

慈善委员们，作为一个整体，就像一群年富力强的而且在有的案件中还是颇为出色的衡平法律师。委员的晋升通常遵循慈善委员会规定的职位体系，新来的人会从第三委员开始，一路晋升至首席委员。但是，有一个丑闻就是，时任首相迪斯雷利（Disraeli）将西摩·菲茨杰拉德（Seymour Fitzgerald）爵士直接任命为首席委员，而未从委员中予以提拔。这被《帕尔摩报》称为"比肯斯菲尔德（Beaconsfield）勋爵干的又一件坏差事"。② 在菲茨杰拉德任职期间，第二委员亨利·朗利（Henry Longley，后为亨利爵士）承担了主要的职责，他的行政管理才能是无可挑剔的。朗利是坎特伯雷大主教的儿子，亨利·帕内尔（Henry Parnell）爵士［康格尔顿（Congleton）勋爵］的孙子。在 1874~1899 年这段长达 1/4 个世纪的时间里，他一直担任慈善委员，并在他在职的最后 15 年里担任了首席委员。在加入慈善委员会之前，朗利是一名济贫法巡视员。用韦伯夫妇的话来说，他是那个队伍中最有活力和最具影响力的一员。③ 他的 1874 年《伦敦院外救济报告》是一份不错的材料，虽然其中提出的想法未必能吸引 20 世纪的读者。在该报告中，朗利事实上重新提到了查德威克在 19 世纪 30 年代所主张的理念。他呼吁废除院外救济，并表扬了济贫院标准，因为这起到了威慑作用。④ 在担任首席委员期间，朗利表现出了对慈善委员会强势掌控的一面。但他有时也会流露出一种明显的官僚主义倾向，而且，他的坚决也会将一些事情带入近乎死板的危险境地。不过，大体上他对慈善委员会功能的理解是十分完善的（除了他提出的社会哲学），而且，他在出席特别委员会和慈善委员会时都能对自己的这些看法做出精彩的介绍。

---

① *S. C. on the Charitable Trusts Acts*，1894，App. No. 17.

② 引自 *Charity Record*，16 July 1885，p. 233。在《泰晤士报》（1875 年 12 月 10 日）上，C. S. 朗德尔（C. S. Roundell）提到，以前政府会向"当时各部门中功劳大且资历老的人"授予书记员一职，但他哀叹道，迪斯雷利现在将首席委员一职等同于书记员这种闲职了。

③ The Webbs，*English Poor Law History：The Last Hundred Years*，p. 374.

④ Local Govt. Board，*3d Ann. Rept.*，1874，App. No. 14.

虽然慈善委员们从未获得他们所追求的行动自由，但他们依旧能对相当数量的基金实施重组。比如，在 19 世纪 70 年代，他们每年下达约400 项命令，内容是有关任命受托人或指定计划的。① 到 19 世纪 80 年代早期，委员们制订的计划数量累计已达约 4000 例，其中有相当一部分的计划是针对年收入低于 50 英镑的慈善组织的，而且绝大多数计划得到了受托人的同意。② 有的组织的情况很简单，但相关计划的制订会变得异常复杂，甚至在针对小型慈善组织时也是如此。如果针对的基金会是一家年代久远、财力雄厚的基金会的话，那制订计划的任务就会变得摇摆不定。此外，尽管慈善委员们并没有权力主动发起对这类古老的、资金充裕的捐赠基金的重组行动，但他们发现，很多受托人团体还是欢迎他们的帮助的。结果，他们成功地重组了一大批英国劣迹斑斑、过时的慈善组织。

其中有一家基金会是著名的坦克雷德慈善组织。它成立于 18 世纪中期，可谓是由恶意生发出来的善行的典型案例。该基金会创始人克里斯托弗·坦克雷德（Christopher Tancred）是约克郡的乡绅，膝下无子继承遗产，而他又不乐意让他的五位姐妹作为继承人。于是，坦克雷德设立了两项慈善事业，决意要让这一姓氏永久地流传下去。通过其中一家机构，他在基督学院、凯斯学院和林肯学院，分别为那里的神学、医学和法学学生提供了四项奖学金，而且他规定，这三所学院需要在他去世周年时，在礼堂做公共演讲，"以永远纪念上述善举"。坦克雷德的这一善举的确令人钦佩，而且和其他众多善举一样，不过是想要确保其创始人在世间不朽。

该基金会的另一项事业是一场彻底的灾难。坦克雷德将其在惠克斯利的宅邸和庄园留作住所，接纳 12 位年老体衰的绅士、牧师或少尉以上的军官入住。这些人均为大不列颠的居民，也是英格兰圣公会的成员。此举自然引发了他那些无权继承遗产的姐妹们的质疑。结果，不得不由议会出面，发布了一项法令，该坦克雷德收容所才得以开业。③ 提供大量资金为这些年老体衰的绅士们开设一间收容所，无疑是一项冒险的事业，而且从一开始，这项事业就陷入了混乱。这些坦克雷德养老金的领

---

① *25th Ann. C. C. Rept.*, 1877, p. 2.
② *S. C. on the Charitable Trusts Acts*, 1884, p. vi.
③ *13th Ann. C. C. Rept.*, 1865, p. 7; 2 Geo. 111, c. 15.

取者自认为身份高贵，拒不承认他们年老力衰，实为一帮尖酸刻薄之人。据备忘录及管理者手册披露，慈善委员们认为："被收容者之间出现了不停的争吵、嫉妒和恶行，永无休止，乃至于对于入住者来说，这个地方实在是恶劣不堪，而对于周围的邻居来说，也十分令人生厌。"① 在1865年秋季，在这些游手好闲、满腹牢骚的被收容者中呈现出相互激战的态势。于是，有人向慈善委员们提出，最好的办法就是解散该收容所，用这笔收入发放养老金。慈善委员们最先提出的两个改组计划未能得到议会的批准（因为该收容所是根据一部私人法令运营的，所以需要先获得议会的批准）。但是，收容所的情况在持续恶化，乃至于后来除一人极力提出反对意见外，其余受托人和被收容者都很乐意看到收容所被解散。②

慈善委员会也帮助德比郡的约翰·波特（John Port）爵士的基金会解决了一些难题。该基金会在成立三个世纪之后，终于成为慈善委员们练手的一个绝佳场所。与坦克雷德的遗赠不同，约翰·波特爵士的善举没有任何恶意。但是，这却是一个遭受岁月摧残的典型案例。和坦克雷德的基金会一样，波特基金会打算资助一所救济院，并设立一笔教育助学金。波特爵士规定，埃特沃尔的6位最为贫困的人每周可以领取1先令8便士的补助，并可以入住一所济贫院。此外，他的受托人应在4英里外的埃特沃尔或者莱普顿修建一所文法学校。后来，随着资金收入的逐年增加（到19世纪60年代中期，收入增至每年约3000英镑），接受救济的人数扩增至16人，而领取的补助也相应增加了。波特基金会的一大亮点在于其管理层的组成架构，其中包含了救济院里最年长的3位被收容者，而且据说这3人是从埃特沃尔"贫困、无助且羸弱之人"中选出来的。尽管他们不参加管理层常规会议，但他们每年都会前往莱普顿学校，他们会郑重地在学校账目末尾处做下批阅。这些被收容者甚至一度占据了该基金会管理层的半数席位，其中有1位还是地契保险箱的钥匙保管员。不过，对于这所正在向公立学校发展的学校而言，一个这样管理体系似乎是难以承受的。③

虽背负上述负累，莱普顿学校也蓬勃发展了起来。该校招收了约

---

① *14th Ann. C. C. Rept.*, 1866, p. 24.

② *18th Ann. C. C. Rept.*, 1870, pp. 8 - 9.

③ *14th Ann. C. C. Rept.*, 1867, pp. 8 - 9.

200 名学生，埃特沃尔和莱普顿两地的纳税人要求该校将招生对象限定为这两个镇的孩子。此外，他们还要求增加救济院的收容人数，虽然在整个教区，体力劳动者只有 58 个人。这已经变成了一个惯例，即教区的老年人去约翰·波特爵士的救济院里度过余生。当慈善委员们提出不仅要重组治理团队还要扩大受益的居民范围时，两个镇子就愤怒了，因为在本地人眼里，"创始人的医院"是要"在这个方面单独施惠于埃特沃尔的教区"。到最后，虽然慈善委员们的提案通过了议会的审议，但他们也不得不面对两个镇子抛出的反对意见，做了很大让步。[1]

二

尽管慈善委员们取得了诸多成绩，但他们对自身权力所受之限制感受深切。在年度报告中，他们时常提到（有时是以试探性的语气，有时则是大声强调），这些限制给他们的工作带来了不便。虽然他们无法要求扩张权力，但他们还是会提醒政府（他们事实上也是经常这样做的）：如果没有更大的权力的话，那他们就无法应对捐赠基金中那些棘手的落伍者，也即那些大型的救助类慈善组织，救助的对象是贫困的亲戚、学徒等。具体而言，慈善委员们对三项限制感到不满：第一，也是最重要的一点，是他们被禁止主动介入年收入超过 50 英镑的慈善组织的事务；第二，他们不能强制审计慈善组织的账目，于是他们也就不能对慈善资金开展节俭而高效的管理了；第三——与前面两点的情况略有不同的是——他们无权依循最近似目的原则来重组慈善信托。

显然，在上述限制因素中，最令人感到愤懑的莫过于 50 英镑上限的规定。该规定不仅限制了慈善委员们，使他们不能改组某些重点关注的慈善组织，而且成了一个严重阻碍，妨碍了合并慈善组织的计划的实施。有不止一项合并计划因规模较大的慈善组织不愿合作而惨遭破坏。尽管反对合并的主张并不如慈善委员们所认为的那样势不可挡，但在涉及由独立的理事团队管理的救济类慈善组织时，这就真的是驳不倒了。在这方面，有一个相关案例是图克斯伯里的案例。慈善委员们受到当地教区的监察官委员会的邀请，对那里的慈善组织开展调查。他们发现，当地

---

① Hobhouse, *The Dead Hand*, pp. 63 – 65.

的慈善收入总计1300英镑，其中约有700英镑的款项以救济金、毛毯、煤炭和食物等形式由30余家不同的机构分发出去，而且各家机构明显是相互独立的。只要主动一些，穷人就能很容易地从多家机构拿到救助。在慈善委员们看来，成立一个统一的基金会是一个明显的解决方案，而且，他们成功地将其中31个基金都合并置于一个受托人团队的管理之下。但是，有两个规模较大的基金，它们的年收入达到约每年600英镑，坚持要维护自己的行动自由，继续保持原状。这用1884年特别委员会的话来说就是"以一种令人恶心的方式来分发它们的钱"。①

沃尔瑟姆斯托的情况也类似。该地的慈善总收入为1166英镑，其中有600英镑的款项被用于给贫民发放救济，给寡妇发放抚恤金，有193英镑被用在了救济院里的被收容者身上。② 在30多家慈善组织中，只有约一半的组织愿意自己被列入慈善委员们的合并计划之下，接受统一的管理机关的管理。其余的组织（收入总额约占当地慈善总收入的3/4）坚决拒绝合作。在面对这些捐赠基金会时，慈善委员们是束手无策的，除非情况已经十分恶化，需要启动法律程序。他们唯一的机会就是促使半数以上的受托人提出申请——有时，他们会提前拿出一份容易接受的重组计划给受托人看，这样就能促使对方提出申请。③

很奇怪的是，慈善委员会在突破50英镑限额方面没有取得太多的进展。尽管对可能使自身更为直接地置于慈善委员们的控制之下的建议，伦敦的各大慈善组织均表示强烈反对，但是，对50英镑这个关键性的标准，它们也并不认为它有那么重要，而且就算是提高大幅限额，它们也是不会提出反对的。④ 但是，慈善委员们却从未能提高这一限额。事实上，对授予慈善委员们更大的权力这件事，支持的声音很小，反对的声音却很大。而且，不幸的是，慈善委员们的工作既没有得到慈善组织受托人的赞同，也没有获得社会公众的普遍认可，而且很多人对为慈善委员们的利益提出的建议所遭遇的失败欢呼雀跃，称为英国式生活方式的又一次胜利。慈善委员们看着他们根据《捐赠基金学校法》和《城市教

---

① *S. C. on the Charitable Trusts Acts*, 1884, p. x; also Q. 368 – 85, 1920ff.

② *Ibid.*, Q. 2345.

③ *Ibid.*, Q. 1810.

④ *Ibid.*, Q. 3684.

区慈善组织法》所获得的丰沛的权力，然后将之与他们根据《慈善信托法》所得到的贫瘠的权力对比了一下，感到万分眼馋，但是其他人却从不同角度提出了不同意见。他们认为，除其他因素以外，有一个主要的情况是，正是因为捐赠基金学校委员会不得人心，才导致人们更为强烈地反对向慈善委员会授予更多的权力。

1881～1890 年，慈善信托的议案曾三次被提交至下议院审议，其所涉条款旨在扩张慈善委员们的权力。[1] 但此后，最高限额还是保持原样未变，依旧是 50 英镑。每一项议案都引发了慈善组织的管理人员召开惯常的抗议大会，向议院提交请愿书，向大臣派遣代表申诉等。1881 年，沙夫茨伯里（Shaftesbury）伯爵（维多利亚时期慈善工作者的楷模）宣称"早知道捐来的这些钱会落到这群慈善委员手里"[2]，他就不会干得这么辛苦了，亏得他之前还干得如此投入——这是根据一项意在将基金转到官方受托人下的条款而做出的奇怪的推论。1884 年，肖·勒费夫尔特别委员会提议不仅要取消 50 英镑的限额，还要将高等法院的某些权力交由慈善委员会行使。[3] 果真如此的话，慈善委员会是可以直接处置行为不端或管理不善的慈善组织的，而不是只将情况发给总检察长。

慈善委员们处境之荒唐为这一情况所凸显：当他们面对诸如布朗救济院管理中出现的不当行为之类的案例时，展现出了自身的重要性。布朗救济院是斯坦福镇的一家年收入达到 1200 英镑的慈善组织。该救济院收容了 12 名受救济者，并配备了 1 名看守，工资是 375 英镑，1 名服务人员，工资是 200 英镑。由于农业萧条的影响，该救济院的受托人已无力供养 12 名被收容者，但可能是出于故意挑衅慈善委员们的目的，它还以之前的价格聘请了 1 位新的服务人员。[4] 但就算是如此恶劣的状况，都没有说动下议院，特别委员会提出的建议满是不切实际的想法。而在1890～1891 年，很有公益心的威廉·拉思伯恩提出的提案在进入下议院委员会审查阶段之前就被驳回了。[5] 由此看来，慈善委员会似乎只能勉

---

① 此外，上议院大法官也曾于 1978 年提出一项议案。(3 Hansard, 241：1427－1428)
② Charity Record, 19 May 1881.
③ 正是该特别委员会，针对慈善信托法案，向亨利·朗利爵士做了一次连续盘问，后来该委员会的主席形容说，这可能是一名公务员曾经历过的最长的一次盘问了。
④ 3 Hansard, 344：371；S. C. on the Charitable Trusts Acts, 1884, Q. 363－364.
⑤ 3 Hansard, 344：355－410；350：808.

强接受自身的两重性了：一方面是部分慈善委员根据《慈善信托法》的规定只享有优先的权力，另一方面是他们同时根据《捐赠基金学校法》和《城市教区慈善组织法》而享有很大的权力。

慈善委员们提出的第二项，也相对没有那么重要的权力扩张——特别是他们 1884 年特别委员会提交的材料里提到了这点——是强制审计层面的权力扩张。当然，慈善委员们也并不想将全部慈善组织的账目纳入检查范围。但当时的情况是，慈善委员们无法介入来阻止慈善组织的奢侈消费，除非这种不当管理实在过分，乃至于需要报告给总检察长。他们想要的是一种类似于济贫法审计员的权力，有权审查慈善组织的账目，驳回其中不妥的款项。一旦这些受托人知道自己的账簿有可能接受慈善委员们的审查，那他们就会更加谨慎地安排经费开支，可能不敢再组织这样的公费旅游了——有 8 位受托人花费 36 英镑 10 先令从伦敦去黑斯廷斯，为一处年产值仅有 41 英镑的庄园，参加那里的庄园法庭。[①] 然而，和提高 50 英镑上限一样，强制审计权依旧只是空想，一直悬而未决。

慈善委员们的第三个不满是他们虽然有权力重组某些信托，却没有根据自己意愿开展重组的自由权。这主要是对大法官法庭适用法律的不满，而不是对《慈善信托法》本身的不满。在重组那些宗旨无法实现的信托时，慈善委员们受到了最近似目的原则约束，因为在这件事情上，他们是大法官法庭的另一张脸。无疑，严格遵循逝者的遗嘱是有其历史合理性的，但是慈善委员们对这一限制感到痛苦。依照《捐赠基金学校法》和《城市教区慈善组织法》的规定，他们可以无视最近似目的原则，而根据《慈善信托法》的规定，他们又要遵循这一原则，所以在他们看来这很不合逻辑。在某些条件下，他们可以将有害的捐赠基金转变用途，用于教育目的，但在其他情况下他们又不能这么做。

他们想要打击不做区分的布施行为，他们认为这是不公正的、有害的，但他们又要保持在最近似目的原则这一范围内来做。在整个 19 世纪，贾维斯慈善组织一直都是道德败坏的源泉，所以重组这家机构对英国社会来说是一件好事。据说，乔治·贾维斯出于对他女儿婚姻的愤怒，取消了其继承权，将 10 万英镑的财产捐给赫里福德教区的穷人们。由于

---

① *S. C. on the Charitable Trusts Acts*, 1884, Q. 524.

能够领到救济金，很多贫困的、需要帮助的、贪婪的人都聚拢过来，乃至于——据托马斯·黑尔说——三个镇都退化成了类似于农村贫民窟一样的区域。① 在慈善委员们提交的多份报告中，其中有一份提到了密德兰三个教区的情况，以作为反对发放救济金的案例。1891 年，在当地的6345 个人中，有将近 50% 的人收到过救济金，金额在 7.25 便士到 2 先令 6 便士之间。② 甚至在最近似目的原则的范围内，慈善委员们也成功地将一些不做区分的救济资金转变成了更有建设意义的资金，特别是变成了面向老年人的养老金。此外，慈善委员们还感到非常无奈，因为他们在适用最近似目的原则时，还需要严格遵循其艾尔登尼亚的形式。在他们看来，那些在 19 世纪 80 年代提交但未能通过的议案所规定的诸多条款中，更为令人满意的是那些意在改变救济金发放方式的条款。③ 值得一提的是，我们可以看到，人们还是在向慈善家们索要救济金。在 19 世纪 80 年代早期，小说家查尔斯·里德（Charles Reade）公开蔑视慈善委员们的建议，坚持成立一家首席委员所称的"纯粹的、单纯的发救济金的慈善组织"。④

在慈善委员们看来，另一种同样是声名狼藉的但没有那么普遍的善行的形式是设立信托，帮助创始人的贫困亲属。⑤ 毫无疑问，在某些情况下，这些资助贫困亲属的慈善基金的确也给一些值得救助的年轻人的教育提供了资金⑥，但是，它也导致了一些荒诞情况，如这一由诺威奇

---

① 引自 Hobhouse, *The Dead Hand*, pp. 209 – 210。
② *40th Ann. C. Rept.*, 1892, p. 24. 1895 年，朗利在向阿伯德尔委员会报告时（*R. C. on the Aged Poor*, Q. 7596）提到，有问题的是北安普敦郡的三个教区。同时参见 Hobhouse, *The Dead Hand*, pp. 195 – 215。
③ *40th Ann. C. C. Rept.*, 1892, p. 21.
④ *S. C. on the Charitable Trusts Acts*, 1884, Q. 321.
⑤ 贝弗里奇勋爵［*Voluntary Action*（London, 1948），p. 202］之所以能去牛津大学读书，靠的是族人创立的奖学金。
⑥ 由于这些捐赠基金将受益人的范围限定为特定的家庭，因此引发了法律上的难题。在慈善委员们看来，这些信托基金"与慈善法律的基本规则相矛盾，即转让国内的财产……而是将这些财产限定某个具体的家庭来继承"。（*16th Ann. C. C. Rept.*, 1868, p. 5）不过，法院一般会将它们认定为服务于某一特殊贫民群体的慈善组织。（*Tudor on Charities*, 1906 ed., pp. 47 – 48）在 1945 年的一份判决中，上诉法院民事法庭法官对以教育为目的的信托（包括家族信托和无效的信托）和以贫民救济为目的的信托（有效的信托）做了一个有趣的区分。贝弗里奇对这一问题也进行了讨论，*Voluntary Action*, pp. 373 – 374。

的阿尔德曼·诺曼（Alderman Norman）的后代闹出来的情况。这一慈善基金成立于 1720 年。关于该捐赠基金应当如何开展管理，其创始人做了非常详细的规定。但是，到 19 世纪后期，这些详细的规定已经与该信托基金的实际管理脱节。然而，当慈善委员们（根据《捐赠基金学校法》的规定）提议将该慈善基金转变成为奖学金的时候，该创始人的亲属又提出了抗议。紧接着，出现了 1000 个家庭声称自己拥有诺曼的血缘，他们自己组成了一个委员会，选出了自己的主席和秘书——这是一支可怕的、决绝的诺曼家族的施压队伍。[1]

阿尔德曼·亨利·史密斯（Alderman Henry Smith）是一位伦敦的盐商。他在 17 世纪成立了一家慈善组织。这家机构是一个完美的案例，证明在慈善委员们的推动下，这类机构可以得到再造。史密斯是都铎－斯图亚特王朝时期众多慈善家中最有思想性的、最有政治家气质的一位（据乔丹教授说）。他通过立契和遗赠的方式，创立了一系列复杂的信托基金。无论是在资金的数量方面，还是在创始人的想法方面，其都展现了这一要点："救助和供养贫困的市镇"——这是一个宏大的想法，即要帮助全国范围内的贫民——共有约 219 个地区从这位伦敦的商人那里得到了好处。此外，他还做了一些小额遗赠：捐出 1000 英镑用于从土耳其人手里赎取俘虏；以及与这里的话题直接相关的，1000 英镑用于"他的亲属中的最贫困者"。在都铎－斯图亚特时期，根据当时的社会经济状况，这是一笔非常巨大的捐赠，但是到 19 世纪中叶，这笔钱已经不值一提了。史密斯的这家慈善组织被分成了 17 个不同的信托基金，年度总收入将近 16000 英镑，其中约有 13000 英镑归属于最大的那个通用的信托基金。[2]

如果阿尔德曼·史密斯能来到维多利亚时代早期看看的话，那他一定会发现"他的亲属中的最贫困者"的日子都过得很不错。不仅信托基金中的资金在投资于肯辛顿和切尔西的不动产之后很快有了增值，而且

---

① *S. C. on the Endowed Schools Acts*, 1886, Q. 1645, 2133ff.

② 关于史密斯的这些信托基金缘起情况的介绍，参见 Jordan, *The Charities of London, 1480–1660*, pp. 117–122。在 19 世纪 60 年代，慈善委员们对该捐赠基金进行了一次调查。调查结论涉及该基金的历史和现状。该材料收录于 1868 年报告（*16th Ann. Rept.*, 1868, pp. 33–42）附件的第三部分。

在 1772 年，议会还授权受托人将用于赎取土耳其俘虏的钱用于资助贫困的亲属，所以，在 19 世纪 60 年代，该项信托总收入达到了 6800 英镑。史密斯家族似乎并不像诺曼家那样有很多子嗣，但是到 1868 年，还是有412 个人提出了权利主张，其中有 104 人，他们与创始人的关系属于第十辈的侄子或侄女的关系，有 160 人属于第九辈的侄子或侄女的关系。很明显，受托人要在这一大群纠缠不清的史密斯家族的人中间做出判断，决定谁才是合格的领受这些好处的人，一定会十分头疼，而这些人又是"讨要恳求、纠缠强求、向天发誓、出示证明，以及各种乞讨手段"无所不用其极，甚至还用上了威胁恫吓的手段。[①] 由此，虽然阿尔德曼·史密斯每年拿出 60 英镑给他真正贫困的亲属原本是出于好心，却结出了一颗古怪的、料想不到的果子。

史密斯慈善组织的主要分支早就不再服务于任何一个有用的宗旨。到 19 世纪 60 年代，有约 209 处地方分享了这笔超过 8200 英镑的收入，而在萨里，也就是史密斯老家的郡的每一个教区都领到了一份钱，其中绝大部分钱被用于发放救济金或用于类似的目的。1866 年是非常具有典型意义的一年，在这一年里，这家慈善组织分出去了 5580 英镑，分给超过 23000 个人，平均每人分到 4 先令 10 便士。可能这些慈善委员和他们同时代的人一样，太想将贫困问题归因于不加区分的慈善行为所导致的贫困效应，认为这至少是在浪费慈善资源，或者更坏一点的话，是道德败坏之源。所以，毫不奇怪的是，慈善委员们决定采取行动。但一想到要劝说 209 个受托人团体申请改组计划（知道其中一些比较有钱的基金可能会拒绝），要制订 209 个不同的计划，想到要通过不同的方式来实施这些计划，他们还是决定向议会申请制定一部统一的法案。但是，立法机关并没有做出回应。所以，在 19 世纪 80 年代晚期，慈善委员们制定了一个计划，用于对这家慈善组织开展更为有序的管理，并且节制其中的一些最严重的不当行为。但是，那些穷亲戚还是在从大罗素街那里领取救济，就像那 200 多个教区的贫民一样。同时，史密斯信托的总收入也增长到了超过 20 万英镑。[②]

---

① *16th Ann. Rept.*，1868，p. 37.

② Jordan，*Charities of London*，p. 344.

三

笔者在之前的章节里曾经简要地提到过最近似目的原则，这一原则引起了一个巨大的、高度技术性的问题。在成立之初的几十年里，慈善委员们动不动就会抱怨这一原则，而慈善法的改革者也一直攻击这一原则，尽管如此，它还是被人们作为一项主要的机制，来确保其控制力。然而，人们可能会疑惑，就算拿掉了最近似目的原则这一限制，慈善委员们又是否真的能够对各家信托开展整体性改革。当然改革的对象是救济类、贫困亲属类，以及类似目的的信托。情况总是这样的，即一旦改革者提出这一想法，说古老的基金会应该服务于生者而不是死者，保守派就会站出来，捍卫"创始人的意愿"之神圣不可侵犯性。

关于最近似目的原则，最常见的表述见于霍尔兹伯里勋爵的这一界定："如果捐赠人有提出明确的慈善目的，而他指定的慈善模式又无法实施的，则不应该允许放弃该宗旨，而应由法律替换一个最近似的模式，也即与捐赠人指定的模式尽可能接近的模式。但是，在一般情况下，不得适用该近似原则，除非捐赠人明确指定的模式无法适用，而他又指定了一个一般性的慈善目的。"[1] 事实上，该原则不仅适用于捐赠人指定的模式无法实施，还适用于他指定的宗旨无法实现时。所以，更为令人满意的表述就是，如果推定立遗嘱者并不想使其原定安排无法实现，那就应确保其安排不至于失效。[2] 所以，无论如何，这个问题包括两个层面：第一，只有在信托基金无法运转之时，法律才会介入；第二，在对该信托基金进行重组时，立遗嘱者的意愿，而非现实的需求，具有决定力。人们应遵守这两点，哪怕大家都明白这笔基金可以得到更好的使用。简言之，最近似目的原则是确保慈善捐赠永续性的一种方式，尽管其特定的宗旨无法实现，或者指定的模式无法运转或无实现之可能。[3]

到 19 世纪中叶，最近似目的原则变成了一个内容相当模糊的规则。和慈善法的其他组成部分一样，这一条款深深地印上了艾尔登勋爵的烙

---

[1]　Halsbury's *Laws of England*, 2d ed., IV, Par. 323.

[2]　据奥斯丁（Austin W. Scott）教授的界定，载于 Ms Memorandum on Obsolescence, pp. 29, 45。

[3]　Cf. the *Nathan Report*, chap. II.

印，他更偏向于做出狭义解释。他绝不容许对立遗嘱者的意愿做任何更改。有人提出了一个问题，即该如何使用贾维斯那一大笔臭名昭著的向贫民的直接捐赠，对此，艾尔登直截了当地回答道："我跟这些政策的争论一点也扯不上关系。如果议会认为这么做是合适的，即给予法院权力，按照法律的规定来处置用于特定慈善宗旨的财产，那无论这么做有多么不当，法院都必须这么做。"①

无论艾尔登的法律推理有多么精彩，他的一些后继者依旧认为这一原则是愚蠢的、模糊不清的。在19世纪后半叶，一大群当时最著名的衡平法官攻击最近似目的原则，认为它完全是模糊不清的。在唐顿委员会上，佩奇·伍德（Page Wood）爵士［哈瑟丽（Hatherley）勋爵］说，应该将最近似目的原则扔出窗外，而朗德尔·帕默（Roundell Palmer）［赛尔伯恩（Selborne）勋爵］则谴责最近似目的原则，说它是一条主观武断的原则，因为正如一位美国的律师曾经说过的那样：这"是信托法中随意专断的一部分"。② 韦斯特伯里（Westbury）勋爵和罗米利勋爵都是上诉法院民事法庭的法官。他们持保留意见，虽然后者也认为该原则做了毫无必要的严格限定。③ 所以，对于最近似目的原则，人们只能认为是界限相当模糊的原则，给法院的自由裁量留下了很多空间。谁能够有把握根据最近似目的原则，将贝顿、亨利·史密斯或麦可尔女士的慈善捐赠用于基督徒俘虏？如果事实上慈善遗赠的部分，而非全部条款无法适用的话，那法院又该如何决定是否适用最近似目的原则？诚然，最近似目的原则可能是"这部法律中确定的原则"之一，但是，正如戴维（Davey）法官勋爵所评论的那样，它明显也是一条"边界十分模糊的"原则。④

在开展信托重组的工作时，慈善委员们处于一个相当易受攻击的位置。因为他们下达的命令可以被提起上诉，所以他们不敢像大法官偶尔所做的那样，冒险去对最近似目的原则做出解释，虽然在一些无争议的

---

① 7 Vesey Jun. 324.

② *Schools Inquiry Commission*, *1867 - 1868*, Q. 12, 857, 14, 172；John D. Washburn，引自 C. A. Chase, *Some Great Charitable Trusts of England*（Worcester, Mass., 1887），p. 48。

③ *Schools Inquiry Commission*, *1867 - 1868*, Q. 16, 666, 13, 433.

④ *S. C. on the Charity Commission*, 1894, Q. 4009.

案例中，他们会大力延伸这一原则，甚至比那些反对这一原则的人走得更远。① 由议会制订计划这一做法，原本设计出来是为了在资源不够，无法按照最近似目的原则做出处置的情况下，由议会出手来整饬，但这一条款被证明是没有什么用处的，所以也就成了一条死掉的条款。简言之，慈善委员们的绝大多数计划都不得不受限于最近似目的的原则，并在这一范围内做出最佳的安排。

在 19 世纪 70 年代，慈善委员们从韦斯特伯里勋爵在克里芬案（1869 年）中提出的意见那里得到了一些安慰。在该案中，法院明确区分了"慈善组织据以创立的宗旨与实现这一宗旨的方式"②，因此拒绝下达命令，要求重建一所济贫院，以替代另一所因为北不列颠铁路穿过而被拆毁的济贫院。法院总结说，那 1 万英镑的赔偿金可以得到更有效的使用，用在发放救济金和其他形式的户外救济上。韦斯特伯里对模糊不清的最近似目的的原则所做的宽松解释给了慈善委员们一些安全感。

这一点也得到了乔治·杰赛尔（George Jessel）爵士的判决确认和加强，也即他在坎普登慈善组织案（1881 年）中所做的判决，虽然他是在得到了大法官法庭的裁定意见后才做出判决的。这一案件主要是关于一家由坎普登女士在 17 世纪发起成立的慈善组织的。受托人根据她的遗愿，将一笔资金投入地产。该宗地产每年都会产生 10 英镑的收入，其中一半用于救济穷人和贫困者，另一半用于向肯辛顿的男孩们支付学徒费。由于该宗地产位于肯辛顿，到 19 世纪末期，它每年可以产生的收入增长到了 2200 英镑。于是，受托人向慈善委员提出申请，要求慈善委员制订一份改组计划。新的计划不仅规定将钱用于救济贫民，资助医院和医疗所，支付学徒费用，还规定将一部分资金用于教育宗旨，因为这是与支付学徒费用相近似的用途。肯辛顿的居民不承认教育属于慈善事业，副大法官霍尔（Hall）也同意他们的意见。在慈善委员们看来，这一判决使韦斯特伯里判决和其他的判决所唤起的希望凋零了，最近似目的的原则原本正在逐步获取的一定程度的弹性消失了。③ 除非这一点在上诉过程

---

① *S. C. on the Charitable Trusts Acts*, 1884, Q. 312.

② L. R., S. C. App. 417.

③ *28th Ann. C. C. Rept.*, 1880, p. 9.

中被推翻，否则慈善委员们就不得不更为小心地开展工作。

他们并没有焦虑太久。上诉法院民事法庭法官杰赛尔爵士不仅推翻了霍尔的判决意见，还就针对慈善委员的工作所开展的司法监督设定了一些原则，这让慈善委员们非常满意。他没有批评慈善委员们拿这笔钱去设定奖学金的做法。相反，他认为慈善委员们的计划是无可厚非的，是符合"设定计划的现代实践方式的"。他继续建议说，只有在一些极端案例中，法官才应该修正慈善委员们提出的计划，因为这些慈善委员"不仅是一群伟大的人物，而且是在这些事务方面拥有特别经验的人"。为了确保自身的干预是合理的，任何一名法官都"必须确定慈善委员们的确做错了，或者是因为他们的做法不符合相关法律的规定，或者是他们管了该由法院来管的事项，或者是他们有一些或大或小的失误，乃至于需要法院介入，搁置原计划，并做出修订"。[1]

这一裁决给了慈善委员们一些本应属于他们的自由权，也给了他们一些安全保障，使他们免于法院的不合理干涉。它的调子明显就是不鼓励人们针对慈善委员们提出上诉。事实上，这位上诉法院民事庭法官延伸了最近似目的原则，甚至到了要破除这一原则的程度，他走得明显比其他法官更远。他坚持认为，最近似目的原则与"立遗嘱人所秉持的主要目标"相关，而不是与"他所意欲的目标的实现方式"相关，所以他批准慈善委员们在重组信托时可以享有一种相对宽泛的裁量权。由此，慈善委员们便可以合情合理地将杰赛尔的意见解读成为授予他们在此类情况下重组信托的权力："如果慈善组织所管理的捐赠基金的资产、所处的地理位置、服务的人群，根据当时的社会习惯，根据当时人们的观念或实践，已经不适合实现创始人所设定的目标，便有理由对该基金做出调整。"[2]

在此后的30年里，慈善委员们一直根据坎普登慈善组织案的判决意见中提出的自由化解释开展行动，而没有受到法院的严格制约。然而，在1910年，另一位上诉法院民事法庭法官的判决意见将他们打回了原形。维尔医院案是有关一宗遗赠的，遗赠人捐给一个医疗所一处房产，

---

① L. R., Ch. Div. 310.
② *29th Ann. C. C. Rept.*, 1881, p. 9. 亨利·朗利爵士在1894年特别委员会上基本同意了杰赛尔这一对最近似目的原则的解释（Q. 345）。

用作医务室或康复之家，而在慈善委员们的批准之下，受托人将该处房产的用途转变成为另一家医院的护士们的住所。上诉法院民事法庭法官科森斯－哈迪（Cozens-Hardy）的判决意见否决了这一计划，而且该判决还带有一些艾尔登式的弦外之音：

> 法院的第一职责是解释遗嘱，并使创始人的慈善指令生效……法院并不考虑这些指令是不是明智的，或者除此以外，是否还有对立遗嘱者的财产更为普遍有益的使用方式。从现代的视角来看，有很多慈善宗旨的效果是弊大于利的——如直接布施现金或类似的情况……而在适用最近似目的原则时，法院则应该比较各类慈善目的的优劣，并选出最为有利的那个目的，列入改组计划。但是，需要明确的是，我们一般不得适用最近似目的原则，除非我们已经明确立遗嘱者的指令确实无法生效。①

慈善委员们认为这一判决是对他们做出的警告。尽管法院回退到了坎普登慈善组织案判决中划定的位置之上，将他们的干预仅限于此类情况，即慈善委员们超越权限开展活动，或慈善委员们的计划存在一些原则上或法律上的错误，但维尔医院案的判决还是产生了效果。② 自此以后，慈善委员们在对最近似目的原则动手脚之前都会犹豫一番。③ 事实上，在过去的半个世纪里，他们很少主动采取行动去重组信托，乃至于人们之前所认为的他们将会占据对慈善事业的独裁地位的想法成了一种臆断。

令大家意外的是，在 1914 年，由帕尔默（Parmoor）勋爵提出的一份议案对慈善委员的权力做了重要的扩张。他之所以会提出这份议案，是因为这样的困境，即城市人口从中心区域流向周边地区，这也导致了慈善组织很难合法地把它们的收入花出去。简言之，帕尔默的议案建议扩大这类慈善组织的服务领域，并授权慈善委员根据地理范围拓展的原

---

① 2 Ch. 124，131，132.

② *Nathan Report*，Par. 344.

③ 首席委员在向南森委员会提交材料时，对原版的原则未做太多批评，而对宽松版的原则反而不像南森委员会那样感兴趣（Q. 424ff）。

则来制订他们的改组计划。不仅如此，该议案还允许慈善委员拥有一些自由权，可以调整救济类慈善组织的宗旨，使其转向更有建设性的用途——大致是转向这一宗旨，即救济不幸或患病者，改善特定地区贫民的健康、社会生活或道德状况等。[①] 该议案首先通过了上议院的审批，然后在 1914 年 8 月第 2 周的时候，被送达下议院，并在毫无争议的情况下得以批准。[②] 对于慈善委员们来说，这一次权力扩张完全是一次意外之喜，但至少给了他们一些权力，使他们可以应对城市中心地区闲置的慈善收入和无用的救济金等紧迫问题。

四

慈善委员会的地位的一个主要薄弱之处在于法律地位上的不明确。它不受任何一位大臣主管，而它与议会之间的联系也很薄弱。在其多数运营历程里，该委员会既不对自己在下议院里得到有力的支持抱有希望，也不对自己的决定能得到人们的充分理解抱持憧憬。对于自己的法律地位，以及自己的决定所引起的敌视态度，慈善委员会在很多方面与早先的济贫法委员会有很多共同之处，但该济贫法委员会至少还是在一位大臣的主管之下。因为慈善委员会与立法机关之间有联系，所以它要依靠第四委员（不授薪的），这位委员是下议院中的成员，一般都能在议会中很有效地代表该委员会。

但这套做法并不是没有问题，在实践当中，其实要给第四委员配上更多的人手。通常来说，政府会指定一个人作为第四委员，这也就给这位工作繁忙的官员增加了一些职责。事实上，一直到 1874 年，各位第四委员一共才参加过慈善委员会的 9 场会议，而且其中有几场还是中途离场的。一直到 1887 年，才有人提出一份更为合理的方案。自此以后，第四委员只在下议院中任职，而不在政府中担任其他职务。这样一来，该委员才有空闲来参加会议，到办公场地走访，或者采用其他方式来熟悉慈善委员们的工作。通过这一改革，慈善委员会与议会之间的关系变得更加融洽了，因为新来的各位第四委员对慈善委员会有更多的了解，更

---

① *5 Hansard* (Lords)，15：422ff.
② *5 Hansard* (Commons)，65：2294 - 2295；4 & 5 Geo. V，c. 56.

能在议会里说得上话。① 然而，关于是否应将慈善委员会直接置于一位大臣的主管之下这一问题，人们还是有不同的看法，而且，在 1894 年，一个特别委员会还对这个问题做了特别详细的研究。但该问题一直到 1960 年才得到解决，那时，内政大臣将慈善委员会纳入他那广泛而五花八门的职权范围之内。

慈善委员会与议会之间不温不火的关系是这一现象的解释，而且是唯一解释，即慈善委员们的行动并没有引发公众太多的热情。显然，对于任何一个此类行政管理机关来说，它的职责是干预受人们追捧的滥用行为，或者破坏自古以来的惯例，它自然是不太会受到人们欢迎的。但是，另一个情况也是真实存在的，用现代的话来说，就是慈善委员们在处理他们的公共关系方面显得很笨拙。他们似乎从未将教育公众作为他们的职责之一。他们认为自己是法律专家，所以他们一点都不想将自己的工作用非技术化的术语解释给普通人听，乃至于就算是那些智商很高的人，本来是可以了解更多一些的，现在却被对慈善委员们权力的荒诞的误解填满了心智。在向 1884 年的特别委员会提交材料时，谢菲尔德的罗伯特·里德尔（Robert Leader）宣称："慈善委员可以根据他们自己的良好的意志来照看我们……我们就像是孩子，在他们非常善意的呵护之下，只是他们并没有经常事先做好充分的告知。"② 因为这番话，他被看成一个超级大蠢蛋。有时，他们似乎给人们一种印象，即他们是反对慈善受托人运动的推动力量，他们倾向于将这些受托人视为自己天然的敌人，是那群拒不服从他们命令的人，顽固地抵抗着从外面射入的光亮。这仿佛有点像是在 19 世纪 30 年代和 40 年代，济贫法委员会和地方济贫机构之间那种纠缠不清、相互厌恶的关系。

到 19 世纪末，英国地方政府的民主化运动改变了慈善委员会和个体慈善组织之间的这种关系。甚至到 1888 年法令和 1894 年法令宣布这场运动取得胜利以前，人们还不时地在提出，要推动慈善捐赠基金开展更为民主化的管理，特别是在那些已经成立了充满活力的、进步的自治市政府的地方更是会经常提出这些要求。然而，仅仅靠自治市改革者施加

---

① *35th Ann. C. C. Rept.*, 1887, pp. 9 - 10; *S. C. on the Charity Commission*, 1894, Q. 133. 158ff.

② *S. C. on the Charitable Trusts Acts*, 1884, Q. 3953 - 3954.

压力是不足以推动受托人团队的民主化的。而从一开始，这就是慈善委员们的座右铭，即认为要更有力地保证慈善管理工作得到诚实、负责的展开，则其管理团队就需要具备一定的公众代表性。任何事情，只要能拓宽各地慈善组织的基础，减少鬼鬼祟祟的小动作，都明显是应该鼓励的。[1]

因此，在 19 世纪 80 年代，慈善委员们逐步在他们的改组计划中加入了这样的条款，即提升各受托人团队的代表性。尽管英国依旧没有地方上的机构完全适合这一目的，但是慈善委员们还是将任命受托人的权力授予了各种各样的代表机构，包括小礼拜堂、镇议事会、济贫法监察人理事会等。比如，在 1884～1893 年这 10 年间，在 6 个样本郡里，委员们制订了 176 个新的改组计划，这些计划包含 549 名由原理事会投票增补的受托人、352 名依职权而担任的受托人，以及 443 名代表受托人。[2] 不过，对那些更为迫切的、地方上的民主派领袖所提出来的快速实现权力移交的办法，慈善委员们是抵制的。他们不仅认为增补新的委员是一种可靠的做法，应该予以保留，而且一直到 1888 年法令设立郡议会以及 1894 年法令设立教区议事会之前，慈善委员们都缺少合适的地方上任命受托人的机关，因为他们准确地认为，公共会议并不是实现这一目的的最完美的机制。而且，他们也毫不犹豫地坚决抵制地方上的团体、镇议会和类似机关可能存在的建立"独立小王国"的倾向。[3]

1888 年法令和 1894 年法令推动了对地方政府的重构，于是也改变了慈善委员们的地位。最终，这些法令促生了一批地方机关，而在此之前，

---

[1] *40th Ann. C. C. Rept.* , 1892, pp. 26 – 28.

[2] *S. C. on the Charity Commission*, 1894, App. No. 10, p. 362; Q. 3897ff.

[3] 这方面的一个例子是慈善委员们针对伯明翰的连奇信托所开展的行动。连奇信托是一家都铎 – 斯图亚特王朝时期成立的基金会，它的收入现在已经达到了近 3500 英镑。慈善委员们指出，该慈善组织的管理存在一个小的危机，所以需要对其制订一份改组计划。伯明翰财团虽然之前已得到机会发表它的反对意见，但在最后收到该计划时还是很愤怒。其中，最让它感到不满的是，在理事会中，只有 4 名代表受托人（由该财团任命），而有 13 名受托人则是增补进来的。慈善委员们引用大法官法庭的做法，以及这一事实，即 1882 年《城市财团法》并未提及要扩大城市财团对它们辖区内的慈善信托的权利，从而扛住了它提出的这些反对意见。（*S. C. on the Charitable Trusts Acts*, 1884, Q. 1808ff; 45 & 46 Vict., c. 50, s. 133）在另一方面，地方上的寡头有时会抵制慈善委员们提出的引入代表受托人的提议。比如这个案例，参见 Ashby, *Joseph Ashby of Tysoe*, p. 132。

由于没有这些地方机关，慈善委员们和议会的委员会经常是满腹牢骚。至少，有了这些新的机构，在慈善委员和个体慈善组织的受托人之间就有了一个中介，而且从长期来看，它们的存在也会促使慈善信托管理权的大范围转移。在一开始，郡议会的成立意味着慈善委员会工作量的大幅提升。新成立的议会自然想要得到有关本郡慈善资源详细情况的介绍材料，而这些一下子汹涌而来的需求也就给慈善委员会的统计和研究部门造成了沉重负担。① 这些议会不仅索取有关具体的捐赠基金的信息、本地慈善组织的完整名录以及它们的财务报告，有的地方还提出了这样的要求，即要求慈善委员们开展一次新的调查，这次调查要达到布鲁厄姆调查那样的规模，要么就更新布鲁厄姆报告，增补最近半个世纪以来的情况。

慈善委员们同意了后面那个提议，这么做很明显是有价值的，但无疑也会给慈善委员会的人手和预算造成很大负担。然而，很明显这是一项很有用的工作。自从 19 世纪 60 年代和 70 年代的摘要发布以来，慈善组织的收入已有了很大提升。慈善委员们之前对 19 个郡做了一次调查，并在 1891 年发布了他们的报告。在该报告中慈善委员们指出，在这些地区的慈善组织的数量平均增长了约 30%，而收入则增长了 27.16%。② 有关慈善支出的问题，由于 1892 年《慈善组织调查（支出）法》出台而部分得到了解决。该法授权地方机关为慈善委员开展调查申请更多的费用。当一个郡决定开展此类调查时，它可以向财政部提出申请，要求暂时增加慈善委员会的人手。但因为这笔费用是在郡（或其他地方政府机关）和中央政府之间分配的，所以地方政府机关需要等着轮到它们。尽管如此，在 1900 年之前，慈善委员们还是完成了对威尔士等 8 个郡的调查。其他郡的调查工作开展得很慢，但是到 1914 年又有 8 个郡完成了整体或部分的调查工作，其中包括伦敦、兰开夏和西赖丁等。在这一方面，这项工作受到了战争的干扰，此后未能恢复推进。

虽然这项调查并未完成，算不上是一场新的"布鲁厄姆调查"，但也拿出了有用的成果。一位调查员报告说，他发现在他调查的西赖丁的

① *38th Ann. C. C. Rept.*，1890，pp. 12 – 13.
② *39th Ann. C. C. Rept.*，1891，p. 21.

3 个教区中，有 2 个教区的慈善组织之前是未曾为人们所知道的，其中有一些组织还非常有钱。这项调查也覆盖了不少有问题的慈善组织，并且还将其他一些可能会出现问题的组织给拯救了回来。在这一方面，这类慈善组织是尤其容易出现问题的，即其主要财产是不动产出租许可权——这是小型慈善组织经常使用的一种财富工具。对于这些财产权利，经常容易出现的情况是，不知道什么时候土地就被卖掉了，或者土地所有人（故意或疏忽）漏掉了这项权利。在约克郡的一个教区，有 4 项此类许可权，在间隔了 60 多年后重新得到了确立。

慈善委员们遇到了非常多的慈善基金管理过程中的严重或轻微的不当情况。他们发现，有的组织持有现金而未做投资，有的组织凭一位受托人的意见即开展投资，有的组织投资于未经批准的证券。他们还帮助一些慈善组织找到了重要的法律文件，有的时候帮助它们从私人手里夺回了资金，有的时候帮助那些出现问题的或行为不当的组织重回正道。有不止一次，正是因为调查员及时出现，才避免了重要文件被损毁，比如在其中一个教区里，教区牧师的女儿正准备将一个盒子当作无用的废物给扔掉，这个盒子里装着与当地的慈善组织有关的古老契约，而这时调查员正好赶到。有的时候，不幸的是，慈善委员会的代表来晚了一步。[①] 但这些机会可能也像上述这些好处一样重要，因为该项调查还教育了当地的慈善组织管理者，特别是那些新的教区和城市地区议会的成员，并且使他们有机会与慈善委员们接触。简言之，在 19 世纪 90 年代，慈善委员们的众多职责之一就是做好引领，也即推动各地慈善组织管理的民主化运动。

五

尽管在 19 世纪 80 年代和 90 年代慈善委员们并没有摆脱那些最让他们感到恼火的限制，但议会还是调整了慈善法中一些明显不协调的内容。有两部法令（1888 年法令和 1891 年法令）解决了一些（虽然不是全部）永业权的障碍，这些内容自 1736 年约瑟夫·吉克尔爵士法令[②]开始就限

---

① *44th Ann. C. C. Rept.*，1896，App. B.

② The Mortmain Act, 9 Geo. Ⅱ, C. 36.

制着立遗嘱人的善行。笔者在前文中已经提及这部奇怪的法律是如何出台的。在这里笔者要强调的不仅是该法律的内容本身，而且是法院基于这部法律做出的异常严格的制度构建。这套内容在适用于土地和建筑物捐赠时，严格程度是合适的，但后来，法官对这些内容做出了演化，禁止与土地有任何形式的联系的证券——甚至是那些在正常人看来属于动产的财产——于是，法官的这套逻辑就进入了一个荒谬的极点。比如，艾尔登勋爵判定，遗赠人将一条收费公路上的收费永业权作为捐赠内容是无效的，因为这会导致"慈善捐赠标的范围大幅扩大"。[1] 法官甚至还禁止捐赠人将铁路和运河的股权作为捐赠标的，除非法律碰巧对该公司做出明确规定，规定这些产权应被视为动产。[2] 同样，法官还禁止这样的遗赠行为，即指定将钱用于土地，或者遗赠人曾表达出这样的意思。[3]如果一位慈善家想要建立一所所谓的康复医院，但又未能对自己的寿命做出充分估计，乃至于在合适选址之前就去世了，那他的慈善目的就永远也不能实现了。这一情况就曾发生在维多利亚时期的慈善家乔治·莫尔（George Moore）身上，他留下15000英镑用于成立这样一个机构，但这笔钱却花不出去，因为人们没法拿这笔钱去购买土地。此外，立遗嘱人也不能遗赠土地，甚至明确说明要受赠人将这块土地折价出售也不行。所以，虽然人们经常说这部法律的立法目的是避免土地永久停留在某人手里，不再转让，但这一点并不能成为上述情况的合理解释。

在批评家眼里，在法官对永业权所演化出的诸多限制之中，有一项比较过分的限制是禁止做出有利于慈善组织的"资产归类"。也就是说，当一宗房产算不上立遗嘱人的遗赠标的时，法律通常会将原本由其他动产偿付的债务和其他支出都记在该不动产上，这样就可以省出这些动产，使受遗赠人受益。但如果受遗赠人是一家慈善组织，法院则不会允许此类迁就的做法。[4] 当然，这样一来，就不会有人说法官在适用《永业法》时不适当地偏袒慈善组织了。

---

[1] *Knapp v. Williams*, 4 Vesey Jun. 430，转引自 Kenny, *The True Principles of Legislation with Regard to … Charitable … Uses*, p. 70.

[2] *S. C. on Mortmain*, 1844, Q. 49, 227.

[3] Cf. Kenny, *The True Principles of Legislation …* , p. 72.

[4] *S. C. on Mortmain*, 1844, Q. 230；*Report*, p. iv；*Kenny*, pp. 73 - 74.

针对该法，有不少人正式或非正式地提出过反对意见。1844 年的一个特别委员会［由约翰·曼斯（John Manners）担任主席］就没有发现该法有任何明显价值，并由此总结说，这部法令没有太多的好处，反而导致了不确定性、成本增加，以及对慈善冲动的挫败，而社会本应该鼓励这种冲动。① 但在 19 世纪 50 年代早期出现了一股风潮，要使这部法令所做出的限定变得更加严格，而不是放松。② 在这里，我们需要重复一下的是，关键性的因素是对天主教会病态性的恐惧，这种恐惧一直在不列颠潜伏着，而现在这种恐惧的心理在担心"教皇发动进攻"情绪的影响下进入了一个爆发的阶段。由于这些天主教会慈善组织合法性存疑（因为很多此类慈善组织都设定了"迷信宗旨"），乃至于它们豁免于接受慈善委员的管辖。③ 同时，因为要给安妮女王基金和教会委员会以及牛津大学和剑桥大学提供便利，于是《永业法》也被放松了。不过，在很多人看来，放松该法不仅会给罗马天主教会提供普遍性的好处，还会给迷信宗旨的慈善遗赠（为亡者提供的资金）提供官方的支持。事实上，设立这类慈善基金虽然是非法的，却也是相当常见的。捐赠人很容易就可以将财产留给牧师个人，他虽然什么都没有在纸面上说出来，但其意图其实已经表露无遗了。正如南森委员会之前所证实的那样，多数罗马天主教慈善组织只立下了口头信托协议。④

如何管好天主教慈善组织是一个很复杂的问题，我们这里无法展开讨论。在诸多复杂的因素中，有一个因素是天主教统治集团和一些老牌的天主教家族之间的不和，这些家族就牧师对立遗嘱者个人所施加的影响表示出了浓重的怀疑。事实上，在 1851 年的特别委员会上，一些天主教证人提出意见，希望严格实施《永业法》，以作为将天主教统治集团置于控制之下的一种手段。⑤ 有人向议会提交了一系列提案，其中一些为天主教社群所支持，而有一些为他们所反对，但是所有这些提案都未

---

① S. C. on Mortmain, 1844, p. viii.
② S. C. ...to Consider Extending the Law of Mortmain, 1851 - 1852.
③ 关于这一点，参见本书第七章。
④ S. C. (Lords) on the Charitable Uses Bill, 1857 92d Sess., Q. 100; Nathan Committee (unpubl.) evidence, Q. 4181.
⑤ S. C. on the Law of Mortmain, 1851. 特别是由这些人提供的证据：布雷（Bray）、威尔（Wale）、里德尔（Riddell）和斯基荣（Skirrow）。

能获得通过。① 至少部分是因为对天主教慈善组织的管理存在困难，所以《永业法》被推迟适用于这类组织，此种情况一直到 19 世纪末才有所改观。至于这一耽搁给英国慈善事业造成了多大的损失，我们现在已经无法估计了。安妮女王基金自 1803 年开始就豁免于这一限制，根据该基金的记录，我们可以窥测出这一豁免的影响有多大。该慈善基金持续从不动产捐赠和遗赠中获得利益，（以 1841～1843 年为例）它收到的土地和房产的捐赠相当于它收到现金捐赠的一半多。②

　　到 19 世纪下半叶，无论是法学家还是普通人，再也没有人支持《永业法》了，因为他们被各种关于该法的荒唐的延伸解释给包围了。没有人可以说出这些事情的合理理由：将迪尤斯伯里财团和维克菲尔德财团的债券做出区分；规定不得将奥尔德姆和索尔福德的债券捐给一家慈善组织；将莱切斯特财团（合法的）债券与它 3.5% 的可赎回股份（不合法的）做出一个不存在的，甚至是毫无必要的区分。同时，议会根据《永业法》的规定，通过私人法令的形式选定享受豁免优惠的慈善组织的做法，也是没有逻辑可言的。基于这一做法，向伦敦的医院捐赠土地就是合法的，而向其他医院捐赠土地是非法的。③

　　1888 年，这堵墙上出现了第一道裂缝，一部法令允许以立契约的方式保证土地用于慈善宗旨。④ 但该捐赠人还需要在他死前至少两个月在两名见证人面前签署这份契约。此外，这项捐赠将立即生效，且不得撤销，捐赠人也不得做出任何保留。然而，这部新的法律并没有涉及更为疑难的土地遗赠问题。在有些人看来，要解决这个问题，就需要找出这么一个办法，即既要允许立遗嘱人将其不动产留给一家慈善组织，也要确保慈善财团手里的财产不会大量积聚。对于这一问题，有两位医生，即约翰·西蒙（John Simon）爵士和恩内斯特·哈特（Earnest Hart）施加了必要的影响。1890 年 10 月，《不列颠医学杂志》的编辑哈特向英国医学协会的议会提案委员会提交了一份备忘录，里面罗列了该法的糟糕境况；第二个月，西蒙又在《不列颠医学杂志》上发表了一篇名为《法

---

① 参见这部作品的总结：*Dublin Review*，34：428ff（June 1853）。

② *S. C. on Mortmain*，1844，Q. 1479.

③ *3 Hansard*，354：714－715.

④ 51 & 52 Vict.，c. 42.

律禁止慈善遗赠》的文章。① 医院协会提出了一份议案，这份议案提出了这一问题的解决方案。该协会将该议案提交给了赫歇尔（Herschell）勋爵。平心而论，该协会提出的这套解决办法是非常谨慎的。它允许为慈善目的遗赠土地，但要求慈善组织在限定的期限内出售该土地（除非慈善组织实际使用该土地，如做校舍的选址）。1891 年法令②给慈善委员们增加了一项责任，即监督上述条款得到执行——这项责任要求他们不仅要处置一些非常复杂的法律问题，还要不时抚慰愤慨的受托人，因为这些受托人不能理解为什么他们的土地要这样卖出去，而完全不顾及市场行情，甚至有的时候，这么做对慈善组织会明显不利。③ 总而言之，我们无法将 1888 年法令和 1891 年法令作为这一问题的最终解决途径。

反对《永业法》仅仅是宏大的慈善法改革运动的一个部分，而且是非常小的一个部分。我们将个人或集体的这种零星的抱怨形容为一场"运动"可能是有一点过了头，但在 19 世纪很大一部分时间里，人们对该法的状态是很不满意的，只是存在说出来或埋在心里的区别。比如，在 1844 年永业委员会上，有一位法律见证人说：这个体系是非常有害的，因为"它允许所有的遗赠人将自己的各种奇怪想法变成永恒"。④ 尽管慈善委员会建立之后在这方面做出了一些改变，但是该委员会的权力太小，尚不足以给人们带去希望，推动信托基金的全面现代化，更不用说对立遗嘱人的权利做出限制了。但是，从 19 世纪 60 年代开始一直到 19 世纪 80 年代，人们开始持续地发出声音，而且其中一些人还颇具影响力，他们希望对这部法律做出根本性的修订。

这场运动的源流是多方面的。社会科学协会自其于 1857 年成立以来就开始为人们提供了一个聚焦点。在它下属的各部门中，最有效的那个部门关注的是该法的管辖权与修订问题。该部门举办了一个讨论慈善法的论坛，还聘请了一些有经验的和在发动这些攻击方面起着领袖作用的律师。托马斯·黑尔经常出席协会的活动；亚瑟·霍布豪斯爵士先向该

① *British Medical Journal*, 1 Nov. 1890, pp. 1027 - 1030; *Philanthropist*, December 1891, pp. 179 - 180.
② 54 & 55 Vict., 73.
③ 慈善委员会致南森委员会的备忘录。
④ *S. C. on Mortmain*, 1844, Q. 453.

协会提交了几篇论文，然后将这些论文集结在他的《死手》一书中。此外，衡平法院的法官以及律师中的佼佼者，如佩奇·伍德（Page Wood）爵士［哈瑟利（Hatherley）勋爵］偶尔也会参加相关活动。在 1859 年的会议上，伍德（之后当了副大法官）揶揄这一法律教条，说它保障荒唐的遗赠得以永恒。他指出，死后成立的慈善组织不过是虚荣心的另一个名称，而且有的时候甚至还达到了不切实际的地步，比如有立遗嘱人下达指令，要求"每年从我的财产中拿出 300 英镑，永远用于支付给这些人，即致力于写文章传播我在我的公开作品中提出的观点，但尚未取得成功的人"。① 之后，在同一场会议上，他再次做出指控，强调这部法律存在这样奇怪的问题，即允许捐赠人提出各种荒唐的想法。他回忆道，在一个教区里，捐赠人把一笔基金留给受托人，并要求将一半的钱在本教区的 15 名未婚少女中进行分配，这些人必须是长相标致且定期参加教会活动，另一半要在 15 名 50 岁以上的未婚的老姑娘中进行分配，也要达到"类似的条件"。除"长相标致"这一条件以外，法律认定这项遗赠是合法有效的。② 他提出，抛开这些荒唐的噩梦不说，我们还是能够看到有足够的理由来限制永久性的遗赠，并将之纳入定期审查范围。

当然，同样清楚的是，这场慈善立法运动有赖于公众对教育问题的关心，就像布鲁厄姆调查时期那样。多个皇家委员会研究了 19 世纪 60 年代的初等教育和中等教育，然后它们对慈善遗赠的永久性原则表示并不支持，其中有两个委员会还明确表示支持对这些基金进行更为系统性的变更。纽卡西尔委员会认为，创始人指定的有效期"应该被限定在人类可以做出预见的期限之内。如果不做出这一限定，则基金会就将暴露在杜哥特（Turgot）以及其他经济学家所提出的谴责意见之下。他们认为基金会是虚荣的造物，自认为能够洞察未来各个时代的需求，还是一种轻信的体现，认为一群时隔久远之后的陌生人，在管着创始人的慈善事业时，会有着和他一样的热情来运营他喜爱的慈善体系"。③ 唐顿委员会提出了同样的看法，而 1869 年《捐赠基金学校法》则规定，可以转变特定类型的失效的信托基金的宗旨为教育宗旨，这一做法进一步吸引了

---

① *Trans, Social Science Assn.*, 1859, p. 69.

② *Ibid.*, p. 188.

③ *R. C. on Popular Education*, 1861, Report, p. 476.

人们对改革之需求与可能性的关注。

罗伯特·楼撰写了小册子《中等阶级教育：捐赠基金或自由贸易》。虽然罗伯特自己也未必拿那些极端的主张当真，但他那本异常精彩的作品还是挑战了读者们的智商。① 罗伯特分析了唐顿委员会的建议（此前他也做了类似的证明），表示对该委员会的这一看法感到惊讶，即"政治经济的常规原则并不适用于对中等阶层的教育"。学校教育和贸易一样，可以由经济法则来做合理的调整；对教育的补贴已经变得像对外国贸易的补贴一样陈旧了。针对教师，需要引入积极的、不停的竞争激励，才能使他们变得有效率——而领取固定工资的预期则会使他们的生命力衰竭。就算是公立学校也不应该这么依赖捐赠基金，而应更多地依赖私人教学体系，因为通过这一体系，它们可以收取学费。大概而论，作为杜哥特和亚当·斯密在维多利亚时代中期的杰出弟子，罗伯特再次主张了这两位经济学家提出的真理，从而引发了人们关于捐赠基金在英国社会中的地位以及它们的法律基础的疑问。

这一股反思和批评的潮流还有其他的源流。《泰晤士报》将这股潮流的一部分根源归结于格拉德斯通提出的建议所引发的狂热，他建议去除慈善基金会所享受的税收减免。② 慈善组织协会也让人们感受到了它的影响力。尽管法律改革并不算是该协会的主要主张，但是没有一个团队在致力于提升慈善救济的"效率"的同时，会漏掉这一格外混乱的法律体系，因为这些法律还管着慈善基金。特别是在他们煽动的反对布施的运动中，慈善组织协会领导人还掀起了对永久性遗赠的质疑，号召将这些基金置于定期审查和调整之下，并要求加强政府监管。亚瑟·霍布豪斯爵士（法律改革者中最直言不讳的人）以及查尔斯·特里维廉爵士（他推动了伦敦市教区捐赠基金的改革运动）都是慈善组织协会理事会的成员。除了产生上述影响之外，这场由慈善组织协会所发起的运动还使公众关注到一系列与慈善有关的问题，包括其法律基础的问题。

改革者的攻击主要集中在两个相关的点上。第一，法律给予捐赠人和立遗嘱者以特权，使他们可以就自己的信托基金设定永久性的条件；

---

① London, 1868.

② *The Times*, 13 Oct. 1880.

第二，由于法律给予了明确的保障，也就确保了立遗嘱者可以对信托基金进行持续控制，避免该基金遭到变更，哪怕是在有合理理由而明显需要对其进行变更的时候也是如此。改革者对死手规则表达了程度不同的反对意见，并尝试破除（至少是放松）这一规则的限定。

在一开始，有一个基础性问题是，出于鼓励向慈善事业做出遗赠的考虑，政府所做出的让步是否并不算大。法学家们大都不主张立遗嘱者拥有一项"权利"，可以对他的财产的使用下达永久性的命令，很多人都更偏向于对这一权利设定一个期限，而在过了这个期限之后，就应该对该信托基金进行审查和变更。令人十分烦恼的是，一个立遗嘱者在将他的财产赠给一家慈善机构之后，哪怕他的想法十分值得称赞，在若干年以后还是会变得过时或没有价值。此外，在改革者眼里，更令人哀叹的是，从任何合理的角度来看，有些遗赠，其最初的宗旨对这个社会就是无用的，或者甚至是有害的——但它们依旧是永久性的。这是因为"慈善用途"或"慈善目的"并不必然与人们的善行或施惠于社会的行为相对应。在法学家看来，"慈善"是一个专门的术语，这个术语可以做很多延伸的使用，而缺少精确性。关于什么是一份有效的慈善遗嘱，其相关解释在某种程度上每一个时代都有不同的意见，每个法院都有不同的看法。

对于这一术语并没有一个权威的定义。正如我们所见，基础性的《伊丽莎白慈善目的法》的前言部分罗列了大量这样的目的，形成了一份"变化万千、包罗万象的慈善事业"的列表，"大法官法庭可以此为指引或参考表"。[1] 在 19 世纪 90 年代早期，麦纳顿勋爵尝试以现代的术语重述伊丽莎白第 43 号令的前言部分，他的这番重述也就是后来最具影响力的一个界定。[2] 他将慈善目的分为四类，其中前三类没有任何争议：贫困救济、教育促进、宗教倡导（虽然有人会质疑这里"宗教"的定义）。然而，前三类的精确性所产生的效果却被第四类的模糊性（虽然这么做是必要的）所破坏，即"任何不归属于上述类别的有利于共同体

---

[1]　Lord Macnaghten，转引自 *Nathan Report*，Par. 121。

[2]　*The Commissioners of Income Tax v. Pemsel*，A. C. 521.

的其他信托"。这就是现在遗留的这个问题的症结所在——如果人们附加上这一条件的话，即所有慈善遗赠都必须有利于共同体或共同体的一个重要部分。可以预见的是，1960年《慈善法》还是会以伊丽莎白第43号令为其不可置疑的源泉。

从改革者的视角来看，很多信托都不能算作有效的慈善组织。他们饶有兴趣地指出，很多有名的捐赠基金的成立并不是基于一位虔诚的创始人的善行，而是像坦克雷德信托和贾维斯信托一样，是出于满满的恶意，是对他的家族的怨恨的表达。此外，还有一些慈善组织的成立是出于创始人的一时头脑发热，在现代人的眼里，这些做法有时甚至有些古怪。可能捐赠给圣艾夫斯的教区牧师和教区委员用于购买《圣经》的那笔钱就属于此类。在圣灵降临节后的第一个星期二，人们会把《圣经》分给通过一套古怪的程序选出来的孩子。在晚祷之后，有人会把一张桌子挪到圣坛之前，然后6个孩子就开始扔骰子，扔出的数字最大的那个人就可以赢得《圣经》。[①] 在19世纪80年代早期，有一位名叫科尼利厄斯·哈雷·克里斯马斯（Cornelius Christmas）的人在86岁高龄过世，他留下了16000英镑遗产，并指定将这些遗产的收益用于"在圣诞节前的那一周，在大雅茅斯的贫民中"分配面包、煤和现金，而且"此后每一年都要这么做，且不得改变时间，永远如此"。在这个遗赠上，创始人还附加上了一条诅咒，这条诅咒是针对公共部门的，如果它们胆敢"改变或干预我给贫民的这些捐赠的话，那我就要求我的受托人立刻把这些捐赠变成现金，然后毫不迟疑地把钱分给我这个家乡的小镇里的穷人——但给每一户家庭的金额不应超过20英镑；我相信并且希望它们不会逼我走上这条绝路"。[②] 由此看来，科尼利厄斯认为在12月25日前的一周做布施对他来说是一个很好的纪念。

慈善史上从不缺少那些乐于自我宣传的创始人——事实上，有相当数量的慈善遗赠，其中蕴含一项重要的当然也是情有可原的元素：虚荣。有一位叫格林（Greene）的人，他为了使人们永远记住自己，便下达指令，要求向老妇人提供绿色的背心和绿色的缎带花边，而一位叫格雷

---

① H. L. Wayland, "The Dead Hand," *Journal of Social Science*, 26：84（February 1890）；*24th（Brougham）Rept.*, 1831, p. 37.

② *Charity Record*, 5 Oct. 1882.

（Gray）的人则指定向穷人提供灰色的衣服。① 有人对这些创始人的这种狂热提出了批评，因为这些创始人连穷人穿什么样的衣服都要管。此外，还有一系列慈善遗赠从一开始就是有害的、无用的，或是愚蠢的（但却是有效的），而且这些遗赠还会永久存续下去。和 W. S. 吉尔伯特其他自负的想法一样，他的捐赠（捐赠给喜歌剧《鲁迪戈》② 中的专业伴娘团），看起来只是比某些拥有完全法律地位的慈善组织更可笑那么一点。诚如人们所见，这些伴娘大多都无所事事，乃至于"我们所赖以存在的这项虔诚的慈善事业的钱都被浪费了"，而且，她们还担心很快就会被剥夺受益人资格。但是，说这些善心都是不正常的，这也是有违现实的。尽管在改革者眼里很多慈善组织从创立之日起就没有给社会带来明显的利益，但是人们还是抵制对这些组织进行直接干预。人们所真正反对的只是立遗嘱者拥有的这项权利，即将他的奇思怪想或偏见永久强加于后来的人。这一极端的改革主张见于托马斯·杰斐逊的这段话："我们的造物主创造了这个世界，是给生者享用的，而不是给死者。那些并不存在的人是无法享用它的，也对它没有权利。"③

在像霍布豪斯、黑尔和哈瑟丽勋爵这样的人那里，改革者不会缺少激情的演讲。总的来说，他们的要求是，不仅要对慈善遗赠的原始目的进行更为详细的审查，而且要将它的存续限定在一个特定的时期内，可能是 50 年或 60 年，或者如哈瑟丽勋爵所建议的那样，是创始人终身，外加死后 21 年。他们认为这一原则是愚蠢的最高点，即一位 17 世纪的立遗嘱者有权用永久的惩罚威胁他的受托人，如果他 100 英镑的遗赠款中的任何部分"被挪用或用于其他任何目的，只要这个世界还存在着"。④ 对霍布豪斯来说——他的观点公认要比多数其他改革者极端——有两项变革是根本性的。第一，公众不应再被迫接受捐赠人碰巧提供的东西，而是应该"像在其他国家一样，有权思考是要让创始人想要的内容起效还是将这些财产用于其他的公共用途，或者是回到私人用途"。他

① Chase, *Some Great Trusts of England*, p.10; *17th (Brougham) Rept.*, 1826 – 1827, pp. 296 – 297.
② 吉尔伯特是该剧剧本的作者。——译者注
③ 转引自 Wayland, "The Dead Hand," p. 88。
④ L. R. Phelps. "The Use and Abuse of Endowed Charities," *Economic Review*, 2：88 – 89 (January 1892).

承认，应该对立遗嘱者的意愿表示适当尊重，但是这应以这些意愿不会干预公共幸福为界。第二，应该创设一个有权机关负责"根据人类的需要"来管理慈善资产，此外还要一个公共法庭来负责调整"各类已经变得有害或无用的基金会的宗旨，使它们拥有新的宗旨"。① 1868～1869年，他以慈善委员的身份开了3场讲座。在这3场讲座上，他以十分尖锐的语气反复强调和详细阐释了这两个原则。②

这几场讲座部分也是对约翰·图亚特·密尔发表在《双周评论》上的文章所做出的回应。③ 引发密尔写出这篇文章的是乔舒亚·费奇（Joshua Fitch）的建议。费奇基于其学校调查委员会助理委员的令人希望破灭的经历，认为慈善遗赠的权利过于宽泛，应该予以限制。他暗示说，教育和贫民救济应该根据国家政策进行统一管理，而私人捐赠人则应该遵守这些政策。毫无疑问，这类观点击中了密尔最敏感的地方。这套说法看起来与他的全部主张完全相反，也即他所认为的多样性和不断尝试对人类发展十分重要这一观点相违背。相反，密尔乐观地认为，政府干预捐赠基金权力的问题已经得到一劳永逸的解决了。事实上，他承认，在很大程度上很难明白为何他竟然成了改革者的替罪羔羊，因为他不无理由地认为他对慈善信托的观点只是稍微有点激进。他承认，应该允许立遗嘱人有一定的自由权，在一定期限内，即"个人可以合理预见的时间内"，来尝试他的想法。这个期限大概是50～100年。在这个期限结束以后，该项捐赠基金"应归属到国家的控制之下，接受政府的调整，或彻底变更其方向"。④

密尔的这篇文章是典型的"说得没错，但另一方面……"形式的文章。他对于慈善资金的浪费感到很不安，这涉及不明智的慈善遗赠，以及这种明显是愚蠢的做法：允许愚蠢的立遗嘱者的想法可以永久生效。但他的这种不安却为自己另一种担忧所中和，即担心将所有人的个性限定成为一种呆板的形式。他继续坚持说，应该在社会上留下一个合理的空间，以使人们可以开展富有想象力的实验，哪怕所实验的是那些在公

① Hobhouse, *The Dead Hand*, pp. 120–121.
② Hobhouse, *The Dead Hand*, chaps, I–III.
③ "Endowments," *Fortnightly Review*, n. s., 11：377–390（April 1869）.
④ *Ibid.*, p. 380.

众看来十分荒唐的事业。事实上，除了所强调的重点不一致以外，密尔的观点与那些慈善改革者，如热心的托马斯·黑尔，并没有太多的不同。① 黑尔在 1869 年社会科学大会上的发言中有些片段可能就来自他这位功利主义哲学家——或者，事实上，基本上来自他这位一家 20 世纪的基金会的负责人："我认为，捐赠基金是政治和社会科学下各项实验的一个重要元素。毫无疑问，我们的国家应该承担开展这样的尝试的成本，但是这涉及增加公众负担的问题；我们可以基于多数人的同意而增加税款，但不能因为慈善家或创始人的想法而增加公众的负担，除非他们的想法已经获得了公众的认可，不再需要额外的支持或宣传了。在人类发展进步过程中，其中最重要的几步是要与人们的偏见相对抗，但这里指的不仅是公众的偏见，也是富有学识的人，以及某个特定时代里思想领导者的偏见。"②

黑尔的演讲颇有预见性地、令人印象深刻地描述了慈善信托基金在社会进步中所扮演的角色。他同意密尔的观点，认为应该给一段时间的尝试期，哪怕所尝试的是一个愚蠢的计划，因为"每一项捐赠基金都是一个既定的反对者，代表弱势群体来反对有权者的忽视、漠不关心或愚昧无知"。③ 如果它们更为勇敢地进入社会所需要的探索性领域——如合作型劳工组织、合作型农业，以及"日渐变得有价值和重要的工业生活"的某些方面——则这些慈善捐赠基金就为"开展社会学里的宝贵的实验"提供了一套机制。然而，要实现这一目的，基金会应接受公共部门（很明显，就是掌握了更大的权力的慈善委员会）的引导，这个公共部门要做到"承担这执事，不是凭着字句，乃是凭着圣灵，因为那字句是叫人死，圣灵是叫人活"。在确保合理的自由权的前提下，它可以领导开展社会需求调查，实验各种新的组织技术。黑尔关于未来慈善委员会的描述是非常具有超前想象力的，他将之描述成为一个资源丰富的、周到练达的非官僚主义机构的典型代表。不过，他的想象以及他的这一理解，即关于私人慈善在日渐复杂和民主化社会中所拥有的价值，给出了一套相当具有说服力的说法，从而推动慈善政策变得更加柔性。

---

①　因为密尔拥护黑尔的比例代表制计划，所以两人之间产生了一种友谊。

②　*Trans. Social Science Assn.*，1869，p. 135.

③　*Ibid.*

1880 年，有两本书出版。它们刚一出版立刻就引起和激发了公众对慈善法改革的兴趣。剑桥大学唐宁学院的考特尼·肯尼（后来成了唐宁教授）发表了他的荣获约克奖的论文《有关慈善和其他公共用途的立法的正当原则》，而亚瑟·霍布豪斯爵士则将他在 1868～1879 年发表的 7 次讲话收入他所编的文集《死手》之中。这个单行本中的这些讲话产生了巨大影响，虽然很可能霍布豪斯的习惯（喜欢用非常激烈的词语来表述他的观点）引发了一片敌视，而这原本可以做得不那么气势汹汹。他在这些文章里反复强调的中心议题是："那些已经在这个世界上完成了他们的使命的人没有权利下达命令，要求采用何种方式来将他们那个世界上的善意用到今天，我们也不认为应该允许他们这么做，除非将之限定在一个非常有限的范围内。"在回应密尔的段落里，霍布豪斯有意夸大他们两人之间的差异。当然，他否定密尔的这种做法是完全正确的，即简单地判断说死手权的有害的表现形式都已经被清除干净了，或者可以很容易被清除掉。然而，在实践当中，两人并不是如此背道而驰；他们只是在强调的重点和哲学观念上有所不同。霍布豪斯的这部作品中一个更为明显的特征就是他收集了很多怪诞的、破坏性的、过时的捐赠基金，他拿这些捐赠基金作为案例，这也成了之后的作者们在讨论慈善改革问题时的军火库。[①] 霍布豪斯比其他维多利亚时期的人做得更过，他使自己成为慈善法重大变更的代言人，倡导限制立遗嘱人的权利，甚至近乎取消这种权利。

相比之下，考特尼·肯尼则提出了一套更为审慎和稳重的说法，虽然他也要求改革者对慈善法开展大力改革。他这本书从法律制度改革的角度审视了英格兰的捐赠基金，这可能是最能得到普遍接受的一本书了。肯尼拒绝了杜哥特和罗伯特·楼做出的充满敌意的分析，即慈善捐赠基金中的恶意要大于善意。但是，他在以慈善为宗旨的信托中还是发现了很多古怪的地方，这些地方需要国家采取特别行动。首先，立法机关需要对某些类型的慈善组织设定限制，包括发放救济品的、提供嫁妆的、提供学徒费的、免费学校等类型的基金会，还需要设定条款，规定在什么样的条件下才可以做出慈善遗赠。简言之，肯尼取消了相当数量的有

---

① 比如，Lord Beveridge's "Charities' Chamber of Horrors," *Voluntary Action*, pp. 356ff。

效的慈善组织的合法资格，而这些组织在历史上曾具有相当大的作用。其次，政府必须继续对捐赠基金开展监督，而且要比之前更为严格，因为"基金会一开始总是好的，但留给别人管时总会变坏"。[①] 他赞扬慈善委员会——"没有任何一个其他永久性委员会能够表现得如此这般彻底成功"[②]——这番赞扬令人感觉发腻，甚至在很多支持他的结论（慈善委员们的权利应该予以扩大）的人看来都有点过分。

最后，为了扭转慈善信托逐渐过时的趋势，肯尼提出，国家在推进慈善信托变更业务时应该采用更为迅疾、果断的行动。他说，认为这么做会侵犯财产的内在权利简直就是一派胡言。如果我们应该确保遗赠在一段时间内不受干预的话，那么它们未来将会接受适度的变更这一预期非但不会打消明智的捐赠人的捐赠念头，反而会使他们感到安心，因为这样一来，他们的遗赠便可以得到富有成效的使用。此外，我们还可以认为，尽管创始人计划中的细节被认为是可以变更的，但捐赠基金依旧应该被限定在具体的慈善领域，即其原本想要开展活动的领域，这也就能给捐赠人一种额外的安全感。

那进行变更的权力应该归谁掌握呢？当然，这不能是议会或者法官。除其他原因以外，衡平法官的思维习惯使他们不适合负责进行这种变更，因为其中涉及大量的道德和社会的考量，而不只是涉及单纯的法律问题。很明显，这既不该是一个立法机关承担的任务，也不该是一个普通的法官承担的任务，而该是一群专家承担的任务，这群专家要组成一个特别的管理部门，而在该部门之上则还要委派一位分管的大臣。我们并不清楚肯尼所说的主管变更的部门是不是慈善委员会的重组加强版。但是，他无疑也认为确有必要设立一个负责变更的机构："虽然应该允许各位明智的创始人在一个合适的期限内不受干扰地开展他们计划的实验，但在此期限后，则应由该机构负责确保该捐赠不被浪费，矫正他们的错误，只要该实验的结果证明这一实验最终失败了。"[③]

霍布豪斯、肯尼、黑尔和其他法律改革者的呼吁并没有产生什么重大的成效。事实上，在19世纪80年代中期以后，这一问题就逐渐淡出

---

① Kenny, *The True Principles of Legislation* ... , p. 269.

② *Ibid.* , pp. 152 – 153.

③ *Ibid.* , p. 274.

了人们的视野，人们也不再像前 20 年里那样经常提到它。这可能部分是因为《城市教区慈善组织法》清算了英国最大的过时的慈善组织，这类慈善组织是改革者经常提起的各类可怕的案例的来源。同时，坎普登慈善组织案的判决就最近似目的原则做出了更为宽松的解释，在 1888～1891 年永业限制的放松也使人们心头常年积聚的那口气呼了出来。在这一时期，国家日渐替代私人慈善组织承担各项职责，这可能削弱了后者的重要性，使做出有效规制也变得没有那么重要了。

除了这些因素以外，我们可以看到慈善委员会的团队精神也出现了一个值得注意的变化。在 19 世纪 90 年代，我们可以感觉到这个团队的主动性和气势明显走弱。该委员会的年度报告所用的语气也变得与之前不同。发布年度报告已经成为该委员会年度工作中雷打不动的例行内容，这些报告会对主要的慈善遗赠的情况做出说明（当然，这是非常有用的），也会提供其他统计数据。在这些报告中已经明显没有了之前慈善委员们所灌注入他们的作品中的那种自信和进取热情，19 世纪末的继任者似乎并不愿就此顺从于他们的处境。由于经常对自己的处境感到失望，他们甚至不再索要更大的权力。所以，托马斯·黑尔和考特尼·肯尼断然不能在慈善委员会 20 世纪的表现中找到一条道路，符合他们所满心期待的，大力倡导的那种积极的、富有想象力的慈善组织管理工作。

南山慈善译丛
NANSHAN TRANSLATIONS OF
CHARITY RESEARCH

第三辑
主编/何华兵　褚蓥

英国慈善史
(1660~1960)

下卷

ENGLISH PHILANTHROPY
(1660-1960)

（VOL.2）

［美］戴维·欧文 ／ 著
（David Owen）

褚蓥 ／ 译

杨洁 ／ 校

社会科学文献出版社
SOCIAL SCIENCES ACADEMIC PRESS (CHINA)

目　录

上　卷

第三部分（Ⅱ）

私人慈善与公共责任（19 世纪 60 年代至 1914 年）

第十二章　法律和行政管理：纳税义务

一

除了永业权以外，英国慈善组织所享有的最重要的一项法律特权就是与它们的纳税义务相关的权利。尽管相比于美国的慈善组织，英国的机构所享有的免税资格的范围要小得多，但这依旧是一项很大的特权，而且，在维多利亚时期，这项权利只是偶尔受到挑战。毕竟，出于公共利益这一功利主义的基础，人们很容易就能为税收减免这一特权找到合理性理由，因为私立慈善组织为英国社会提供了必要的服务，而其中有一些本该是由政府来提供的。

在 19 世纪，这些税收政策在三个方面与慈善事业相关。第一，而且是最重要的一个方面是慈善收入被免除所得税。第二，慈善遗赠不享受该优惠待遇；针对慈善遗赠，税务局会征收最高比例的遗产税。第三，慈善财产——这一问题从未得到总括性的明确回答——或许应该，也或许不应该缴纳地方税。与这些问题相关的是第四点，这一情况只出现在 20 世纪 20 年代早期。这与慈善组织捐赠人的所得税抵扣相关。其结果就是在一份七年协定中规定了一套复杂的机制。根据这套机制，纳税人在符合特定条件的情况下可以就其所做的慈善捐赠而享有一定金额的所得税抵扣。①

从一开始，英国的慈善组织就能免缴所得税。我们现在只能猜测为什么皮特首相会在 1799 年的《所得税法》中加入这么一条规定，免除慈

---

① 上述几点省略了一些细节性事项，如各类文件所需缴纳的印花税等。参见 *Tudor on Charities*（1906 ed.），chap. XIII。

善组织的所得税了，但这其实也是一个很自然的决定。① 举一个例子，文法学校和免费学校承担了公众教育的整副重担，因此它们也就发挥了一种公共职能，并具有不容置疑的价值。所以，向这类准公共机构征收所得税是荒唐的。在 1816~1842 年，英国取消了所得税。但之后，罗伯特·皮尔爵士重新引入了所得税这个税种，而在那时，他依旧依循皮特的先例，免除慈善组织的所得税。② 在整个 19 世纪，慈善组织的这一特权只有在偶然的情况下才会遭到指责。虽然慈善改革者，如黑尔和霍布豪斯，对这一问题没有太多的兴趣，但这一优惠待遇自身也从未遇到被撤回的严重风险。此外，值得注意的是，无论取消这些待遇有什么好处，英国的慈善事业——其中最为明显的就是伦敦的大型机构——都是不容忽视的政治力量，在必要时可以施加政治压力。所以，很自然的人们认为合法的慈善组织获得那些租金、股息、利息都是理所当然的，只要被用于慈善目的就可以免税。

慈善收入的这一特权一直没有成为官方攻击的目标，直到格拉德斯通作为财政大臣时在 1863 年财政决算中发动了一次攻击为止。③ 这次攻击是一次试探，因为他并没有给出任何的具体建议。相反，他专注于主张这些内容，即事实上，免除慈善收入的所得税在原则上是不公平的，在操作上过于复杂且不实用。14 天之后，他提出了他的《关税和国内税收提案》。在这部提案中，他取消了捐赠基金慈善组织的免税优惠，但它们所占有的医院、学院和济贫所除外。④ 由公众的志愿性捐赠来支持的活动（而非捐赠基金）则不受其影响。

在一次很长的、著名的演讲之后，格拉德斯通正式开始"面对一群该死的所谓的慈善组织"（他在日记里是这么写的）。"从 5：10 一直讲到 8：20，使尽我浑身解数，情况就是这样。"⑤ 在他的一些听众看来，

① 39 Geo. III, c. 13, s. 5. 具体而言，该法免除的是"专门为慈善目的建立的法人、兄弟会或社团"的所得税。
② 艾丁顿（Addington）在其 1803 年法令中也是这么做的（43 Geo. III, c. 122, s. 68）。
③ 3 Hansard, 170：200ff；W. E. Gladstone, The Financial Statements of 1853, 1860 – 1863 (London, 1863), pp. 330 – 408. 相关材料参见 pp. 365 – 371。
④ S. 3. 这次演讲的时间是 1863 年 5 月 4 日。考特尼·肯尼对此做了一个出色的总结，参见 The True Principles of Legislation ... , pp. 251 – 253。
⑤ John Morley, The Life of William Ewart Gladstone, (3 vols. London, 1903), II, 65.

当他将税收豁免描绘成政府将不确定比例的补贴授予给价值存疑的机构时，这个问题就变得尖锐起来。他强调，如果能有一个全新的开始的话，我们就不相信议会会向这些事业投入高达 216000 英镑（这是他估算出的税收减免的总额）之巨的补助金，而且这些事业中的很大一部分都是无用的或有害的。[①] 这一政策是相当糟糕的，因为这一补贴是隐性的、不做分别的。一次盲目的捐赠只要做出了，政府就会适用豁免规定，而不做太多审核，也不会审查其开支情况。在格拉德斯通的论争中，提出了一些明显的论据："如果我们有权把公共的钱给出去的话，那我们也没有权利这样盲目地给出去。我们要有区别地给出去；我们要在监督下把钱给出去；我们要表现得像一个合宪的议会那样，如果是医院收到了这些补贴的话，那就应该将它们置于一定的管控之下。"[②]

在这位财政大臣的主张中，有一项是对捐赠基金和志愿型慈善组织做了分别对待。这项主张在他的时代比在我们的时代可能更具说服力。他认为，后者在总体上来看更值得尊敬，因为它们代表着一群生者一定程度的自我牺牲，而慈善信托则主要是以遗赠的方式创建起来的，由"虔诚的创始人"试图使他们自己变得永恒的方式创建起来的。在他看来，出现这种情况是一种严重的反常现象，即志愿型机构事实上在纳税（它们的捐赠人要缴纳所得税），而那些以逝者的遗嘱为依据建立起来的慈善组织则享受所得税免税优惠。而这正是 19 世纪 60 年代的特点，即没有人提议避免这种反常现象，将这种相应的优惠待遇延伸到那些支持非捐赠基金类慈善组织的人身上。此外，格拉德斯通还提出另一个法律问题，他抱怨圣巴尔的摩医院、圣托马斯医院、盖先生的医院所享受的优惠待遇比查令十字医院、大学学院医院和国王学院医院要好得多。

虽然格拉德斯通对捐赠基金慈善组织并不太看重，但他大度地允许在它们之中有所偏重。很多开明的人都会支持他对小型慈善组织的谴责，这些组织把自己的收入分成小块，主要以救济金的方式分发出去。他估计，这些组织每年实际上会收到约 125000 英镑的补贴，然而，我们需要容忍这种情况。[③] 而在另一级，是一群相当富有的机构，给予它们免税

---

① Gladstone, *Financial Statements*, p. 435.
② *Ibid.*, p. 458.
③ *Ibid.*, p. 443.

待遇简直就是个笑话——同时，另一群机构，即大型的捐赠基金医院，能够提出一些稍微合理的理由。但在前一类机构中，恐怕也没有什么机构会比基督医院更容易受到攻击了。这家机构现在的每年总收入达到了7万英镑，它原本是要服务于贫民中的最穷的人的，而现在则从较高的社会层级中遴选儿童。它的捐赠理事团队允许捐赠超过500英镑的捐赠人提出一定名额的孩子，由基金会出钱让孩子接受教育。有时，这也就成了捐赠人照顾穷亲戚的一条便宜通道了。在格拉斯通看来，在每年公众缴纳的税款中，约有6000英镑被用于向不是很穷的阶层的孩子提供教育。

格拉德斯通的计划并没有得到太多支持，在议会内外皆是如此。在他拿出的《财政决算》以及发表更为详细的主张之间的这段空隙，慈善组织便感觉到自身利益受到了威胁，于是组织起来进行抵抗。他苦笑着提到，就算是财政大臣也对"这些慈善组织所集结的所谓的慈善大军所使出的手段"而感到震惊。[1] 在下议会的反对派那里，他们谴责他的建议在原则上是站不住脚的，在实践中也是不方便的。迪斯雷利四处宣扬说，这个免税资格"不是一项特权而是一项权利"[2]，他这套奇谈怪论收获了不少掌声。而在格拉德斯通方面，没有一个独立的成员愿意跟他一起并肩作战，而格拉德斯通自己也从依旧还激烈进行的争论中审慎地收回了自己的手段。正如帕尔姆斯顿所说的那样，很明显，在下议院外，人们已经被召唤和组织起来，而在下议院内，格拉德斯通的雄辩除了缓解一下自己良心的亏欠感以外，别无他用。

二

此后，没有一届政府会将慈善组织税收问题纳入自身的考虑范围，虽然格拉德斯通派的下议院成员偶然会提出这个问题。[3] 没有一次此类攻击最终改变了慈善信托基金的税收地位，但是，它们至少在某些圈子里搅动起了人们心中对基金会看法的涟漪。特别是在格拉德斯通的追随

---

[1] Gladstone, *Financial Statements*, p. 438; 3 Hansard, 170：1082.

[2] *Ibid.*, 1128.

[3] *Ibid.*, 205：1505ff；245：1187ff. 除此以外，这一事项还涉及慈善委员的开支问题，人们普遍认为，这一机构的资金来源应该是广大慈善组织自己，而不是财政部。

者中，人们质疑说，某些大型慈善组织虽然得到了这一特权，却没有做任何事情来证明自己配得上这一特权，所以应该采取一些强硬的手段来刺激它们，使它们变得更为高效。在格拉德斯通发表完下议院讲话几周后，在财政部向内政部呈送的一份备忘录中，也提到了其中一些质疑观点。[1] 这份备忘录建议，慈善委员会应该对伦敦市一些大型免税基金会开展一场彻底的、有效的调查。从某种程度上来说，这件事也就是那样——不过是一次直截了当的尝试，想要对伦敦的大型慈善组织获取更为准确的数据——但其实际上也受到了质疑的激发，即质疑这些机构是否真的像它们的发言人在下议院里描绘得那么好。

慈善委员们并不需要督促。他们迅速对 7 家基金会开展调查，除了 1 家以外，其余 6 家都在伦敦地区。[2] 慈善委员会对这些机构，包括基督医院、贝特莱姆医院、圣托马斯医院、伦敦医院等，开展了彻底的调查。虽然委员会的报告不像格拉德斯通所期待的那样具有明显的批评色彩，但其中也提出了一些尖锐的问题。比如，托马斯·黑尔在对基督医院进行了一通十分客观的分析之后总结说，这家医院的资产是应该"为少量的有特权的人（理事们提出的孩子们）的利益而开展运营呢，还是应该为最穷的阶层和公共福利而运营呢"。[3] 委员会的调查重要意义主要不在于改变税收政策方面，而在于扩大政府与捐赠基金慈善组织之间的联系方面。他们的报告揭开了伦敦市的一些大型慈善组织运营内幕的盖子，让它们暴露在那些想要盯着它们看的挑剔的目光之下，因此，也引发了改革者的攻击。事实上，这是一场预先的侦查，为之后捐赠基金学校委员与基督医院之间的争斗提供了信息，而这场争斗是这些委员们所遇到的最复杂的也是最难缠的一个个案。

格拉德斯通的行动另一个成效是吸引了人们对所得税免税资格行政管理方面的关注。如果人们无法从根本上改变这一特权的话，或许就可以改变对它的管理实践。比如，信托基金的法律地位的内涵是什么？如果其收入用于补足济贫税和其他常规的教区负担，那可以算是信托基金

---

[1] B. M. Add. MSS. 44，752，ff. 313 –316 （25 July 1863）.

[2] *Corr. Between the Treasury，the Home Office，and the Charity Commissioners* （Parl. Pap.），1865.

[3] *Ibid.*，p. 59.

吗？这符合法律对慈善的界定，因此也可以获得免税吗？对这些问题的法律意见是相互矛盾的，国内税务委员也感到十分困惑。① 财政部自然是十分乐意更为严格地界定免税资格，却踯躅于仅仅以行政规范的形式来改变已经长期存在的管理实践。但无论如何，国内税务局还是决定从此以后以更为严格的方式来审查慈善组织提出的退税申请。②

尽管这一政策导致国内税务局和基金会之间产生了一些不和，因为基金会认为它们受到了不公正的对待，但直到 19 世纪 80 年代晚期，这些慈善组织才组织起来，试图通过法院进行抵抗。到那时，委员们已经表现出一种明显的倾向，想要缩小免税资格的范围，特别是针对某些宗教类、教育类信托。因为对慈善组织的法律分类已经是 300 多年的旧物了，而且其也没有给出可以准确适用的标准，所以委员们就想要建立自己的标准体系，甚至不惜篡夺议会的权力——对于这一做法，《泰晤士报》提出了抗议。③ 1886 年，委员们将摩拉维亚教派的一家信托的申请给扔了出去（之前是承认的），到这个时候，这类机构的法律地位算是得到明确了。两年后，在贝尔德信托案中，苏格兰的法院也裁定支持国内税务局做出的关于此类机构法律地位的决定。④ 同时，摩拉维亚（皮姆瑟尔）基金会也向法院提起了一系列诉讼。对于此案，都德（Tudor）说："法官们的意见出现了巨大的分歧。"⑤ 到最后，上议院的高级法官们以 4：2 的比例，裁定这类信托属于合法的慈善组织并有权获得所得税退税优惠。⑥ 摩拉维亚基金会案的裁决具有很高的法律价值，它不仅推翻了苏格兰法院在贝尔德信托案中的裁定，还强迫国内税务局实施之前那种更为宽松的政策。

这些慈善组织不仅想要在司法层面给予回击，还想在政治层面扳回来。虽然摩拉维亚基金会案是由法院有意推动的，但艾丁顿（Addington）勋爵也出来代表教会建筑协会说话，因为该协会的申请遭到了国内

---

① Commrs. of Inland Rev. to the Treasury, 22 Aug. 1863, *ibid.*, pp. 1 – 5.

② 对于慈善组织而言，常规的程序是在纳税后再申请退税。

③ *The Times*, 4 Sept. 1888. 关于被拒绝免税资格申请的组织类型，参见 *3 Hansard*, 334：1546 – 1551。

④ *Baird's Trustees v. Advocate*（1888），15 Sess. Cas.（Ser. 4）688；同时参见 *Tudor on Charities*（1906 ed.），p. 418。

⑤ *Ibid.*, p. 419.

⑥ 在这个案件中，麦克诺滕勋爵提出了经典的四类慈善宗旨的分类。

税务局的拒绝。同时，他还要求税务局拿出一份声明，列明在 1886～1887 年那些领到退税的机构所收到的金额情况，以及被拒绝的申请有哪些。[①] 这一抗议本身没有太多成效，因为法院随后就出面解决了这一案件，但在这个事件中，国内税务局提供的数据十分有趣。其显示，有 200 万英镑慈善收入享受了退税。同时，税务局的报表也反映出在 19 世纪末各种慈善组织类型的相对重要性。[②]

类别	金额（英镑）
教育类信托	778528
宗教类信托	102232
医院	534701
养老基金	236523
济贫院	157101
救济金	193834
其他	48043
合计	2050962

根据法官在皮姆瑟尔基金会案中所做出的判决，税务局已经无法出于税收目的而对各类合法的慈善型信托做出区别对待，即对某些类别征税而豁免其他类别。税务局不得不将免税资格授予符合慈善界定的任何类型的实体。结果，税务局经常会忧心忡忡，不仅是对某些慈善属性有问题的组织享受免税待遇感到担忧，还对应被视为具有"慈善性"的事业的范围界定感到忧虑。1920 年，科尔温所得税委员会对那些在正常人看来完全不属于慈善的组织却享有的特权一事表示了关切。[③] 该委员会认为，这一问题需要议会介入，应为所得税征收的目的而设定一套"慈善目的"的特别定义，而不需要重新调整这一相对广泛的法律概念。

---

① *3 Hansard*, 329：1384－1386.

② *Return on Income Tax Refund to Charities…*, *House of Lords Papers*, 1888, No. 289. 我们可以看到，慈善委员们在 1868～1875 年发布的摘要显示，这一时期慈善总收入是 220 万英镑，而获得退税的那部分收入要比这一金额小。

③ *R. C. on the Income Tax*（Cmd. 615），1920, Part III, sec. XIV. 在 1951 年南森委员会上，法律协会的代表表达了（Q. 5408ff）对这一事项的关切，即慈善委员和国内税务局在认定一家信托是否属于慈善属性时，所使用的标准存在轻微差异。

在科尔温报告发布 35 年后（我们把故事拉回到现代），另一家皇家委员会审查了这一状况，认为这一状况非常令人不满意。[①] 该委员会就是利润和所得税皇家委员会。其部分赞同格拉德斯通的主张，认为免税资格事实上就是向某些事业和活动拨付公共资金，而对这些事业和活动议会又没有什么主导权。该委员会指出：“无论是在重要意义方面，还是在实用效果方面，公共部门对慈善事业都不具有控制力……然而，只要慈善宗旨还继续存在着，我们就可以注意到，政府要主动地把从慈善组织那里收到的所得税退回去——这一退税金额，按照现在的比例来看事实上达到了其收入的两倍。”[②]

该委员会反对的情况是，所得税免税待遇更多的是给那些偶然沾一下慈善事业的组织拿去了，而不是那些真正的慈善组织。因为缺少对慈善的有效界定，范围相当广泛的活动便都符合了免税标准，其中有很多“慈善组织”在通常理解中与慈善事业毫无关联。其报告再次提及了科尔温所得税委员会的建议，提议专为税收目的而对慈善做出一个具体的法律界定。总的来看，这项建议具有明显的价值，不过，至少它的这一说法还是值得讨论的。因为按照该委员会这样的想法去做出明确界定的话，那么免税资格就会限于麦克诺滕提出的类别中的前三类（或许会略做扩张），即“救济贫困、防止或救济不幸；推动教育、学习和研究；推动宗教”。但是，委员会也承认，混杂且模糊的第四类，即“其他有利于共同体的信托”就会被排除在外，由此就会对“大量值得赞扬的行为”造成伤害。

这是该委员会多数人的看法。该委员会有 J. R. 希克斯（J. R. Hicks）教授和西亚威斯特·盖茨（Sylvester Gates）先生两位成员，不仅认为要对慈善组织做出更为严格的对待，而且提出了一套新的理论性标准来做出界定。[③] 在他们看来，所有的免税资格都应该被授予那些所履行的职能被认为是国家的一项责任的慈善组织。随着公共社会服务的稳定扩张，慈善的角色逐步从“不可或缺的转变为非常值得期待的”。然而，无论

---

① *R. C. on the Taxation of Profits and Income*（Cmd. 9474），1955，Part I，chap. 7.
② *Ibid.*，p. 56.
③ "Reservation to Chapter 7," *ibid.*，pp. 352 - 353. 对于这套标准，牛津大学政治经济学德拉蒙德教授、威斯敏斯特银行副主席等提出了反对意见。

在理论上多么不可撼动，很明显，我们无法对独立的基金会开展行政干预，因为它们的独立性与价值息息相关。另外，彻底按照格拉德斯通的思路，完全取消所有免税待遇，不仅会损及一些有用的事业，还会导致向这些组织进行公共拨款方面的问题，而政府现在正在依靠这些组织。所幸的是，希克斯和盖茨等的结论比他们的前提更少具有革命性。简言之，他们所建议的是给各类慈善组织一部分，而不是全部的免税待遇。这一结论得到了该委员会三位其他成员的背书，载于该报告冗长的反对意见备忘录中。[①]

三

皇家委员会也审查了另一类所得税免税待遇。这与 20 世纪 20 年代早期给慈善组织捐赠人的特别待遇有关。在 19 世纪 60 年代，格拉德斯通曾抱怨过捐赠基金相比于志愿型慈善组织所具有的税收优势，但这一点已经被抹平了（虽然不是以他所倡导的那种方式）。国家非但没有对慈善信托征收所得税；相反，国家还——可以肯定的是，相当不经意地——给了个人捐赠人就他们捐赠给慈善组织的那部分收入逃避缴税的渠道。政府根本就不想给予捐赠人这种优惠待遇。相反，这一税收减免是 1922 年《国内收入法》中的一个条款所产生的预想不到的结果，因为这一法令原本是想要拔除税收资金流中的几个渗漏点。这一条款涉及定期捐赠合同的使用，这类捐赠合同承诺在一个特定的期限里，从个人的收入中拿出一笔用于捐赠。该条款设定了一个原则，即在税收层面，该笔金额不计入捐赠方的收入，而计入受捐方的收入。换句话说，这笔税应该由受捐人来支付，而不是捐赠人。到 20 世纪早期，人们已经开始关心如何避免这一机制发展成为逃税的工具这一问题，而在 1922 年《金融法》之中也写入了一个条款，即拒绝承认任何年限少于 6 年的定期捐赠合同。[②] 由此可以推出，期限超过 6 年的定期捐赠合同就是有效的。

---

① Messrs. G. Woodcock, H. L. Bullock, and N. Kaldor, p. 417. 希克斯 - 盖茨的提议是将免税的程度与标准所得税比例相联系。具体而言，所有的慈善组织每 1 英镑的收入都可以直接免除最高 5 先令的税款，然后它们应该缴纳按照标准税率超过 5 先令的那部分税款的一半。比如，按照税率，1 英镑的收入要缴 9 先令的税，那慈善组织只需要缴 2 先令的税。

② 12 & 13 Geo. V, c. 17, s. 20.

与慈善领域其他很多富有成效的主意一样，这种7年期定期捐赠合同主意的最初来源也是利物浦，而最早使用这一条款的捐赠人是拉斯伯恩（Rathbone）一家，这一家在当地和全国的慈善史上都赫赫有名。[①] 戈弗雷·沃尔（Godfrey Warr）爵士首先发现1922年的这部法律可以被用于为慈善组织的利益服务。他是休·拉斯伯恩（Hugh Rathbone）的女婿以及律师。他向他的岳父指出了这一可能性。[②] 关键的一点在于，尽管在有两名自然人签订定期捐赠合同的情况下，其中一人要支付税款，但如果收款人是一家慈善组织的话（因为慈善收入是免税的），那么双方也就都不用纳税了。将纳税义务转交给免税的慈善组织可以在事实上免缴税款。因此，捐赠人可以和一家慈善组织签订一份每年捐赠一定款项的协议来作为证明，以抵扣标准所得税。而慈善组织可以向国内税务局提出申请，要求获得与捐赠人抵扣的款项相等的退税，并可以将这笔退税纳入协议约定的总捐赠金额中。

英国的慈善组织看到并利用了这一机会，其结果就是这种7年期定期捐赠合同成为慈善界的一种重要手段。正如皇家税收委员会所注意到的那样，各慈善组织充满热情地启动了这一计划；它们鼓励捐赠人签订7年期的定期捐赠合同；它们向捐赠人解释程序，并提供合适的合同范本。尽管按照规定需要在7年里做出捐赠，但也存在一些变通的空间。尽管捐赠人需要提前决定捐赠给慈善组织的金额，但他不需要确定到底哪一家具体的机构会成为受益方。他可以与这样的机构签订协议，如社会服务国家理事会（该机构为此目的成立了一个特别基金），或任何一个地方理事会，然后可以每年都改变其慈善目的。所以，此后捐赠人更多地使用了这些机构。比如，我们以随机抽取1953年为例。在这一年里，国家理事会的捐赠基金收到了约25万英镑的定期捐款，以及与这些捐款有关的20万英镑的所得税退税。因此，各家慈善组织在当年就可以领取到该理事会分下来的45000多英镑的款项。[③]

7年期定期捐赠合同涉及的总的金额是十分惊人的，尽管在1946年以后，它们已不再能被用于减免捐赠人的所得附加税。1927年，国内税

---

① 关于威廉·拉斯伯恩，我们将会在第十六章谈到利物浦的慈善时予以介绍。

② H. R. Poole, *The Liverpool Council of Social Service*, *1909 - 1959*（Liverpool, 1960）, p. 46.

③ Natl. Council of Social Service, *Ann. Rept.*, 1953 - 1954, p. 65.

务局就这类 7 年期定期捐赠合同支付了 10 万英镑的退税。到 1953～1954
年，这一数字达到了 400 万英镑，共有约 60 万份退税申请。[①] 人们开始
有些怀疑这种 7 年期的定期合同是否能算得上合法避税，同时人们也开
始质疑，事实上是否真的有这样的正式合同存在，或者受托人是否可以
起诉不履约者。这些怀疑是没有根据的。大概有 90% 的定期合同是按计
划履行的，而在剩下的 10% 里面，有很大数量的个案，其支付之所以停
止是因为捐赠人去世。尽管皇家税务委员会在原则上并不太喜欢这种 7
年期定期捐赠合同，但是它还是认为在实践中这种合同并没有被大量
滥用。[②]

四

　　如果说英国的慈善组织没有太多理由来抱怨它们在所得税法之下所
受到的对待，那么在涉及遗产问题时，它们也不需要有这方面的想法。
从 19 世纪 80 年代早期政府第一次尝试性地引入遗产税开始到现在，它
从未表示出任何倾向，想要区分慈善遗赠和普通遗赠。在 19 世纪，事实
上慈善遗赠受到了格外严格的对待，要支付最大税率的税款——要按照
立遗嘱者遗赠给无血缘关系者的税率来纳税。比如，遗赠给第二亲等的
侄子的税率就要比遗赠给盖先生的医院的税率低。

　　针对遗赠税，慈善业界的反对声音是很微弱的、周期性的，乃至几
乎可以忽略不计。在 1812 年，有人提出一项动议，要免除慈善遗赠的税
款，但被财政大臣给否决了。财政大臣提出的理由是，鼓励死者将财产
遗赠给慈善组织可能会对他的近亲属造成伤害。[③] 一直到 1848 年，慈善
组织才联合起来，又做了一次尝试。其结果就是伦敦地区的 200 多个人
和机构提出了请愿。请愿者认为，英国的纳税政策相比于美国和欧洲的
其他国家要落后得多，他们声称，在那些地区慈善遗赠是可以免税的。

---

① *R. C. on the Taxation of Profits and Income*，1955，Par. 179. 在 1954 年 9 月之前的 3 年里，
　　每年的合同金额分别是 3466050 英镑、3812628 英镑以及 3749620 英镑。退税申请也从
　　1945～1946 年的 294306 英镑增长到了 1953～1954 年的 575254 英镑。

② *Ibid.*，Par. 182－184. 该委员会倾向于认为美国和加拿大的程序更好，这两国给纳税人
　　就其慈善捐赠以一定的补贴，但是该委员会又有点犹豫不决，并不建议就英国的体系
　　开展大规模的变革。

③ *1 Hansard*，21：319－320.

他们也毫不犹豫地提醒议会，慈善机构减轻了国家的责任，不然的话就需要公共财政来掏钱了。[①] 19 世纪中期的这次抗议并没有产生太多的效果，除了在众议院里引发了一次简短而又东拉西扯的争论以外。作为收入保管人的财政大臣和作为立遗嘱者家庭利益保护人的罗伯特·皮尔爵士拒绝容忍任何削弱该义务的提法。[②] 这一争论的唯一价值是证明了这一事实：没有人对慈善遗赠所课征的税款到底有多少或有一个哪怕是模糊的概念，更不用说知道慈善遗赠的总额有多少了。[③]

在这场小规模的争论过去以后，人们也就没有更多的行动了。哈考特（Harcourt）在 1894 年"遗产税"预算中提出了一些抱怨，其中一些抱怨倾向于将慈善遗赠明显减少归因于政府课税的增加。[④] 1909 年人民预算引用了英国医院协会提出的免税吁请，但这一吁请遭到了财政部长的冷面。劳埃德·乔治（Lloyd George）干脆地回复说，有人提出医院或其他任何慈善团体应该被授予此类税收优惠，这是不可思议的，虽然可能不应该对它们课以重税。他实事求是地提出，在任何情况下，它们所承受的比它们所想象的要少，因为如果要给慈善遗赠这么慷慨的"免税"待遇的话，那么承担纳税义务的就不是慈善组织，而是剩余财产的继承人。[⑤] 但是，无论这种你来我往的争论各自的是非曲直何在，英国的慈善组织并未真正靠近免除遗产税这一目标。

1949 年，工党政府简化了遗产税体系。其结果就是出现了一种统一的遗产税，即一种分级遗产税，税率为 1%～8%，具体根据死者的动产或不动产的基本价值来确定税率。慈善遗赠不得开展抵扣，尽管去世前一年以前完成的慈善赠与可以获得免税优惠——众所周知，这一期限条款通常会使接受赠与的慈善组织官员连续焦虑数个月。在偶然的情况下，这一事项对政府和慈善组织都非常重要，比如在卡洛斯特·古本江案中。

---

① 这一请愿（1848 年春天）藏于伦敦经济学院图书馆。

② *3 Hansard*，100：1222-1225.

③ 这一讨论的一个副产品是国内税务局的一份统计报表，该报表显示了不同税率下缴纳的遗产税各自的金额情况。不幸的是，该局无法按照上议院的要求，给出针对慈善遗赠课征的税款的情况。很明显，它无法将慈善遗赠与其他遗赠分开，因为两者都是按照 10% 的税率课征的。（*Return to the House of Lords*，20 April 1848）

④ A letter from "Solicitor"，in *Daily Telegraph*，引自 *Charity Record*，10 Sept. 1897.

⑤ *Ibid.*，20 July 1912.

在这位亚美尼亚裔的石油大亨生命的最后一年里，他成立了圣萨尔基斯慈善和宗教信托，其中的股票价值超过 30 万英镑。在该信托成立满一年以前，古本江去世了，由此他的赠与需要缴纳遗产税。[①]

五

如果说对英国慈善事业所课征的所得税和遗产税是合情合理的话，那么地方税就是另一番景象了。对这一纳税义务，政府从未提出过合法的界定。《伊丽莎白济贫法》首先开征了济贫税。该法未对慈善组织的纳税义务做出界定，虽然普遍认为医院和其他慈善机构是免税的。该法只是授权贫民检察官为贫民筹集资金，即"以税收的方式，向该教区的居民，牧师，土地、房屋、煤矿、可出售的丛林的所有人，教区什一税的世俗保管人和所有人征收适当数量的费用"。[②] 该法的起草者显然未论及慈善财产的问题，所以只有法院才能最终裁定慈善财产是否应纳税。

法院的判决以及不少地方的习惯，都倾向于免除慈善财产的纳税义务，尽管也有一些反对的暗流在涌动。[③] 在这方面，经常被人们援引的一项原则是"实益占有"原则，即占有人必须在其占有期间获得了金钱上的利益或个人利益。所以，如果一宗财产是纯粹用于慈善目的，那它就不会被课税——这是因为找不到从中受益的占有人，尽管学校财产看似并不太符合这一情况。[④] 在这一"实益占有"原则确立过程中，其中一项具有决定意义的判决意见是由曼斯菲尔德勋爵在小圣巴塞洛缪教区案（1769 年）中做出的。该教区的政府拟向圣巴塞洛缪财团就其新建的建筑课征 63 英镑 13 先令税款。这一建筑是一座医院，其下的选址上原本是一群老房子和店铺。曼斯菲尔德勋爵支持了医院一方的意见。他认为，贫民才是这家医院的占有者，而贫民是不该纳税的。"在这里，我们不该依循该法的一般规则。这一规则是'你必须找到一个负责缴税的占有人。'贫民（他们是占有人）完全不该纳税。服务人员不该被作为占

---

① *The Times*, 30 July 1955.

② 43 Eliz., c. 2, s. 1.

③ *Tudor on Charities* (1906 ed.), p. 421.

④ *S. C. on Public Establishments* (Exemption from Rates), 1857 – 1868, Q. 962ff, 989ff. 对美国读者来说，这里需要特别提一句的是，英国的地方税是由占有人支付的，而不是所有人。

有人而承担税负；这家财团也不该被作为占有人而承担税负。"①

尽管有曼斯菲尔德态度坚定的裁决意见，慈善财产是否应该纳税这一问题还是模糊不清、没有定论。地方改进法有时会加入一条慈善基金豁免条款，在19世纪40年代中期，议会通过一部法令，特别免除了科学和文学社团占有的财产的纳税义务。② 但是，教区政府，特别是那些医院、济贫院、教堂或其他慈善机构大量增长的地区，很憎恨这一观点，即这些机构应有权免税。1830年，有一位伦敦议员提出一项议案，拟保护贝特莱姆医院和其他皇家医院免受教区官员压榨。③ 在针对该建议的诸多反对意见中有一种质疑的声音，这种声音并不是完全没有根据的。其认为，这些皇家医院的资源是非常丰富的，足以承担教区的普通税款。它质疑，为何贝特莱姆医院要反对这一义务，而盖先生的医院则要承担这一义务？很明显，这些教区（如南华克的圣乔治教区）存在财政问题，特别是在教区政府尝试挑战这些著名而又富裕的机构（如贝特莱姆医院）的时候。事实上，在19世纪中叶，圣乔治教区20英亩的土地被完全免除税款，而教区监察官为此感到十分困扰，因为这一豁免使该教区每年要损失6000～8000英镑的税款。④

在19世纪的前2/3时间里，人们没有做太多事情来澄清慈善财产的法律地位，虽然有一些法院，特别是坎贝尔勋爵统领下的后座法庭，倾向于对豁免资格采用一种更严厉的态度。然而，司法裁决还是存在矛盾之处。和其他事情一样，在每一个具体的情境里，法院都会根据教区济贫基金的具体状况和当地道德习惯来做出不同的判决。所以，不幸的是，对于英国慈善组织而言，慈善资产是否要课税在法院层面还是纠缠不清的，而一些公共设施——船坞和类似的设施以及它们的法律地位则几乎没什么人关注。在1857～1858年，乔治·康沃尔·刘易斯（George Cornewall Lewis）爵士领导下的下议院特别委员会对公共设施的免税待遇进行了调查，最终赞成对现已获得优惠待遇的公共或慈善性的机构采取

---

① *R. v. Inhabitants of St. Bartholomew's the Less*，4 Burr 2435.

② 6 & 7 Vict.，c. 36.

③ No. 25 of 1830.

④ *3 Hansard*，1：809 – 810；*S. C. on Public Establishments*，1857 – 1858，Q. 802ff，989ff. L. C. C. 调查报告显示［L. C. C. *Survey of London*，*St. George's Fields*，XXV（by Ida Darlington）］，这一地区是慈善机构异常集中的地区。

一种严厉的政策。委员会希图废除所有的免税资格，除了宗教性建筑、墓园、桥梁和其他享有特别免税资格的资产。①

然而，改变慈善财产法律地位的关键性裁决是上议院在默西河船坞案（或更为准确地说是两个案件）中做出的——这一裁决从表面来看似乎与医院和济贫院的缴税问题没有关系。利物浦镇议会对其下辖的船坞所享有的免税待遇感到非常不满，这些船坞由默西河船坞和港口理事会负责运营。据估计，这些船坞拥有超过20万英镑的应税资产。② 这一状况没有太多值得讨论的地方，因为伯肯黑德镇的船坞横穿过了这条河③，并且对岸的部分也是由同一个机构负责管理的，所以毫无疑问这些资产是应税的。④当当地政府提出要对位于利物浦的那些船坞课税时，该理事会进行了抵制，试图保住它的免税地位，并最终将这一案子上诉到上议院。⑤ 该理事会的律师争辩说，船坞并没有通过占有资产而获益，而且引用了曼斯菲尔德勋爵在圣巴塞洛缪医院案和圣卢克医院案中提出的观点，以暗示船坞理事会的活动与慈善机构的活动之间存在相似性。⑥ 他建议，当一个主体创造的利益不限于一个具体的地方或一个小的限定的人群之时——也就是说这一财产是真正公共性的——那么，这一财产就应该被免于课税。

韦斯特伯里勋爵并不打算引用这些推理意见。很明显，他关心的一点是要推翻大多数之前的判决，包括曼斯菲尔德的那个判决。他认为这些判决是站不住脚、矛盾和不切实际的。对韦斯特伯里而言，没有一个资产的占有者可以豁免纳税，除了主权者以及君主的直接的、当前的服务者以外。对于伊丽莎白第43号令第一条做出如此严格的解释，很明显会移除下述这些资产的免税资格，即用于公共目的的各类资产，以及用

---

① *S. C. on Public Establishments*, 1857 – 1858, p. ix.

② *Ibid.*, p. 764.

③ 伯肯黑德镇与利物浦隔河相望。——译者注

④ *Ibid.*, p. 802.

⑤ (1866) 11 H. L. C. 443. 人们有理由认为，该法在创立该理事会时，也暗示说该信托可以免缴税款。在1827年，滕特登（Tenterden）勋爵［依循凯尼恩（Kenyon）勋爵在索尔特河水闸案中的判决］提出，既然议会已经明确规定刨去成本之后的所得剩余款项该如何处置，且没有明确提到济贫税的问题，那么该理事会的资金就不该用于缴税。这一判决使船坞可以免缴地方税。（*S. C. on Public Establishments*, 1857 – 1858, p. 781 – 782, 799 – 801.）

⑥ St. Luke's case (1760), 2 Burr 1053.

于慈善目的的信托资产，"如医院，或疯人院，这些资产在原则上都是应缴税的，尽管事实上占用这些建筑物的是患病或精神不正常的贫民"。由这一案件所引出来的是对"实益占有"原则的激进延伸。由此，要想对一项财产课税，这项财产事实上无须被"实益占有"；如果该宗财产有租客的话，那只要"能够交租金"就算符合要求。简言之，任何有商业价值的资产都是应税的，尽管它可能被用于"国会的法律所规定的有利于公众的事业之中"。

对于慈善组织来说，很不幸它们都被卷进了默西河船坞案。很明显，它们与默西河船坞和港口理事会这类机构没有太多的共同点，但是，鉴于韦斯特伯里对伊丽莎白第43号令第一条所做出的解释，它们便没有什么理由将自己撇干净了。慈善组织受托人立刻意识到了这一判决的重要性。他们快速采取行动，保护自身利益。在一场由沙夫茨伯里勋爵主持的公共会议上，曼宁大主教公开谴责这一判决与伊丽莎白第43号令的立法精神背道而驰。① 议会也做了很多努力，想要减弱韦斯特伯里判决的影响。在其众多努力中，最有成效的是一部法令，豁免了贫民儿童免费学校和主日学校的纳税义务。对此，格拉德斯通政府的财政大臣戈申（Goschen）提出了反对意见，但被议会忽略。② 但是，在1869年，也有人提出一项议案，说要豁免医院的缴税义务，但没有获得通过，同时政府甚至威胁说要废除所有的免税资格，除教堂和小礼拜堂以外。③

各地政府不再犹豫。现在慈善组织都应纳税了，于是镇上的官员特别是南部地区各镇都出动去收割这场丰收的盛宴。比如，在伯明翰，当慈善组织受托人拒绝支付总额达3000英镑的税款时，政府就签发了扣押令，紧接着就是一份强制执行令状。④ 我们甚至都无法做出一个明智的估算，测算出在19世纪70年代和80年代到底有多少慈善组织被征过税。毫无疑问，各地的官员开始越来越多地向慈善财产征税，而且他们

---

① *The Times*，20 March 1867.

② 32 & 33 Vict.，c.40；*3 Hansard*，196：1959ff.

③ *Ibid.*，195：1814-1818.

④ *The Times*，5 Aug. 1870；*3 Hansard*，206：593. 正是因为这一伯明翰危机，才促使菲利普·孟兹（Philip Muntz）在1871年5月提交了一份议案。他的提议是，将决策权留给每一个教区——早期小礼拜堂同意的情况下，豁免志愿型慈善组织以及医院和类似机构的纳税义务——这一提案并未通过二读。（*Ibid.*，207：344-347）

的动作还得到了法院新做出的判决的加强。① 但是，传统的程序此前已经用了一个多世纪了，现在也没有准备好要让路，同时在很多地方慈善组织的免税资格被人们认为是理所当然的，或者如果真的要征税的话，也只是象征性地征一个数额。

事实上，在当时需要地方政府委员会给一些压力，以使某些地方政府机关协调一致。在这方面，有一个案例是利物浦政府，当地的镇议会虽然对默西河船坞和港口理事会的免税资格提出了挑战，却对向真正的慈善组织发起诉讼并无太多兴趣。在利物浦，官方和公众都不太迫切想搞乱现有的机制安排。1884 年，当地方政府委员会的审计员指示利物浦政府对慈善财产课征税款的时候，当地议会明显表现出对这件事兴趣寡淡的意思。当然，慈善组织愤愤不平，它们针对征税这件事提起了诉讼，各地的治安法官对此予以高度重视。② 在伦敦，大型慈善组织的管理者认为默西河上的同行遭遇到的事情只能召唤起人们少量同情，因为在伦敦它们已经被征税很多年了，而且经常是被课以重税。但是，利物浦自身的情况错综复杂，给了人们采取一致行动以应对由默西河船坞案判决所引发的事态的空间。此外，之所以伦敦人会联合起来，明显也是受到了《伦敦市估值法》的激发，因为这部法令堵住了另一道出口。根据该法的规定，贫民监察官似乎无权授予免税资格，或按照名义价值估算慈善；他们必须像对待其他财产一样来对待慈善机构。③

在 1885 年末，一些大型的伦敦医院领头发起了慈善组织税收减免协会。该协会的宗旨是重新获取 “1886 年以前曾享有的” 那种免税资格。④然而，要想实现真正意义上的联合行动是不可能的。在这些机构中，有一两个大型医院感觉当地的税务机关并没有苛责自己，所以并不那么迫切想要呼吁人们关注自己的处境。此外，在这些机构中，还存在截然不同的观点，一种观点认为对议会制定的无法更改的法令，人们是没有解

---

① 其中有一个著名的案件涉及圣托马斯医院。［*Governors v. Stratton*（1875），7 H. L. C. 477］

② *S. C. on Hospitals*（*Exemption from Rates*），1900，p. 729 – 736；*Charity Record*，4 June and 17 September 1885；*Philanthropist*，October 1885，pp. 149 – 150.

③ *Ibid.*，January 1886，pp. 5 – 6.

④ *Charity Record*，7 Jan. 1886.

决之道的，而另一方则秉持一种更为地方性的、实用主义的对策。① 利
物浦的慈善组织证明了后一种策略很有效，如果能有同情它们的地方官
员帮一把的话。当慈善组织的受托人抗拒向他们征税时，利物浦的治安
法官们会很配合地做出了回应，将它们的财产的价值估算为零，也就使
它们在实际上豁免缴税了。② 因此，利物浦的慈善组织也就有很好的理
由来质疑为什么要将所有的宝押在获得法定免税资格这件事情上。持这
种观点的人倾向于依赖一直保持温和态度的地方政府，尽他们所能代表
每个教区中的每个慈善组织来给各个地方政府施压。另外，在伦敦多数
机构与税务机关之间的关系并不太融洽，所以除了修改立法之外别无出
路。但是，它们又找不到可能的机会来实现这一期望。在 1886 年和 1889
年，它们提出了提案，但这些提案甚至连审议的第一个阶段都未能通过。③

简言之，慈善财产的地位还是按照默西河船坞案判决意见来界定。
在 1900 年，议会特别委员会建议给予医院免税待遇，但皇家地方税委员
会迅速表示了反对。④ 当一块外乡的土地被划归利物浦，而当地政府也
着手引入一套统一的税收政策时，甚至连这里的慈善组织也都发现它们
的特权开始崩坏了。但这件事在推行过程中引发了大量不愉快的现象，
人们向治安法官表示抗议，而治安法官则冲进至少一家机构的办公场地，
没收了它们的财产。⑤ 然而，尽管试图改变法律的做法并没有取得引人
注目的成效，尽管免税的孤岛（如利物浦）正在逐步消逝，但英国的慈
善组织依旧得到税务局的特别对待。虽然在法律上，慈善组织不得不承
担规定应该由自身承担的那份责任，但事实上它们很少会承担地方税的
全部重担。比如，1927 年，慈善财产是根据它们实际价值来课征税款
的，一般在售价的 25%～75%。⑥ 这种估值形式可能比不上之前的直接

① 比如，慈善家们就提出了相互对立的看法。March 1886, and the *Charity Record*, 4 Feb. 1886.
② *S. C. on Hospitals*, 1900, Q. 730.
③ *3 Hansard*, 305：701；334：181.
④ *S. C. on Hospitals*, 1900, p. iv；*R. C. on Local Taxation*, *Final Report* (Cd. 638), 1901, p. 50.
⑤ *S. C. on Hospitals*, 1900, Q. 730；*The Times*, 11 July 1900, 22 Feb. 1902；*Charity Record*, 30 Oct. 1902.
⑥ *Report of the Committee on the Rating of Charities and Kindred Bodies* (Cmnd. 831), 1959, Par. 21. 这份文件对整个问题做了一个精彩的综述。G. W. Keeton, *Modern Law of Charities*, chap. XVI, 也分析了这里面涉及的几个问题。

豁免，或者估定为名义价值等措施，但它们还是相当有用的。

然而，此类临时救急的做法在 1948 年《地方政府法》出台后也变得不可能了，因为该法取消了地方政府的估价权，将之授予国内税收委员会。自此以后，对所有的财产，无论是慈善性的还是其他属性的，都适用统一的政策，很多志愿型组织都开始面对被课以高额税负的命运。不过，通过英国社会服务理事会的斡旋，政府着手为焦虑的慈善组织提供一些救济。尽管和多数税收立法一样，1955 年的法令①相当复杂，但其中第八条很明显是冲着慈善财产去的。其目的是要在该新估值办法出台后一段时期里维持现有的慈善资产水平，以保护它们不会出现突然或剧烈资产估值增长。这是一种很好的维持现状不恶化的做法，但是，正如普里查德委员会 4 年后总结的那样，这还算不上是一个永久性的举措。在该委员会看来，真正需要的是一种统一的强制性救济措施。它建议说，就多数慈善组织而言，这一资产估值比例应设定为总值的 50%。②

英国的慈善组织受到所得税、遗产税和地方税的影响。这些税收种类几乎包含了所有的税目。与大西洋彼岸的做法相比，英国政府对自己手下的这些慈善组织一点都不慷慨。只有在所得收入方面，英国的慈善组织才得到了与它们的美国同行一样的优惠待遇，而就算这一点也不是没有受到挑战的。维多利亚人有一种执念，即想要对所有特权提出质疑，就算有时这些特权是有利于社会的。人们认为，慈善资源因此也要担起它们那一份公共财政的责任。根据英国所得税法的规定，慈善组织自己是可以享受所得税豁免的，但对捐赠人而言，只在过去的 40 年里（此后只有通过 7 年期合同），才获得了相应的抵扣。另外，遗产受到严格的对待，甚至是惩罚性的对待，而在地方税层面，慈善组织所享有的传统优惠资格正在被逐渐侵蚀，虽然没有完全被摧毁。

在历史上，正如本书曾强调的那样，英国社会的幸福在很大程度上有赖于个人的善行。尽管慈善领域中的确有不少很愚蠢的捐赠基金，但慈善事业整体，通过医院、济贫院、学校等机构，满足了一系列社会需

---

①　Ration and Valuation（Miscellaneous Provisions）Acts, 4 & 5 Eliz. II, c. 9.

②　*Pritchard Report*, Par. 84, 125. 该委员会还建议，应该废除下述这些机构的法定免税资格：科学协会（基于 1843 年法令），志愿学校（1944 年法令），主日学校、贫民子弟免费学校（1869 年法令）。

求，而这些需求本应属于公共责任的范畴。在履行这些准公共职能时，英国的慈善组织得到了来自政府的一系列鼓励，但是这些鼓励措施，无论是慈善组织的批评者还是支持者，出于不同原因都不认为是完全公平的。正如我们将在下一章里看到的那样，在过去的 20 年里，法定社会服务剧烈扩张，改变了慈善组织的处境，而且其也在一定程度上破坏了税收减免的传统做法。如果说随着社会福利的主要责任从私人部门转移到公共部门，志愿型机构的努力在事实上变成"值得高度期待的"而不是"不可获取的"的话，那么这样一来，慈善组织再想获得政府的税收要求的大幅放松就变得不切实际了。这个前提可能是有争议的——有的志愿性活动还像以前一样，基本上是必要的，如果不是绝对不可或缺的话——这个结论应该是站得住脚的。

第十三章　教育领域的慈善事业

一

在 18 世纪和 19 世纪慈善捐赠排行榜上，高等教育领域一直占据一个稀奇而不确定的位置。相比于他们大西洋彼岸的远亲，英国人对在这块土地上建设学院和大学并没有太多热情。在这件事上，他们所取得的成就也不如都铎－斯图亚特王朝时期的先祖，这些先祖的慈善事业"实际上立足于英格兰世俗教育体系之上……一直到 19 世纪以前，这一教育体系都是英国曾拥有的体系中最有效、最全面的一个"。① 尽管他们对教育大唱赞美诗，但维多利亚人和之前那些先辈们对教育的价值既不公正，也不信任。18 世纪的慈善学校运动和 19 世纪的学校协会，诚如我们之前曾讨论的那样，得到了大量的支持，但在本书所涵盖的时间范围内，更高层级的教育机构并没有在英国慈善事业里占据太多分量。

当然，也存在例外情况。在 18 世纪，牛津大学得到了另一个学院——伍斯特学院，剑桥大学则得到了唐宁学院。在 19 世纪，赫特福德大学得到了复兴，而在牛津和剑桥分别创立了两个新的男子学院，此外，在 1900 年以前，在这些古老的大学里还创办了 6 个女子学院。② 在 19 世纪初，作为伦敦大学前身的几个机构发出了慈善募捐的吁请，而在

---

① *Jordan*, *Philanthropy in England*, p. 279. 1480 ~ 1660 年，英国人将 27% 的捐款投入了教育宗旨之上——伊丽莎白时期的捐赠人投入了近 1/3——远超同时期在宗教宗旨或社会革新方面的投入。新成立的文法学校得到了 14.5% 的捐赠（在兰开夏，这一数据是 32%），而大学则收到了近 7.5% 的捐赠。（*Ibid.*, pp. 282 − 283, 289, 295）

② 2 个学院在剑桥，4 个学院在牛津。

1850 年之后，各地一下子建立了六七个学院。这些学院代表着市民的
自豪感以及中间阶层对古老的大学的不满，也是对英国工业化环境下
对技术培训日渐增长的需求的回应。在这些新成立的机构里，一些慈
善富豪在身前或身后投了很多钱。在这一方面，曼彻斯特的约翰·欧
文斯（John Owens）和约瑟夫·惠特沃思（Joseph Whitworth）爵士的
名字立刻映入脑海，此外还有伯明翰的乔西亚·曼森（Josiah Mason）
爵士和谢菲尔德的马克·菲斯（Mark Firth）。最后，还有托马斯·霍
洛威（Thomas Holloway），尽管他不像其他人一样是城里的慈善家，但
他也捐建了一所女子学院。不过，所有这些活动都是在 19 世纪末发生
的，即新的城市中心发展到一定的成熟阶段，获得了属于自己的文化
自觉，以及工业家们得到了一定的眼界，在账目和机器以外也开始关
注其他事情之时。

有一个不容置疑的情况是，如果说当时有一股大学教育的慈善潮流
的话，那这股潮流并没有太多涉及泰晤士河和康河地区。除了一些大型
的捐赠和遗赠以外，比如 18 世纪拉德克利夫（Radcliffe）博士向牛津做
出的捐赠，以及一个世纪后菲茨威廉（Fitzwilliam）勋爵向剑桥做出的捐
赠，没有一个大学或学院从慈善捐赠中获得过较大的利益，也没有一个
大学或学院劝募过这样的捐赠，除涉及一些紧急的危机以外。一位寡居
者可能在死后留下数百英镑（或者甚至他整个家产）给他的学院，或者
他的遗孀也可能做出此类捐赠，但对一个维多利亚早期的人来说，都
铎-斯图亚特王朝时期的人们捐出的每 1 个英镑中，都有 1 先令 6 便士
流入了古老的大学的口袋，这是很愚蠢的。对于我们所论及的这个时代
的绝大部分时间来说，这些古老的大学"绝大部分沉醉在博学的幻梦之
中"[①]，成了教士群体安逸的共同体。大学占有的土地所产生的孳息足以
让这些教士过得挺好，除了可能要建新大楼的时候会有不足以外，而这
些教士也将之视为理所当然。鉴于人们对大学以及它们的功能和职责的
理解，这一说法并不是毫无根据的妄断。

人们质疑说，一直到 19 世纪末以前，向古老的大学投入的捐赠，充
其量不过是零头。这种说法得到了各学院捐赠基金的证实。我们可以以

---

① V. H. H. Green, *Oxford Common Room* (London，1957)，p. 11.

剑桥各学院的捐赠情况做一个样本①——其中最富有的有三个学院（国王学院、圣约翰学院和三一学院）和不那么富有的有两个学院（圣凯瑟琳学院和玛格达莱妮学院）——这些学院的状况并未改变上述这番境况，在任何一个基本的细节点上都是如此。当然也有人会质疑说，是否把样本量扩大，将一些"中等的"基金会也纳入进来，会改变这种状况。人们发现有一些大额的单笔捐赠和遗赠，比如1817年捐给彼得学院的2万英镑，靠着这笔钱，该学院建设了吉斯伯恩庭院；1867年捐给克莱尔学院的25000英镑，这笔钱用于在该学院资助建立2个学术奖金以及5个奖学金。② 但是，这些大额捐赠仅仅是例外情况。基督学院报告说，从18世纪中叶开始到20世纪中叶，它一直没有收到过大额的捐赠。③ 基督学院在18世纪中叶收到的那笔捐赠来自我们在之前提到过的约克郡乡绅克里斯托弗·坦克雷德。那时我们说他是一家慈善组织的创始人，他向这家机构捐赠了一半家产，由此也就成了慈善史上一个臭名昭著的案例。不过，他还拿出他剩下的财产捐赠了12个学生奖学金——4个在基督学院的神学系、4个在凯斯学院的医学系，还有4个在林肯律师学院的法律系——这是一个巨大的功绩，足以洗刷掉他的其他遗赠上所沾染的诅咒。④

对于国王学院、圣约翰学院和三一学院而言，情况只有轻微的不同。国王学院绝大部分不动产是在15世纪中叶获得的，尽管后来因为捐赠和遗赠而有所拓展，但并没有大的变化，特别是在1750～1914年情况没有任何变化。⑤ 国王学院的捐赠基金收到的多数遗赠都来自学院的校友群体，而且都指定了特定宗旨，比如建设基金（为建设吉布斯大楼，学院一直负债，直到1768年才还完，这时距该大楼启用已经过去了35年时间）⑥、奖金、小教堂的维修费（这是一个常年困扰学院校友的问题）。该学院有一

① 我选择剑桥，而没有选择牛津，部分出于偶然，部分也是因为更为熟悉前者的情况。同时，另一个情况是，正如我所注意到的那样，克拉克（J. W. Clark）那本有用的册子，即《剑桥大学捐赠基金》［*Endowments of the University of Cambridge*（Cambridge，1904）］中，并没有牛津的相关情况。
② *Victoria County History*，*Cambridge*，III，J. P. C. Roach，ed.（London，1959），338，342.
③ *Ibid.*，p. 430.
④ 关于坦克雷德的慈善行为的介绍，参见本书第十一章。
⑤ VCH，*Cambridge*，III，379–380.
⑥ *Ibid.*，p. 392.

位校友，尊敬的约瑟夫·戴维森（Joseph Davidson），总共捐赠了约 11000 英镑善款，是该学院在我们的研究涉及的这段时期里所收到的最大的捐赠。该捐赠中的一部分构成了小教堂维护基金的雏形。[1] 另一位校友留下了（1866 年）200 英镑，用于给小教堂的灯安装黄铜基柱；一位前副院长遗赠了 168 英镑，用于唱诗班；萨克雷博士，19 世纪前半叶最有权势的、最坚定的保守派学院院长，遗赠了 2000 英镑，用于小讲堂的维修和装饰。同时，他也顺带遗赠了 300 英镑，用于为院长接待室购买盘子，并留下一句话："将我的纹章（以及该学院的纹章）刻在上述将购买的每一个盘子上。"[2]

圣约翰学院的捐赠记录异常完善，而且很容易获得。基于此，我们可以对当时的情况做出一个可靠的普适化分析。[3] 尽管 18 世纪早期该学院比其他基金会更为幸运一些，但它收到的捐赠还是按照我们熟悉的情况来的。这些捐赠主要来自院长和校友，而且所有捐赠都用于常规用途，即用于获得推荐入学权、给图书馆购书，以及用于各类奖学金、大楼维修基金等。19 世纪的情况也基本一样，尽管有一些有趣的变化。在 1817 年，有一位钦定医学教授、校友每年会捐赠给该学院 200 英镑，并要求学院将这笔钱用于"更为有效地巡视它所拥有的塞德伯、波克灵顿和里温顿等分院"。后来，布鲁厄姆委员会也发现波克灵顿分院存在很多问题，由此看来，艾萨克·彭宁顿（Isaac Pennington）爵士当年的关切并不是没有道理的。有时候，富有的校友对母校并没有那么大方。比如，在 19 世纪 40 年代晚期，有一位校友从 14 万英镑的财产中捐出 5000 英镑给该学院，而另一位王座法院法官从将近 25 万英镑的财产中只拿出了 1000 英镑留给该学院。只有一次，该学院得到一笔大额捐赠，即一个校友作为一个慈善家的遗嘱执行人，而死者只指定将他 27000 英镑的遗产用于提供研究奖金[4]和

---

[1] King's College, *Trust Funds* (1875).

[2] *Ibid.*

[3] A. F. Torry, *Founders and Benefactors of St. John's College* (Cambridge, 1888)。学院库房里存着的补充目录给出了所有基本信息。在此，我要感谢该学院院长和其所管理的库房，他们给我提供了有效的帮助，使我能得到这些数据。

[4] 研究奖金（scholarship）是一种资助开展研究的奖金，可以发给研究人员，包括研究生。作者在下文中还提到了 fellowship，这同样是研究奖金，只是包含项目更多，通常包含生活费等。Fellow 则指研究岗位，通常包括研究生。在下文中，根据情况，如没有必要做区分的，统一翻译成研究奖金；如必须做区分的，则将 fellowship 翻译成全额研究奖金。——译者注

奖学金。

在维多利亚时期，圣约翰学院收到的捐赠主要是大额捐赠和遗赠，将近有 65000 英镑，来自担任该学院 31 年院长的詹姆斯·伍德（James wood），以及伊利大教堂的教长。伍德出身于兰开夏的庶民阶层。他进入该学院读书时，获得了减免学费的待遇。但他的天赋很惊人，在校期间，曾获得两大荣誉：一是成为高级瓦格勒，二是领受了史密斯奖。[①] 他是该学院四号院的最大捐赠人，据说捐赠了 15000 英镑，而且他捐赠的奖学金达到了 9000 英镑。此外，该学院还作为伍德遗产的受赠人，收到了约 40000 英镑。伍德的捐赠不仅是维多利亚时期教育慈善的一个重要篇章，也是对下述这件事所做出的一个意义深远的评注，即在对乔治国王时期的教士大学世界里，通过成功征服优等生而获得奖金。

三一学院的前高级财务主管对该学院的状况曾做过一个简明的概述，同时他质疑说，该学院的状况是否可以被用于对剑桥和牛津各学院做普适化分析。尽管该学院之前并不是没有收到过特殊宗旨的捐赠，而且这类捐赠在 19 世纪变得越来越多，但学院收到的日常捐赠并不涉及这一方面。据尼古拉斯先生说，直到 19 世纪末，"直到有法人收入以前……该学院一直几乎完全靠它那些古老的资产来存活，其有将近 80% 的收入来自农地收入，即农地租金或什一不动产出租许可费"。[②] 只要土地价值在上涨，农业欣欣向荣，教育继续采用那种简单、老掉牙的精确而又传统的方式，那么该学院就会活得很好。但是和两所大学的其他基金会一样，三一学院的人们（虽然比国王学院或圣约翰学院要好一些）在 19 世纪 80 年代的农业萧条中上了一堂艰苦但有益的课程。[③] 过度依赖一种产业的繁荣是会招致灾难的，因此人们逐渐开始将学院的投资变得多元化。

这一亨利八世时期的基金会在它的伙伴们的手里运作得明显很好。和其他的学院一样，三一学院的捐赠人都是该院的校友或院长，而且除个别情况以外，他们捐赠或遗赠的都是一些相对小的金额，且用于特定

① D. A. Winstanley, *Early Victorian Cambridge* (Cambridge, 1955), p. 25.

② Tressilian C. Nicholas, "The Endowments of Trinity College, 1546–1914," *Trinity Review*, Michaelmas, 1950, p. 14.

③ 比如，参见 St. John's *VCH*, *Cambridge*, III, 446; Queens', *ibid.*, p. 411; Christ's, *ibid.*, p. 435。而在伦敦拥有资产的学院，如伊曼纽尔学院（p. 479）所承受的压力就较小。

目的，包括建筑、奖学金或奖金等。19 世纪，有两位院长，克里斯托弗·沃德沃斯（Christopher Wordsworth）和威廉姆·休厄尔（William Whewell），依循他们伟大的先行者托马斯·内维尔（Thomas Nevile）（1593~1615 年）的事迹，推动了国王院和休厄尔院的成立。① 在 19 世纪下半叶，有一位副院长留下了两块地，地上的收入被指定用于开设英语文学课程，此外他遗赠了 7000 英镑用于开展自然科学研究。② 在所有发生在 1914 年以前的用于特殊目的的捐赠中，最令人印象深刻的是 A. W. G. 艾伦 5 万多英镑的捐赠。人们用这笔钱成立了一个捐赠基金，用于发放一项新的学术奖金，名为伊利学术奖金。艾伦设立该奖金，是为了纪念他的祖父。他的祖父曾经是伊利大教堂的大主教，也是该院的校友。

这一增长被该学院在 1909 年撞上的一个意外之喜给冲淡了。该学院收到了来自准男爵威廉姆·皮尔斯（William Pearce）爵士的遗赠——他是一位格拉斯哥的建筑商，他曾在 19 世纪 80 年代早期在三一学院就读过。这笔钱不仅数额巨大，而且没有限定使用宗旨。不过，这其中也有难题。尽管遗赠的价值超过 20 万英镑，却没有太多收入，因为绝大部分资产是两家大型的军火和造船公司的普通股股票，在当时，这些股票的股息采用的是一次性支付的方式。该院的人并没有将这些股票卖掉，以换取直接的收益；相反，他们明智地决定持有这些股票，直到可以以一个不错的价格处置掉为止，然后又将所得的收入投资于那些风险没有那么大的股票上。事实上，皮尔斯的这笔遗赠对三一学院的财政状况起到了革命性的影响。这是该学院第一次持有大量可转让证券，并因此终于脱离了只依靠农业的境地——这一状况在 19 世纪 90 年代曾引起非常多的苦痛。③

自从 1914 年起，三一学院收到的捐赠（包括给基金会自由支配的和指定特定宗旨的捐赠）不断上涨。有一位校友遗赠了 1 万英镑以及另一笔 25000 英镑，另一位副院长 [D. A. 温斯坦利（D. A. Winstanley）] 遗

① 除特别说明的以外，这里有关三一学院的信息来自《捐赠人纪念册》。
② W. G. Clark and Coutts Trotter.
③ Nicholas, "The Endowments of Trinity College, 1914-1959," *Trinity Review*, Lent, 1960, p. 23.

赠了全部财产，价值45000英镑。在指定了特定宗旨的捐赠中，有一笔捐赠不仅规模巨大而且目的也很独特。这个慈善家是 W. W. 劳斯·鲍尔（W. W. Rouse Ball）。他是该院的校友，他不仅赞助了该院数学和英国法的教授席位，还遗赠了总额超过 10 万英镑的善款（1927 年），用于促进该院年龄小于 30 岁的成员开展研究工作。鲍尔的遗赠主要被用于资助设立青年研究奖金，这使原本就已经作为一个研究中心而名声在外的三一学院变得更为卓越，特别是在数学和自然科学方面。

圣凯瑟琳学院和玛格达莱妮学院基本上是沿着一些比较富裕的学院的道路前进的，虽然其规模要小得多。在 1700～1914 年，圣凯瑟琳学院只收到过一笔重要捐赠。那是在 18 世纪中叶，当时学院的威名已经日薄西山，而玛丽·拉姆斯登（Mary Ramsden）太太的遗赠，即她所拥有的约克郡将近 1700 英亩的土地，则基本上阻止了该学院的解散。① 这笔财产在 18 世纪 70 年代产生了 800～1000 英镑的收益，为该学院提供了 6份研究奖金、10 份奖学金以及 12 间新的会议室。然而，和之前以及此后很多其他用意良好的捐赠人一样，拉姆斯登太太明显是一位非常有主见的女士，用了一套过分详细而又严格的"章程规则"，几乎使这项慈善事业变得无效。② 这套章程规则对她的这家新基金会做出了事无巨细的规定，于是就在事实上在该学院里创建了一个独立的、自给自足的人员团队。她的遗赠规定，一共资助 6 个斯科恩研究员岗位，但是在多数时候，这些人的收入要低于基金会运营人员的收入。结果，如果说拉姆斯登太太的捐赠拯救圣凯瑟琳学院于悬崖边的话，那她也给这所学院带来了半个世纪的不和谐与内耗。③

玛格达莱妮学院的《捐赠人纪念册》里记载了数量更多的捐赠和遗赠，但只有一两笔在规模上或目的新意上值得一谈。除了 1703 年遗赠的佩皮斯图书馆以外，多数捐赠都是传统捐赠，来自院长、校长或校友，用于提供岗位资金、设立奖金或奖学金。然而，在 18 世纪末，该院院长

---

① St. Catharine's *Commemoration of Benefactors*; W. H. S. Jones, *History of St. Catharine's College* (Cambridge, 1936), pp. 267, 387, 390. 在 1920 年秋天，该学院卖掉了其中约 850 英亩的土地，价值约 45000 英镑。(*ibid.*, p. 403)

② Reprinted *ibid.*, pp. 114ff.

③ VCH, *Cambridge*, III, 417.

彼得·帕卡德（Peter Peckard）——也是彼得伯勒学院的院长——引入了一个有趣的变化。除了规定将其财产用于资助奖学金以及增加院长和教工的收入以外，他还遗赠了 400 英镑，放在那里涨利息，而且一放就是 112 年。最终，我们很高兴地发现，在 1923 年，学院用这笔尘封一个多世纪的遗赠款设立了帕卡德教席。①

在两次世界大战之间，玛格达莱妮学院的财运开始转好。它收到一笔 11500 英镑的捐赠，用于建设勒琴斯大楼，以及另一笔鲁德亚德·吉卜林（Rudyard Kipling）的遗孀的捐赠，价值 13800 英镑。② 但是，在玛格达莱妮学院收到的捐赠中，最为值得称道的是一系列以一位院长的名义捐出的款项。这位院长是 A. C. 本森（A. C. Benson）。作为该院的副院长，他致力于开展改善学院的建筑和学术研究的计划。1915 年，他被选为该院的院长。自此以后，他的资源开始暴增。有一位居住在瑞士的富裕的美国妇女，从未见过本森，但在读他的书时感到十分亲切，于是就给他写信（得到了本森的回复），提出要出钱帮助本森完成他为该学院设定的计划。之后，她拿出约 45000 英镑的现金和证券让本森转交。这用本森的兄弟的话来说就是："他向玛格达莱妮学院大规模的间接捐赠开始了。"③ 这位匿名的捐赠人之后又捐了 2 万英镑，而这位院长经过研究，决定用这笔钱翻修学院。

由于有这么一位慷慨的女士在帮他实施计划，我们没法将本森自己的捐赠从他只是作为代理人捐出的款项中区分出来。但是，无论如何，玛格达莱妮学院从中受益了。本森设立一批奖学金，在玛格达莱妮街的对面建起了马洛里院，还设了一个讲席和一系列兼职研究岗位。在他去世时，即 1925 年，学院收到了 38000 多英镑的遗赠款，以及他出版的作品的版权。④ 我们并不知道这笔遗赠仅来自本森个人的财产还是来自那位女士的两笔捐赠中剩下的款项。如果属于前者，那这位院长自己就给该学院捐赠了超过 10 万英镑的款项；如果属于后者，那他的捐赠大概也不少于 75000 英镑。无论属于哪种情况，本森都属于复兴玛格达莱妮学

---

① VCH, *Cambridge*, III, p. 451.

② Magdalene College *Commemoration of Benefactors*.

③ E. F. Benson, *Final Edition* (New York, 1940), p. 133.

④ *Commemoration of Benefactors*.

院的主要功臣，而那位匿名的女慈善家则是他不可缺少的同盟者。

二

如果说牛津和剑桥等诸学院，总的来说都可以靠它们早期的捐赠基金而运转良好的话，那么这两所大学自身就是一幅完全不同的情境了。我们在这里不用提维多利亚时期改革者对传统大学的教育，以及它们作为学术中心的成绩与缺陷所发动的攻击了。这场争议引出了下列问题：学院的强大与大学的弱小问题、教育与研究的关系问题，以及私人导师或职业教师各自功能的问题。从 19 世纪中叶开始，在两个成立于 18 世纪 50 年代和 70 年代的皇家委员会的鼓励下，出现了一股清晰的潮流，那就是强化大学，并要求学院为这一营养不良的中央机构提供支持。

然而，在这场运动开展的同时，毫无疑问也有大量外部资金随之涌进来，用于设立教授席位、资助研究、建设大学建筑。让我们更近距离地再看一下剑桥大学的情况。[1] 在 18 世纪，该校用收到的财产设立了3~4 个教授席位。[2] 在 19 世纪早期，情况并没有大的变化。一直要到 19 世纪中叶（除去法学和医学的唐宁教授席位，这是靠学院收到的捐赠，而非该大学收到的捐赠设立的），剑桥才新设了一个教授席位。之后，在 19 世纪 60 年代末，在牛津大学担任罗林森教授的尊敬的约瑟夫·博斯沃思（Joseph Bosworth）（但他也是三一学院的学生）给剑桥捐了 1 万英镑，用于在剑桥设立一个类似的席位，而费利克斯·司雷德（Felix Slade）则遗赠了 45000 英镑，用于在牛津、剑桥和伦敦大学设立著名的美术教授席位。到 20 世纪，剑桥大学收到的慈善捐赠中注入了一个新鲜元素，当时是一家商业公司，即 J. 亨利·施罗德公司银行部捐赠了（1909 年）一个德语教授席位，然后，在第二年，哈罗德·哈姆沃斯（Harold Harmsworth）［罗瑟米尔（Rothermere）勋爵］捐资设立了讲授英语文学的爱德华七世国王教授席位。根据约翰·卢克斯·沃克尔（1887 年）的遗愿，剑桥大学收到了1 万英镑捐款，用于设立一份病理学学生奖学金；弗兰克·麦克科林（Frank McClean）捐赠了 12000 英镑，用于提供三个艾萨克·牛顿学生奖

---

① 在此，值得再提一下的是，克拉克（J. W. Clark）的《捐赠基金》给我们提供了信息。
② 这些岗位是地质学的伍德沃登教授席位、天文学和几何学的朗兹教授席位以及自然哲学的杰克逊教授席位。

学金名额；W. G. 艾伦（W. G. Allen）（他也给三一学院捐赠了约 5 万英镑）给该校遗赠了 1 万英镑，用于设立一份全校级的研究奖金。①

捐赠人还设立了很多大学奖金。有时这是为了奖赏某位无私的研究者，有时则是要鼓励学者宣扬某种捐赠人认同的观点。在后一种情况下，有一个案例是一位东印度公司的雇员在 1845 年捐赠了 500 英镑，用于奖赏给最好的"驳斥印度教，并证明基督教可以某种形式适于印度人"的人。在 19 世纪 70 年代中期，圣凯瑟琳学院的一位校友留下遗嘱，指定将近 4000 英镑的款项用于设立两个半年度的奖金，以奖赏研究下列主题的论文："讨论自然命令，以及基督教的精神和诫命中的长子继承权法正确性或矛盾性：关于这一法律在实践运行中，在多大程度上符合我们伟大的上帝和救世主郑重地教给我们的相互义务，也即在《马太福音》第 22 章第 30 句里记载的他回答律法师的问题的那句话。"② 三一学院和玛格达莱妮学院的院长，也即这些机构的受托人，拒绝了立遗嘱人提出的这些条件，而剑桥大学则接受了约克奖，但仅仅是在大法官法庭制订一个计划，规定设立一个奖项，用于奖励研究与财产法的原则及历史相关的论文之后。但是，对于慈善历史的研究者来说，约克奖提供了一个经典案例，证明哪怕是那些古怪的、耽于业余爱好的遗赠有时也能产生有用的结果。在第一批获奖论文中，有一篇是考特尼·肯尼的精彩作品，研究的是慈善法及其所需要的改革。③

大学里的新大楼，既是个人捐赠人慷慨的明证，也是认捐名单上罗列的人集体努力的成果。取得了卓越成就的宫廷医生拉德克利夫（Radcliffe）博士去世于 1714 年，他留下遗嘱，为他毕业的学院（大学）做出一系列大笔捐赠。于是，他的遗嘱执行人就给牛津大学捐建了拉德克利夫图书馆、医务室和天文台。④ 在剑桥大学，议事大楼（1719～1734

---

① 值得一提的是，剑桥大学很大一部分的捐赠人来自三一学院。当然，皇家基金会到目前为止依旧是最大的一个学院，但是，三一学院的毕业生要比普通的剑桥学生更为富裕，或更有大学情怀。

② Clark, *Endowments*, pp. 410ff.

③ *True Principles of Legislation ...*，我们已在第十一章中对该文做了介绍。

④ C. E. Mallet, *A History of the University of Oxford*, 3 vols. (London, 1924 - 1927), III. 141 - 42. 关于拉德克利夫的遗嘱以及他的基金会的历史，参见 J. B. Nias, *Dr. John Radcliffe* (Oxford, 1918), pp. 101 - 138. 此外，更为简短的材料有 Campbell R. Hone, *The Life of Dr. John Radcliffe*, 1652 - 1714 (London, 1950), chap, VII。

年）是靠一系列人认捐建成的。其中，捐得最多的是乔治一世（2000 英镑）和乔治二世（3000 英镑）。这些人捐赠的总金额是 10860 英镑。[1]　剑桥大学在 18 世纪中叶对大学图书馆进行了扩建。这依靠的是约 50 位捐赠人的共同努力。在这份包含了政界显要的捐赠人名单上，排在最前列的是乔治二世（3000 英镑）和纽卡斯尔公爵（1000 英镑）。这些人的捐赠，外加两份小额的遗赠，总共是 10250 英镑。[2]　人们为科克雷尔大楼（1837 ~ 1840 年）捐赠了 23500 英镑，为汉考克大楼提供了一笔 1 万多英镑非限定性遗赠款。神学院是由担任玛格丽特女士神学教授的威廉姆·赛尔温（William Selwyn）捐建的，他捐赠了 10500 英镑。在自然科学领域，理查德·希普尚克斯（Richard Sheepshanks）和他的妹妹一共捐赠了 12000 英镑，用于修缮天文馆和促进天文研究，而担任该大学名誉校长达 30 年（1861 ~ 1891 年）之久的德文郡公爵则捐建了卡文迪什实验室（该实验室建成于 1874 年，耗资 6300 英镑）。此外值得一提的是，上述这些捐款有一个共同点，即这些学术投资都没有什么回报。

在 20 世纪之交，据了解两校收到的最大一笔单项捐款——"因为虔诚的创始人已经不再捐资设立学院了"——是剑桥大学与 1816 年收到的菲茨威廉（Fitzwilliam）先生的遗赠。[3]　除了画作、雕刻作品和图书以外，他还给该校捐赠了投资于南海债券里的 10 万英镑，并指定将其收益用于建设一座建筑，来存放他的收藏品。由于很难选址，而且可能是因为想要让这些投资获得更多收益，这项建设工作并没有立刻开展，而是一直拖到了 1837 年，那时所得的收益已经达到了约 4 万英镑。新楼——乔治·巴塞维是该楼的设计师——兴建工作进展很慢，直到 1848 年才算基本建完，可以把那些收藏品搬进去了。[4]　菲茨威廉楼早期的历史并不太顺当，但没有人会怀疑那位高贵的捐赠人所做的这项慈善事业是颇具远见、卓有成效的。[5]

---

[1]　Clark, *Endowments*, pp. 465ff.

[2]　这份名单参见 *ibid.*, pp. 455 – 456。

[3]　H. E. Malden, *Trinity Hall* (London, 1902), p. 201. 这位捐赠人是梅龙的第七代的菲茨威廉子爵（1745 ~ 1816 年），他是三一学院的毕业生，而不是菲茨威廉伯爵。

[4]　Winstanley, *Early Victorian Cambridge*, p. 140. 巴塞维去世于 1845 年，之后查尔斯·罗伯特·科克雷尔接过了设计师的职责。

[5]　参见 *ibid.*, chap. IX。

尽管在 19 世纪末这两所大学实现了自身真正的存在，并且开始调整那种一头与多头之间的关系，但它们的财政状况依旧不太乐观。在 19 世纪 50 年代的皇家委员会之后，学院开始向大学学校做出捐赠，其中有一些学院甚至做出了大额捐赠，而自 19 世纪 70 年代以来，它们还被要求从其收入中拿出一个固定的比例，交入大学公共基金之中，[①] 但这并不够，特别是当讲授课程日渐成为大学学校的而非学院的一项职责的时候。不过，直到 19 世纪末，无论是牛津还是剑桥，都没有得到足够的关注，乃至于可以成立一个捐赠基金，用于一般性的大学教育目的。剑桥率先成立了剑桥大学联合会，该联合会的宗旨是"为大学筹集更多资金，以帮助其开展教育、传播信仰、进行学习和研究"。[②] 该联合会的呼请取得了一定程度的成效。到 1903～1904 年，该联合会一共筹集了 72000 英镑，其中有 53000 英镑是非限定性资金。排在捐款人名单最前列的是该校名誉校长（德文郡公爵）、W. W. 阿斯特（W. W. Astor）和罗斯柴尔德家族——他们每人都捐了 1 万英镑。这份名单上有约 300 个名字，其中多数人与该校有着很深的渊源。[③]

牛津大学的资金捐赠浪潮在很大程度上要归功于柯曾（Curzon）勋爵，他是该校的名誉校长，却不愿意只把这个头衔看成荣誉性的。他的前任戈申非常具有代表性，致力于解决该校的财政问题，以及学院－大学之间的关系问题，并且已经在为该校筹集捐赠基金方面取得了一些成效。[④] 在这一点上，在 1907 年春天，柯曾当选为名誉校长，加上他精力充沛，组织方面颇具天赋，确保了这场资金筹集运动得以启动。然而，这场新的运动并没有从任何方面给牛津大学的财政状况带来革命性的变化。柯曾的传记作家只是简单介绍了这一事实，并且评价这场运动是"一场相当温和的运动，而非一场漂亮的大胜仗"。[⑤] 并没有太多的大额资金进入，也没有太多的大额捐赠人出现。虽然在一开始这场运动冲劲

---

① Winstanley, *Later Victorian Cambridge* (Cambridge, 1947), pp. 318ff.

② Clark, *Endowments*, p. 597.

③ *Ibid.*, pp. 598 – 608.

④ Mallet, *History of Oxford*, Ⅲ, 477; Earl of Ronaldshay, *The Life of Lord Curzon*, 3 vols. (London, 1928), Ⅲ, 91 – 92; *The Times*, 2 May 1907; *Bodleian Quarterly Record*, Ⅱ (January 1920), 296 – 297.

⑤ Ronsaldshay, *Lord Cuzon*, Ⅲ, 94.

很猛，直奔着既定目标 25 万英镑而去，但到最后，其所筹集的资金还不到 15 万英镑，而且其中有约 33000 英镑来自两家城市公会，即布商公会和金匠公会。[①] 总的来说，作为一个历史学家，我不得不说，和剑桥大学一样，牛津大学的资金筹集活动是一场有效的运动，但绝对算不上是一场深刻的变革。

但是，在第一次世界大战之后，两校都陷入了极为危险的财政状况之中，没有足够的资源来应对第一次世界大战后世界所提出的更大的、更多样化的需求。学院的负责人以及其他主管人员开始接受人们的劝说，认为接受公共拨款才是解决问题的出路，而且尽管他们都不太喜欢拿政府的钱，但他们都同意三一学院院长的这一看法："唯一的选择就是损失一些学校的效率，而且虽然我们都很不喜欢拿政府的钱，但我们更不喜欢学校完全停摆。"[②] 紧急的拨款暂时缓解了这一场危机。此后，有一个皇家委员会（1919～1922 年）提出建议，每年向这两所古老的大学各拨款 10 万英镑（还包含一些额外拨款）。当然，该委员会自己也对这一提议不完全满意，而且人们还有一些想法——或者愿景——希望这些公共拨款不是永久性的。事实上，阿斯奎斯委员会对大学的看法与 1921 年的凯夫委员会有些类似，其中后者试图为志愿型医院那岌岌可危的体系提供支撑。尽管医院委员会被迫提出建议，说要用公共资金来提供协助，但它还是认为"任何主张提供连续性的拨款或政府援助款的建议都应遭到否决"；同样，大学委员会尽管对志愿性原则认同较少，但还是认为"大学未来的繁荣与发展的真正希望"在于私人捐赠。[③] 但是，两个委员会都不具有预见未来的天赋。事实上，凯夫委员会开启了一条道路，这条道路最终引向英国国民医疗服务制度，而阿斯奎斯委员会则为大学专项拨款委员会的出现铺平了道路。

三

在成立新的学院方面，最重要的几步（除了女子教育以外）并不是

---

① Mallet, *Oxford*, III, 477, n. 2.

② 引自 *VCH*, *Cambridge*, III, 290。

③ Voluntary Hospitals Committee（Cmd. 1335），1921，p. 8；*R. C. on Oxford and Cambridge Universities*（Cmd. 1588），1922，p. 54.

由那些古老的大学迈出的，而是伦敦市和各郡的工业城市的成果。尽管如此，在两个世纪中，牛津还是接收了 3 个新的男子学院，而剑桥则接收了 2 个学院。在牛津大学，伍斯特学院是由伍斯特郡准男爵威廉姆·库克斯（William Cookes）在 1701 年遗赠的 1 万英镑为基础而成立的。① 赫特福德学院在 19 世纪初就关门了，而直到 1874 年，才由玛格达莱妮中心以一种奇怪的方式继之而起，然后由议会下达法令，使之转变成了新的赫特福德学院。其中，一位关键性的捐赠人是托马斯·巴林（Thomas Baring），他捐赠了一笔基金，用于提供 17 份全额研究奖金、30 份研究奖金名额（每年 100 英镑），这笔资金使该学院得以复兴。他一开始是想把钱捐给布雷齐诺斯学院的，但由于他在捐款上附加了宗教方面的限制，以致该学院的教师不得不决定拒绝这笔捐款。赫特福德学院的主办方没有资格这么挑剔，所以他们以半妥协的姿态接受了巴林的这笔钱。②

在维多利亚时期新成立的基金会中，有两家（牛津大学的基布尔和剑桥大学的塞尔文）属于特殊类别。这两家机构都是教会方面的，主要宗旨是帮助那些"被排除在大学教育以外"的年轻人"接受必要的培训，以养成朴素、虔诚的习惯"。③ 这两者都不是个人捐赠人的造物。基布尔的推动者相当轻松地就筹集了 5 万英镑。该学院奠基于 1868 年。三年后，由巴特菲尔德（Butterfield）设计的结构复杂的哥特式大楼开始接收学生了。塞尔文学院是以基布尔学院为模板成立的，学院成立的目的是纪念新西兰大主教。该学院一开始的道路要比基布尔学院崎岖得多。不过，到 1881 年，它也筹集到了约 3 万英镑。④ 其中绝大部分款项都属于小额捐赠——有一笔 3000 英镑属于其中最大单笔捐赠了——这些钱

---

① Mallet, *Oxford*, III, 95 – 102.

② *Ibid.*, 423 – 426; Hastings Rashdall, "Hertford College", in Andrew Clark, *The Colleges of Oxford* (London, 1891), p. 459. 巴林还提出了除宗教限制以外的其他条件，要求学院照顾米德尔塞克斯郡、哈罗公学、创始人的亲属，以及赫特福德、布雷齐诺斯学院校友的孩子——诸如此类的事情。对此，马利特（Mallet）评论说，这些正是该大学的校董会在致力根除的做法。

③ 参见朗伯斯宫会议决议，在该会议上，发起了基布尔学院计划，引自 Mallet, *Oxford*, III, 427.

④ A. L. Brown, *Selwyn College, Cambridge* (London, 1906), pp. 32 – 37.

都来自教会的信众。1881 年 6 月，该学院奠基。这标志着该学院成立，但是它也跟基布尔学院一样，在该校内引发了部分质疑和敌视。然而仅仅 6 年之后，该学院就很胆大地甚至有些冒失地取消了宗教标准（用于审查教席和教授席位的入职人员），不再要求学院只向英国国教成员开放。

在我们的研究涉及的这段时期里，在所有新成立的基金会中，剑桥大学的唐宁学院值得慈善史研究者特别关注。这不仅是因为它就个人创始人的善功提供了一个非常有特色的个案，还因为它所处的外部环境迥然不同，所以可想而知的是，唐宁学院的这个实验可以为整个大学的改革指明道路。唐宁学院的章程有非常多的内容是现代的、宽容的、自由的，尽管如此，在头几十年里，虽然它自身没有什么过错，但还是几乎处于濒死的状态，并不具备条件来发挥其改革的影响力。因此，正如温斯坦利所评论的那样："原本是打算让这成为对改革的一个鼓励的，结果现在反倒成为对改革的一个警告了。"①

遗赠财富以创立唐宁学院的是准男爵三世乔治·唐宁（George Downing）（1684～1749 年），但是这笔财富主要是由他的祖父准男爵一世所积累起来的。老乔治爵士是马萨诸塞州约翰·温斯罗普总督的侄子，也是哈佛学院第二届毕业生。他在克伦威尔和查理二世手下颇受重用，挣了很多钱。1717 年，他的孙子立下遗嘱，将他在剑桥郡、贝德福德郡和萨福克郡偌大产业留给他的一群表兄妹。如果这一愿望无法达成，则将财产用于在剑桥大学里建设一个学院，取名为唐宁学院。不幸的是，他最后一个适格（法律意义上）的亲戚在 1764 年去世了。结果，尽管早在 1769 年法院就已经下达判决，支持学院的主张，但因为他的其他亲戚表示反对，该案件一直拖到 31 年后才最终解决。在无尽的等待与沮丧中，这件事已经宛如大法官法庭搞出来的一场恶作剧了。一直到 1800 年，上议院大法官才最终宣布支持剑桥大学，但起诉的开销以及资产疏于管理，给学院的收入造成了重大损失。1802 年，这笔财产产生了约 6000 英镑的租金收入。②

---

① Winstanley, *Early Victorian Cambridge*, p. 7.

② *VCH*, *Cambridge*, III, 487 – 488.

人们大都认为唐宁学院的章程与此前的统治着剑桥人的古老成例迥然不同。毕竟，这是自 16 世纪末以来（辛迪妮·苏赛克斯学院奠基以来）成立的第一个新的学院。然而，唐宁学院的某些创新，以及遍及整部章程的世俗的口吻，都散发出极为令人震惊的现代性。对此，研究唐宁学院历史的研究者说道："这个学院的基本框架是由小皮特设定的。"但现在并没有明确的证据证明这一说法。①

无论这一章程的具体来源是什么，它的确对 18 世纪剑桥大学的某些缺陷做了分析，并制定了一些条款来防止这家新的学院出现这些问题。除了院长和研究人员以外，该学院还有一位医学教授和一位法学教授，这些研究领域在当时都不太兴盛。该学院多数研究奖金只向世俗人员开放，每个岗位的任期是 12 年，其中法律和医学的研究人员必须具有教授水平。② 一言以蔽之，世俗研究奖金被设定为向年轻的预备教授的临时帮助，而不是提供永久庇护，或者一个舒适过渡，即从获得学位开始到成为正式成员的过渡。最终，无论是哪一种研究奖金都被移除了一些传统的限制。任何牛津或剑桥的毕业生，无论"出生地或受教育地"在哪，都有资格申请世俗的研究奖金。③ 唐宁学院的章程不仅规定要通过考试的方式来确定各类研究奖金的归属，还尝试打破剑桥数学学科对奖金的垄断，允许候选人提供古典学或其他学科的成绩。

不幸的是，唐宁学院的计划虽然很合理，前景也很光明，但从未有过切实的实践。在整个 19 世纪，该学院都相当穷，这部分是大法官法庭懒政的结果。而且，在诉讼期间，虽然唐宁学院的资产已经大幅缩水，可大法官法庭还是批准了一项大楼建设计划，耗资 10 万英镑，并下令每年将 3000 英镑的建设基金单列出来。④ 这是一个灾难性的要求，因为这使该学院资金变得只够糊口，而没有富余的资金用来发研究奖金，有的时候甚至招不来大学毕业生。在 19 世纪下半叶，学院的收入缩水到了最

---

① H. W. Pettit Stevens, *Downing College* (London, 1899), p. 65; *VCH*, *Cambridge*, III, 488.

② *Downing College Charter* (1837 reprint). 研究人员在这种情况下会被撤职，即"担任法律职位的人在他们就任后 8 年里未能成为律师的；担任医学职位的，在他们完全入职后 2 年内未能获得医学博士学位的"。

③ Winstanley, *Early Victorian Cambridge*, p. 4.

④ Stevens, *Downing College*, p. 71.

低点，大学毕业生招募也就无从谈起了。一直到第一次世界大战之后，唐宁学院的财政状况才有了明显好转。其中关键性的一笔捐赠是在 20 世纪 40 年代时给到该学院的，它是由 S. W. 格雷斯通（S. W. Graystone）捐赠的一笔价值约 125000 英镑的资产。说来也稀奇，这是一次报恩的行为——因为格雷斯通是一名大学毕业生，他曾被克莱尔学院开除，却被唐宁学院给收了进来。

现在回头来看，乔治·唐宁爵士的这个善举，如果当初没有旁生事端的话就会对剑桥大学产生革命性的影响。在唐宁学院运行的过程中，它一直都散发着一定程度的吸引力，吸引着更为成熟、更为认真的大学毕业生前来，因为它有着自由的组织机制以及卓越的声名。比如，考特尼·肯尼和 F. W. 梅特兰就是唐宁学院的教授。然而，由于一系列不幸事件，一直到最近唐宁学院还是那些富裕学院的穷亲戚，而且最为糟糕的是，在保守的剑桥人的眼里它还成了一个改革学院章程所可能引发的糟糕状况的典型案例。

四

如果说在 19 世纪早期牛津大学和剑桥大学没有涉入当时横扫整个英国社会的变革潮流，那么维多利亚时代晚期成立的这两所古老的大学后来还是重新加入了，或者说至少是靠近了主潮流。这部分是因为大学社群领域的改革者施压，部分是因为政府委员会的工作使然，但是从一个更为广阔的视角来看，两者都是因为维多利亚人认为进步有其必要性。在当时，一个信号——虽然当时看似微不足道——是 19 世纪 70 年代出现的向妇女提供高等教育的项目。到 19 世纪 70 年代末，事实上剑桥和牛津都有两个学院，服务于与这两所大学有些许联系的妇女。而且，可能我们也可以举出这样一个例子，即格顿学院——就是这类学院的原型，并探讨其成立时的外部状况。

和多数此类项目一样，在该项目中起主导作用的是一个默默奉献的人，即艾米丽·戴维斯（Emily Davies）。她主导的这场运动是更大范围的妇女运动的一个分支。和她的朋友伊丽莎白·加勒特（Elizabeth Garrett）一样——加勒特成了一名医生，这与代表她性别的利益，成为其先锋者看似毫无关联——戴维斯的鼓动为妇女带来了更大的机会，包括智力上的和职业上的，并因此使她们得到了"解放"。① 她负责劝说唐顿委员会将他们的调查范围延伸到女子学校。在 1866 年，她出版了一本书，类似一个宣言，名为《女性的高等教育》。1866 年秋，她勾画了一个"计划"，要求成立一个服务于年轻女子的学院，并且她立刻着手调查做成这件事所需的方法和资源。

格顿学院并不是靠一位虔诚的捐赠人（从资金意义上）而建立的，而是靠一群人认捐建起来的。尽管戴维斯女士组建了一个显赫的委员会，但这一女性教育事业并没有吸引捐赠人的关注。到 1868 年年中，在搞了数个月活动以后，所需的 3 万英镑资金只有 2000 英镑有了些眉目，而其中有一半是由博迪雄（Bodichon）太太［芭芭拉·利·史密斯（Barbara Leigh Smith）］认捐的。到 1870 年年中，这一状况依旧没有太多改变，以至于委员会决定在筹够 7000 英镑的情况下就往前推进这件事。事实上，该学院在希钦开业时，任何东西（包括上述金额）都未能实现，而在 1871 年它搬去格顿时，人们预见到它的资金危机可能成为一个无法逾越的障碍。学院管委会呼吁筹集 1 万英镑，同时哀叹说，在过去的半个世纪里，原本就财大气粗的哈罗公学还收到了如潮水般的捐赠，高达 78000 英镑，而在当年又向社会筹资 3000 英镑。同时，格顿的新大楼将要耗费 7800 英镑，而当时连大楼所占用土地的费用都还没有支付。慈善家、第一位犹太律师弗朗西斯·戈德斯米德（Francis Goldsmid）爵士——他也是该学院的积极倡导者——大胆建议由一群朋友作保，向外借款。② 于是，人们筹集了一笔保证金，该学院据此借到了 5000 英镑，并成功搬去了格顿。

需要再重复一下的是，女性教育对英国的慈善家并没有太大吸引力，由此，格顿学院早期的岁月则是"一个反复筹款、借贷、抵押的循环史"。③ 而对于纽纳姆学院来说，该学院同样是在 19 世纪 70 年代早期发起成立的，资金问题就显得没有那么紧迫了。这可能与这一情况有关，

---

① 是戴维斯首先向加勒特提议研究医学的，因为她"感觉她朋友的健康和力量使她可以成为一位值得尊敬的先驱"［Barbara Stephen, *Emily Davies and Girton College* (London, 1927), p. 55］。下述有关格顿学院成立的介绍，主要取自史蒂芬的这部传记。

② *Ibid.*, pp. 257, 262 - 263.

③ *Ibid.*, p. 314.

即它位于剑桥大学内部，该校的人觉得有义务帮助这项新兴的事业。著名哲学家亨利·西奇威克（Henry Sidgwick）及其夫人［也即 A. J. 贝尔福（A. J. Balfour）的妹妹］，提供的赞助也是一项很重要的因素。在两次从租的场地搬出来后，纽纳姆学院决定自己建一栋楼。这件事的发起人组建了一个公司，然后快速地以股权投资的形式筹集了 2800 英镑。此外，学院还通过捐赠和认捐收到了一些额外的收入，于是筹集到的费用足够租用土地、建设新大楼了。到 1876 年年中，学院共筹集了约 1 万英镑善款，这笔钱足够用于建设、装修和安置一个两英亩大小的花园了。①

对于格顿学院而言，拐点是在 19 世纪 80 年代中期才出现的。引起这一转折的是一位奇怪的捐赠人，即简·凯瑟琳·甘布尔（Jane Catherine Gamble）。这笔遗赠款高达约 19000 英镑，学院用这笔财产新买了 17 英亩土地（其中有一部分后来变成了小型公园），并提供 27 个新生名额。② 在此后数年间，情况出现了进一步好转，学院收到博迪雄太太遗赠的 1 万英镑和艾米丽·菲佛（Emily Pfeiffer）太太（维多利亚时期一位不太知名的女诗人，一个富有的德国商人的遗孀）遗赠的 5000 英镑。③ 在 19 世纪 90 年代末，格顿学院又上马了一个相当大胆的建设计划，预计要耗资 5 万英镑。当时，学院只有约 8000 英镑的认捐款，以及另外一笔 8000 英镑从学院的收入中省吃俭用抠出来的经费，就开始启动这个计划。可以预见的是，建设项目的开销比预计的要多得多，而尽管学院最后偿清了约 45000 英镑的费用，却为此背上了约 1500 英镑的利息。

在此后 10 年多时间里，这笔债务就像一块沉重的大石头，压在格顿人的心口，而要想搬开这块石头就需要大家一起通力合作。早在 1904 年，罗莎琳德（Rosalind），一位充满活力的、不太容易相处的卡莱尔女伯爵，④ 提供了 2000 英镑的款项，而几年以后该学院的校友们在他们之

---

① Balance A. Clough, *Memoir of Anne Jemima Clough* (New York, 1897), chap. VI.

② Stephen, *Emily Davies*, p. 315.

③ Née Emily Jane Davis. 她的捐款全部用于发放研究奖金和奖学金。几乎从一开始，格顿学院就有很多研究奖金的名额，这主要是由个人捐赠人、吉尔克里斯特教育基金以及数家城市同业公会捐赠的。（*VCH*, *Cambridge*, III, 492）

④ 除了在生前为该学院提供服务以外，她还遗赠了 2 万英镑善款（1921 年），用于设立研究奖金。（*VCH*, *Cambridge*, III, 492, n.16）关于对这位女伯爵的私人的看法，参见她女儿的传记［Dorothy Henley, *Rosalind Howard*, *Countess of Carlisle* (London, 1959)］。

中组织了一场筹款活动。于是，学院的债务水平逐渐下降——降到29000英镑，到1913年为24000英镑。在这个节点上，船舶建造师、船舶机械师艾尔弗雷德·亚罗（Alfred Yarrow）爵士又提供了12000英镑，但规定该学院在1914年1月1日以前实现收支平衡。这促使校友组成的委员会发起新的行动，同时城市同业公会——其中有一些之前表示过兴趣——再次给予了回应。在1914年1月初，债务被清偿完毕，此外还多出了1600英镑结余款项，于是，学院终于不用再支付惩罚性利息了。鉴于在格顿学院早期的历史中出现的一连串危机，所以我们一点也不怀疑各大女子学院会对男子学院收到的大额捐赠基金会和校友的富有程度满怀妒忌。而我们至少可以说，《艾达公主》[①] 不是维多利亚时代晚期慈善家最喜爱的故事。

五

不过，在19世纪，高等教育领域最令人印象深刻的投资都出现在那些高速增长的城市中心、大城市和郡，而不是在那些历史悠久的大学镇中。其中有一些地区新获得了大宗的工业和商业财富，准备享受这些地方教育项目所带来的福利。各种动机都促成了这些项目。当然，其中有一个重要的元素是市民的自豪感，市民们认为自己的自尊需要有一所大学来成就，而一些新贵们则并不关心那些无关痛痒的教育争论，反而对这些项目很感兴趣。对于他们而言，市民捐赠人这个角色是很中意的。

此外，各地的商人阶层都倾向于认为老牌的大学并不是为他们服务的，古典的数学训练与他们的特别需求毫无关系。他们认为，因为他们的社会背景、职业定位和非国教的宗教信仰，导致他们在精神上或事实上都被排除在外。他们所需要的可能是一群地方性的学校，这些学校要迎合地方上的需求。这类学校应能提供更多门类的课程，对古典课程则要求较少，而会提供更多空间给有助于推动产业进步的科学和技术类课程。因此，相比于那些老牌大学传统的做法，这些新市民学院的社交和

---

① 一部维多利亚时期的喜剧。主要剧情是一位公主赞助了一所女子大学，教授的内容是妇女比男子还要优秀，应代替男子统治社会。而与她从小就定下婚事的王子，以及他的两个朋友，男扮女装潜入这所大学，为的是留住他们的新娘。结果，他们被发现了，于是双方之间就性别爆发了激烈的口水战。——译者注

学术研讨氛围显得更为自由，也更为世俗。

在这一方面率先提供最有用的模板的并不是牛津和剑桥，而是伦敦大学学院。伦敦大学学院创立于 19 世纪 20 年代，目的是反抗老牌大学在社会和宗教方面的垄断。[①] 它的教育理念和实践源自爱丁堡，并以德国和美国的潮流为补充力量，而不是一场单纯的慈善实践，但其实现也需要满足一些条件。为了这一项目，人们需要筹集 15 万英镑款项。发起人将这笔钱拆成 100 英镑一股，进行筹集。乍一看来，这一计划好像推进得很顺利，在 1825 年夏天，已经有约 1500 股卖出去了。其中一位主要的发起人亨利·布鲁厄姆，就卖出去了 200 股。他给朋友和熟人写了"150 封长信"，并认为其中至少有 6% 的人会给予回应，而这就够了。"因为我们只要筹集每股 66 英镑，而且认捐人只需要立刻支付 100 英镑捐款中的 4% 的金额就可以了。"[②] 尽管 1825～1826 年的挫折引发了一场倒退——当学院让大家拿出第一笔 25 英镑资金的时候，有约 300 股的股东违约了——到 1827 年初所有 1500 股的股东还是都表示了明显的意愿，同意履行他们的义务，而学院也已经拿到了 34000 英镑的款项。于是，在这个节点上，学院委员会购买了土地，开始建设大楼。

伦敦大学学院和它的国教系列的同类（国王学院）的财政史是命运多舛的。前者经历了一个跌宕的开头，因为它太依靠学生的学费了，而它招到的学生又远少于预期。好在有人提供了很多捐赠，从而缓解了危机，在二三十年里，这一危机都没有爆发出来。但是，到 19 世纪末，伦敦大学学院欠了银行约 3 万英镑债务。而改变这一状况并促使学院得到大发展、大扩张的是在 1902～1912 年学院收到的一系列大额捐赠，金额达到 42 万英镑。其中包括唐纳德·柯里（Donald Currie）爵士（卡希尔联合航运公司）的 10 万英镑捐款，用于购买场地，建设先进医学研究学院和护理中心。

在 19 世纪大部分时间里，国王学院的财政记录与布鲁姆伯利学院如出一辙。和伦敦大学学院一样，国王学院的启动资金是靠认购股票和募集善款得来的。最开始的筹款工作进行得很顺利。伦敦的国教徒都很虔

---

① 关于伦敦大学学院的这一段简短描述，主要是根据下述文献写出的：H. H. Bellot, *University College*, London, 1826–1926（London, 1929）。

② 引自 *Ibid.*, p. 32；New, *Lord Brougham*, p. 364。

诚，而各地的回应也都很慷慨，所以在 1828 年夏天，即学院发起成立一个月以后，就已经有 102000 英镑的款项到账或将要到账了。然而，粉碎这一开门红的事件是威灵顿和皮尔在天主教解放运动上的屈服，以及超新教徒①，如温奇尔西（Winchelsea）勋爵，拒绝与该学院有任何进一步往来，因为该学院以威灵顿勋爵为自己的代言人。后来，学院向社会筹集每股 25 英镑的款项，但出于各种原因，英国的国教徒都不愿意出钱，因为该学院与非国教徒和世俗人员有往来。

国王学院一路上遇到了不少困难。财政赤字是家常便饭，大额捐赠少之又少，极少有捐赠人站出来缓解它的困境。在 19 世纪 70 年代的一场危机中，学院陷入了绝望的状态，乃至于理事会不得不授权学院秘书在 6 年时间里逐步出售学院的银器，换取了 11000 英镑的款项（原本是想卖 3 万英镑的）。② 有两家城市同业公会（纺织公会和布商公会）由于受到城市改革者的攻击，开始"花些小钱保平安，向学校、学院、大学教席和各类慈善组织捐赠款项"③，其中也给国王学院捐了一些钱，帮它捱过了这场危机。但是，在 19 世纪 80 年代和 90 年代，财政赤字日渐恶化，乃至于学院的财政委员会不得不报告说："理事会的偿债能力都已经耗尽了。"④ 而且，这一情况是出现在学院理事会向社会发出请求，要求捐赠 5 万英镑的款项，以及得到了两家同业公会 5265 英镑的捐赠这两件事之后。

到最后，虽然英国国教会立场还是很坚定，但在这种情况下它也没有其他办法，只能废除宗教信仰标准以获得公共机关的拨款。在这一决定的背后，是一系列筹款遭遇到了惨痛的失败。比如，1902 年的筹款活动原本是要筹集 50 万英镑，结果只筹集了 3 万英镑。⑤ 这件事再次证明，与在慈善事业的其他领域中一样，私人捐赠无法独力承担这项任务。在学院最终决定取消宗教信仰标准之后，财政部就给予了拨款。这笔钱，外加上伦敦市政议会下拨的款项，"使学院从一种逆来顺受的窘境转变成

① 新教徒中的极端派，极度敌视天主教徒。——译者注
② F. J. C. Hearnshaw, *The Centenary History of King's College, London, 1828-1928* (London, 1929), pp. 283-284.
③ *Ibid.*, p. 285.
④ *Ibid.*, p. 355.
⑤ *Ibid.*, pp. 409-410.

了一种欣欣向荣的蓬勃状态"。①

英国各地的大学缘起各不相同。在有的情况下（如曼彻斯特大学和伯明翰大学）是由一位慈善家做主要发起人；而在其他情况下（如利物浦大学）则是由一群发起人联合资助的，有时还获得了市政府的拨款；还有的情况则是（如诺丁汉大学和谢菲尔德大学）新学院的成立是因为大学扩张而导致的。地方上的一些学院（里德学院和纽卡斯尔学院）一开始就被人们认为是地方经济发展的辅助力量，也因此得到了各地实业家的赞助，而其他学院则主要被视为附属性的城市文化资源。对所有这些学校来说，有一个共同之处在于它们都拥有本地的支持者，这些支持者不仅提供赞助还提供生源。都铎－斯图亚特王朝时期富有的商人在伦敦攒了一笔钱之后，喜欢在他们萨默塞特或柴郡的老家捐建一所文法学校。而与他们不同的是，维多利亚时期的慈善家，如伯明翰的乔赛亚·曼森或曼彻斯特的约瑟夫·惠特沃思，都是通过本地的产业发达起来的，所以也就喜欢投资本地的教育事业。简言之，这些学校是维多利亚时期各地文化的外在表达，也为这一文化所支持和推动。②

至于红砖大学这一模式的兴起，则是一个复杂而跌宕的故事。维多利亚时期的慈善家在赞助各地大学时表现出了不同的动因。在这里，我们只需注意其中一些动因就够了。曼彻斯特大学是这类新机构中的第一家③，也是拥有非常出色的记录的一家，所以它能给我们提供一个有益的范本。乔赛亚·曼森捐了20万多英镑给伯明翰大学，在当时被称为"在现代教育史上无可匹及"的善举④，而与他不同的是，虽然商人约翰·欧文斯（John Owens）遗赠的善款奠定了曼彻斯特大学的基础，但他只留下了一个模糊的身影。这位喜怒无常的、孤僻的单身汉留下了他

---

① F. J. C. Hearnshaw, *The Centenary History of King's College*, London, 1828－1928（London, 1929）, p. 413.

② 关于各地大学的整体情况，参见 W. H. G. Armytage, *Civic Universities*（London, 1955）。

③ 除了达拉莫大学以外。这所大学的缘起是完全不同寻常的，其虔诚的创始人是牧师学院，它出于对教会改革的警觉，以及对可能会没收宗教收入的前景的预期，于是忙不迭地将学院的剩余资金拿出了一部分，投入该大学。

④ H. F. W. Burstall and C. G. Burton, *Foundation and Development of the ... University of Birmingham*, 1880－1930（Birmingham, 1930）, p. 11. 关于曼森的善举，我们将在第十五章的各节中分别予以介绍。

一半家产（超过 96000 英镑）用于不涉及宗教派别的高等教育，而至于他为什么要这么做现在已经无从得知了。① 尽管欧文斯学院在 1851 年开张时，曼彻斯特地区的人表现出了很大的热情，但是直到 19 世纪 60 年代过了一多半，当地做棉花生意的富商都没有一个站出来，跟着在欧文斯遗赠的后面拿出新的捐款。② 令人奇怪的是，在这个曼彻斯特最为繁荣、生意做得最为红火的岁月里（除了 19 世纪 60 年代早期出现棉花饥荒以外），它却对这个学院没有太多兴趣，有的观察者甚至认为当时这个学院已经在崩溃的边缘了。

欧文斯学院的第二创始人是托马斯·阿什顿（Thomas Ashton），他是著名的海德棉花帝国的成员，也是曼彻斯特的一位领袖市民。是他而不是其他人，推动该学院变成了一项公共事业——并最终筹集了超过 20 万英镑的善款。一旦学院被人们接受为一项有价值的市民公共事业，各种捐赠纷至沓来，使国王学院乃至伦敦大学学院都相形见绌。1850~1914 年，在曼彻斯特的这个学院收到的捐款中，仅单笔款额在 1 万英镑以上的就有约 70 万英镑。③ 其中有一些捐款的数额大得惊人：查尔斯·弗里德里克·拜耳（Charles Frederick Beyer）（1877 年）捐赠了 10 万英镑用于设立自然科学教席；工程师和军火商约瑟夫·惠特沃思爵士遗赠了总额达 15 万英镑的善款（他的公司之后与阿姆斯特朗公司合并，成立了阿姆斯特朗 & 惠特沃思联合有限公司）④；约翰·赖兰兹图书馆的创始人 E. A. 赖兰兹（E. A. Rylands）太太捐赠了 75000 英镑；R. C. 克里斯蒂（R. C. Christie）教授捐赠了 33000 英镑，他是惠特沃思的遗产受赠人之一，他用自己的财产捐建了克里斯蒂图书馆。相比于各所大学的欲求不满，欧文斯学院（它在 1900 年变成了联邦制的维多利亚大学，并在 1904 年获得了独立的大学地位）收到的捐赠比其应得的款项要小得

① Edward Fiddes, *Chapters in the History of Owens College* (Manchester, 1937), pp. 6-7. 很明显，他的朋友乔治·福克纳（George Faulkner）（一位保守的国教徒）似乎曾提出建议，说欧文斯的财产的合适用途是建设一所不涉及宗教派别的大学。
② 除了为建设一间化学实验室而筹集到的 1 万英镑以外。
③ 不包括公共机关提供的援助性拨款。[H. B. Charlton, *Portrait of a University* (Manchester, 1951), App. III]
④ 惠特沃思将他的财产留给遗孀和两个朋友，并立下遗嘱说，要将其中的大部分用于公共目的。(Fiddes, *Owens College*, pp. 125-126)

多。但至少按同时代的标准来看，曼彻斯特地区对待该学院非常好，使它变成了一个知名学院，并在有的时期还占据了英国学院排行榜的前列。

其他各地的教育机构或多或少是根据曼彻斯特这个经验来的，而且它们多数财产都是靠本地的职业支持。在谢菲尔德，起决定性影响的是马克·弗思（Mark Firth）捐赠的大额财产。马克是当地制造业的领袖人物，连续三届担任卡特勒大师①，并且曾担任该镇的镇长，在他担任镇长期间当地的教育机构得到了快速发展。他的家族之前已经出钱捐建了拉莫尔学院，耗资 5000 英镑，该学院是一所卫理会牧师的培训学校；马克自己也曾捐赠约 3 万英镑，用于捐建和资助 36 所济贫院。② 真正引起他对在谢菲尔德建设一个学院这件事的兴趣的，是 1875～1877 年一群剑桥的导师在当地开设的一系列大学推广讲座。马克一想到能够为当地建设一个永久的学院，就欣然接受了这个挑战。他花了约 2 万英镑购买土地和建设大楼，然后又捐了 5000 英镑作为弗思学院的基金——该学院后来并进了谢菲尔德大学学院（1905 年升格为谢菲尔德大学）。他在 1880年 61 岁的时候去世，这件事对该学院造成了不小的冲击，因为当时学院的管理层正在期盼他能给出进一步的捐赠。③

在它那短暂的历史中，谢菲尔德的这个学院收到的赞助款要比曼彻斯特的少得多。从弗思学院在 1879 年建校开始，一直到 1918 年，它所收到的大额捐赠和遗赠（金额在 1 万英镑以上）总共有将近 262000 英镑。④ 在这些钱中，最大的增量来自谢菲尔德的商业领袖或他们的公司，但也包括下述例外情况，如诺福克公爵（该城的第一大地主）捐赠了14000 英镑，谢菲尔德理事会捐赠了 27000 英镑，服装公会捐赠了 16000英镑，以及哈拉姆郡的一位历史学家的儿子，亨特（Hunter）博士捐赠了 15550 英镑。在 20 世纪 30 年代和 40 年代，该大学成功地从某些实业公司获得了直接赞助。比如，斯坦弗利煤铁有限公司捐赠了 5 万英镑，

---

① 卡特勒大师是哈拉姆郡卡特勒公会会长，该公会成立于 1624 年。——译者注
② Alfred Gatty, *Sheffield: Pass and Present* (Sheffield, 1873), p. 330 - 331.
③ Arthur W. Chapman, *The Story of a Modern University* (Oxford, 1955), chap. 1.
④ *Ibid.*, pp. 519 - 520. 如果个人或公司在一段时间里捐赠的款项达到了 1 万英镑以上，则我们也将之视为一笔大额捐赠。

用于建设化学研究实验室；联合钢铁有限公司捐赠了 30400 英镑；英国钢铁股份有限公司捐赠了 24900 英镑。另外玻璃行业的公司捐赠了一笔 4 万英镑的基金，用于为玻璃技术系购买新的场地，该系是由该大学和该行业联合举办的一项事业。在 20 世纪 50 年代早期，共有约 90 家公司每年捐赠约 2 万英镑，以维持该系的运作。①

行文至此，如果我们再介绍各地的其他大学，重复说它们是市民慈善的成就，那就会显得有点啰唆，而不再富有启发意义。然而，我们还是可以提一下它们产生和发展的某些外部环境，正是这些环境使它们变成了各不相同的个案。比如，利物浦大学是凭借市民兴趣的一波自发的浪潮而建立起来的。在 1879 年，镇议会成功地劝说市政委员会提供一处场地，然后又筹集了 5 万英镑善款，至于该学院的大楼则是现成的，也即贫民窟地区的一座废弃的精神病院。在诺丁汉，市民政府表现得异常合作。在那里，兴起了一场大学扩张运动，人们开始着手重建机械学院。有一位匿名的捐赠人同意捐赠 1 万英镑，但前提是诺丁汉市政委员会先造一栋合适的大楼。结果政府不仅花了 10 万英镑用于建设这栋大楼，还开征了一项税率在 3.5 便士的税，用于维护这栋大楼。②

布里斯托尔大学的开始是独一无二的，而且其中还有牛津的两个学院参与其中。此前，布里斯托尔的卡农·珀西瓦尔（Canon Percival）一直在敦促牛津的学院将它们的一些研究奖金名额转变成将要在各地建设的学院中的教席名额。后来，贝列尔学院和新学院提供了合作，并且捐赠了资金。而该大学的最为积极的创始人，以及早期的主要赞助人则是布里斯托尔当地人，其中最著名的是弗赖伊家族（巧克力商）。此后，威尔斯家族（帝国烟草公司）代替弗赖伊家族成为该大学最为慷慨的朋友，该家族的成员向该大学捐赠了一系列宏伟的建筑，同时还做出了其他一些可观的捐赠。在该大学每年的创始人日上，人们都会重温这些捐赠人的名字，其中有 6 位威尔斯家族成员的名字、2 位弗赖伊家族成员的名字，而只有 3 个人与这些大家族没有明显联系。③

在各大地方性学院中，利兹大学在吸收商人群体的支持方面要比其

---

① Arthur W. Chapman, *The Story of a Modern University* (Oxford, 1955), p. 273.

② Armytage, *Civic Universities*, pp. 225 – 226.

③ Basil Cottle and J. W. Sherborne, *The Life of a University* (Bristol 1951), p. 116.

他机构做得更好。^① 利兹大学起始于几家奇怪的教育机构——一家老牌的医学专科学校以及约克郡科学院，但它在技术学科和纯科学方面取得了卓越的地位，并因此赢得了实业领域的赞助。特别是在两次世界大战之间，该学校的资源，在大楼建设和捐赠基金方面，都有十分显著的增长。和布里斯托尔的威尔斯家族一样，利兹地区的多个家族，如泰特利家族（乔书亚·泰特利 & 逊有限公司），经常会做出慷慨的捐赠，总额达到约 16 万英镑。西赖丁地区一些更为富有的也更为开明的商业领袖也将为该大学的教育和研究做出捐赠视为一项有效投资。韦克菲尔德的布拉泽顿（Brotherton）勋爵是英国化学工业领域中的一位核心人物。他向该大学捐赠了 22 万英镑，他的公司捐赠了 39000 英镑，他的兄弟捐赠了 65000 多英镑。弗兰克·帕金森（Frank Parkinson）是一家大型电器公司的老板，也是曾领受过该大学的贝恩研究者奖的人。在 20 世纪 30 年代中期，他给该大学捐赠了 25 万英镑，其中有 5 万英镑用于资助研究，20 万英镑用于在一块新场地上建设一座中央大楼（帕金森楼）。还有一些与西赖丁地区没有太多联系的大型企业也做了捐赠。其中，帝国化学公司（1948～1953 年）捐赠了 8 万英镑，用于设立研究奖金，此外还花了很多钱为该大学购买实验设备；考陶尔兹公司捐赠了 6 万英镑，用于建设一栋大楼，以开展人造纤维技术研究。^②

在利兹大学的历史中（一直到 1953 年），它总计收到 200 多万英镑捐赠，超过 1 万英镑的遗赠。^③ 令人感到矛盾的是，该大学最为慷慨的伙伴并不是任何一家现代的有限责任公司或任何一位实业的掌舵人，而是成立于 1528 年的布商公会。该公会在很早以前就对利兹地区的高等教育事务很感兴趣，也给予了非常慷慨的回应，捐赠了 13 万英镑作为大学的原始资本，同时每年还会捐赠 42 万英镑。但是，为了避免上述数据给读者造成一个扭曲的印象，即认为私人慈善在大学教育领域发挥了主导作用，我们还有必要回溯一下下述数据。在 1952～1953 年度，利兹大学 71% 的资金收入来自国家财政拨款，还有 5% 的收入来自地方政府拨款，

① A. N. Shimmin, *The University of Leeds* (Cambridge, 1954), chap. VI. 相关财务数据来自 E. J. Brown, *The Private Donor in the History of University of Leeds* (Leeds, 1953)。
② Shimmin, *University of Leeds*, p. 109.
③ *Ibid.*, pp. 215-216. 和其他大学的统计数据不同，这里提到的数据不包括原始资本赠予。

有13%的收入来自学杂费，只有11%的收入来自"其他渠道"。① 在这一领域，就和其他曾经由私人慈善家和自力更生的个体所占据的领域一样，法定部门实现了快速扩张，而与之相伴的是志愿部门的逐步萎缩。

六

人们普遍认为现代基金会的功能之一是资助科研，特别是资助自然科学和社会科学方面的研究。当然，这并不属于慈善捐赠基金的传统资助对象，而是一项近几十年来才出现的宗旨，是随着知识规模的不断扩大，研究变成一项系统性、有组织的工作而出现的。当然，将研究作为一项获取知识的要务，并因此获取大量支持，这一做法是在19世纪末期才出现的。毫无疑问，它的出现在一定程度上与在老牌大学里出现的争吵有关，即应该将教育和研究的重点放在什么之上，以及如何合理平衡日常教学和科研导师这两种功能。在这一场争论中，有人提出了一种有趣的看法。一帮牛津大学的导师编写了一本名为《科学研究捐赠基金论文集》的书。该书出版于1876年，书的序言是由马克·帕蒂森（Mark Pattison）写的。他们认为，总的来说，牛津大学在增加人类的知识方面是失责的，特别是在自然科学方面，因此他们敦促将学院的捐赠基金用于推动研究之上，而不仅仅是用于提供面向大学生的课程教育——在这一件事上，也不能简单地给已有的任课老师扣上导师的头衔就算了事。②

无疑，随着科学研究的日渐兴起，慈善事业也将之接纳为一个资助对象。尽管相关资助的规模是在近75年里才变得非常庞大，但之前已有不少捐赠在直接或间接资助这一方向了。人们捐款给医科大学，促进在医学科学方面的发现，为大学捐建实验室，以为科学家的科研工作提供必要的设备。皇家学会的档案从一个侧面为我们展示了这一趋势的历史演进。在19世纪前半叶，学会从会员那里收到一些捐款，但这笔钱总共不超过1万英镑。一直到19世纪中叶以后，用研究该协会史的历史学家的话来说，就是当"该协会快速转变成一家科学机构"之时，相关资助

---

① Shimmin, *University of Leeds*, p. 214.
② Mark Pattison, "Review of the Situation," pp. 24–25.

才开始出现大幅增长，而其中绝大部分捐赠来自作为其会员的科学家。[1]
1871 年，柏林顿馆[2]收到了第一笔大额捐赠（15000 英镑），在 1851～
1900 年这半个世纪里，该学会收到的捐赠总额达到了 5 万英镑。[3] 然而，
这个时候还不算真正高速增长，因为一直到两次世界大战期间大的浪潮
才到来。1912 年，学会的研究基金的收入是 2400 英镑。到 1939 年，该
项收入攀升至 2 万英镑，这还不包括议会拨款，而捐赠名录上也出现了
127000 英镑、57000 英镑和 67000 英镑这样的大额数字。[4] 在皇家协会收
到的捐赠款额大幅增长的同时，大学收到的捐款也出现了猛增——来自
私人、实业和基金会。而到 1945 年之后，和美国一样，英国来自这些渠
道的科研经费相比来自公共财政的费用，就显得不值一提了。

　　慈善事业对科研更为传统的支持是捐赠书籍。自然，在这一方面，
慈善家的名单会很长，而且值得称赞，在这里我们是无法一一回述的。
在 1629 年的一场葬礼布道中，罗伯特·维兰（Robert Willan）在书中说
"天堂的河流，浇灌着大地；黑门之神，肥沃着山谷"，因此，他呼吁伦
敦的贤达建设一座可以与雅典图书馆或亚历山大图书馆相媲美的图书
馆。[5] 那个时代的慈善捐赠并没有他所呼吁的那样慷慨，但至少有多家
图书馆建成或扩建了，设在正式的科研机构里或独立于外。[6]

　　现在看来，从维多利亚时期选取三四个例子就足以说明问题了。在
19 世纪，牛津和剑桥诸学院接受了多项图书捐赠，以充实它们颇具价值
的图书馆。在 19 世纪 60 年代早期，威廉姆·格里尔斯（William Grylls）
遗赠了约 1 万册图书，其中有一套完整的莎士比亚全集，捐给剑桥大学
三一学院图书馆。此后不久，朱利乌斯·黑尔（Julius Hare）副主教的
遗孀捐赠了约 5000 册图书，主要是神学书籍。[7] 可能在所有向牛津、剑

① Sir Henry Lyons, *The Royal Society*, *1660－1940*（Cambridge, 1944）, p. 281.
② 柏林顿馆位于伦敦市中心皮卡迪利大街上，曾经是大科学家波义耳及其家族的宅第，
从 19 世纪中叶到斯诺演讲的时代一直是皇家学会的所在地（1857～1967 年）。——译
者注
③ *Ibid.*, p. 297；*Record of the Royal Society*, 4th ed.（London, 1940）, chap. IV.
④ *Ibid.*, p. 119.
⑤ Jordan, *Charities of London*, p. 398, n. 175.
⑥ 我在这里提到的不是供公众阅读用的图书馆，而是主要用于收藏书的图书馆，这可以
被视为一类科研机构。
⑦ *VCH*, *Cambridge*, III, 465.

桥的图书馆做出的现代捐赠中，最令人印象深刻的一笔是罗伯特·曼森（Robert Mason）博士的遗赠，捐给牛津大学的女王学院，金额达3万英镑，用于购买图书。靠着这笔捐赠，该学院图书馆的藏书在10年之内得到了大量充实。[①] 这是一段图书馆人梦想成真的历史，该学院十分聪明地使用这笔遗赠，于是把自己的图书馆搞成了牛津大学最著名的图书馆之一。

在这个世界的私人藏书方面，比较著名的有马丁·劳斯（Martin Routh）博士，他是从良妓女收容所坚定不移的领导者。在漫长的一生中——他死于99岁，担任该机构主席达63年之久——劳斯一直是一位图书收藏者。在他的书架上，堆放了超过16000册图书。在这么多图书中，他总是喜欢说，有200册是连牛津大学图书馆都没有的。其中有大量藏书是教父神学和英国历史方面的文献，这些文献据说花费了他8000英镑。[②] 在19世纪40年代早期，他准备将图书卖给女王学院，售价1万英镑，但谈判破裂了，因为劳斯坚持要求这些图书在他生前还应归于他的名下。到最后，新成立的达拉谟大学成功胜出了，这让牛津大学的人后悔不已。作为一个忠实的教会成员，劳斯对发起成立新的学院非常感兴趣。在他死后，人们在他留下的文件里发现了一份捐赠遗嘱，将他的图书都遗赠给了达拉谟大学，"用于通过促进良好的学问而播撒上帝的荣光"。[③]

说起英国的两家顶级科研资料收藏馆，大英博物馆和牛津大学图书馆是名副其实的。关于大英博物馆，在维多利亚时代早期，有一项重大的遗赠是一位慈善家在1847年捐赠了拥有2000多册图书的格伦维尔图书馆。托马斯·格伦维尔（Thomas Grenville）在他一生的绝大部分时间里，都是一位热情而博学的藏书家。他立下遗嘱，要求将这些图书遗赠给大英博物馆。据说，这些书花费了他5万英镑，而实际价值要更高。

---

① J. R. Magrath, *The Queen's College*, 2 vols. (Oxford, 1921), II, 172.

② R. D. Middleton, *Dr. Routh* (London, 1938), p. 250; A. E. Boyle, "Martin Joseph Routh and His Books," *Durham University Journal*, June, 1956, p. 106; A. N. L. Munby, *The Formation of the Phillips Library from 1841 to 1972* (Cambridge, 1956), pp. 77-78.

③ Middleton, *Dr. Routh*, p. 255. 不仅他的继承人拒绝反对这项遗赠（这在法律上也是不可推翻的），而且他们甚至允许达拉谟大学拿走在劳斯签署这份文件之后以及他死亡之前的两年半时间里收集的书。（Boyle, "Routh and his Books," p. 106）

正如佩妮兹（Panizzi），一位富有能力的、精力旺盛的重要的图书馆管理者告诉受托人的那样，格伦维尔图书馆及其丰富的古欧洲文献和意大利、西班牙文著作，"使该图书馆高居所有图书馆序列的顶端，只比巴黎的皇家图书馆差那么一点"。[①] 佩妮兹有理由骄傲地指出，格伦维尔之所以会将财富用于建设这座图书馆，在很大程度上是因为格伦维尔遵从一位意大利避难者的话，这位避难者劝说他这么去做。所以，很明显他感觉自己有义务，当然是出于维多利亚精神，而不是出于一股 18 世纪的冲动，将一些财富还给这个国家，这些财富来自一个收入颇高的政府闲差带给他的报酬。在接下来这个世纪里，类似的动机——一阵社会良心的阵痛，或猛然意识到对社会的亏欠感——将大西洋两岸的富人变成了声势浩大的慈善家。

这些进步，比如牛津大学图书馆在维多利亚时期所取得的进步，很少是因为捐赠人的干涉而产生的。唯一值得关注的捐赠还是罗伯特·曼森博士捐赠的 4 万英镑款项，他将这笔款捐给了女王学院。[②] 在 19 世纪之后的历程中，这家图书馆的收入不断增长，主要是因为该学院的捐赠收入在增长，但是它的资金特别是用于购买图书的资金，还是严重匮乏的。T. A. 布拉西（T. A. Brassey）认为，应为牛津大学图书馆筹集第一笔启动资金。所以，在柯曾担任上议院大法官之后不久，T. A. 布拉西提议并且之后为该大学发起了一个捐赠基金计划，而他自己也捐赠了 1 万英镑。不过，从发出该基金的呼请开始，牛津大学基金会只收到 24000 英镑的款项，而该大学的理事会周会决定额外筹集 5 万英镑的基金。但是，这一决定做出的时机很不合适，两个月后就爆发了战争。最后，人们只筹集了 1400 英镑。[③]

这项公众呼请是一项不可能完成的任务，但有一个人却出来运作这件事。这就是牛津大学图书馆的第三位捐赠人——前两位是托马斯爵士自己和罗伯特·曼森——沃尔特·莫里森。他是一个单身汉，却拥有一份庞大的、绵延广布的产业，而且他之前已经捐出了不少财富——比如，

---

① Arundell Esdaile, *The British Museum Library* (London, 1946), p. 196.

② Sir Herbert Edmund Craster, *History of the Bodleian Library*, *1845 – 1945* (Oxford, 1952), p. 35.

③ *Ibid.*, pp. 164, 260.

他每年给爱德华国王医院基金捐赠 1 万英镑，给利兹大学捐了 1 万英镑，给不列颠博物馆的希泰族遗迹挖掘工程注资 15000 英镑。在 19 世纪下半叶，莫里森开始将他的慈善事业聚焦在牛津大学，他第一笔就捐给该大学 3 万英镑，用于在该校设立一个埃及古物学的高级讲师职位以及其他宗旨。之后，在 1920 年，他捐出了最大一笔 5 万英镑给牛津大学图书馆。① 靠莫里森的捐赠以及一系列较小的遗赠，在 1912～1923 年，该图书馆的投资收入增长了 2 倍。② 20 世纪 30 年代，该图书馆闹起了一场危机，危机的主题是图书存储空间不够用，这场危机已经隐约显现多年了，到这时终于拖不下去了。在扩建该图书馆时，洛克菲勒基金会承担了 3/5 的开销，前提是牛津大学自己要筹集余下的款项，约 34 万英镑。学校管理层并没有向公众发出吁请，而是选择依靠学院捐赠（筹得 65000 英镑）以及其他应急方法。老的柯曾捐赠基金的受托人将该基金全部的余款（48000 英镑）都拨了出来。在一年时间里，该校已经筹得或得到了捐赠承诺的有 25 万英镑，余下的款项由大学公益金来补足。这是一场传统慈善和现代慈善的联合发力，由此确保了牛津大学图书馆的成功扩建。③

19 世纪末，在一个意想不到的地方，靠一群意想不到的人，对人文科学院的研究得到了极大的加强。很少有英国人会将曼彻斯特视为一个大量无价的珍品的集合地（比如，62 本卡克斯顿④的原版图书，其中有 36 本还是保存完好的），这给了约翰·莱兰斯图书馆以特别的名声。这家图书馆成为一个纪念符号，纪念的是这座城市里众多取得惊人成功的商业公司中的一家的创始人。约翰·莱兰斯自己对文学的兴趣，就像他绝大多数埋头苦干的临时雇员一样，是很有限的，而且这也部分是他对国教的异见的产物。他花了大量的钱，用于印制在欧洲大陆和英国派发特别版本的圣经，以及其他宗教作品。后来，在他的遗孀首次启动建设该图书馆的计划时，在该图书馆理事会看来，这也是颇具宗教和神学意

① *DNB*, XXIV (1912－1921), 388－389.
② Craster, *The Bodleian Library*, p. 260. 在这个时期的捐赠人中，有一位是肯尼斯·格雷厄姆（Kenneth Grahame），他将自己的遗产全部留给了牛津大学图书馆，此外还有他作品的版权和版税。
③ *Ibid.*, p. 327.
④ 卡克斯顿（Caxton），1422？～1491 年，英国第一位印刷家。——译者注

味的。①

　　改变她观念的是一次购买机会，即收购了斯宾塞伯爵无与伦比的"奥尔索普图书馆"，这个图书馆里有约 4 万册图书。法国目录学家称之"欧洲最棒的、藏书最丰富的私人图书馆"。这批藏书花掉了莱兰斯太太约 25 万英镑。几年之后她又采购了一批书，是克劳福德（Crawford）伯爵的 6000 册带彩图的或其他类型的手稿。莱兰斯太太具体花了多少钱用于充实这家图书馆，我们现在已经很难估计了。我们现在知道的是，除了花钱在建设和装备这座在丁斯盖特的新哥特式建筑以外，她还花了近 50 万英镑购买奥尔索普和克劳福德的藏书。此外，还花了很多钱采购数千册其他图书，这些都是该图书馆在 1899 年开业前就已经到位的。自这个日子之后，到 1908 年她去世之时，她又捐出了 20 万英镑，而在遗嘱中她将莱兰斯公司的债券遗赠了出来，这批债券名义价值是 20 万英镑，但实际价值远超于此。② 莱兰斯太太的这项善举，使英格兰北部出现了一个图书馆，里面的藏书对某些方向的学术研究来说，可以与大英博物馆和牛津大学图书馆相媲美，也在一定程度上证明了棉花之都在文化方面的卓越地位。在维多利亚时期的黄昏，这群人谱写了一场漂亮的咏叹调，作为维多利亚时期慈善事业在"促进良好学问"方面不那么耀眼的记录的收尾。

①　Henry Guppy, *The John Rylands Library*（Manchester, 1935）, pp. 8 - 9.
②　*Ibid.*, p. 88; *The Times*, 15 Feb. and 27 March 1908. 将她的捐赠款合并计算，则莱兰斯太太留下的个人净资产约为 350 万英镑，共需缴纳遗产税 65 万英镑。

第十四章 "慈善与5%"：住房实验

一

约翰·西蒙（John Simon）爵士在其经典的《英国卫生机构》一书中提出，在维多利亚时期的慈善行为的所有分支中，没有一项能比改善劳工阶层的住房状况更有成效。[1] 他非常正确地指出，这些慈善家和准慈善家最卓越的成就并不是他们直接负责的建筑。他们最具有持续价值的贡献是教育，而不是那些具体的建筑，因为他们做了一些工作来劝说私人建设者和政府，告诉他们为城市劳工阶层造房子这件事不能完全靠市场的仁慈来解决。但是，晚近的一些学者则认为并不该为此而感到欢呼雀跃。伊丽莎白·麦克亚当（Elizabeth Macadam）认为："在任何其他领域，慈善事业都没有像在这个领域中那样遭遇显著的失败，无论是直接盖房子还是促进国家更为合适地建房，都是如此。"不仅这样，所有基金（就算是住房基金）规模都相对较小，而且"倾向于隐藏由一种错误的成功感而引发的真正问题的重要性"。[2]

这种说法是很严厉的，但并不是没有道理的。这件事主要与一干住房协会成功招募其他力量入会有关，因为它们认为靠自己没法造出足够的房子，以改善数量庞大的劳工阶层家庭的住房状况。一直以来，它们都自以为是地认为建筑商会按照它们设定的标准建设工程的案例来盖房子——"我们必须记住，每个中心会带来怎样的影响力"[3]，而对城市住

---

[1] London, 1890, pp. 443 – 444.

[2] Elizabeth Macadam, *The New Philanthropy* (London, 1934), pp. 138 – 139.

[3] Bernard Bosanquet, *Essays and Addresses* (London, 1889), p. 44.

房的大规模改善也可以逐步跟进。很明显，就像在很多其他地区一样，私人慈善家低估了罪恶的深度。当然，在一开始，当所有针对劳工阶层的住房状况的批评意见都平息下去以后，是私人慈善家第一个跑出来，决定做一些事情，来改善劳工阶层糟糕的住房状况，为他们想方设法解决问题。但最终，很明显的是，这项任务超过了私人机构——个人慈善家、住房信托基金，以及半慈善性、半商业性的公司（"慈善和5%"企业）——的能力范围，甚至是在有着政府的被动合作的情况下。而且，从19世纪后半叶开始，这项任务日渐成为公共机构的责任。到最后，私人机构的成就，以及它们明显的能力不足（只能解决这个巨大问题的一些边边角角）都起到了推动政府进入这个领域的作用。至于私人慈善是促进这种情况的出现，还是极力延缓这种情况的发生，不过是一个具体站在什么视角来看的问题。

随着这种情况出现，住房问题变得令人沮丧的复杂。这是多个因素的产物，但如果将这些因素浓缩成最概要的状况，则一切便是一望可知的。19世纪的贫民窟十分拥挤、疾病横行、污秽不堪、藏污纳垢。这是人口增长特别是城市人口增长后产生的毒瘤。1841~1881年，大量城市（比如伦敦、布拉德福德、莱斯特）的人口翻了一番，而到维多利亚女王统治末期，3/4的英国人口都成了城市居民。[1] 但这不是一个简单的城市人口和总可供居住的房屋之间存在多大差距的问题，也不是房屋供应是否能跟上人口快速增长的问题。同样重要的是，维多利亚时期城市的老区中出现的几乎是接连不断的变革。很明显，这些商业区和街道的准中世纪式的样子是不适合19世纪商业生活的熙攘与快速扩张的。特别是在19世纪后半叶，一些规模较大的城市几乎一直沉浸在"革新"的亢奋之中，这既受到了公共机构的促动，也是出于私人利益而开展起来的。无论在何种情况下，贫困的居民都是受害者。当陈旧的小屋和窄小的房子给商业大楼让路的时候，大量住户就不得不被清出去，由此也就增加了隔壁区域的拥挤程度。造一条铁路或一个铁路站，就要拆掉数百座小房子，让数千人变得（至少是暂时）无家可归。[2]

---

[1]　G. R. Porter, rev. by F. W. Hirst, Progress of the Nation (London, 1912), p. 17.

[2]　关于铁路议案的投票数据，以及因此摧毁的劳工阶层的房屋的情况，参见 R. C. on the Housing of the Working Classes (C. 4402), 1884 – 1885, pp. 714 – 716。

公共机构的行动在推动改造的同时，无异于一场灾难。它们的确在使维多利亚时期的城市变得更为像样和宜居方面做了很多，但这有时是以大量贫民窟居民为代价的。正如 19 世纪中叶一位研究劳工生活的学者所说的那样："公共的改造行动本应该改善的是贫民的状况，却经常成了他们最大的梦魇之一。"① 伦敦，正如我们前面说过的那样，是与城市的教区慈善有着密切联系的，现在却经历了一系列翻天覆地的变化。在 19 世纪前半叶，此类变化（比如新建成的伦敦桥以及配套的道路）逼得大量贫困居民搬迁。新建的牛津桥横穿过了一个肮脏的贫民窟区域，维多利亚大街隆重建成，特拉法尔加广场重新设计过并扩大了面积，而在东区，坎农街重新修过，利物浦街也被重建者们盯上了。② 在 1855 年《伦敦管理法》创设出伦敦工作委员会之后，新的一波改造又随之而来。这些大街，比如维多利亚女王大街、沙夫茨伯里大街、查令十字大街、诺森伯兰大街和克拉肯威尔路都横穿了居住区，也撵走了数以千计的居民。③ 如果有人跟着这些不幸的人来到其新居住地看看，就会发现他们的新居住地通常距离不会太远。因为他们多数人必须住在离工作地点较近的地方，而他们所能支付的房租又很有限，所以他们只能在就近的贫民窟栖身，忍受着其中难以描述的肮脏和令人绝望的拥挤。各郡中的大型城市也或多或少是按照类似的模式来的。城市的改造从长期来看对穷人和其他城市居民来说是一件好事，却导致被改造地区的居民经受一场灾难，而在一开始，它们是加重了而不是减轻了劳工阶层的住房难题。

从根源上说，这场改善劳工阶层住房状况的运动是新《济贫法》的副产品，而且是有益的副产品。更为具体地说，它是济贫法委员会对劳工人群的卫生状况开展调查后而引出的副产品。这一工程更多的是出于经济原因，而不是人道主义原因发起的。济贫法委员会得出了不容置疑的结论，认为流行病和其他疾病是导致济贫税过高的主要因素。由此，在三位调查员——尼尔·阿诺特（Neil Arnott）博士、J. P. 凯（J. P.

---

① James Hole, *The Homes of the Working Classes* (London, 1866), p. 5.

② R. H. Mottram, "Town Life and London," in Young, ed., *Early Victorian England*, I, 177.

③ William A. Robson, *The Government and Misgovernment of London* (London, 1939), pp. 62 - 63.

Kay）博士［凯·沙特沃斯（Kay-Shuttleworth）］以及索思伍德·史密斯（Shouthwood Smith）博士——对"引起发热的生理原因"的调查中，提出拥挤的环境、排水系统等因素是诱因。索思伍德·史密斯在对贝蒂纳·格林（Bethnal Green）和怀特查佩尔开展调查后所写的"个人调查记录"真实雄辩，其结论也是不可驳斥的。很明显，这些情况（比如污水处理、街道布局以及房屋的合理规划与建设）都值得"改革者们郑重考虑，即在他们考虑改善贫民的身体状况的时候"。[①] 在这份相对温和的调查报告发布以后，又有人先后发布了其他更为雄辩的研究报告。简言之，在19世纪40年代早期，公共健康问题一直是新闻热点，而一系列蓝皮书所揭示的情况则给予上等阶层和中间阶层的麻木良心以猛击。

维多利亚时期的住房组织的两项创新努力都源于19世纪40年代早期，而且，在很大程度上源于一些令人痛苦的但富有成效的调查。第一个进入这一领域的是伦敦改善劳工阶层居住状况协会（下称伦敦协会）。这家机构成立于1841年，以查尔斯·拉特利夫（Charles Gatliff）为其精神领袖。查尔斯是该协会的秘书长，而且在40多年时间里他的名字几乎等同于该协会的名称。这家新成立的协会的宗旨是"向劳工们提供更为舒适和便利的生活，以给予资本家们充分回报"。[②] 确切地说，该协会提出要建设一批公寓大楼，以容纳同时居住的多个家庭住户（各种调查显示，贫民窟的一个严重问题是那些经济型工具，都是由只可容纳一个家庭的住房改建的），夜间房客的集体宿舍以及各家的独立住房。

从一开始，查尔斯·拉特利夫的组织采用的形式就是一种典型的半慈善性、半投资性的住房协会的组织形式，而且，事实上它的确在确立这种组织形式方面做出了相当大的贡献。它的创始人认为，协会必须实现自给自足，而且他们一直没有启动协会的建设工作，直到资本到位之后。因此，他们在协会早期什么都没做，只是宣传推广他们协会的原则以及出售协会的股票。到1845年，股票的认购金额已经达到了2万英镑，而协会也得到了皇家特许状。在这份文件中，最突出的一个条款的内容是将股息

---

① Poor Law Commission, *4th Ann. Rept.*, 1838, p. 94. 史密斯的报告参见 App. A., No. 1, Suppl. 2 and 3。

② Charles Gatliff, "On Improved Dwellings," *Journal of the Statistical Society*, 38：33（March 1875）.

率限制在 5%，并规定任何剩余利润都应被用于扩大协会的运营规模。①
到这 10 年结束，协会建成了三栋大楼，分别是斯皮塔佛德的两栋楼和圣
潘克拉斯的一栋楼。这些大楼耗资超过 47500 英镑。这几栋楼共容纳了
216 个家庭，约有 1200 个人，每年产生 3300 英镑的房租。② 1849 年，
《泰晤士报》赞扬道，该协会的年度聚会打消了人们的顾虑，由此，公众
找到了一条途径，这"既是股东的聚合，也是慈善宗旨的集会"。③ 作为一
项融合了"利润和善行"的事业，伦敦协会获得了大量狂热的支持。

在发起伦敦协会 3 年后，改善劳工阶层状况社团也开始投身于解决
劳工阶层的住房问题。该协会脱胎于一个早期机构，即劳工之友社团。
劳工之友社团成立于 19 世纪 30 年代早期，创始人是巴斯（Bath）主教
和威尔斯（Wells），目的是为农村的劳工提供一些救济。1844 年，这家
濒死的机构获得了新的生机，这靠的是到这时候为止还与它没有任何联
系的一群人。很明显，公共健康调查深深打动了这群人。所以，1844 年
5 月，在该机构的会议上，经常有人援引《1842 年卫生报告》的内容，
而且还有人质疑，除非慈善能柔化新《济贫法》的汹汹之势，否则，英
国社会中激烈的矛盾将难以得到有效抑制。④

该协会新的团队，由阿什利勋爵领导，成员包括兰纳德·霍纳
（Leonard Horner）、蒙克顿·米尔恩斯（Mockton Milnes）、辛迪妮·戈多
尔芬·奥斯本（Sidney Godolphin Osborne）、多塞特郡教区牧师和农村劳
工捍卫者以及其他人。他们将该社团的目标设定为不同于伦敦协会的目
标。它的领导者对创造一家组织，并建设很多自有建筑容纳大量贫民这
种做法并不持乐观态度。他们想要做的是采取一系列实验性方案，也就
是给各类租客提供样板住房。他们希望通过相对小规模的实验找出适合
不同阶层居住者的居所，也证明可以在劳工阶层家庭能够承受的房租价
格范围内，向他们提供相对舒适和便利的房屋，并开展运营管理。⑤ 简

---

① Charles Gatliff，"On Improved Dwellings，" *Journal of the Statistical Society*，38：33（March 1875）. p. 34.

② *Ibid.*，pp. 50 – 51.

③ 13 Dec. 1849.

④ 比如，参见 Monckton Milnes，*Labourer's Friend*，June 1844，p. 23。

⑤ Lord Shaftesbury，"The Mischief of State Aid，" *Nineteenth Century*，4：934（December 1883）.

言之，这一群慈善家通过他们的社团，有意识地承担起了启蒙导师的责任，试图为那些不太爱冒险的人划定界线，说明如何才能最有效地解决劳工阶层的住房问题。

具体而言，该社团向穷人提供了三种形式的援助。所以，在一开始，它就没有想放弃直接救济这种方式。这种做法与该社团对自身功能的认知相一致，所以它在伦敦附近建立了一系列示范救济点，用于向大量的土地所有人做出展示，这些土地所有人每年只有一小段时间会待在伦敦。同时，也有人提议为穷人设立一项贷款基金，可能是模范互济会一类的组织。但对于该社团眼前的宗旨来说，更为重要的是这一决定：为劳工阶层的租户建设一系列房屋或小房子，而且这些房屋还要舒适、便宜，此外它们的赞助人还满怀希望地期盼，这么好的房屋每周能够产出2先令或3先令的房租，而劳工阶层的家庭之前每周要支付4~6先令的房租。所以，人们适合时宜地发起了改善劳工阶层状况社团（或劳工之友社团，这是它之后的名字），阿什利勋爵担任其委员会的主席，并由多位上议院贵族担任副主席。数月之后，康索特（Consort）王子亲自担任了社团的主席。①

在活动中，社团不像伦敦协会那样依循严格的"商业原则"。社团委员会并不出售股票，而是接受捐赠。在第一年里，它收到的捐赠就超过了4500英镑。②它的第一个项目是在靠近格雷旅馆路的巴格尼格-威尔斯建设一批房子，为20个家庭和30个人提供住所。这项工程耗资6200英镑。社团委员会十分乐观（后来的情况证明这有点过于乐观了），预计这批房子每年会产生400英镑租金，每年的收益率是5.5%或6%。③就像这类项目经常出现的情况那样，在项目运营中出现了一些额外开支，所以，在第一年结束后，委员会结算该项目能有5%的收益率就已经很好了。

康索特王子作为委员会主席并不是一位"虚位君主"，与该协会不只是有一些形式上的联系。作为他的习惯，他会非常认真地对待自己的职责，并在这件事上耗费大量的时间和精力。在1848年春天，阿什利和

① *Labourer's Friend*，June 1844，pp. 1-3；Hodder，*Shaftesbury*，II, 155.
② *Labourer's Friend*，July 1845，p. 243.
③ *Ibid.*，June 1846，pp. 85ff.

他的同事们想起，让王子在公众集会上露面可能对劳工阶层住房问题是一个很好的宣传策略。这件事取得了不容置疑的进展，但其效果并不像该社团领导层所期待的那样优异。[①] 阿什利建议，王子应该首先走访一些贫民的居所，然后主持该社团在埃克塞特大厅召开的第四次年度大会。约翰·罗素勋爵对此提出了反对意见。罗素勋爵认为，劳工阶层被挑动了情绪，并因此认为 1848 年春天对贵族成员和王室来说都是一个很不好的时节。但王子驳回了他的反对意见，走访了圣伊莱斯教区，并在埃克塞特大厅的会议上做了发言。阿什利欢呼道："啊，没错，这是一条扼制人民宪章运动的路子。"[②] 在艾伯特看来，这场探访之旅标志着他在解决劳工阶层住房问题方面一个全新的、更加务实的阶段的到来，此后他开始将自己的想法落实到样板住房的一小栋楼里去了。其结果就是产生了一个相当令人生畏的房屋结构，这套房屋就位于水晶宫不远的地方，也是 1851 年世界博览会的一个组成部分，现在位于肯宁顿公园里。[③]

在该社团早期的项目中，耗费心力最大的是位于布鲁姆伯利区斯特里特姆街的一栋大型建筑，这栋房子耗去了该社团近 8000 英镑投资。今天，如果人们绕过这个街区，或者从新牛津街去往大英博物馆，一定会惊奇地看到一栋灰暗的、像监狱一样的房子。在 20 世纪人们眼光看来，一定不敢相信，这栋庞然大物竟然是一个样板建筑。然而，在当时，这栋斯特里特姆街的房子却是相当先进的，里面的五层楼都有防火结构，还设计了额外的走廊以备消防逃生。[④] 地下室配备了工作坊、洗衣室和浴室。无论在一个世纪后人们认为这栋房子有什么样的不足，但在当时要住进去的人的眼里它并没有什么不好的地方。在这栋房子建成之前很久，该委员会就已经收到了 140 份入住申请，申请入住 47 间房子，每间房子每周会产生 4 先令到 6 先令 6 便士的租金。[⑤] 在阿什利以及其雄心万

① 该社团现在已经花掉了 13000～14000 英镑，而在 1847～1848 年，它只筹集到了 850 英镑的捐款。

② Hodder, *Shaftesbury*, II, 249.

③ C. R. Fay, *Palace of Industry* – 1851（Cambridge, 1951）, pp. 144 – 147.

④ Society of Arts, *Report on the Statistics of Dwellings Improvement*（London, 1864）, p. 17. 这份有趣的文件（pp. 37 – 43）给出了一些统计报表，涵盖了绝大多数伦敦劳工阶层住房计划的相关数据。

⑤ *Labourer's Friend*, May 1850, pp. 83 – 85.

丈的委员会看来，这栋斯特里特姆街的房子的落成是向实现社团目标（"改善贫民状况"）迈出的坚实一步。

该社团最早的任务是想给贫民家庭或单个妇女提供住房样板，但是阿什利还深切地关心男性租客的困境。所以，1851 年，他提出一份议案，要求许可和检查所有的普通出租屋，这么做也部分与他在该社团里的这一经历有关。① 该社团对该问题的直接贡献是建成了一个样板出租屋，位于恐怖的圣伊莱斯区。这个房子花掉了 5000 英镑，可以容纳 104 位男性住客，于 1847 年夏天正式开业。② 它同时翻修了位于臭名昭著的特鲁里街地区的 3 栋摇摇欲坠的房子，以为最底层的临时工群体提供过夜的住所。③

在头 10 年里，改善劳工阶层状况的社团并未能成功地推动劳工阶层住房状况的革命性变革，但是它可以从自己的成就里获得一些有限的满足感。在 1851 年，阿什利志得意地向下议院宣布，在 7 年时间里，该社团花掉了 20750 英镑，用于建设新房子，还有 2250 英镑，用于翻修老房子，同时宣布前者的收益率是 5.5%，而全部投资的收益率是 6%。④ 此外，他还适时地提出，其他地方正在开展的一些很有希望的实验也从该社团的先导实验中汲取了灵感。⑤

二

在 19 世纪 50 年代和 60 年代早期，英国出现了一小股关注住房问题的潮流，伦敦有 3 项工程强化了 19 世纪 40 年代的这些项目。在这些工程中，从社会影响方面来看，可能最不重要的一个是由永不知足的慈善家安吉拉·伯德特 - 库茨发起的项目。和她的其他项目一样，这一项目

---

① 14 & 15 Vict., c. 28. 他在很大程度上也对这部法令有所贡献（维多利亚 34 年第 14&15 号令），这部法令授权地方政府筹集款项，以建设房屋。但这部分法令没有取得太多成效，因为它只允许一个城市（哈德斯菲尔德）适用这一举措。

② *Labourer's Friend*，July 1847，p. 106.

③ *Ibid.*，p. 107.

④ *3 Hansard*，115：1268. 我们有理由怀疑，如果采用更为严格的会计体系，这一比例会出现缩水。

⑤ Hodder，*Shaftesbury*，II，22；*Labourer's Friend*，September 1847，pp. 168 - 169；March 1850，pp. 41 - 42；April 1850，p. 75.

明显也受到了查尔斯·狄更斯的激励。[1] 贝思纳尔格林的诺娃斯科舍花园——不看别的，只看该小区的名字里带有的地界的名称——就无可辩驳地证明它是在清理原有的贫民窟的基础上盖起来的。这是伯德特－库茨小姐和她的建筑师 H. A. 达比希尔（H. A. Darbishire）耗资 43000 英镑，建起的 4 栋哥特式的建筑，并配有 4 座钟楼，共可容纳 183 个家庭入住。这一项目在理念上和实践上都与住房协会的运营模式不同，它是完全的、单纯的慈善事业，并没有所谓的 5％ 的收益——这些建筑的收益率只有 2.5％。这项慈善事业的所有者对这些细枝末节并不感兴趣。她毫不犹豫地牺牲掉了收取租金的空间，以为她的租客们提供更多的舒适感。[2] 这几栋哥伦比亚广场大楼的一个特点是它们特别欢迎小商贩入住，而其他物业则经常视他们为吵吵嚷嚷的、不受欢迎的一类租客。哥伦比亚广场大楼不仅并不歧视他们，还为他们提供便利的场所来安置他们的驴子，而这经常是留宿这些三教九流的、吵吵闹闹的小商贩时最关键的一个问题。伯德特－库茨小姐最珍视的一件财物是由小商贩俱乐部送给她的一头银制的驴子——该俱乐部是由她创立的。[3] 简言之，贝思纳尔格林工程为行动中的个人性的维多利亚慈善事业提供了一个令人尊敬的榜样，但批评家们还是认为该项目的作用在长期来看打了折扣。[4] 它完全依靠一位富有的妇人布施财富的热心。只有当人们能够找到有相当数量的富人，而且这些富人还必须受到类似激励时，这才能被视为一项富有成效的实验。

接下来的是一个不同类别的工程，但该工程所反映的慈善属性一点也不差，这便是阿尔德曼·辛迪尼·沃特楼的项目。沃特楼是一家大型打印机和文具公司的老板，也是维多利亚时期慈善事业中一位颇具魅力的人物。[5] 作为一个城里人，沃特楼对这些景象感到非常悲哀：为了修

---

[1] Clara B. Patterson, *Angela Burdett-Coutts and the Victorians* (London, 1953), p. 104. 伯德特－库茨是"维多利亚时期慈善名人堂"的一员，对她的慈善事业我们将在第十五章中予以介绍。

[2] Society of Arts, *Report on the Statistics of Dwellings Improvement*, pp. 23, 41.

[3] *DNB*, XXIII (1901–1911), 263.

[4] Sir Sydney Waterlow, *R. C. on the Housing of the Working Classes*, 1884, 1885, Q. 11, 953.

[5] 关于他的善行，我们将在第十八章中予以介绍。

建铁路或进行道路改造而让数以千计的劳工阶层居民变得无家可归。当然，他也注意到，仅凭任何个人所掌握的资源，是不足以采取补救措施的。在这个时期，他就已经开始怀疑由个人或机构所开展的实验是否能像由公共机关所开展的那些项目那样占有重要地位。沃特楼开始对伦敦市议会施压，这在一定程度上推动了伦敦市政府做出决定，动用公共财政来涉足住房问题。①

在动手劝他的朋友们给任何一家建筑社团捐款前，他必须先说服自己，认为他的这个主意是可行的。因此，沃特楼最早的一项住房实验是在 1862 年展开的，而且完全靠他自己，是用自己的钱来做的。他在芬斯伯里的马克街搞到了一块场地，花了 1 万英镑，建立 4 栋房子，能够容纳 80 个家庭入住。他的合作者是一名劳动阶层出身的优秀的建筑师，名叫马修·艾伦（Matthew Allen）。马修自己也对给贫民提供住房这件事很感兴趣。这两个人制作了一批纸板模型，来展示他们的设计，然后在世界博览会上抽签决定将一些主意用于康索特王子大楼。新的大楼融入了一些先进的建筑理念，配置了一个外置的楼梯（这是沃特楼坚持的结果，虽然一位杰出的建筑师提出反对意见，认为这么做就很难"将棺材搬上搬下了"）②，同时墙面和楼面都使用了防火材料。但这些建筑的示范效应（就算有的话）也要比安吉拉·伯德特－库茨搞起来的位于哥伦比亚广场的大量粉饰的公寓要差不少。

沃特楼的试验运转非常好，所以，他接下来实施了一项更为庞大的计划。他从 14 个朋友那里筹集了 25000 英镑作为"改善产业工人住房公司"的启动资金。这笔资金之后增加到 5 万英镑，之后又增加到 10 万英镑，最后达到 50 万英镑，这是因为之后投资人慢慢发现了这家公司，并且相信它可以运营下去。最开始，沃特楼告诉劳工阶层住房问题皇家委员会（1884～1885 年），他最严重的困难在于资金不足。之后，尽管钱来得很容易③，但他还是认为因为这一问题涉及的范围太广，由此不可避免的是国家迟早要介入其中。而且，正如之后所表现的那样，他挑头说服财政部，如果资金尚未能完全满足的话，则通过公共工程贷款专署

---

① George Smalley, *The Life of Sir Sydney H. Waterlow*, *Bart.* (London, 1909), pp. 63 – 69.

② *Ibid.*, p. 63.

③ Q. 11, 908.

来提供资金，这缓解了住房协会的资金需求。

以伯德特－库茨的大楼为代表的慈善事业并没有产生长期的影响；虽然辛迪尼·沃特楼爵士①的动机和其他人一样是慈善性的，但同样毫无疑问的是，也未能产生持久影响，尽管他的改善产业工人住房公司取得了商业上的成功。而在这两者之间，是皮博迪的捐款，这可能是维多利亚时期在解决住房问题方面最具有戏剧性的一幕了。这源于这个时期一项无与伦比的个人性善举，而这位捐赠人对他的捐款几乎没有设定太多的限制。虽然这笔钱的受托人对于这项事业的3%～3.5%的净收益并不感兴趣，但他们还是开展了这项事业，并且采用的是能够定期获得实质性盈余的运营模式，以为未来的扩张提供资金。

毫无疑问，这笔钱的捐赠人是乔治·皮博迪（George Peabody）。他是一位美国商人和慈善家，自19世纪30年代末开始就定居在伦敦。他的捐款，第一笔是15万英镑，之后又通过一系列捐款，增加到50万英镑。② 人们认为，他之所以要捐款，不仅是出于对该城市的感恩，因为该城市在25年前曾经接纳了他，也是为了履行他庄严的决定，即将他所获得的一切与同伴们分享。正如在一封写给他的受托人的信中所写的那样，他的目的是"改善这种状况，增进（伦敦的）贫民的舒适感"。除此以外，受托人享有广泛的自由裁量权，但他们不得以"宗教信仰或政治倾向"予以歧视，也不得特别倾向于任何宗教或政治派别。虽然受托人注意到皮博迪的观点，他也继续与他们保持密切接触，直到他去世为止，但他并没有做出任何明确的要求，要求他们将这项捐款用于向贫民提供住房。这位捐赠人只是简单地想让"受托人自己拿主意……是要拿全部还是一部分钱，用于给贫民建设改善性住房"。③ 所以，正如某些人惊讶地指出的那样，这项捐赠不仅是慷慨的，尤其值得注意的是，这是一项捐赠，而不是一项遗赠，且皮博迪只对这项捐赠设定了宽松的条款，这与其他捐赠人经常加诸受托人以束缚的做法大相径庭。

伦敦的媒体对皮博迪的这种做法给予了热情回应，动不动就大加赞

---

① 他在1867年得到了骑士称号，并在6年后又获得了准男爵的爵位。
② 1862年，15万英镑；1866年，10万英镑；1868年，10万英镑；1873年，15万英镑（通过遗赠）。
③ *The Times*, 26 March 1862.

美，虽然偶尔也会夹杂着一丝遗憾，感慨竟然让一个美国人成为这种富有想象力的慷慨之举的先驱者。仅凭这一个行为，皮博迪就拉近了英国与美国之间的关系（1862年双方之间的关系极不理想），也弥补了"美国记者们蠢笨的胡话，这些记者从未踏足过英国的土地……英国如何会跟这样一个国家发生战争，即它的领导人来我们之中表达了对贫民的关心和祝福"。① 英国女王准备加封皮博迪为准男爵，或授予他巴斯大十字骑士爵位，但皮博迪婉拒了，牛津大学给了他一个民法博士学位，伦敦市也给了他很多荣誉。后来，伦敦市政府还划了一块地，用于安放皮博迪的雕塑，人们对此没有提出任何批评意见。这块地位于针线街，靠近伦敦皇家交易所，这样一来，在将近一个世纪里，一位美国的慈善家坐上了"大英帝国最昂贵的一把椅子"。②

皮博迪基金的受托人一共有5位，包括美国大使（查尔斯·弗朗西斯·亚当斯）、斯坦利勋爵、詹姆斯·坦南特（James Tennent）爵士以及朱尼厄斯·S. 摩根（Junisu S. Morgan）——摩根是皮博迪的商业伙伴。但是，这一团队绝大多数活动都是由皮博迪的挚友柯蒂斯·兰普森（Curtis Lampson）来管理，所以，皮博迪信托基金是一个一言堂式的法人。兰普森原来是佛蒙特州人，后来因为皮毛生意而移居伦敦，人们知道他在跨大西洋电缆工程上出了力，而且因此也获得了准男爵的爵位。这群受托人快速投入机构的管理当中，在咨询了皮博迪之后制定了他们的运营政策，选定了建楼地点，对要建的大楼做了规划。在6年时间里，他们一共建了4栋房屋，共可容纳近2000人。③ 35年后，该信托基金一共花出资金超过125万英镑，建成住房超过5100间，共可容纳约2万人入住。④ 正如在本章后面将提到的那样，尽管皮博迪的做法并没有避开人们的批评，但我们还是应该将之视为19世纪更为原始、更富有成效的慈善事业的一分子。在19世纪，虽然慈善事业充满了人道主义和慈善的关切，但其布施依旧秉承传统的做法，并无新意。

---

① *Sun*, 27 March 1862. 小册子上罗列了一群领导人的名字，*The Peabody Donation*（London, 1862）。

② P. W. Wilson, *George Peabody*, Esq. (n. p., 1926), p.58.

③ Phebe A. Hanaford, *The Life of George Peabody*（Boston, 1870）, p.140.

④ Peabody Trust, *33d Ann. Rept.*, 1897.

三

不是只有伦敦人对住房问题感兴趣。不过，在各郡，可能最值得注意的事情是一群开明的雇主，他们面临一个实际的问题，即如何给他们的劳工提供住房，于是他们也采取了行动。在 19 世纪初，罗伯特·欧文开展了一项值得人们纪念的尝试，他在新拉纳克规划了一个工厂社区，而在整个 19 世纪，地方上更为开明的雇主（也包括位于巴特西的普莱斯蜡烛工厂的伦敦主人）对他们的工人们的住房问题表示关心。在阳光港和伯恩维勒建成之前，有两个此类项目广为人知，这便是泰特斯·索尔特的工厂社区，位于索尔泰尔，离布拉德福有三四英里的距离，以及爱德华·阿克罗伊德（Edward Akroyd）的示范乡村，位于哈利法克斯附近。

索尔特决定将他大型的、欣欣向荣的工厂从布拉德福搬到希普利附近的艾尔河畔，最后他选中了索尔泰尔。在河的左岸，他建了一座巨大的"意大利风格的"工厂以及仓库和纺织棚，而在河的对岸，他建了一块居住区，以此为他近 4000 名工作人员提供住宿。搬到索尔泰尔这件事发生在 19 世纪 50 年代早期，而到 60 年代中期，索尔特已经建成了近600 套住房，耗资超过 10 万英镑，且还不包括所用土地。[1] 到 19 世纪 80年代早期，攀升到了 800 套住房。[2] 除了给工人们住的小屋以外，索尔泰尔还配有非常完善的公共性的、"福利性的"机构，包括：索尔泰尔俱乐部和学院，配有阅览室、图书馆、教室和活动室；一个公园以及多块运动场；一群学校——据一位在 19 世纪 70 年代早期走访过那里的人评论，这些学校的"建筑都非常棒"，看起来"比某些东方的神庙都差不了多少。置身其间，你或许会希望看到一群托钵僧人或一群身体黝黑的女祭司从华丽的门扉中涌出，声势浩大地向前走来"[3]；以及 45 处济贫院，收容年老的、残疾的穷人。此外，在规划社区的时候，索尔特异常

---

① Hole, *Homes of the Working Classes*, p. 67; Robert Balgarnie, *Sir Titus Salt*, *Baronet* (London, 1877), p. 136. 关于霍尔及其工作，参见 J. F. C. Harrison, *Social Reform in Victorian Leeds: The Work of James Hole* (Thoresby Society, Leeds, 1954)。

② Anon., *Fortunes Made in Business*, 3 vols. (London, 1884), I, 318.

③ George M. Towle, "Saltaire and Its Founder," *Haper's Magazine*, 44: 834 (May 1872).

重视景观价值，他很看重风景和广场，特别关注安排得错落有致的植物以及艾尔河所具有的价值（他尝试改变艾尔河的河道，如此，从索尔泰尔看过去，便可以看到一个漂亮的弧线）。总而言之，这是在城镇规划方面的一个重要的早期成就，也是慈善冲动——或者是相当开明的自我利益——的高贵的外在表达。至于房租方面，索尔特的收益率不超过投资的 4%。[①]

爱德华·阿克罗伊德的工程虽然比索尔特的工程的影响要小得多，但还是有一些值得特别关注的点。在一开始，阿克罗伊德为与他的科普利工厂相配套，建了 112 套住房。尽管这些房子都是给自己的工人来住的，但他的第二个项目则超越了这一熟悉的套路。这位哈利法克斯的雇主似乎有一种喜好，喜欢开展社会实验。他经常参加社会科学协会的会议，也是约克郡便士银行的创始人。阿克罗伊德在科普利发起他的住房项目以后，就开始构思一些能得到更广泛运用的计划。他认为，资本家的普通企业与慈善家的善行都不足以解决劳工阶层的住房问题。他想探寻一个计划：只需花相对较少的慈善资金就能取得远超这一资源数量的成果。因此，用他的话来说，它能够"大量提升任何地方的劳工们的一般住房标准，起到远超原始资本投入所能起到的效果"。[②]

阿克罗伊德认为，这个答案就藏在如何帮助哈利法克斯联合建筑协会增加其收益方面。具体而言，如果有人要购买土地，雇用一位胜任的建筑师来设计这些住房，并劝导劳工阶层的家庭入住，则该住房协会会帮着他预付 75% 的资金。换句话说，这位资本家－慈善家承诺提供土地和计划，承担签订协议和监督的开销，并确保购买者签订该合同的金额不会超出预期。不仅如此，如果一位品行良好的买家手里的支付款不足 25%，那这笔款项可以在未来 15 年内分期支付，而且阿克罗伊德个人为前 3 年的分期付款提供担保，这样就可以保障该协会抵御损失了。

阿克罗伊德这个主意的成果是建成了阿克罗伊敦模范郊区社区。但该社区未成为该创始人这个美好理想的合理性证明；相反，该计划对其他项目有一些影响。在哈利法克斯本地，地毯公司的约翰·克罗斯利

① Hole, Homes, p. 68.
② 引自 Ibid., p. 72。

（John Crossley）——这个城市另一个主要捐赠人家庭——启动了一项类似的计划，即西山公园计划。在利兹，受到阿克罗伊德例子的启发，9名富有公共精神的公民组成了一个名为"建设改善性住房社团"的组织。和其他组织一样，这家社团与本地的住房协会密切合作，但是没有阿克罗伊敦社区所表现出来的明显的慈善性。

四

到19世纪60年代中期，对住房问题感兴趣的人开始产生一种怀疑，认为慈善必须获得更为强有力的同盟者。城市的改造，特别是伦敦市的改造，正在快速推进之中，而劳工阶层遭到驱逐的速度也在加快。而慈善事业，无论是否能获得5%的收益率，都会面临一项限制，即除非政府准备出手相助，事情就无法办成，而那些投机性的建筑者则是靠不住的。有人向众议院提议："慈善和投机顶多不过是一时的拐杖。"① 约克郡的詹姆斯·霍尔总结说，慈善"可能做出激励，而这项工作只能借助于明智的组织和基于普通的商业原则来完成"。② 但这看似并不太容易开展运营，而且，一些准慈善性的项目的收益率甚至不足4%。此外，无论这些"泥瓦匠"做成了什么，没有一项成果能够真正帮到最底层贫民。因此，城市居民中最贫困的那群人的住房问题还是没有得到实质性解决，因为哪怕是最便宜的房租，也即皮博迪基金会收的那种水平的房租，他们都付不起。

关心住房问题的人所碰到的最难啃的骨头有两块。首先，他们无法以较低的利率获得资金，这导致一些组织的运营受到限制；其次，伦敦市的不动产价格快速飙升，这导致所有组织很难以合适的价格（劳工阶层的租客能够付得起租金的价格）拿到合适的地块。③ 人们日渐认为甚至几乎确信，如果要靠私人机构自谋生路，这些问题将一直难以解决。而国家到底该介入多深，尽管经过了数十年的争论，依旧存在尖锐的

---

① By W. T. McCullagh Torrens (*3 Handsard*, 181：819).

② Hole, *Homes*, p. 91.

③ 一些反映真实情况的数据，参见 *3 Hansard*, 218：1962。所有对住房问题感兴趣的人都不得不认为，影响该问题的主要障碍是建房用地。参见 M. G. Mulhall, "The Housing of the London Poor," *Contemporary Review*, 45：231－237（February 1884）。

争议。

19世纪60年代是国家介入的起始阶段，当时有人劝说政府踏出一小步，来缓解资本短缺的问题。辛迪妮·沃特楼向政府做出了这一呼吁，但财政部却回避，避免直接向住房企业提供贷款，除非申请人能够证明自己与普通的商业公司存在明显区别。这并没有吓退沃特楼，他完全乐意将自己的收益限定在最高不超过5%，这一数据获得了财政部的支持，并且写入了1866年《劳工阶层居住法》。[①] 后来，改善产业工人住房公司快速扩张，甚至能与皮博迪信托基金相比肩，正是部分因为它愿意利用这一法令所带来的好处——皮博迪信托基金的扩张靠的完全是自己的收益，而沃特楼的办法则是用已经建成的房屋作为抵押，向公共工程贷款专署借钱。[②]

上述所有这些努力都没有解决更为严重的建房用地的问题。人们提出非常充分的理由，认为劳工阶层的住房无法建在核心地段，除非能够以低于市场价格的价款买到所需土地。伦敦的某些地主——威斯敏斯特、洛桑普顿和波特曼——以很低的价格出租土地，但是，这些高尚的地主的这种慷慨义举并没有给人们带来永久的希望。[③] 很明显，要推动住房状况长足进步，必要的条件就是授权政府部门强制性购买土地。这是慈善组织协会住房委员会得出的一个结论，虽然它在得出这一结论时多少有点不情愿，该委员会在1873年提交的报告中提到了这一结论。该委员会怀疑慈善是否能成为解决劳工阶层住房问题的一条出路，因为"慈善界对资本的自由运作这件事感到困窘，而且它原本是想给劳工阶层提供接济的，结果却对他们造成了伤害"。[④] 所以，还是那个老问题，即住房协会无法独自存活，唯一能够使它们变得有效的主体是市政府。简言之，市场领域的那些机构还是要继续运作，但它们需要政府为它们开路。这

---

① 相关文件参见 Hole, *Homes*, pp. 187–190；相关总结参见 Smalley, *Waterlow*, pp. 71ff。1868年《托伦斯法》经常被视为劳工阶层住房问题立法史上的里程碑，但对于住房协会而言没有太多的重要意义。尽管它扩大了地方政府的权力，允许它们持有一定比例的不动产，但这仅限于个人住房。

② *The Times*, 26 March 1869.

③ David P. Schloss, "Healthy Homes for the Working Classes," *Fortnightly Review*, n. s., 49: 529 (April 1888).

④ *Report of the C. O. S. Committee on the Dwellings of the People* (London, 1873).

也就意味需要一个合适的权力机关，而且它必须拥有在劳工阶层居住地区强制购买的权力，当然，它需要给土地所有人以充分的赔偿。[①]

这项原则体现在由内政大臣 R. A. 克罗斯（R. A. Cross）在 1875 年引入的那部法令之中。这部名为《克罗斯法》（1875～1879 年）的法令，授权一个地方机关，在需要摧毁和重建一块邻近地区时，购买这块土地，并安排重建计划。这件事引发的人们高涨的希望最后被证明基本属于幻想。在最初的 6 年里，伦敦工程委员会耗资超过 150 万英镑，买下了 14 块土地，总面积约 42 英亩，共可容纳超过 2 万人入住。[②] 其中，皮博迪信托基金购买了其中 6 块土地，而购买所依据的条件，在其他一些住房组织看来是相当不公正的。该工程委员会允许皮博迪信托基金以签订民事合同的方式购买了这些土地，所采用的价格不仅低于市场价格，而且据说甚至低于一家准慈善性机构所要支付的价格。[③] 我们有理由相信，政府之所以要承担这一损失，是为了租户的利益，但结果是真正入住的租户所处的社会阶层比议会原本想的要高出不少。[④] 在伦敦以外，其他一些自治市——其中以伯明翰为最著名——也开始忙不迭地利用起这项新的权力。

当 1881～1882 年议会特别委员会和 1884～1885 年皇家委员会重新审视这一状况时，它们找不到任何理由感到庆幸。诚然，伦敦市在 19 世纪 80 年代早期就有超过 5 万人居住在由十多家不同的机构管理的"样板"住房里。在这么多人中，绝大部分人入住了以下机构管理的住房：皮博迪信托基金（将近 1 万人）、辛迪尼·沃特楼爵士的公司（15750人）、较晚成立的工匠公司、劳工公司，以及通用住房公司［该公司是根据《公司法》（1855～1862 年）成立的，专注于建设城市郊区的住房］。《慈善组织年度登记簿与摘要》罗列了约 30 家致力于解决伦敦住

---

① 因为伦敦没有这样一个功能齐全的市政府，所以城市公会和伦敦工程委员会就扮演了这一角色，负责购买土地。在 1867 年，当地的一部法令授权曼彻斯特政府查封不适合人类居住的住房，而不用给房主以赔偿。然而，直到 1906 年，他们在拆毁这些住房之前，都会习惯性地支付每套 15 英镑的费用。［William Ashworth, *The Genesis of Modern British Town Planning* (London, 1954), p. 105］

② *S. C. on Artizans' and Labourers' Dwellings Improvement Acts*, 1882, p. v.

③ Robert Vigers, *ibid.*, 1881, Q. 4449.

④ G. W. Richardson, *ibid.*, Q. 5678.

房问题的组织。这包括关注修缮旧楼而不是兴建新楼的协会，以及数量众多的归属于奥克塔维亚·希尔体系的社区。然而，如果认为这是切实的进步，那就为质疑者们提供了绝好的理由，而且，之前人们盲目自信，认为可以轻松以慈善的方式完成目标，并能获得5%的利润，结果这下又落了空。1875年，奥克塔维亚·希尔回忆道，在前30年里，总共入住的人口（26000人）只不过比伦敦半年里增长的人口多一点儿。[1] 新成立的慈善组织协会住房委员会在1880～1881年召开会议，这些委员感到很不安，其中少数委员甚至持有一种更为沮丧的态度，认为在核心区域大规模建设住房的做法前景黯淡，于是想要解散机构，就此了事。而可能更合适的办法是鼓励劳工人群迁移到郊区去。[2]

在1884～1885年皇家委员会［委员会主席是查尔斯·迪尔克（Charles Dilke）］开展工作时，当时的社会环境是，社会上弥漫着对贫民的同情，也伴有一丝公共罪恶感。此前一年，《伦敦流浪汉的哀号》一书刚刚发行，而西区则开始对东区的状况表达了一种新的兴趣，并带有一丝同情与好奇。诚然，这其中的一些关切不过是让逛贫民窟变成了一种时尚消遣，但这不是故事的全部。正是在这一段时间里，汤恩比馆和牛津大厦落成了，为的是从贫民窟里培养出一批大学生，以弥合富人和穷人、受教育者与文盲之间的裂痕。此外，部分是因为《伦敦流浪汉的哀号》一书所引起的愤慨，加上W. T. 斯特德（W. T. Stead）在《帕尔摩报》上的大力宣传，才使该委员会得以组成。[3]

但与其身份相去甚远的是，皇家委员会并没有引发任何住房政策方面的革命。相反，它认为，各条道路的效果相去甚远，而个人的努力即使在《克罗斯法》的协助下也无所成。到现在为止，一切情况都是令人悲伤的。虽然住房公司可能提供一些住房给工人们居住，但它们完全不能满足更为贫困的阶层的需求——小摊贩、码头工人，以及各类临时工。而贫民窟清理计划，哪怕伴有向穷人重新提供住房的承诺，都会使他们最后的状况不如往昔。有证据证明，在这种情况下，新的住房通常会被那些更高阶层的人占据，而非那些被赶出去的人，后者通常只能搬到邻

① 引自 J. D. Chambers, *The Workshop of the World* (London, 1961), pp. 185–186。
② *Report of the C. O. S. Committee on Dwellings* (London, 1881), p. 141.
③ Helen M. Lynd, *England in the Eighteen-Eighties* (New York, 1945), p. 148.

近地区，成为满腹牢骚的蜗居户。

无可否认的是，这类公司（如辛迪尼·沃特楼爵士的公司）所接纳的租户都不是最低层次的人，而这也符合这类公司的定位。同时，人们又对皮博迪信托基金的做法提出了明确质疑，这些质疑部分来自其他住房机构，这是用住房补贴的办法来开展不正当的竞争，除非它将自身的目标客户调整为比这些公司的客户的社会层级更低级的客户，部分来自"纯"慈善家，他们质疑该信托基金的做法是否符合其创始人的目的。①由于被这些批评惹恼了，皮博迪信托基金的受托人在他们1881年的报告中收录了皮博迪本人此前的一份声明，即同意他们对该基金的管理。这份声明授权管理委员会批准收入每周不超过30先令的人入住由信托基金管理的大楼，虽然需要从中挑出最守秩序的、最勤奋的申请人，因为申请人的数量总是远远超过实际的房源数量。②但是，皮博迪的这份授权并没有让批评家们感到满意（特别是当周收入不足30先令的阶层要比最低社会阶层高的时候），而在19世纪90年代，一位愤怒的记者则成功地唤起了人们对下述问题的关注，即该信托基金用其50万英镑的原始资本获得了将近725000英镑的房租，以及利润收入。③

迪尔克委员会最终成为这场社会理念冲突的战场。这从奥克塔维亚·希尔冷酷的个人主义道德观到伦敦贸易委员会秘书长的看法——他十分精准地判断出这一潮流将来的走向——各种观点都有。这位秘书长说："私人企业在开明的慈善的帮助下，已经做了很多……然而，如果人们不想与这些高尚的努力决裂的话，那么靠私人企业、慈善的力量，将完全无法与现如今的需求以及高速的人口增长相匹配……但是，个人不能做的事情，国家和自治市政府就应该想办法去完成。"④他还认为，之前只是鼓励公共机构采取行动，所以只产生了很少的成绩，而接下来需

---

① R. C. on the Housing of the Working Classes, 1884 - 1885, e. g., QW. 5074, 11, 912; S. C. on Artizans' and Labourers' Dewllings Improvement Acts, 1881, Q. 4072 - 4074 (Gatliff); 1882, Q. 1192, 1278 (Canon Gilbert). 同时参见 the Charity Record, 20 Dec. 1883, p. 394。这份材料介绍了克劳德·汉密尔顿（Claud Hamilton）勋爵在曼森豪斯住房会议上对皮博迪信托基金的做法所发动的一次攻击。

② R. C. on the Housing of the Working Classes, 1884 - 1885, pp. 54 - 55.

③ George Haw, No Room to Live (London, 1900), pp. 47 - 48.

④ R. C. on the Housing of the Working Classes, 1884 - 1885, Q. 12, 859.

要针对它们采取强制措施。

该委员会的建议并没有引起住房政策的剧烈转变。1890 年《住房法》主要加强了前 40 年里各部法令中普遍认同的观点。这些进步超出了本项研究的范围，因为解决住房问题已经日渐变成公共机关的责任了。对于这一趋势的出现，伦敦市议会的贡献很大，因为伦敦市的公共机关要采取行动，所面临的一个障碍是缺少合适的管理机关。① 尽管私人慈善家和准慈善家仍然对劳工阶层的住房问题感兴趣——直到 1914 年以前，人们都在积极采取行动——但没有人再像维多利亚时期的人那样去看待他们的这些计划，认为这是解决问题的关键举措。

五

19 世纪 70 年代和 80 年代，议会议员和一些个人开展了调查，他们的调查中一项明确的结论是，提供住房的慈善组织和样板住房社团最终未能达到最需要帮助的、最贫困的那个贫民窟居民群体。唯一尝试帮助较低层级群体的事业是以奥克塔维亚·希尔命名的②，这个名字在慈善业界赫赫有名。在一个 20 世纪的解读者看来，在所有维多利亚时代晚期的人当中，几乎没有谁能像她一样令人看不懂。她的成就令人敬畏，而其中一些（特别是她为公共空间而做出的）奋斗，以及她在推动成立国家基金方面的先驱角色，都是怎么称赞都不为过的。但是，对那项她投入最大精力的工作，那个她注入无与伦比的天赋的组织，我们却不能这样一味称赞，而是需要斟酌。尽管同时代的人认为她是劳工阶层住房问题方面的神使，但她在这个领域的成就事实上又是那样不尽如人意，乃至于人们不再要求他人对她表示无条件敬仰。同时，如果我们说这些事情是一位伟大女性的成就，那也是当时社会价值观念的一种外在表达，而这种价值观念在现在看来已经完全不可理解了，而且就算是在 19 世纪80 年代和 90 年代，它也遭到了激烈抨击。在 19 世纪初，她攻击伦敦市议会，认为它自己动手为穷人造房子，所以对私人企业造成了冲击。③

---

① 正如托马斯·黑尔在 19 世纪 60 年代早期强调的那样。[*Usque ad Coleum*：*Thoughts on the Dwellings of the People* (London，1862)]

② 除了伯德特-库茨楼，这些房子接收了一些在别的地方不受欢迎的住户。

③ *The Times*，4 and 6 March 1901.

她的这些工作使奥克塔维亚·希尔不仅未能成为主流的先驱者，反倒分散了人们的注意力。

索思伍德·史密斯博士的这个孙女对贝思纳尔·格林和怀特查佩尔的报道，帮助在19世纪40年代发起了一项公共健康运动，所以，她也有理由了解这种糟糕的环境所可能造成的结局。但是，第一次与贫民接触时，她还只是一个14岁的小姑娘，她接管了一群免费学校的学生，当时这些孩子正在制作玩具，这是基督教社会主义者委托给他们的一项合作项目。奥克塔维亚·希尔帮助这些孩子所引发的兴趣和同情心在19世纪50年代末得到了加强，当时，她正担任与 F. D. 莫里斯（F. D. Maurice）的男子劳工学院有关的女性班的班长。她走访了她的玩具制造者难以言状的家，而其实她原本就很熟悉在她劳工女子学院就读的一些孩子的家。而在彻底调查了马里波恩教区以后，她发现这些贫困家庭及其年幼的孩子的居住环境都是不可容忍的，所以在她看来，解决住房问题已经变得刻不容缓了。在她还在脑子里反复琢磨这个问题的时候，约翰·拉斯金（John Ruskin）——她非常尊重的约翰，原本是想去干艺术工作的，而正是为了他，她才从事了这项事业——也正面临一项困境。这就是一个与双方相关的问题，即如何处置大量老屋。奥克塔维亚的顾问指明了一条出路，这不仅是拉斯金所面临的困境的出路，也是奥克塔维亚的出路。这是因为他可以为她的住房实验提供赞助。①

这一开始是1865年马里波恩的天堂广场的三处老房子；紧接着是一年后同样地段的一栋更为破败的老楼，以及1866年末，"我曾经处置过的最糟糕的四栋房子"。② 如果换一个意志没有那么坚定的人，可能早就放弃这项事业了。但是，正是在这些早期的岁月里，当她看着这些老房子得到修缮，那些酗酒的、得过且过的租户得到改造，她琢磨出来一套技术，使她的计划与普通的样板住房社团截然不同。通常来说，她并不建设新房子，而是买下那些破旧的但可以修复的老房子，她按照破旧程度给予修葺。她总结说，小一些的房子更容易管理，所以在19世纪80年代中期，她最大的一处房子也只能容纳49个住户。③ "如果在这些场

---

① E. Moberly Bell, *Octavia Hill* (London, 1942), pp. 72 – 73.

② *Ibid.*, p. 77.

③ *R. C. on the Housing of the Working Classes*, 1884 – 1885, Q. 9062.

地上建起一栋大型的样板公寓楼的话，那么那些更为体面的、友好的劳工就会来找我……留下那些庭院里的很难对付的人，而正是这些人才是我和我的伙伴的责任所在。"① 正如她指出的那样，因为她的租客们"社会层级都很低，难以拥有一处固定的住所"②，所以她坚定地恪守这一原则，即重建工作既不能太快，也不能太精巧。换句话说，改善物质环境必须与对这些租户的改造相并行。

在奥克塔维亚·希尔的观念中，更好的居住环境是构建良好的品性的一项工具。1881～1882 年度议会特别委员会主席理查德克·罗斯爵士质疑道："我相信你做的事仅仅是改造人们的住房。"而她立刻就回应道："是的，我相信我做的事是改造住在老房子里面的人。"但是，我们很难说得清到底何为因、何为果，因为"我是将住户和老房子一起改造的，而当住户和房子一起都改造完的时候，我刚好也把老房子改造好了"。③ 如果她曾被迫做出表态，那她多半会说"伦敦东区的这些原住民"④ 住在难以言状的污秽之中，这主要是因为他们自身道德上的缺陷，而如果不经过一场道德改造，那么就算有再好的房子也无法永久改变他们的命运。奥克塔维亚·希尔从不为穷人感到难过，但她在挑选租客时也从不畏惧与那些粗野的、行为不端的申请人打交道。她绝对不会赞成皮博迪信托基金管理人的做法，这个管理人告诉贝特丽丝·韦伯（Beatrice Webb）："我们一开始有很多困难；我们不得不把其中一些年纪大的住户给清出去；现在我们只同意那些有固定工作的人入住。"⑤

在奥克塔维亚·希尔的体系中，负责将那些目光短浅的人改造成可靠的市民的主要抓手是大群的志愿者收租人。在奥克塔维亚看来，这些人是对付最底层阶层时一个不可或缺的班子。⑥ 这些女士在经过希尔小姐的培训后，更像是一群社工，她们每周就负责收租（通常，租金一周一付，是这个计划的必要部分），通过这种方式，她们就与租客们建立了伙伴关系，发现如何才能最好地帮助这些人实现自我尊重和独立自主。

① *S. C. on the Dwellings of the Poor*, 1882, Q. 3361.

② *Ibid.*, Q. 3410, 3273.

③ *Ibid.*, Q. 2980.

④ 此话援引自 Beatrice Webb, *My Apprenticeship*, p. 265。

⑤ *Ibid.*, p. 266.

⑥ *R. C. on the Housing of the Working Classes*, 1884 – 1885, Q. 8942 – 8943.

在奥克塔维亚发起这项事业之后，最大的限制因素并不是缺少资金（因为她总能找到充足的资金来源），而是缺少这类志愿者。因为拿给她管理的这些建筑都是由个人提供的（提取 5% 的管理费）①，或是 1884 年由教士委员会提供的——该委员会向她提供了索思沃克和德特福德的大片物业——所以，合适的收租人显得非常紧缺。关于志愿者收租人的责任，虽然她们也为年轻的女士们提供机会，那些年轻的女士都想在那个时代发挥自身的价值，但是，其中绝大多数工作都是她们没法干的，绝大多数能力也是她们不具备的，尽管她们的想法非常难能可贵。此外，要想平衡以下两者也是非常困难的，即严格遵守奥克塔维亚体系的要求与保持一些主动性（这也是奥克塔维亚所提倡的）。

奥克塔维亚·希尔依靠她非凡的领导能力和商业才能——这为她赢得了普遍的信任，在她的组织中培养出了一种极棒的团队精神。通过她的《致她的同事们的书信集》以及与她的个人接触，她们都受到她的使命感的激发。但是，这是一种慈善的专制，所谓的委员会讨论或一致意见都只是表面功夫。没有人可以忽视她的这种权力欲，虽然这裏挟在她的无私的奉献之中，而这也无时无刻不提醒人们赞许这位富有魅力的、坚定的年轻女士所做的工作。无论是"同事们"，还是租客们，都不能对这位掌权者提出一星半点的质疑。后来，在面对议会委员会的质询时，在她提交的证据之中，时不时会出现她对机构委员会集体决策这种做法的偏见。② 她使用的主语总是"我"，而从来没有用过"我们"。

对于租客，这种专制主义是如此透明，而这位专制者对自己的智慧又是如此自信，乃至于几乎可以使人放下戒心。"我并不是说我不接纳酒鬼。相反，我接收了很多酒鬼；但所有的事都取决于我的看法，即判断最好是将这些酒鬼赶走，还是让他们留下来。这的确是一种可怕的专制主义，但我在运用这种专制主义的时候，却采用了这样一种观念，即发挥人们自己的力量，将他们视为在一定范围内可以对自己负责的人。"③ 正如她自己所相信的那样，她正在致力于训练那些落后的、屡屡违法的个人学会自力更生，并且正如她对慈善组织协会的《奥秘》所赞同的那

---

① *R. C. on the Housing of the Working Classes*, 1884 - 1885, Q. 9013ff.
② *Ibid.*, Q. 8966.
③ *Ibid.*, Q. 8967.

样，她也认为，贫困和凄惨在很大程度上源于个人德行的败坏。而为了
使她的租客养成为慈善组织协会所高度赞许的那种自力更生和戒酒的品
行，她采取了几大措施，按照标准形象对他们进行改造。这颇有一些霸
道女教师的味道。对此，伊丽莎白·麦克亚当（Elizabeth Macadam）评
论道，如果她"少一点个人主义，不那么以自我为中心、过度关注个人
的表现，而是更像一个倡导者的话，那她一定会给我们留下一个符合主
流趋势的规模巨大的计划"。① 但事实上，奥克塔维亚·希尔十分自信，
认为自己掌握了答案，她必须规训她的租客，直到他们懂得自我规训
为止。

奥克塔维亚·希尔体系的一个令人动心的特点是高效。她十分注意
细节，密切监督所有外部运作。她取得了显著成功，同时她也高度自信，
认为它可以持续赚到至少5%的利润，这些都说动了那些受到半慈善冲
动激励的人，将自己的不动产交给她管理。到19世纪80年代早期，也
就是她接管第一栋房屋之后的第17年，共有378户家庭将近2000人，
住在奥克塔维亚·希尔体系管理下的房屋内。②

尽管她自己对群租房屋项目没有太多兴趣，但至少是在面向最底层
的社会阶层时，她的成功还是促使他人发起了一项类似的计划。这就是
伦敦东区住房公司，该公司成立于1884年，创始资本为20万英镑，主
要业务是向那些没有资格申请皮博迪信托基金或改善产业工人住房公司
的房屋的人提供住房。这家新机构的领导人是尊敬的萨缪尔·巴尼特
（Samuel Barnett），他是一位卓越的牧师，曾担任圣犹大教区的牧师和汤
因比馆的第一位管理员。他得到了数位奥克塔维亚·希尔前员工的支
持。③ 在19世纪80年代中早期的社会氛围中，社会上有充足的善意愿意
支持这项事业，同时人们的同情心也因为劳工阶层住房问题皇家委员会
披露的情况（或者程度更高的，犹太人监察官委员会下的卫生委员会披
露的更为震惊的状况）而变得日渐泛滥。其中，后一项调查的直接结果
是成立了"4%产业住房公司"，罗斯柴尔德勋爵是该公司的领导者。第

---

① *The New Philanthropy*, p. 140.

② *Report of the C. O. S. Committee on Dwellings*, 1881, pp. 70 – 75.

③ Samuel Barnett, *R. C. on the Housing of the Working Classes*, 1884 – 1885, Q. 8850；Henrietta Barnett, *Canon Barnett*, I, 134.

一栋 6 层的"罗斯柴尔德之家"在 1886 年正式建成，而到 19 世纪 90 年代中期，"4% 产业住房公司"已经接纳近 3000 人入住。①

伦敦东区租房公司的第一项成就是建成了凯瑟琳楼，其地址靠近圣凯瑟琳码头。它被贝特丽丝·韦伯称为明显缺乏热情的建筑。事实上，这些楼仅有的优点就是租金便宜，以及卫生设施安排比较合理。除此以外，它们基本上就是不值一提、一无所长的，简直就是查尔斯·马斯特曼（Charles Masterman）所称的"随后就会被荒弃的"建筑的一个典型代表。② 在当了一段时间的志愿者收租人之后，贝特丽丝·韦伯总结说，这些楼就是一个"彻头彻尾的失败品"。很明显，潜在的租户都同意这种说法，因为最迟到 1890 年，大量房子都已经无人居住。③ 贝特丽斯·韦伯对租客们的看法并不像奥克塔维亚·希尔那样谄媚讨好，但她也不像其他老妇人那样对女性出租人抱有信心。她认为，这些人的服务"就是一件非常肤浅的事情。毫无疑问，她们的温柔和友善的确给很多家庭带去了光芒，但是她们在面对这个野蛮的群体时，自己又会变成什么样呢？她们与他们接触时也容易传染恶行，此外还有很多其他污秽在影响着她们，包括身体上和道德上的"。④

无论这家公司在最开始的时候遇到了什么样的困难，它还是得到了很大发展，而且发挥了相当大的作用。到 1900 年，它旗下的楼宇容纳了超过 5600 人入住，收益率达到 6%，利润达到近 12000 英镑。⑤ 事实上，和本章中提到的多数住房协会一样，伦敦东区住房公司还在继续经营。

除了乔治·皮博迪著名的捐赠，以及规模略小的，安吉拉·伯德特-库茨的哥伦比亚广场大楼以外，私人慈善家做出的大额捐赠在这场样板住房运动中只扮演了一个微不足道的角色。在皮博迪信托基金成立后数十年里，再没有大额的捐赠基金成立，被用于解决住房问题。但是到 19 世纪与 20 世纪之交的时候，先后有三个此类实体发起，主要都集中在伦敦地区——吉尼斯信托基金、刘易斯信托基金和萨顿信托基

① Lloyd P. Gartner, *The Jewish Immigrant in England, 1870 - 1914* (London, 1960), pp. 155 - 156; V. D. Lipman, *A Century of Social Service* (London, 1959), p. 128.
② 引自 Bruce, *The Coming of the Welfare State*, p. 119。
③ Beatrice Webb, *My Apprenticeship*, p. 277; *The Times*, 5 Feb. 1890.
④ Webb, *My Apprenticeship*, p. 277.
⑤ *The Times*, 27 Jan. 1900.

金——当然在其他地区也发起了一定数量的项目，比如朗特里村信托基金在约克市外的新伊尔斯威克小区建设项目。吉尼斯信托基金成立于1889年，创始人是爱德华·吉尼斯（Edward Guinness）爵士，之后的负责人是艾弗（Iveagh）勋爵——他在其他领域中的慈善事业也是非常著名的。这家信托基金共有20万英镑的资金，宗旨是在伦敦建设房屋，此外还有一笔5万英镑的资金，用于在都柏林开展类似工程。① 刘易斯信托基金是根据塞缪尔·刘易斯的遗嘱成立的。《泰晤士报》直截了当地称刘易斯为"放贷人"，而《慈善纪录》则将其称为"著名的放贷人"。他到1901年给各类慈善遗赠了一大笔款项，最终这笔款项总计约有150万英镑。② 其中绝大部分捐赠保留了他妻子的继承权，即要在他妻子死后才能兑现，而他的妻子是在1906年去世的。在刘易斯的捐赠中，最大的一笔为40万英镑，目的是向贫民提供住房。③ 很明显，他注意到了爱德华·吉尼斯爵士的安排，所以，在管理自己的遗赠时，他规定要按照吉尼斯信托基金的做法来，虽然不用将之活动范围仅限定在伦敦地区。

和刘易斯信托基金一样，这三家信托基金中最大的一家，即萨顿信托基金，也规定将服务范围设定在整个英国。这个基金的资金靠的是威廉·萨顿个人积累起来的财富，他依托维多利亚铁路系统，构建了一个商品物流体系。萨顿有限责任公司的生意非常旺，而在1900年萨顿去世的时候，他拿出了绝大部分资产，用于资助建设低租金房屋，以给伦敦和其他"镇和繁荣的地区"的贫民提供住房。但是，因为针对该遗嘱的诉讼以及大法官法庭的拖延，导致萨顿信托基金一直到1927年才开始满负荷运营。而在此之前，受托人的行动不得不十分小心，在采取任何有实质内容的行动前，都需要先获得大法官法庭的同意。他们在1914年以前盖的楼，多数都位于伦敦地区，即贝思纳尔格林、城市道路和切尔西地区。1918年，他们在廷恩新堡建了一栋楼，同时他们又在伯明翰建设

---

① 此外，他还给了25万英镑用于拆毁伦敦贫民窟的房屋，还有25万英镑给了利斯特预防医学研究所以及肯伍德别墅，外加上这块土地和里面的艺术藏品。

② *The Times*, 26 Jan. 1901；*Charity Record*, 18 Oct. 1906. 1903年，有人对刘易斯的资产进行了再次估值，估定的价值为250万英镑，其中慈善组织共收到150万英镑。（*Ibid.*, 3 Sept. 1903）

③ 刘易斯遗嘱中提到的另外两笔较大的捐赠，其中一项是捐给威尔斯王子医院基金的25万英镑，另一项是捐给犹太人监察官委员会的10万英镑。

了第一处农庄。在第二次世界大战爆发时，该信托基金已经拥有 23 处房产，其中有 6 处位于伦敦地区，其他的也都位于各大城市，从纽卡斯尔到普利茅斯皆有。到 20 世纪中叶，该信托基金已经接纳近 3 万人入住，分别入住约 8000 套出租屋，毛租金收入约 25 万英镑。[①]

自从萨顿留下遗产之后的 50 年里，这些为贫民（或其他人）提供住房的慈善基金，以及各类住房协会的处境发生了深刻变化。和教育领域类似，尽管远没有成为普遍的形式，住房问题还是开始被人们认为是一项公共服务，而既有的半慈善性质的机构不再像之前那样属于先锋部队。由此，我们也很难正确估计它们的成就。很明显，它们的"样板住房工程"只对住房问题产生了微小的影响。在伦敦，在过了 19 世纪和 20 世纪之交之后没多久，入住它们住房的租客全部加起来也不到 15 万人[②]，而它们的项目也已经无法跟上伦敦市里劳工人口增长的步伐，更不要说缓解之前的人口拥堵了。同样可以想象的是，它们关于劳工阶层住房问题的理论产生了有害的影响，因为在它们的理论中，高密度的入住人口被视为卫生的、舒适的和经济的，而与此同时人口的过度拥挤却成了城市生活最严重的恶弊。在起草计划时，它们总是想在一个可以容忍的卫生水平之内，在一个特定地区里，尽可能装下更多的人。[③] 这是非常自然的——同样基本上是不可避免的，基于它们的经济考量来说——因为购买土地的花销非常巨大，乃至于这些社团不得不对每一英尺的土地都精打细算，希望能从那上面赚到 5% 的利润。事实上，也有人质疑，有的时候它们的账算得越是精细，所获得的回报与预期也就差得越远。在研究了伦敦两家最古老的住房机构的财务报表之后，一位出色的研究者总结说，1850 年的报表显示，这两家机构并不如其年度报告中所说的那样成绩斐然。伦敦协会的报表显示，其收益率为 3.125%，而劳工之友社团则远低于其所宣称的 4.5%。[④]

然而，最具毁灭性的批评并未指向慈善家是否失败，以及 5% 协会自身是否真的有效应对复杂的劳工阶层住房事项等问题。相反，这种批

① *Report of the Sutton Trust*，1950，pp. 13，21.

② Bruce，*Coming of the Welfare State*，p. 119.

③ William Ashworth，*The Genesis of Modern British Town Planning*（London，1954），p. 85.

④ 估算值来自 Henry Roberts，*Trans. Natl. Social Science Assn.*，1860，p. 771.

评意见暗示说，由于错误估计住房问题的程度，以及燃起了人们对一个几乎是无法完成的事业的希望，私人机构拖延了这一问题的最终解决，而不是对此做出贡献。但我们认为，这种看法从一个错误的角度来看待这一问题。他们假想，样板住房运动的领导人本可以将其时间和精力投入更有成效的事项上，即唤起人们的情绪，来支持推出国家住房政策。如果私人慈善家没有尝试阻止伦敦贫民窟进一步恶化，那至少人们可以假设，国家就可能会在更早的阶段被迫介入此事。

然而，仅靠着想象力，在19世纪60年代和70年代，英国政府又如何能够勾画出全面的劳工阶层住房政策，特别是在没有住房协会的记录提供的前车之鉴的情况下！和其他慈善领域一样，这类志愿型组织的一个更为重要的功能是教育功能，包括正面教育和反面教育。在这个案例中，国家的任何决定性的干预都是基于这一假设之上的，即劳工阶层住房问题不能靠商业或慈善性的私人企业来解决，这一假设逐渐获得确证。尽管这些样板住房机构的初衷是很好的，部分企业也取得了卓越的成就，但随着时间的推移，它们越来越被证明不适合承担这项任务。这是一群有着慈善心和公共精神的人，他们最先面对贫民窟的阴暗一面，然后成立机构，试图改善劳工阶层的住房问题。在这个过程中，他们积累起了丰富的经验，这些经验对政府机关的公共住房项目有极大帮助。但是，同样真实的情况是，他们在面对复杂和巨大的问题时所表现出来的相对无能，也给了国家一个无法驳倒的理由，从而揽下负责权。

第十五章　维多利亚时期慈善家众生相

要从形形色色的维多利亚时期的慈善家中挑出六七个人做一下特别介绍，是需要一套遴选标准的。为什么要介绍这些人，而不介绍其他人呢？所以，一位审慎的介绍者会在一开始就承认这一事实，即在很大程度上，他挑出的这个名单有很强的主观性，人们也可以自己遴选和罗列出这样一个代表人物名单。比如，约瑟夫·朗特里可能做得跟乔治·卡德伯里（George Cadbury）一样好；威廉·拉思伯恩可以替换掉帕斯摩尔·爱德华兹（Passmore Edwards），而数位英裔犹太人中的任何一位都可以代替 F. D. 莫卡塔（F. D. Mocatta）。[①] 有大量维多利亚商人挣了钱，然后像塞缪尔·莫利一样把钱给出去，虽然他们给的钱未必有他那么多。[②] 不过，我们也应提出，托马斯·霍洛威和安吉拉·伯德特－库茨是独一无二的、不可替代的。

如果说我的这份名单是主观臆断的，那我这么做也有我的意图。我刻意回避了那些比较有名的人物，那些维多利亚时期慈善事业的典型代表，那些沙夫茨伯里和奥克塔维亚·希尔式的人物，因为人们只要一提起那个时代的慈善事业，这些名字就会立刻浮现在脑海中。而这些人，如乔治·卡德伯里、塞缪尔·莫利、乔赛亚·梅森，虽然也很出名，却

---

① 我们会在第十六章中重点介绍朗特里和拉思伯恩。

② 一个极端的"分散"慈善的案例是乔治·摩尔，萨缪尔·斯迈尔斯写了他的传记 [*George Moore*, 2d ed.（London, 1878）]。伯纳德·博桑基特（Bernard Bosanquet）这样评价说（*Essays and Addresses*, p. 8），摩尔"极为疯狂地为慈善和宗教机构筹集资金，他就像之前为他的公司拉客户一样为它们筹集资金"。在这篇名为《两名慈善家》的文章中，博桑基特将摩尔与法国人勒克莱尔（Leclaire）做了对比，而他对前者的评价相对较低。

属于不同的类型。一方面，他们捐出的钱足够多，够得上我们收入这一名单的标准。另一方面，我们认为，慈善家和人道主义者绝不是同义词（虽然维多利亚人经常把两者混用），所以将生命奉献于社会服务，如刘易斯·特文宁（Louisa Twining）（济贫院改革和儿童福利）或本杰明·沃（Benjamin Waugh）（英国禁止虐待儿童协会）就不符合我们的标准。这里介绍的对象全是富裕的维多利亚人，这些钱多数是他们自己挣的，但他们坚持要将其中一大块捐出去。他们的动机及所帮助的对象与人类的需求一样五花八门。事实上，笔者之所以要介绍那些不太知名的慈善人士，主要目的是想展示慈善的动机有多么多样化。因为在以下七个人中，他们的动机是各不相同的，从宗教目的、人道主义、社会理想主义、公民爱国主义、追求个人满足，到无法否认的也无法忽视的，对个人永生的追求。就和其他领域一样，这催生了各种各样的慈善行为。

一　托马斯·霍洛威（1800～1883年）

托马斯·霍洛威是专利药之王，而他所积累起的财富则是对他不懈的努力以及精明的推广天赋的一项证明。当他开始把钱捐出去的时候，他的做法在某种程度上与伊丽莎白时期和斯图亚特时期的财富新贵慈善家，以及之后的美国百万富翁相类似。因为与很多同时代的富人不同的是，霍洛威并不想把他的钱以匿名的方式撒出去，散布到多个慈善领域之中。相反，他选择将绝大部分财富换成不动产（和基金），交给他成立的两家机构。其中一家机构是皇家霍洛威学院，在数年里，他在这家学院投入了大量财富和精力。他不仅亲自监督学院的建设工程，而且靠着几位白手起家的人信誓旦旦的担保，他还毫不犹豫地对自己不太懂的学院运营事务制定了规则：从各个方面来看，这些规则并不都是坏的。尽管他并不会拒绝接受建议，特别是当他咨询别人的意见时，但他的慈善事业依旧是他一个人的事业，在这项事业中，所有的重要决策都是他自己做出的。[①]

霍洛威的职业生涯几乎就是维多利亚时期成功的英雄故事的一个典

[①]　除了特别提到的以外，关于霍洛威的材料都取自下述这本私人印刷的五十周年纪念册，*The Royal Holloway College*，1887 - 1937，特别是从这两章："The Founder," by Hilda Johnstone（pp. 9 - 15）；"The Buildings," by C. W. Carey（pp. 16 - 20）。

型代表，但在他的故事里，主题不是创造，而是宣传推广。因为他的天赋是开展营销，此外还有对他无害的产品的真诚的也是匪夷所思的信任，外加上一种敏锐的直觉，知道如何最好地向同胞们伸手拿钱，这些元素加在一起，结果就是霍洛威的专利药品的名声快速地从科克传到了新加坡。在 28 岁的时候，他按照惯例离开了他出生的康沃尔，前往伦敦寻找发财的机会，而在那里也没有人能给他建议说，如何才能成为一个百万富翁。他是在与一个意大利药片和药膏商贩达成合作之后，才开始走上发财之路的。由于阿尔比诺（Albinolo）死亡，他开始自掏腰包寻找治疗方法，并因此在接下来的半个世纪里逐步积累起了大宗财富。

有人可能会希望，霍洛威和他的夫人将他们投入在他们的事业，即出售专利药品上的精力和劳苦转投到其他更有成效的目的上。但这么做就会掩盖这场"药片和药膏史诗"中个人英雄的精彩篇章。在位于坦普尔巴外的家宅－工厂－办公室里，这对夫妇每天会工作 16～18 小时，而在长期的室内工作之余，他们也会每日去探访停泊在附近码头的船舶，或者到近郊去远足。有一位户主回忆说，作为一位销售人员，霍洛威给人的印象是"他绝对算不上是一位缠人的推销员，而是一个安静的、友好的人，他十分相信他推荐的产品的优点"。①

然而，霍洛威卖的药片的史诗主要不在于他个人花精力在生产和销售方面，而是在于他精心设计的广告稿上，这些广告稿抓住了中等阶层和劳工阶层的听众的注意。他在 20 世纪麦迪逊大道旁燃起的情绪都是巧妙构建在这些元素上的——恐惧、希望、空虚、随波逐流等——通过一系列手段，人们形成了这样一种印象，即霍洛威药片的使用者属于人类更为进步的那个群体。1842 年，他已经在广告宣传上投入了 5000 英镑，而在此后 40 年里，广告总投入上升到 45000 英镑。② 其中有一本小册子，它的封面上画着穿着翩然锦缎的海吉亚女神③，女神站在一个台阶上，台阶上有一道纹章，上面写着"霍洛威药片"。这份小册子上面有一些有用的提醒，其中有一些内容看起来就不像是这位未来的学院创始人能有的想法。霍洛威建议其顾客说，如果他们想要保持健康的话，那么就

---

① Johnstone, "The Founder," p. 10.

② *DNB*, IX, 1075.

③ 海吉亚（Hygeia）女神，希腊神话中的健康女神。——译者注

要"避免热闹的集会",以及做"少量的阅读和学习"。这本小册子还告诉运货人和商人说,生产商会为他的药片配上说明,这些说明会译为20世纪的各种文字,除了常见的欧洲语言以外,还包括各种外国语言,如土耳其语、亚美尼亚语、波斯语、阿尔巴尼亚语、印度斯坦语、戈泽尔语、孟加拉语、泰米尔语、日语和汉语等,以方便用户使用。

霍洛威之所以能够取得如此令人震惊的成功,其中一个基础在于他在全世界范围内开展的运作,以及他颇具技巧性的广告宣传,这些广告宣传重在强调事实。于是,霍洛威的药片便好像与英国人的繁荣的前景联系到了一起——甚至还提前预示着这一繁荣。在19世纪80年代早期的三联宣传页中,中间那联的模特是一位年轻的布列塔尼亚人,她是一对年轻的维多利亚双胞胎中的一位,在她的身旁是一位蓄着胡子的水手和一位禁卫军军官,两人的手里都举着一幅标语。在他们的下面站着一个印第安人和一个祖鲁人,在他们前面蹲着一个包着头巾的东方人,被夹在两个药片之间,这些药片上打着标语"霍洛威药片"和"霍洛威药膏"。这份宣传页的旁边两联是霍洛威针对近东和远东地区做的广告宣传:一位带头巾的穆斯林女士站在一旁,而一位中国女士则站在另一旁,他们都得到了令人垂涎的药片。这是这幅广告的封皮部分;内文部分则是更为个性的提示:同时也强调了这一事实,即霍洛威依旧勇于宣传他做的贡献。这里有一幅他自己的画像,占据了宣传页的中间联,而另外两联则分别是公司的宣传策略和"霍洛威学院和霍洛威疗养院"几个大字。

靠着霍洛威不知疲倦的勤奋努力,以及巧妙的公共宣传,他的药片事业变得越来越壮大。在早期,由于过度重视在报纸上做广告,曾一度导致他破产,但最终他不仅还清了所有债务(除了那份把他逼到墙角的报纸以外),还支付了10%的利息。1867年,为了给新哥特法院让路,他的公司从斯特兰德街搬到了新牛津街上的一栋装饰华丽的五层大楼里。霍洛威和他的妻子住在顶层,公司的办公室位于底层。中间几层是生产和包装车间。据《帕尔摩报》报道[1],在中间几层里,"堆着像小山丘一样高的药片,这些药片足够全城人的剂量了",有一群年轻的妇女忙着从

---

[1]　引自 Johnstone,"The Founder," p.10。

这些药片堆里拆出零散的药片，分装进各个盒子里。这宗生意每年的利润据说可以达到5万英镑。霍洛威在做投资方面和他在做广告方面一样精明，他的财富最开始是靠所持有的专利配方而积累起来，但后来是通过他的金融运作而得到快速扩张。霍洛威银行是一家成功的企业，尽管在这位创始人死后就清算了，却是对他作为一位金融家的天赋的坚实证明。

与此同时，财富的日渐增长也带来了新的问题。由于他无儿无女，没有人可以继承他的财富，而他对兄弟或姐妹则既不尊重也无情感，所以霍洛威开始找寻各种手段，试图将他的财富变成一种公共利益。当然，现在我们无从揣测他的真实目的。除了没有孩子这个不利因素以外（这是很多慈善行为的起点），我们还可以推测出，霍洛威想要向他的维多利亚同伴分享这一理念，即虽然财富代表一种对勤奋和能力的相对公允的衡量标准，但是它上面也附带着义务。这篇维多利亚史诗中的这位英雄人物是一个靠自己努力成功的人，而他靠自己的影响力，或者其中一部分影响力，试图改变他身边的那些人的生活。在维多利亚民族精神中，慈善活动的社会效应是一个基本元素，而我们也没有理由怀疑霍洛威真诚接受了这一看法，就像他对自己会取得成功信任不疑一样。很明显他对以下两者颇感满意，即为推动社会进步而做出贡献和掌握权力，尽管这是为了更好地做慈善。

他选择的那项慈善事业并不是冲动而为的。相反，他审慎研究了各种可能性，听取了多位顾问的意见，并在经过数年思考后才做出了决定。很明显，他认为美国人乔治·皮博迪的善行对富裕的英国人而言是一种挑战，甚至是一种非难。而从一开始，他就清楚这一点，即他会聚焦于一两个有利于全国的重要项目上，而不会把他的资金分撒到各类小计划上。当霍洛威把想法通过《营造者》杂志和在社会科学协会上的声明传播开来的时候，这位老人的研究也就走向尾声了。他一下子收到约700封信函，每一封都附带一份针对他遇到的难题的解决方案。①

有两项计划吸引了他的注意。此前，即1864年，沙夫茨伯里勋爵曾

---

① *Philanthropist*, December 1884, pp. 181–182.

经引起了霍洛威对精神病人的兴趣。① 他感觉到，当下最需要的是为职业的中等阶层提供更好的服务，因为这个群体的精神疾病尚可治愈。20年后，这个主意具体落实在位于弗吉尼亚湖地区的霍洛威疗养院上，这个疗养院占地20英亩，共有近500个房间。和霍洛威的其他决定一样，这处疗养院也是基于他的研究和思考之上，他还走访了欧洲大陆和美国的精神病机构。新的疗养院绝不仅仅是一座简单的精神病收容院。这是一家治疗机构，主要面向患病初期的中等阶层病人，也就是职业或商务人士，这些人如果得到及时治疗，就可以避免精神全面崩溃。这全套设施，外加配套的捐赠基金，花掉了这位捐赠人将近35万英镑，而这也标志着精神病人护理方面某些不良结果的消失。②

另一个项目也俘获了霍洛威的想象力，而且更为彻底和持久。我们现在无法确定到底是什么将他的注意力引向女性高等教育，并且用吉尔伯特的话来说，使他"变得非常疯狂，想要为未婚少女创建一所大学"。很可能的情况是，他是从丁尼生（Tennyson）的《王子》一诗中获得了一些启发③，但更为直接的影响来自他的妻子。她对女子学院表示了兴趣，认为这是一个他们夫妻两人联合开展慈善事业的可能的领域，而在她去世之后，他也自然转向了这一计划，以作为对她的最为妥帖的纪念。他向一群杰出的、有能力的顾问咨询意见，这些顾问包括凯－舍特沃斯（Kay-Shuttleworth）、亨利·福西特（Henry Fawcett）之类的人物。在他们的鼓励下，他开始为女子学院制订计划，计划的面积比英国之后成立的女子学院都要大。而在当时，即19世纪70年代中期，格顿和纽纳姆还是婴儿，而牛津大学的萨默维尔学院和玛格丽特女子学院都还没有开张。

在霍洛威有些夸张的想法中，他的新的学院绝不应仅仅是一个普通的学院。他确信，这个学院将会发展成为一所女子大学，有自己的考核权，也可以独立授予学位。有人提出意见，应该将这个新的学院的选址安排在其中一个大学中心，但这一点对这位捐赠人来说并没有什么吸引力。霍洛威不断膨胀的能量使他对牛津或剑桥的氛围感到压抑，而且当

---

①　霍洛威在1864年春天拜访了他。（Hodder, *Shaftesbury*, III, 123.）

②　*Charity Record*, 21 July and 6 Oct. 1881.

③　R. C. K. Ensor, *England, 1870 - 1914* (Oxford, 1936), p. 150.

然，他想要建的那座庄园绝不会简单类同于格顿和纽纳姆的模式：或者，在这一方面，也不同于绝大多数其他学院。更有甚者，尽管非常自然的是，霍洛威对开展女性高等教育并没有什么有用的想法，但是基于他的脾性，他也成为一个创新者。《泰晤士报》认为，牛津和剑桥新成立的女子学院不过是简单地复制了几个男子学院，用于招收女性学生——当然，这是有益的，而且无疑是不可避免的一步。① 但霍洛威在寻找另一种教育方案，尽管他不准确知道具体是什么，但有一点是肯定的，即绝不能按照男子学院的模式来。

诚然，他自己的兴趣集中在现实世界，而非这项事业的精神部分。霍洛威自己的评论说，他为了花钱，而不是为了挣钱，干得更辛苦。这番评论当然是一种形象化的夸张，但是没有人可以反对说，他的确为该学院的计划工作投入了大量精力。他派了一位亲戚去美国进行考察，而他本人则跑去了欧洲大陆。无论人们在看到霍洛威版的萨里的香波城堡时产生怎样的质疑，但至少他没有盲从拉斯金的哥特建筑风格。明显，是吉比·怀亚特（Digby Wyatt）的兄弟，建筑师托马斯·亨利·怀亚特鼓励了这位捐赠人，让他考虑法兰西文艺复兴的建筑风格。而在霍洛威这方面，当他第一眼看到时就喜欢上了这种风格，他和他的内弟② 跑了一趟欧洲大陆，其中有超过一半的行程都花在参观法国的城堡上。在他们回来之后，有一位建筑师提供了一些建筑的图例，于是他们就做出了最终决定。他想将他的新学院装进复制版的香波城堡中，所以指示他的建筑师，要"从头到尾"参照 16 世纪的建筑风格。建筑师彻底贯彻了他的这一命令。建筑师克罗斯兰（Crossland）和他的一位助手在香波城堡考察了数周，在最后两天，霍洛威又亲自到法国，确保他们没有漏掉什么细节。他们又陪着霍洛威做了仔细核对。这个故事接下来的剧情是，霍洛威发现建筑师的笔记上只漏掉了东面的一块很小的、很难看到的屋顶窗，但就算这样，霍洛威也还是要求他立刻补上这一遗漏。③

---

① *The Times*, 19 Dec. 1887.

② 尽管霍洛威不太用他自己的兄弟姐妹，但他妻子的兄弟成了他主要的帮手，而在他的遗嘱中，他留下了一大块还没有处置掉的产业，留给他妻子的一位未嫁的妹妹。这笔财产价值超过 55 万英镑。（*DNB*，IX，1076.）

③ Carey, "The Buildings," in *Royal Holloway College*, p. 16.

　　我们没有必要评价霍洛威关于建筑的鉴赏力，因为他的学院的每一个细节都是复制了一座法国城堡，更不用评价他的品位，因为他认为可以把巨大的石头宫殿恰当地复制成为砖制建筑。当然，这座仿制的城堡看起来还是很壮丽的，特别是当站得足够远，能够让人忽略掉那些不和谐的地方，专注于城堡的轮廓与外形比例时。但是，无论他的审美有多少缺陷，这位创始人的决定是无可指摘的。自从霍洛威买下埃格姆（Egham）的土地开始，到这个学院在 1886 年开张，即霍洛威去世后第 3 年，中间过去了 12 年。这个建设合同花去了 257000 英镑。这还不包括土地、附属建筑、园林和内在的设施，所以，这整套设施的花销，不包括 20 万英镑的捐赠基金，就已经达到了 60 万英镑。① 这座建筑相当宽敞，不仅跟香波城堡一样宽敞，还多了 550 乘 276 平方英尺的面积。在建设过程中，霍洛威要求建筑师必须一直待在工地，而他自己虽然很少来到这里，却每天从代表他的内弟那里听取汇报。

　　这个建设工程有一个奇特之处就在于创始人坚持要求采用现购自运的方式。这位专利药之王并没有忘记他早年破产的经历，这个事情给他的心灵蒙上了阴影。在他的公司里，他按日付给工人报酬，而在建设这个学院时（根据一个我们认为难以相信的故事），他试图按照同样的原则来雇用员工。但是，"承包商认为很难在当日送来一批砖头，然后又结清账目，于是霍洛威同意，如果能在第二天早上把账单送到他早餐桌上，那也是可以的"。②

　　《泰晤士报》对该学院的正式开业仪式评论说，这整场事业"从一开始就充满了任性"。③ 这座建筑非常恢宏和古怪，很多区域的作用有待开发。城堡塔楼上的半圆形房间非常臃肿而不实用，而在一些学生宿舍里，窗户的位置远低于住户眼睛的高度。霍洛威并不拘泥于通常的办学方法，他只造了一间演讲厅，而且没有造实验室。④ 其中，后一个缺陷

----

① 这个数字是凯里（Carey）给出的。在《英国人物传记大全》里，有些数据有些差异。但看起来，无疑这项事业花掉了霍洛威 70 万～80 万英镑的款项。《慈善档案》（2 June 1886）给出了更高的数据。

② Johnstone, "The Founder," in *Royal Holloway College*, p. 10.

③ *The Times*, 1 July 1886.

④ 这一信息来自霍洛威学院的毕业生海伦·卡姆（Helen Cam）教授；Carey, "The Buildings," pp. 18 – 19.

的弥补方案（虽然这一方案绝不算完美），是将地下室和其他地方的房间改作实验室。也有人对一些非实用性的学院设施提出质疑，特别是那条霍洛威花了85000英镑的画廊。在这条画廊里，主要存放的是维多利亚时期画家们的油画。① 其中，兰希尔（Landseer）和米莱（Millais）的代表作品得到了人们普遍赞誉，但人们认为珑（Long）的"巴比伦婚姻市场"很不虔诚，不适合作为教育内容提供给追求精神生活的年轻女性群体。

很明显，人们对霍洛威的一言堂式的而且在某种程度上是不负责任的慈善行为颇有微词。毫无疑问，建设一个如此大规模的学院，并且搞得如此沸沸扬扬（该学院1886年6月由维多利亚女王亲自主持开业的），会对女性教育事业带来一定的刺激。但是，将该学院建设在周边没有其他学校的相当孤立的地方——当然，那时比现在更孤立——在评论者看来，就显得有些荒唐了。此外，人们还认为霍洛威把数以千计英镑浪费在砖匠和泥瓦匠身上，还不如花在改善现有学院的教育上，而且这整个建设工程的确是过于铺张了。《泰晤士报》指出："虽然萨默维尔学院和格顿学院也很铺张，但霍洛威学院的奢靡却无法得到人们热情赞许。"②

不过，在某些方面，这位创始人对学院事务的无知却是这个年轻的学院的财富。《泰晤士报》这么说霍洛威是不公正的，"他的慷慨据说跟他生产的药一样中性无害"，该报这么说，是因为该学院在决定课程体系时行动很慢。③ 实际上，尽管霍洛威毫不犹豫地为学院事务制定了规则，但学院的章程（1883年）却抱着一种试验性的态度。霍洛威自己可能不清楚他想要什么，但他也没有被传统的做法束缚住手脚。他应该认为，除古典学和数学以外的其他学科应该有价值，他也坚称要建构这么一个课程体系，即绝不能"挫伤想要接受非拉丁和希腊语教学外的普通教育的学生的信心"。此外，他也不赞同这些人的看法，即将教师训练看成女性教育的主要目标。他明确规定，他的学院绝不能成为"一个单纯的教师和管理者的培训学院"。④ 最终，该创始人的遗产的使用自由度也很

---

① *DNB*, IX, 1076.

② *The Times*, 16 July 1887.

③ *Ibid.*

④ Johnstone, "The Founder," p. 14.

高，他把这笔钱捐给了该学院，并且允许学院走自己的道路。但是，霍洛威对女子大学的雄心勃勃的梦想（或者说幻想）一直都没有实现；高等教育的潮流奔向了一个相反的方向，即不过多区分性别。不过，作为伦敦大学诸学院中的一员，皇家霍洛威学院还是能保留自己鲜明的特色，而又能参与这所综合性大学的事务。有这么一项成果，这位创始人自己应该也挑不出什么错来了吧。

我们很难勾勒出维多利亚时期慈善家的"典型外貌"，但很明确的是，如果真的可以画出这么一幅肖像的话，那绝不会与托马斯·霍洛威有任何相似之处。可能，他看起来与英国同时代的人并没有太多相似之处，反倒与某几位美国百万富翁有几分相似，这些人在他们生涯的绝大部分时间里，都只关心如何取得事业上的成功，而社会责任感则是在他们人生的晚期才萌生出来的。此外，霍洛威跟有代表性的维多利亚慈善家不同的是，他对开展大量的善功不感兴趣，而宗教动机（如果真的有的话）在他的活动中也不明显。然而，如果用捐赠数额来衡量的话，他的捐款总额超过了 100 万英镑，所以，这位专利药巨头当之无愧是这个时代两三位最杰出的慈善家之一。《慈善档案》的编辑，一位非常有见地的评论员也赞同这一判断。他说，塞缪尔·莫利曾一度说要被封为准男爵，而霍洛威做的比莫利和乔赛亚·梅森爵士所做的加起来都要多。[①]我们现在很难证实这种看法，但无疑的是，霍洛威决定将自己的捐赠集中于几个有限的、高度建设性的主题上，使他成为维多利亚慈善史中一位值得纪念的人物。

二　塞缪尔·莫利（1809～1886 年）

根据塞缪尔·莫利的目标和方法，他应该属于慈善光谱中相反的那一极，与那位药片－药膏之王遥遥相望。对他而言，慈善绝不是一辈子不懈努力，拼命挣钱，到了人生的暮年才想起来的事。莫利继承了一宗经营得很好的产业，所以他没有这种压力。但除此以外，他对慈善事业以及其他事业的观点也反映出虔诚的非国教新教徒的信仰，同时他的捐赠也主要流向非国教信仰领域内的事项。在莫利看来，因为他相信基督

---

① 　*Charity Record*, 1 Sept. 1881. 我们会在下文中按照次序介绍这两位慈善家。

徒的代管责任，以及他自己过着朴素的甚至有些严苛的生活，所以慈善捐赠成为一项持续性的义务，而不是一个单纯的华丽的姿态。他并不是一位创新的慈善家，反倒是一个富有、善良的人，并为回应其他人的倡议而做出捐赠。当其他渠道都无法筹集到资金的时候，人们可以向他讨要捐赠。

除一个例外以外，莫利的慈善事业对面向学生的慈善项目没有太多兴趣，除非它服务于宗教和改革的宗旨，也即维多利亚时期非国教徒最关心的问题。毫无疑问，这位虔诚的商人如果能够活到今天，发现自己竟然被人们尊称为老维克剧院的保护神，那他一定会惊讶万分，而这是唯一一个明显偏离他捐赠成例的个案。毕竟，包括莫利自己在内，没有人会预见到面向劳工阶层的"有益身心的娱乐"，也即他帮助在这一破旧不堪的音乐厅里引进的演出，会成为后来老维克崛起的契机。

对于塞缪尔·莫利而言，维多利亚时代的商业世界并不像第一代企业家们所遭遇的那样充满了各种残酷的争斗。诺丁汉和伦敦的袜商，J. & R. 莫利公司在塞缪尔进入之前就已经兴旺了几十年。在 19 世纪开始后没多久，他的父亲成立了伦敦分公司（留下一个兄弟负责管理诺丁汉附近的生产业务），于是，J. & R. 莫利公司一下子获得了大量财富，乃至于令人手足无措。[1] 当然，该公司的财富是建立在手动操作的织袜机和数百位家庭织袜工人的劳作之上的，因为当时动力机械还未对袜业带来突然的革命。而哪怕是在之后人们已经清楚地认识到机器将成为未来的主流，莫利一家依旧继续使用手工工人，因为他们生产的产品的质量非常高。在他们中有一位丝绸编织工，据说他编出的时尚长袜，女王在加冕礼时穿过，女王在 84 岁即位 50 周年时也穿过。[2]

莫利的兄弟约翰和理查德决定分家，这也就意味着塞缪尔生来就是一个伦敦人，而不是诺丁汉人。作为 6 个孩子中最年幼的那个，他早年的时光是在哈默顿度过的，是伦敦东北部的郊区，那里聚居着大群非国教徒。在他 16 岁的时候，也即度过了两段在寄宿学校就读的时期后，他进入了莫利公司的账房。尽管他对作为整体的商业运营有一个基本了解，

---

① Edwin Hodder, *The Life of Samuel Morley*, 2d ed. (London, 1887), pp. 3–4.

② *Ibid.*, p. 7.

但后来证明，塞缪尔的天赋并不在于买卖，而在于财政管理。他接管了账簿，负责安排银行的借贷，而且改变了他父亲过于谨慎的做法，巧妙地利用金融市场的坚定变革所带来的优势。[①]

在 19 世纪 60 年代早期，塞缪尔·莫利成为他家里生意的唯一决定事的人，包括诺丁汉和伦敦的分支。正是在他的手下，该公司转变成了工厂体系。到莫利公司发展到最顶峰的时候，它成了英国国内最大的公司之一，在米德兰有 7 个工厂，雇用了约 3000 人。但该公司依旧雇用了一批老式的织袜工人，这部分是作为慈善事业，部分是因为他们还能生产出高质量的手工长筒袜。莫利每年拿出不少于 2000 英镑，制订了一个与众不同的提前退休养老金计划，这些工人可以申请退休并领取该资金。[②] J. & R. 莫利公司给我们提供了一个公司成功的典型，即在接班的管理层的精明管理下，又依仗着维多利亚经济扩张的浪潮得以自我壮大。

如果说袜业公司给塞缪尔·莫利的慈善事业提供了物质基础的话，那么非国教新教信仰则对他的资金流向划定了大致的方向。他的捐款绝大部分要么直接给了非国教新教组织，要么用于与非国教徒的兴趣高度一致的改革活动。只是到莫利的晚年，他对慈善事业的关切才超出狭窄的宗派限制。在他整个生命中，他一直是福音主义和教堂建设的赞助人，是公理会和不分宗派的传福音组织的伙伴。这是一个标准相当严格的福音－慈善事业，是他十分单纯的宗教信仰的外在反映，他捐赠给福音运动是为对抗罪恶和愚昧。但是，莫利的社会愿景也随着他的独立派伙伴们的壮大而不断扩大，这些人在 19 世纪 70 年代的时候对上一代人所称的"英国劳工阶层的生存状况"[③] 感到很是不安。很明显，两派人并没有联合到一起，而人们也质疑说，基督徒或许应该承担比他们至今所认可的更重的责任。

要想说清楚莫利慈善事业的目的和方法并不是一件简单的事。他并不是一个富有想象力的人，知道该如何提出建设性的想法，所以，正如《观察者》杂志在他去世时对他的评论那样，他"只是一个典型的强烈

---

① Edwin Hodder, *The Life of Samuel Morley*, 2d ed. (London, 1887), p. 34.
② 霍德在第十二章中讲了关于莫利商业生涯的故事。
③ "英国劳工阶层的生存状况"，托马斯·卡莱尔 1839 年语，用于形容英国劳工阶层在工业革命期间的生存状况。——译者注

的英国非国教徒，拥有强大的商业天赋，行事果断，有非常清晰但极为狭窄的方向，同时也有着皇家般的施与能力"。① 然而，他并不属于这类富裕人士，即只想"简单签出一张支票"便解除自己的义务。在莫利看来，无论他自己有多忙，慈善都不仅意味着资金救助，还意味着个人的直接服务，所以是一项持续性的投入。他有时直接接管他赞助的组织的管理工作，或者在幕后积极工作，也经常会在捐赠之后亲自开展调查，特别是在做出大额捐赠后。有时，他也会使用示范性原则——这是现在很多慈善家所青睐的做法，即根据某些条件做出捐赠，并吸引他人一起捐赠，或者甚至给此类捐赠设定自己的条件。

知道了莫利的捐赠特点，我们便不必胡乱猜测。我们没有理由不同意《观察者》杂志的看法，即他的慈善捐赠"总的加起来是一大笔家族财富"。② 但是，尽管总的加起来数量非常巨大，莫利个人的捐赠一般来说都相对较小。里面也有 5000 英镑或 6000 英镑的捐赠，但总的数量较少。而 100～1000 英镑的捐赠则占了他慈善支出的大头，虽然他给个人的救助可能会是金额不等的。一般来说，虽然这并不是雷打不动的，但他在捐赠之前通常会呼吁其他人一起来捐赠，所以人们想要知道这位慈善家自己的兴趣是什么，会是徒劳的。

他的指定传记作家含混地承认了这一缺陷，然后将这一点解释为其他人向莫利发出吁请，给他施加了压力。大量的信件"源源不断地涌进来，恳请他为各种能够想得到的对象提供帮助。其结果就是他的时间完全被花在推动其他人的项目上"。③ 既然没有一件事情是他主动去做的，那么那些向他发出吁请的人也就没有理由抱怨遭到了随意的或缺乏同情心的对待。莫利将他在管理公司时的那种有条不紊的习惯也用到了捐赠管理上。他试图读完每年数百封求助信件，并在每封信上给他的秘书标出对应的标记。他在遭到拒绝的吁请信上打上"平版字"（平版字符或拒绝文字）——"否""不可能""不能"——而在其他信函上，则标出捐赠的金额。④ 毫无疑问，莫利慷慨的名声使他不断遭到各类组织和

① *Spectator*, 59：1205－1206（11 Sept. 1886）.

② *Ibid.*, p. 1205.

③ Hodder, *Morley*, p. 144.

④ Hodder, *Morley*, p. 288.

个人的烦扰，无论它们是否真的值得帮助。他完全躲不开如洪水般涌来的吁请，当然他自己也并不想躲开，他有一个黑色的手提袋是须臾不离身的，里面经常装满了各种没有给予答复的请求，以及其他请他给予关注的材料。

在生命的绝大部分时间里，他的捐赠主要都是非国教新教方向的。他捐了很多钱用于建设小教堂，特别是在威尔士地区，以及帮助其他人还清他们的债务。1864～1870年，他花了将近15000英镑用于小教堂建设。他捐了5000英镑给青年基督徒协会用于购买埃克塞特会堂，捐了6000英镑购买法林顿街的200周年纪念堂，该纪念堂是为纪念1662年被驱逐出教会讲坛的非国教派牧师而兴建的。当然，那些能够与非国教－自由派的感情取向高度契合的世俗事业也能吸引他的注意。莫利是一个虔诚的格拉斯通主义者①，而且在生命的最后20年里他还担任了布里斯托尔的自由派议员，因此可想而知，他自然也是自由贸易者、反对教会向非国教徒征收教堂维持费的斗士、积极的禁酒战士、金融改革协会的活跃分子。莫利去世的时候，有数百家宗教和慈善组织派代表参加了他的葬礼，这比其他任何文字更能充分说明莫利的兴趣。以下是我抽取的那些到场组织的部分名录："厄尔斯伍德庇护所、缩短劳动时间协会、大陆福音传教协会、福音使团、英国公理会联盟、芬斯伯里激进派协会、苟合卜纪念礼拜堂、哈尼克学院、哈尼克少年使团、哈默顿学院、医院周六基金、霍华德协会、国际仲裁和和平协会。"②

向组织和机构捐赠并没有耗尽莫利的善意。和他的一些慈善家同伴不同的是，他随时准备帮助那些值得帮助的人——寡妇、孤儿和经济困难的非国教派牧师。比如，有一次他帮了一个牧师，这个牧师傻傻地向几个建筑师要了几份建设新小礼拜堂的方案，然后就自己贷款建了起来，这些贷款账单每一份都要收取贷款资金的2.5%的利息。另一次，他为艺术家、漫画家乔治·克鲁克尚克（George Gruikshank）启动了一项认

---

① 格拉斯通主义（Gladstonian），又称格拉斯通自由主义，由英国自由党领袖格拉斯通提出。该主义主张提高人权，缩减政府规模，促进和平以降低军费开支，改革政府机构以使人民拥有更多的自由等。——译者注
② *Ibid.*，p.500.

捐计划，他自己也给他捐了一大笔钱。①

然而，要想全面描画莫利的形象，仅仅说他是一个虔诚的、福音派商人是有失公允的。特别是在晚年的时候他已经失去了此前一直秉持的对慈善事业的兴趣，而是转向了新的方向。随着他急躁的脾气逐渐变得缓和，僵硬的秉性慢慢变得宽柔，他的社会观念也开始变得不那么狭隘了。他经常发现自己偏离了中间阶层的自由派伙伴们，转向了左极。他毫不犹豫地主持了在埃克塞特会堂举办的会议，在这次会议上，约瑟夫·阿奇（Joseph Arch）是会议发言人，同时，在1874年东部诸郡农业停产中，他给救济基金捐了500英镑，并与伯明翰的乔治·迪克森（George Dixon）一道试图与停产方达成和解。他捍卫选举权改革事业，并事实上也是改革联盟的最大资方。② 他与政治激进派之间的明显的勾搭实际上要走得更远，据说甚至在他的中间阶层伙伴里引起了稍许不安。③

莫利还支持教育项目（实有的或构想中的）。他慷慨地帮助公理会开展教育事业，同时帮助各世俗机构，如阿伯里斯特威斯的大学学院和诺丁汉的大学学院（每家2000英镑）。不过，更为让他狂热的是一个有代表性的维多利亚计划，即让中等阶层的孩子品尝高等教育和大学生活。当然，在这个项目上，莫利依旧不是发起人，但他是其中最热心的人，也是最慷慨的支持者。他支持的是剑桥大学的卡文迪什学院，该学院的成立代表着一系列"郡学校"的顶峰。这些郡学校都是私立学校，向中等阶层的孩子提供一些优惠待遇，这些待遇本来是公立学校专门提供给上等阶层的。人们构想，在这些郡学校中，其中一些顶级的学校会安排学生在牛津或剑桥就读一到两年时间，以使学生从中受益。

莫利高度拥护这项事业，乃至于在其中投入了与其他慈善事业一样的热切之心，并领头为这家新机构筹集款项。但结果是令人失望的，而且在他看来也是困惑不解的：所有这些可能都凸显了一点，即人们对他计划中的奇思妙想缺乏理解。可以想象的是，出于同样莫名的压力，莫利才将他的儿子送去剑桥的三一学院，并在之后将之塑造成为肯特郡的

---

① Hodder, *Morley*, pp. 316, 319.

② H. J. Hanham, *Elections and Party Management* (London, 1959), p. 333.

③ W. H. G. Armytage, *A. J. Mundella* (London, 1951), p. 117.

一位乡绅，他这么做都是因为他的朋友对在中等阶层中开展高等教育这件事明显不感兴趣。卡文迪什学院最后变成了一项想法很好的事业，但十分不合时宜，甚至在它建成前便已如此。

关于莫利的视野逐步放开，一个明显的征象是他热切赞助老维克剧院，以作为劳工阶层的娱乐中心。在 19 世纪中叶，这个老剧院除了名声很大以外，其余一无是处。它的特点在于上演了五花八门的音乐剧，以及粗俗的音乐厅布置。老维克的舞台剧目不仅寡淡无味，毫无深度，而且正如一位研究它的历史学家所说，我们有理由"认为它还承担了酒吧和妓院的功能，显得极为恶心"。① 在这个最低点上，它主要得到了艾玛·康斯（Emma Cons）的拯救。这是一位刚毅的、颇具资源的维多利亚社工。她是奥克塔维亚·希尔的密友，也是她住房项目的合伙人之一，因此她对伦敦贫民有亲密的接触，并因此获得了真实的认知。事实上，她首先将注意力投向了这一问题，即一直延续到周一早上的非酗酒式娱乐，这些娱乐是周六晚上在酒馆和音乐厅嬉乐的产物，它们吸引了人们大量厌恶的目光。因此，打造一个转移这些嬉乐者注意力的事物看来是一个有效的对策。

咖啡宫协会在提供非酗酒性茶点设施方面已经取得了一些成就。所以，艾玛·康斯的计划是想要将同样的做法推广到娱乐领域，建立一个禁酒音乐厅。老维克剧院那时非常破败萧条，看似一个理想的选址。于是，咖啡音乐厅公司〔董事会成员有亚瑟·沙利文（Arthur Sullivan）、卡尔·罗莎（Carl Rosa）、朱利乌斯·苯尼迪克特（Julius Benedict）等人〕筹集了数千英镑，对它进行了改造。② 1880 年圣诞节第二天，这座老剧院再次开张了，方方面面都经受了净化（这也是人们的主要关注点），而且不提供酒精饮料和女性。虽然这项事业完全是一项好的事业，但在头 8 个月里却亏损了 2800 英镑。③ 看起来，贫困阶层决定要抵制这一改变。在各阶层的很多人看来，这个所谓的净化后的多样化演出就是一个自相矛盾体。

尽管老维克剧院尽力维持，危机却从未真正远离。在最初几年里，

---

① Cicely Hamilton and Lilian Baylis, *The Old Vic* (London, 1926), p. 169.

② *Ibid.*, p. 180.

③ *Ibid.*, p. 183.

它的剧目就是一个大杂烩，包括各类展出、民谣音乐会、禁酒和教育（特别是技术类、科学类）讲座。这些活动引起了人们的兴趣，这首先变成了在老维克剧院举办的系列课程，然后又推动在附近建成了莫利学院。然而在 1884 年，危机再一次出现，这是因为塞缪尔·莫利坚定地介入，乃至于用历史学家的话来说，就是"老维克剧院在莫利方面所得的获益仅次于在它的创始人艾玛·康斯那里得到的"。[①] 他提出的计划非常审慎，却带着熟悉的清教徒偏见，即对"世俗娱乐"的偏见，不过随着时间的流逝，他也慢慢变得宽容了起来。

老维克剧院主要是举办表演的音乐厅，虽然这些活动十分庄重，但莫利毫无兴趣。不过，随着音乐会和讲座所占的比例日渐增大，他开始相信这个机构值得赞助，哪怕是那些不那么庄重的活动。1882 年，他开始每年给老维克剧院捐赠 500 英镑，两年后当老维克剧院面临坍塌时，他又回应了康斯小姐的请求，加入了剧院的理事会。虽然那时他已经 75 岁高龄了，但他还是投入了和往常一样的精力，锲而不舍地投身于这一项事业之中，以为老维克剧院打下一个更为稳固的经济基础。他捐赠了 1000 英镑，将租约的剩余期限全部买下；他四处游说，发表讲话，而且去安慰工人们，让他们不用"担心钱的问题"——在这个过程中他发现自己也喜欢上了其中一些娱乐项目。[②]

正如他自己所称的那样，这是"快乐的合伙人身份"，但这个身份在他去世两年后被艾玛·康斯给停掉了。如果说他的努力完全解决了艾玛的所有担心的确有点言过其实的话，那至少在他的帮助下老维克剧院的前景已经变得不那么暗淡了。甚至在他死后，莫利的遗嘱执行人还做出了一项大额的捐赠，用于购买自由保有土地，如此一来，皇家维多利亚剧院便有资格从新城市教区基金那里领到一笔拨款。此后，那些专业的教育活动不再放在这座古老的建筑里，而是获得了一个自主的身份，即成立了莫利学院。现在，老维克剧院里有一块石碑，上面的文字是纪念莫利的贡献的。这块石碑说出了一个最简单的真理："纪念一位人士，他为其他人的利益而代管着财富。"

---

① Cicely Hamilton and Lilian Baylis, *The Old Vic* (London, 1926), p. 187.
② Hodder, *Morley*, pp. 437 – 438.

在所有有关塞缪尔·莫利慈善行为的作品中，所有的编辑者和作者都是一片赞誉，从未有一个否定的意见出现。所有人都同意，向他求取帮助是很容易的。此外，可能是由于"某些内在的高贵品性或者非凡的自我牺牲的品性"，他不仅深入地、感同身受地倾听他们的话，而且一旦他认为某项事业是有价值的就会把这项事业视同己出。所有这些都非常伟大。不过，至少有一位批评者质疑说，从长期来看，莫利的慈善策略是否能发挥最大成效是存疑的。在一篇名为《分散的慈善》的文章中，《观察者》杂志哀叹说，维多利亚时期慈善的富人从未"想过要深思熟虑地开展一项确定的、范围明确的有用的计划……像莫利先生这样的人物，既有资源，又十分慷慨，本可以通过稳健的努力而在世界上做一项真正宏大的善功，他可以在他的郡建满免费图书馆，或者给他的所有同伴一个接受高等教育的机会……他本可以在一些镇上完全改变贫困儿童的生存状况，或者让年老的贫民的生活变得可以忍受，或者彻底地、全面地解救某些病患所遭受的苦痛"。① 像莫利这样的天主教慈善的实践者明显要比像霍洛威这样的设定行为界线的人更为可敬、更有人情味。但是《观察者》杂志却质疑说，从长期来看，他们的工作未必具有建设意义。虽然这么做可能有点过于苛责，即要求先考虑捐赠人的慈善事业的最终功用，而非他的无私，但在宗教或道德义务观念的驱使下，为所有善的目的尽可能做出奉献，的确会对更富有想象力地使用这些资金产生妨害。所以，《观察者》杂志的评价并非无端指责："我们尊敬莫利先生，因为他捐赠了这些财物，但我们也希望某一天能看到，像莫利先生这样的慈善人士能够将他的财富和力量聚焦在某项不朽的事业之上。"

三　乔赛亚·梅森（1795～1881 年）

乔赛亚·梅森可能见过（也可能没有见过）这样的慈善家典型，即"将他的财富和力量集中在某项不朽的事业上"的人。当然，关于这位伯明翰的制造商的慈善行为，并没有什么含混不清的地方。我们不仅清楚地知道梅森做了两笔大额捐赠，即一个大型的孤儿院以及更重要的是梅森学院（由此，围绕在伯明翰大学周围的原子序列开始成型了），同

---

① 　*Spectator*, 59：1206（11 Sept, 1886）.

时还知道，在他生命的绝大部分时间里，他都尽力隐藏自己开展这些慈善捐赠的倾向。除此以外，他生活非常简单和低调，尽管外面有一些传言说他很富有，但从没有人能够想到最终会有这样大的两笔捐赠，总额将近 50 万英镑。很明显，从目标和方法来看，梅森的慈善事业与霍洛威的慈善事业更相近，而与莫利的慈善事业则差别较大。

梅森和 18 世纪工业革命期间的巨头一样，都是那种白手起家的典型。他是基德明斯特的一个纺织工人的儿子。在童年和青年时期他从事过各种各样的职业。在八岁的时候，他就开始兜售蛋糕和蛋卷，然后在一头名为"罗德尼上将"的驴子的帮助下，开始贩卖水果和蔬菜。然后，他又从分销商转变为生产商，先后做过制靴匠、铁匠、木匠和房屋油漆工。同时，他又就读了唯一派和卫斯理主日学校，并在它们的鼓励下，开始自学书写。关于梅森从一个行当跳到另一个行当这段时期，并没有什么值得一说的成就。相反，这说明了这位天生的企业家拥有躁动不安的精力。他后来转向地毯纺织工，也就是基德明斯特的支柱产业，这一经历使他确信家乡城市并没有太多出名或发财的机会，于是他决定寻找一个更为宽广的舞台。①

当梅森在伯明翰立足以后，他并没有立刻取得成功。他遭到了他的一位叔叔的不公正对待，在七年时间里，他帮着这位叔叔管理一个小车间，但到头来，他发现自己并没有成为一位冉冉升起的年轻企业家，反倒成了一个失业者。真正使他踏上致富之路的是他与钥匙扣生产商哈里森的一次偶然相遇。在哈里森的建议下，梅森入伙了，接手这项买卖，并在一年之后，即这位老人退休的时候，以 500 英镑的名义价格买下了这宗生意。这基本上就是哈里森的一份馈赠，因为他在与梅森接触没多久后就对这个年轻的合伙人产生了尊敬和喜爱之心。这项钥匙扣买卖被证明是利润比较丰厚的，而梅森又将他在工业技术方面的机灵劲儿与商业天赋相结合，改善了生产流程，从而提高了利润率。但是，这位雄心勃勃的年轻企业家的眼界并未囿于此，而是在伯明翰寻找着更为丰裕的牧场。

---

① John T. Bunce, *Josiah Mason* (Birmingham, 1882), chap. I. 同时参见 *Fortunes Made in Business* (London, 1884), I, 131 – 183。从文中的材料来看，很明显有关梅森的这一章的作者是邦斯。

后来，靠着机缘巧合，而不是刻意为之，他被制造业的某个领域所吸引，这个领域因为 19 世纪的社会变革而出现了不可阻挡的扩张趋势。当时，文字的普及和贸易的增长，以及随之而来的大量商业通信与更为复杂的会计体系，导致人们产生了改善书写工具的需求。由于羽毛笔供应不足，不断扩张的经济日益需要生产大量更为便宜、方便高效的钢笔。他的合伙人哈里森向他提到了这个问题，哈里森在数年前曾为他的朋友约瑟夫·普里斯特利（Joseph Priestley）制作过几支笔，当时约瑟夫抱怨说没有满意的书写工具。19 世纪 20 年代，伦敦和伯明翰有三四家生产商尝试改造鹅毛笔笔尖。梅森碰巧买了一些伦敦的詹姆斯·佩里（James Perry）制造的笔。他认为这些笔制造得非常糟糕，于是他回到家里很快设计出了一个改善的版本，然后他立刻将设计送到这位生产商那里。48 小时之后，佩里来到伯明翰，想把一份合同塞到梅森的手里。其结果就是这份合同使两人之间形成了一种排他性的合作关系。在很多年里，梅森只为佩里生产，而所有佩里销售的钢笔虽然都打上了"佩里、伦敦红狮广场"的名签，但都来自梅森的工坊。

哪怕是在该工厂的产品大量行销海外之后，这些钢笔上依旧打上了销售商而不是制造商的名签。结果，梅森的辛苦运营只能隐身在这份买卖之后，甚至不为众多钢笔购买者所知。然而，这是世界上规模最大的买卖之一。当他在 1829 年第一次为佩里生产钢笔时，供货量还很小，每次不过 20 或 30 罗。[①] 45 年后，这家工厂每周可以生产 32000 罗钢笔，雇用了约 1000 位工人。经常有超过 60 吨的钢笔从这家工厂运出来，如果我们知道一吨钢可以生产出约 150 万支钢笔的话，那我们应该很难想象出要有多大一个用户群体才能用掉如此数量的钢笔。[②]

如果说很少有人认识到梅森才是钢笔生产领域的主导人物，那么就更少有人会将他与伯明翰的一项更为有趣的工业（电镀工业）的革新联系到一起了。当然，这件事的先锋人物是艾尔金顿（Elkington）兄弟以及一群合伙人。当乔治·艾尔金顿决定自己独立生产，而不是向他人发放许可证的时候，有一个人成为他的合伙人，那就是乔赛亚·梅森。对

---

① 1 罗为 144 个。——译者注

② 主要引自邦斯。同时参见 Gill and Briggs, *History of Birmingham*, I, 300 – 302。

此，邦斯评论说，梅森对艾尔金顿的意义就像博尔顿对瓦特那般重大。梅森此前已经赞助了几项早期的实验，而现在他又担起了规划和安排工厂的责任。他狡黠的眼睛发现，虽然那些高大上的"艺术产品"和漂亮的展示厅都非常棒，但这家公司主要还是应依靠一些更为普通的制造品，如刀叉和其他家庭用品等。在这里，梅森的商业判断能力再一次完美地成就了他。他与艾尔金顿的合作从1842年开始，到1857年结束，最终被证明是获利颇丰的。对于绝大多数伯明翰的邻居来说，他们很难将梅森与那位不知名的钢笔生产商联系到一起，因为他看起来干的主要是新兴的电镀行业。而其他一些人则获得了更多的信息，认识到他具有卓越的商业天赋。赫尔·克虏伯（Herr Krupp）不止一次向他给出埃森工厂的合伙人资格，但很明显的是，梅森爽快地拒绝了他的邀请。

靠着那些成功的企业家，梅森的钱又生出了新的钱。虽然他绝不是一个滥赌的人，但他也不会委曲求全。他一旦相信一项事业是很有希望的，就绝不会吝惜自己的投资。从制造钥匙扣开始，他逐渐转型成为世界上最大的钢笔生产商，然后是一家大型电镀工厂的合伙人，而且与艾尔金顿一道是南威尔士炼铜产业的业主。在那里，这两位业主不仅投资建设了炼铜工厂，而且因为那个地方简直就是"一个荒凉的、废弃的棚户区"，所以他们又不得不出资建设了一个居住区，里面有小屋和学校，以吸引工人前来。除了这些主动参与的事业以外，他还投资了其他一些买卖，以及伯明翰的一些不动产。事实上，他是第一代维多利亚商人的典型代表，他旺盛的创业精力永不枯萎，对除挣钱以外的其他事项并没有太多兴趣，而在之后又把这些钱全部捐掉了。对此他或许会说，挣钱这件事对于所有人来说就已经足够有趣了。

如前所述，塞缪尔·莫利将他的一生投身于慈善事业。与之不同的是，乔赛亚·梅森则是在过了65岁之后才在慈善领域踏出了第一大步。我们现在没法确定到底是什么推动他这样做。很明显，就像托马斯·霍洛威一样，无子嗣是一个影响因素。他之前曾有一些常见的不愉快经历，即被慈善骗子给骗了钱，同时他发现了不加区分地施予会造成什么罪恶。但除这些因素以外，梅森对孩子的热爱也是深沉而真挚的——这可能也受到他没有子嗣这一因素的加强。作为一个年轻人，他曾放弃沿街的小生意，干起了鞋匠的行当，只为照顾残疾的兄弟。因此，我们看到他的第一份大额捐赠是捐建一所超大规模的孤儿院的时候，也就无须感到奇怪了。

作为一个到晚年才动手做慈善的人，梅森有一个优势，就是从没有获得任何慈善的名头。他不是任何慈善组织的一员，没有接受过任何组织的筹款吁请。不仅如此，他低调的行事方式和简朴的生活习惯都在一定程度上成了他的保护屏障。当他想出要建孤儿院这个计划的时候，他征询了伯明翰地区最大的教区（圣马丁教区）负责牧师的意见，但他遭到了这位尊敬的神学家的轻率对待。这位负责牧师警告他，只捐 20 英镑或 50 英镑恐怕做不了什么事情。但让这位牧师感到难堪的是，梅森很随意地回复说，他在想自己应该会捐 10 万英镑。然而，这个计划因为宗教观念上的不一致而失败了，到最后他在没有任何牧师指导的情况下在厄尔顿建起了孤儿院。

这是一个规模庞大的慈善机构，按设计可接纳 300 名孩子入住，耗资 6 万英镑。此外，梅森还给了它一笔捐赠基金，金额为约 20 万英镑。厄尔顿的这个机构是一系列计划的最终产物。在最开始，这位捐赠人只是想建一所小型的孤儿院（事实上也建起来了），但这笔捐赠起到的作用不过是刺激了他做慈善事业的胃口。他开始想建一个新的机构，一开始是能容纳 100 人入住，然后是 200 人，到最后是 300 名儿童。这座庞大的建筑开工于 1865 年，开工时没有搞什么热闹的仪式，并于 4 年后完工，这是一座拉斯金设计的哥特式的或"伦巴第式的"（正如一位同时代的人那么描述它）异常庄严而又颇具威压感的丰碑。同时对这件事梅森持强硬的态度。他并不反对开展非教条式的宗教教育，但他要求不能在孤儿院里开展有关"教义问答、宗教准则或宗教信条"方面的教育，或者根据宗教信仰——以及社会阶层、经济状况或出生地点——而区别对待不同的申请人。简言之，这就是一家获得了大量资金捐赠①的机构，并根据捐赠人的指示，遵循开明的原则而运营。

在建设这座孤儿院的过程中，梅森遵循了一人独断式慈善的根深蒂

①　这笔捐赠基金主要投资在土地上，据估计可以产生 1 万英镑收入，也可能更多，因为其中很多土地都位于这座不断扩张的城市的近郊。但不幸的是，其他一部分土地是农地，所以在 19 世纪末期的农业衰退中，这个孤儿院在收入上也遭遇了困境。

固的传统。他的另一宗大型捐赠，即一座科学和人文学院，则为一项古老但又一直处在潜伏状态的传统的复兴做出了贡献：因为 18 世纪和 19 世纪早期，很少有个人慈善家捐资建设高等教育机构。他之所以会做出这个决定，部分是因为这个白手起家的人意识到自己在受教育方面的缺陷，但这同时反映出公民的自豪感和这座密德兰地区的大都市工业繁荣的景象。

伯明翰有一定数量的其他层级的学校，其中比较著名的有规模庞大的国王爱德华六世学校和密德兰学校，这些都是在成人教育方面非常成功的机构，特别是在工匠培养方面。但是，约瑟夫·张伯伦（Joseph Chamberlain）手下的这座革新派城市的公民领袖却满怀嫉妒地看着北方的曼彻斯特和利物浦，因为在那里已经建成了多所学院。更大的原因是伯明翰的学校都是单位捐赠者的造物。在梅森学院奠基 20 年后，它改组成为一个大学学院，并在数年后得到皇家特许状而转型成为伯明翰大学。[①] 同时，高等教育这项事业也得到了整个社会的接受，并且收到当地很多制造商和贸易商的赞助。不过，这项事业的原动力还是来自这位白手起家的钢笔巨头。

梅森的根本目的是满足伯明翰地区特殊的教育需求，对于这一问题，在最开始的时候他只看到非常有限的一个层面。他似乎将他的新机构主要构想成为一所技术学校，一个"实践性科学知识"的中心。这所学校将推动密德兰地区工业产业的发展，还将帮助英格兰"维持它作为世界制造中心的地位"。[②] 因此，他原初的捐赠契约规定，接受这笔资金赞助的学院只能开展科学、英语、德语和法语教育。幸运的是，他并没有一直坚持严格限定上述课程，而是在之后便修改契约，给予受托人各种他们想要的自由权利，而只做出一项限定。这一项保留，正如人们所猜的那样，源于梅森对宗教教条的厌恶。他规定，不得就神学"开设任何课程，开展教学或考试"，也不得就"当时属于党派政治争议的主题"开设课程、开展教学或考试，这一前提条件被人们认为是"乔赛亚·梅森设定的基础条件"。[③] 除这一限定以外，这家新的学校基本不受死手权的

---

① Gill and Briggs, *Birmingham*, II, 110.
② 梅森在奠基仪式上的讲话。（Bunce, *Josiah Mason*, p. 212.）
③ 引自 *ibid.*, pp. 219 – 220。

限制。

学校建设进程非常缓慢。尽管梅森的想法早在 1868 年就已经成型了，但是一直到四年以后，他才在市政厅区域买到足够多的土地，因为该土地所涉及的法律权利相当复杂和混乱。设计出令人满意的建筑方案也花费了不少时间；人们推断，创始人和他的受托人在设计师的方案中发现了很多值得推敲和修改的地方。在进入建设环节之后，这位创始人也不愿使用包工制。相反，建筑师（他正好也是梅森的姻亲）是在设计师和他的工作团队的日常监督下开展工作的。该学院奠基于 1857 年，也即创始人 80 岁生日那天；五年以后，这座哥特式的红砖建筑（该建筑风格被称为 13 世纪法国式的风格）正式开张了，并在现场举办了一场仪式，T. H. 赫胥黎是这场仪式的主要发言人。梅森只通过一个举动，即花费约 20 万英镑用于建筑和设立捐赠基金，便确保伯明翰在各大高等教育地区中心中拥有了一个突出的位置。

梅森从事慈善事业的举动并没有引发人们广泛疑惑。事实上，他的捐赠行为是其个性的真实反映，也符合他作为一个商人的身份。他并没有任何的宗教虔诚，乃至于不会像塞缪尔·莫利那样受到基督徒义务的束缚以及经常收到人们的吁请，而且他也不想将资金分成很多的小股而变成小额的捐赠。他认为，做慈善就像做生意一样，需要做大笔的投资。他就像办企业那样，对慈善方面的潜在投资开展一样精细的尽职调查：对这些投资，他会依据敏锐的眼光和确信做出决定。当人们看到他机敏而果决的脸庞以及他的眼睛和嘴巴所带着的那丝凌厉与表情和缓时的和善时，应该不难相信他在这方面拥有这样的名声，即他是一个可怕的议价人与极具创造天赋的商人。他也把这些品质带到了慈善事业中。如果说塞缪尔·莫利最乐于帮助那些已经开展运营的组织，那么乔赛亚·梅森只希望自己是一股创造性的力量。

四 安吉拉·伯德特 – 库茨女男爵（1814 ~ 1906 年）

如果有人想要列出一个超简版的维多利亚杰出人物名单，那么安吉拉·伯德特 – 库茨女男爵无疑将会入选其中。她有很多过人之处，其中，她作为维多利亚时期最杰出的慈善家——她为慈善事业做出了很多捐赠——应该是其中一项。① 她的所有慈善想法都未曾遇到缺少资金的尴尬。她是库茨银行的创始人托马斯·库茨的孙女，她通过七拐八弯的关系最终继承了他那笔巨大的财富。他的祖父在 80 岁的时候，也即在他妻子去世后几天，就与哈里奥特·梅隆（Harriot Mellon）结了婚。梅隆是一个 38 岁的女演员，此前库茨先生已经连续追求她很多年了。这让他的三个女儿感到非常耻辱。梅隆这个人非常聪明、和善和率真，虽然她并没有什么家族背景，但还是遭到她的继女们的怨恨和敌视。于是，托马斯·库茨便留下遗嘱，将他的全部财富（他已经留下了一部分给他的女儿们）留给他的续妻，这一做法又让她遭受了更多的谩骂和伤害。数年之后，梅隆嫁给了年轻的圣奥尔本斯（St. Albans）公爵，这位公爵提供了与她巨大的财富相应的社会地位。

在库茨的所有亲戚中，最终只有年轻的安吉拉得到了这位继祖母的和蔼的陪伴。在这个相当不吸引人注意的小姑娘和那位寒门出身的老公爵夫人之间产生了一种令人好奇的情意相投。在她们之间，家族间的仇恨好像是不存在的，她们花了很多时间待在一块，一起开车在乡间穿行，一起去乡间的宅邸旅居。最终，这位公爵夫人在去世前两周签下遗嘱，将她的全部财富包括她持有的库茨的大宗股权，全部留给了安吉拉。这一举动也让所有人（包括安吉拉）都大吃一惊。② 在这个家族看来，这件事跟托马斯·库茨立的遗嘱一样不光彩，库茨为了支持他年老时的续弦而剥夺了女儿们的继承权，而安吉拉的父亲，即脾气暴躁有时还有些极端的弗朗西斯·伯德特（Francis Burdett）爵士，则十分愤怒于他的妻子被忽略了，乃至于这位年轻的女继承人不得不在她的前女家庭教师家

---

① 她留给人的印象是，在 19 世纪 80 年代她大约捐出了 300 万～400 万英镑。[Sarah Bolton, *Lives of Girls Who Became Famous* (New York, 1886), p. 320.]

② 梅隆向公爵提供了一份价值 1 万英镑的终身年金（安吉拉拥有该年金的继承权）。多数遗产继承是未设定条件的，但是在库茨的合伙人的施压下，梅隆规定，安吉拉在继承库茨银行的股权后，一旦她去世且无后裔，应将该股权留给她的长姐。(*DNB*, 1901 - 1911, I, 259.) 公爵夫人经常对外澄清说，这些财产的绝大部分会还给这个家族，并且曾计划将（安吉拉的长姐）布特（Bute）夫人的儿子作为她的继承人。但是，当这位年轻人娶了卢西恩·波拿巴（Lucien Bonaparte）的女儿后，他立刻就被剥夺了继承权。[Edgar Johnson, *Letters from Charles Dickens to Angela Burdett-Coutts* (London, 1953). p. 13.]

暂避。①

到 23 岁的时候，安吉拉成为这笔巨大财富的所有人，她每年日常的收入为约 8 万英镑。② 她快速成为一位公众人物，人们的梦中情人，英国一半以上的具备相应条件的男青年都殷切地拜倒在她的石榴裙下。但他们没有得到什么肯定的答复。安吉拉很精明，知道她为什么吸引他们。虽然她是一个聪明、值得尊敬的女青年，但她长得太高了，皮肤又不太好，也不具备寻常的浪漫的激情，不太具有吸引力。如果不是继承了那么多财富的话，那她就不会被如此大量的求婚者包围。所以，她对他们一点都不动心。在早期富裕的岁月里，她结交了不少朋友。在这些朋友中，只有令人尊敬的威灵顿公爵与她之间形成了单纯而深切的情谊，而且她原本很有可能与之结合的，当然这更多的是由于威灵顿公爵方面的促动。③ 虽然双方年龄悬殊，但库茨家族的亲戚也并不认为这是影响双方成婚的重大障碍，40 年后，安吉拉自己给这一家族传统增加了另一个有些古怪的尾声，她在 67 岁高龄的时候嫁给了一个 27 岁的小伙子，名叫威廉姆·阿什密德·巴特利特（William Ashmead Bartlett）。

要管理像安吉拉·伯德特（或者伯德特－库茨，她得到皇家许可状而用了这一姓名）所拥有的巨大财富，需要更为年长一些的人的商业运营能力和商业智慧。总的来说，尽管有一些任性和骄傲，但她在处理自己的事情时还是很有策略和决断的。不过，她是否对这家银行有很大的影响则是存疑的。当然，有人也赞誉说，她预见了银行业的未来属于股份制银行而不是私人银行，并劝说库茨家族公司进行重组。她主要的关切点是如何更有效地花掉她的收入，在这一问题上，她表现出对他人的不幸的慷慨与同情。在她去世时，《泰晤士报》发了一篇社评，极力赞颂她的历史功绩："现代审慎慈善的观念正是……以她为榜样而形成的。"④ 这显然有些夸大。但至少她认识到财富上承载着的社会责任，并承认自己有义务将她的财富用于建设性的目的。

---

① Clara Burdett Patterson, *Angela Burdett-Coutts and the Victorians*（London，1953），p. 26.
② *Ibid.*，p. 25.
③ *Ibid*，pp. 77－78.
④ *The Times*，7 Jan. 1907.

安吉拉之所以会痴迷于做慈善，部分是因为她受到了父亲的影响，即那位具有公共精神的但又有些古怪而激进的政治家，弗朗西斯爵士。[1]这是一个可靠的推理。很明显，她将自己视为家族传统的继承人，这不仅包含托马斯·库茨在经济上的谨慎和精明，还包含了弗朗西斯·伯德特对落败一方的激烈的有时也是不经意的同情。当然，这么一位极为知名的女继承人要想避免介入伦敦的慈善事业，本身也是不可能的。她每个月都会收到数以百计的吁请（合理的或不合理的），从个人的求援信到名声在外的大机构的劝募函，各种情况都有。而真正让安吉拉·伯德特－库茨与那些有钱而又想做慈善的年轻女性区分开的，不仅是她捐赠的规模，还有一事实，即在很大程度上她都将做慈善当成了她的职业。

在引导安吉拉的慈善事业方面，查尔斯·狄更斯起到了决定性的作用。他的传记作家写道，他"不仅是库茨小姐很多善行背后的创意源泉，也是这些善行的指挥者和执行者"。[2] 在安吉拉继承遗产后两年，他们在一位银行家（该人在此后不久成为库茨银行的合伙人之一）的家里相遇。这位年轻的小姐有钱来帮助同胞们，又有决心这么做。她发现眼前的这位23岁的年轻记者身上燃烧着对社会不公的仇恨，是很棒的顾问和同盟者。随着他们之间的友谊逐渐加深，狄更斯得以不断拓展她的慈善版图，超越她一开始全神贯注的宗教善功。[3] 当然，她并没有就此丢掉宗教善功，她捐给英国教会各个地方分会的钱加起来达到了一个惊人的规模。她还出资捐建了开普敦和阿德莱德的殖民地主教区，而在19世纪50年代晚期，她又捐建了不列颠哥伦比亚主教区，其中后一项捐赠是5万英镑。[4] 威斯敏斯特的圣史蒂芬教堂以及配套的学校和牧师住宅是为纪念她的父亲而修建的，因为他曾代表该选区担任议员达30年之久。为此，她捐了9万英镑。她向不列颠哥伦比亚主教捐了15000英镑，用于在他的伦敦教区修建教堂，又出资在卡莱尔的一个贫困的区建了一座教堂。正如豪伊特（Howitt）所评论的那样，除女王陛下以外，其余女性都没有为教会做过这么多事，而且（他略有夸大地说）就凭着她为天主

①   Johnson, *Letters from Charles Dickens*, p. 11; Patterson, *Angela Burdett-Coutts*, p. 26.
②   Johnson, p. 18.
③   Patterson, p. 151.
④   *DNB*, *1901–1911*, I, 261.

教会做的这些，"无疑应该被封为圣安吉拉"。①

　　如果将她的整个生涯视为一个整体，那便没有人可以抱怨说，库茨小姐的慈善兴趣过于专门化了。另外，她总是极度渴望消除人们的不幸，所以她的私人慈善事业必然是规模巨大的，虽然采用的是不做区分的方式。在数年时间里，狄更斯做了她的施赈员，负责筛选申请，将值得帮助的对象从不值得帮助的人中挑出来。他建议她："托付雷（Tolfrey）先生不值得你那么慷慨地去帮他"，而"只要一小笔钱，我亲爱的库茨小姐，我想我就能代表你做一项更大的事业"，就这个个案来看，30英镑"就能起到奇效了"。② 当狄更斯因其他工作变得过于繁重而抽不出手来的时候，他推荐了一个继任者，即 W. H. 威尔斯。威尔斯是《世人皆知》杂志的助理编辑，他后来给她做助理达12年之久，直到1868年他遇到一场狩猎事故才不得不辞任。③

　　要回顾安吉拉的整个公共慈善事业，就会写成一部维多利亚慈善事业大全。她的慈善事业包含了各种内容，效果出奇或效果甚微的都有。她的兴趣拓展到教育、失足妇女、住房、移民、儿童福利，以及现在所说的城市改造或重建等各个领域。关于她的慈善事业，她跟维多利亚人道主义者同伴一样，都十分庞杂；不同之处在于她手里有很多钱。尽管狄更斯和他的继任者承担了提出建议和衡量各种机会的价值的重担，但毫无疑问，女男爵（她在1871年被封为女男爵）自己才是这些慈善行为的关键人物。她不仅试图阅读每一封寄给她的信——有时每年能有三四百封之多④——而且资助的那些项目的创意也经常源于她自己。而且，一旦做了一项慈善投资，她就会孜孜不倦地监督这个项目。

　　我们并不想将伯德特－库茨的所有善行都罗列一遍，只要看看她主要关注的几个领域就够了。这也就意味着我们要错过一些她的著名的慈善项目了，如乌拉妮娅小屋项目。这个项目是要给牧人丛地区的失足（或其他不幸的）妇女提供住所，这些房屋的兴建和管理都是主要由狄

①　*Northern Heights of London*，引自 *DNB*，1901 - 1911，Ⅰ，261。

②　Johnson，*Letters from Charles Dickens*，pp. 71 - 72；同时参见 Osborne，*Letters of Charles Dickens to the Baroness Burdett-Coutts*，pp. 127 - 128。

③　Johnson，*Letters*，pp. 310 - 314；Patterson，*Angela Burdett-Coutts*，pp. 152 - 153.

④　Osborne，*Letters*，p. 3.

更斯负责。尽管这十分有趣，可以作为对狄更斯的社会责任心及其对妓女的开明态度的明证，但这个实验留下了大量问题。乌拉妮娅小屋管理的复杂性非常大，乃至于与它所取得的成就不成比例，而这个项目也在运营10多年后就被废弃了。[①]

在这位无子嗣的慈善家眼里，各慈善宗旨没有一项要比儿童福利和教育所占的比重更大。根据狄更斯对菲尔德巷贫民免费学校的调查，她化身成为贫民儿童免费学校联盟的笃信且慷慨的赞助人。又经过数个阶段，这最终牵引着她，将她引向了其他类型的无人关爱儿童帮助工作。她率先在贫民儿童免费学校救助的男孩中组建了擦鞋童小队。阿什利勋爵的项目，即训练无家可归的儿童成为海员的项目，也勾起了她的人道情怀与爱国之心，于是她捐了5000英镑给戈利亚斯号舰船。这艘船与艾里苏萨号和奇切斯特号一起，构成了一支小型训练舰队。[②] 贫困儿童晚餐协会成立于1864年，最开始是威斯敏斯特贫民儿童免费学校的一个辅助机构。在短短数月里，该机构就成立了超过50个分中心（其中有一些转瞬即逝）。这些中心以1便士的价格出售晚餐。[③] 尽管这些餐食会收取1便士的费用（在有的地方连这笔钱都收不上来），但这个项目还是无法实现自给自足，于是安吉拉和其他一些赞助人便承担这些开销，其中安吉拉连续多年担任了该机构的主席。

1884年，这位女男爵深度参与伦敦禁止虐待儿童协会的成立工作，人们后来以此为模板在利物浦成立了一个类似机构。另外，在新大陆，人们也间接参考该案例成立了两个协会。她的主要合伙人，莎拉·史密斯（Sarah Smith）（"赫斯巴·斯特雷顿"）——他与本杰明·沃（Benjamin Waugh）合伙开办了《周日杂志》——是儿童保护运动的主要推动力量，他在《泰晤士报》上刊登了一封信，指出英国需要成立这样一个协会。其结果就是召开了一场大会，伯德特－库茨女男爵与沙夫茨伯里勋爵参与了这场会议。通过这场会议，人们成立了伦敦禁止虐待儿童协会。在10年时间里，她一直是该协会最忠实的支持者。导致她在1894年很不痛快地退出该协会的原因，总的来说，是她对该协会转型成为一

---

① Osborne, *Letters*, p. 175.

② *Ibid.*, p. 5.

③ M. E. Bulkley, *Feeding of School Children*, pp. 3 - 4.

家全国性机构持保留态度，更具体地说，就是她反对该协会正在申请的皇家特许证里面的几个条款。①

在女男爵看来，教育是她慈善事业的主要关切点。在威斯敏斯特，甚至在她的新圣史蒂芬教堂建成之前，她就已经建了几所学校，以与教会配套运营。25 年后（1876 年），她通过一宗留给她自由处置的遗产，以及几项其他捐赠，扩大了这些机构的规模。在 19 世纪 90 年代，她成立了圣史蒂芬技术学校。在 1901 年，她又将该学校交给伦敦市议会管理，并将之更名为"威斯敏斯特技术学校"。她在教育方面的捐赠覆盖了各个地区，如卡莱尔、拉姆斯伯里、贝登（威尔茨）以及斯特普尼（Stepney），其中在斯特普尼，她捐了很多钱用于成立学校，或直接捐给学校。② 在与伯德特 – 库茨的名字联系的有趣的慈善项目中，有一些是城市改造项目，但这些项目并非全部取得了成功。我们在前一章提及了哥伦比亚广场住房改善项目。在这里我们再重复一下，正是因为这些房屋连基本的盈亏平衡都达不到，而它们的捐赠人也并不想实现这一点，所以它们并不足以成为一个"示范项目"。哥伦比亚广场也是安吉拉为之付出昂贵代价的错误的所在地，当然这也是她唯一彻底失败的所在地。此外，也是她决定要用从伦敦的其他市场收取的费用来建造一座菜市场，这样一来，这个地区的穷人便可以买到更为便宜的食品了。凭借着国会的一部私人法令（1866 年），她开始了建设一座庞大的新哥特式建筑的工程。这座建筑有彩饰的窗户、巨大的拱顶，以及花岗岩的石柱。这座建筑花了她 20 万英镑：最终，这成为一个活生生的例子，证明维多利亚时代的人在改变风格以适应实际需求方面存在很大困难。所以，《泰晤士报》的质疑便也颇有些道理，它提出对于一个追求经久耐用的市场而言，这座装满了鱼和蔬菜的"大教堂"怕是过于别致了。③

然而，主要的问题还是其他市场的反对意见。尽管这座哥伦比亚市场应被视为一个错误，但至少让人们注意到了这一古老的特权，根据这一特权，市场管理者可以对伦敦人的食品征收一笔附加税。而安吉拉的

① Rosa Waugh, *The Life of Benjamin Waugh* (London, 1915), pp. 129, 179; Arthur Morton, *Early Days* (London, 1954), pp. 27 – 28.
② Patterson, *Angela Burdett-Coutts*, pp. 206 – 207.
③ 29 April, 1869.

这个市场在一连串管理者的管理下，包括伦敦公会（不过它在三年后就放弃了），经历了一段起起伏伏的、很不寻常的过程。这个巨大的捐赠物最后变成了一个壮观的累赘，尽管我们相信，正如《英国人物传记大全》所坚称的那样，它可能向我们给出了更有效与合理的食物分发方法。

女男爵在威斯敏斯特的兴趣，首先表现为她对圣史蒂芬教堂的捐赠，然后是她在教育工作方面的兴趣，最后又扩展到与社区福利有关的其他领域。她资助了一系列与教会和学校有关的活动，其中有一些成为到19世纪末期才出现的社区服务中心的雏形，包括俱乐部、互助会、流动厨房（在数年里共提供了超过7万份餐食）等。[1] 她在大史密斯街捐建了公共图书馆和室内游泳池。虽然改善威斯敏斯特贫民窟人口的居住条件是一项十分沉重的任务，但至少女男爵开了一个好头。此外，狄更斯还将她的注意力引向了几个邻近地区的糟糕状况，特别是一栋有150个房间的大楼，这座楼里缺少给排水设施，它的卫生状况也十分糟糕。于是，一份设计精巧的方案就给到了这栋楼的18位业主手里：如果他们着手（以相当低的成本）安装卫生设施，那么库茨小姐会承担所有超出这一最低价的费用。[2]

我们还可以再来看看她所关注的其他慈善领域。比如，中等阶层居住社区霍利村是她在位于海格特的霍利小屋地块上建起来的，这一工程使她在某种程度上成为郊区田园社区建设的先驱者。她的慈善事业并没囿于英伦三岛。她对不列颠的海外传教秉持着坚定的信仰，而并没有像英格兰本土主义者们[3]那样犹豫不决。她向朋友马来西亚沙捞越的布鲁克（Brooke）王公提供了慷慨的赞助，除其他捐赠以外，还为他买了一艘炮舰，并在他的领地运营了一处模范农场。同时，她还帮助赞利文斯敦、斯坦利和莫法特开展非洲探险。[4] 她向阿贝奥库塔（在尼日利亚南部）提供轧棉花机，并在1879年祖鲁战争期间向它提供了医疗设备并派去护士。总的来说，维多利亚帝国很难找出比女男爵更为热情、有用的

---

[1] Johnson, *Letters from Charles Dickens*, p. 206n.

[2] *Ibid.*, p. 216.

[3] 即主张英国不参与国际事务。——译者注

[4] 关于她与布鲁克之间的关系，详见由欧文编辑的书信集，参见 Owen Rutter, *Rajah Brooke and Baroness Burdett-Coutts* (London, 1935)；同时参见 Steven Runciman, *The White Rajahs* (Cambridge, 1960), p. 154。

伙伴了。

她还有一些创新的慈善活动，意在缓解和改善英格兰内外的经济萧条地区的不幸状况。当 1860 年的《科布登－切瓦利耶协议》对斯皮塔佛德的丝织工人带来冲击之时，她的东区纺织工人救助协会便出手帮助一些工人找到新的工作，并协助另一些人迁往昆士兰和新斯科舍。在 19 世纪末，她共将 1200 名艾尔郡的纺织工人送去了澳大利亚。不过，她将最多的精力投在了爱尔兰地区。在 1880 年的饥荒中——盖湾和梅奥受灾尤其严重，她捐了价值 25 万英镑的马铃薯幼种，以推动政府以自己的财政采取行动。但是，她特别关心的地方是西南部的渔区。早在 19 世纪 60 年代早期，因为一位教区牧师的吁请，她便已开启了她的慈善历程中的这一篇章。这位女男爵提供了一些救济，并向那些想要迁居加拿大的人提供帮助。更具有建设性的是，她尝试通过更新固定设备来复兴那里的渔业。她提供了现代化的捕鱼船和捕鱼装置，结果在短短数年间，她投向巴尔的摩的渔船队的投资增长到了约 5 万英镑。令人欣慰的是，在戴维斯神父的监督下，渔民们偿还了绝大部分由女男爵垫付的款项。为了进一步推进她的这项工作，她在巴尔的摩成立了一所渔民培训学校，培养了 400 多个孩子。这所学校是在 1887 年由这位"巴尔的摩女王"亲自主持开业的。①

对于绝大部分英国公众而言，伯德特－库茨女男爵的名字几乎就是大型慈善的代名词。很多人将她视为"慈善女士"。对此，毫无疑问，她慈善事业的规模和种类都起到了一定的作用。而且，比她的同时代人做得更好的是，她将慈善事业视为一项专业性的奉献。同时，对她的名声起到重大影响的是，她作为慈善家的生涯延续了将近 3/4 个世纪。所以，不可避免的是，同时代的人认为她是一个很有魅力的人物，尽管带有一点点反常，却给她的魅力增加了一些风味，即她是一位家财万贯的女继承人，意志坚定、行事精明，将她的财富投入改变所处时代的人的生活。此外，她靠自己挣来的贵族头衔、伦敦市和 4 个伦敦城市公会颁发给她的荣誉称号，以及她在 67 岁时唯一的一次婚姻（全身披着婚纱，带着 3 个小伴娘）都给这个传奇增加了精彩的桥段。当然，我们也没有

① Patterson, *Angela Burdett-Coutts*, p. 210.

理由对这一说法提出质疑，即当她在 92 岁高龄告别人世的时候，有约 3 万名伦敦人走过停放在斯特拉顿街 1 号的棺材。她的一生不仅包含了整个维多利亚时代，而且包含了维多利亚女王在世的全部时光，此外还在两头都超出了一点。而在 19 世纪不断推进的过程中，女男爵自己也成了一座丰碑。

五　弗里德里克·戴维·莫卡塔（1818～1905 年）

在盎格鲁 - 犹太人慈善家群体中，弗里德里克·戴维·莫卡塔的名字拥有一个特殊的地位。这并不是因为他慈善捐赠的规模很大（虽然这个规模的确很大），而是因为他对慈善事业的投入十分彻底，而且近乎独一无二。比他所处共同体的其他成员做得更好的是，莫卡塔不仅深入涉足犹太人慈善事业，而且深入涉足非犹太人慈善事业，同时在看待这些事情上，与其他一些犹太人慈善家不同的是，他并不带有很强的宗派观念。他从未成为犹太人监察官委员会的主席——这个位置动不动就成为科恩家族的囊中之物①——但在 19 世纪末近 20 年里，他一直担任该委员会的副主席，并且经常在监察官政策方面成为拥有话语权的人之一。比其他人做得更好的是，莫卡塔成为犹太人慈善和非犹太人慈善之间的道德桥梁，特别是在犹太人监察官委员会与慈善组织协会之间他也担任了后者的领导职务。

犹太人慈善组织的问题与基督徒和世俗慈善组织在很多基本方面皆有不同。② 首先，毫无疑问的是，这个共同体的成员，尽管有特殊的仪式和饮食戒律，也应该被允许获得济贫院的救济，因此，无论开销多少，他们都应该得到同一教派的人的照顾。但更为重要的是移民这一因素。伦敦的犹太贫民的主要来源是接连不断来自东欧的贫困移民，这些人来到英国是为了躲避压迫，或者为了改善他们的生存环境。通常在一开始，他们的命运并未获得太多改变，这是因为人们的偏见、他们的外国人身

---

① 1859～1947 年，该委员会的 7 任主席中有 5 位都是刘易斯·科恩（1779～1882 年）的后裔，而且没有一位的任期短于 8 年。

② 读过 V. D. 李普曼（V. D. Lipman）令人敬佩的犹太人监察官委员会史的人 [*A Century of Social Service*，1859－1959（London，1959）] 会注意到他的这部作品在很大程度上立足于下述内容。

份，以及他们的宗教信仰对工作时间的限制，这些都导致他们被禁止从事普通的职业。他们总是迫不得已去给犹太人老板打工，或者靠自己的一点手艺或作为沿街的小摊贩谋口饭吃。到 19 世纪中叶为止，这一由帕特里克·卡胡恩（Patrick Colquhoun）描述的不幸状况已经存在超过 50年了，但这时情况出现了一些改变。① 犹太人不再像在卡胡恩那个时代那样，被迫靠着自己的聪明才智来谋生，或者因为没有可以其他从事的职业而被迫走上犯罪的道路。虽然在犹太人里有少数费金（Fagin）这样的犯罪者，但那时还有数以千计的自尊自重、勤俭节约的犹太贫民，他们十分整洁与节俭，而相比之下，非犹太贫民则因为得过且过而遭受不幸，所以这些犹太贫民赢得了不止一位观察者的赞誉。

当然，为荷兰、德国和波兰犹太移民所创建的慈善机构——学校、孤儿院、学徒类慈善组织以及大量的救助类机构——都与这一改变有一些联系。在 18 世纪，西班牙或葡萄牙裔的犹太人后裔成立了数量庞大的慈善组织，以帮助他们并不算多的贫民人口，而且这些慈善组织获得了非常多的资金，乃至于人们质疑说，它们吸引了更多的欧洲大陆贫民移居英国。② 但是，一直到 19 世纪结束之后，这些新来的犹太人才能获得同伴提供的比较多的帮助。而在最开始，照看贫民是犹太教堂的一项职责，而对于那些"陌生的贫民"（新来的移民，还未加入任何一个具体的教堂会众团体），照看他们则是三家犹太教堂的职责。③

然而，与我们这里讨论的问题相关的是，那些服务于德国、荷兰和波兰人的志愿型组织的成立——最明显的是服务于德国人的组织——它们的活动范围和工作方法与非犹太人机构十分相像，而那些非犹太人机构正发展得如火如荼。其中有一些机构拥有非常显赫的出身，比如犹太人免费学校，开业于 1817 年，到 1850 年共接收了超过 1100 名儿童入

---

① *Police of the Metropolis*, 5th ed. （London, 1797）, pp. 158 - 160.
② Sir John Fielding. 转引自 M. D. George, *London Life in the 18th Century*, p. 128; Neville Laski, *The Laws and Charities of the Spanish and Portuguese Jews Congregation of London* （London, 1952）, chaps. IV - V; V. D. Lipman, *Social History of the Jews*, 1850 - 1950 （London, 1954）, pp. 52 - 53. 他给出了 1850 年西班牙裔和德裔犹太人慈善组织的列表，以及它们的成立时间。其中前者绝大多数成立于 1780 年以前。
③ 李普曼解释了这些新移民贫民是如何在这三个教堂（大教堂、汉布罗教堂和新教堂）之间分配的，参见 Lipman, *A Century of Social Service*, pp. 15 - 16。

读。根据德裔犹太人慈善组织（这些组织帮助新来的犹太人移民）列表所示，在19世纪中叶共有超过25家机构，这还不包括各类学校和互助会。[1] 在这一阶段，这些组织成立的犹太人慈善组织每年的支出总额为3万英镑。[2]

无论这些机构的优点还是不足，都严格符合19世纪的标准。这些机构中的绝大多数属于捐赠人投票类慈善组织，即慈善家每年认捐一笔费用之后，拥有一个表决权，可以选择自己心仪的受益人，此外它们也表现出跟非犹太人慈善组织一样的趋势，即在无政府的状态下不断扩张。对混乱的慈善组织管理，犹太人社群同样表达出了深深的不安，并在19世纪40年代和50年代提出了一系列矫正建议。在这些建议中，最为尖锐的是《犹太人编年史》上刊发的一系列文章。这些文章敦促成立一个中央委员会——"因为没有更好的名字，所以我们决定称它为犹太人监察官委员会"[3]——以作为三家犹太人教堂和众多志愿型组织的代表。然而真正起决定作用的提议是由以法莲·亚历克斯（Ephraim Alex）提出来的，他被普遍誉为犹太人监察官委员会的创始人，同时，人们也赞誉他说，他扩大了三座伦敦犹太人教堂联合委员会的活动范围——自19世纪30年代中期开始，该联合委员会（为了应对"新迁来的贫民"而成立的）就在他的监管之下。

尽管犹太人监察官委员会在一开始的行为表现非常温和，但它依旧代表着慈善实践中的一项重要发展。监察官们开始有意识地运用一些慈善理念。对于这些理念，19世纪中叶的慈善家是非常熟悉的，但在这种层面的慈善组织身上却还未曾有所体现。[4] 通过这些原则，我们可以了解到它们的工作内容是彻底的调查、详细的个案记录、恰当的救助和家庭探访，这些原则也就是后来慈善组织协会大力宣扬的那套东西，但是犹太人委员会比慈善组织协会早了10年，比利物浦中央救济协会早了4年来运用那套东西。该委员会所处的环境比慈善组织协会更为有利，而

[1] Lipman, *Social History*, pp. 52 - 53.
[2] 这一估值来自《犹太人编年史》（*Jewish Chronicle*）的编者，转引自 Lipman, *A Century of Social Service*, p. 20, n. 3.
[3] 转引自 *ibid.*, p. 21.
[4] 尽管这些特征在伦敦走访和救助协会以及其他一些走访协会有所体现。

且在它被指定的活动范围里，它的权力和义务都要大得多。作为伦敦犹太人最主要的慈善和社会管理机构，它必须承担救助整个犹太人贫民群体的责任，甚至要去帮助那些"不值得救助的人"，而不能将他们就这样扔给世俗的《济贫法》来管，如果这涉及入住济贫院的话。然而和慈善组织协会不同的是，监察官们不仅仅想要成为另一个协调者，而且想要使自己的机构成为一家巨大的运作型慈善组织，即杰出的犹太人福利组织，该组织直接涉及救助活动，以及管理大量的实体项目等业务。因此，它们处于一个极棒的位置，可以对整个伦敦犹太人共同体的福利政策产生影响。

尽管它的活动范围在一开始是非常有限的，但这一新成立的委员会的领导者无意就这样保持下去。该委员会的主席以法莲·亚历克斯，秘书长莱昂内尔·刘易斯·科恩（Lionel Louis Cohen）（他也是后来的主席）① 都想要接替那些犹太人教堂，救济它们各自的贫民，甚至还想进入这些领域，包括医疗护理、移民技术培训以及住房领域。不仅如此，他们还决定在教堂联合体支付的常规费用之外寻找资金支持，并建立一个个人认捐人和捐赠者团队。在后一个想法方面，他们完全取得了成功。在委员会的收入中，来自教堂的费用所占的比例快速下降。②

在这里，我们无法详细追述委员会的服务是如何扩张的，或介绍这一过程是如何进行的。但很明确的一点是，随着维多利亚中期的慈善组织退出历史舞台，这个犹太人监察官委员会的管理已经变得极为明智和高效。很有可能斯托拉德博士的作品的确是有点过于狂热了——他将犹太人和基督徒的贫民救济喻为后者的一个明显不足③，但是，毫无疑问的是，该委员会的成就，即使在它的早期也是十分巨大的。到19世纪70年代早期，该委员会已经救助了约一半伦敦市犹太贫民，并且正在尝试一些新的服务项目，如医疗护理、贫民住所卫生检查、提供贷款以代替直接的救助（与济贫法管理机构和某些基督徒机构不同的是，该委员会

---

① 他是刘易斯·科恩＆逊公司的高级合伙人，外国银行家和股票经纪人，第一任荣誉秘书长（1859~1869年），然后一直担任该委员会的主席，直到他在1887年去世为止。在近30年时间里，科恩在该委员会的策划和管理方面发挥了卓越才能。

② Lipman, *A Century of Social Service*, p.39. 早在1861年，也即该委员会成立两年之后，教堂支付的费用所占的比例仅为1/7（400英镑比2922英镑），而到1879年，这一比例下降到1/10（1274英镑比15128英镑）。

③ J. H. Stallard, *London Pauperism amongst Jews and Charities*（London，1867）.

将四肢健全的申请人视为普通的失业人口，认为可以通过向他们提供一小笔贷款的方式来帮他们渡过难关）。[1]

监察官们只部分实现了他们的抱负，即成为犹太人慈善组织的协调机构。在 19 世纪 70 年代早期，统计委员会抱怨说，在超过 35 家犹太人救济机构之间缺乏相互的沟通。[2] 但是，在犹太人中，就像非犹太人一样，志愿型机构对外部控制的抵抗是非常坚定的，而该委员会也发现处事不用太急。经过这些年，事实上该委员会已经吸收了大量的犹太人慈善组织，并且与其他一些组织也形成了一种合作关系，因此相比于之前，该机构在犹太人慈善业界已经享有了一个更崇高的地位。

和其他机构一样，该委员会对于这项失败感到非常不快，即它未能从更大范围的群体中获得支持。不过，尽管它的认捐名单非常短，但是通过某些大额捐赠人的年度捐赠，以及更为常见的某些特别捐赠——遗赠、纪念基金和类似捐赠——该委员会的总体资金规模得到了明显提升。当然，这部分也是这一审慎政策的结果，即从所有超过 10 英镑的捐赠中提取一部分作为投资基金。1889 年很明显是一个特殊的年份，在这一年里，该机构的总收入达到了约 33000 英镑，并提取了其中的 10500 英镑用于投资。[3] 但是，可用于日常开销的收入增长却相当慢，就在 1891 年，该委员会还是处于经常性的甚至是永久性的财政困难之中，其活动开销的增长明显超过了收入的增长。[4] 连续的严重财政赤字并没有给该委员会留下什么选择的余地，它只能把手伸向留存资金，中止了传统的提存金政策。这一状况到 20 世纪 20 年代和 30 年代也没有什么改变。所以，正如该委员会经常反思的那样，不幸的是，它无法在犹太人共同体中获得一个更为广泛的基础；它每年约有一半的资金都来自 40 个人。对犹太人监察官委员会而言，就像对数量众多的其他志愿型机构而言一样，福利国家的出现意味着一定程度上的解脱。

在委员会所有领导者中，没有人能比弗里德里克·戴维·莫卡塔，

---

[1] 关于委员会的政策和程序的简短介绍，参见 Young and Ashton, *British Social Work*, pp. 82 - 84，其中把这套东西可能写得有点太好。

[2] 大学学院莫卡塔图书馆馆藏的伦敦市犹太人机构汇总表（不包括教育类机构）。关于收入的不完全统计数据显示，这些机构的年度总收入超过 17000 英镑。

[3] *Charity Record*, 20 Feb. 1890.

[4] Lipman, *A Century of Social Service*, p. 107.

"盎格鲁－犹太人慈善家的完美典型"，更能唤起慈善研究者的兴趣。[1]他的兴趣比伙伴们更为广泛，他对慈善活动的胃口，犹太人方向的或非犹太人方向的，是永远无法满足的。正如他的讣告作者所评论的那样，他会穿过整个伦敦城，就为了参加一个无聊的会议，他也愿意去承担各种极为无聊的职责。[2] 他所致力于的是整个慈善事业，而不仅仅是"犹太人"慈善事业，而他也很明显成为该委员会与主流慈善业界的理论与实践保持接触的主要渠道。

在他生命的最后 30 年里，莫卡塔成了一个全职的慈善家，他在众多机构、组织和个人（在取得合理信任时）上投入了大量的时间、金钱和精力。1861～1878 年，他一直担任走访委员会的理事会主席——该理事会负责监督该委员会的个案工作，因此相比于那些富裕的慈善家，他也就对伦敦东区的状况有了更为符合实际的理解。据拉比·斯特恩（Rabbi Stern）证实，该地区的每一位社会工作者都在一定程度上成为莫卡塔的赈济员，而且"在我担任牧师的 18 年里"，"每一次我向他提出请求"，他没有一次不做出慷慨回应。[3] 在莫卡塔所有的组织性事业中，慈善组织投票改革委员会——在多年里他一直是该委员会的领导人物——可能是获得他最多的坚定的甚至是斗志昂扬的支持的机构。在 70 岁生日那天，他收到了一份由代表约 250 家机构的 8000 人签字的邮件，据说他当时在私下做出了这样的评论："我更乐意他们做出这样的承诺，即不再给那些投票式治理慈善组织更多的赞助。"[4]

莫卡塔家族并不是新迁来不列颠的移民。当犹太人被从西班牙赶出来的时候，他的家族分为两半，其中一个分支去威尼斯定居了，而另一个分支则搬去了荷兰。在 17 世纪后半叶，荷兰的莫卡塔家族迁居伦敦，在那里他们的财富快速累积起来。弗雷德里克·戴维的祖父成立了莫卡塔·哥德史密斯公司，他就是伦敦银行的金银经纪人，所以他的儿子和孙子自然也进入了这一行当。[5] 这位年轻人接受了全面的私人教育。他

① Lipman, *A Century of Social Service*, p. 138.
② *Charity Organisation Review*, February 1905, p. 107.
③ *Jewish Chronicle*, 20 Jan. 1905.
④ Charity Organisation Review（参见 n. 18 以上）。
⑤ 关于莫卡塔生平的绝大多数细节内容来自尊敬的伊西多尔·哈里斯（Isidore Harris）所写的"回忆录"，参见 Ada Mocatta, ed., *F. D. Mocatta*（London, 1911）。

的父亲教给他拉丁文和希伯来文，此外还有几位家庭教师教给他其他一些科目。这些教育的结果就是培养出了一位有学术品位的人士、一个见多识广的研究工作赞助者，以及一个真正的世界主义者。他是两卷本的犹太人历史和大事件的作者，同时他收集了超过5000册的图书，主要是有关希伯来文化的，这现在变成了伦敦市的大学学院的莫卡塔图书馆。①

他对慈善的兴趣从一开始就表露了出来。在他成年以前，他就已经深度参与了多家犹太人慈善组织的事务，尤其是犹太人孤儿学校和犹太人免费学校等。可以想象的是，因为他无须承担家庭责任，这就给他制造了一种有待填补的生活空虚感，当然这也给他留下了更多的闲暇时间，让他不用像其他男子那样耗费时间来照顾家里的孩子，而是可以投入关心公共事务。莫卡塔的妻子，也即弗雷德里克·戴维·戈德史密斯的女儿、朱利安·戈德史密斯爵士的妹妹，是一个半残废的人，而且他们没有孩子。对他而言，在某种程度上他的慈善事业代替了他家庭的位置，尤其是在46岁之后，即他在莫卡塔·哥德史密斯公司工作了13年多之后，他从公司辞职，将所有时间投入慈善事业和学术研究上。自此以后，慈善就是他的职业，这份职业面向伦敦，更面向全世界。东欧的犹太人的危险处境使他长年感到非常不安，而作为盎格鲁－犹太人协会的副主席（协会成立于19世纪70年代，以协助保护受压迫的犹太人为宗旨），他在制订和执行他们的救助计划方面起到了领导作用。

总体来说，到莫卡塔中年的时候，他关于慈善事业的观念在当时的进步慈善家群体中是非常流行的。首先，他是一个坚定的慈善活动组织者，搞了数量非常庞大的、领域相互重合或完全一致的组织。他曾不止一次想要联合各家从事类似活动的犹太人组织，而当犹太人济贫院与手拉手庇护所联合成立老年犹太人之家时，也就成了莫卡塔最喜欢的慈善组织，他因此也担任了这一联合机构的主席。他坚持不懈地倡导在慈善组织中开展健全管理，同时，事实上他也相信慈善事业是一项复杂的实践科学，需要那些能够把握这一问题的人来集中精力开展研究。受到这一开展合理管理的信念的促动，他毫不犹豫地投入了大量时间来"帮助

① 关于图书馆的介绍（该图书馆在1942年遭到了敌军的严重破坏），参见 Paul H. Emden, *Jews of Britain* (London, 1944), pp. 126–128。

慈善组织克服困难，顶住压力，将公共机构塑造成型，使混乱归于安定，然后，当理想状态形成以后……从前台隐退"。①

莫卡塔对投票式治理的慈善组织的厌恨来自他的基本人性，以及他对混乱、不严谨的管理程序的鄙视。他认为，慈善组织的管理者有义务根据申请人的长处和需求来选择受益人，而不是允许捐赠人滥用遴选程序，将之变成一场申请人私下的拉票活动。在遗嘱中，他将 35000 英镑分给约 75 家机构，并点了一些冥顽不化的机构的名。他原本打算捐款给（帕特尼，Putney）临终关怀医院、（厄尔斯伍德，Earlswood）精神病人收容所以及其他一些机构，但是考虑到这些机构的遴选受益人的做法，他觉得"自己有义务不将自己的财产留给任何采用这套做法的机构"。至于对犹太人医院和孤儿收容所他就没有那么决绝，他给它们每家分了1000 英镑，但前提是在 10 年时间里它们必须废除这一套投票式治理的做法。②

尽管莫卡塔基本上与慈善组织协会的同事秉持同样的价值观念，但人们也能够感觉到他的社会观念还是有些许不同。他并不像海伦·丹尼·鲍桑葵（Helen Dendy Bosanquet）那样顽固、盲目自信，他也并不将社会不幸的根源解释为道德上的缺陷。事实上，慈善组织协会这一正统学说中的经典理论与犹太人监察官委员会的实际经验并不相符。犹太人贫民作为一个阶层，是非常节俭、节制和辛苦劳作的，所以如果该委员会接受贫困是"懒惰或道德败坏的一个外在表现"的说法，那就会显得非常荒诞可笑。③ 就像慈善组织协会一样，该委员会也秉持这么一个前提，即开展个案援助是推动社会进步的必要手段，而在犹太人圈里面，则日渐生出一种怀疑的论调，认为要解决这一问题必须采用不同的方法。可能在没有更进一步的大规模犹太人迁居的情况下，对犹太人社群而言这种个案救助的办法是足够的。但连续的移民潮，以及这些新移民能够被接纳的岗位的边缘性、临时性的特点使这种办法变成了彻底的杯水车薪。正是这一状况，而非个人的漂泊不定，才导致了那个摆在监察官委员会面前的最严重问题。

① Harris, "Memoir," in Ada Mocatta, ed., *F. D. Mocatta*, p. 16.
② *Jewish Chronicle*, 17 Feb. 1905.
③ Lipman, *A Century of Social Service*, p. 74.

在 19 世纪 80 年代和 90 年代，该委员会的机制和理念都经受了一场严酷考验。80 年代早期横扫整个南俄罗斯地区的恐怖统治，以及之后出台的多部反犹太人法案将这个时代变成了压迫犹太人的时代。这个压迫的时代，即这种现实状况或逐步减小的威胁，延续了 30 年。不幸的是，正是在这么一个移民压力最重的时代，英国的劳动力市场却没有吸收新劳工的需求。鉴于公众对移民的态度并不太友好，犹太人的领导人只能小心行事，以免政府干预，施加正式的限制。在一开始，委员会并没有亲自管理这项事务。此外，也有人提出，由于程序限制，它可能也未能采用新的社会个案工作理念。主要负责难民工作的机构是由曼森·豪斯基金与该委员会的代表组成的联合委员会，该机构在成立后第一年（1882 年）处理的个案涉及了 2750 个人。虽然去美国或加拿大是多数移民的目标，但留在英格兰地区的移民数量依旧非常庞大。伦敦地区的犹太人口呈现出净流入的状况，1880～1914 年该人口数量增长了 3 倍，而申请委员会救助的人口则从 1880 年的少于 2500 人增长到 1894 年的多于 5000 人。在这些申请人中，只有约 10% 的人口是当地的土著。

移民压力给英国的犹太人制造了极大的难题。他们是不是应该筑起堤坝，阻止他们的同教中人奔向自由呢？这是一个很复杂的事情。这不仅涉及这一问题，即存在移民可能遭到法律限制的风险，而且无论如何，所有移民都是迫害之下的逃难者。有的英国领导人建议对移民区别对待、审慎甄别，但热心肠的莫卡塔却没有这样的想法，因为他对世界上其他犹太人的认知要比同伴们广泛得多。他非常支持从俄罗斯向外大规模移民，同时他自己带头捐赠了 1 万英镑，以图推动他人捐赠，共同凑成 100 万英镑，帮助世界范围内的犹太人获得平静的生活。[①] 不过，这笔钱未能凑成，而在曼森·豪斯委员会筹集的 108000 英镑中，莫卡塔的捐赠占了很大一个部分。然而，事实上，尽管对他来说，英国的犹太人不应该采取其他行动，而是应该欢迎和帮助东欧来的难民，但是他并未亲自采取行动来宣扬这套做法，而且当委员会竭尽力量，警告满怀希望的移民说英格兰遍地都是失业人口时，他也没有提出反对意见。可能是监察官对公众意见的恐惧使他们在对待新移民问题上变得异乎寻常的顽固，而

① Harris, "Memoir," p. 19.

530

且他们的政策为他们赢得的也只是人们的遵守，而非爱戴。所以，我们有理由相信，在很多贫困的移民眼里，他们的绰号，即"有同情心的'瑞丘摩尼'"是名不副实的。①

莫卡塔开出的解决英国社会不幸以及俄罗斯大屠杀问题的药方是大规模迁徙，他对这个想法极度自信。和其他仁爱且有思想的英国人一样，他对 19 世纪 80 年代的社会动荡感到非常不安，但是与他在慈善组织协会中的某些朋友不同的是，他并不打算就此忽略这种不安的感觉。他之前的观点，即耐心处置个案是解决社会问题的一条出路，事实上受到了严重的动摇，而将他从与集体主义者的解决方案的勾搭中拽出来的主要是他对"经济法"的极度敬畏。他注意到英国的慈善机构能力非常不足，乃至于连那些"值得帮助的"个案，即那些毫无争议应该得到人们关心的不幸的人的需求都无法满足。除此以外，还有关于贫困的更为基础性的问题，而对这些问题他哀伤地总结说："实在是过于巨大，很难加以应对。"②

在 19 世纪 80 年代和 90 年代，莫卡塔在法国度假期间，抽空给 C. S. 洛赫写了一系列信件，这些信件反映出一位最无私的、最真诚的慈善家在反思英国社会的动荡时所产生的困惑。有好几次，他看起来都远远超越了慈善组织协会的正统观念，直到他认识到自己的提议的内在含义之后才缩了回来。他深入思考英国是否会发生社会革命，并总结说，尽管人们普遍对国家干预抱有偏见，但是"关心不幸者应属于整个社会的责任，而不应像现在一样凭着侥幸来加以解决"。然后，他继续提议开征类似于累进所得税的税收。"我意识到这个主意会被人们称为共产主义或社会主义的做法，或者它会被人们视为颠覆政治经济的所有规则，但是这些事情本来就不应该允许它们保留现在这个样子。"③ 早在四年以前他就提醒洛赫说，他们已经为减轻贫困付出了很多，却在消除贫困方面做得很少。有什么事情能比希望一个每周能够得到 20 先令的人在将来把其他事情放在一边，而全心全意为他的家庭谋生路这个念头更为愚蠢的呢？在他漫长生命的尽头，莫卡塔致力于推动政府在有关公共健康的某些领

---

① Lloyd P. Gartner, *The Jewish Immigrant in England*, *1870 – 1914* (London, 1960), p. 164.

② Mocatta to Loch, 1886, Ada Mocatta, *F. D. Mocatta*, p. 31.

③ *Ibid.*, p. 33.

域采取更为激进的行动，而他也非常自豪地提到，自己像一个"社会主义者"一样提出建议。"我的（慈善组织协会）里的朋友们——我跟他们经常一起采取行动，并分享同样的看法——认为我的这几点看法是有一些不太安全和古怪的，但是我相信我们应该'走向这个方向'，而这也是正确的方向。"①

然而，这些观念差不多只是一个仁爱的个人主义者的一次小小的偏航，因为他还是认为"所有的劳工法律，比如八小时工作制运动……是相当荒唐的"，而他对伦敦市议会考虑向劳工阶层提供住房这件事也感到非常震惊。② 对于莫卡塔来说，由国家向老年人提供养老金这个主意是"一个该死的异端邪说，对这个主意，所有有脑子的人都应该联合起来，尽他们所能来反对"。③ 鉴于莫卡塔承认广泛存在贫困问题，同时他相当真诚地相信"经济法"存在刚性，所以，很自然的是，他也就被引导到这个想法上来，即认为移民是一条解决问题的出路。他在1886年写道："我知道社会不幸是长期性、不断增长、可怕和破坏性的……如果不能将数以万计的人迁移，那就没有办法使事情变得好起来。"④ 他一而再地像一个生活在19世纪早期的马尔萨斯主义者那样指出人口过剩的问题，并认为除非将大量人口移往殖民地，否则就没有其他出路。⑤

抛开其中偶尔会出现的异端邪说不谈，如果我们认为莫卡塔的整个社会观念是相当先进的，那将是一个错误。他的这些观念形成于19世纪中间的几十年，它们完全是维多利亚中期的理念。然而，过度强调莫卡塔的社会思想的局限性又会错过它真正的卓越之处。在维多利亚时期的慈善家之中，没有一个人，哪怕是沙夫茨伯里勋爵，都不曾像他那样如此慷慨地投入时间和金钱，也没有人像他那样将个人的服务和金钱投入与如下这一点有效结合起来，即做出聚精会神的甚至是痛苦万分的努力，以图理解更大的问题。在慈善业中，众所周知的是，他的慷慨促使他不得不经常预支收入，而他曾积极参与其中的慈善组织的名录看起来就像

① *Charity Organisation Review*，February 1905，p. 106.

② Ada Mocatta，*F. D. Mocatta*，pp. 36，45.

③ *Ibid.*，p. 39.

④ *Ibid.*，p. 35.

⑤ 比如，参见他的"贫困和义务"和"社会之殇"，*ibid.*，pp. 79 - 82，87。

是伦敦慈善组织的汇总表。简言之，莫卡塔是维多利亚中期慈善事业的一个非常令人满意的代表，"是具有高贵品质的最杰出的英国犹太人"，他"不仅乐于布施……而且几乎是不停不歇地在做善事"。①

六　J. 帕斯摩尔·爱德华兹（1823～1911 年）

在维多利亚晚期的慈善家中，J. 帕斯摩尔·爱德华兹比很多人都更符合慈善家的标准。这不仅是说他的动机无可指摘，就像塞缪尔·莫利那样无私，也是说他的善行表达出了他对身处的社会取得进步的条件的深刻认知与明智确信。他并没有仅限于对处于困境的组织的呼请做出回应。他自己也开展慈善活动，这些活动稳稳地奠基于他对英国劳工阶层的需求的深思熟虑之上，这将他引向了这条道路，即处在莫利的"分散的小额捐赠"（用《观察者》杂志的话来说）与霍洛威和梅森的高度聚焦的捐赠之间的一条中间道路。爱德华兹在伦敦地区、康沃尔和其他地方捐建的图书馆、医院和疗养院都证明他的慈善策略与安德鲁·卡内基的做法相类似，而他也的确曾与卡内基在公共媒体方面有过一段简短的、不太和谐的合作。很可能，爱德华兹作为一个重要慈善家的生涯的开始与卡内基在《北美评论》上发表那篇著名的文章——这篇文章之后不久在《帕尔摩报》上再次刊发，名为《财富的福音》——时间相重合，这并非一个巧合。②

然而，在某种程度上爱德华兹的慈善事业是他作为一个记者和发行人的经历的自然结果。他总是坚定地相信，他的出版物是开展公众教育和传播自由观念的工具，而他的整个人生也投入了三项事业当中，即新闻报道、慈善和改革。所有这三项事业，他到晚年都坚持认为，是一项更为广泛的宗旨的组成部分。他出生于 1823 年，出生地是康沃尔的布莱克沃特。他是一个木匠和酒馆老板的儿子。他只接受过镇小学的教育，此后就再也没有获得过任何正式教育。他在青年的时候致力于反谷物法事业，这件事带给了他第一个从事新闻报道的机会，即作为《哨兵》报纸驻曼彻斯特的代表——这是一份新成立的、很快就消亡了的反谷物法

①　Claude Montefiore，转引自 Lipman，*A Century of Social Service*，p. 1339，n. 1.
②　Burton J. Hendrick，*The Life of Andrew Carnegie*，2 vols.（New York，1932），I，340.

报纸，发行地是伦敦。① 这份报纸后来停办了，爱德华兹得到了 10 英镑，作为他为自由贸易报社服务 15 个月的报酬。

这段痛苦的经历并没有动摇爱德华兹对自由改革事业的信心。毕竟，他很年轻，乐观而真诚，而维多利亚时代则给他的这些品质以回报。当 1845 年回到伦敦，口袋里只有几个先令的时候，他决定最后一搏，但这是一条漫长而又曲折的道路。他首先开始代表那些吸引他注意的改革运动，如和平协会、缩短劳动时间协会，给报纸写稿，发表演讲，然后在五年时间里，他终于勉强凑够了费用，发行了自己的第一份报纸。订阅《公益》报纸每月只需两便士，而这份报纸的流通和口碑都非常好，但爱德华兹却苦笑着说："我收到的这些话，不过就是些拍马屁的话，根本就不顶用。"② 这位年轻的发行人运营的这份报纸利润过于微薄，而他也想过增加一些其他发行物，如《传记杂志》《自由倡导》《诗学杂志》等，来支撑他的这项事业，但这只不过是拖延了最终不可避免的灾难的到来而已。在三年时间里，他的身体垮了，而他也不得不宣告破产，每英镑的欠债只能还五先令。

在这个故事的结尾，爱德华兹和他的借款人有了一个大团圆的结局。爱德华兹尝试又存了一笔钱，以很低的价格买下了《建筑新闻》报纸，当时这份报纸正赔钱给《伦敦名录》的凯利，而爱德华兹则使它重新成为一宗有利可图的资产。《建筑新闻》是面向建筑工人的，而《机械杂志》则是面向技术工人和业余机修工的，爱德华兹在 19 世纪 60 年代也买下了这份杂志。这两份发行物后来都变成了实打实的生钱机器，于是他终于能把之前欠下的老账全还清了。后来，这些债主们为他举办了一场晚宴，并在晚宴上向他呈上了一块手表，上面刻着他们对他品质的赞美，即"诚实、重名誉"，这真是一个令人愉快、相当美好的场景啊。

爱德华兹现在已经走出困局了，但他人生的真正巅峰则开始于他涉足每日新闻这个领域之后。他的成就是率先成功地以每日半便士的价格向伦敦市的劳工阶层发行报纸。《回声》杂志是由卡斯尔（Cassell）先生于 1868 年创立的，并于 7 年后到了爱德华兹手里。这是一个非常有趣

---

① E. Harcourt Burrage, *J. Passmore Edwards*, *Philanthropist* (London, 1902), pp. 14 – 16; DNB, 1901 – 1911, I, 613.

② Burrage, *J. Passmore Edwards*, p. 27.

的尝试，试图满足英国劳工阶层的阅读需求。对于这些人而言，公众教育为他们打开了一个新的世界。爱德华兹的发行人之路并非一帆风顺，他的报纸并没有获得普遍赞誉。这份报纸印在丑陋的有色纸上，而正如多数最有声望的观察家所认为的那样，它在形式或内容上都未能为英国的出版业增光添彩。报刊经销商拒绝销售这份报纸，甚至连报童很明显都不愿意热情地吆喝"回声"这个词，就像他们对其他出版物所做的那样。[1]但爱德华兹却毫不犹豫地把这份报纸当作一个讲坛，向别人传播他心仪的追求——节制、和平、教育等。然而，《回声》面临的最大考验是在这个时候到来的，即他在经过一些犹豫之后，决定将赛马新闻和相关提示从他的报刊栏目中剔除。事实上，这一决定并没有产生太严重的后果，除了引发一系列抱怨之外，尽管有人怀疑说这么做是否会在有赌博习惯的劳工阶层中产生明显影响。

1883～1884年是《回声》历史上一段神奇的插曲。在这一年里，爱德华兹（在某种程度上是不经意地）成了安德鲁·卡内基的共谋，帮他把共和主义带到了不列颠。"这位星光灿烂的苏格兰人"、世袭特权的敌人、劳工阶层民族主义的拥护者买下了一系列公众报刊（主要是东北部和中部地区的报刊），作为他改革派和共和派宣传的阵地。他的积极的合伙人是萨缪尔·斯托里（Samuel Storey），一位耀眼的激进派、桑德兰地区的下议院议员，也是两份售价为半便士的报纸的业主，即桑德兰的《回声》和泰恩赛德的《回声》。在卡内基－斯托里的计划中，必不可少的一环是一个合适的伦敦媒体，而这个需求看来是爱德华兹的报纸，即最早创立的《回声》报纸，注定要予以满足的。在1882年末，这个辛迪加集团买下了这份报纸2/3的股权，价值25万美元。[2]

这并不是一次愉快的合作，事实上卡内基之后发现英国并没有在一群鼓吹人的引领下走上共和主义的道路，尽管这群鼓吹人拿了大量的资金支持。甚至在这个辛迪加集团分裂之前，爱德华兹就已经对他的这次

①　Hendrick, *Andrew Carnegie*, I, 261.
②　这段历史并不十分清楚。爱德华兹自己的《一些脚印》［*A Few Footprints*（London, 1905)］给出的说法是，卡内基和斯托里是在1884年把这份报纸收购过去的。然而，1883年1月3日，一份由卡内基写给斯托里的信（Hendrick, *Andrew Carnegie*, I, 267）则告诉我们，他们两人已经毫无疑问买下了《回声》这份报纸，时间大概是在1882年末。

交易感到懊悔，并以 50 万美元的价格买回他出售的 2/3 股权，也即比他几个月前出售的价格翻了 1 番。所以，卡内基通过收购和出售伦敦的《回声》报纸就赚了很多的钱，足以弥补这个辛迪加集团在其他地方所遭受的损失。① 而对爱德华兹而言，则得到了一个非常昂贵的也非常具有教育意义的教训。然而，尽管他对斯托里和卡内基集团很不满，但他对慈善的观念似乎受到了后者的影响。他作为捐赠人采取某些行动时，看起来就像是微缩版的安德鲁·卡内基。

尽管在遇到这位苏格兰裔美国人后损失了一大笔钱，但爱德华兹的财富在 19 世纪 80 年代还是快速积累了起来。到 80 年代末，他决定要处置其中一部分财富。和卡内基一样，他发现一个行将就木的富人的前景并不吸引人。事实上，这位美国的巨富对这位伦敦人的行为表示欢呼，因为这个伦敦人皈依了他的《财富的福音》，并且庆贺道："《回声》报的老板，前下议院议员，帕斯摩尔·爱德华兹最近开始像一个教徒那样生活了。"② 无论他的想法是从哪里来的，在他生命的晚年，爱德华兹几乎就是一个全职慈善家，他用精明的眼睛和人道的灵魂审视着所有向他提出的吁请。

尽管爱德华兹是第一次做慈善，但他很清楚，要想最好地帮助劳工阶层，就需要通过机构来提升他们的身体健康，并引导他们修身养性。换句话说，他特别关注的，一方面是医院、康复之家、孤儿院；另一方面则是公共图书馆。不仅如此，他还试图确定这些机构所处的位置能发挥最大的效用。因为和那些只关注英国福利机构数量增长的人不同的是，爱德华兹还关注这些机构不平均的甚至有时不规律的分布情况。简言之，他有意识地调整英国医院和图书馆的网络，将他的捐赠交到需要帮助的社区。

我们无法将爱德华兹的每一笔捐赠都说清。和很多在伦敦挣了大钱的外乡人一样，他的第一个想法是把钱捐给他的故乡。将他的捐款引向图书馆领域的是一系列遗赠，因为这些捐给康沃尔地区多个小镇的遗赠款的资金不够建图书馆。对爱德华兹而言，他这么做很明显可以使费里

---

① Hendrick，I，270.
② *Ibid.*，p. 345. 爱德华兹在 1880～1885 年曾作为自由党的代表当选了索尔兹伯里的议员。

斯的 2000 英镑遗赠款增加 1 倍，这样就能够建起图书馆了。爱德华兹总计为他的故乡康沃尔地区全部或部分捐建了 12 座这样的图书馆，并帮它们购买了书籍——作为一系列社区的其他捐赠款的补充。总的费用，据他在晚年回忆说，大概是 3 万英镑。①

爱德华兹总计帮助伦敦和康沃尔地区超过 25 家图书馆建设大楼（以及购买其中的图书）。当他看到贫民窟的惨象时，他跟同时代人一样，心里有一种罪恶感，并且他一直认为："伦敦东区理应获得东区富人们的帮助。"② 东区的这场公共图书馆运动的先锋是汤因比馆的巴尼特（Barnett）教士，他找到了帕斯摩尔·爱德华兹这位忠诚且慷慨的同盟。当巴尼特代表怀特查佩尔项目向他提出吁请的时候，他捐赠了修建新大楼所需要的全部费用（约 6500 英镑）。怀特查佩尔图书馆最后成为一连串事业的先锋，由此开始爱德华兹捐建了一系列帕斯摩尔·爱德华兹图书馆，分别位于东区圣乔治教区、莱姆豪斯教区、麦尔安德教区、东哈姆教区、休尔狄教区和伦敦东区的其他教区。

这个巴尼特-爱德华兹团队在怀特查佩尔艺术馆上又得一分。巴尼特家族一直在为他们的怀特查佩尔邻居组织图片展，但是他们希望从教区政府那里获得更为永久的设施的想法却一直未能实现。到最后，巴尼特决定为自己闯一闯，于是他开始四处筹集款项，总额为 2 万英镑，用于建设一座艺术馆。爱德华兹率先捐赠了 5000 英镑，这笔捐赠将这项筹款送上了胜利的轨道，也间接地将怀特查佩尔艺术馆送上了灿烂的旅程。罗斯伯里（Rosebery）勋爵在华特查佩尔艺术馆开业活动上的评论仅仅描述了这一直白的事实："无论他（帕斯摩尔·爱德华兹）去到哪里，慈善的味道都会追随他的脚步。"③

由于对技术教育同样抱有信念，爱德华兹也慷慨地向为数众多的劳工阶层学校做出捐赠，这也使他变成了世界上最著名的社会科学研究和教育机构之一的伦敦经济学院的大额赞助人。很明显，由辛迪妮·韦伯（Sideny Webb）领导的伦敦市议会技术教育委员会是推动他将注意力转向伦敦缺少高级商业教育这一问题的推手。1899～1900 年，伦敦大学进

---

① Burrage, *J. Passmore Edwards*, p. 37.

② Henrietta Q. Barnett, *Canon Barnett*, II, 5.

③ 引自 Burrage, p. 53。

行了重组，而经济学院也获准成为其中的一个子学院，这样一来，阿德菲排屋里的宿舍就变得相当不够用了。针对这一问题，帕斯摩尔·爱德华兹提供了1万英镑（之后上涨到11000英镑），用于在斯特兰德地区附近建设一栋大楼，同时他将这笔钱委托给三位受托人管理，其中有一位就是辛迪妮·韦伯。对于这座新建设的大楼，伦敦市议会提供了土地，即位于克莱尔市场的克莱尔街道一块约4000平方英尺的土地，而技术教育委员会则同意每年拨款2500英镑。[1] 帕斯摩尔·爱德华兹馆因此成为高速发展的经济和政治科学学院实质的核心。

劳工阶层的发展不可能在没有最低层面的身体健康的情况下实现，所以，医院和疗养院在爱德华兹的慈善计划中也占了很大比例。他资助了康沃尔和大伦敦地区的一系列医院以及不少面向伦敦的医院和劳工组织提供服务的疗养院，包括其中一家面向铁路工人提供服务的疗养院和另一家面向印刷业工人提供服务的疗养院。[2] 当三年后查令十字医院在建设一座疗养院方面并无太多进展时，爱德华兹介入了，提供了5000英镑，并且给了一个承诺，即该医院还有什么其他需求他都给予满足。[3] 所以，《潘趣》对他大范围慈善行为做出如此夸奖是相当公允的：

> 维多利亚的慈善家，
> "哦，帕斯摩尔·爱德华兹，
> 你无可争辩地配得上《潘趣》'景仰的赞扬'……
> 这是一个如此庞大又充满爱的计划，
> 它得到了你大额捐赠的支持。"[4]

我们无须详述爱德华兹各种各样的慈善捐赠，包括饮水泉、捐给图书馆和阅读室的超过8万册图书、牛津大学的帕斯摩尔·华兹奖学金，以及捐给英国和外国水手协会的位于商业路上的水手宫。他向莱·沃德

---

[1] Burrage, pp. 134-135; *Calendars of the London School of Economics.* 除爱德华兹以外，还有一个大额捐赠者是罗斯柴尔德&逊公司，它给了5000英镑。
[2] Edwards, *A Few Footprints.*
[3] Burrage, *J. Passmore Edwards*, pp. 75-76.
[4] 转引自 *ibid.*, p. 61。

（Humphry Ward）太太的社区服务中心所做出的捐赠则属于另一种类型。
这不仅是因为这项捐赠属于爱德华兹的多项大额捐赠中的一项——总额
达到 14000 英镑，而且该机构最后也成为这位慈善家最好的一个纪念。
作为帕斯摩尔·爱德华兹社区服务中心的先导的大学馆，是由沃德太太
和一群唯一神论派领导人物于 1890 年在戈登广场开业的。《罗伯特·埃
尔斯米尔》的作者，以及她的合伙人致力于通过该机构向大众重新解释
基督神学，这也就使这家新的机构显得曲高和寡，很难有广泛的吸引力。
于是，一些年轻的住户出于对该中心过多强调神学教育的不满，在塔维
斯托克广场东部的一座旧楼里开了一个更为典型的社区服务中心。

　　这样一来，沃德太太便面临一个问题，即要将欣欣向荣的马奇蒙特
馆与摇摇欲坠的大学馆重新合并到一起。很明显，一个不可或缺的条件
是要有设施配备。而她提出的第一个想法是筹集一笔建设基金，价值
5000 英镑（这个数值是相当低估的），于是帕斯摩尔·爱德华兹便以支
票的形式给了她 4000 英镑。[①] 在接下来两年时间里，他又不断加码，将
原来的 4000 英镑捐赠增加到 7000 英镑，然后又增加到 1 万英镑。在这
之后，他犹豫了，因为受到一些对这一项目明显不关心的人的干扰，而
这些原本是他想着会给出捐赠的人。但是，当沃德太太自己掏出 1000 英
镑之后，爱德华兹又捐了 2000 英镑，然后在帕斯摩尔·爱德华兹服务中
心正式开业那天晚上，他又捐了 2000 英镑，因此这座大楼也就顺理成章
地以他的名字来命名了。[②]

　　要计算出爱德华兹的慈善捐赠总共是多少钱，无异于是在做猜谜游
戏。总的数字大概是 20 万~25 万英镑。但也有人说他参与了超过 80 家
机构的成立过程，其中有少数几家机构他投了不足 2000 英镑，而多数机
构他投的款为 1 万~1.5 万英镑，于是，如果有人给出一个更高的捐赠
总额，那也不是没有道理的。尽管他绝不是贫困而死的（当时他的资产
略少于 5 万英镑），但他秉持着由卡内基推广的那种观念，即"一个人富
裕而死是一种耻辱"。[③] 因此，他的慈善捐赠是他个人的决定，而且都是

---

① Janet P. Trevelyan, *The Life of Mrs. Humphry Ward* (London, 1923), p. 91.

② *Ibid.*, pp. 120 – 121.

③ Henrick, *Andrew Carnegie*, Ⅱ, 331. 事实上，卡内基的谴责能像人们熟知的那些宣传
标语那样发挥作用。

他生前的计划，而不是死后的遗赠。他认为这些项目是大规模社会改良的组成部分。对于这一改良，他的专业工作，即出版工作，以及不断扩大政府公共服务，也都有所贡献。对爱德华兹而言，他资助的那些组织机构"与这一改良事业有着千丝万缕的联系，而现在，这一事业终于由个人、市政府和国家的行动促成了，大家一起努力，改善社会生活，提升这个国家的工业生产能力……因此，在某种程度上，我从三个方面实现了自己的梦想：第一，拥有了一份有很多人读的报纸；第二，通过这些出版物实现了教育和鼓舞人的目的；第三，将运营出版业的收入用于建设有用的机构"。① 所以，当两位君主决定赐予他骑士爵位时（他是德配其位的），他根据自己一如既往的做法，礼貌地拒绝了这一荣誉。

七　乔治·卡德伯里（1839～1922年）

对于很多英国人和美国人而言，乔治·卡德伯里这个名字以及整个卡德伯里家族，几乎是20世纪早期英国慈善的同义词。卡德伯里家族与他们的贵格会伙伴、英国与外国巧克力贸易上的友好的竞争对手（朗特里家族、弗莱斯家族）一道，书写了英国慈善捐赠的一个新的、令人振奋的篇章。乔治·卡德伯里带给慈善事业的，不仅是自我牺牲和自我奉献——这些对那些慈善家而言是非常正常的，因为在他们的信仰观念中慈善占据了中心位置——而且是对最终结果的关注，而这一点是独一无二的。尽管卡德伯里非常同情别人，但他并不对缓解暂时的苦痛太感兴趣，也并不使用他认为是治标的方法。他哀叹道，慈善家们自我满足于解决"表面不幸"，而这些问题之后又会再次冒出来，于是他成立了"每日新闻信托基金"，用于帮助"那些试图消除深层根源的人"。② "表面的不幸""深层根源"，这样的词语在慈善改革者们嘴里是能经常听到的，但在乔治·卡德伯里那里，它们所表达的含义却与查尔斯·洛赫和慈善组织协会所理解的含义有明显差异。

我们无法估计他的捐赠总量有多少。他并不是拿捐赠招摇过市的那

---

① *A Few Footprints.* p. 43.
② A. G. Gardiner, *Life of George Cadbury*（London，1923），p. 235. 我们主要参考卡德伯里的传记写成。

种人，我们只能找到一些公开报道来实现这一估算的目的。① 此外，他的商业事业和慈善事业如此紧密纠缠在一起，乃至于我们很难（也没有必要）将他的决定具体归到哪一类。他花了约 3 万英镑给伯恩维勒建设了一批漂亮的学校，这些学校对他来说既不属于慈善事业也不是奢侈浪费，而仅仅是一个"富人的经济观"。在某种程度上，在同时代的商业人士眼里，卡德伯里的整个事业在一种广泛的意义上就是慈善事业，这一点是有一些神秘的，甚至是有些离经叛道的。他非常蔑视这样的富人，即将他们生命的前期和中期用于赚很多钱，然后在生命的晚年又把钱都捐出去；他也非常蔑视这样的人，即死死地守着他们的钱，而他们的慈善活动则又截然孤立于世。尽管他可能会同意卡内基的看法，即富裕而死是一种罪恶，但是他对财富积累的观念以及他的整个社会伦理价值观念都与这位苏格兰裔美国人截然不同。他的工厂和工厂社区的概念就是一个社会实验室，让人想起很早之前的慈善家、人道主义者——罗伯特·欧文以及他的新拉纳克事业。除其他事业以外，卡德伯里还向反血汗工厂运动和养老金运动捐了大量的钱，这使他成为维多利亚晚期慈善家中的一个异己，同时宣布了他与维多利亚慈善主流传统的分道扬镳。

卡德伯里的独一无二之处不仅在于他的目标，还在于他的行动。在他那个时代有爱心的富人中，他不仅是捐赠方面最大胆、最有创意的，而且是最能言善辩的。他关于商业成就的观念从未得到正统的维多利亚权威的认可。"在英国和美国，一个事业有成的人由太多的部分构成。事业成功并非等同于他有良好的品质……这甚至不代表是一个勤奋的人。"② 在他的慈善同行里面，卡德伯里也几乎算是踽踽独行的，因为他关注捐赠对社会的长期影响。他希望延长这些捐赠的社会价值，他也坚定地相信这一点，而且他从不自我欺骗，相信只靠私人慈善就已经足够了，尽管他捐出了事实上全部的收入。他认为，严格的遗产税是一个很好的机制，能够帮人们将全部财富还给这个国家，如果他们没有在生前把钱捐出去的话，他还热烈支持开征累进所得税。③

和很多同时代人一样，卡德伯里的慈善世界的推动力在很大程度上

---

① A. G. Gardiner, *Life of George Cadbury* (London, 1923), pp. 139 – 140.

② *Ibid.*, p. 116.

③ Letter to the Reverend Charles Gore, 10 Nov. 1906, *ibid.*, p. 119.

是宗教信仰。对他而言，上帝的代管人这个名号是一项工作原则，而不只是一个虔诚的理想。他将积累大量的财富视为一种罪恶。贵格会的纪律警告他不要"在这个世界上试图或觊觎变得富有，这是多变的事情，它们必将成为过去"。① 不仅如此，卡德伯里还将他的公司视为一项准慈善事业，这在同时代的商业领袖里几乎也是独一无二的；他将这视为福利方面的先锋实验，如果能取得成功的话，就能给社会提供一个完整的产业样本。而且，和一个世纪前的罗伯特·欧文一样，他证明了这种不寻常的想法的确可以与某一利润丰厚的产业兼容。

尽管这两兄弟并不是卡德伯里公司的创始人，但乔治以及他的兄弟理查德（参与程度较低一些）事实上是它的创造者。他们的父亲，约翰·卡德伯里是伯明翰当地政府以及相关改革事业中的一个人物，他从茶叶和咖啡买卖中分出来，在布里奇街建了一个小型巧克力工厂。随着约翰的妻子去世，以及自己身体健康状况的转差，他的公司就开始走下坡路，而作为一个年轻人，乔治·卡德伯里在开始有闲钱投身于关注公共问题之前，也不得不花精力试图使这个摇摇欲坠的公司恢复运转起来。那时，乔治21岁，他是四代贵格会传统以及虔诚的、清教徒式的修养的造物。这些家庭奉行的各种各样的俭朴做法，虽然非常多见，却有些难以预料，不可捉摸。乔治的父亲尽管非常痴迷音乐，却放弃了他的长笛，以遵循他父母的愿望，而且一直到晚年他也不愿碰一下钢琴，尽管这些乐器不在禁令范围内。一直到70岁以前，他都不允许在家里放一张安乐椅。然而，尽管家里拥有一套四轮马车是有点奢侈的事情，但他还是给男孩们买了小马。② 成年的乔治·卡德伯里并不是一个兴趣十分广泛的人。在他相对狭窄的兴趣领域中，艺术和文学并不占据一席之地。可以肯定的是，第二次婚姻（他在1888年的时候娶了伊丽莎白·泰勒）对他的生活产生了影响，虽然这种影响也带有贵格会的烙印，却节制了贵格会信徒传统的某些禁欲主义的做法——甚至让他在她的1910年新年聚会上展现了一把舞姿。③ 同样真实的是，正如他的传记作家所说的那样，

---

① *The Book of Christian Discipline of the ... Friends*（London，1883），p. 125.

② Gardiner，pp. 13 – 14.

③ Richenda Scott，*Elizabeth Cadbury，1858 – 1951*（London，1955），p. 120.

尽管乔治·卡德伯里关注的领域很有限，但他的关注都很深，而且很有力。[1]

　　他将这些精力投入拯救巧克力企业。这两兄弟把自己所有的身家（1 万英镑）全部压在了上面。如果这还不够的话，那这个买卖就只能停业了，因为他们并不打算去贷什么他们没能力还上的款。新的资本和孜孜不倦的辛劳结合在一起产生了效果，在第四个年头（1864 年），他们渡过了难关。从那时开始，卡德伯里公司就一路凯歌了。在情况好转后，他们最初做出的一个决定是只销售纯可可，而不是卖让人看到就犯恶心的可可、马铃薯条、西米和糖浆的混合物——在当时，这是标准的商业产品。在这件事上，美德和巨大的成功重叠到了一起，在 19 世纪结束之前，在进口到英国的可可中，有 1/3 是由卡德伯里兄弟公司加工的。[2]

　　对于乔治·卡德伯里而言，这一成功既不非凡也不值得尊重。正如我们所看到的那样，在他看来，挣钱的能力并不与头脑和品性的可敬品质有任何必然联系。真正让卡德伯里成为一个革新家的是，他将一门成功的买卖变成了一种社会改革的工具。这里有个背景，就是他并不太接受这一观念，即认为"金钱联系"是雇主和劳工之间最重要的联系。在他看来，雇主的责任并不是在他付完工资那一刻就完成了；他必须提供很多其他东西，如照明、通风、场地以及工厂以外舒适的居住环境——准确来说，这些必备条件在伯明翰地区是无法确保实现的，因为这座米德兰的大都市正在不断扩张、无序蔓延、变得拥挤不堪。

　　通过关注成年学校运动，卡德伯里得以窥见劳工阶层住房状况的丑恶一面。作为塞弗恩街学校的老师，他不仅得以密切接触"可敬的工匠阶层"成员，也能接触到并不受人们尊敬的各色人物，包括乞丐、刑满释放人员、酒鬼等。他的第 16 班——他在 1863 年接管这个班的时候，他还是这一群年轻人中的一员，他管了这个班级长达半个世纪之久——俨然发展成了一个约有 300 名成员的福利俱乐部，或者甚至是一个家庭传教协会，而这个班级又成了这座城市及其郊区很多分支机构的母机构。但是，在第 16 班取得成功的同时，他却有了一阵挫败感，这种感觉是社

---

① Gardiner, p. 23.

② 他们的买卖的扩大，以及与之相伴的社会公益活动的增长，参见 Iolo A. Williams, *The Firm of Cadbury*, *1831 – 1931* (London, 1931)。

会工作者很常见的，这些社会工作者在为他人利益不断努力的时候，通常会遇到外部环境中严峻事实的坚冰。卡德伯里经常说，只跟一个人说"理想"，这是不够的。"当他还住在贫民窟里，而他唯一的消遣场所是酒吧的时候，他如何才能树立这种理想呢？……要想使他们树立更好的理想，就要给他们一个更好的生存环境。"①

　　他在19世纪70年代晚期决定把工厂搬到农村。他之所以做出这个决定，不只是为劳工们的福利考量，尽管这是主因。事实的情况是，这家公司发展得非常繁荣（虽然雇用的人手还不足300人），而如何进一步扩张的问题也就直接摆在了所有人面前。他们是应该在城市的中心寻找更多的空间，还是应该将整个工厂搬到农村呢——或者是郊区，因为这个地方后来变成了城市郊区——因为那里有大量的空间、新鲜的空气和良好的水源？当然，这里也有一些不利条件，人们在批评卡德伯里的这个决定时自然也没有漏过这些不利条件。尽管火车票很便宜，劳工们去该工厂上班也是一件大难事，因为与这个工厂相联系的居住社区建设计划还需要一段时间才能完成，而不是立刻就能实现的。尽管如此，当1879年10月末该工厂搬到新的场地（距离市中心约40里）的时候，卡德伯里的工人们发现在那里已经为男人们准备好了一块打板球和踢足球的场地，为女人们准备好了一块户外的操场。

　　我们没法简单描述伯恩维勒这个企业的发展情况，或者介绍它里面蕴含的商业和福利的理念，而且这相对而言也是有些多余的，因为人们都知道它的情况。再重复一下，对乔治·卡德伯里而言，挣钱和把钱给出去是同一件事，而且这么做还能使捐钱的过程变得对社会更具有建设意义。无论捐赠的数量有多大，都不能解除财富上的诅咒，因为这些财富是没有经过什么努力就赚到的，或者是对创造这些财富的劳工们的福利漠不关心的。卡德伯里兄弟工厂不仅制造巧克力，为家族创造财富，还是一个工业化的实验室，实验的内容是管理和福利。事实上，这部分也是卡德伯里兄弟所向往的自由，因为当时受到了股东的阻挠，有股东阻止他们成立这样一个公开发行股份的有限公司。这家公司的这些特点，即提供医药和牙科护理、设立养老基金（该公司自己拿出很多钱投入该

---

① Gardiner, p. 48.

基金）和良好的运动设施、在季节性贸易中设置常规性用人计划等，使卡德伯里兄弟公司成为当时英国工业世界中几乎独一无二的企业。在1899 年，当理查德去世的时候，该公司变成了一个私立有限公司，成立了一个董事会，而且公司的管理责任在一定程度上也从乔治转移到了卡德伯里家的年轻一辈肩上。很可能的情况是，该公司的快速增长要求运用新的管理政策，这种政策必须是更少带有个人意志的、更少采用家长式管理的，而这不是乔治·卡德伯里所能够驾驭的，而他与其他上了年纪的创新者不同的是，他对自己的策略并没有那么固执己见。他总是欢迎改变和尝试，正如他的传记作家所推断的那样，是一个有着连续启示的贵格会信徒在日常生活中的自然表达。[1]

在所有与乔治·卡德伯里这个名字相联系的事业中，伯恩维勒小镇无疑是最有名的一个。它对整个花园城市运动所产生的影响在这里也无须重复。我们在这里只能顺便提及一下引起它产生的外部条件，以及它所运用的一些原则。乔治·卡德伯里作为一个个人主义者，应当会否认伯恩维勒小镇是慈善性的事业，就像他否认自己的多数慈善事业的慈善性一样。事实上，它代表着慈善和更高级别的自我利益的融合，而对劳工而言这两者都是颇有惠益的。在某种程度上，卡德伯里兄弟是被逼着做出这样的决定的，哪怕他们不想看到从城里搬出来的好处正在逐渐消失。在 19 世纪 70 年代晚期，随着城市不断扩大，农村地区以一种无法抗拒的、近乎失控的方式快速变为市郊，而卡德伯里则可以看到这个兆头，即哪怕这里不至于像伯明翰的贫民窟那样满是破烂的房子，但也难免会出现地价投机性的上升，乃至于最终整个区域都盖满了偷工减料、质量低劣的房子。这家公司的雇员现在已经有 2700 人了，[2] 这么多人足以组成一个中等规模的小镇。加德纳（Gardiner）指出，乔治·卡德伯里是受到了双重目的的推动："因此，他要在住房方面给出一个实物案例的基本目的得到了这一直接需求的加强，即避免这场工业实验变成一场灾难。"[3]

他提出了一个建设镇社区的计划，但这个计划是没有先例可循的。

---

[1]　Gardiner，p. 115.

[2]　Scott，*Elizabeth Cadbury*，p. 47m.

[3]　Gardiner，p. 142.

尽管艾比尼泽·霍华德（Ebenezer Howard）已经开始到处宣讲他的花园城市理念，但这些还只是一位狂热者的想象，而卡德伯里则不得不凭着自己的经验提出这个社区该如何运作的几条基本原则。他的第一步是购买了 120 英亩的土地，以保证这个项目在未来可以实现，然后他逐渐增加土地。约 10 年后，这块土地扩大到了超过 500 英亩。而一个他事先没有料想到的困难立刻出现了。他以市场上相对低的价格卖掉了第一批 143 栋房子，而其中一些购买者则立刻加码转手卖掉了房子，从中赚取了一笔可观的利润——这对土地价值开征重税的拥护者卡德伯里而言，是事先根本就没有打算给予的好处。所以，如果他不想要给这些投机者创造利润的话，就必须改变程序。

卡德伯里的解决方案是将这项事业转变成为一个慈善信托。在 1900 年 12 月末，他将价值约 175000 英镑的财产，包括约 500 英亩土地和约 370 栋房子（其中有 143 栋房子有了买主，而剩下的房子则是以周租的方式出租的），交给了受托人。20 年后，房子的数量和信托财产的价值都翻了 1 番，而伯恩维勒，作为城镇规划事业的先锋，也承担了宣传理念的功能，并且在莱奇沃思和汉普斯特德花园市郊社区项目中都有投资。[①]

尽管这在技术意义上是一个慈善信托，但它并不打算成为一个传统概念上的"慈善组织"。而且，这家机构也主要不是为解决卡德伯里兄弟公司所遇到的住房问题而成立的，尽管可以承认的是，它对此问题的解决有一定的帮助。在该信托成立的早期，只有 40% 的住户是卡德伯里的雇员，而其他绝大多数住户在伯明翰市区工作。在乔治·卡德伯里眼里，伯恩维勒将对这一更大的问题做出了相当的贡献，即为英国人提供体面的住宅，同时他还认为，有理由相信这些住房可以产生相当可观的收益。当然，他从未声称完全靠他一个人的努力才推动了城镇规划运动的兴起。不过，伯恩维勒的确对英国和海外的花园城市运动起到了明显影响，同时对类似新镇之类的大型公共住房项目产生了间接影响。有人可能持有这种现代人的怀疑论调，即认为在不贬低伯恩维勒实验重要性的情况下，花园城市是否能成为一个答案。在维多利亚工业化房屋惨淡

---

① Gardiner, pp. 145, 160.

的大背景下，这些社区住房计划看起来相当吸引人，那里有大量花园和运动场地、卫生的环境、布置合理的镇区（宽阔的马路与行道树、错落有致的房屋）、品质优良的小学以及其他社区设施。卡德伯里还捐赠了大量资金设立了一个镇信托基金，从而树立了一个"开创性慈善"的成功典型。这位贵格会老板有意识地开启了一项实验，因为他相信这项实验可以为很多英国人指明一条道路，让他们从贫民窟的肮脏环境中逃出来。

乔治·卡德伯里作为一个慈善家的最明显特征之一是兴趣十分广泛。没有什么善功，政治的、社会的或宗教的，是不能打动他的，特别是如果它们看起来未来大有成功希望的话。这不仅是说他是一个富人，捐了很多钱，而且是说他将自己除生活开支以外的全部收入投入了慈善事业。他的某些同时代人是因为没有孩子，而不得不立下一份捐赠遗嘱。与他们不同的是，卡德伯里不仅把钱捐了出去，而且他在这么做的时候，自己有一个很大的家庭。在设立伯恩维勒信托的时候，他指出，这笔捐赠是他绝大部分财产（除公司以外），他还提出了他的信念："在花掉这些钱后，我的孩子将会过得更好。大额的财富并不值得期待，根据我的生活经验，这对一个拥有它的家庭而言，与其说是一种赐福，不如说是一个诅咒。我现在有 10 个孩子。其中有 6 个已经到了能够理解我的行为会对他们产生什么影响的年纪，而他们都表示完全支持我的做法。"[1]

卡德伯里小规模的、杂七杂八的慈善项目中绝大多数都未曾被人们所认知。他的海外捐赠包括一些很偏门的宗教项目，如尊敬的赫德森·泰勒和他的中国内地会，但是他也和威廉姆·利弗一道，赞助了伦敦传教协会以及它的巴布亚土著有限公司（这是一个设在巴布亚的公司，用于保护新几内亚的土著，避免他们受到野蛮的商业开发的伤害）。他对伯明翰本地的需求也相当敏感。他向伯明翰的基督教青年会捐赠了 6500 英镑，用于购买一处选址。同时，他的妻子受到基督教社会主义的影响，在一定程度上也扭转了他的社会观念。由此，他与妻子一道在伯恩维勒镇里建设了一个疗养院和林地，即残疾人孩子之家，据说这花了 15000英镑。尽管卡德伯里并不赞同开展常规布施，但毫无疑问也帮助了大量有困难的个案。而针对那些更具建设意义的事业，他有时会出手帮助那

---

[1] Gardiner, p. 117.

些致力于开展此类社会实验的人，只要这些实验是他认为重要的。此外，他也会在议会议员领到政府的补贴之前帮助那些贫困的议员。

事实上，乔治·卡德伯里做过一些更昂贵的、政治家风范的慈善事业，这些慈善事业带有明显的政治色彩。他是一个坚定的自由党人，坚信一个善意的、有影响力的人所承担的义务是要致力于启蒙公众的观念，将这个民族引到正直、高尚的道路上去。他随时准备资助这样的事业。1891年，他购买了伯明翰地区的四份市郊周报，以作为开展公众教育的媒介，而在布尔战争早期，他也承担了由全国仲裁联盟发放的近100万份传单的印刷和发放费。事实上，对于卡德伯里而言，这场战争几乎标志着一段新的生涯的开始。和很多反帝国主义者一样，他认为这场战争对他的国际道德观念的所有原则都形成了挑战，更不用说对他作为一个贵格会信徒而具有的反战观念了，而他的同胞们的歇斯底里般的行为也使他作为一个自由党人所坚信的通过民主程序而取得合理进步的观念受到了重创。这场战争使这位伯明翰的厂商脱胎换骨，成为一个全国知名的人物，而他此前只在与他有着相同的宗教信仰和社会改革兴趣的人群中为大家所知。但是，卡德伯里的财产现在变成了"支持波尔人"的自由党人的重要财产，他们据此而阻挡沙文主义浪潮的侵袭。

但他们的斗争存在一个严重缺陷，即缺少一个合适的平台来展示他们的努力。不列颠的报纸一边倒地高声喧闹着支持这场战争。在伦敦，《每日纪事报》的倾向出现巨变，其编辑H. W. 马辛厄姆（H. W. Massingham）也随之辞职。于是，支持波尔人的那些人在众多伦敦日报中便只剩下一份《晨间领导者》了，而劳埃德·乔治则四处探寻，想要找出收购《每日新闻》的办法。卡德伯里并没有立刻回复这一请求，尽管他深切感受到英国政府的南非政策是不公正的。这是因为他在伯明翰的事业，商业的和慈善的就已经占掉了他几乎全部精力。他当时正在发起设立伯恩维勒镇信托基金，同时在他的兄弟理查德过世后，公司的事情也变得很复杂。此外，乔治和伊丽莎白·卡德伯里都对推动新的社会福音潮流很感兴趣，因为这股潮流在贵格会社群里正在流行，而他们认为要成立一个非正式的学院，来研究贵格会的社会思想。其结果就是他们决定为这一目的把他们的家宅"伍德布鲁克"给捐出去（这成为第一处塞利橡树学院），并赞助了一个讲席和多个奖学金名额。尽管有这些事业在吸引他的注意力，但卡德伯里还是不会允许《每日新闻》项目就这样垮台，他提供了救急的 2 万英镑。在这场战争结束的时候，该报纸陷入了严重的困境，他不得不在下述两个选项之间做出选择：要么允许该报纸关门，要么就买下这份报纸并重新找一位主管，这个人要跟他一样，已经投了 2 万英镑。他决定继续走下去，并因此承担了运营自由党的日报的全部责任。

尽管成为一份报纸的业主不太能算是一项慈善之举，但卡德伯里在承担这项义务时的信念则跟他在做其他慈善活动时一样。他告诉儿子们说，他在新闻事业上的投资"本来是应该花在慈善事业上的。但我坚定地相信，如果把这些钱花在慈善事业上，所发挥的价值要比把它们用于这一方面小得多，即唤起我的同胞们的意识，让他们为改善被遗弃和被践踏的大量穷人的生活环境而采取必要的措施，这一点只能靠一份大的报纸才能最有效地完成"。① 卡德伯里以他自己的方式在内心中达到了确信，即认为私人慈善的作用有限，而《每日新闻》的社论方针也并不致力于宣扬正统的自由党人的教条。这份报纸主要关注的是社会改革领域，包括养老金、小资产的扩张以及攻击血汗工厂。

卡德伯里自费赞助《每日新闻》在 1906 年 5～6 月在皇后大厅举办了一场血汗工厂展览。这一个聪明的策略，将血汗工厂的罪恶以夸张的形式展现了出来，从而掀起了公众的情绪。而与之相比，他更为热烈地拥护的事业是养老金事业，他相信这个需求无法通过卡德伯里兄弟公司的私人养老金计划这类项目得到满足。卡德伯里将一半精力花在了推动成立国家养老金联盟，以及组织推动 1908 年《养老法》的通过。

我们需要回顾一下《每日新闻》不平凡的经历，而不是仅仅关注卡德伯里做了一项昂贵的慈善事业。② 尽管 A. G. 加德纳的编辑非常好，但这份报纸每年都会亏损 2 万～3 万英镑——这可能部分是因为它采取了一项堂吉诃德式的政策，即不刊登赛马新闻和酒类广告。1910 年，他又增加了《晨间领导者》和《星报》，不过由于卡德伯里的贵格会朋友施加压力，这两份报纸继续刊登赛马新闻。于是，《星报》便也获得了双

---

① Gardiner, p. 236.
② *Ibid.*, pp. 220 – 221, 228.

重身份：既是社会改革的倡导者，又是赛马新闻的传播者。在卡德伯里眼里："《星报》既刊登博彩新闻，又为社会改革和和平鼓与呼，这么做要比《星报》只刊登博彩新闻，并反对社会改革好多了……尽管我非常勉强，但我还是同意参与购买，但我也打定主意，要在之后推动它不再刊登博彩预报类的新闻。"①

到这时，乔治·卡德伯里的生命已经超过了《圣经》上的标准，而他的精力又被这些谈判大量占据，所以对于他而言，现在已经是时候将他所持有的报纸股权转变为一个信托了。他在创立这一信托的契约上附上了一份备忘录（包括一份公开的遗嘱），还揭示出在这位贵格会巧克力巨头的慈善事业中，私人慈善家和激进的社会改革家这两种身份是如何紧密联系在一起的。这两种身份都是基督徒信仰的产物，因为在这种信仰中，宗教与社会道德观念是不可分割地结合在一起的。他写道："我想要成立'每日新闻信托'，以使这份报纸能够服务于开展基督道德教育，以对全国性的问题产生影响，以及在全国人民中树立正确的价值观念的目的。比如，应该以仲裁来代替战争，以山上宝训的精神——特别是耶稣八福——来代替帝国主义和尚武精神……很多现在的慈善事业都只是为了矫正一些表面的问题。我真诚希望'每日新闻信托'可以为那些致力于破除深层根源的人助力。"

他认识到，虽然他认为这场改革非常重要——广泛地说，也就是要将财富从富人手里挪到共同体手里——但在受托人眼里则未必会这么看，或者在此后，随着岁月流逝，它的重要性会逐步下降。而对于卡德伯里这位基督徒自由党人而言，改革者的死手权又并不比此前任何形式的命令更可以忍受。所以，他对受托人做出这样的授权也就可以预料了，即让受托人"根据他们自己对环境改变的良心确信来做出调整，但是基督徒教义的精神不得改变"。②

---

① Gardiner, p. 231.
② *Ibid.*, p. 235.

第十六章　伦敦市外的慈善事业：
约克和利物浦

　　我们这项研究不得不花很多精力来介绍伦敦市的慈善组织以及以这里为中心的慈善运动。伦敦市的捐赠基金收入以及志愿型组织的数量和收入在整个联合王国都是无可匹敌的。然而，过度强调这一点是有些过分的，并且可能扭曲整幅图景。毕竟，伦敦市并没有形成垄断。其他地区亦并非雷打不动地承受伦敦市的雨露，它们在有一些慈善事业方面也处于领先地位。我们只要看下述案例就可以清楚了：伯明翰的星期日医院基金、布里斯托尔的产业和感化学校（基于玛丽·卡彭特的善功，以及利物浦提出的地区护理）。很明显，慈善是不分地界的。

　　为了恢复这一平衡，我们需要对两个主要的外地城市的慈善框架（捐赠基金和志愿型组织）做一个调查。这是一项完全不同的工作，但这项工作很有必要，因为这两个地方的慈善事业的模式是我们不应错过的，它们填补了伦敦相比于其他地方在慈善事业方面的不足。约克，及其古老的捐赠基金和与朗特里家族相关的现代慈善事业，便是一个很明显的选择。就是这样一个地方，它从古老的慈善传统中汲取灵感，并且依靠明智的领导者作为引领，由此而成为其他城市的典范。至于利物浦，它有其他一些有趣之处。默西河畔并没有太多的慈善基金会，但它成为有关志愿型组织的有影响力的理念和行动举措的来源之地。自19世纪中期以降，部分是因为利物浦作为全国重要的港口城市的特殊地位，它发展出了各种合作方案和多样的救助程序，这些方案和程序即便未能解决本地的问题，也至少为其他城市化解这些问题提供了借鉴。

　　当然，选择这两个地方并没有穷尽全部的可能性。几乎任何一个稍大一点的郡中心城市，以及一些规模较小的中心城市都对历史学家有着各自特殊的吸引力——比如，贝德福德，及其大型的教育基金会；考文垂，及其教育捐赠基金的大额收入；布里斯托尔，及其各种各样古代和现代的信托基金。人们还可以继续向下，关注那些规模更小一点的城镇，其中多数地方都或多或少展现出一些典型的和独特的元素。但至少，关注一下约克和利物浦应该足以告诉我们，除了在前文中我们已经指出的那些内容以外，伦敦不仅从外地汲取了很多营养，也将自身的经验传播到了这些地方。

一　约克

约克作为一个慈善中心拥有两重或三重特色。首先，朗特里家族和卡德伯里家族、弗赖伊家族共同组成了贵格会巧克力厂商三人组，其中，在 19 世纪下半叶，朗特里家族体现着公共精神的善行为慈善史增添了一个新的篇章。但是，在这座城市开始转向可可加工很久以前，那里就有很多虔诚的捐赠人开展大量的慈善捐赠，以捐赠基金来装点这座城市。尽管这些捐赠基金的收入相比于诺维奇或考文垂的捐赠基金，每笔金额都不算大，但是当将志愿型慈善组织都囊括进来后，约克在慈善捐赠方面要比另外两个地方更多。[1] 此外，我们再来看第三个特点，在 20 世纪 50 年代中期，约克市的慈善组织最终实现了联合，这提供了一个模范计划，这个计划在事实上不仅具备联合运作的优点，而且体现了相当大的弹性。

在 19 世纪与 20 世纪之交，约克是一个有着约 78000 人口的城市。当时，工业还未能大规模侵入，这个城市还只是一个基督信仰和居住中心，整个城市的特点只是因为铁路建设，以及可可和甜品工厂的进入而受到了少许影响。这里需要再重复一下的是，约克作为一个有着很多古老社区的城市，可以自我夸耀说它拥有大量各种各样捐赠基金慈善组织（现在还有超过 350 家）[2]，其中最老的一家慈善组织源于中世纪。1907

---

① A. C. Kay and H. V. Toynbee, "Report on Endowed and Voluntary Charities," *R. C. on the Poor Laws* (Cd. 4593_, 1909), App. XV. 计算数据基于 1901 年人口财产普查。

② 参见 W. K. 塞申斯（W. K. Sessions）为老年等问题纳菲尔德委员会所准备的报告手稿的复制件，p. 19。

年，根据济贫法委员会调查员的计算，该城市的捐赠基金慈善组织的总收入约为9000英镑①，而志愿型组织的收入则将近13000英镑。不过，因为他们只关心那些对穷人或多或少产生了直接影响的慈善组织，所以并没有将纯医药类和教育类机构纳入统计范围。如果将这些机构都加上去，那么约克的慈善组织，包括捐赠基金类和志愿类，其总收入将超过3万英镑。②

在某些方面，约克的状况让人联想起伦敦市。其中有约75%的捐赠基金是全市性的慈善组织——服务范围覆盖全市，但有超过25%的捐赠基金服务范围仅限于近30个教区中的一个或数个。约克的各教区也表现出与伦敦市一样的贫富差异。在19世纪与20世纪之交，最富裕的约克教区的慈善收入达到了380英镑，而最穷的教区只得到了6先令8便士。不仅如此，和伦敦市一样，随着城市的人口从市中心迁移到郊区，一些教区所获得的慈善收入严重超过其开支。到1931年，市内的教区只有18%的人口，却获得了基金孳息的64%。③约克的这种状况跟伦敦很像，尽管程度要轻得多，而正是因为这种状况，伦敦不得不成立了伦敦市教区基金会。

约克的慈善组织的虔诚的创始人对他们所生活的这个时代的慈善领域做了深刻的思考。这个城市的捐赠基金则包括所有的主要领域，这些领域是那些慈善家通常会把钱捐入或遗赠的领域。到目前为止，其中最大的一个门类是老年护理领域。约克以敬老院而闻名。在19世纪与20世纪之交，当地的敬老院可以提供145张床位。除了这20家不同的敬老院以外，当地还有数量同样众多的养老金慈善组织，这些养老金慈善组织遍布城市的各个地方，共帮助了约115位老人。④有时，这些捐赠基金是作为养老院基金会的分支机构而成立的，而有的时候它们是完全独立的，此外在有的时候，它们的宗旨是帮助那些资金不足的敬老院里的住客。事实上，约克曾经是而且现在依旧是老年人的养老圣地；没有其他

---

① 这个数字应该至少增加1700英镑，因为约克盲校被视为一家志愿型慈善组织，尽管它有大量的捐赠基金。

② 约克郡医院的收入超过6500英镑，尽管严格来说，这家机构并不能算是约克市里的实体。

③ Session Report（n.2 above），p. 16.

④ Kay and Tonybee, "Endowed and Voluntary Charities," p. 16.

英国城市能像约克一样拥有如此充足的——在有的情况下甚至是奢华的——敬老院设施。

约克的这些敬老机构是在600年里逐步成立的，因而呈现出一种多样化的状态。其中最早的机构是圣托马斯敬老院和圣凯瑟琳敬老院，它们成立于中世纪；而与我们关注的问题相关的最晚成立的机构则成立于19世纪90年代（尽管近来又有几家不错的机构成立了）。[①] 这些机构的收入从可怜的每年16英镑（帮助4位入住的老人），到年收入超过325英镑——靠着这笔钱，相对富裕的万德斯福德医院供养了英国国教会的10位未婚女士。约克的敬老院的年收入总计达到了2550英镑。

其中一个常年困扰受托人的问题是如何供养敬老院里的那些住户，因为敬老院只能提供一个场所，却没有资金提供其他服务。这个问题部分被约克的养老金慈善组织解决了，这些慈善组织的年收入超过1150英镑。[②] 总的来说，这些收入得到了系统性的、负责任的运营。约克的慈善组织名录上还有大量传统的救济金发放组织，这些组织的年收入达到将近1800英镑。[③] 这些机构绝大部分是教区里的机构，它们超过2/3的收入以直接的救济金或救济品的形式分发给穷人。当然，它们发的项目包括圣诞救济金、煤券和面包券，以及学徒的服装购置费（但没有其他费用，因为在约克并不流行支付这类费用）或向贫困者提供衣服。[④]

约克特别突出的地方在于它的捐赠基金。基于志愿型和混合型慈善组织[⑤]，这座城市变成了一个事实上的微缩版的"伦敦市"，里面有很多

[①] Nuffield Survey Committee, *Old People* (Oxford, 1947), App. 13.

[②] 在某些个案中，以养老救济为目的的信托被转型成了养老金慈善组织。比如，阿加慈善组织（1735年）最开始是一家敬老院，然后在1877年进行改组，为6位寡妇提供养老金。艾伦慈善最初打算成为一家医院，后来转型成为13位老人提供养老金的组织。

[③] 凯伊和托尼比（p.15）给出的数据是3700英镑。之所以会有这样的差异，据他们解释，是因为他们将面向穷人的志愿型慈善机构的收入也纳入了统计范畴，比如某些教堂所筹得的款项。

[④] 在约克的慈善体系中有一个新奇的元素，就是一系列资金的来源是一个财团所持有的杂散地和牧场的收益，这些土地是由4个区的自由民信托给该财团管理的。在我们研究的这个时段里，这些杂散地的年收益为将近1700英镑，当时，它们将要接受更为规范的运营。议会法令（1907年）取消了自由民对其中收益最高的土地，即麦克勒盖特地块的权利，并规定由约克财团给予麦克勒盖特自由民委员会每年1000英镑的费用，这些收入将用于符合自由民及其家庭利益的目的，且按照慈善委员的方案加以使用。

[⑤] 这指的是这类慈善组织部分依赖来自捐赠基金的收入、部分依赖认捐和捐款。

机构和组织从事各种各样的事业，这些事业是维多利亚和前维多利亚时期的人所为之奉献时间和物资的事业。在各大医疗类慈善组织中，最古老的也最令人印象深刻的是约克郡医院（1740 年）。它是市内最早成立的大型机构之一，于 18 世纪的医院建设浪潮中成立。到 19 世纪与 20 世纪之交，它的平均年捐赠收入已经超过了 9000 英镑（包括遗赠和特别捐赠），并有固定的收入约 6550 英镑，自愿捐赠和捐赠基金分别为每年约 2500 英镑。18 世纪末期的医疗所运动创造出了约克医疗所（1788 年）。在 100 年后，该医疗所的自愿捐赠和投资收益超过了 1600 英镑。[1] 正如我们已经看到的那样[2]，在治疗精神病人方面，约克扮演了一个先锋角色。在 20 世纪前夕，（贵格会）瑞垂特机构和更新过的布萨姆公园精神病医院都是重要的准慈善机构，其中前者的收入超过 23000 英镑，而后者的收入则超过 1 万英镑。尽管这些收入中的绝大部分来自向病人收取的费用，但是这些收入有一部分也是早期的慈善事业的成果，它们也共同被用于接收新的贫困的病患。

约克同时还为其他类型的残疾人提供帮助。成立于 1833 年的约克郡盲人学校（主要不算是约克市内的慈善组织）投入了约 5 万英镑的财产，而其最近年收入则为将近 9000 英镑（算上教育主管部门拨给的 1800 英镑和出售商品获得的 4250 英镑）。[3] 成立于 1782 年的约克伊曼纽尔则致力于为饱受目盲或"蠢行"折磨的牧师和他们的家庭提供治疗服务。

我们没有必要一一列举约克慈善领域中的其他机构和组织。理所当然，那里有古老的慈善学校——面向男生的蓝外套学校和面向女生的灰外套学校——这些学校的捐赠基金收入超过 1800 英镑，认捐和小额捐赠则超过 600 英镑。由卫斯理公会负责管理的约克慈善协会创始于 1793 年，该协会是一个很好的早期走访协会的范本。与此同时，约克还有释放囚犯帮助协会，该协会将古老的约克城堡监狱慈善组织的收入以及自己的自愿捐赠收入都分发出去。在剩下的组织里面，有标准的慈善组织——帮助任性的、没有朋友的女孩，帮助病人和贫民，帮助准少年犯——这些组织或多或少都带有 19 世纪与 20 世纪之交英国乡镇的特色。

---

① *Burdett's Hospitals*, 1906, p. 516.

② 参见第四章。

③ Kay and Toynbee, "Endowed and Voluntary Charities," pp. 127 – 128.

但是，相比于这些慈善组织，约克的慈善基金特别是那些照顾老年人的基金，才是使约克成为慈善中心的关键所在。①

一直到 20 世纪到来之后的头一个 10 年，约克才对那些古老的基金会采取促进其管理现代化及加强管理的正式举措。提出这件事的是两位助理慈善委员凯伊先生和托尼比先生，他们当时为济贫法委员会开展了一项研究，这项研究涉及十多个区域的慈善组织。在报告中，他们指出，约克和诺维奇的慈善状况十分相似，同时建议加强对这两个城市的捐赠基金的管理。因此，当慈善委员们拿出一个精心制订的方案，推动诺维奇的慈善组织合并的时候，他们这么做不过就是在测试约克的慈善组织的反应。② 其结果就是慈善委员们拿出了一份涉及 250 个不同信托的草案计划。1910 年 7 月，慈善委员们将这份计划的初稿送达约克市议会。该计划要求将除 5 家机构以外的其余全部帮助穷人的慈善组织合并在一起，并要求将自己的收入用于 4 个分支方向：敬老院、养老金、社会进步（帮助那些值得帮助的贫困儿童）和穷人。

如果这个计划从理论上来看无可挑剔，那么它在实践当中会不可避免地触怒很多当地的利益群体。就算是这么一个明显合乎情理的想法，即将教区慈善组织联合到一起，以使它们能够服务于整个城市的贫民，而且这个计划还得到了大主教的同意，但它在当地的更为富裕的社区里并没有激起太多热情。如果说慈善委员们曾预见到这一麻烦的话，那他们的预感是完全正确的，所以，他们觉得有必要举行一场公开听证会。1911 年 5 月，他们在约克举办了这场听证会，A. C. 凯伊负责主持这场活动。他在这座城市里待的这两天一定是相当不舒服的，因为有个非常清楚的情况，约克的受托人尖锐反对将他们的捐赠基金交给一个中央机构来管理。他们提出了六七个反对议题：从"维护虔诚的创始人的意愿和指示"到计划中的受托人机构过于庞大，无法高效的工作等。当然，受托人的这些意见无非为了表达他们强烈抵制慈善委员们提出的方案。

---

① C. f. Nuffield Survey Committee, *Old People*, App. 2（"Survey of Endowed Charities for Old People in York"）and App. 13（W. K. Sessions, "Report on the Almshouse of York"）.

② 关于 1910～1911 年的合并计划的信息，取自 1911 年 5 月在约克举行的听证会的手稿（存于约瑟夫·朗特里纪念信托的办公室），作者是一位助理慈善委员，名为 A. C. 凯伊。

很可能慈善委员们对他们在约克的前景过于乐观了。尽管他们从一些方面得到了一些支持，这些支持力量从宽泛角度来说，应属于自由派劳工和独立教会，但这些支持力量真的属于小众。而他们却沉溺于一厢情愿的想法之中，并坚持按他们的喜好来设定计划。事实上，针对这个计划，约克市议会投出了反对票。于是，他们关于推动合并的希望最终还是在 1912 年夏天破灭了，当时约克市议会以 2∶1 的投票数拒绝了这一计划。然后，在接下来 40 年里，约克的慈善组织继续按自己的道路各自独立发展。

再次唤起人们对开展有效合作的可能性的兴趣的，是纳菲尔德基金会的一个委员会于 1947 年发布的一份有关老年人护理问题的划时代的报告。这个委员会的主席是西博姆·朗特里（Seebohm Rowntree）。该委员会将约克，以及它的 20 家敬老院和其他以老年人为对象的捐赠基金类慈善组织单列了出来，并在附录中予以特别对待。① 靠这些财产，约克可以在这些方面成为其他地区的领导者，即提出有关护理老年市民的更为有效的办法，以及或许也包括推动个体慈善组织之间的相互联合，以共同解决这一问题。此外，国家的福利行动的极速扩张也改变了志愿型机构的处境。约克市市长在 1947 年春天的一场会议上曾提出，可能"通过志愿型机构和法定机构之间的合作，一个提升老年人福利的计划就能够因此产生出来，这个计划将惠及整个郡"。② 而以老年人为对象的捐赠基金之间的合作也为慈善事业中的其他领域内的协同行动指明了道路。

在约克慈善领域中有一群"城市慈善组织"，这群组织之前是由城市公会直接管理的，而自 1830 年改革之后，则由一个受托人特别团队负责管理。③ 约克慈善组织受托人部门对这些组织开展了一项研究，这项研究告诉该部门，需要对这些组织进行大规模调整。该部门认为，通过这种调整，这些组织的服务范围将超越原先所覆盖的地域。简言之，它所建议的内容就是推动约克城市慈善组织合并，同时接纳很多其他愿意与这个新机构联合的捐赠基金一起加入。慈善委员们一开始对这个主意

---

① *Old People*，Apps. 2 and 13，by W. K. Sessions. 塞申斯的父亲是一位市议员，他曾支持 1911 ~ 1912 年慈善委员提出的合并方案。

② 本节的相关信息来自 L. E. 沃迪拉夫（L. E. Waddilove）先生提供给我们的手稿材料。

③ 这些城市慈善组织资金占约克捐赠基金收入的不足 10%。

有点犹豫，很明显他们将它误解成了要将整个约克的慈善组织都强制合并。他们已经受够了那些会侵犯地方既得利益的方案，一点也不想再尝一下遭受受托人、教区居民和教士召开抵制会议的滋味。但是，他们最终发现约克这份温和的方案中有一些优点，所以同意起草一个议会行动草案——之所以要起草一份行动草案，很明显是因为要对如此之多的在法律意义上尚未"失败的"慈善信托做出调整，只能通过议会来使之生效。

由于南森委员会调查，这一程序不可避免中止了。在调查中，约克计划的主要发起人，朗特里镇信托的 L. E. 沃迪拉夫先生以及 W. K. 塞申斯在南森委员会上的证词使南森委员会打消了顾虑，它向这一弹性的计划提供了支持。对于慈善委员们而言，南森委员会的报告就像一剂兴奋剂，他们按照自己同意的条款推动这个计划大步向前。其结果就是出台了一份法令，将约 46 个慈善基金合并到一起。这包括约克的一大块慈善资本，以及大量小型教区慈善组织，但其中并不包括一些设施完好的养老院。虽然这个计划的发起人对开展良好的管理有坚定信念，但他们却并不想将约克所有的慈善组织都装入一条约束衣里面。进行合并会有明显好处，也有很大的价值，即由独立的受托人团队各自关注自己的慈善组织。这是一次非常宽松的合并，负责方有意识地尽可能保留其中原有的有用元素不加以触及。

基于 1956 年法令而成立的约克市慈善组织联合体每年总收入约为 2800 英镑，此外还有超过 4000 英镑收入由各家慈善组织自行管理。[①] 比如，在诺维奇，这笔收入被用于 3 个广阔的宗旨门类，这几个宗旨门类都或多或少与独立捐赠基金的原始宗旨相关，包括社会促进、贫困，以及（到目前为止是最大的门类）养老院和养老金领域。自 19 世纪 80 年代开始，在慈善委员们的所有方案中，管理权都被授予给了一个受托人部门，该部门包括一部分代表委员和一部分增补委员。总而言之，约克的计划在最需要开展合作式管理的领域，也是个人的主动性还依旧十分繁盛的领域，将这种管理与对个人主动性的保护进行调和。

---

① Manuscript report by W. K. Sessions for the Nuffield Committee, p. 9. 这些数据包括非教育类和非医疗类慈善组织。

对多数人而言，一提到约克的慈善事业，会更多地想起朗特里家族的捐赠和人道主义义举，而不是大量慈善捐赠基金。这个巧克力生产商家族成为贵格会慈善传统的当之无愧的继承者，就像格尼家族、弗莱伊家族、霍尔家族及之前的其他一些家族一样。所以，哪怕我们只是简单列举一下西博姆·朗特里（Seebohm Rowntree）这个家族中最著名的一位社会公仆推动的公共改善项目，都会因为数量太多而无法实现。1901 年他对约克劳工阶层生活的调查（《贫困：一项关于镇上生活的研究》），以及他的补充性作品《英国生活和休闲》（1951 年），为几乎是独一无二的英国公共生活半个世纪的努力做了一个注解。在这里，我们只能简单概述一下这个家族慈善事业中较为有趣的、永恒的一项，即朗特里村信托（现在已经更名为约瑟夫·朗特里纪念信托），这个信托也曾赞助过与伯恩维尔、阳光港和花园城市的做法相类似的社区建设实验，但这个实验有明显的不同。

这个信托的创始人是约瑟夫·朗特里（1836～1925 年）。在他的管理下，这个家族的生意得到了最大限度的扩张。[1] 和公谊会的其他人一样，在他眼里，"J. R." 代表着他不断增长的财富，而这些财富是上帝委托给他代管的。朗特里一生中投入了大量时间在公共事业上，特别是在控制酒精贸易方面，但是因为他当时已年近 70 岁，所以决心将绝大部分财富移交出去，用于几项不断吸引他注意力的事业。他在那时建立的三个信托都在一定程度上反映了他对同时代慈善事业的肤浅而又随意的特点的不安。比如，在当时，慈善组织可以为印度遭受饥荒的难民筹到钱，却很难为财政研究筹到款，以搞清楚饥荒的成因和预防措施。与其他捐赠人的古怪偏好形成鲜明对比的是——同时他事实上也反对他的法律顾问提出的建议，不愿意对受托人做出更为严格的限定——他授予他的受托人宽泛的权力。他指出："新的情况提出了新的要求。我给予了这些基金会的受托人和理事们非常宽泛的权力，并且对他们的运作很少做出强制性的指示。"[2]

---

[1]　关于约瑟夫·朗特里的最近一版的传记是：Anne Vernon, *A Quaker Business Man：The Life of Joseph Rowntree, 1836 - 1925* (London, 1958)。

[2]　(L. E. Waddilove) *One Man's Vision* (London, 1954), pp. 1 - 4. 这里关于这个信托的介绍，主要资料取自沃迪拉夫先生的这本书。

　　其中有两个信托的宗旨是开展可能的社会调查（就像西博姆·朗特里一样），以推动公谊会的工作，并为某些社会和政治改革活动提供支持。第三个信托的目的是向约克当地提供直接的物质利益。当然，朗特里村信托并不是独自开展行动的，而是和 19 世纪与 20 世纪之交发起的运动联合在一处，还从埃比尼泽·霍华德的花园城市宣传活动那里借了不少力。① 在他决定成立这个信托之前，约瑟夫·朗特里已经在约克购买了一块约 150 英亩的土地，而西伯姆则获得了一位早期有影响力的城镇规划者雷蒙德·恩文（Raymon Unwin）的效力。② 这个最早的小区，即由恩文和他的合伙人巴里·帕克（Barry Parker）规划的那个小区（当时正好买下了莱奇沃思的一块土地），是非常具有预见性的。在他的第一份计划方案中，这位建筑师给出了一个令人兴奋的与传统截然不同的实证个案。他坚决不用平行的道路来切割这个社区，并在四周用一栋栋房子死死围住——这样就会把城市的样子搬到乡村地区。他拒绝为道路建设而牺牲掉本可以用于建设公共空间和小花园的宝贵土地，而且他将房屋分散建设，这样一来房屋的客厅里就能照进充足的阳光，也不用担心在窗外就是一条主干道。简言之，朗特里小区是捐赠人和建筑师做出的一个颇具想象力的尝试，他们试图打破劳工阶层住房的固有模式，提供符合经济原则、足够结实，又相对美观和舒适的住房。

　　我们并不想对朗特里村信托和它的新伊尔斯威克小区的历史做一个描述，甚至是概述。③ 我们在这里关注的是朗特里村信托作为一项慈善事业的某些明显特点。尽管新伊尔斯威克小区在某些方面借鉴了卡德伯里的伯恩维尔小镇，但这两个项目所面临的问题在任何意义上都并不相同。约克并不是伯明翰。尽管大城市附近的住房只需要与悲惨的贫民窟

---

① 《明天：通往真实改革的和平之路》（*Tomorrow: A Peaceful Path to Real Reform*），该书首次出版于 1898 年，再版于 1902 年，改名为《明天的花园城市》（*Garden Cities of Tomorrow*）。

② 参见 Lewis Mumford's tribute to Unwin（转引自 Waddilove, *One Man's Vision*, pp. 133 - 134）。在这篇致辞里，他纪念了规划领域的先驱，并证明说，哪怕是从经济角度来看"过度拥挤都是无所裨益的"。

③ 沃迪拉夫先生的作品就该小区的规划、出租和开销等相关技术细节，以及该小区里的集体生活的相关情况提供了很多信息。下述作品也给出了概要的介绍：Anne Vernon, *Quaker Business Man*, pp. 147 ff。

竞争，并因此能够在没有太多困难的情况下吸引大量的租客，但是新伊尔斯威克小区的状况要复杂得多。约克不是一个主要工业城市，而且它的住房状况也远没有到不可忍受的地步。结果，尽管潜在的租客所提出的申请远没有出现短缺，但该信托在获得最底层的租客方面却一直没有取得太多进展。基于这一条件，该小区——1954 年有近 600 栋房子，并有 26 栋其他的房屋在建设中——也反映了这一社会状况。而且，该小区创始人的主要兴趣也不是向朗特里的雇员提供住房，尽管这个小区毗邻工厂。在 20 世纪 50 年代，只有 1/3 的租客属于这一类。

朗特里并不想构建一项无限期的慈善事业，他希望证明这些提供给低收入劳工的住房能够取得一个最低限度的商业回报。但是，这个目标从未能完全实现，尽管该信托到目前为止都未曾出现资金短缺的状况。该信托的总资产最初约为 62000 英镑，而到 1953 年则超过了 95 万英镑，而花在土地、房屋和一些必要的服务项目上的总开销则达到了约 45 万英镑。我们无法从细节角度回溯新伊尔斯威克小区的财务史。需要重复一下的是，这项实验并不想打上"慈善的标签"，而只是想为公共部门和私人地主提供一个先导性的个案证明。在 1914 年以前，它看起来似乎能极好地满足这些条件，而且能按照创始人的意愿，用机构收入来资助这个小区的扩张。但这一早期的经济成功在一定程度上是虚无的幻想。仅仅是因为这些新建筑尚不太需要做大的修缮，才使这个项目在只收取极低的房租的情况下，还能够保持不断扩张的态势。但在两次世界大战之间，情况出现了改变。快速上涨的建筑成本迫使受托人不得不通过借款来为新的建设工程提供资金，还要根据 20 世纪 20 年代的各部《住房法令》从政府那里领取补贴。约有 225 处房屋是以这种方式建起来的，而全额由该信托拨款资助的房屋只有 34 处。在这些年里，靠着这些补贴，信托的资本净回报才有了大幅上涨。

从 1945 年开始，该信托的状况就像英国很多慈善事业一样有了巨大变化。需要由一个机构来开展劳工阶层住房的实验，以为政府提供借鉴的时代已经一去不复返了。事实上，政府已经掌握了主动权。而且，随着地方政府大规模实施住房计划，并向低收入劳工群体提供住房，这一在一开始就困扰该信托的问题，现在终于不是难题了。受托人可以心安理得地接受那些经济水平不属于社会底层的租客，并能够相应调整租金水平了。于是，受托人发现他们自己终于有足够的资源用于创始人构想的一些更为广泛的社会宗旨了。

自始至终，该信托都一直在拨出这些款项——开展社会调查，在约克建设花园和公共空间，以及开展住房改革——它这么做，为的是"更广大的共同体"的利益，同时为新伊尔斯威克小区提供各种各样的便利设施。比如，村小学从一开始就有着极高的质量，也是人们自豪感的源泉。[1] 自从第一次世界大战以来，受托人参与了各种各样的实验性事业。其中，有一些拨款是用于资助对"问题家庭"的应对方法的研究，这个难题是私人事业可以回避的（如新伊尔斯威克小区就可以回避），但公共住房机构必须应对。而在对农村健康问题开展了一段时间的研究后，受托人则买下了一个移动的产妇和儿童福利中心，并将之移交给健康主管机关，这个中心服务该地区的约 20 个村。1948 年《国家援助法令》以及西博姆·朗特里主持的纳菲尔德老年研究，将受托人的注意力转向了自己地区的老年群体。他们与公共部门合作所得出的结论倾向于这一观点：老人应该以合理的开销被赡养在本地小家里，由此便也可以避免让他们卷起所有铺盖，搬去更大的城里的养老院所造成的不良后果。

上述这些并不是该信托的全部成就。毫无疑问，受托人和住户都会从村里的共同体生活中，以及从功能不断拓展的自治政府中找到一些令他们特别满意的东西。朗特里从不想把他的慈善事业设计成为一个家长式的组织，而随着时间的流逝，其中的家长式味道也变得越来越淡了，所以这一事业提供了一个关于私人慈善的不错的个案，说明这类事业该如何随着时间的流逝而不断改变，并且在社会关注和国家责任不断扩张的年代里有效发挥作用。在早期，它和其他住房类慈善事业一样，将自己的主要目标定为影响私人地主中的较开明的那群人——向他们提供证明，说提供质量上乘的住房并不会影响到资本利得——以及鼓励花园城市运动。此后，它又将主要的关注点调整到了公共部门，也就是那些负责建设劳工阶层新社区的机关，因为那些社区是该信托所致力于提供服

---

[1] Waddilove, p. 143. 尽管 1944 年《教育法令》改变了这个问题的状况，但新伊尔斯威克小区（1952 年）比北赖丁区的全部小学的开销还要多出约 40%。受托人拨付的捐款只占到了当地教育部门拨付款项的一半，而余下的费用则主要被用于一个很小的社会群体。

务的对象。

然而，从第一次世界大战以来，该信托的关注点开始出现剧烈调整。到这场持续半个世纪的住房实验的末尾，朗特里村信托的受托人发现该信托基金的收入达到了约10万英镑，其中有超过一半的收入都来自其原始资产，这笔收入比创始人所构想的要多很多。与此同时，公共机构和其他单位又在大量建设住房，于是该信托便没有必要再将自己的资金投入建设新的房屋了。解决方案是向议会申请一部《私人法令》[①]，从而改变该信托的条款，允许它从事更为广泛的社会研究和社会实验。约瑟夫·朗特里纪念信托（这是该信托的现用名称）的第一份报告（1960年）披露说，它赞助了形形色色的事业，比如一项对产前死亡率的调查、一项为期五年的对英国住房设施立法管制所产生影响的研究、一项推动在罗德西亚建设市民建议办事处的调查——此外，当然该基金还继续在新伊尔斯威克小区开展常规的实验性活动。[②] 在英国慈善世界中的形形色色的组织和机构里，没有一家机构能够像朗特里村信托一样展现出对"施加新的义务"的"新的情况"更为强烈的关注，也没有一家机构能够像该信托一样，在准集体主义的英国将私人慈善运用得如此富有想象力。

二　利物浦

慈善史学家对这座坐落在默西河口上的巨大港口城市所提出的要求，与对约克所提出的要求是截然不同的。利物浦并不是一个拥有大量古老基金会的城市，而且与那些古老的中心城市相比，利物浦服务于下述宗旨的捐赠基金的数量也较少：济贫院、养老金和救济金，或者其他传统慈善宗旨。哪怕是16世纪的文法学校，也就是都铎-斯图亚特王朝时期慈善事业的遗物，也已经被蓝领学校给兼并了，这一蓝领学校成立于18世纪初，创始人是一位善良的船长。[③] 尽管这座城市中一些显赫的家族拥有典型的公共精神，如拉思伯恩家族、霍尔兹家族等，但没有一个慈善家族的事迹能够比得上约克的朗特里家族。当然，默西河畔依旧是大

---

① 《约瑟夫朗特里纪念信托法令》，这部法律在1959年7月29日得到了皇家的批准。

② 该基金1960年的第一份报告也提到了这一点。

③ George Chandler, *Liverpool* (London, 1957), p. 389.

额捐赠和遗赠的来源地。比如，塔特·加勒里与戴维·刘易斯信托。[1]
但提出批评意见的公民却要求富裕的同胞对本地的慈善事业给予适度的
关注。当威廉姆·布朗（William Brown）爵士捐赠了布朗图书馆时，一
位记者提醒他的读者说，是获得准男爵爵位而不是任何淳朴的慷慨之心
促使他做出了这项捐赠，而且即便是有这个动因，这个捐赠人还是"在
压力的逼迫下才非常不情愿地捐款的，并且是做了很多小心的安排——
这有点像那头著名的母牛，一开始产了奶，然后又一脚踢翻了奶桶"。[2]
酿酒商安德鲁·巴克利·沃尔克（Andrew Barclay Walker）爵士向利物浦
捐赠了一个艺术馆，但不友善的评论员却对他冷冷淡淡。这是因为沃尔
克曾暗示说，他的慈善事业就是一个工具，用于实现他所想要的社会和
政治地位上的进步，首先是变为骑士，然后是准男爵。[3]

不过，利物浦慈善事业的最大特点是个人捐赠人创建的大型基金会
的数量要比有组织的志愿行动所创建的数量更少。当地的批评家真真切
切地感觉到，利物浦社会的阴暗面并没有得到有效的应对，而西蒙太太
形容利物浦的慈善活动说，它就像是一个希望与失望不断交替的故事。
但是，尽管利物浦的慈善记录中满是令人气馁的篇章，但它依旧是各种
新主意、新形式和新机制的源泉，这些东西对伦敦和其他地方的慈善实
践产生了强大影响。尽管这么说有点过，即在志愿型慈善领域，"利物浦
今天所想的，就是英国剩下的地区明天会思考的"，但 19～20 世纪慈善
事业的一些重要原则和技术方法的确来自默西河口的这座城市。

利物浦港口是 18 世纪的产物。1709 年，当地开始了第一个泊船坞的
建设，然后快速发展，到 18 世纪末就已经发展成为一个拥有 75000 人、
每年吞吐近 5000 艘船的城市。[4] 简言之，这就是一个商业社会，而非工
业城市。这座城市的领导者是商人，而非工厂主。泛泛而言，他们的政
治和社会事业是 18 世纪商业贵族式的。利物浦的劳工阶层也与南兰开夏
典型的劳工阶层不同。当地并没有大量长期打工的工厂劳工；这里只有

---

① Asa Briggs, *Friends of the People* (London, 1956), p. 99.

② B. Guiness Orchard, *Liverpool's Legion of Honour* (Birkenhead, 1893), pp. 213 – 214.

③ *Ibid.*, p. 689.

④ Margaret Simey, *Charitable Effort in Liverpool*, p. 7; J. A. Picton, *Memorials of Liverpool* (London, 1873), I, 252.

大型的商业寡头凌驾于数量相对较少的劳工之上，这些劳工绝大部分是临时工，雇主们并不需要花时间与他们建立什么稳定联系。比如，1885~1886年，有将近21%的申请救济的人是码头工人，有13%的人是搬运工人。[①] 这座城市的劳工人口绝大部分是游民——大群的爱尔兰人，他们是因为悲惨的遭遇而不得不移民，或者是因为相信能改变自己的命运而被吸引到这里来的，此外还有来自威尔士或者密德兰和北方乡村的移民。除了这些临时工人以外，当地还有大量的渔民，他们因为不利的风向或者捕鱼淡季而被困在港口，此外还有一群群移民，这些移民是途经利物浦前往新世界的。由此，人们就可以了解到，为什么即使在早期的维多利亚城市里，利物浦也被视为一个因为拥挤、肮脏、疾病肆虐而被人们遗弃的城市。

相比于其他工业中心城市更甚的是，利物浦各阶层之间的社交接触要更少。利物浦的雇主们并没有因为受到与他们业务相关的外部压力而不得不担起对他们雇员的责任，在这一点上他们做的甚至比最不人道的工厂主所被迫做的更少。用一位利物浦历史研究者的话来说，他们对地位更低的阶层的态度是"漠不关心的，只是通过慈善稍作调和"。[②] 然而，如果说相对孤立使利物浦的上等阶层对其他人漠不关心，但同时那也没有引起他们对下等人的敌视，而这正是某些新工业中心城市里上流人士的特点。这个商人贵族政体并没有感觉到有什么东西对它的地位构成挑战，而其成员因此也就担起了改革或人道事业的领导角色。其中一些大商业家族——他们绝大部分是"伦肖街一位论信徒"——形成了一种强有力的、令人羡慕的公民领导人地位传统。

如果我们想将利物浦人道主义者帮助城市的穷人和病人的办法的发展历史梳理出来，那不过就是在总结西蒙太太的著作。[③] 尽管在社会结构和经济定位方面，利物浦有自己明显的特点，但从全局上来看，利物浦的慈善事业的趋向和伦敦以及其他地方的潮流相一致。在19世纪早

---

① Central Relief Society, *Ann. Rept.*, 1885–1886, p. 6.
② Brain D. White, *A History of the Corporation of Liverpool*, 1835–1914 (Liverpool, 1951), p. 4.
③ Above n. 5. 下述材料列举了利物浦的约125家机构，以及它们各自的资金来源（1905年），参见 *R. C. on the Poor Law* (Cd. 4835), 1909. App. IV, 543–549。

期，当地也有人对地区走访抱有同样的热情，当地的志愿型社团同样兴旺蓬勃，此外还有大量个人投身其中。有一位非凡的年轻的论牧师——尊敬的约翰·哈密尔顿·索姆（John Hamilton Thom），他在 1831 年来到伦肖街的小教堂，然后开始劝说富裕的听众成立一个本土的传教团，并向穷人委派一名牧师。这个传教委员会仿佛是在神意的引导下，被交到了尊敬的约翰·约翰斯手里。约翰斯是德文郡人，他像索姆一样优秀。此后，他一直担任教区传教士，直到 1848 年因在履职过程中感染上了霍乱去世为止。约翰斯的成就是，他在自己雄辩的、长篇大论的年度报告和个人吁请中，向赞助人揭示了其他国家的生活状况，并在他们心中种下了他的这一观念，即利物浦贫民窟居民的悲惨状况主要不是因为他们的道德缺陷，而是因为这个社会没有向他们提供维持文明生活所需的最基本条件。尽管约翰斯在担任牧师期间并没有产生什么具体的成效，但是至少他给伦肖街的信徒们留下了这么一份遗产，即"不安的心灵和焦虑的良心"。①

即使在 19 世纪早期，利物浦也是某几种组织化慈善事业的领头羊。利物浦晚间庇护所（1830 年）是这方面的先锋慈善组织，而格雷学徒院的毕业生、拉思伯恩的货仓的一位搬运工的妻子基蒂·威尔金森（Kitty Wilkinson），在推动洗衣房和公共浴室运动方面起了带头作用。在 1833 年的瘟疫大流行中，她与威廉姆·拉思伯恩太太联合，在她的地下室里装了一些设备，来清洗霍乱患者的衣物和日用织品。② 此外，就和其他地方一样，利物浦也时不时尝试在混乱的慈善布施领域引入一定程度的秩序，而且还有人对慈善资金来源的狭窄的社会基础感到悲哀。③ 那里还有常见的情绪性的慈善浪潮，就像维多利亚世界其他地方一样，这种慈善对利物浦的上层社会产生了周期性的影响。但是，关于利物浦对慈善事业的突出贡献，绝大部分发生在 19 世纪下半叶。

利物浦之所以会在维多利亚时代中期的慈善世界中声名显赫，是因为它在慈善合作方面的领先地位，而且领先伦敦慈善组织协会很多年。

---

① Simey, *Charitable Effort*, p. 44. 关于汤姆（Thom）和国内的传教团，参见 Anne Holt, *A Ministry to the Poor* (Liverpool, 1936), chap. III。

② Simey, pp. 26 - 27; Chandler, *Liverpool*, p. 409.

③ William Griswood, The Collection of Subscriptions to Charitable Institutions (Liverpool, 1906), p. 3.

这座城市也是其中一项带有维多利亚风格的建设性机制的来源，这就是对贫民的医疗护理。这两项创新——慈善合作和地区护理——的推动力量都是威廉姆·拉思伯恩六世，他是利物浦商人－慈善家的典范。在他那里，敏感的社会良心与基督徒的强制义务，在某种程度上受到了与同龄人的阶层假定的阻碍。但是，因为拉思伯恩比绝大多数同伴更为能言善辩，所以他对城市的公共观念的统治力是不可动摇的。而且，他在慈善事业方面的努力，以及对社会改革的观念，对利物浦为解决社会不安所做的努力提供了一种最有效的支持。

拉思伯恩的看法在很大程度上根源于他的家庭背景。18 世纪，拉思伯恩的家庭作为一个商人家庭而一跃获得了声望和财富，他的父亲，威廉姆·拉思伯恩五世（1787～1868 年）也成为利物浦慈善组织的一根支柱。威廉姆六世娶了著名的棉花大亨伊丽莎白·格雷格（Elizabeth Greg），这给拉思伯恩家族强化了一些令人敬仰的品质，并增加了一些新的元素，还最终促使这个家族的宗教信仰从贵格会转向一位论。伊丽莎白和她最年长的儿子共同表现出一种旺盛的生命力、一种良好的判断力的天赋，这是一种实践的秉性。对此，威廉姆的女儿评价说，他们就"基本上等同于一般意义上的天才"。[1]

威廉姆六世的不同寻常的实践天赋以及他强大的推动力量，在他管理家族的产业时发挥了决定性作用，于是他一直按部就班地运营着这些产业。其中只有一年中断了，这一年他去海德尔堡大学读书了。威廉姆和他的兄弟塞缪尔早年间合伙运营这家公司时，花了很大力气重构了这份买卖。因为尽管拉思伯恩兄弟联合公司并没有处在危急时刻，但是它未能跟上利物浦前进的脚步。这两位年轻人意识到，如果没有一份繁荣的、受到人们尊敬的事业在背后作为支撑，他们在公共事务上就没有太多的话语权。尽管威廉姆从个人品位和责任心方面都认为应该节俭，但他现实主义的眼睛却从未漏掉这一事实，即在英国中产者中，一个人的社会影响力在很大程度上取决于其事业的成功程度，而且至少在商人群体中这种成功程度与财富状况画等号。[2]

---

① Eleanor F. Rathbone, *William Rathbone*: *A Memoir* (London, 1905), p. 40.
② *Ibid.*, p. 113.

从一开始，威廉姆·拉思伯恩就对挣钱和花钱持有一种强烈的看法。他认为，对一个年轻人来说，养成一种存钱和捐赠的习惯是非常必要的——这不仅仅是说要为其他人做好事，而且是说要改变他自己的品性。他认为，推迟养成这种习惯，直到拥有财富才这么做是致命的，会导致一种"金钱的麻痹症"。所以，他所秉持的准则是——他自己依循这一准则，并对其他人做出要求——"为践行的目的"做出捐赠，哪怕是在一个人资金不太充裕的情况下。然后，当他变得富裕的时候，他就可以自然而然地相对没有痛苦地增加捐赠的金额，以及提高捐赠资金占其自身收入的比例，而且将这些资金用于改善社会状况。事实上，一个真正有良心和公共精神的人，随着财富日渐增长，不仅会把越来越多的收入捐赠给慈善事业，而且会给他的私人开支设定一个最高标准，然后把剩下的资金都投入公共事业。

哪怕是在他早年作为公司的合伙人的时光里，威廉姆·拉思伯恩都以慷慨的捐赠践行他所信奉的教条。不仅如此，让他获益颇多的是，他一直以学徒的身份从事社工工作，这一经历让他与穷人群体有了或多或少的系统性接触，并且改变了他对这些人的一些先入之见。威廉姆·拉思伯恩参加了地区节约储蓄协会，作为其中的一名志愿社工。该协会是19世纪早期走访类慈善组织的一个十分典型的标本，是城市社会中上下两个阶层之间日渐隔阂时代的一个完美的样本——"在那两个阶层之间，爱与利的联结纽带，现在变得越来越孱弱了"。[①] 那些在1829年组织这个协会的人，他们的目的是重建富人与平民之间的某种纽带，也就是提供一种机制，以使富人能够教化穷人，使他们养成一种习惯，从而实现自主自立。

在运作过程中，该协会试图将下述元素联合到一起，即劳工阶层储蓄银行、挨家挨户的圣经传教与社会个案工作。该协会召集了约200名志愿探访者，让他们在各自指定的区域内定期走访，收集存款（该协会给他们一笔费用，比例是从每10个先令的存款中提取6便士），以及分发《圣经》。威廉姆·拉思伯恩的管区是几个名声有些不太好的小区，

---

① James Shaw, *An Account of the Liverpool District Provident Society* (Liverpool, 1834). 转引自 Simey, *Charitable Effort*, p. 30。

位于莱姆街地区，他在那里一个便士、半个先令地收集存款，并且向那些人提供力所能及的建议。该协会的探访者经常会遭遇人们的怨恨与怀疑，而其中一些人脱离经验，兀自地在他们的观念中打定主意，认为穷人是不可救药的懒惰，活该过这样的日子。所以，西蒙太太指出，地区节约储蓄协会结果就变成了"致力于弹压邪恶，而不是宣扬美德"的协会，而且尽管它宣称自己将会成为"富人和穷人携手共进的平台"，但越来越加强它所倡导的节俭和反乞讨活动了。①

威廉姆·拉思伯恩关于改善利物浦贫困市民福利的最著名的遗产不仅限于他在友好探访方面所做的事情，而且包括他在医疗护理方面的努力。比其他人做得更甚的是，他是地区护理运动的创始人和推动者。查尔斯·布思认为，这场运动是所有慈善形式中取得了最为"直接的成功"的一项。② 威廉姆·拉斯伯恩的实验的直接渊源是 1859 年他第一位妻子的去世，于是他便希望为她搞一个适当的纪念物。他雇用了那些曾经护理过他妻子的熟练的护士作为代理人，替他到生病的贫民家里去，对他们开展为期三个月的探访。根据威廉姆·拉思伯恩的判断，这场实验取得了不可否认的成功，于是他决定扩大服务范围。

这位创始人面临的最令人痛苦的障碍并不是财政上的危机——他自己可以继续资助这项事业，至少在早期——而是缺乏训练有素的人才。我们只需要回顾一下当时护理专业的惨淡状况——在 19 世纪 50 年代末，佛罗伦斯·南丁格尔的努力才刚刚发挥作用——就可以知道威廉姆·拉思伯恩要想从屈指可数的得到恰当训练的护士中招到工作人员是多么不现实。到最后，他不得不向南丁格尔小姐求助。南丁格尔小姐提出了一个常识性的解决方案，就是在利物浦开办一所培训学校，并尽可能与皇家医疗所建立联系。③ 在威廉姆·拉思伯恩派出罗宾逊（Robinson）护士踏上她的新征程 4 年后，他资助建立的利物浦培训学校就开门营业了，

---

① Simey，pp. 30 – 32.
② 转引自 Rathbone. *William Rathbone*，p. 155。关于这场运动的最近的介绍，参见 Mary Stocks. *A Hundred Years of District Nursing*（London，1960）。同时，威廉姆·拉思伯恩自己也对这场运动做了一番介绍，参见 *Sketch of the History and Progress of District Nursing*（London，1890）。在埃莉诺·拉思伯恩（Eleanor Rathbone）对他父亲的回忆录里，对这场运动也有一番简短的描述（第五章）。
③ Cecil Woodham-Smith，*Florence Nightingale，1802 – 1910*（London，1950），p. 460.

准备招收护士来从事这项新的事业，也为医疗所和病人私人护理方向培养护士。利物浦 18 个区的护士都会受到一位对应的女监察人以及一个女士委员会的监督和协助，该监察人负责批准该区护士的入驻，并提供公共经费。尽管应该由各个地区来资助当地的护士服务经费，但是事实上，在将近一半的地区这笔经费完全靠女监察人和她们各自的家族来支持。①

威廉姆·拉思伯恩对贫民医疗护理事业日渐增长的兴趣推动他劝说利物浦当局在布朗洛山上的教区医疗所里引入训练有素的护士。为了支持这项尚处于实验阶段的事业，他拿出了 1200 英镑，用于资助 12 位南丁格尔护士和 1 位护士长。② 其中，这位护士长名为艾格尼丝·琼斯（Agnes Jones），她是佛罗伦斯·南丁格尔"最好的、最珍视的学生"。从她担任这项新职务起，到她因为罹患斑疹伤寒而在 1868 年英年早逝为止，在这 3 年里，她写就了维多利亚时代护士的一曲史诗。她的成就，即帮助利物浦医疗所里的 1400 位贫困的病人，为那些主张在英国济贫院里提供更好护理服务的人提供了极大支撑。

与此同时，利物浦地区护理协会也欣欣向荣，并为其他地区提供了一个模板。在数年间，曼彻斯特、莱切斯特和伯明翰先后跟进，伦敦市也成立了两个协会。这种协会明显属于慈善事业，它满足真诚的标准，而且符合实际地开展构想和运作。然而就算是威廉姆·拉思伯恩，靠他对这场运动的全部信念，都无法预见到在开展第一次实验 75 年后，会出现超过 1000 个地区护理协会，雇用将近 75000 名护士，服务 95% 的英格兰和威尔士人口。③

就地区护理事业成立一个全国性协会，这个最初的念头并不来自威廉姆·拉思伯恩，而是来自耶路撒冷圣约翰骑士团④英格兰分支，该机构特别关心在伦敦推动探访护理服务。然而，在磋商时，威廉姆·拉思伯恩立刻就在讨论中扮演领导角色。由这场讨论开始，到 1874 年 6 月，英国患病贫民专业护理协会（之后更名为"伦敦和全国协会"）正式成

① Simey, *Charitable Effort*, p. 73.
② Woodham-Smith, p. 463.
③ Constance Braithwaite, *The Voluntary Citizen* (London, 1938), p. 201.
④ 耶路撒冷圣约翰骑士团是一个英国皇家骑士团，1888 年由维多利亚女王批准成立。该骑士团在联合王国各个地区都设有分支。其主要宗旨是"防止和消除疾病和身体伤害，提升世界各地人们的健康和幸福水平"。——译者注

立了。担任该协会分委员会（负责调查各地护理需求和现况）主席的人也还是威廉姆·拉思伯恩。在报告中，该分委员会提出它所秉持的原则是所招募的探访护士必须是经过全面培训的，并且要在资格更老的护士的监督下开展工作，还要与医生保持密切接触。这种看法本质上就是佛罗伦斯·南丁格尔的看法。威廉姆·拉思伯恩承认说，南丁格尔"在护理事务上就是我的神，我相信她是绝对不会犯错的"。而南丁格尔小姐也认同这一观念，即探访护士必须是"一个卫生事业的传教士，而不是施与者"，而且那些最后变成"只是施舍衣服、食物"的人都迷失了方向。[①] 威廉姆·拉思伯恩全面的、深思熟虑的报告产生了巨大影响，推动大家达成共识：在这个国家的绝大多数地区，地区护理"应该采用一种宽广的、边界清晰的专业路径，而不是走一条曲折的道路，依靠教区和宗派慈善，摸索前进"。[②]

　　到这时，威廉姆·拉思伯恩在推动护理专业化方面的工作还远没有完成。1887 年，女王决定将她的"女王登基周年礼"中的绝大部分约合 7 万英镑捐给地区护理事业。于是，威廉姆·拉思伯恩与其他 3 个受托人一起，起草了初步方案。很清楚的一点是，威廉姆·拉斯伯恩与这些事有莫大的渊源，即为新成立的维多利亚女王纪念护理院（之后更名为女王地区护理院）制定运营规则和安排实际运营架构，他还担任了该机构的副总裁，一直到他 1902 年去世为止。10 年之后，该机构的资产增长到 132000 英镑，其中有 48000 英镑来自女王本人，而其余的 84000 英镑则来自其他捐赠人。[③] 通过将地区护理培训专业化，以及为这场运动提供一个中心机构，该机构成功地将"一项分散的服务变成了一个全国性的体系"。[④] 在它成立后的 15 年里，各地区的协会一共雇用了约 1240 名地区护士，每年的开销约为 115000 英镑。[⑤]

　　尽管英国的地区护理事业是很多人共同努力的产物，但其在一定意

---

① Woodham-Smith, pp. 567 - 568. 1876 年 4 月 14 日，《泰晤士报》上刊登的一封有趣的信件对南丁格尔小姐的一些看法做了总结，这些看法主要与向护士们提供住房有关。

② E. F. Rathbone, *William Rathbone*, p. 175.

③ Aurther Shadwell, *The Times*, 27 Sept. 1926. 他的文章刊登于 9 月 27 ~ 29 日的报刊上。这些文章对这场运动做了一个简要总结。

④ *Ibid.*, 28 Sept. 1926.

⑤ E. F. Rathbone, *William Rathbone*, p. 182.

义上也属于利物浦慈善家的创造，而且它也成为对威廉姆·拉思伯恩的一个纪念。地区护理体系的架构和政策都完美体现了威廉姆·拉思伯恩的各种品质的总和：强大的驱动力和胆大、对于实践拥有一种天然的直觉、社会理想主义，同时对人类的现实状况有着脚踏实地的把握。所有这些品质都对这场运动起到了作用，由此也就使这场运动成为维多利亚时期最为靠谱的慈善成就之一。

利物浦是地区护理运动的第一个发起者，这一点是没有争议的；但是它宣称自己是慈善组织运动的领跑者，虽然它也拿出了很多论据，却这没有成为定论。成立于 1863 年的利物浦中央救济协会的确领先于伦敦慈善组织协会数年时间，但是在 19 世纪 60 年代，在绝大多数大城市里，类似的东西早已是呼之欲出了。不仅如此，最终创造出中央救济协会的那场合并在很大程度上根源于默西河畔慈善组织的特殊处境。作为一个港口城市，利物浦所面临的问题，即拥有大量的临时性或半临时性的劳工，是十分突出的。劳工的雇佣情况有着非常大的波动，由此利物浦的商人据说经常不得不面对大群的乞丐（以及失业的工人），这些人堵在他们的办公室门口，讨要零钱。[1] 当时，有 3 家救济机构（地区节俭储蓄协会、陌生人之友协会和慈善组织协会）的服务领域多有重合，而且都允许认捐人向它们推荐有困难的人。于是，有一个不可避免的情况是，它们的一些更为大胆的受助人掩盖了这一事实，即他们可以安全地从 3 家机构都拿到救助。

1855 年春天，当时连绵不绝的东风使进港的船只不得不长期停留在港内，而严重的霜冻也使户外的贸易不得不停止，于是需要获得救济的人便变得更多了。大量的失业工人围拢在交易所周围，而人们善良的心被触动了，纷纷伸出援手，一共筹集了约 5000 英镑。不幸的是，在将这些救济款项通过雇主分发下去的时候，人们无法避免地重复分发，因为码头工人和搬运工通常会同时为多个雇主打工。[2] 在有了 1855 年救济款项发放这一教训之后，人们开始对这 3 家协会的管理开展更为严格的审查，并发起一场运动来整合它们的业务，这一趋势也得到了另一点的加

---

① Central Relief Society, *Ann. Rept.*, 1902 - 1903, p. 5.

② William Grisewood, *The Liverpool Central Relief and Charity Organisation Society* (Liverpool, 1899), pp. 28 - 29.

强，即需要对规模庞大的棉花荒歉救济基金开展联合募集和分发。① 到1863 年 1 月，既有的 3 家协会的理事会都确信，合并是唯一合理的解决方案，于是中央救济协会便成立了。和伦敦慈善组织协会不同的是，利物浦的这家协会认为自己是一家救济机构，而不只是一家慈善性质的控股公司或一个信息交换中心。这家新成立的协会的宗旨是为救济"不幸而又值得帮助的穷人"筹集和分发款项，对所有个案开展彻底调查和恰当行动，以及抑制行乞行为和曝光骗取救济款的人，所以它就是善行和惩罚的一个巧妙的平衡物。

在该协会成立 3 年后，威廉姆·拉思伯恩在《社会责任》一书中为该协会提供了一个合理性根据，或者用他自己的话来说，就是"采用了与慈善工作中惯用的造成混乱和浪费的做法不同的方法"。大规模的工业化对社会结构所造成的破坏性影响，并使城市生活变得冷冰冰，这些都让他感到非常困惑，就像它们对其他观察家所产生的影响一样，而他也非常感兴趣于探索重建两个阶层之间纽带的新的方式。毋庸置疑，富人承担了重要的责任，所以他以自我利益和道德责任两种名义向富有的同伴发出吁请。但是，他们又该通过什么渠道来最好地表达对社会的关切呢？很明显，随意的布施并不是这一问题的正确答案；慈善并不是一个捐赠人"有权放肆任性"的领域。② 然而这个志愿性慈善领域，从整体上来看，也并不鼓励慈善家开动脑筋。到底慈善所产生的好处是否大于其所造成的伤害呢？关于这一点，没有人可以给出一个系统性的描述，因为这个领域恰恰缺少整齐划一和合理的计划。

威廉姆·拉思伯恩勾画出了一个方案，想在维多利亚中期慈善捐赠的混乱状态中引入一种秩序。在本质上，他的提议就是呼唤将人们的志愿努力整合起来，这就是后来慈善组织协会所做的工作——成立中央委员会、地区委员会和其他机构——为帮助需要帮助的穷人而提出系统性的目标，同时又保留个人慈善的价值，即人道主义和仁善。威廉姆·拉思伯恩坚信，这一组织可以创造出一个框架结构，在这一框架结构中，有爱心的个人可以更为便利地"与受苦受难的兄弟取得联系"，同时他

---

① 利物浦筹集了超过 10 万英镑（E. F. Rathbone, William Rathbone, p. 188）。
② *Social Duties*（London, 1869）, p. 37.

对一种看法感到非常愤怒，即认为他的计划可能导致对系统性机制的过度强调。不过，尽管他并不缺少人情味，同时他热情地坚信向穷人做出慷慨的奉献性服务所能够产生的效果，但是他自己做慈善的方式，即他亲身的实践，以及他在《社会责任》中的反思总结，都明显不是感情用事的。① 无论威廉姆·拉思伯恩和其他慈善组织方面的预言者做了多少事情来改善帮助穷人时的程序，但正如批评家所指控的那样，他们自己也将表与里搞混了，而且至少在表面上，是对慈善的机制给予了更多重视，而非对慈善的实质。

我们无法对中央救济协会的工作得出一个全面结论。通过阅读它各年度的报告，人们可以得出一个印象，即这个机构不像伦敦的慈善组织协会那样对自己信奉的教条沾沾自喜，这可能是因为作为利物浦唯一的一家综合性救助机构，它更靠近穷人群体。在那些不太好的年份里，大规模的失业浪潮席卷了这座城市，该协会无法秉持慈善组织协会所采用的程序的内在理念（虽然在 1874 年，它变成了利物浦中央救济和慈善组织协会），必须十分机敏和决断地开展行动。19 世纪末期的关于养老金的提议，即养老金应该由劳工、雇主和国家共同资助，也没有让中央救济协会的领导人感到恼怒。② 然而，中央救济协会基本秉持了慈善组织协会的理念。比如，在 1897 年，该协会通过探访员对利物浦穷人的生活状况做了一次调查。其年度报告总结道："正如人们预料的那样，酗酒、挥霍和对家庭义务的忽视是主要原因。""我们也缺少证据来证明贫困和苦难降临到很多人头上，是因为工作岗位的临时性、济贫和其他原因，也正是出于这些原因，我们无法谴责穷人们。"③ 它提出的救济方法也并不具有革命性——更热情的探访、平价医疗所、鼓励储蓄、个人的改造，这些都是熟悉的配方。当时的人理所当然地认为，如果一个穷人能够少喝酒，把钱都存起来，并且经常去洗澡的话，那么社会上的不幸至少会被极大减轻。

从一开始，中央救济协会开展了规模巨大的救济运作。在 1866～1867 年度这一糟糕的年头里，该协会指导下的各处舍粥铺变得异常忙

① Simey, *Charitable Effort*, pp. 90 – 92.
② William Grisewood, *Friendly Visiting and Charity Organisation* (Liverpool, n. d.), p. 3.
③ *Ann. Rept.*, 1896 – 1897, pp. 16 – 17.

碌，此外该协会还救助了27000人次（花费了4025英镑，探访了34000人次，这些救济活动总共筹集了6750英镑）。[1] 没有人会指责该协会在救济管理方面手头过松了。对于威廉姆·拉思伯恩来说，这家新成立的协会给他了很大希望，虽然他并不认同其中的一些特色，特别是该协会主要靠授薪人员来开展调查和分发救济品。他在《社会义务》一书中概述了自己的计划。他将首要的位置分给了志愿者，同时设计了一个中央机构，负责筹集资金，组织志愿者团队。早前对埃伯菲尔德的走访使他确信不授薪的志愿者的重要性。1888年，他组织了一个代表团（里面有地方政府委员会的观察员、中央救济协会的首席代表，还有查尔斯·洛赫）开展了一次实地调查。[2] 这的确是一个进行变革的难得的好机会，因为1887年严重的失业问题给现有的救济机制造成了几乎是崩塌性的后果。

其结果就是做出决定，将埃伯菲尔德体系推行到这个城市。这是一个孤胆英雄式的甚至有些唐·吉诃德式的计划，即要招募一支"友好探访员"队伍，并给每个人分配一块"贫民"居住区。一下子有300名探访员报名，这些人在23个地区委员会下开展工作——但这离威廉姆·拉思伯恩最开始构想的2500名探访员还有相当大的距离。事实上，人们得到的结果并不令人满意，于是人们便开始反思。[3] 至少可以说，这次尝试将埃伯菲尔德体系搬到默西河畔，其结果是不好的。可能，正如埃莉诺·拉思伯恩小姐所说的那样，这在一定程度上是因为两个社群的基础结构存在差异，不过现在回头来看，更为醒目的却不是利物浦的实验破产了，而是埃伯菲尔德成功了。[4] 而且，所有曾负责组织和指导大群志愿者的人都不会觉得将埃伯菲尔德的做法搬到利物浦却失败了这件事有什么不可思议的。

在很大程度上，最初要创建中央救济协会的想法是审慎的。人们是

---

[1] *Ann. Rept.*，1866–1867，p.7.

[2] E. F. Rathbone，*William Rathbone*，p.372.

[3] Simey，*Charitable Effort*，p.111. 中央救济协会秘书长在向皇家委员会就济贫法做报告时表达了十分乐观的态度，认为探访员团队很有希望从250人扩张到500人（William Grisewood，*R. C. on the Poor Laws*，1909，IV，Q.37，145）。

[4] 另一个真实的情况是，在埃伯菲尔德，这个计划是由一个半公共性的主办方来运作的，并且依赖公共资金提供支持。

想拿这个作为一个武器来对抗不加区分的慈善，因为这种形式的慈善，在维多利亚时代中期的人眼里，是很多社会失调的根源所在。出于这一原因，该协会对个案做详细的记录，而且它每年都将大量的临时性救助发放给数以千计的"值得帮助的"个案。但是，中央救济协会所立足于其上的基础却并不是如它看起来那样完美无缺，针对它的不安的质疑声不断出现。这种声音质疑说，持续给那些在利物浦打临时工的人提供紧急救助，无异于将大量的钱倒进出了名的老鼠洞里，比将他们作为天生的贫民交给济贫法主管机关还要愚蠢。中央救济协会要采取更有建设意义的救济办法。

该协会的多个计划都是为失业人群的利益而设计出来的。这些计划都是我们所熟悉的维多利亚时代中期的做法，但这些计划没有一个取得了彻底成功。火柴厂——"每个冬天都在那里上演同样的故事，情况并无任何改善，如果还算没有在劳工阶层中增加新的不幸的话"——从未实现自给自足，而到最后，它主要变成了一个劳工测试的工具，即将值得救助的人与"乞丐"分开。[1] 该协会还试图通过将贫困家庭迁往工业地区的方式来缓解本地劳工市场的压力。在 19 世纪与 20 世纪之交，中央救济协会的秘书长骄傲地宣布，他们在 28 年时间里将 2050 人成功地"从利物浦的贫困和困顿转换到了其他地方的自立和舒适的状态"。但他也提出，可能他们的确通过迁移的办法惠及自己，但"通过减少岗位竞争的方式"是否真的能改善利物浦的雇佣状况是值得怀疑的。[2]

从我们现在这项研究的角度来看，中央救济协会一项较为重大的活动是慈善组织间的大规模财务联合。人们决定成立一个中央办公室，来统一收取大额捐款，这个主意部分是因为大家对利物浦捐款人数量较少而感到担心——这些人是利物浦的慈善组织重要的资金来源，部分是因为大家想要尽可能无痛苦地、节约地开展筹款活动。这座城市的慈善组织所依靠的颇有些狭窄的财政基础经常被人们拿来作为慈善事业体系结构中一个可以矫正的缺陷。在 19 世纪 50 年代早期，尊敬的 A. 休谟对 20

---

[1] *Ann*, *Rept.*, 1868 – 1869, p. 9；1873 – 1874, p. 8.

[2] Grisewood, *The Liverpool Central Relief and Charity Organisation Society*, pp. 31 – 32. 中央救济协会一位官员在 1907 年走访过多个工业地区，他就这些迁移人口的状况做了一番田园牧歌般的描述。（*R. C. on the Poor Laws*, 1909, App. IV, 563 – 564）

家大型慈善组织进行了研究。他指出，这些机构主要靠 1810 名捐赠人来维持，其中有一半捐赠人都只捐给一家机构。捐款总额的 50% 来自 689 个人。[①] 20 年后，一项针对另外 38 家机构的调查也得出了类似的结论。在 6668 名认捐人中，有 52% 的人只捐给一家组织，而在这些慈善组织收到的 28000 英镑捐款总额中，有一半捐款来自不到 700 个人。[②] 可想而知，一家综合的筹款机构应该能更高效地开展筹款活动，也能更好地就利物浦的慈善组织的各项宗旨开展公开宣传。

有些慈善组织对将它们的筹款业务移交出去这件事颇感犹豫。其中绝大多数此类机构已经雇用了筹款人员（专业的或兼职的），它们会付给那些人筹款金额的一定比例作为报酬。然而，也有很多机构同意做一下尝试，允许中央救济协会负责收取大额认捐，但也给它们自己保留了收取未支付的余款的权利。在 5 年（1877~1881 年）里，这一计划就是以这种形式运转的。到这一时期的末尾，在 66 家慈善组织收到的捐款中，有超过 40% 的款项都是通过中央救济协会的办公室收取的。[③] 1882 年，在众多慈善组织请求下，该协会统一将它们的全部筹款业务接手过去。对于捐款人而言，这么做有一个明显的优势，他们只需要向一家机构捐款就好了，而对于慈善组织而言这么做的好处是，中央救济协会的委员会收取的手续费——经常是所收全款的 4%——要低于常规的筹款人的收费。在 30 年（1877~1906 年）里，利物浦的慈善组织收到的超过一半捐款（125 万英镑中的 668000 英镑）都是通过该协会的办公室收取的，此外还有约 95000 英镑的小额捐款也是如此。[④]

人们无法否认中央救济协会的形成是出于建设性的目的，或者贬低它的领导人或其追随者的伟大付出。但是，在它最后的岁月里，我们也同样无法忽视这一事实，即在它的年度报告的自我夸耀和乐观情绪中，

---

① Rev. A. Hume, "Analysis of the Subscribers to the Various Liverpool Charities," *Trans. Lancashire and Cheshire Historical Society*, Ⅶ (1854 – 1855), 25.

② Grisewood, *The Collection of Subscriptions to Charitable Institutions*, p. 4; reprinted by the *R. C. on the Poor Laws*, 1909, App. Ⅳ, 557 – 560.

③ *Ibid.*; *Ann. Rept.*, 1885 – 1886, p. 42. 在那一年，在 35000 英镑捐款中，有约 15000 英镑是通过中央救济协会收取的。

④ 在最开始，只有 29 家机构参与了这一综合的筹款计划。到 1906 年，机构数量上涨到了约 50 家。

隐藏着一丝对中央救济协会－慈善组织协会这一模式的失望情绪，因为这一模式并未对贫民生活的改善起到革命性的作用。该协会的工作并没有在减少贫困和不幸者人群的数量方面获得明显成功，也未能将低收入的贫民整体性地稳稳地带上自力更生的道路。[1] 到20世纪20年代早期，该协会已经明显失去它的势头。全国性的社会政策快速推进，越过红线，乃至于慈善组织大军不得不筑起壕沟，以自我保护，而在利物浦当地，一家新的、基础更为广泛的机构则逐渐接手了中央救济协会这些创造性的职能。

利物浦志愿救助理事会（在1933年改名为"社会服务理事会"）是皇家济贫法委员会的一个副产品，该委员会的多数派报告建议成立一些地方性机构。汉普斯特德和他的社会福利理事会是第一个进入这一领域的，但一年之后，利物浦也跟进了，并提供了一个模板，这个模板为英国和英语世界的其他地区所广泛应用。[2] 志愿救助理事会成立于1909年，它在一开始便得到一些家族的资助，这些家族的名字在利物浦的认捐人名单上大都占据举足轻重的位置，包括拉思伯恩、霍尔特、毕比、利弗等。[3] 该理事会共有100家慈善组织作为其会员单位，此外还有50个其他席位主要是由政府官员和会员选举的其他成员担任。当然，它的目的是扩大利物浦慈善组织的利益，促进它们之间的合作。在后一点上，该理事会建立了个案中央登记制度，其所登记的个案在短短几年里就达到了令人震惊的规模。到20世纪30年代中期，这些文件已经记录了约17万个个案。[4] 在一开始，该理事会紧跟中央救济协会，得体地从它那里获取资金支持。但是，到1913年，这家新成立的机构已经发展到很好，

---

[1] 1896年，该协会秘书长振振有词地指出，该协会给很多个人以巨大的帮助，但他也不得不承认："社会上贫困和不幸状况还是跟以前一样严重。"（转引自Simey, *Charitable Effort*, pp. 137 – 138）

[2] L. C. S. S., *Ann. Rept.*, 1947, p. 3. 这一小节的初稿早于该理事会现任秘书长H. R. 普尔（H. R. Poole）先生发表该理事会的50年史 [*The Liverpool Council of Social Service*, 1909 – 1959 (Liverpool 1960)]。我们在此后对这一部分做了一些小的修改，但在总体上我们还是保留了原来的表述。

[3] L. C. V. A., *Ann. Rept.*, 1913, p. 19.

[4] L. C. S. S., *Ann. Rept.*, 1934, p. 27. 其增长速度可以通过下列数据看出来：1911年，24600个个案；1926年，88600个个案；1931年，105000个个案；1934年，169200个个案。

足以自成一格了，而且社会影响力也逐渐从中央救济协会转移到该理事会，最后在 1932 年，在神圣地存在了 70 年之后，中央救济协会终于同意自己被理事会兼并。

在利物浦的这家理事会的档案中，可能最令人印象深刻的是它给本地的慈善组织提供资金服务这件事。它保管了大量的资金，并有选择地分配给各个机构，使它得以扩大影响力。不仅如此，捐赠人也因此认为该理事会是一个审慎的、明智的分派员。中央救济协会作为一个慈善事业中介者身份的多数业务现在都已经转到该理事会的手里，而且在 20 世纪 30 年代早期，每年约有 75000 英镑的资金流向它的办公室，这些资金需支付 1.5% 左右的筹集和分配费用。①

1918 年，它迎来了一个运气的转折点，当时一匿名的捐赠人［最后在 1955 年被查明是约翰·兰金（John Rankin）］向该理事会支付了 5 万英镑，用于分派给利物浦的其他慈善组织。同时，其他人也在向该理事会捐款，一直到 20 世纪 30 年代中期，该理事会的资金规模达到了约 15 万英镑。理事会每年会拿出约 5000 英镑分发给各会员单位。该理事会的政策是，它将一部分收入根据其他慈善组织的收入情况按比例分配给它们，同时会留下超过一半的收入用于专项拨款，拨付给那些计划开展资本性支出或启动新活动的机构。用该理事会现任秘书长的话来说，该慈善组织基金"就是一个水泵的摇杆，是最近 40 年里利物浦地区出现的无数新计划、想法和服务的主要推动力量"。②

该理事会也在促进当地组织的资金收入方面表现得十分小心和富有策略。正如我们所见③，利物浦是七年期定期捐赠协议条款的来源地，而作为应对，该理事会首先想出了一个机制，保证捐赠人能够在该协议的框架下获得合理的自由权。在它参与签订的协议中，都会允许捐赠人每年通过它向具体的慈善组织提出建议，表示他想做什么样的慈善事业，同时这些内容每年都可以有所变化。在前 12 年里，基于这一机制，共有超过 45 万英镑的资金通过该理事会的社会服务部门被用于慈善事业，比如在 1946 年，该部门就分发了将近 10 万英镑的款项，这些款项来自 762

---

① L. C. S. S., *Ann. Rept.*, 1934, p. 17.

② Poole, *Liverpool Council*, p. 44.

③ 参见第十二章。

份免税的定期捐赠协议。①

　　从创建那年开始，该理事会就开展了非常完善的统计工作，所以相比于其他地区，有关利物浦的慈善事业的特点和规模的信息要完善得多。在这件事上，那个特别的天才人物是具有政治家风范的弗雷德里克·戴斯（Frederic D'Aeth），他不仅是推动该理事会成立的主要人物，还是一直致力于从事全国各地的社会福利事业并为人们纪念的知名人物。在一开始，他就主管该报告的相关工作，同时担任了该理事会秘书长长达 20 年。在这段时间里，他发布了一连串专项报告，以及定期的《季度报告》，这些报告中满是信息、统计数据和其他内容。事实上，推动该理事会成立的重要的基础性一步，正是戴斯对利物浦慈善组织开展的彻底调查，他调查的结论提供了一个令人信服的论据，证明将 241 家组织联合起来更为有利，这些组织每年通过大额和小额捐赠筹集了超过 175000 英镑，它们的年度收入超过了 45 万英镑。②

　　理事会对其创始理念——它的办公室就应该成为"利物浦的一个志愿行动精准信息的存储库"③ ——的本分坚守，使它里面存储了大量的数据信息，这些数据信息反映出了慈善资助的某些变化趋势。④ 在两次世界大战期间，利物浦慈善组织的资金收入达到了令人震惊的规模（当然，由于物价水平上涨，实际增长并没有那么大）。从 1905 年到 20 世纪末，它们的收入增长了 3 倍多，直到某些年里，它们的收入竟然达到了 100 万英镑。⑤ 但是，和常见的情况一样，这庞大的数据隐藏，而不是澄清了事态的复杂性。一方面，年度大额认捐只有小幅上涨；在 1929 年（有典型意义的一年），这类收入只占年度总收入的 6% ~7%。不仅如此，对于有些类型的机构而言，特别是医院，其大额捐赠收入在两次世界大战期间出现了大幅下降。布雷思韦特（Braithwaite）小姐的结论是，年度大额认捐和小额捐赠，总的算起来，尚不足以抵销物价上涨的部分。

---

① *Ann. Repts.*，1934，p. 18；1946，pp. 12 - 13.
② F. G. D'Aeth，*Report…on the Charitable Effort in Liverpool*（Liverpool，1910），p. 19.
③ Poole，*Liverpool Council*，p. 8.
④ Braithwaite，*Voluntary Citizen*，chap. VIII。其中十分详细地分析了利物浦的数据。
⑤ 我用的数据是 1905 年皇家济贫法委员会给出的数据（1909，App. IV，543 - 549），而不是戴斯在 1908 年给出的更为全面的统计数据。他的调查覆盖的机构数量更为庞大，超过该理事会之后发布的年度报告，使用这些数据会使对比出现偏差。

遗赠收入则更为令人心安，有些机构变得日渐依赖能持续收到遗赠收入。该理事会第 25 周年的报告指出，在 1924～1933 年，每年总遗赠收入增长了将近 1 倍，即从约 62000 英镑增长到约 12 万英镑。[1] 然而，这是一项风险很大的资源，特别是当多数机构都被迫将遗赠视为一项重要收入的时候。遗赠款项在各机构之间的分配是极度不平衡的，而且不同年份之间波动极大。在回顾这 25 年时，该理事会还发现私人捐赠人在捐赠偏向变化方面的证据。很明显，更为令人震惊的是新型志愿服务项目的出现——这时成立了以促进社会福利事业发展为宗旨的机构和组织，这些机构现在与慈善类医院在收入方面形成了竞争。尽管医疗机构依旧占据首要位置，但它们的领导地位明显被削弱了。[2]

严格说来，在账目上，收入一项下最重要的新元素并不完全是慈善性质的。这里所涉及的收入是由医院和其他机构的服务对象支付的，或者是由买方为向他们提供服务而支付的，此外还有一些产业营运收入。1929 年，该项收入达到了约 425000 英镑，其中有将近 115000 英镑来自公共部门。[3] 也正是因为公共部门对某些类型的志愿型机构的依赖不断加强，到 20 世纪 40 年代末期，在政府的社会服务急速增长之后，这些志愿型机构便产生了对政府大额资助的严重依赖，离开了这个便无法生存。

我们在这里并不想把利物浦社会服务理事会刻画成为一个统计机构。它的服务范围非常宽广，不仅是一个协调机构，也经常发起一些新的项目，如利物浦男童协会、西兰开夏精神健康协会，以及自己的私人服务委员会（后来这家机构发展成为私人服务社团，并且成为市民建议局的一个重要先驱）。[4] 此外，它还花了很多精力和心思用于推动政府和志愿行动开展社会改革。所以，人们公认，正是因为该理事会的卓越贡献，利物浦志愿服务事业才得以持续辉煌下去。

---

[1]　L. C. S. S., *Ann. Rept.*, 1934, p. 17.

[2]　主要是在大额认捐方面。在捐给标准的利物浦慈善组织的大额捐赠中，医疗类组织的占比从 1924 年的 53% 下降到 1932 年的 43%。

[3]　Braithwaite, *Voluntary Citizen*, p. 121.

[4]　关于私人服务社团，参见 Dorothy C. Keeling, *The Crowded Stairs* (London, 1961)。

第十七章 慈善的范围和资源

一

1895 年，慈善委员会欢喜地说："我们有理由认为，自宗教改革以来，19 世纪后半叶的慈善组织的规模和种类都创了历史的新高。"[1] 按照乔丹教授给出的证据，我们或许可以怀疑维多利亚时代晚期人们在慈善事业方面的投入水平比不上都铎 – 斯图亚特王朝时期的先祖，但是如果按照绝对价值来算，该委员会所说的是一个简单的现实。如果人们去查看一下之前 20 年的历史记录，那么他们就只能罗列出 13 家新成立的、资金超过 10 万英镑的信托基金，而每年新成立的捐赠基金则平均约为 500 家。

当然，这一捐赠收入只占到了英国公众通过捐赠或遗赠投入慈善这个大筐里的资金的一小部分。该委员会的名录只列入了新成立的基金会，而一些大规模的遗赠，比如有一位伊斯灵顿的拍卖商将一笔 118000 英镑的财产遗赠给了一群组织[2]，则都是捐给现有的组织，无论这些遗赠是否采用信托的形式。不仅大额捐赠的数量在成倍增长，志愿型慈善组织的年度收入也在不断增长，而且新成立的协会也染上了维多利亚时期热衷于慈善事业的英国人疯狂而无所顾忌的品性。在 19 世纪 80 年代中期，

---

[1] *42d Ann. C. C. Rept.*，1895，p. 17.

[2] R. A. Newbon（*Charity Record*，31 Dec. 1891；*Daily Telegraph*，26 Dec. 1891）. 事实上，根据南森委员会的说法（*Report*，Par. 44），自布鲁厄姆委员会调查以来，新成立的且为慈善委员会所实际掌握的慈善信托数量，从 1880 年的 9154 家增长到 1900 年的 22607 家。

《泰晤士报》的头版刊登了一篇谈论英国人慈善活动的文章，文中以半喜半忧的口吻提到，伦敦慈善组织的收入甚至要比一些国家政府的收入还要多，超过了瑞典、丹麦和葡萄牙政府的收入，甚至是瑞士联邦政府收入的两倍。[①]

很明显，慈善事业正在收割，或者至少是在分享维多利亚繁荣的成果。成功的商人作为一个阶层已经不像在工业化早期那样承受持续不断的压力了，而在此前，他们既要运营生意，又要照顾家里，就没有太多机会做大规模的慈善事业。不过，实业家的第二代或第三代（他们已经与家族产业并无太多实质性联系）也倾向于以与祖父不同的视角来看待他们在社会中的地位和责任。所以，我们有理由相信，工业财富正在培养出一种准贵族气质的责任感，也就是说富豪集团正在尽他们自己最大的可能来获取贵族的地位。事实上，英国社会结构以及维多利亚思潮的全部能量都在向这一目标努力，即富人们的慷慨之举不仅会为他们赢得社会的感谢，而且更为实在地说，也能帮助他们在社会阶梯上向上攀登。这的确有可能，随着19世纪末期不满的日渐增长，富人中的一些更有洞察力的人物会预见到，终有一天财富会启动自我防卫机制，支持昌西·德波（Chauncey Depew）的慈善理论："这是一份财富的保险单，能够提升社会等级，也能在人们心中树立一个良好的形象。"[②] 但是，将所有英国慈善家的义举都归因于这种自我保护的动机，则是很难站住脚的，当然他们并不都是有意识地这么认为。与之相反，人们有一种普遍的看法，既认为将资金和精力自愿投入公共利益方面，是英国文明的一个荣耀的标志，也是推动社会稳定的一股强大力量。

要想对维多利亚时期慈善捐赠在数量上做出一个令人满意的统计，很明显是不可能的。不到19世纪末，就有很多信息基础较好的猜想冒出来。但是，值得重复的是，慈善委员会的数据对我们没有太多帮助。他们的管辖范围仅仅涉及慈善捐赠基金（而不是由大额捐赠和小额捐赠维持的慈善组织），甚至在这一范围内，一些重要的领域，如老牌的大学和它们的学院、两所古老的公立学校、教会捐赠基金等，都不在它的管辖

---

① 9 Jan. 1885；*Burdett's Hospitals and Charities*，1912，p. 76。其中提出了类似的说法，并且加上了预算大大低于英国慈善组织收入的国家名单——保加利亚、希腊和挪威。

② *Charity Record*，1 Sept. 1898.

之下。有关捐给慈善组织的遗赠款，提取一系列遗嘱的样本或许可以提供一个合理的推断基础，然而比估算遗赠和大额的资金捐赠更难的是——而且事实上也是不可能的——估算那种向慈善事业做出的志愿型年度捐赠的确切总额。因此，很明显，一条可行的道路就是从遗赠开始，这个至少有一些基础，虽然非常松动，但至少比估算年度捐赠和临时的大额捐赠要可靠一些。

英国慈善事业的资金来源的绝大部分，及其当前收入的相当大一部分都来自遗赠。在绝大部分涉及大额资产的遗嘱中，立遗嘱人都会罗列一部分财产遗赠给慈善组织，但他们的做法千差万别，乃至于我们无法给每笔遗赠框定一个大致的金额范围。有一笔超过 30 万英镑的遗产，那位吝啬的慈善家只拿出了 900 英镑，分给 5 家医院，而与此同时，石油出口商、罐头食品生产商 J. T. 莫顿（J. T. Morton）则将全部财产，价值约 575000 英镑留给了一群慈善组织（宗教性的或其他类型的）。[1] 有些富人遵从贵格会约瑟夫·皮斯（Joseph Pease）的建议，即"每个人都应该作为他全部慈善捐赠的执行人"，有意在生前就把钱捐出去了。[2] 正是出于这一原因，某些富有的、无可置疑的慈善家，如赖兰（Ryland）小姐——据说她一共捐给伯明翰将近 18 万英镑——只留下很少的遗赠给慈善组织。[3] 所以，很明显，通过统计遗嘱的金额虽然很有用，却并不能作为衡量维多利亚时代晚期慈善事业规模的可靠的标杆。

在 19 世纪晚期的遗嘱中，最有研究价值的样本可能是 19 世纪 90 年代《每日邮报》上每年罗列的 50 份或 60 份遗嘱，总共有 466 份。[4] 这涉及价值将近 7600 万英镑的动产，其中有 1020 万英镑或超过 13% 的资金是遗赠给慈善目的的。在对《每日邮报》这些数据做评论时，《泰晤士报》指出，其中 150 位女性的记录要明显好于 316 位男性，这可能是因为有大量未婚女性或寡妇不用承担家庭责任。[5] 无论具体理由是什么，女性的遗赠平均占总资产的 25% 强，而男性的遗赠则只占到了 11%。在

---

[1] *Charity Record*, 1 Sept. 1898. 18 Nov. 1897, 17 Sept. 1903；*47th Ann. C. C. Rept.*, 1900, p. 18.

[2] *Charity Record*, 15 April 1886.

[3] *Ibid.*, 7 Feb. 1889.

[4] 这些数据出现在 1891～1898 年每年 12 月最后一周的《每日邮报》上。

[5] 25 Sept. 1899.

《每日邮报》公布这些数据前 2 年，另一份报纸从另一个角度也涉及了这一问题。《伦敦标准晚报》将 1889 年各份报纸上刊登的所有遗嘱做了统计，发现在每 7 份遗嘱中就有 1 份含有慈善遗赠的内容。在总计 5876 万英镑的动产中，慈善组织共收到 108 万英镑或约 1.84% 的善款。《伦敦标准晚报》推断，还有一些未曾刊登的遗嘱，其所涉及的金额为 40 万 ~ 50 万英镑，因此捐给慈善组织的善款总共应在 150 万英镑左右。[①]

当然，对于整个 19 世纪 90 年代而言，这一数据明显是低估了的。《每日邮报》给出的 1891 ~ 1898 年的数据是平均每年超过 125 万英镑。毫无疑问，这些大额的遗赠款是由捐给慈善组织的大宗动产组成的。比如，在 1891 年涉及的 120 份遗赠中，共有 70 份遗嘱的遗赠款占了全部遗赠总额的近 92%。[②] 但是，还有一些小额的遗赠没有在媒体上刊登。至于具体总额有多少，我们只能全凭猜测。如果《泰晤士报》提出的 80 万英镑是一个可以接受的合理数据的话，那么慈善遗赠的年度总额就占了动产遗产总额的约 1.5%，而根据《每日邮报》的数据，在所涉及的这些年份里每年平均约有 200 万英镑的善款，或者更为具体地说，是从约 176 万英镑（1894 ~ 1895 年度）到 242 万英镑（1891 ~ 1892 年度）不等。[③]

在进入 20 世纪后，遗嘱中的遗赠款突然多了起来。据《泰晤士报》估计，在 1906 ~ 1909 年，总共的遗赠款有 1850 万英镑，每年平均超过 450 万英镑。[④] 这一增额的绝大部分是少数几笔大额遗赠。在 1906 ~ 1907 年度，出现了几笔规模相当庞大的遗赠，如艾尔弗雷德·拜特（Alfred Beit）的 180 万英镑的遗赠（此外还有一笔 120 万英镑的捐赠，主要是设在罗得西亚的拜特信托，以及在他生前的一些大额捐赠，包括在牛津大学设立的拜特教授席位等），服装商威廉姆·怀特利（William Whiteley）的 100 万英镑，用于建设敬老院。但是，正如《慈善组织评论》所提及的那样，绝大多数此类捐赠的目标都是相当中准的，除了反对活体解剖运动以外，这场运动取得了一个怪诞但毫无疑问的成功。[⑤] 此外，医院

---

①　转引自 *The Philanthropist*，July 1890，p. 108。

②　*Daily Telegraph*，26 Dec. 1891.

③　25 Sept. 1899.

④　4 Feb. 1910.

⑤　March 1920，pp. 113 – 114.

和教会团体继续吸收着稳定的资金流，而孤儿院、儿童类慈善组织则也有自己的地盘。所以，总的来说，虽然有一些例外，但这并不是一个私人慈善事业有大量创造性突破的时代。百万富翁们继续掏钱救助那些"值得救助的贫民"，支持"我们的伸手讨要的医院体系"。只有在偶然的情况下，他们才会遵照肖的反讽的建议，即绝对"不要给人们任何他们想要的东西；要给那些他们应该要的却没有索要的东西"。①

二

在 19 世纪末，英国的慈善家变得相当抵制普通化。在背景和目标方面，他们都覆盖了一个相当广泛的范围。比如，人们可以将 W. P. 哈特利（W. P. Hartley）和乔治·赫灵（George Herring）的名字并列在一起。哈特利是一位虔诚的循道会教徒，他建立了一个相当著名的罐装食品公司，工厂设在安特里和伦敦，雇用了超过 3000 名工人，他为这些劳工建立了一个分红计划。很明显，哈特利认为他是《圣经》中所说的财富代管人，因此他将钱捐给了循道会和很多其他宗教团体，以及兰开夏大量的医院。② 乔治·赫灵涉足的业务领域是循道会信众完全不会沾手的领域。他的这条路，用《英国人物传记大全》的话来说，就是以"一个赛马券销售代理商以及赛马驯养人"的身份，越做越大的过程。自从他移居到这座城市，他原本已经十分可观的财富变得更大了，最终他成为伦敦点灯公司的董事局主席。但是，在赫灵的晚年，他的消费兴趣却成了伦敦的医院特别是大北方医院，他在那里担任了司库，并成为医院周日基金多年的领导人物。除了他生前捐给这家基金大额捐款以外，他的慈善遗赠也超过了 90 万英镑，多数捐给了医疗类慈善组织。③

事实上，伦敦的慈善组织在这方面表现得非常出色。在 19 世纪 90 年代，犹太金融家、马尔堡庄园圈的成员赫希（Hirsch）男爵，将他赛马赢得的全部奖金捐给了慈善组织——值得一提的是，这是不扣除本金的毛收入。在乔治·赫灵的建议下，他将这些奖金中的绝大部分投入了伦敦的医院。由此，这些医院收到了非常多的收入，根据《慈善档案》

---

① G. B. Shaw, "Socialism for Millionaires," *Contemporary Review*, 69: 217 (February 1896).

② *Charity Record*, 4 July 1908.

③ *DNB*; *Charity Record*, 15 Nov. 1906.

的记载，在 1892 年，仅这一项就有 3 万英镑之多。[1] 当赫希的运势非常好的时候，医院的领导总是摆出一副嗷嗷待哺的样子，而当他的马跑得不怎么好的时候，他们就总是满脸忧郁，尽管在这些时候，赫希会拿出一些钱来补足他奖金的差额，以免这些慈善组织损失太多。事实上，据统计，赫希的总捐赠额约为 2000 万英镑。[2] 赛马活动更为吸引人的慈善副产品之一是建在威尔贝克的一排以救济寡妇为目的的济贫院，这些济贫院靠的是波特兰第六公爵的赞助，起因是他为了纪念"他的赛马艾瑞希雷（取得了两千基尼赛和德比赛的胜利）、多诺万（取得了德比赛和圣莱热赛的胜利）、麦莫娃（取得了奥克斯赛和圣莱热赛的胜利）、塞莫琳娜的胜利等"。[3]

如果说慈善组织通过赛马活动获得了好处，那么职业化发展也做出了自己的贡献。在维多利亚社会里，有一项基本的发展变化是有一些新职业的兴起，同时有一些老的职业的重要地位得到提升，这些变化也反映在一系列面向慈善组织的大额捐赠和遗赠上。当然，职业人士的捐赠远远比不上那些通过工业和贸易获得财富的人们，而且事实上，一些规模较大的捐赠和遗赠，如设立学院的教授岗位的赞助和设立某些教士岗位的赞助，都明显与这些专业人员和捐赠人没有关系。但是，如果我们把 19 世纪末期的捐赠人名单往下拉，还是能够看到不少医生、律师、大学教师，偶尔还能看到一些工程师、建筑师或艺术家的名字。在这个时期的大额遗赠中，有三笔来自牧师，有一笔来自一位主教的妻子，不过她本人也是一位银行家的女儿。[4] 皮肤病学者、外科大夫、《米德尔塞克

---

[1]　19 Jan. 1893. 这一年的收入之所以有如此之多，主要是因为赫希的小马表现优异，这匹名为拉·斐乐贺（la Flèche）的马赢得了奥克斯赛、圣莱热赛、一千基尼赛和剑桥郡赛。（*The Times*, 30 Dec. 1899）

[2]　Paul H. Emden, *Money Power of Europe* (London, 1938), p. 322. 《每日邮报》公开的目录里并没有包括赫希的遗嘱，这可能是因为他的财富和捐赠散布在全球各地。比如，他创立了犹太殖民协会，投入资本为 200 万英镑；赫希男爵基金，宗旨是救助美国的犹太移民；还有一家加利西亚人基金会。

[3]　*Charity Record*, 15 Nov. 1906.

[4]　尊敬的詹姆斯·斯博雷尔（James Spurrell）（1892 年）遗赠了超过 50 万英镑，尊敬的弗朗西斯·杰科克斯（Francis Jacox）（1897 年）遗赠了约 8.5 万英镑，尊敬的爱德华·波钦（Edward Pochin）（1898 年）遗赠了约 8 万英镑，约翰·舒特·邓肯（John Shute Duncan）（他推动了巴斯地区储蓄银行的发展）的女儿詹姆斯·弗雷泽（James Fraser）太太遗赠了约 15 万英镑。

斯医院史》作者伊拉斯谟·威尔逊（Erasmus Wilson）爵士曾经支付将克里奥帕特拉方尖碑运回伦敦的费用，赞助外科医生学院设立一个皮肤病学讲席和一个皮肤病学博物馆，赞助在阿伯丁学院设立一个病理学讲席，支持在玛格丽特海浴医疗所设立一个小礼拜堂和一个偏厅。此外，他最大的一笔捐赠是在 1884 年遗赠给外科医生学院的约 20 万英镑。另一个从事专业工作的捐赠人是戴维·爱德华·休斯（David Edward Hughes），他是一名电机工程师、发明家，捐赠了超过 30 万英镑，用于成立休斯医院基金。[1]

所有在这个时期立下遗嘱的慈善家还有一种常见的古怪、恶意的次要类型。在有的个案中，慈善组织因为家庭矛盾而获益，比如肯辛顿的一位女性，将她价值超过 5 万英镑的财产捐给了新教类慈善组织，因为她十分讨厌罗马天主教廷的教条，而"最让她痛苦的是，她的孙子接受了罗马教廷的这一套东西"。[2] 有的时候，立遗嘱人会将他的财产作为一种挑战政府和制定法的手段，如大雅茅斯的科尼利厄斯·哈雷·克里斯马斯（Cornelius Harley Christmas）就是这么干的。诚如前述[3]，他要求他的遗嘱执行人，如果政府插手这宗遗赠，就将价值 61000 英镑的资产全部换成现金，然后将这些钱分给镇上的穷人。有至少一位捐赠人不仅试图挑战政府，而且想要挑战死亡，但失败了。亨利·多德（Henry Dodd）是一位富裕而古怪的除尘工程承包人，他在遗嘱中向一系列慈善组织做出捐赠，其中包括捐给鱼商公会 5000 英镑，以此为泰晤士河上的驳船竞赛提供金杯和银杯。多德还向他的医生提供了 2000 英镑的捐款，前提条件是医生必须让他再活两年时间，如果医生能让他活到三年，捐赠款额就会相应增长到 3000 英镑。但是，两人很不幸失败了，因为多德在一个月内就死亡了，而他的医生则什么都没有得到。[4]

然而，19 世纪末期的遗赠留给人们的主要印象并不是它们有多么古怪，而是它们有多么保守。很少有遗嘱会写上什么大胆的或富有想象力的内容。总的来说，这些钱都被用于维持已经成立的机构的运转，或者

---

① *Charity Record*, 21 Aug. 1884, 22 March 1900.

② *Ibid.*, 20 June 1907.

③ *Ibid.*, 5 Oct. 1882. 参见第十一章。

④ *Ibid.*, 16 June 1881.

用于成立相同类型的新机构。医院、孤儿院、济贫院、教会组织、有特别声望的全国性慈善组织，如皇家防止虐待动物协会和英国皇家救生艇协会，这些都是慈善家在遗嘱中经常提到的资助对象，此外有时还有公园、图书馆或艺术馆、大学的奖学金或教席等，这也是人们的资助对象。相比于其他机构，医疗类慈善组织还是占据统治地位。志愿型医院无底洞式的需求，特别是伦敦的医院，可能事实上在一定程度上要对这一事情负责，即将慈善事业引入了这种墨守成规的轨道。哪怕是在占下了公众资助的绝大部分之后，在 19 世纪 80 年代及 90 年代早期，这些医院依旧处于一种不确定的状态中。在这些年份里，要担任一家大型的伦敦医院负责财政业务的主管的话，需要有强悍的神经和不懈的钻劲儿。

　　此外，我们也不用想在普通的立遗嘱人（包括维多利亚人或其他人）的遗嘱中找到什么富有想象力的慈善项目。① 那些机制完善、名声较大的慈善组织具有明显优势，多数有钱人喜欢将捐赠分给为数众多的有时甚至是多如牛毛的慈善机构。像英国皇家救生艇协会这样的机构就在接受遗赠方面占了很多便宜。诚如我们所见，它所开展的活动对一个海洋民族来说具有强大的吸引力，它满足了整个民族的一项无可否认的需求，而它的公关也做得非常漂亮。只要向这家机构捐赠一笔相对较小的金额，即 1000 英镑，就可以拥有一项命名权，也就是给一艘救生艇命名。有一位教士遗赠了 3000 英镑，从而获得了对 3 艘救生艇的命名权，他都以自己的名字加以命名；另一位约克郡的服装生产商遗赠了 5000 英镑，获得了对一个小型船队（包括 5 艘船）的命名权，他用一位姐姐、三个兄弟和他自己的名字分别命名。② 成立于 19 世纪 80 年代中期（参见上文）的英国防止虐待儿童协会也成为那些立遗嘱人的最爱，该机构因此也成为一家大型的全国性慈善组织。在 1959～1960 年，该协会的支出超过 50 万英镑，而它通过遗赠所获得的收入则超过 20 万英镑。③ 毫无疑问，很多慈善遗赠是那些负责向大家族筹款的人员推动的成果——这并

① 因此，一位波士顿普罗普区居民的遗嘱指定的捐赠对象包括波士顿交响乐团、波士顿公立图书馆、美术馆、哈佛学院、图书阅览室，以及一家以上的医院。这种遗嘱在美国很多其他城市都可以找到翻版。
② *Charity Record*, 6 Aug. 1891, 2 Oct. 1890.
③ *Ann. Rept.*, 1959 - 1960, p. 15.

不是一个为公众所熟知的群体。事实上，筹款人的重要性虽然得到了普遍承认，但是那些值得捐赠的慈善组织在劝说那些准备立遗嘱的捐赠人时，却不怎么提及筹款人的努力。

当然，人们也对英国慈善家行为中的某些问题表示了不满。有一项批评直指这一问题，即"富有的男性在处置他们的财富时严重缺乏原创性"，而另一种意见则站在女性视角，同样发现在富有的女性个案中存在同样的问题。《泰晤士报》指出，相比于英国人，美国的立遗嘱人表现出更大的自由性，想出了更多有趣的主意。这位编辑坚称，英国绝大部分遗赠来自那些没有子嗣的人，这些人也不需承担家庭责任，而且会选择一些相对传统的目标。①

这种说法并不是全然公正的。美国慈善领域的多数创新来自少数几个巨富之人；而除此以外的美国绝大多数慈善遗赠并没有比英国的遗赠更具原创性。来自南非钻石矿的财富造就了罗哈德信托，这是一项颇具想象力的现代慈善事业，而加拿大的两笔财富则对爱德华国王医院基金的成立极为重要，该基金从1897年开始为伦敦的多所医院提供极为重要的资金支持。② 至于《泰晤士报》的抱怨，即大土地所有者很少向慈善事业做出大额遗赠，对于这一点本是无须感到惊讶的，因为在19世纪末期出现了大规模的农业萧条。在1881～1914年向慈善组织遗赠至少10万英镑的近100个人中，只有两个人的主要收益来自土地。③ 至于其他人，也就是人们能够想到的那些人，包括银行家、伦敦的富人、啤酒制造商、葡萄酒销售商、各类商品的生产商、两位建筑师、一两位初级律师、两位医生、两位教士以及至少五位零售商（戴维·刘易斯、威廉姆·怀特利、威廉姆·德贝纳姆、弗雷德里克·戈林格以及布伦德尔·梅普尔）。总的来说，投身慈善事业的公众的组成是相对复杂的，主要包括商业、工业和金融群体等。但是，富裕的捐赠者所偏爱的宗旨与那些不那么富裕的人所偏爱的宗旨之间，也并没有什么明显差异。虽然有少

---

① 25 Sept. 1899.

② Frank D. Long, *King Edward's Hospital Fund, 1897–1942* (London, 1942), pp. 24–25. 斯特拉斯科纳（Strathcona）勋爵和芒特·史蒂芬（Mount Stephen）勋爵一向1902年的"加冕赠礼"捐赠了40万英镑。后者向该基金遗赠的总额达到815000英镑，而他的捐赠也有50万英镑。

③ 莫里（Moray）伯爵和福雷斯特（Forester）女士。

数相当有新意的项目出现——比如，全国信托（1894～1895 年度）[1] ——
同时也有某些其他捐赠，打破了传统的由医院、孤儿院、济贫院和教会
组织组成的闭环，不过这些都是例外，而只有那些常规义举才是引导维
多利亚时代晚期慈善事业的主流。[2]

三

　　如果我们没有把握估计到底有多少遗赠和大额捐赠，那么那些声称
估算普通捐赠和小额捐赠的人也就更不靠谱了。此外，由于汇编数据的
方式不同，以及所覆盖的组织数量和类型不同，我们很难将一者的数据
与另一者估算的数据作比较。第一次全面统计英国慈善组织收支数据的
正式尝试启动于维多利亚时代末期，当时《伯德特医院和慈善组织名
录》的编辑采集了 1867 家慈善组织 1896 年的数据，而且包括某些苏格
兰和爱尔兰的组织。10 年后，这些统计表格变成了该出版物的一个年度
特色。到 1910 年为止，共有约 2126 家组织接受过调查，而它们的收入在
1896 年总计为 800 多万英镑，而到 1910 年则上涨到将近 1300 万英镑。[3]

　　另一个有关爱德华七世时期捐赠情况的数据来源是皇家济贫法委员
会。该委员会采集了 1907 年的数据（公认是不完整的），并将之作为报
告的附件予以公开。[4] 这一统计数据覆盖了 31 座城市以及不知数量的镇
的 26 类慈善组织。该数据显示，当时慈善组织的总收入超过 1000 万英
镑。这一数据描绘了一幅有关爱德华七世时期英国中上阶层慈善事业的
颇具启发性的全景图，也是有关慈善捐赠的一幅立体图景。几乎在同
时，慈善组织协会也开始在伦敦之外，将地方上的慈善组织纳入其《年
度慈善组织登记簿》报表。但是，哪怕是对这三类数据做一个非正式的
比较都会告诉我们这一事实，即这些数据汇编甚至连最粗陋的估计都算
不上。

　　比全国性的估算稍令人满意的是只囊括伦敦市慈善组织的各类统计

---

① 在这一章的后面会对国家信托进行简要介绍。
② 总的来说，虽然不是从普遍意义上来说，在世的捐赠人更为偏爱有趣的慈善事业，而
　　人们的遗赠则对此较少感兴趣。前一类人捐赠的项目经常能显示出捐赠人的深思熟虑，
　　在某些个案中还会表现出一定程度的牺牲精神。
③ *Burdett's Hospitals and Charities*, 1912, pp. 82 - 83.
④ *R. C. on the Poor Laws*, 1905 - 1909, Cd. 5078, 1910, App. XXVI, pp. 75 - 76.

数据。不过，这也涉及一问题，即这些数据会被如下情况所扭曲：伦敦市收到的捐赠来自全国各地，因为这些慈善事业在行政区划上只是伦敦才有。此外，伦敦的数据比各类全国性的数据覆盖的时间更长，慈善组织统计比例更高。从19世纪中期开始，人们就不断尝试，对伦敦式的慈善组织勾画出一幅数据图景。因为多数这类成果出自各大慈善组织名录的编辑之手，而这些编辑有时会采用一种钻牛角尖的、主观随意的方法，而在有的情况下又会被慈善机构提供的不值得信任的数据所束缚，所以这类统计结果都经不起仔细推敲。然而，这些名录也给出了一个有关伦敦慈善捐赠规模和深度的提示，而且它们告诉我们不断复制、争斗和增长的伦敦慈善丛林的财务面貌，其中19世纪80年代的名目中罗列了有超过1000家的此类慈善组织，而1905年版的《慈善组织协会年度慈善组织登记簿》则罗列了700多家组织。① 这一切都很好地指出伦敦是一个现代慈善都市，但也有批评家颇为合理地反驳说，这只不过就是一个喧闹的、混乱的领域罢了。②

在19世纪最后几十年，最让人满意的伦敦统计数据可能是威廉姆·F.豪（William F. Howe）在他的《分类名录》里公布的那些。不过，这些数据不仅不够完整——豪只收到了75%被调查机构的回执，而且并没有区分捐赠收入和投资收入、资产孳息。因此，这些总数只能够大概表示慈善收入的增长比例，却不能给出一个确定的金额。下列报表给出了19世纪70年代中期到90年代中期的五个样本年份总收入的情况。③

---

① 不包括117家"宗教性机构"。
② *The Times*，14 April 1884.
③ 这些统计数据是基于豪所关注到的现存的近1000家组织之中的700家或800家组织得出的。向这些机构（公共慈善组织）做出的捐赠，并不能告诉我们英国慈善捐赠的全貌。此外，还有规模巨大的个人捐赠，以及由教区教会和非国教派小教堂筹集的大额善款。当然，通过宗教机构完成的捐赠的总金额也是非常巨大的。威廉姆·F.豪强烈反对这种"过桥式的慈善"，所以对这一情况感到非常痛苦，即在19世纪80年代，23家传教会的收入比90家医院的收入要高，而且在1882～1883年度，甚至要多出25万英镑（*Classified Dictory*，1884，p. xxi）。此外，根据基特森·克拉克（Kitson Clark）引用的数据（*The Making of Victorian England*，Cambridge，Mass.，1962，p. 170），1860～1885年，向英国的各大教会做出的捐赠的总额达到了8050万英镑。

年份	包括传教会、印刷圣经和宗教 小册子的社团（万英镑）	不包括这些机构 （万英镑）
1874～1875 年度	394	225
1879～1880 年度	420	252.5
1884～1885 年度	445	256
1888～1889 年度	506	293
1893～1894 年度	529	315

关于伦敦慈善组织的财政状况的第一次合理且可靠的全景审视，很不幸的是，并不是关于维多利亚时期的，而是关于爱德华八世时期的。数据来源于慈善组织协会的《年度慈善组织登记簿》，该协会从 1905 年开始公布报表，公开伦敦市慈善组织的收支数据。该报表不仅覆盖面比之前的名录更宽（当然，也并不完整），编辑工作更为审慎，而且其中关于慈善组织收入的情况，是根据收入来源来划分的。该报表罗列了 1914 年之前 4 年的情况，并对慈善收入的来源做出了区分。[1]

单位：万英镑，%

年份	捐赠	利得	遗赠	其他收入	总计
1908 年	382.5（45.1）*	103.4（12.2）	118.1（14.0）	243.8（28.7）	847.9
1909 年	382.3（45.1）	106.3（12.6）	103.4（12.2）	254.9（30.1）	846.9
1910 年	371.9（44.1）	109.5（13.0）	99（11.7）	262.6（31.2）	843
1911 年	381.7（44.6）	112.2（13.1）	94.9（11.1）	267.7（31.2）	856.5

*括号里的数据表示占总额的百分比。

在伦敦市慈善组织的总收入中，只有不到一半来自当年的捐赠（大额捐赠或小额捐赠）。余下的主要由利得和遗赠占据，约等于总额的 25%。至于"其他收入"则主要包括两个来源：由生者为受益人支付的款项，以及生产性收入。当然，这些总的比例隐藏了不同慈善组织、机构之间的巨大差异。由国家资助的工读学校和济贫院的收入有 80% 来自为入住人员支付的费用。老年人之家的投资利得占其总开支的约 33.3%，而日托机构的此项收入则只占约 2.6%，教养所（女性庇护所）

---

[1]　*Annual Charityies Register and Digest*，1906，1913.

的此项收入只占 6.3%。① 正是因为总部或办公场地设在伦敦市的慈善组织所得的捐赠占据了英国一半以上的比例，约为 60% 强，所以上述数据应能大体上反映英格兰和威尔士志愿型慈善组织的整体状况。②

　　然而商业公司并未对慈善事业做出大规模的捐赠。有人发现，商业公司经常出现在针对紧急和专项资金的捐赠名录里，有时它们也成为面向地方高校的捐赠人，但是，在英国，公司常规的捐赠却很少为人们所听到（除了那些古老的、不活跃的公司实体，如城市公会）。③ 尽管这些捐赠是符合英国法律的，但是人们还是会偶然发现有个别的捐赠与常规的慈善事业没有关系。鲍恩（Bowen）大法官认为，不该允许商业企业开展此类捐赠，但他随后还是给留了一个很大的口子："这不是一个慈善性的理事会，因为在我看来，这么一个准慈善性的理事会与慈善没有太多关系。不过，我们也要承认有这么一种慈善行为，它是为那些运营它们的人的利益服务的，所以在那种程度上，在那种形式下（但我也承认这种形式不太慈善），这个理事会应属于一个慈善性的理事会，而不属于其他性质。"④ 没有任何材料证明英国的商业企业迫不及待地利用了这个口子。显而易见，我们可以找到不少此类捐赠，但是，关于具体的证据，我们却只找到众议院于 1909 年收到的一份报表。里面的数据显示，在此前一年，英国铁路公司向联合王国的慈善组织捐赠了 175000 英镑，其中捐给医院超过 7500 英镑，捐给教会基金 1150 英镑，以及捐给学校和技术学院 1100 英镑。⑤

　　有一个重要的问题是，不同慈善领域收到的慈善捐赠各占了多少比

---

① 参见 1911 年的报表，*ibid.*，1913，p. ccclviii。
② *R. C. on the Poor Laws*，*1905 - 1909*，Cd. 5078，1910，App. XXVI，pp. 75 - 76. 在 1907 年的列表上，在伦敦后面，紧接其后的是利物浦（152000 英镑）、曼彻斯特（129000 英镑）、伯明翰（78000 英镑）、布里斯托尔（71000 英镑）。伦敦所占的比例也为下述统计所印证，参见 *Burdett's Hospitals and Charities*，1908，pp. 82 - 83。济贫法委员会和慈善组织协会针对 1907 年和 1911 年采集的数据也得出了类似的结论，即 1907 年有 45% 的捐赠收入，1911 年有 43.8% 的捐赠收入为伦敦市所得。
③ 关于这一问题的进一步解释，参见第二十章。
④ *Hutton v. West Cork Railway Company*，23 L. R.，Ch. Div.，1883，p. 654. 转引自 F. E. Andrews，*Corporation Giving*（New York，1952），pp. 229 - 230。
⑤ *Return of ... Amounts Contributed by Railway Companies*（d. 19 Aug. 1909），*Parl. Pap.*，1909.

例。关于这个问题，尽管数据每年都会变动，且各个统计的口径不同，但值得重复一下的是，相关证据的主要结论是清楚的——相比于其他世俗类慈善组织，医疗机构得到了英国公众最慷慨的支持。基于上引的1907 年和 1911 年的统计数据我们可以看到，医疗机构（不包括绝症患者、盲人、残疾人等的护理院）收到的捐款占社会总捐赠额的四成，收到的遗赠占社会总遗赠额的五成半。[①] 紧随其后的组织类型是青年之家，它们的捐赠收入只占捐赠总量的不到 13%，再之后是各种救助类机构。可能是因为敬老院绝大多数属于捐赠基金类机构，所以它们在收到志愿性捐赠方面名列最后。作为一项面向慈善组织和机构的慈善捐赠的补充，我们还需要加上为灾害和公共危机事件而捐赠的款项。关于这项资金，有一个很好的案例：1879~1880 年，马尔伯勒（Marlborough）公爵夫人的委员会为爱尔兰饥荒的受害者筹集了 135000 英镑。[②]

四

维多利亚时代晚期做出捐赠的人大都是无名的群众，因为我们没有什么证据去找出他们的身份、数量及动机。很明显，他们只是社会上的一小群人，哪怕是在富人群体中也是少数。这是这个时期针对这一问题所开展的唯一一项研究的结论。在 19 世纪 80 年代中期，曼彻斯特统计协会的一位成员发现，在约 10500 位大额捐款人中，有将近 8200 人（78%）只捐赠了 1 家慈善组织，有 1065 人捐赠 2 家，只有 420 人（4%）捐赠超过 5 家组织。[③] 这个结论相比于 30 年前由尊敬的 A. 休姆（A. Hume）在利物浦开展的调查所得出的结论更为令人气馁。[④] 这两位调查人在报告中都得出了同一个结论，即本地的慈善组织需要获得更为广泛的支持。

① 值得一提的是，这些数据并不包括捐赠基金类慈善组织，除非这些捐赠基金的收入由某家志愿型组织负责管理。比如，这里就没有将捐赠给大额捐赠基金学校的遗赠款纳入统计口径。无论是济贫法委员会还是慈善组织协会的数据，都主要统计了服务于贫民利益的慈善组织。

② Norman D. Palmer, *The Irish Land League Crisis* (New Haven, 1940), p. 89.

③ Fred Scott, "The Need for Better Organization of Benevolent Effort in Manchester and Salford," *Trans. Manchester Statistical Society*, 1884 - 1885, pp. 127 - 180. 当然，斯科特的研究只统计了年度认捐人，并没有考虑零散的小额捐赠人。

④ *Trans. Hist. Soc. of Lancs. and Cheshire*, 7：22 - 26 (1854 - 1855).

这一主张指向了一个方向，而偏偏这一方向是这一主张所未曾提及的。可想而知，针对某些基本的社会服务，如果依赖志愿型组织，那么这些服务就会"变成一种个人奉献，而它们本应被视为公共责任"①，这么做也就使大量富有的市民逃避了他们的责任。

保证英国的慈善组织得到资金供给并不是一件小事。人们会开展年度筹款、义卖和常见的慈善晚宴。其中针对慈善晚宴，在19世纪初，金陵的经理人发现了食物和酒类的质量（和数量）与捐款规模之间的联系。活动组织者如果能够在头桌上请上几位知名人士，甚至能够请来一位皇家成员的话，那他就是很幸运的。毕竟，场面是这类慈善活动有效的噱头之一。慈善组织的资金筹措活动也折射出了慈善组织之间的代价高昂的模仿与激烈竞争。授薪或志愿的筹款人在伦敦市反复尾随彼此，代表不同慈善组织就完全一致的慈善项目针对同一个人围追堵截。19世纪90年代中期之后，他们会依照一份打印好的已知慈善认捐人名单开展筹款活动。毫无疑问，慈善组织的干事们手里都有大量信息名录，但是这份材料，即《万名慈善家》（这是一份关于潜在捐赠人的大型名单，几乎就是一份慈善捐赠"容易上钩的傻瓜名单"），还是填补了空白，提供了额外的名字。② 很明显，这份出版物就是所有认捐名单的混合体，编辑把能找到的名单都装了进去。15年前，有一位《泰晤士报》的评论员就曾忧郁地思考过这个问题，他的想法非常具有预见性："一旦一个人的名字被印在认捐人名单上之后，那这个人就会变成一个被打上标记的人。他因为自己的举动而加入了一个不幸的群体，这个群体老是会接到捐款的吁请。自那一刻开始，对他的折磨便永无休止。"③

慈善组织雇用专业或半专业的筹款人是很常见的现象，虽然还不是普遍现象。这些筹款人努力的成果通常占慈善组织总收入的5%～7.5%，而就算是医院的干事也经常会因为他们所筹集的资金而获得丰厚的佣金。但在有的时候，一位筹款人出乎意料的成功会使慈善组织卷入一宗令人尴尬的法律诉讼。有一位筹款人为位于温特拿的英国皇家肺病医院工作，他收取的佣金比例是7.5%。他成功地劝募了一位捐款人，这个捐款人向该医

---

① *Saturday Review*, 101：745（18 June 1906）.

② Publ. by H. Grant, London, 1896.

③ *The Times*, 1 July 1880.

院遗赠了约 7 万英镑。筹款人要求获得属于他的 7.5% 的佣金，或其他合适的报酬。这家医院拒绝了这一要求，它给出的理由是该合同只适用于认捐和捐款。法院接受了这一主张。虽然这个筹款人要求获得 5000 英镑以上的报酬是荒唐的，但应该承认的是，这家慈善组织自己也表现得很丑陋，因为这笔遗赠款是这位筹款人代理这家医院筹款工作所得的成果。①

有些机构，特别是那些老牌机构的一项传统的资金来源是，它们总是在捐款人挑选慈善组织时占据优先地位。到 19 世纪末，在批评家眼里，投票式治理慈善组织已经俨然变成了一个彻头彻尾的过时之物，而且无疑也是维多利亚慈善事业中备受攻击的对象。在这类慈善组织中，一般会有一个委员会负责列出一个符合标准的受益人清单，然后再由所有的大额认捐人进行投票，每一张票都对应一定金额的捐款。佛罗伦斯·南丁格尔曾对辛迪尼·沃特楼爵士说，这是"选出最不合格的受益人的最好的办法"。②

这一体系还有其他缺陷。在经历年复一年的失败和沮丧之后，人们发现向认捐人拉票，对潜在受益人和赞助人来说都是一项非常愚蠢的精力和资金投入。查尔斯·特里维廉爵士曾说，在 1868 年 11 月的遴选中，有 307 名候选人申请入住皇家绝症医院，其中有不少人已经是第 10 次甚至第 16 次提出申请了，而其中只有约 20 个人被选中了。③ 在 1882 年 2 月，共有 383 名候选人竞争联合王国慈善协会提供的 15 份生活补助。④ 在另一场慈善组织遴选中，有 235 名候选人竞争 10 个名额，其中有 213 人都已经申请过 1 次以上；而且其中还有 77 人已经申请过 10 次以上。⑤

---

①　H. N. Hardy, *S. C.*（*Lords*）*on Metropolitan Hospitals*, 1890, Q. 1094; *The Philanthropist*, *June 1885*, pp. 84 – 85.

②　Smalley, *Sir Sydney Waterlow*, p. 133. 然而，就算是一个像约翰·斯图亚特·密尔这样高尚的人，也都会毫不犹豫地利用这类投票式慈善组织。关于密尔、马齐尼（Mazzini）和简·威尔士·卡莱尔试图将一个女孤儿弄进一家孤儿院的事情，参见 Francis E. Mineka, ed., *The Earlier Letters of John Stuart Mill*, 2 vols.（Toronto, 1963）, II, 548, 569 – 570, 603。

③　Sir Charles Trevelyan, "Charity Electioneering," *Macmillan's* 29：171 – 176（December 1873）.

④　*Charity Record*, 16 Feb. 1882.

⑤　Henry Carr, "The Selection of Beneficiaries to Charitable Institutions". 1873 年 12 月 1 日，这份材料曾在伦敦社会科学协会上宣读过，然后又在下列刊物上重新刊发，参见 *Papers Relating to the Election of Beneficiaries*（Charity Voting Reform Association, 1874）.

　　令人反感的事情除了遴选拉票之外，还有遴选活动本身。此类遴选工作经常在主教门的伦敦酒馆或坎农街旅馆举行。遴选工作现场的气氛总是让人想起伦敦证券交易所或某场赛马大会。有人曾听说，伦敦酒馆的墙上贴满了候选人的名字，赞助人会进行名额交易，即用两个"傻子"换一个"女家庭教师"，或用三个"女家庭教师"换一个"女孤儿"。[1] 至少有一起官司是因为这件事引起的，即有一个做了交易的人没有将票投给他答应交换的对象。[2] 对于这些交易，多少是有些让人感到刺激的，能够激发赞助人的赌博欲望。选出一个获胜者，将一个候选人从选票排行榜上挑出来，这种做法相当于在赛跑或球类运动获得冠军，或者股票交易市场上的赌博等的病态变体。值得承认的是，形形色色的慈善机构也在里面扮演着某种角色。有的机构向投票人介绍个案；有的机构向投保人推荐最值得帮助的受益人；有的机构反对拉票，而另一些机构则鼓励拉票，并且会组织一个公开投票日，在那一天人们能开展最为肮脏的选票交易。

　　针对这种劣迹斑斑的投票式慈善组织，帕特尼皇家绝症医院一位赞助人发起了一场有组织的抵制运动，因为他赞助的这家机构就坚定地利用了这一体系。他组织了一个捐赠人委员会。他们发现，医院的赞助人对这一体系普遍感到不满。与此同时，诚信慈善行为的倡导者，查尔斯·特里威廉爵士也加入了这一群体。1872 年 12 月上旬，他在《泰晤士报》上刊发了一封短信，名为"慈善拉票活动"。之后，他又将这封信扩充成为杂志上的一篇文章。在这篇文章里，他以惯用的强有力的甚至有些莽撞的风格，攻击了对手。[3] 但是，投票式慈善组织的管理层却一点都没有表现出要改革的姿态，毕竟，给予投票权是他们传统的吸引潜在捐赠人的主要手段之一。他们拒绝让步的结果就是成立了慈善组织投票改革联合会，并由慈善组织协会作为它的后援，而该协会的两位主要领导（查尔斯·特里威廉爵士和 F. D. 莫卡塔）则是这个联合会的主要发起人。[4]

---

[1] "Proceedings of the C. O. S. Council on Voting Charities," *Papers Relating to the Election of Beneficiaries* (Charity Voting Reform Association, 1874), p. 29.

[2] *Bolton v. Maddox*, *The Times*, 5 Nov. 1873, cited *ibid.*, p. 66.

[3] *The Times*, 3 Dec. 1872; *Macmillan's*, December 1873, pp. 171–176.

[4] 莫卡塔的兴趣已经在第十五章介绍过了。

这是一场相当节制的但获得大量有名望的人支持的运动。比如，在1878年，联合会的主席是诺森伯兰公爵，而在副主席的名单里则出现了这些人的名字：索尔兹伯里、沙夫茨伯里、德比、布拉西、拉塞尔·格尼、路易莎·特文宁、辛迪尼·沃特楼爵士，此外还有四位主教。① 从一开始，该联合会就采用了一种绝对主义的姿态；其领导者非常想看到层层包裹在投票式慈善周围的各种恶行被彻底清除干净，如选票交易、拉票和公开投票等。逐渐，那些最令人讨厌的行为得到了矫正，而到最后，除了少数机构之外，这种投票程序也被多数机构废止了。到底这种投票式慈善组织的消失在多大程度上能够归功于该联合会，我们现在是说不准的，但现在清楚的是，它就和多数成功的改革运动一样，扮演了一个管道的角色。通过这一管道，"时代的精神"也被输送了进来。至少我们可以说，投票式慈善组织所采用的管理模式是一个过时之物，是完全与有关志愿型组织及其职责的新观念不相匹配的。

五

在医疗类慈善组织的世界里，老牌的和新设的机构都占有很重的分量。事实上，在19世纪后半叶，医院数量呈现井喷之势。在1906年版的《伯德特医院和慈善组织名录》所罗列的地方上的将近550家全科或专科医院（不包括传染病医院）中，有超过400家医院成立于1850年之后。在伦敦市，尽管事实上所有大型全科医院都是在较早之前成立的，但在伦敦市中心成立了相当数量的专科医院，在伦敦市郊区也成立了各种各样的医疗机构。这个时期不仅是一个新机构大量成立的时期，也是一个老牌机构广泛革新和快速扩张的时期。

然而，无论英国医院体系的规模多么宏大，但是在那里，特别是在伦敦市，对一个希望慈善活动能够有效地、资金充足地开展的慈善家来说，总是会对现实的情况感到非常困惑。在这一问题上，各类英国医院，志愿型或捐赠基金类的，都逃不过人们的批评。正如慈善组织协会的医疗委员会所一直强调的那样，伦敦市的医疗机构奉行的政策和采取的行为之间缺少统一和协调性，这种糟糕的状况导致了伦敦医疗事业的乱象。

---

① *Charity Electioneering*，1878，publ. by the Association.

比如，全科医院中的专业科室与专科医院之间的关系从未得到清楚的界定。其中后者正在全国快速地萌芽蔓生，但它们的成立却并不是基于真实的社会需求，也没有适宜的社会根基。成立一家医院就像成立其他慈善组织一样是一种个人行为，所以很多观察家（其中有很多是全科医院的从业人员）都以一种怀疑的眼光来看待其中一些新成立的医院。① 但无论是哪种情况，有用的或无用的，它们都会从那些基本的、管理良好的资助机构获取资源。

当然，令这一问题变得更为尖锐的是常年的财政难题，这个问题常年困扰整个医院行业，特别是那些大型的全科医院。人们通常容忍了这些机构相互敌对、相互矛盾的政策和管理效率的巨大落差，以及会计体系（这些体系使人们无法将这些机构作横向对比）。然而，在医院陷入财政困境，乃至于无法接收病人入住时——1890 年，盖先生的医院的600 个床位中有 100 个空置②——就招来了调查。在 19 世纪 80 年代中期以前，至少有两家大型的捐赠基金医院，即圣托马斯皇家医院和盖先生的医院，已经不得不采用紧急策略，将大批床位分给有偿病人，这让那些相信这些老牌基金是服务穷人的祖传宝物的人产生了严重动摇。③《泰晤士报》认为，这些医院的处境是非常危险的，会将它们带入一个难以想象的艰难抉择之中——要么倒闭，要么接受政府干预。④

自对门诊部门的滥用行为做出攻击时开始，精力充沛的慈善组织协会医疗委员会，正如我们所见，便被引向了这一方向：对伦敦市医院行业更为广阔的范围都持一种批评的眼光。当然，因为有《济贫法》规定的医疗室和医院，所以伦敦有足够的设施照顾当地得病的穷人（不过这是一个有疑问的推断，因为在 1893 年伦敦市每千人的床位占有数是 1.91 张，而德国柏林是 3.85 张）。⑤ 然而，这依旧有什么地方出了问题，因

① 比如，参见下述材料所给出的证据：H. M. Hardy, *S. C.* (*Lords*), *Metropolitan Hospitals*, 1890, Q. 1092。
② E. H. Lushington, *ibid.*, 1890 – 1891, Q. 9812.
③ *Charity Record*, 20 Jan. 1881; *The Philanthropist*, August 1884, pp. 121 – 122.
④ *The Times*, 20 Dec. 1886.
⑤ Sir Henry Burdett, 转引自 B. Kirkman Gray and B. L. Hutchins, *Philanthropy and the State, or Social Politics* (London, 1908), p. 230。当然，伦敦的比例比绝大多数地方省份都要高。

为总的来说，在全科医院的 5272 张床位（1887 年）中，有将近 17% 的床位是空置的——主要是因为经济上的严重困境。① 所以，在慈善组织协会看来，当下最需要的并不是增加新的资源，而是如何更好地管理现有的机构、捐赠基金和人员。如果这种推断是正确的话，那么这就是慈善组织的一个极好的领域，而不需要政府增加投入。

主要是受到慈善组织协会的启发②，上议院成立了一个伦敦市医院特别委员会（1890～1892 年）。该委员会并未对现状产生什么重大影响，但它至少收集了大量有关伦敦医院财政状况的有趣信息。在这些医院中，除少数医院得到遗赠款的临时救急以外，绝大多数医院存在严重的年度财政赤字。在 19 世纪 80 年代早期，人们听说过这样的事情：圣乔治医院、威斯敏斯特医院、国王医院和大学学院医院不得不出售股票来避免破产，其中大学学院医院据说在 1880～1883 年出售了价值 17000 英镑的股权。③ 而在捐赠基金医院中，盖先生的医院所遇到的困境最为严重，它一方面是不当管理的受害者，另一方面也是农业萧条的殃及者。因为盖先生的医院的捐赠基金中绝大部分资产是在赫里福德、林肯和艾塞克斯的农地，约有 28000 英亩，这些土地的总收益在当时从约 5 万英镑下跌到只剩下约 26000 英镑。④ 圣托马斯皇家医院的情况较好，这主要因为它所持有的是伦敦的物业，但是正如该医院负责人所证实的那样，要想把该医院所有的 569 张床位都填满，还需要 6000～7000 英镑的收入。⑤ 圣巴塞罗缪皇家医院因为有精明的辛迪尼·沃特楼在负责管理财务，所以没有那么忧心忡忡。它的收入是 70500 英镑，主要来自伦敦的不动产，以及位于艾塞克斯、肯特和汉普郡的约 13000 英亩土地。⑥ 志愿型或混合型（部分志愿、部分捐赠基金）机构也表现出类似的偿付能力，也就是跟上述艰难状况相反。所以，事实上，伦敦的大型医院在危机榜上排在前列，只能勉强维持。

---

① C. S. Loch, "Medical Relief in London," *Murray's Magazine*, 7：448 (April 1890).

② 参见第八章。

③ *Charity Record*, 2 March 1882; *Fry's Royal Guide*, 1883 – 1884, p. xix.

④ E. H. Lushington, *S. C.* (*lords*) *on Metropolitan Hospitals*, 1890 – 1891, Q. 9805, 9808, 9809.

⑤ Robert Brass and F. Walker, ibid. , Q. 10, 884, 10, 983.

⑥ Sir Sydney Waterlow, *ibid.* , 1890, Q. 2586.

在面对这种持续不断的压力时，这些全科医院不得不抓住任何可能的资金来源。不过，可以肯定的是，它们并没有接受乔治·纽恩斯（George Newnes）开出的条件，即如果《花边新闻》的发行量能够达到50万份的话，那就在它们中分发1万英镑！但是，他提出的扩大发行量的计策却得到了《慈善家》杂志的热烈支持，该杂志指出如果1万名护士，每人能够劝他的8个朋友来订阅这份刊物，那就能够多发行8万份刊物。① 在19世纪90年代，赫希男爵曾经用赛马所得的奖金帮助医院渡过难关，但是自从他接受了乔治·赫灵（George Herring）的建议，就只在20家机构中挑选15家来帮助，所以他每一次分钱都会让那些被剔除的组织牢骚满腹。② 然而，无论伦敦的医院处于怎样的困境，它们还是一点儿都不想开展联合筹款活动。一直到19世纪末，唯一一场与医院有关的规模较大的联合筹款活动是周日基金和周六基金活动。在数十年里，周日基金的年度资金分派都是医院管理层一直仰仗的资金增量，而且这些资金也确实帮助了很多医院维持正常运作。

我们现在已经分辨不出该基金的创始人是谁了。据这是两个伯明翰人，而且事实上伯明翰也的确是最早进入这一领域的，早在1859年，就曾用教会筹款资助过当地医院。③ 当然，这类资金在前维多利亚时期的英国也不是闻所未闻的。举个例子，阿伯丁医疗室从1784年以来就一直受到该类筹款活动的帮助，它在每年的第一个星期日都会收到一笔资助。④ 在创建周日基金方面，有很多城市领先于伦敦，这些城市包括谢菲尔德、诺丁汉、卡莱尔、曼彻斯特、新堡泰恩和利物浦。⑤ 在伦敦，推动力量毫无疑问是辛迪尼·沃特楼爵士，他从该基金运作伊始就负责棘手的资金分配事项，他会将资金在多家合格的组织中进行分配。⑥ 当然，这个主意本身并不太复杂。在每年6月的特定日子里，他们会在所有的礼拜场所里为医院和医疗所举办一场筹款活动，然后将所得的资金

---

① *The Philanthropist*, October 1889, pp. 147 – 148.

② *Charity Record*, 9 March 1893.

③ 这两人是尊敬的 J. C. 米勒（J. C. Miler）（1814～1880年），他此后成为罗切斯特教士，以及托马斯·赖特（Thomas Wright）（1809～1884年），他是一名外科医生。

④ *Charity Record*, 6 Jan. 1881.

⑤ *Burdett's Hospitals and Charities*, 1906, pp. 124 – 125.

⑥ Smalley, *Sir Sydney Waterlow*, chap. XIII.

根据这些机构的"需求和作用"进行分配。

该基金在 1873 年进入了快速增长期,当时,1072 个团契共捐赠了约 28000 英镑。约 25 年后,1834 个团契捐赠了约 39000 英镑,此外遗赠和专项捐赠还有 14000 英镑。① 有人质疑说,19 世纪 80~90 年代的这一增长是否与人们在该筹款活动中所额外投入的努力相匹配。但是,在 1914 年前的 10 年间,该基金的收入的确开始转好。和其他捐赠项目一样,专项捐赠和遗赠的增长,特别是乔治·赫灵的年度捐赠,在增长总额中占比很大。在 1899~1901 年,他每年会向该基金捐出 1 万英镑,但这并没有激起周日基金常规捐赠人更为慷慨的捐赠。于是,他精明地做出一个决定,以他的捐赠作为一个诱饵,声称要为医院周日基金所筹集到的每一个英镑配捐 5 个先令。根据伯德特的说法,正是靠这个机制,各个团契的捐赠量比以往增加了将近 40%。②

该基金的运作偶尔也会受到不同观念的影响。《慈善组织档案》是一家为各慈善组织开展宣传,帮助它们鼓吹的媒体——至少是帮助那些为编辑们所认可的组织。它对所有"向心化"的趋势表示哀叹。③ 在有些地区,也有人提出这样一种质疑,有些捐赠人通过向该基金做出小额捐赠从而将自己的责任全部甩给了各类医疗慈善组织。此外,除了提供财政支持以外,该基金还对各机构(特别是那些勉强糊口的机构)施加了有益的影响。要想获得资助,各医院就要向该基金提交一份指定格式的财务报表。然后,基金办公室会对这些报表进行分析,将申请机构的开支与其他医院进行比较。有的申请人会遭到完全拒绝;有的申请人会被要求出席听证会,并做出说明。从某种意义上来说,这就是一个非官方性的资助委员会,它会在申请人达到最低资助标准的情况下提供资助。正如辛迪尼·沃特楼所说:"我们以公众的名义掌管着财政大权,所以便对那些医院施加了影响,而这种影响是很难通过其他方式施加上去的。"④

---

① 这些数据是 1898~1902 年的年度平均数,引自 *Burdett's Hospitals*,1906,p.119。遗赠和专项捐赠类的平均数受到 1897~1898 年度发起的威尔士王子基金的很大影响,所以数额较小。

② *Burdett's Hospital*,1906,p.121.

③ *Charity Record*,7 July 1887.

④ *S.C.*(*Lords*)*on Metropolitan Hospitals*,1890,Q.2766.

在伦敦周日基金面前，其他城市的基金就显得很渺小了，尽管其中一些基金的人均捐赠纪录很高。不过，相比之下，周六基金的目的是开发劳工人群的捐赠力，所以其他城市中心，特别是工业中心，靠该基金就有更好的表现。在绝大多数大型城市里，周六基金在19世纪70年代都经历了一次增长，这很明显是受周日基金的激发。这些基金的创始人声称目标是给予那些劳工阶层们一个机会，来为给他们很多益处的医院做出捐赠。① 但是，这些在工厂和其他劳动或娱乐场所筹集的款项都没有达到该基金乐观的支持者所预计的规模。1890年，在伦敦地区，该基金从4300个场所共筹集了约20500英镑；10年后，该基金也只增长到约23000英镑。② 当然，这依旧是非常值得称赞的，因为周六基金不像周日基金那样，有专项捐赠和遗赠作为补充。不过，同样明显的是，医院要实现收支相抵，并不能依靠这类权宜之计。

事实上，它们并没有帮助伦敦的医院获得富余资金。在1895年，122家机构的亏空总额在7万～10.25万英镑（取决于计算的基础）。③ 在有些地区，人们对这种情况感到非常担心，即这种医院的财政紧张状况为公共资金的涌入和志愿性原则遭到削弱开辟了道路。这种担心看起来并不是没有根据的，因为《每日纪事》的编辑就曾提出质疑：关心病人和残疾人不应该是整个社会的职责吗，难道应该将之留给私人的偶发性的同情心来承担？④ 后来，让医院领域获得一定程度的稳定的是维多利亚女王登基60周年庆所带来的慈善事业的勃发。在这一时期，一项最重要的成果是将医院慈善事业安放在了一个更为稳固的基础上，而不再是依靠周日基金和周六基金这种不定期的运作来维持。

威尔士王子一直对医院有强烈兴趣，而且他承担了一个责任，就是在各种各样的国家纪念项目中选出一个。他受到H. C. 伯德特（之后是

---

① R. B. C. Acland, *ibid.*, 1890-1891, Q. 22, 841. 周六基金自身也承认，劳工阶层一般不参加教会活动，因此周日基金无法向他们开展劝募活动。这种印象明显是合理的，K. S. 英格利斯（K. S. Inglis）根据1851年的人口普查做了证明［"Patterns of Worship in 1851," *J. Ecclesiastical History*, 11：74：86（April, 1960）］。同时，也参见他的作品：*Churches and the Working Classes in Victorian England*（London, 1963）, Introduction。
② *Ibid.*, Q. 22, 806；Burdett's Hospitals, 1906, p. 74.
③ Loch, "The Prince of Wales Hospital Fund," *Macmillan's*, 75：401（April 1897）.
④ 转引自 *Charity Record*, 5 Jan. 1890。

亨利爵士）的巨大影响。伯德特是《医院和伯德特医院和慈善组织》的编辑。在两年前，他就很有预见性地针对爱德华和亚历山德拉的福利活动出版了一本书，而且使用了一个颇有韵味的书名——《王子、王妃和人民》。[①]伯德特提出的为伦敦的医院构建一个永久性基金的计划与周日基金的年度筹款活动截然不同。从一开始，发起人就希望该基金是一个长期性的项目。他们不仅希望每年能够筹到约15万英镑，还希望能够将资金积累成一个永久性的捐赠基金。简言之，这就是一种中央医院基金，该基金的管理者不只是满足于把资金分给值得帮助的机构，还希望以一种积极的姿态介入医院的管理事务。

受维多利亚女王登基60周年庆的影响而成立的威尔士王子基金（后称为国王基金）基金为威尔士王子（1902年之后成为爱德华国王）提供了一个医院基金，该基金第一年的收入就超过了20万英镑。[②]而在王子登基时，该基金又总共收到了各类捐赠达425000英镑，普通捐款86100英镑，以及特别加冕礼金超过60万英镑。该国王基金所拥有的优势，正是周日基金所缺少的，即吸引大额捐款，无论是遗赠还是捐赠。[③]在1901年，塞缪尔·刘易斯遗赠了25万英镑，此外还有他留下的不动产中的一部分（这份遗产最终产生了超过525000英镑的收益）；3年后，加拿大铁路巨头芒特·史蒂芬（Mount Stephen）勋爵捐赠了20万英镑，并且在此前他已经与伙伴斯特拉斯科纳（Strathcona）勋爵一起捐赠了40万英镑。[④]事实上，国王基金也采用了所有可能的手段来告诉立遗嘱者世上还有这么一个基金。该基金管理委员会最新一任主席承认，他曾写信给"20个私人朋友（劝募人），告诉他们'如果有我的客户问起在他们的遗嘱中应该写上哪些慈善组织的话，请不要忘了还有爱德华国王医院基金'"。[⑤]通过这些宣传，捐赠人开始注意到有这么一家基金，而且发现通过它来捐赠医疗类慈善组织是一种非常令人满意的办法；同时，还有一些捐赠人认为这是一种非常有效的提升医院办事效率的办法。安

---

① London，1889. 关于威尔士王子基金成立的背景，参见 Frank D. Long，*King Edward's Hospital Fund*，chap. 1。

② *Burdett's Hospitals*，1906，p. 74.

③ 关于一些数额较大的捐款，参见 Long，*King Edward's Hospital Fund*，p. 25。

④ *Ibid.*，pp. 24 – 25；*Burdett's Hospitals*，1905，p. 83.

⑤ Sir Ernest Pooley before the Nathan Committee（unpubl），Q. 2319.

德鲁·卡内基捐赠了 10 万英镑，这笔钱便成了最好的手段，推动了一场
"最艰难的改革"。① 在该基金成立后 15 年里，它一共发放了约 1635000
英镑的资金，共收到资本金约 170 万英镑，因此在 1905 年后的绝大多数
年份里，资本利得要超过捐赠收入。②

　　但是，上述新主意并没有在慈善领域取得一致的意见。个体医院的
管理者采取了抵御行动，以免该基金将本该属于他们的捐赠从机构截留
走。这事实上的确是一个非常精准的预测，至少在某些财团捐赠人方面
是如此。从 1907 年开始，一些城市公会不再向个体医院捐赠，转而将大
额捐款交给国王基金。城市教区基金会也紧随其后，采取了这种做法。③
此外，还有人担心周日基金会受到这家新机构的重创。这种说法或许有
些根据，但是相比于国王基金的竞争所带来的影响，一到周末，越来越
多的人选择出城，而不是参加教会的活动，或许对周日基金的影响更
大。④ 这两者在很大程度上从事的是完全不同的工作。其中一个从事有
效的筹集小额的、半临时性的捐赠，而另一个则投身于大额的筹款活动。
无论此前人们对该基金提出了什么样的反对意见，志愿型医院体系的拥
护者还是应该好好感谢它。人们可以随便举出一个颇具说服力的例子，
比如在相当长一段时间里，正是该基金挺身而出，才使伦敦的医院在面
临崩溃的经济状况之时，避免了国家出手援助并借机加以控制。

　　贝弗里奇勋爵将国王基金形容成一个慈善组织的"新样板"——这
种模式给了受托人更多宽泛的自由裁量权。在成立早期，该基金理事会
及其委员会曾做出决定，认为该基金应该成为改善医院机制的建设性工
具，而且它们毫不犹豫地制定了基金资助规则。在短短数年里，通过帮
助医院将原本已经关门的病房重新开张，它们为伦敦增加了 450 张病床，
而且它们成功地劝说受益人采用统一的财务系统。⑤ 在医院方面，要想
符合资金申请标准，就必须使自己的表现达到很高的标准。该基金的管

---

① *Charity Record*, 7 Feb. 1905.

② *Burdett's Hospitals*, 1913, p. 87.

③ Sir Ernest Pooleybefore the Nathan Committee (unpubl), Q. 2323, 2324.

④ 周日筹款活动的筹款量从 1905 年的近 5 万英镑下跌到 1912 年的近 36000 英镑。周日基
　金的年度总收入在 1907 年达到了它的峰值（78000 英镑）（*Burdett's Hospitals*, 1913,
　p. 139）。

⑤ *Ibid.*, 1905, p. 83；*The Times*, 3 Feb. 1947.

理员花了很大力气来采集关于各机构优劣之处的第一手信息，而且试图遏制住某些医院理事会扩张的野心，尤其是当这种野心带来"不妥当的建设开支"时。① 总之，国王基金向伦敦的志愿型医院提供了一项迫切需要的生命保障。

伯德特令人宽慰地得出了这么一个结论，即现在志愿体系的财政基础已然稳固，足以自我维持。② 然而，仅仅是在该基金发起 10 年后，《周六评论》却再次提出志愿型医院正面临困境，并认为现在是国家进行干预的时候。"我们诚然应该赞扬个人的付出和善行，但是……那些本该由整个社会来承担的工作就不应该留给不确定的、临时性的个人来承担。精神病医院和济贫法医院并不是靠慈善捐赠来维持的；同样，认为全科医院应该立足于不同的社会基础也是一种错误的看法。"除其他优势以外，由国家进入其中可以让责任承担变得更加公平，这也"意味着那些有能力且应该做出捐赠却没有做出捐赠的人会像其他人一样拿钱出来了"。③ 这一观点在 1906 年的确是一种异端邪说，但此后却吸引了越来越多的英国人，变成了一种普遍共识。

六

当威尔士王子发出关于成立医院基金的首次吁请时，他不仅强调了该基金的人道主义内涵，还强调了医院在推动医疗科学进步方面所扮演的角色。在提到医学研究的重要性时，他注意到了一项迄今为止很少为英国慈善家所注意但日后却越来越为他们所关注的事业。④ 一直到 19 世纪 90 年代才出现了这一重要信号，即人们对扩充医学知识本身，特别是对改进治疗肺结核和癌症等疾病的方法越来越感兴趣。直接资助医学研究本身是一个非常新奇的概念，而洛克菲勒医学机构就是一个明显的里程碑，它是在 19 世纪与 20 世纪之交成立的。

---

① *Burdett's Hospitals*, 1910, p. 88.

② *Ibid.*, p. 84.

③ *Saturday Review*, 101: 745 (18 June 1906).

④ 他们一般采用资助教授席位的方式来向医疗教育领域提供帮助，而且大概他们相信向医院做出的这些捐赠，特别是向那些较新的治疗肺结核等特殊疾病的专科医院做出的捐赠，可以推动医学科学进步。但是很明显，绝大多数面向医学领域的慈善捐赠，其主要动机是人道主义，而不是推动科学进步。

几乎是在同时，虽然相比于向医院的捐赠规模小了不少，但英国的慈善家还是开始将他们的资金捐给医学研究方向。1892 年，理查德·贝里奇（Richard Berridge）将 15 万英镑遗赠给几家医学类慈善组织，其中包括一笔捐给英国预防医药机构的 2 万英镑（此外还有一笔 2 万英镑的配捐款，如果公众能够捐赠 4 万英镑用于购买土地和建设大楼的话），以及另一笔 1 万英镑的款项，用于在伦敦的大学学院设立一个病理学讲席。① 6 年后，艾弗（Iveagh）勋爵［爱德华·基尼斯（Edward Guinness）］向詹纳预防医药研究机构捐赠了 25 万英镑，用于推动细菌学和其他生物学领域的研究。② 在利物浦，托马斯·萨顿·汤米斯（Thomas Sutton Tommis）捐了 1 万英镑，用于对癌症的发生和治愈开展系统性研究，而此前他已经向大学学院捐建了一个化学实验室；在伦敦，劳埃德太太［肯辛顿（Kensington）女士，她对引导她的孙子信仰天主教这种做法感到非常愤怒］也向这一宗旨遗赠了类似的金额。③

关于新兴的慈善方向，有一个相当吸引人的案例是由 E. G. 鲍登（E. G. Bawden）完成的。鲍登是克拉普顿一位退休的股票经纪人，他这么解释自己的状况："我已经 76 岁了……我没有家人。因此，我感觉应该拿我手里的钱做些好事，而现在正是时候采取一些行动。"④ 在银行家兼慈善家埃德加·斯派尔（Edgar Speyer）的建议下，他用 10 万英镑成立了鲍登信托基金，该信托中一半以上的资金被指定用于医药事业——部分用于医院，部分用于研究。鲍登相信，人类将要对某些疾病的治疗有重大突破，因此他决定为这些探索助力。《泰晤士报》赞扬了他的慷慨，并指出在同一领域还有其他一些需求有待满足，比如在伦敦医院里资助设立研究岗位。1909 年，《泰晤士报》的这一呼请得到了奥托·拜特（Otto Beit）的回应，拜特捐赠了 215000 英镑用于在伦敦大学里设立 30 个研究岗位，以纪念他的兄弟阿尔弗雷德。⑤ 与流向医院的巨额捐赠相比，医学研究事业收到的款项仅仅是沧海一粟，但是这是一个开始，

---

① *Charity Record*, 20 Oct. 1892.

② *Ibid.*, 29 Dec. 1898.

③ *Ibid.*, 5 Feb. 1903, 20 June 1907.

④ *Daily Chronicle*, 转引自 *ibid.*, 7 Sept. 1905。

⑤ *Ibid.*, 6 Jan. 1910.

预示着将来的汹涌巨流。

有一个准医学问题（抚养盲人的问题）得到了私人慈善的显著贡献。正如我们所见，从 18 世纪末开始，和英国的其他人道主义事业一样，针对这类残疾群体开始出现有组织的慈善工作，且规模不断扩大，虽然该事业也表现出一定的不规律性。到 19 世纪 70 年代中期，豪的《分类目录》已经可以列出伦敦的 25 家盲人机构了，这些机构的年度总收入约为 45000 英镑。这方面的很多发展（如加德纳信托）都与我们这项研究的主题有着特别的联系，成为这 19 世纪后半叶的标志。[1] 首先，在盲人教育方面取得了明显的进步。盲人被人们视为无能的可怜对象的情况越来越少，而被认为是这个社会上有潜在可用之处的、负责任的一员。如果某个盲人是上流社会的成员，那他可以就读伍斯特盲人学院。这是一所公立学校，成立于 1866 年，提供的是古典教育，以为到大学就读或从事职业工作做准备。[2] 诺伍德的皇家师范学院和音乐学院开业于 1871 年，该学院背后的推动力量是托马斯·罗德斯·阿米蒂奇（Thomas Rhodes Armitage）博士。阿米蒂奇是利兹的一位铁器制造商的儿子，他放弃了自己的医药事业，因为他的视力每况愈下，但因此他也成为盲人群体的一位非常富有想象力的、不屈不挠的拥护者。这家新成立的学院体现了一些他的教育理念，特别是他的这一观念，即音乐是一项特别适合盲人追求的事业。[3] 据说，阿米蒂奇向这所学校投入了约 4 万英镑，而他也非常乐意看到这所学校成为一项非常具有建设意义的、非常成功的事业。[4]

毫无疑问，在所有面向盲人的慈善捐赠中，最值得一提的还是价值 30 万英镑的加德纳信托，该信托是基于伦敦的亨利·加德纳的遗嘱成立的，因为他在最后的岁月里双目失明了。这笔遗赠在某种意义上标志着

---

[1] 关于这个时期在盲人治疗方面的进步，参见 Madeline Rooff, *Voluntary Societies and Social Progress*（London, 1957），chap. XV。

[2] 在该学校成立后的头 30 年时间里，它向大学输送了将近 50 名男童，其中有不少以优等生的身份大学毕业，有数人还获得了一级优等生的荣誉。

[3] 他也是英国和外国盲人协会（之后更名为英国盲人机构）的主要创始人。通过该协会，阿米蒂奇牵头完成了英国范围内的布莱叶点盲文和穆恩盲文等两种盲文的采用工作。

[4] *Fry's Royal Guide*, 1884 – 1885, pp. 16 – 17. 关于阿米蒂奇和他工作的简要描述，参见 Beveridge, *Voluntary Action*, pp. 173 – 174。

此类慈善事业的起航,因为他当时关切的是有关盲人的问题,特别是有关他们教育和培训的问题,而且他的关注点并不只涉及一家机构或一个单独的地方,而且根据该信托非常宽泛的条款规定,受托人拥有广泛的自由裁量权。这种层面的遗赠将盲人的处境推到一个不同的聚焦灯下。正如一位盲人事业的倡导者所评论的那样,它将他们从模糊的状态拖了出来,并使他们成为人们关注的群体。①

该遗嘱的条款非常宽泛,乃至于看上去似乎是在邀请人们针对这笔钱该如何使用给出建议,而该信托的确收也到了很多方案。加德纳的一位近亲建议成立一家"加德纳盲人机构"。另外,C. S. 洛赫在收到该信托理事的征询意见后,明确反对成立一家新机构的想法,并总结说现在更需要这样一家机构(与慈善组织协会的慈善事业一致),该机构应该承担起调整其他慈善组织之间的分配不公平、补充它们的资源不足、协调它们的行动的重要责任。② 1882 年,加德纳去世后第三年,该信托开始了运营,它一开始将收入中的绝大部分用于音乐课程、教育(包括拨款给盲人印刷书籍)和生活津贴方面。③ 此后,该信托通过多种方式,包括主办《盲人》杂志,协助举办各种各样的地方性的活动,鼓励不同的志愿型组织之间或组织与立法机关之间达成更好的相互理解——这已然是不可避免的,因为早在多年以前,政府就已经在这方面承担起了主要责任——从而使自己成为 19 世纪末期一股非常具有创造性的力量。④

七

保护公用地不被圈围,特别是保护城市中心周边的土地,以及闹市区的公共空间,这场运动更着眼于未来,而不是眼前。早在 19 世纪初,

---

① S. S. Forster, *The "Gardner" Bequest* (London, 1880), p. 1.

② C. S. Loch to the Gardner Trustees, 29 Jan. 1880. 来自家庭福利协会图书馆的加德纳信托卷宗。

③ 1894 年,该信托理事会接到慈善组织委员会的一项命令,该命令进一步解放了该信托的运营自由权,这样一来该信托收入中的 1/3 便可以被用于任何看起来有希望的事业。[H. J. Wilson, *R. C. on the Blind* (C. 5781 - 11). 1889, Q. 4417; H. J. Wilson, ed., *Information with Regard to Institutions for the Blind in England and Wales*, 2d ed. (London, 1896)]

④ 关于一项相关公共政策的开始,参见 Rooff, *Voluntary Societies and Social Policy*, pp. 196ff。

人们就发起过不少抗议活动，抵制大规模圈围公地，偶尔人们还会施加压力，以为城镇的居民保留一些公共休闲场所。但是，伦敦周边地区的公地所遇到的潜在威胁，还是需要人们开展有组织的抵制活动才能加以对抗。议会特别委员会在 1865 年否决了他们提出的公地圈围案（主要基于古老的《默顿法案》），于是地主们便掌握了主动权。① 在伯克姆斯特德、普拉姆斯特德、图丁，以及埃平森林的部分地区，公地真的被人们圈围了，虽然这些行为之后被法律诉讼给推翻了。随着城市和郊区建筑用地不断扩张，公地开始受到普遍威胁，乃至于公众不得不采取抵制行动。

于是，人们在 1865 年秋天成立了公地保护协会，该协会的领导包括约翰·斯图亚特·密尔、查尔斯·巴克斯顿、T. 福韦尔·巴克斯顿、托马斯·休斯，协会主席是肖 - 勒费夫尔（埃弗斯利勋爵）。第一项关于组织开展反对活动的提议来自 P. H. 劳伦斯（P. H. Lawrence），他是一位事务律师，也是温布尔登的一位居民，他此前积极投身于抵制帕特尼公地出售的行动之中，并曾与肖 - 勒费夫尔一道起草了特别委员会报告。在该协会成立后的头三年里，劳伦斯一直担任荣誉法律顾问。后来他接受了政府的职位，他的继任者是罗伯特·亨特（Robert Hunter）（后来成为罗伯特爵士），亨特后来成为整场公地保护运动中最重要的指挥者。随着时间的推移，该协会最初的领导人群体也得到了充实，新加进来的是一些富有公共精神的市民，包括查尔斯·迪尔克（Charles Dilke）勋爵、奥克塔维亚·希尔、詹姆斯·布赖斯、思林（Thring）勋爵等。

在多数情况下，公地周边的住户会筹集款项，组织委员会来反对圈围。有的时候，个别富有的人，如果对某块公地持有产权的话，则会代表全体保有权人，领导抵制行动，这就像格尼·霍尔在汉普斯德特荒地案例中，朱利安·戈德斯米德（Julian Goldsmid）勋爵对普伦斯特德公地，亨利·匹克（Henry Peek）勋爵对温布尔登所做的那样。但是，抵制活动的策略和方向的控制权，主要还是在该协会的律师顾问手里，他异常精明地筹划着法律诉讼。劳伦斯做出安排，将这些案例按照最有利

---

① *S. C. on the Public Use of Commons*，1865. 本节下述大量内容都是基于下述作品展开的：George Shaw-Lefevre（Lord Eversley），*English Commons and Forests*（London，1894）。

的顺序挨个提起诉讼，其中最有力度的官司先打。而且，他还在聘用律师方面表现出了出色的判断力。他聘用了朗德尔·帕尔默（Roundell Palmer）爵士［他之后做了上议院大法官（成为塞尔伯恩勋爵）］，由他负责早期的绝大多数案件。不仅如此，之后历任法律顾问负责的多个案件都是由著名的开明派法官审理的，比如罗米利勋爵、乔治·杰塞尔（George Jessel）爵士。该协会发起的是一场充满技巧的战斗，而在这些战斗中，除了两三个例外以外，其余都取得了胜利。

这也是一场昂贵的战争，而该协会的幸运之处在于其不少会员要比普通人富裕。1867 年，捐赠 100 英镑的会员有托马斯·巴林（Thomas Baring）、托马斯·布拉西（Thomas Brassey）、安吉拉·伯德特－库茨、查尔斯·巴克斯顿、弗里德里克·歌德斯米德、塞缪尔·莫利、H. W. 匹克（亨利勋爵），以及劳伦斯本人。① 在所有耗时持久的诉讼中，历时最长的是有关埃平森林的一场诉讼，该协会成功争取到了伦敦公会的赞助。伦敦公会提供了约 24 万英镑，其中有约 33000 英镑最终被作为诉讼和议会程序方面的开支。②

这个问题不仅仅是一个为诉讼找资金支持的问题。尽管公地保护协会拒绝这种观点，即应该花钱把公地所有者手里的产权购买过来，但是在有些案例中，它还是不得不花大价钱购买地权，由此才得以使用这些公地。一个很有参考价值的个案是汉普斯德特荒地和国会山案，这个案子以一种异乎寻常的方式将协会、私人捐赠人、城市教区基金会和数家公共机关聚到了一起。③ 当时，提起法律诉讼已经变得十分必要，因为地主故意采取了一个使事态加剧的行为：他开始在荒地上兴建多栋房屋，并且将它们安排在最显眼的地块上。哪怕是在地主采取这一举动之前，伦敦市工作委员会就已经拉响了警报，尝试寻找购买土地产权的可能性。但是，地主开出的价码是 40 万英镑（每英亩价码是 1600 英镑，共有 250 英亩），这个价码明显是谈不拢的。托马斯·威尔森爵士是这块土地的主人，要对付他，就只有通过法院下达命令，要求不得将这块土地用于物

---

① 该名单载于伦敦市议会图书馆收藏的公地保护协会小册子和书信集。

② Shaw-Lefevre, *English Commons and Forests*, p. 158；Minutes of the Common Council, 4 Feb. 1886.

③ Shaw-Lefevre, chap. IV. 其中对此做了详细介绍。

业开发。公地保护协会鼓动了一群公地使用权人开展抵制活动，组织了当地的委员会，并劝说格尼·霍尔作为公地使用权人的代表，要求对这块土地的地主下达行为禁止令。

因为某些原因，对这些原因在这里我们就不一一加以详述了，汉普斯德特荒地案并没有走完全部法律程序。然后，1868 年，托马斯·威尔森爵士去世了，而他的继任者被证明是一个更为随机应变的人。格尼·霍尔同意以一个合理的价格买下地主手里的产权。最终伦敦市工作委员会给出的费用是 45000 英镑，这个价格只是托马斯爵士的要价的 1/10 多一点。关于这场交易，该协会五味杂陈。很明显，这是一场讨价还价的交易，如果人们接受地主的主张，认为他对土地拥有产权的话（该协会从未接受过这种说法）。通过购买保留下来的这块汉普斯德特公地并不是现在我们看到的那块巨大的土地，即汉普斯德特荒地。在这里我们需要重复的是，这块公地只有 250 英亩多一点大小，而且不是一块完整的土地，其中有多处被其他私人土地拦腰截入。如果不能将两块相邻的土地，即国会山和肯丛林（它们都是曼斯菲尔德勋爵的地产）连起来，那这块公地就会显得不那么空旷了。此外，这里还有一小块约 60 英亩的土地，地主是斯宾塞·威尔森爵士，当时他已经动手丈量土地，划定建设地块了，曼斯菲尔德勋爵的继承人明显也想对肯丛林地块那么做。当然，在这种状况下，提起法律诉讼已然是来不及了。于是，为了尽可能多地保留荒地的空间，就必须筹集大规模的资金，买下这些邻近的土地。

1884 年初，在格罗夫纳楼召开了一场会议。在这场会议上，奥克塔维亚·希尔提交了一篇文章。在这篇文章里，她发出呼吁，从而促成了一个委员会的成立，该委员会的主要职能是购买土地。[①] 该委员会的购买意向涉及不到 300 英亩的土地。虽然该委员会有很多名人，比如威斯敏斯特公爵是该委员会的主席，肖-勒费夫尔则担任了执行委员会的主席，但它所承担的并不是一项简单的工作。除了要与地主开展谈判以外，它还需要向形形色色的公共或半公共机关筹集资金。很清楚的是，在它所需的 30 万英镑资金中，有一多半需要向公共机关筹集，而且事实上也

---

① E. Moberly Bell, *Octavia Hill*, p. 223. 然而，需要指出的是，购买土地的资金主要是由奥克塔维亚·希尔一个人筹集起来的，而这一点很少听人讲起。

是这么做的。最后，尽管伦敦市工作委员会态度冷淡，但是公共机关还是拿出了一份捐赠进度表。其中伦敦市工作委员会同意承担一半款项，汉普斯特德和圣潘克拉斯等两个教区利益直接相关，同意拿出 5 万英镑。至于剩下的 10 万英镑，议会同意从准备用作城市教区基金会原始基金的资金里拿出 5 万英镑——这种做法让城市公会非常恼火，但它反对的是这种做法，而不是这项事业。①

除去官方或半官方的捐款以外，还有 5 万英镑多的资金需要向公众筹集。这对威斯敏斯特公爵来说并不是太困难，他早已表现出对慈善事业的兴趣，所以非常关心这一事情，而其他贵族成员则跟随着他：贝德福德公爵捐赠了 3000 英镑，他的女儿每人捐赠了 1000 英镑；巴林兄弟、安吉拉·伯德特 - 库茨女士和 W. H. 史密斯每人捐赠了 1000 英镑。在短短数周时间里，所需款项的绝大部分便筹集完毕了。在接下来一年（1888 年）里，奥克塔维亚·希尔（作为东道主）以及其他几位领导成功地通过小额募捐的方式筹集到了剩下的款项。② 整场运动，从该委员会成立到 1889 年 3 月合同缔结完成，共历时 5 年。通过私人和公共机构合作，人们成功地拓展了汉普斯德特荒地的面积，虽然我们注意到，公共机构是靠为这一目的而组织起来的个人的推动，甚至是被强迫才参与进来的。在所需的资金中，有 2/3 的资金来自公共渠道，而剩下的 1/3 则是由在世或已故的私人慈善家有意或无意捐赠的。其中，私人捐赠中的一半来自捐给城市教区的古老的资金，大概那些捐赠人应该会对他们的捐款被这么用掉感到吃惊。我们可以得出这么一个结论，即由于死手权的影响，这些款项很难产生比这一用途给城市人口带来的好处更有利的结果。③

公地保护协会所取得的声望以及在诉讼方面所取得的成功，使社会

① Minutes of the Common Council, 16 Dec. 1886.
② *Charity Record*, 17 Nov. 1887; Bell, *Octavia Hill*, pp. 224 – 225.
③ 尽管该协会绝大多数早期运作都与伦敦附近的公地相关，但是早在很多年以前，协会的领导人就已经意识到，不只是伦敦地区遇到了公地被围的风险。该协会也涉足了汉普郡、多塞特郡和西部地区（马尔文蔡斯和迪恩森林）的个案。不仅如此，主要通过亨利·福西特（Henry Fawcett）的影响力，该协会也涉足了全国的农村公地问题。［Leslie Stephen, *Life of Henry Fawcett*, 5th ed.（London, 1885）, pp. 327 – 334; Shaw-Lefevre, *English Commons and Forests*, pp. 286 – 287］

改革家有了信心，认为在一些邻近区域也能有所作为。在这里，我们可以举出奥克塔维亚·希尔的经历。在公地保护协会成立后十多年里，她一直没有参加该协会。推动她加入这场运动的事情是，她未能成功地从建筑师手里保护下瑞士农舍地块（现在是菲茨姜大道）。① 这段插曲在她脑海里引起了更大的质疑，特别是针对城市的公共空间，而且，因为多数捐款给瑞士农舍地块基金的捐赠人选择把钱留给该委员会不撤回，她也就掌握了一笔战斗基金。在她眼里，现在最迫切的是给拥挤的地区创造一些小块的公共空间，即"给穷人使用的户外客厅"，这样一来他们就能从他们拥挤的房间以及狭窄、肮脏的庭院里解放出来了。她感到非常吃惊，因为伦敦学校委员会在周六以及每天的夜晚都会关闭57块活动场地，而且她恭敬地提出建议，要求那些私人场地的拥有者定期开放场地。② 然而，她最直接的攻击点是教堂的庭院，因为在这些教堂看来，它们管理的那些坟场都是神圣的土地。那为什么这些空地不能更多地给生者使用呢?!

　　奥克塔维亚·希尔以疯狂的劲头开始了她的讨伐，而她也因此为世人所知。她攻击公共机构和私人团体，要求它们联合起来购买新的公共空间或开放已有的公共空间。作为公共空间的拥护者，她是一个非常具有同情心的人，而不是像养老金的最后的反对者那样冷冰冰；在这件事上，她不再是一个教条的个人主义者，而是成为有计划的公共行动的一个倡导者。她最终得出结论，认为需要由某些公共团体来确定公共空间的选址，因为如果将主动权留给居民们，那么富裕地区无疑会比真正需要这些空间的地区获得更多空间，而且事实上这种情况已经发生了。在伦敦市的西半区，包括查令十字街以西40英里的地区，平均682人拥有一英亩的公共空间，而东区则为7481人拥有一英亩的空间。③

　　这些都是1888年的数据。10年后，这一情况得到了明显改善。通过当地的团体、伦敦市议会、城市教区基金会、多家公共空间协会和大量

---

①　尽管她成功筹集到了1万基尼，试图买下这块土地，但土地所有人撕毁了协议，而这块场地也因此被毁掉了。（Bell, *Octavia Hill*, pp. 143 - 146）

②　Octavia Hill, *Our Common Land* (London, 1877), pp. 130ff, 137ff.

③　Octavia Hill, "The Open Spaces of the Future," *Nineteenth Century*, 46: 27 - 28（July 1899）.

私人捐赠人等的行动，伦敦人的公共场地得到明显增加。辛迪尼·沃特楼爵士捐赠了海格特的劳德代尔楼，以及 29 英亩土地；G. T. 里夫西（后成为乔治·里夫西爵士）捐出了佩卡姆－赫奇姆近郊地区的电报山；爱德华·诺斯·巴克斯顿积极参加公地保护协会，捐出了毗邻埃平森林的 28 英亩土地。[①] 上面这些土地包括全英国的公园和公共空间，这些土地是由维多利亚慈善家们捐赠的，这些土地明显已经达到了一个可观的规模。

在该领域最著名的有组织的团队中，仅次于公地保护协会的是凯丽协会。该协会的主要创始人是奥克塔维亚·希尔的妹妹米兰达。该协会（勉强避免了取名为"扩散美丽协会"）[②] 取名为"教皇的糙汉子"[③]，而凯丽已经给自己的城市带去美丽。现在，该协会的宗旨是给伦敦的贫民生活带去美丽。这个宗旨回头来看，似乎是沾染上了罗斯金的多愁善感。用现代眼光来审视，这个协会的某些项目近乎异想天开式的浪漫主义，比如给城里的所有建筑外墙上刷上鼓舞人心的话语——奥克塔维亚建议在滑铁卢车站附近的一堵墙上刷上金斯利的一句话："像贵族一样做事。"[④] 然而，我们很难忽略该协会组建的公共空间委员会在这方面所付出的辛劳。在有可能抢救有价值的土地时，该协会都会努力筹集购买基金，而且在将这块土地转交给小礼拜堂或其他当地的机构前，它都会整修一番，种上植物，安装上长椅。总之，在为伦敦人购买公共空间特别是小块空间方面，凯丽协会绝不是一个不值一提的小角色。

八

到 19 世纪 90 年代末期，这场在拥挤的城市地区为小型公共空间而战的战争取得了完美的胜利，虽然在其他层面还有很多工作有待完成。正如奥克塔维亚·希尔在一篇关于该运动未来计划的纲要性文章中所说[⑤]，特别是要在英伦岛全境为公众保留下一些美丽的、有历史意义的

---

① Octavia Hill, "The Open Spaces of the Future," *Nineteenth Century*, 46：27 - 28 （July 1899）. p. 26.

② Bell, *Octavia Hill*, p. 151. 关于凯丽协会创始情况的介绍，参见 C. E. Maurice, ed., *Life of Octavia Hill as Told in Her Letters* (London, 1913), pp. 316 - 317.

③ 约翰·凯丽自称"糙汉子"。——译者注

④ Bell, *Octavia Hill*, p. 152.

⑤ Hill, "The Open Spaces of the Future," *Nineteenth Century*, 46：27 - 32 （July 1899）.

景点。国家信托——这篇文章在一定意义上就是该信托的推广文——是这场保护公地运动的产物，而且的确成为上述缺陷的有效弥补机制之一。因为在这方面没有一家协会拥有法人地位，所以它们都不能自己买下土地，并将之传给下一代。所以，现在需要的是一家尽责的机构，该机构需要在全国范围内开展运作，而且在它的代管下，古建筑或风景区域能够得到安全的保护。有三个人给出了解决方案：罗伯特·亨特爵士，他是公地保护协会的战略大师；奥克塔维亚·希尔，她偶然提出了"信托"这个想法；罗斯利（Rawnsley）教士，他是威斯特摩兰郡雷镇的牧师，曾为保护自己所处的湖泊区域免遭破坏而花了很大力气。1894 年夏天，在格罗夫纳楼召开了一场会议，人们拿出了一个大概的方案，到 1895 年 1 月，该信托就正式运营了。

和其他慈善机构一样，该信托发现，相比于一般目的，为专项宗旨筹集资金更为容易。尽管在它成立 10 年之后，每年的一般目的捐赠资金只有约 400 英镑，但是该信托已经成为 24 宗物业的拥有者，占地约 1700 英亩，包括德文特湖区的 108 英亩土地（为买下这块土地人们筹集了 7000 英镑），可以俯瞰阿尔斯沃特湖的果巴顿高地的 750 英亩土地。[1] 到第一次世界大战前夕，它手里的物业已经达到 60 多宗，占地约 6000 英亩，总收入约 45000 英镑。[2]

该信托试图以一种弹性的方式来运作，采用所有可行的手段来实现其目的。它的领导者尽其所能劝说个人或企业来接管古建筑，比如保德信人寿和斯坦普尔旅社；他们向议会提出立法吁请，要求为历史和自然景点的保护提供便利；他们会毫不犹豫地与公共机构达成合作，比如为保护休尔狄区的杰弗利济贫院，他们从伦敦议会那里筹到 16000 英镑，从休尔狄区政府那里筹到 3000 英镑，自己又凑足了剩下的 5000 英镑。[3] 他们最有成效的策略之一是鼓励有类似宗旨的郡和地方社团，大量此类社团的新生命就是在这一中央机构引领下获得的。

我们能够得出结论，毫无疑问，该信托所取得的巨大成功只是因为

---

[1]　*Ann. Rept.*, 1905 – 1906; James Lees-Milne, ed., *The National Trust* (London, 1945), p. 123.

[2]　*Ann. Rept.*, 1913 – 1914.

[3]　*Ann. Rept.*, 1908 – 1909, pp. 12 – 13.

它给予这个已经成型的主意实体化的、法人式的形式。直到第一次世界大战，这个主意的常规形式就是，由该信托通过获捐或购买等手段接管物业的全部产权。当然这种做法一直在延续，但是到 20 世纪 30 年代，通过专项劝募来筹集大额资金已经变得日渐艰难了。另外，历史或自然（以及产生收益的）物业的拥有者，无论多么有同情心，也不再愿意简单地把产权交给该信托。在与托马斯·戴克·阿克兰（Thomas Dyke Acland）爵士就埃克斯穆尔附近的超过 7000 英亩土地作斗争时，该协会与对方达成了一项实验性协议。该协议提出了一种可能性，即通过与物业所有人的协议，该信托在某些情况下可以花比单纯购买少很多的钱来达到其目的。[①] 也就是说，一个物业所有人虽然保留了对土地的产权，但只给予该信托对争议地块控制其建筑或其他形式开发的权利。这一计划在 1934 年的巴特曼谷试验过后得到全面推广。到 20 世纪 40 年代中期为止，该信托对手下的 11 万英亩土地采用的都是这种形式的契约来给予保护。[②]

在最近 20 年里，国家信托成为英国最重要的慈善组织之一，并成为一家大型的、多样化的实体。在 1937 年，一部议会法令为保护乡村房屋和公园提供了必要的权力。这意味着，除其他方面以外，该信托有义务在更为广阔的基础上进入不动产管理领域，因为通过土地和房产联合运营能得到收益。于是，该信托便开始负责管理租客、监督农业和养殖畜牧业的运营，以及翻新老建筑。现今，该信托的工作更多的是与管理大量物业有关，而不再是收购新的物业或"保护"传统意义上的自然美景。事实上，虽然这些物业是免费获得的，但需要花费资金加以维护，所以它不得不在各种物业中做仔细甄别与遴选。很明显，除非这些物业能够产生收益，或者人们在捐赠该物业时附上了一份维护基金，否则该信托便不会接受任何此类物业的捐赠。显然，这一残酷的现实是处在该信托与很多心仪的物业之间的，而且这也会让很多潜在的捐赠人感到沮

---

① *Ann. Rept.*，1916–1917，pp. 5–6. 这一与托马斯·戴克·阿克兰爵士的协议采用长期租约的形式，租期为 500 年。通过该租约，阿克兰爵士及其继承人能够获得租金、土地收益和作为土地所有者的其他权益，但放弃为建筑目的的开发土地以及其他大幅改变土地用途的权利。

② Lees-Milne，*National Trust*，pp. 123–124.

丧，因为这些慈善家受到恶劣环境的影响，自己无法继续持有这些物业，原本希望一个有公共精神的受托人来帮他们代管。

毫无疑问，该信托自己也犯下了错误，而且它依旧并且会持续受到令人难以置信的困难的包围——自然、公众，以及尤其是官方机构制造的困难。然而，英国人和外国人都有理由赞美该机构，因为它在一段灾难性的社会变革时期里，保护了如此众多的历史性、自然性的英国景点，而没有使它们成为（用 G. M. 杨的话来说）一系列"简陋的风景"，或"将英格兰放在一个玻璃橱下"。①

19 世纪慈善事业的特点告诉我们，其关注焦点出现了转变。这种转变是可见的，哪怕不太剧烈。在很大程度上，19 世纪早期的善行表达出人们简单的人道主义观念，即关心人们的不幸和痛苦。在这种力量的激励下，人们救助了很多受害者，让他们走上了自给自足的道路。其中还混合了人们一定程度的焦虑情绪，即试图抑制下等阶层的贫困和不幸，以免他们达到引起广泛绝望的程度。而在 19 世纪末期，人们的关注点开始转向预防、保护和康复。医疗类慈善组织在人们慈善兴趣排行榜上所占据的高位与医疗研究领域的产生、大学里设立学院和独立的女子学院、为住房计划所发出的呼请的不断增强、城市教区基金会、保护公地运动和国家信托——所有这些都标志着这一转向。其中有一些项目，相比于50 年前人们的接受程度而言，涉及了更大程度的主动或被动的政府参与。比如，公地保护运动便是一个富有启发性的案例，它不仅是一种更为综合性的慈善事业，不再是 19 世纪早期仅靠吸引私人慈善捐赠者来加以维持的事业，更是一项富有建设性的合作性事业，即由私人慈善家和公共部门在资金或其他方面开展合作。这后一种趋势，虽然只是在那段时间里断断续续出现，却随着时间的流逝而不断积聚力量，一直到主动权最终转到了公共部门的手里。对于一个身处 19 世纪 50 年代的慈善家而言，英国政府在 20 世纪 50 年代所开展的社会和福利行动是不可思议

① 引自 Lees-Milne, *National Trust*, p. 9。上述各协会并没有穷尽所有保护农村和民族古代遗迹的有组织的努力。关于其他努力，参见（Leslie）Patrick Abercrombie, *The Preservation of Rural England*（London，1926），and Richardson Evans, *An Account of the Scapa Society*（National Society for Checking the Abuses of Public Advertising），London，1926。

的。私人慈善持续发挥着它良好的效用，但是基本的社会责任却越来越多地被转交给了政府。然而，哪怕是在这个时候，人们的志愿努力所踏出的足迹都没有朝向错误的方向。公共政策经常会依循志愿型组织此前规划出的路径，而公共机构则经常会依靠这些志愿型组织来履践此类公共职责。

第十八章　通往政府合作之路

一

正如我们所见，在维多利亚时代中期，人们倾向于管窥他们所遇到的诸多社会问题的个体性根源。如果他们的判断是正确的，那人们就无须抱怨他们所给出的解决方案了。理所当然，在他们看来，那些所谓的现实的重压并没有逾越私人慈善的资源供给所能承受的强度。在伦敦市，数百家捐赠基金型和志愿型的慈善机构一字排开，准备回应那些值得帮助的人们所提出的需求。1877 年，全国的济贫院和养老院的收入约为 55 万英镑，而用于"贫民的一般用途"的 36.4 万英镑明显也足以应付养老金需求了，如果这笔巨大的资金能够有条不紊地被用于这一目的的话。[①]而且在遇到特殊危机时，慈善的口袋会快速打开，放出资金，以救助那些受害者。

几乎没有一个身处维多利亚时代中期的明智的英国人会怀疑，应对他们所面临的社会问题的必要工具是公众启蒙的快速扩散，以及通过奖惩等形式增强劳工阶层荣誉感，树立他们的自我尊重的观念。在这方面，私人慈善组织扮演了一个非常重要的角色，被认为是这一体系中一个永久性的甚至是不可或缺的元素。首先，这是因为政府的援助不可避免受到限定性的、标准化的、机制化的管理，而个体化慈善组织则可以像我们所希望的那样做出自由决断。但是，正如伯恩（Burn）教授所说的那样，慈善事业更重要的价值则是它对捐赠人自身所进行的一项训练。在

---

① Sir Henry Longley, *R. C. (Aberdare) on the Aged Poor* (C. 7684), 1895, Q. 7553.

对各种符合想法的慈善目标之间做出选择时——事实上是在判断是否要达到全部慈善目标时——捐赠人接受了一场道德训练，而这样的训练在他支付济贫税时则是不会领略到的。[1] 只有通过一场漫长的、激烈的争斗，维多利亚人才会同意放弃自由选择权的某个边角，因为这种选择权在这一时代的社会思想中占据了重要位置。

另外，政府的功能受到严格限制。它基于《济贫法》，只能救助一些极端个案。主要的责任还是落在私人部门的头上——以及那些可以通过自己的努力来改善处境的个人和愿意帮助他们的慈善家群体。一直到19世纪80年代和90年代，社会性格才出现了一个转变，即这种维多利亚时代中期的方案开始受到严重质疑。但是，在这些根本性问题被人们提出来以前，在法定机构和志愿机构之间早已经开展了一些程度较轻的合作。就像在其他领域一样，实践走在了理论的前面。在这方面，最明显的案例是在基础教育上的合作，这是一个众所周知的故事——这也是一个特殊的案例，因为里面有诸多宗派元素——我们在这里便无须重复了。我们只需要提一下这一点就够了，即从1833年开始，当两个大型的社团第一次收到公共基金拨款时，政府在教育方面所占的权重就开始不断攀升，虽然速度很慢，但却是实实在在的。学校巡查官、校舍建设拨款、教师培训和人头拨款等，都标志着政府介入的增强。无论这种做法有多少不足，都预示着这种公共－私人联合事业（也即英国教育领域奉行的模式）的横空降临。

一些早期形式的公私合作是政府的警察职能的副产品。比如，政府拨款给社团，让它们帮助释放的因犯。[2] 我们在前文中也提到过一个更具有启发意义的个案[3]，即关心和改造少年犯的学校。当然，这家开展因犯业务的机构是慈善社团，这是一家纯粹的志愿型机构，但它的活动领域却不可避免地使它与英国内政部保持密切接触。19世纪40年代中

---

[1] 在《平衡的时代》（*The Age of Equipoise*, chap. II, "Getting and Spending"）一书中，W. L. 伯恩教授展示了一些针对有关事项的讨论，包括关于贫困与富裕、政府援助和私人慈善、维多利亚时代中期的自由竞争和慈善捐赠。不幸的是，一直到本研究付梓，我都未能读完他的这卷大作。

[2] Rev. G. P. Merrick, *Report to H. M. Commissioners on Discharged Prisoner's Aid Societies* (VC. 8299), 1897.

[3] 参见第四章。

期，詹姆斯·格雷厄姆爵士提议说，慈善社团和贫民庇护所这两家机构都接收《帕克赫斯特法令》宽宥的男孩，所以应该让它们联合成立一家中央工读学校，并由政府资助和监管。[1] 由于这么做会大幅限制自身的自由空间，所以慈善社团拒绝了这个提议，并在数年之后搬去了雷德希尔。

19世纪40年代和50年代成立的少年犯教养机构都遵循志愿原则，而且在某种意义上它们成为全国刑罚体系的一股补充力量（如果不能说是必不可少的组成部分的话）。人们指出，公私的合作关系是在1854年《青年违法者法令》[2] 中明确提出来的，该法令虽然给予这些学校自主管理的权利，却将它们置于政府的财政资助与监管之下。工艺劳作学校最初是被当成流浪儿童的庇护所而设计出来的。在这里，那些流浪儿童会接受培训，以培养他们勤劳的品行。这些学校也被政府以类似的方式置于自己的羽翼之下。[3] 从理论上来说，这些决定创造出了一个不大有把握的体系，但是在实践上，该体系带来了很多实质性的好处。尽管这些学校的财政来源中的相当一大块都被政府所控制，但是它们还是保持了独立慈善机构的特点。由此，公共机构得以从那些有奉献的和有开拓精神的先驱者的行动中获益，包括玛丽·卡彭特、马修·戴文波特·希尔等，而用于双方合作的资金则使这些人的工作的影响变得更为广泛。

诸如此类的发展都明显是非常杰出的。同属此类行动的还有某些济贫法机构尝试性开展的公共理疗护理工作。如果说政府的监管职责使它与私人慈善机构就维持工读学校和工艺劳作学校达成合作的话，那么它对公共健康事项的关切则为小心翼翼地设立公立医院的实验开辟了一条道路。在周期性霍乱传染的冲击下，大量大型城镇的济贫法机构不得不替换掉老式济贫院里的病房，设立新式的医疗所和其他医疗机构，并为发热病人设立专科医院。它们的这一举动由此便缓解了志愿型医院的压力。与此同时，1875年，迪斯雷利《公共健康法》巩固和延伸了之前的法令，授予新成立的卫生主管当局以巨大权力，包括用地方税收来为医

---

① *Report of the H. O. Committee on Reformatory and Industrial Schools* （C. 8204），1896，II，176.

② 17 & 18 Vict. , C. 86.

③ 20 & 21 Vict. , c. 48.

院提供资金。

上述这几步发展反映出政府在福利政策或分担志愿型团体的重担方面，并未做出审慎决断。无论是公共机关领导者还是私人慈善家，除在一些特殊领域，都没有提出构建一个更为紧密的联合体的要求。总的来说，他们都同意这种看法：政府的关注范围应该被合理地限制在"政治"范围内，至于社会改良事务则最好留给志愿行为去完成。但是，在19世纪的最后25年里，令人不安的信号日渐累积，人们开始私下嘀咕，怀疑私人慈善被证明是无法胜任这一任务的。可能，如果不幸的真正根源在于社会结构本身，那么就不应该把减轻这种不幸的责任全部丢给私人慈善家。

比如，有人颇为合理地质疑个人储蓄，哪怕是在亲戚的协助补充下，是否能给老年人的养老问题的解决提供一条出路。有少数怀疑者甚至还质疑说，虽然历史学家都认为志愿型医院是慈善史上的一项成就，但它们是否真的能够承担起那巨大的使命则是存疑的。1886年，当时工会统计的失业率超过了10%，同时有22.2%的锅炉制造工和钢铁机船建造工领到了解聘赔偿金①，这些事不可避免在人们心里引发了一种反应，反对那种陈旧的教条，认为对这些事情人们是无法做太多来加以改变的。大规模的失业绝无法归咎于个人的道德沦丧，人们也不能过分要求工人，特别是那些勉强糊口的工人未雨绸缪多年，存一大笔钱来应付19世纪80年代连续的坏年份。慈善组织协会正确地指出，不加区分的应急救助并不是解决办法；但是慈善组织协会的办法，由于过度强调对个人的细节情况做调查，所以并不适合被用来处置大量的失业人口。明显，这是一种社会不幸，针对这种社会不幸，19世纪80年代和90年代的人是以不同的视角来看待的。

我们没有必要重新证明一遍社会视角转换的问题。不过，我们只能说这是社会价值观念转变的"表征"和"信号"，而不是决定性的变革。这种平衡状态并不是快速地或决定性地转变完成的，人们也不是突然普遍接受政府承担社会福利职能这一观念的。虽然天空上满是征兆，但很

---

① Clapham, *EconomicHistory of Modern Britain*, II, 453; Helen M. Lynd, *England in the Eighteen-Eighties*, p. 55.

多只是勉强露头。首先，人们可能指出地方政府在 19 世纪 70 年代中期的迪斯雷利法令鼓励下，开始越来越多地掌握对城市改善工程的主动权；在这些工程中，张伯伦在伯明翰的成就，虽然是规模最大的，却不是独一无二的。在威斯敏斯特，这 10 年明显属于一系列社会和经济事务皇家委员会的。自 19 世纪 30 年代以来，没有一个时期的政府会对市民社会开展如此之多的系统性调查。而且，关于对公共生活所面临的问题的解决办法及其运用，政府向各大学和各种非正式的或有组织的群体提出了更为大胆的问题，要求它们展开讨论。在这方面，费边社是一个代表，虽然这绝不意味着它垄断了这一领域。

转变公众观念，将人们引向一种更为积极的社会政策这种做法所产生的一种更为直接的影响，是就下等阶层的生活状况积累了越来越多的数据。到 1900 年，上等阶层——至少是那些密切关注这一事项的人——相比于 25 年前，对下等阶层的人们的具体或一般信息要掌握得更为准确。在这种新的感受中，有一些是非系统性的、个体化的：其中有由安置房的住户们汇报的经验，这些安置房出现于 19 世纪 90 年代；有对 1889 年的码头罢工产生的同情关切之心；甚至有 "逛贫民窟" 行动，这是这个时期一种非常流行的消遣——所有这些都在潜移默化地推动着观念的转变。简言之，下等阶层成为人们一个热情地同时经常也是带有同情地（如果这在某种程度上是不可预测的话）关注的对象，而伦敦东区相比于西区也就成为人们更为熟悉的地方。关于这种饱含同情的好奇心，19 世纪 80 年代中期刊印的一份杂志足以成为一个明确象征。这本杂志被称为《东区假日》。人们刊印这本杂志的目的是向伦敦东西两区介绍彼此。

在那些使富有者感到震惊并提醒自己肩上所负担的责任的工具中，比较有效的一项是一本由伦敦东区公理会牧师发行的廉价小册子。这本小册子名为《流浪的伦敦的苦楚哭泣》，是由尊敬的安德鲁·默恩斯（Andrew Mearns）发行的。这是一份相当轰动的文件，而其之所以能够产生如此影响，部分是因为《帕尔摩报》收录并刊发了这份文件。这份报纸最近由 W. T. 斯特德负责编辑，斯特德是广受欢迎的改革派记者中的巨头之一。他在此后指出，这本小册子在经由《帕尔摩报》刊发以后，成为推动皇家劳工阶层住房委员会（1884～1885 年）成立的主要因素，"由此开始，才有了今天的现代社会立法"。①

二

有一个不可避免的情况是，当人们知道得更多时，就会对"自助与私人慈善"这种模式感到更为不满。在怀特查佩尔，正如我们所见，塞缪尔·巴尼特与亨丽埃塔·巴尼特两人发现私人慈善的机能不足，并开始日渐意识到，用贝特丽丝·韦伯的话来说，"在这种自由的、不受约束的慈善下深埋的是一种更为深刻的、持续性的罪恶，即一种自由的、不受约束的资本主义和地主主义"。② 和汤恩比馆的沃登一样，巴尼特投入了时间和精力来为一系列福利措施做宣传，其中最著名的是养老金——他的"实用社会主义"——应该由国家来资助和管理。而查尔斯·布思则唤起了人们对私人慈善是否能成为预防贫困的一种手段的同样不安和日渐增长的怀疑，揭开了这一彻头彻尾的维多利亚观念背后的真相。但是，对于所有的意见不合的辩护者而言，只要他不带有个人情感，他便可以明显看到，要得出可靠结论，所需要的统计数据是完全不足的。所以，没有一个人能够在《流浪的伦敦的苦楚哭泣》的耸动的控诉与自助的拥护者的激烈驳斥之间做出决断。而从布思的不满开始，人们开始对伦敦城市社会进行至今最为详尽的调查，这是 19 世纪末期社会数据的一次大规模增加。③ 对很多人而言，17 卷的《生活与劳工》正好证明了私人慈善在某些社会福利领域中的失败，并有必要采取更为果决的公共政策。

贝特丽丝·韦伯是布思的一名非常有洞察力的助手，也是他的姻亲。韦伯将布思称为"维多利亚时代精神……的最完美体现——对科学方法的信仰与对上帝的自我牺牲的服务精神的继承两者相结合"。④ 当然，布思作为利物浦著名的唯一神论船主和制造商群体的产物，在启动那场巨大的调查之时（顺便说一句，这场调查是他自掏腰包完成的），便下定

---

① Whyte, *W. T. Stead*, I, 105.

② B. Webb, *My Apprenticeship*, p. 207.

③ 关于布思的调查所产生的最直接的状况，参见 T. S. and M. N. Simey, *Charles Booth*, *Social Scientist*（London, 1960）, pp. 68 - 70。

④ Webb, *My Apprenticeship*, p. 221.

决心开展一场极为客观的调查。后来的人想出了更为复杂的调查和分析技术，但没有一个调查者会像他一样在开展工作时秉持如此纯正的科学精神。而他的结论是小心翼翼地、不带情绪地做出的，因为他确信如果提出更激昂的主张的话，便会引起人们怀疑。哪怕是对那些就调查的范围或方法没有太多概念的人来说，这一恐怖的数据，即有"30%"的伦敦人生活在基本生活水平以下，都是一个令人震惊的发现——特别是当这一结论后来得到对其他城市的研究确证之时。在这些研究当中，有希伯汉姆·朗特里（Seebohm Rowntree）的那份对约克市的划时代的调查。[①] 简言之，基于布思提供的证据，在伦敦市，有约100万居民每周家庭收入在20先令及以下。[②] 虽然其中一些数据受到人们怀疑和验证，但是它所制造的压力从此便压了下来，压在那些继续认为私人慈善是解决社会问题的满意途径的人的心里。

的确，布思的调查结论最著名的信奉者并不是作为主要调查者的布思本人。他的研究推动了保守派个人主义者转向某种意义上的集体主义，于是人们便开始从把"赤贫阶层"——伦敦有约30万人——从竞争社会中移走，转入政府的虚拟病房里。他问道，"让政府来看护那些无助的、无力的人，就像我们在家里看护老人、儿童和病人一样，给他们提供自己无法提供的衣食"，这么做难道不应该吗?[③] 而且，他还试探性地提出，如果将这些弱小的元素都放在政府的看护之下，那么"所有其他人的生活"便能够避免入侵了。[④] 简言之，这是一种彻头彻尾的托利党式的保守方案。但是，这个时代的保守党中没有太多人认真思考，按照布思建议的规模来开展这种社会顺势疗法。

很明显，布思的建议远远走在了19世纪90年代之前，所以被当时的人认为是无法实现的。相反，产生更为直接影响的是他认为（基于他调查得出的证据），贫困是"一个老年人必须面对的麻烦"（虽然很多人在老去前就已经堕入贫困），而政府必须在比《济贫法》的标准更为慷

---

① *Poverty, a Study of Town Life*（York, 1902）. 布思所说的"30%"包括："贫困人口"，即周工资在18~21先令的人口；"赤贫人口"，即收入低于上述最低标准的人口。

② Webb, *My Apprenticeship*, p. 248.

③ 转引自 *ibid.*, p. 254。

④ 转引自 *ibid.*, and Simey, *Charles Booth*, p. 109。

慨的前提下看护好这些老人。① 这事实上是社会福利除教育以外的第一
个主要领域。在这一领域中，大量英国人发现仅靠私人慈善是不够的，
从而犹犹豫豫地转向采取更为主动的公共政策。用西蒙的话来说，养老
金变成了"维多利亚时期所遇到的最为紧迫的道德二难命题的一个标志；
即如何实现二者的融合：致力于矫正社会不良现象，促进个人幸福水平
的集体行动与对个人责任和主动性的维持和鼓励"。②

从 19 世纪 70 年代末开始，W. L. 布莱克利（W. L. Blackley）教士以
无比的执著和迷人的爱尔兰式幽默，一直为养老金事业鼓吹，所以他应当
被誉为这场运动之父。③ 在 19 世纪 80 年代中期，依靠他以及全国节俭联盟
等的共同努力，最终推动了一个议会特别委员会的成立——而在此之前，
几个大型互助协会曾发动人员开展强烈的反对行动，反对推出任何形式的
全面、强迫性的计划。尽管到 19 世纪 90 年代早期，没有其他人在这一领
域提出过任何建议，但布思的建议却有特别的价值。首先，这个建议非常
简单，因为它不牵涉复杂的缴费事项。简言之，布思所极力主张的是设立
一笔由政府提供的全面的养老金，每周 5 先令，从 65 岁开始领取，由于这
份养老金是全面发放的所以便不会带上贫民救济的污名。他估计启动资金
需要 1700 万英镑，而且这一金额随后会随着人口增长而上涨。他承认这个
金额"非常巨大"，虽然其中一些金额可以用其他方面的资金来抵销，比
如可以用总额为 850 万英镑的贫民救济款的 1/3 来抵销一部分。④ 不过，

---

① Booth, *Pauperism, a Picture; and the Endowment of Old Age, and Argument*（London, 1892）, p. 148.

② *Charles Booth*, p. 5.

③ 布莱克利教士在一篇文章中首次提到了这个计划，这篇文章名为《国家保险：一种废除济贫税的便宜、使用和流行的方式》（"National Insurance: A Cheap, Practical, and Popular Means of Abolishing Poor Rates," in *Nineteenth Opinion*（London, 1951）, pp. 76 - 78）。在布莱克利这篇文章刊发后没多久，R. B. 胡克哈姆（R. B. Hookham）也出版了一份小册子，名为《一个解决贫困问题的方案的框架》[*Outlines of a Scheme for Dealing with Pauperism*（London, 1879）]。这份小册子主要讨论的对象是农业劳工。该文作者指出，这些劳工在老的时候无法独立生存。他敦促设计一个全面的关于国家养老金的计划。关于养老金运动的介绍，参见 Williams, *The State and the Standard of Living*, chap. II. 关于该运动的早期阶段，参见 Ronald V. Sires, "The Beginnings of British Legislation for Old-Age Pensions," *J. Econ. Hist.*, 14: 228 - 253（1954）。

④ Booth, *Pauperism … and … Old Age*, pp. 200, 205. 1891 年 11 月，布思在皇家统计协会的会议上首次公开了他的这个计划。这篇文章名为《贫民的清查与分类以及国家养老金》，刊发于《皇家统计学会》（*Royal Statistical Society*）, 54: 600 - 643（1891）。

我们还能有其他答案吗？他对伦敦东区的调查表明，无论是废除户外救济还是废除更为慷慨的慈善布施，都无法实现上述需求。

在六七个计划中，布思的计划的政府参与度最高。而其他人的想法不过是在纯粹的志愿活动与完全的政府资助之间选一个点。在政治上，最出名的是与约瑟夫·张伯伦的名字关联在一起的那个方案。张伯伦在1891年春季竞选过程中为老年人做了一番雄辩的呼吁。这位工会领导人并没有错过俾斯麦的社会计划的重要意义，几乎从一开始他就确信英国两党——自由党和保守党——早晚要坐下来，怀有同情心地听劳工阶层说他们的要求。在1891年夏天和秋天，他和由上下两院议员组成的一个非正式委员会一道，共同起草了一个计划。这个计划虽然还不是很详细，却提出允许政府帮助人们存款，以实现他们自力更生，从而鼓励人们志愿抚养老年人。[1] 这是首次由一位国家级的政治人物接盘老年事业，向他们提供除劝说他们要节俭以外的其他东西。

上面这些力量的鼓动所带来的影响最终推动了一个皇家委员会的成立。这个机构成立于1893～1894年度，委员会主席是阿伯代尔（Aberdare）勋爵，而委员会的成员在各自看法上也是形色各异。布思和张伯伦代表干预派，C. S. 洛赫坚定地捍卫传统的维多利亚观念，亨利·布罗德赫斯特（Henry Broadhurst）和约瑟夫·阿奇（Joseph Arch）则为劳工阶层代言。虽然阿伯代尔委员会在经过审议之后并没有做出什么最终决定，但是该委员会的报告依旧是慈善研究的一份重要文件。这几乎是19世纪福利事业的两种观念体系（如果我们可以这么称呼它们的话）第一次在几乎平等的基础上相互对碰。英国这个国家是应该继续依赖《济贫法》的经过检验的方法，并以私人慈善为补充，还是引进洛赫非常鄙夷的"套上了新伪装的户外救济"，并沿这条路一直向前，转向大量人依靠他人生活以及群体性的行乞呢？[2] 或者，如果将这件事情以另一方可以接受的话说出来，就是为什么英国人不能抛弃古老的限制视野的教条，真实地看待老年贫民问题呢？

还有一个问题自然也吸引了委员会注意，即捐赠基金型和志愿型慈

---

① J. L. Garvin, *The Life of Joseph Chamberlain* (London, 1932–1934), II, 508–514.

② Barnett, *Canon Barnett*, Ii, 267.

善组织所希望得到的援助的程度有多大。在 19 世纪 90 年代中期，根据
首席慈善委员亨利·朗特里爵士估计，救济院和养老金信托基金的总收
入约为 66 万英镑。① 但是，这些捐赠基金的分布却是不平衡的，所以一
个城市的老年贫民会得到相当好的对待（如果还算不上奢侈的话），而
在另一个地方的老人所得到的待遇则会非常少。不仅如此，老年慈善组
织经常会受到一些复杂的宗教性或其他性质的信托条款的限制，比如布
里斯托尔救济院就被规定只能接收"五名未婚老翁和五名未婚老妇，而
且'他们不能信仰罗马天主教'"。② 和往常一样，慈善委员会们惆怅地
看着那一大群布施类慈善组织，这些组织每年会花出约 40 万英镑的款
项，用于"贫民的一般用途"，而其中有很大一块资金所涉及的用途被
认为是无用的（如果还算不上有害的话）。朗特里承认，如果他们有幸
能够获得自由权，那他们就会解散 2/3 的此类信托，但他也注意到这完
全是一种幻想。③ 简言之，现实的情况是要求人们抱着乐观态度来看待
英国的救济院和养老金慈善组织——尽管资金分配很不平衡，而且它们
的章程规定和管理机制也是形色各异——要把它们视为老年福利政策的
一个前途大好的基础。拿诺维奇和考文垂来对比（虽然这两者都是收到
大量捐款的城市），只会凸显问题的困难性。其中，前者每年收到约 1 万
英镑，指定用于救济院中的人，但它却几乎没有养老金基金；而考文垂
每年收到约 9500 英镑，指定用于赡养老人，而指定用于救济院中的人的
款项只有 1000 英镑，所以考文垂处于一种完全相反的状况中。④

在阿伯代尔委员会的整个任期内，洛赫及传统派一直试图证明更为
严格的《济贫法》管制，再加上由捐赠基金和捐款提供的养老金，就能
把一切需要做的都做完。但是，由伦敦东区的济贫院联盟（史蒂芬济贫
院、怀特查佩尔济贫院和东区圣乔治济贫院）组成的济贫法管理部门急

---

① Sir Henry Longley, *R. C. on the Aged Poor*, 1895, Q. 7559.
② Mary Clifford, *ibid.*, Q. 6418.
③ *Ibid.*, Q. 7553, 7557, 7662.
④ 诺维奇的数据是，指定用于救济院的款项为 1 万英镑，用于赡养老人的款项为 480 英
镑，用于救济金发放的款项为 5500 英镑；考文垂的数据是，用于赡养老人的款项为
9500 英镑，用于救济院的款项为 1000 英镑，用于救济金发放的款项为 2600 英镑。这
些统计数据是 1905～1909 年皇家济贫法委员会统计出来的，参见 App. XV of the *Report*,
pp. 9, 20。

剧减少了院外救济的比重，而慈善组织也在慢慢变得不活跃起来。对进步人士而言，这是一个模糊的过程。不过，当怀特查佩尔的监察官的秘书沾沾自喜地宣称减少院外救济能够促进私人慈善时，这些进步人士却并不认为是一个值得欢呼的好时机。[1] 所以，布莱克利教士——他提出的计划是由政府和私人慈善组织联合发起一笔基金——拒绝了洛赫的建议，即由后者来提供全部款项。这不仅是因为这么做不切实际，而且是因为，在他看来免除"那从未给出一丁点钱的许多人"[2] 的义务是不公平的。但是，指出这么做是不公平的，即仅仅靠慈善来承担这样的重担，而不是将这副重担还给本应该承担它的全体纳税人，则是对英国的慈善领袖（从托马斯·查尔莫斯到查尔斯·洛赫），视为不证自明的真理的挑战。慈善资金的捐赠和接受（一般情况下）应被视为一种使人变得高贵的交易，而政府援助不可避免地会使人成为行乞者，这是维多利亚众多奇特信条中的一项。

在该委员会的调查过程中，有大量的证人（奥塔维亚·希尔是其中最著名的一个）高高举起个人主义的旗帜。而对布思而言，事实上，委员会的这项调查的令人痛苦的地方之一是，因为这种方式，他与他的朋友（洛赫和奥克塔维亚·希尔）划清了界限。当希尔小姐出现在委员会的会议上时，这份友情就再也难以维持下去了（尽管布思先生的妻子保证说，这份友情不会受到影响）[3]，因为她秉持着最具攻击性的教条主义，同时还带上了道德上的优越感和道德评价。她在这么做时，比她在给下等阶层做教师时表现得更为明显。只要她和慈善组织协会的伙伴们掌握了解决青年和老年贫民问题的钥匙，就能轻易推翻布思的计划，认为这个计划是"人类有史以来想出来的最为巨大的不合理的救助计划"。[4] 在出席阿伯代尔委员会会议期间，奥克塔维亚·希尔没有表现出任何富有说服力的热情和魅力，而这两者她毫无疑问是具备的。如果人们只看眼前这份材料来评价，便无法理解她在贫民事项上为何会有那么巨大的声望。

---

① William Vallance, *R. C. on the Aged Poor*, 1985, Q. 2538.

② Canon W. L. Blackley, *ibid.*, Q. 12, 945, 12, 947.

③ Mary Booth, *Charles Booth: A Memoir* (London, 1918), p. 149.

④ Q. 10, 466.

　　如果没有那些所谓的主流慈善专家对布思的计划指指点点，那至少还会有人从未知的角落里走出来，对该计划给出真诚的赞许。阿尔弗雷德·马歇尔（Alfred Marshall）认为，还是以前的做法更为靠谱。不幸的是，正如他所见，并没有人给出任何替代机制，从而消除贫困，废掉那个计划，同时只有最为乐观的社会理想主义者才会对这个计划提出反对意见。马歇尔基于有关改造人的顽固的维多利亚信条，认为贫困只是"人类进步过程中一个暂时的不幸"。尽管这位伟大的经济学家在其他方面对社会现实的理解是非常可靠的，但在该委员会的会议上，却这么提醒委员会："1834 年的问题是贫困，1893 年的问题是贫困……极端的贫困问题应受到重视，但不应该像对待犯罪那样去对待它，而应该像对待那种不会持续太久的但对国家有害的事情那样来对待它。"① 这是一种非常危险的观点，尽管马歇尔承认这只是对他关于未来完美状态的一种预估。

　　基于我们这项研究主题的考虑，对政府养老金运动做出哪怕是一个概要的介绍都是离题的。我们关注的是私人慈善从某些领域的退出，以及作为一个应对工业化和城市化社会的日渐根深蒂固的痼疾的手段，私人慈善开始变得日渐明显无力，而不是关注公共福利政策的发展过程。尽管阿伯代尔委员会并没有做出具体决断，但我们依旧可以认为，它并非没有产生什么影响。在撰写报告时，秉持个人主义的多数派承受了巨大的压力，而另外五位委员在张伯伦和布思的领导下，则提交了强有力的少数派报告。亨利·布罗德布斯特自己又附上了一份特别报告（由辛迪妮·韦伯撰写），呼吁采用无缴款的养老金计划。从这一时刻开始，政府便有可能下更大决心介入之前完全属于自助、私人慈善和《济贫法》的领域。

　　还有两个其他的官方机构——罗斯柴尔德主持的专门委员会（1896年）和亨利·柴普林（Henry Chaplin）的议会特别委员会（1899 年）——也都反复在这一熟悉的领域展开工作。② 这两个机构没有一个迈出决定性的一步，尽管柴普林委员会的确提出了要为"值得救助的贫民"提供

---

① Q. 10，356，10，358.

② *Report of the Committee on Old Age Pensions*（C. 8911），1898；*S. C. on the Aged Deserving Poor*，1899. 历史学家莱奇（Lecky）向柴普林委员会提交了一份报告草案。这份文件会让《公民对国家》（*Man versus the State*）的作者（赫伯特·斯宾塞）感到难堪。这份报告遭到委员会其他委员一致否决。

一项养老金计划，且该计划由地方济贫法主管机关负责管理。但是，至少光亮越来越近了，近到已经足够让慈善组织协会感到惊慌。部分是为了与查尔斯·布思的英国养老金委员会对抗，正如我们之前已经提及的那样①，慈善组织协会成立了自己的（反对）养老金委员会。为了反对上述危险的建议，该协会援引了查尔默斯博士本人的权威论断："在任何土地上，向老年人提供系统性的供养，都相当于全面敌视包括审慎和自然的虔诚在内的美德。"② 基于对大规模贫困状况的理由的分析，它们认为，如今真正需要的并不是国家养老金，而是细致的个人处置，也就是运用慈善组织协会的办法。

横扫 1906 年普选的自由党为相关支持行动的出现做好了最后的铺垫。到第二年，它便开始显露出来，而议会里的反对声音也开始大规模消退。没有人会说自由党政府的方案真的解决了养老金问题，因为这个措施比 1908 年的革命性法令相去甚远，但至少它建立了与通过济贫法机制开展救济完全不同的无缴款养老金援助原则。当然，这一新的征程从传统那里获益颇多，因为那些慈善的个人也是救济院和养老金的创立者。比如，查尔斯·布思本身是一位慈善家，同时是领导推动这部法律出台的运动的积极分子。不过，这一现象的出现便也是承认了这一事实，即老年问题是现代社会中的一个问题，超越私人捐赠基金的能力范围，在某种意义上是整个社会应承担的合理负担。哪怕救济院和养老金慈善组织的收入总额达到了 100 万英镑，与柴普林委员会在 1899 年提出的养老金体系启动款相比都是杯水车薪，因为后来人们估计，这一体系的启动款需要 1000 多万英镑。③ 这明显是一个社会工程，需要更大的资本量和更为全面的运行机制，即政府机制，尽管新的机构是在私人慈善家创立的基础上建立起来的，而且会大量获取他们的支持，借鉴他们的经验。

三

如果说志愿型慈善不能为解决老年人的困难提供全面的保护，那么

---

① 参见第八章。
② N. Masterman，ed.，*Chalmers on Charity*，p. 83.
③ Sir Arnold Wilson and G. S. Mackay，*Old Age Pensions*（Oxford，1941），p. 36. 这一估计是基于 1901 年的人口统计做出的。

它在解决失业问题方面所表现出来的短板则更为明显。毕竟，相比于大量的正常人没法在纷繁复杂的现代工业世界里找到一个固定的地方待着，没有能力的老年人还是一个让人更为熟悉的话题。对维多利亚人而言，失去工作意味着个人的软弱或没有能力，也标志着成为商业世界极端萧条环境的受害者。他们痛苦地反复体验着"坏天气"下的大规模失业，却认为这是偶然的、例外的情况。在这种紧急情况下，明显的解救方法是更为慷慨地提供院外救济，或者如果情况变得十分紧急的话，则要采取更为激进的手段，如募集一笔专项救济基金。关于雇佣的不规律性和长期的失业问题，虽然有的先驱提出这是现代资本主义的"独有的病症"，但维多利亚人对此不甚理解。他们认为失业问题之所以会出现，是因为这是当事人的宿命，是理所当然的。[1]

人们一般认为，是19世纪80～90年代的坏年份使维多利亚时代晚期的人不得不意识到有失业问题的存在。可能，在当时的环境下，相比于实际的失业人数，影响更大的是，人们日渐接受了这一观念，即如此大规模失业是一种不正常的现象，应该开展研究和调查。[2] 当然，公共机构一直都承认自己对这些无法独立谋生的人承担着某种形式的义务，但是它在拿税收来进行援助时，所主张的事由不是失业而是贫困。《济贫法》规定，失业人口属于有劳动能力的贫民，应该遵守与该阶层的其他人员一样的条件来申请救济。在19世纪后半叶，这些条件每10年就有一次重大的变动，而且每个地方都不太一样。当时的公共机构不会提供一般性救助，除非不对真正的失业和有劳动能力的贫民做出区分（在少数极端危机下可能如此）。[3]

正是因为19世纪80年代中期的坏年份才使英国政府犹犹豫豫，甚至不由自主地走上了一条新的道路，开始采取一种全新的、全面的政策。约瑟夫·张伯伦是英国第一位将失业问题视为一个特别问题的政治家，他也是众多失业者的一位积极的代理人。作为地方政府委员会的主席，张伯伦对数量如此庞大的普通而又勤勉的劳工所处的困境感到震惊，而

---

① Webb, *English Poor Law History: The Last Hundred Years*, pp. 631ff.

② Lynd, *England in the Eighteen-Eighties*, p. 56.

③ 威廉·贝弗里奇爵士对各种各样的救济形式做了一番介绍，参见 *Unemployment*（London, 1930 ed.）, pp. 150 - 154。

且虽然这些劳工失去了工作，处于绝望的境地，但他们竟然还不向教区申请援助。1886 年，张伯伦在那篇著名的通告中，对两个贫困群体做了明确的区分：第一个是流浪汉和常年的贫民，这些人应该交给《济贫法》来处置才比较合理；第二个是正当的失业群体，这些人"选择做出巨大的自我牺牲，而不愿沾上贫困的恶名"。[①] 简言之，这份通告的作用就是给了地方政府一项权力，让它们在《济贫法》的授权范围之外向失业人口提供工作。不幸的是，张伯伦只在政府待了三个月，并没有机会来制定他宣称的政策。其结果就是，虽然向失业人口提供工作变成了城市里的一道人们熟悉的风景，但此类实验对失业救济的理论或实践却没有产生太多影响。[②] 然而，不论这些做法有什么不足之处，至少它们鼓励了人们的信心，使人们坚定地认为失业者是完全不同于普通贫民的，而且应该采取措施来防止前者变成后者。

尽管私人慈善的目的是无懈可击的，但就其性质而言，它对真正控制住失业问题的贡献相对较小。事实上，在这个问题得到更为精准的界定以前，它都处在志愿型机构的活动范围之外。私人慈善家在这件事情上最大的贡献是由布思和朗特里等调查者做出的，他们所贡献的财富是新鲜的数据。这些数据使人们从一个几乎全新的角度来探讨眼前的这一罪恶。除了这些研究之外，人们还主要通过三条渠道使慈善事业对这一问题产生影响：通过筹集专项救助基金，在一些特别巨大的不幸来袭的时期，人们会积极筹集这种基金；在一些私人慈善赞助方的支持下，成立少量劳工殖民地，但这些殖民地都不足以解决大问题；通过慈善组织协会或秉持同样理念的人的活动。尽管慈善组织协会为失业的个人和家庭做了很多有益的事情，但是正如我们所见，该协会的领导人却倾向于将这些苦痛说得很轻，而且敦促人们运用《济贫法》机制，以一种彻底震慑的方式来处置失业者中的奢侈浪费者和懒惰者。同时，那些行为可靠、品行端正的人则可以依靠志愿型慈善，而无须依赖公共救济或公共基金的帮助。[③]

当然，失业救济私人慈善事业最有特色的手段是在一些特别的不幸

---

① Webb, *English Poor Law History*, pp. 645 – 647.

② 参见 Beveridge, *Unemployment*, p. 155, 里面有关于这类活动的描述；同时参见 Williams, *The State and the Standard of Living*, pp. 190 – 193。

③ *37th Ann. Rept.*, 1904 – 1905.

来袭时筹集专项基金。在 19 世纪后半叶，人们开展了一系列此类活动，可能其中有两个最为人们所熟知的案例是兰开夏棉花绝收时期筹集的救济基金和 19 世纪 80 年代中期筹集的梅森豪斯基金。棉花救济基金并不完全具有典型意义，因为这场灾难更应被视为一场全国性的灾难，而不只是一场由商业兴衰或甚至是"坏年份"引发的失业浪潮。但是，私人慈善还是担起了主要的重担。当时，《济贫法》体系彻底崩坏了，而且，尽管中央政府授权地方政府从公共工程贷款委员会那里借款来建设公共工程，却没有向更为广泛的全国援助计划提供支持。①

面对这一紧急危机的挑战，兰开夏的反应非常强烈。其中，令人印象最为深刻的成就是筹集了一系列基金，总额超过 127.5 万英镑（其中有超过 100 万英镑是在英国国内筹集的），这些资金成为缓解这场灾难的主要资源。与此同时，在紧急状况下，要设立一个合理、高效的体系来分配这样大一笔资金也是一个极为艰难的任务；仅仅是监视救济款被送到这场全国性灾难的真正受害人手里，而不是那些常年的贫民或骗子手里，就消耗掉了管理人员大量的精力。不过，从整体上而言，中央和地方委员会都非常完善地做好了它们的工作，虽然尚配不上地方政府委员会主席的这番褒奖："这是一个值得尊重的、完美的救济体系，管理它的人把它运用自如，且又非常明智。"②

这是唯一一个为避免在大量人口失业时期出现劳工饥饿问题而筹集的——且得到较好管理的——基金。在 19 世纪的绝大部分时间里，的确，维多利亚时期的英国一直依靠这种紧急筹款来应对失业所造成的恶果。有人这么告诉皇家济贫法委员会：在大型工业城市里，常规的做法是"当有人就失业问题提出强烈抗议时，要求市长申请设立一项基金。市长会在媒体上或以公开信的形式发出一项呼请，对于该呼请的回应，即捐款，当然是无法预估的，会因为他的个人的受欢迎程度，以及富裕阶层对这种特殊不幸情况的一般看法而有所变化"。③ 在遇到严寒或其他

---

① W. O. Henderson, *The Landcashire Cotton Famine*, *1861-1865*（Manchester, 1934），p. 68. 这一段主要是参考了该著第四章的内容。

② 引自 *ibid.*，p. 92。

③ Jackson and Pringle, "Report on the Effects of Employment ... Given to the Unemployed," *R. C. on the Poor Laws*（Cd. 4795），1909, App. XIX. 转引自 Webb, *English Poor Law History*, p. 640。

自然灾害时，人们也会采用同样的方法。伦敦市民们成立了一系列"梅森豪斯基金"，而在 19 世纪 80 年代的萧条时期里，多数大型城市中心集中开展了应急筹款。有三笔城市基金是在 1860～1886 年筹集的，总额约为 13.5 万英镑。这三笔基金都被用作直接的临时救济款，并没有试图将善意的失业与长期性的游手好闲区分开来。①

最著名的，或最臭名昭著的基金是在 1885～1886 年度的危机期间筹集的，总额将近 8 万英镑。在最开始，该委员会设立了一系列关于救济的极好的审慎审查规则，并配备了充足的应对手段，来针对长期性的乞丐或其他骗子的滥竽充数。但不幸的是，有一位委员出于他自身的责任感，印发了数千份传单来宣传该基金。就像此类误导性宣传所通常会引发的情况一样，大量申请淹没了该委员会，而其中有一些申请甚至与失业毫无联系，比如为顶针联盟协会、普遍慈善协会和推广素食主义所做出的呼吁。② 该基金宣称的宗旨是"为失业的穷人提供临时性的援助"，这最终变成了一项具有令人难以置信的弹性的标准。在该基金中央委员会的委员们那里，他们对实现这一点并没有太多幻想。尽管如此，事实上，他们也依旧对此类基金此前的管理模式做出了一定改变。③ 该委员会的最终报告强烈反对设立此类基金，除非在最严重的紧急状况下，并认为长期性的或准长期性的不幸情况应该运用《济贫法》机制来加以应对。尽管 1885～1865 年"梅森豪斯基金"的确帮助了很多值得帮助的、处于绝望状态的苦主，但没有太多人选择采纳该基金的经验。而慈善组织协会委员会则认为，它对于未来的主要贡献是告诉人们要更为审慎。

之后的梅森豪斯行动采用了一种完全不同的方式。其中第一项此类行动是在 1892～1893 年出现的，其宗旨范围非常狭窄，且服务于一个非常小的可以有效确定身份的群体，即港口地区的过剩劳动力。依靠由市长筹集的一笔资金，基金管理委员会（由公会成员、慈善组织协会代表和其他人员组成）在艾比磨坊泵站附近的 40 英亩废弃土地上设立了一个临时工作项目。人们在国外或国内找到新工作之前，可以先到艾比磨坊过渡一下。无论其取得的成就有多少，该项目的贡献并不是很大。只有

① *Report of the C. O. S. Committee on the Relief of Exceptional Distress*, 1886.

② *Report of the Mansion House Relief Fund*, 1886, p. 18.

③ Beveridge, *Unemployment*, p. 158.

约 225 人，在或不在委员会的帮助下，得到了实际雇佣，而其中只有约 100 人找到了固定工作。① 最后一笔梅森豪斯基金是在 1903～1904 年度筹集的，总额为 4000 英镑。这不是一项专项救助基金，而是劳工殖民地实验历史中的一个华丽篇章。要了解该基金，我们需要先来看一下之前的劳工殖民地项目。

对于 19 世纪 90 年代绝大多数明智的英国人而言，失业劳工殖民地这个主意是与救世军社会计划联系在一起的。② 站在 20 世纪 60 年代的角度看来，由威廉姆·布思将军的计划所掀起的强烈的社会情绪，至少是有些言过其实的。然而，他的《最黑暗的英国》在 W. T. 斯特德等人的协助推广下，却取得了极好的销量，并引起了人们广泛的兴趣。在一部分人眼里，他的农场、城市和海外殖民地看起来是颇具前景的；而在另一部分人眼里，这些都是有害的、欺骗性的。很明显，该计划并不值得人们那般过度狂热，也不应受到如此敌视，而当时的人之所以会如此狂热，主要是因为受到了当时那个高度敏感的社会环境影响。在《最黑暗的英国》发行后短短数月里，就有将近 13 万英镑被投入该计划。它的快速发展让一些人感到愤怒。比如，T. H. 赫胥黎将该计划视为"完全专制的社会主义，套上了神学的伪装"；慈善组织协会的领导人认为它的所有一切都属于社会矫正方案中最邪恶的那类。③ 尽管如此，布思将军还是马不停蹄地将他的计划付诸实践。在 1892 年，有将近 11000 人在救世军的伦敦劳动力交易所登记注册。其中，有 6650 人得到了工作，但多数是临时性的工作。而人们更感兴趣的是 1891 年成立的农场殖民地，该殖民地位于埃塞克斯的哈德利地区，为一块超过 500 英亩的土地。在头两年里，该农场共进出了约 1000 位殖民者，其中绝大多数人的居留时间少于一年。④

---

① Board of Trade, *Report on the Agencies and Methods for Dealing with the Unemployed* (C. 7182), 1893, pp. 238 – 261.

② 救世军的劳工之家始建于 1889 年。到 1893 年，这些劳工之家已经有 16 个之多了。它们帮助了数百个人，却对人们对该问题的理解以及解决方案的找寻无所助益。(*ibid*, pp. 173 – 178)

③ Huxley, *Social Disease and Worse Remedies* (London, 1891), p. 7; Loch, Bosanquet, and Dwyer, *Criticisms on "General" Booth's Social Scheme.*

④ Board of Trade, *Report on … the Unemployed, 1893*, pp. 167 – 172.

该农场殖民地最后发挥出的作用超越了其策划者想象，因为它们成了一个渠道。通过该渠道，政府间接、迟疑地走向了失业福利政策的方向。1903～1904 年度筹集的梅森豪斯基金，根据其发起人——史蒂芬尼主教、巴尼特教士等——的最初打算，是要资助那些被选中到农场殖民地工作的男性劳工的家庭的。但这是一个短命的实验，只维持了 3～4 个月。据贝弗里奇说，其主要的成就是揭示出该问题的广泛性——当然人们也可以说，即它凸显人们对如下想法日渐加深的确信：私人机构，尽管非常真诚，却不足以成为解决该问题的力量。① 但是，政府却对将这件事接手过来没有表现出太大兴趣。政府所推出的第一项应急方案是1904～1905 年度的沃特·隆（Water Long）《失业基金计划》。该计划实际上将救助伦敦失业人口的责任交给各区议会下属的委员会、济贫法监察官和社工们。在救助委员会所推荐的 3500 名失业劳工中，绝大多数被安置在伦敦各个公园的花园里，或其他公共工程中，或者被遣往农场殖民地暂时定居。在这一时期，哪怕是政府都认为农场殖民地有非常大的希望，所以它便授权赖德·哈格德（Rider Haggard）开始调查由救世军负责运营的北美和哈德利地区的农场殖民地。②

在所有接收失业者的农场区里，比较有趣的一个个案是霍斯利的殖民地。这块农庄是由美国慈善家和肥皂大亨约瑟夫·费尔斯（Joseph Fels）捐赠的。在托尼比楼期间，约瑟夫就曾非常热情地对待巴尼特一家。约瑟夫和诸多同时代人一样，当认识到城市劳工阶层生活的真实情况时，都感到非常吃惊，所以他们一道努力，试图寻找一条可能的道路，让这些城市居民回到农业式生活。而正如哈勒维（Halévy）所含蓄地指出的那样，这种做法想要重建一个想象的完美的英国，这只能是一个充满幻想的，甚至是绝望的美梦。③ 他已经在莱恩登买下了 100 英亩土地，并且租给了波普勒监察官委员会 3 年时间，仅收取名义地租。而当伦敦失业基金成立时，他又租给了该基金一块土地，即一块位于萨克福的霍斯利湾的土地，面积约 300 英亩，租期 3 年，且免收租金。而为了购买

---

① *Unemployment*, p. 160.

② H. Rider Haggard, *Report on the Salvation Army Colonies*（Cd. 2562），1905.

③ *A History of the English People*, *1895–1905*（London，1926），p. 268.

这块土地，据称他支付了超过 3 万英镑费用。① 约瑟夫这项捐赠为失业基金所接纳，而这项实验也就平稳进入了实践。

到目前为止，政府在失业问题上都只不过伸出了一根试探性的脚趾。而它的第二步则事实上意味着政府更为深度的介入，虽然这不过也就相当于将隆 1904～1905 年度《失业基金计划》改成一份官方版，并将它拓展到全国范围。简言之，1905 年《失业劳工法令》所做的事情是要求在各自治镇和人口超过 5 万人的城市地区设立一个危难情况委员会，这也就是一个与在伦敦市已经设立的机构功能相类似的东西。在财务安排以及会员身份方面，它们采用了一种奇怪的公私混合的形式。它们的有些开支由税收来支付，而在提供工作方面，从一开始委员会就只能依靠志愿性捐赠。

《失业劳工法令》只有在极为有限的意义上才与我们的这项研究相关。在贝弗里奇的那份名为《失业》的经典研究报告中，他解释了这部法令的立法思路，并对它的影响做出了评价。② 他评论说，这部法令非常犹豫不决、瞻前顾后，不敢尝试任何新鲜事物。而在管理方面，它又暴露出济贫法监察官、城市当局和志愿型机构之间不稳定的合作关系；而直接地说，它所使用的救助措施体系也是老掉牙的东西的混合体，即城市救助工作、济贫法实践中采用的一些威吓手段，以及引导慈善力量变得更为有效的尝试。它所秉持的理念，即这种半公共性的体系应该依赖慈善捐赠的支持，是一种幻想，而且事实上此后连这种古怪的混合体自己也湮没了。

亚历山德拉女王在 1905 年 11 月提出的倡议，带动了捐款超过 15 万英镑，其中有 125000 英镑捐款进入各危难情况委员会的账户。这是英国举国同情心的精彩展示，但是没有人相信这可以每年都来一次。次年，议会拿出 20 万英镑的国库拨款进入这一领域，而且在 1907 年和 1908 年又再次提供了同样的款项。因此，在这几年里，这一计划的财政基础出现了巨大调整。随着政府的介入，慈善开始撤退，而这个计划本身从各个方面来看也都变成了一项由公共财政支持的事业。霍斯利湾殖民地也

---

① Mary Fels, *The Life of Joseph Fels*（New York, 1940）, pp. 60 – 63.
② Pages 162ff。

变成了一个公共机构，因为该基金从约瑟夫手里把它给买了过来。① 事实上，当《失业劳工法令》投入运行后，它日渐变得越来越不像是法定机构和志愿组织的一次联合出手了。志愿型机构逐渐变得犹豫不决、止步不前，而政府则开始抓起了失业这个问题。

在 19 世纪末期，正如我们所见，在影响公众对社会政策态度的诸多声音中，一个较有说服力的声音是由慈善组织协会发出的。它对将责任从个人转向国家的做法极度愤慨。出于这种情绪，它坚持一个边界清晰的（虽然规模在不断缩小）观念体系。关于慈善组织协会对于失业问题的态度我们在前面已经介绍过了②，所以在这里我们只需要再提一下其中一些主要观点即可。关于它的基本看法，该协会基本不认为失业问题是一个关键的事情，而在这个问题得到人们承认后，它又提出需要在"普通"失业和"特殊的不幸"之间做出区分。对于前者，慈善组织协会没有任何关注，因为它坚信从总体上来看社会上有充足的工作岗位提供给每一个人。如果有人在正常年份里失业了，那他就需要改善他的道德素养，并找寻下一份工作。在协会眼里，它确信"一个人只有依靠节俭，才能应对不定期的市场萧条和定期的冬歇"。③

至于所谓的"特殊的不幸"，自然需要采用不同的对待方式，但协会还是认为，无论这种情况多么普遍，在提供救济时也还需要对个案进行了解和区分。我们再重复一遍，慈善组织协会关于失业问题的主要看法是将这个问题最小化，或者将之归因于除经济原因以外的其他根源。洛赫告诉梅森豪斯委员会说："几乎所有的此类男女都是意志薄弱的。""如果有人能持续关注他们两年时间，一直盯着一个固定的目标，那么就可以对他们做一些调查了。（然后）你就可以知道……关于他们的品行和缺点的通行看法……是错的。"④ 在 1893 年的皇家劳工委员会会议上，他提出失业人口的规模被夸大了，而采用他所主张的估算法，则可以使很多申请救济的人转头去依靠自己的存款来渡过难关。⑤ 1904 年的慈善

---

① Fels, Joseph Fels, p. 63.
② 参见第八章。
③ *19th Ann. Rept.*, 1887, p. 33.
④ 8 June 1885. 摘自家庭福利协会图书馆收藏的手稿。
⑤ *R. C. on Labour* (C. 7063 - 1), 1893 - 1894, Q. 5809.

组织协会委员会坚持认为，这一困难"只有部分是工业和经济层面上的。而在更大层面上，它是一个社会竞争力和道德责任感的问题"。①

四

皇家济贫法委员会（1905～1909 年）《多数派报告》的推出，标志着慈善组织协会的声望进入了其晚期的一个小高潮。尽管传统的冷酷的个人主义现在采用了一种改头换面的形式，但我们还是可以正确地将这份报告视为慈善组织协会观点的一个展示——更准确地说，是慈善组织协会的观点与该委员会中的《济贫法》主管官员和管理者的观点的混合体。当然，该委员会的这次调查与我们这项研究的主题的关联度不高。但是，对于慈善在福利事业整体架构中的位置，多数派和少数派都给予了一些关注，特别是前者关注力度很大，并且双方都起草了一份蓝图。《多数派报告》里有很长的一节，名为"慈善和不幸救济"，很明显是经洛赫的提议才加上的，而该委员会也针对英国捐赠基金型和志愿型慈善组织的情况做了统计。该委员会的两位调查员在对 16 个地区开展研究以后，并没有对面向贫民的私人慈善所取得的成就给出一幅令人宽慰的图景。② 不过，它们收入规模非常庞大，而且如果得到有效管理的话，也可以为英国社会提供巨大的好处。但是，这些慈善组织在面对形形色色的法定机构时，又该占据一个什么样的位置呢？ 关于这一点，多数派和少数派的观点截然对立。

我们无法彻底想明白为何一个任期即将届满的托利党政府会选择对《济贫法》和相关事项启动一次大规模调查。很明显，该项决策的压力来自《济贫法》部门的一位新任的雄心勃勃的领导人，他希望该委员会可以合理化其管理结构，并可以提出建议，恢复采用可靠的"1834 年原则"，即重建威慑审查，以作为获得救济的门槛。地方政府委员会的主席杰拉尔德·巴尔弗（Gerald Balfour）也被认为想要开展一项调查，因为他作为一位哲学家，承认"对相对立的原则做精准区分符合公共利益"。③ 但

① *The Relief of Distress due to Want of Employment*, 1904, pp. 48 - 49.
② Kay & Toynbee, "Report on ... Endowed and Voluntary Charities," *R. C. on the Poor Laws* (Cd. 4593), 1909, App. XV.
③ B. Webb, *Our Partnership* (London, 1948), p. 317; A. M. McBriar, *Fabian Socialism and English Politics, 1884 - 1914* (Cambridge, 1963), p. 263.

他很难想象这些原则会引发怎样的尖锐的反对。

该委员会主席是乔治·汉密尔顿勋爵，成员包括慈善组织协会的六七个人，包括洛赫、奥克塔维亚·希尔、伯纳德·鲍桑葵夫人等；还有9名《济贫法》管理者，各派牧师，以及学者；3名劳工和社会主义运动的代表——乔治·拉斯布里、弗朗西斯·钱德勒和贝特丽丝·韦伯，这是这个团队中意志最为坚决的、最为足智多谋的一群人，而且与另一头的人保持着极为和谐的共事关系。在四年的混乱且经常是令人沮丧的活动中，这一联合体一直依靠相互说服来维持运作，而辛迪尼·韦伯则一直保持相对沉默。尽管《少数派报告》是一个合作产物，但它其实是由他执笔的。①

两份报告署名人争吵的焦点，主要不是在直接的举措方面，而是在最终的目的方面。该委员会发现，韦伯夫人是一块相当难啃的骨头，所以，无疑韦伯夫人的做法也使上述差异变得更为不可调和。然而，遍观整场冲突，可知相比于委员们人格之间的差异，原则的冲突要显得次要得多。有一位批评者指出，慈善组织协会怒气冲冲而又自命清高，其实缺少想象力和谦卑，而贝特丽丝·韦伯则是这些成员中唯一一个清楚知道自己想要做什么的人，她觉得自己比同事们更为优越，所以举手投足之间便都带着"一种更高层次的狂妄，这种狂妄是每一个实干的、强有力的人物几乎都会带有的"。她轮流使用哄骗和恫吓的手段，这使她成为（正如她所承认的那样）"某个难以麻烦的人物"。② 当她得出结论，认为多数派不可能接受她的观点，并决定撰写自己的报告时，她就不再在委员会里投入什么精力了。当然，虽然《多数派报告》没有韦伯夫人的计划那般逻辑顺畅，但是该报告所给出的计划更为适合当前的情况。不过，科马克小姐也认为，由于双方未能达成互相理解，也就摧毁了这种可能性，即构建一个全面的、结构合理的社会服务体系。③

这种看法可能是对多数派这份相当折中的方案过于乐观了。贝特丽丝·韦伯的文章或多或少是有意地为费边政府构建了一套福利政策，而

---

① Margaret Cole, *Beatrice Webb* (New York, 1946), p. 109.

② Una Cormack, *The Welfare State: The Royal Commission on the Poor Laws and the Welfare State Our Partnership*, p. 358.

③ Cormack, *The Welfare State*, pp. 21, 32 – 33.

多数派这个成分相当复杂的团体，则提供了一系列他们认为是可用的权宜手段。此外，令人吃惊的是，双方在当下的改革方面，特别是结构性改革方面却高度一致。在该委员会调查员所揭露的事实形成的压力之下，慈善组织协会的代表们的看法有了很大转变。在该报告起草时，他们已不再渴望回到"1834年原则"了，而是改为建议对《济贫法》下或《济贫法》外的，面向病人、老年人、儿童、失业者和患有精神疾病的人提供的社会服务，做出大幅度延伸。① 事实上，《多数派报告》要比贝特丽丝·韦伯所期待或希望的走得更远，而且当她发现这份报告刚一推出就受到人们欢迎，而相比之下她那份报告却受到人们的反对时，她感到有点吃惊，并且非常不安。

然而，正如她所坚持的那样，这两份报告所秉持的福利观念存在极大的差异。她提出，反对派的一位权威，鲍桑葵教授——他认为"我们不能将对抗放在太重要的位置"——也认为，慈善组织协会所秉持的基础理念，即个人品行缺陷是导致贫困的根源，是《多数派报告》的立论基础。贫困者（这是多数派所偏好使用的词），因此也被看作一个独特的人群，应当将之与那些"依靠自己过上正常的生活"的人区别开来。② 可能正是依循这一看法的引导，多数派虽然放弃了既有的《济贫法》模式，却坚持保留一个普遍救济管理机关（以及地方公共救助委员会），而不是像少数派所希望的那样，引入一个专门的机关来负责管理医疗护理、老年人或教育事项。

虽然《多数派报告》并非没有一点亮点——它现在也认为某些个人和家庭问题无法由一个与之不相关的机构来有效解决③——但对于韦伯夫人而言，这么做只不过是用一个新的伪装来使旧的罪恶得以延续。她提出的方案呼吁将自1834年以来建立起来的"防范体系"进行更为明显的拓展，覆盖公共卫生服务、城市医院、初级学校中孩子们的医疗护理等内容。这些活动的增长导致新成立的机构与传统的《济贫法》管理机构的功能大范围重合与混淆。《少数派报告》指出，除非将《济贫法》体系彻底打碎，然后将其管理机构的职能转交给各郡议会下的教育委员

---

① 关于这些一致意见的要点的总结，参见 Webb, *Poor Law History*, pp. 528ff。
② *Sociological Review*, II, no. 2 (April 1909)，转引自 *ibid.*, p. 545。
③ Cormack, *The Welfare State*, pp. 23 - 24.

会、健康委员会和养老金委员会，并为失业者创建一个全国性的失业问题主管部门，否则人们将无所适从。之所以贝特丽丝·韦伯会对《多数派报告》持有如此敌意，是因为她确信，"只有通过服务职能的重新分配，才能得到根治性的、恢复性的治疗"。①

对她而言，一切的关键是对贫困——这仅仅是一个表征——而非赤贫发动"攻击"或"探讨"。《少数派报告》的根本原则，虽然报告中没有具体提到，明显是要建立一套国家最低生活标准。对于韦伯夫人而言，关键的事情不是要使贫民阶层得到改造，而是要确保给"每一个无论出于什么原因，低于规定的全国最低文明生活标准的人"以合理的对待。② 当然，设立一套全国最低生活标准，也意味着少数派会给志愿性活动安排一个与多数派的设定完全不同的位置。不过，韦伯夫人一开始并没有提出这一点，而是在之后的文章中逐步充实了少数派的这些观点。③

在《济贫法报告》中，多数派提出的计划更为清楚明白。基本上来说，它的论点就是韦伯夫妇所说的"双杠"原理。根据这一原理——该原理体现于1869年济贫法会议纪要和慈善组织协会所遵奉的基本政策之中——《济贫法》和私人慈善机构都有各自不同的领域，每一方都应该在各自的管辖范围内开展活动，而不应越界，侵入另一方的地头。然而，到该委员会开展调查时，人们已经找到了很多好的理由去质疑"双杠"原理是不是一个合理的原理。不仅"值得救助的人"和"不值得救助的人"之间的差异被证明是不太清晰的，远小于原来的假定，而且私人慈善组织也被证明无法照看哪怕是那些公认的"值得救助的人"。

不过，多数派的解决方案是一个有关"双杠"体系的全新的、更为复杂的版本。通过"更值得救助的人"（由志愿型机构来救助）和"不太值得救助的人"（由《济贫法》管理部门负责管理）的划分，其保留了旧有的那种划分。这一做法的根基是这一原则：相比于前一群体，后一群体"在某些方面都不太讨人喜欢"。④ 出于这一目的，该计划提出要

---

① *Our Partnership*, p. 426.

② The Webbs, *English Poor Law History*, pp. 545–546.

③ 特别参见 *The Prevention of Destitution*（London，1911），chap. VIII.

④ *R. C. on the Poor Laws*（Cd. 4499），1909，p. 425.

在两块公共救助领域中各设立一个协调机构。[①] 首先是公共救助委员会，这是一个法定机构，由公共资金来维持运转；其次是一个志愿救助委员会，由慈善组织受托人、教士、社会工作者等组成。这种做法背后有一种真挚的信念，即总的来说，慈善组织可以比政府表现得更有建设性——之所以这么看，部分是因为政府在很大程度上被人们等同于《济贫法》管理机构。

在某些地区，多数派的建议受到了人们的热烈欢迎，被视为志愿性原则在社会福利领域所取得的一个全新胜利，也是私人和公共事业的一次成果丰硕的融合。其他人则攻击它，说它想要通过屋后的暗门，偷偷将"缺少劳动能力"这一旧有的威慑原则运进来，并说它是慈善组织协会帝国大厦的一个组成部分。成立一系列志愿救助委员会，并使之与公共救助委员会完美协调，就是要将"双杠"原理制度化，而这种做法甚至会让戈申本人都感到吃惊。不仅如此，多数派还预见道，到那个时刻志愿救助委员会将会筛选掉"绝大多数个案，即在它们到达公共救助委员会之前"。[②] 简言之，这些慈善机构不仅要负责处置大量的"有必要救助的贫民"，而且需要决定这些个人应该通过什么样的方式才能被给予最为合理的救助。

对于"双杠"原理，韦伯夫妇拿出了他们主张的"伸缩梯"理论来加以反对。关于这一理论，他们并没有在《少数派报告》中展开，而是在两年后的《预防贫困》一书中做了详细论述。有人说，在《少数派报告》中，他们并没有给志愿者留下太多空间。韦伯夫妇断然否定了这种批评意见。正如诺维奇学院的院长（该委员会中贝特丽丝的唯一信徒）所指出的那样："我们所想要的是作为公共部门的补充和协助力量的志愿者；而不是一个替代项或候选项……我们少数派强烈反对任何慈善组织站在申请人和公共部门之间，从而剥夺申请人获得公共援助的权利。"[③]

---

① 它们的覆盖范围最开始只是传统的济贫法联盟的辖区，但之后它们将与常规的农村或城市地区相重合。（ibid.，p. 606.）

② Ibid.，p. 624.

③ *The Sphere of Voluntary Agencies under the Minority Report*，p. 19，由英国促进《济贫法》终结委员会发表。该宣传机构是由韦伯夫妇组建的，专门用于推动他们的《少数派报告》的传播。尊敬的亨利·拉塞尔·韦克菲尔德（Henry Russell Wakefield），诺维奇学院院长，之后的伯明翰大主教，也是该报告的四位署名人之一。其他两人都是工人，即乔治·拉思伯恩和弗朗西斯·钱德勒，他们并不能算是韦伯夫人的信徒。

少数派也秉持志愿型机构和法定机构之间要开展密切合作的原则，但这一原则的施行并不涉及将贫民分为两个群体的做法，而是将其中一个群体交给公共部门负责，另一个则交给私人部门负责。相反，志愿型部门和法定部门之间要通过各自领域中的活动来开展系统性合作。

韦伯夫妇的"伸缩梯"原理指出了这些领域的本质。当然，维持和改变国家最低生活标准是公共机关的职责，而志愿型组织则应在高于这一最低标准的领域内开展活动。公共机关，根据其性质，应该关注那些普通的、常规的而不是例外性的对象，同时对于它们而言，它们存在的前提条件是采用严格的程序和官僚式的例行公事。与公共机关不同的是，志愿型机构形成了一股与之相互补充的力量。韦伯夫妇给出的方案是对如今所采用做法的一个预演，在如今的做法中，志愿事业（我们将在之后的篇章中展开讨论）成为福利国家服务体系中一个不可或缺的元素。这些志愿型机构开展活动的前提的是要将"伸缩梯""牢牢地放在强制性的最低生活标准这一基础之上"。而一旦做到了这一点，志愿型机构就可以"将公共机构的工作进一步推向前，推往身体健康、道德完美和精神健全等更为美妙的方向"。[①] 打下整个事业基础的是全社会的责任，但对慈善的个人和团体而言，它们依旧有属于自己的活动空间，即在这一基础之上建立一个上层的结构。所以，很明显，贝特丽丝·韦伯的"美好的城市"与慈善组织协会的"比乌拉之土"截然不同。此外，无论人们怎么看待这两份报告各自的优点，都没有人可以否认韦伯夫人具备异乎寻常的预见力。在不止一个方面，少数派提出的方案都成了 20 世纪中期福利国家做法的一份计划书。

---

① *The Prevention of Destitution*, p. 252.

第四部分

新"慈善"与福利国家 (1914～1960 年)

期待慈善能预防贫困……这是慈善事业黄金阶梯上的最高点。

——迈蒙尼德斯（Maimonides）

当一个社会还继续存在并不断发展时，它不会在政府行动和志愿行为之间做出僵硬的选择，相反，两者都会作为社会生命力的一般表达而得以扩张。

——《南森报告》

试图找到福利国家的历史起源将会是一件无所成效的工作。像这样一些探索，其成果在很大程度上取决于探索人本身所采用的假设和标准。很明显的是，福利国家结构的一部分基础是在《贝弗里奇报告》为福利国家勾画一幅完整的蓝图之前就已经打下的，这也早于墨瑟斯·艾德礼，贝文联合有限公司成为福利国家的主要建设者之时。19世纪90年代的养老金运动和1905～1911年的社会立法，这两件事清楚明白地宣布一个新时代将要到来。① 而到20世纪20年代和30年代，一批更具有洞察力的慈善家和社会工作者不仅认识到他们的处境正在发生改变，而且还猜测到，随着政府的行动不断加速，这甚至将会是一场天翻地覆的革命。当人们关注的焦点从"贫民"身上移开，并从应该如何救助那些贫民、应该如何消除贫困等问题上移开，一个不可避免的事情是，政府不得不更为果断地介入其中，而私人慈善的领域也将做出相应调整。

这一社会关注点的新的转向引发了志愿型机构该如何调整自身的问题，而且这个问题没有得到人们立刻的、普遍的认知。人们构建了一个法定服务部门网络体系，而这也就需要对志愿型组织在这一网络体系中所扮演的角色给出一个全新的界定。在第二次世界大战前的英国，正如我们已经反复讲过的那样，福利体系主要依靠个人和团体的志愿性活动来维系，而且这些个人和团体都是自给自足、自我管理的，它们在开展活动时很少接受政府的干预，也很少与政府接触。但是，在第二次世界大战期间，由于服务领域快速扩大，无论是公共部门还是私人机构，都已然不足以单独挑起大梁。于是，不可避免的情况是，双方靠得越来越近，而这副重担也就逐渐从志愿型机构移向了法定服务部门。

当然，这是一个相当不稳定的、关系混乱的合作关系。慈善领域中的一些领导人准备为志愿原则最后一搏。而其他人，则较少受到他们的维多利亚偏见的困扰，因而能更为客观地看待这些变化。1934年，一位知名的社工（也是社工的导师），伊丽莎白·麦克亚当（Elizabeth Mac-adam）在她的作品《新慈善》② 中首次详细描绘了这一新的联合体，这是对法定服务部门和志愿型服务部门之间日渐增长的相互依赖关系做的

---

① 参见 Maurice Bruce, *The Coming of the Welfare State* (London, 1961), chap. V。

② London, 1934.

一次深思熟虑且影响巨大的分析。对于那些个人经验只局限于社会福利的某一两个领域的人来说，她的对志愿－法定服务部门关系的系统性介绍宛如一次大揭秘。不仅如此，她还坚称，"这一独一无二的合作关系，即我所说的新慈善"① 已经扎下根来，而且她还呼吁志愿型机构与公共服务机构开展合作，以取得更好的效果。

麦克亚当小姐认为，政府角色的进一步拓展是不可避免的，也是值得期待的，但她却未曾预见在第二次世界大战结束后所发生的彻底变化。新的立法活动，与《贝弗里奇报告》中的提议高度一致，且依循人们对其所产生效果的期待，在收入水平、雇佣、健康、教育、老年（这是福利国家的职能发挥效果最明显的领域）等方面为每一个公民设立一个最低的福利标准。此外，不仅政府开始成为占主导地位的合作者，而且人们一度提出严重质疑，认为不应再给它的这个老旧的、现在层次又很低的合作者一个像样的位置。而在环境变得更为稳定之后，志愿型机构发现自己跟以往一样得到人们的运用，在某些个案中发挥跟以前一样的作用，而在另一些个案中，则与法定服务机构密切配合在一起。当帕克南（Pakenham）勋爵对工党政府说，要给志愿型机构"在未来安排一个与它们在此前一样的……角色"② 时，这并不是议会上的修辞，而是一项经过仔细思考的政策。

无论福利国家对慈善的各个分支造成了什么样具体的影响，它很明显是20世纪中期慈善领域所面临的一个最重要的事实。它通过各种各样的方式，对慈善事业的运作设定了前提条件，并对慈善事业及其流程提出了问题，而对于这些问题，到目前为止人们都还没有得出最终的答案。对于这种全新的状况以及其中发生的事件，我们将在之后的篇章中加以描述。这里我们只需要提一下这点就足够了：各类慈善组织，无论大小，都需要重新界定它们的目标，重新思考它们的项目。哪怕是那些大型的一般信托，比如人们最熟悉的可能是纳菲尔德基金会，在设定计划时，都在一定程度上受到法律服务部门需求的牵引。值得承认的是，它们的捐赠规模非常庞大；它们对公共生活中的问题开展了系统性的研究，并

① Page 287.
② *5 Parl. Deb.* （lords），163：120.

且开展了先导性的实验，还在一些具体的事项上为法定的做法提供了补充。

在另一个领域，涉及整个慈善事业的调整，为重新审查法律条文对慈善信托的管控创造了一个好时机。其结果就是由南森委员会在1950～1952年开展了一场彻底的调查，同时出台了1960年《慈善法》。这是20世纪第一次关于该事项的全面立法，而基顿（Keeton）教授则认为："这可能是自1601年以来慈善立法方面最重要的一部法律。"① 总的来说，在第二次世界大战后，志愿领域中发生的变革并不比公共的社会福利领域少。

---

① *The Modern Law of Charities*，p. v.

第十九章 福利公司中的低级合伙人

一

在《凡尔赛和约》缔结后的 10 年里，英国的慈善事业也承受了英国经济所遭受的一样不幸。这不仅是在说慈善捐赠受到艰难时期和高税收的影响，也是在说虽然英国取得了灿烂的胜利，但战争时期却好似一下子抽干了那些原本会缓缓流向志愿型组织的资源。与此同时，慈善组织本身也受到腾升的物价和高企的运营成本的妨碍。当然，我们拿不到关于慈善组织收入的全面统计数据，只能依靠一些地方性的数据，而这些数据并不能被认为接近反映全貌。相比于英国其他城市的统计数据（可能除利物浦以外），伦敦的统计数据更为符合我们的需求，而且这些统计数据还有一个优势，即它们涉及很多机构，而这些机构事实上是覆盖全国的。[①] 这些数据告诉我们，在 20 世纪早期，伦敦慈善组织的真实收入跌到了远低于第一次世界大战前的水平，一直到 1923 年以后才又恢复过来。简单来讲，直到 20 世纪中期，伦敦市的慈善组织才恢复了它们在第一次世界大战前的经济水准。[②]

---

① 用统计指数来表示的话（1908 年 = 100），伦敦市的慈善组织总收入从 1912 年的 102 上升到 1922～1927 年的平均 172.43，增长了将近 70%。但是如果扣除物价增长所带来的影响，那这一上升看起来就没有那么大了。这些统计是由布雷思韦特（Braithwaite）小姐做出的（*The Voluntary Citizen*, chap. VII）。她的数据来自慈善组织协会《年度慈善组织登记簿和摘要》。

② 值得承认的是，在估算慈善组织的"真实收入"时，误差率是很大的。诸如"生活成本"指数这样的工具对大量的组织来说，只能有限地、勉强地运用一下，因为这些组织的开支名目多得令人眼花缭乱。

更为重要的可能是不同类型的慈善收入所占比例的变化。慈善捐赠——小额捐赠和大额认捐——的增长已经赶不上支出的增长了。而遗赠则与第一次世界大战前一样还是占据很小比重，虽然它一直很稳定。补上这一不足部分的是受益人自己支付的或他人为他们支付的服务费用，这笔钱来自个人、保险基金或公共部门。它从 1908 年的 175 万英镑增长到平均每年超过 400 万英镑（1922～1927 年），占据了伦敦慈善组织总收入超过 28% 的比重。[①] 到 1934 年，据估计，在英国慈善组织的总收入中，有约 37% 的收入来自服务收费。[②] 很清楚的是，这是法定机关－志愿机构关系的一次小规模预演，而这种关系在第二次世界大战后的福利国家里扮演了一个十分重要的角色，即志愿型机构得到公共机构大量拨款的帮助。

在两次大战之间，人们对慈善组织的日常收入未能赶上日渐增长的开支的步伐感到非常不安。很多志愿型机构被迫大量依靠额外的收入来源，包括特别筹款、个人大额捐赠和遗赠（被作为当期收入），而不是每年的捐赠和认捐。[③] 有些慈善组织的秘书长预见到捐款的大额资源池将不可避免面临枯竭，所以（就像至少半个世纪前他们的前辈曾经做过的那样）呼吁拓展资金收入的来源。他们抱怨说，20 世纪慈善收入被大量地扔进形形色色的"筹款型"慈善组织的钱袋里，而这些组织都是不负责任的"皮包组织"。所以，他们提出要求，公共机构应该筛查和规范这些组织。[④] 然而，一个内政部委员会却拒绝向上推荐任何全面的监管计划。[⑤]

在第一次世界大战后，最重要的事情是志愿型医院所遇到的财政困境。在第一次世界大战期间，这些医院经受了最为严酷的财政压力，而

---

① 相比之下，此前为 21%。如果我们将 1904 年的数据作为基点的话，那这笔收入就显得更为可观了。正如洛芙（Rooff）小姐所注意到的那样（*Voluntary Societies and Social Policy*, p.259），这笔收入所占比重从 12% 增长到了 28%。

② Braithwaite, *The Voluntary Citizen*, p.171.

③ 关于其中一家大型慈善组织（犹太人监察官委员会）的具有典型意义的经历，参见 V. D. Lipman, *A Century of Social Service*, pp.155－156。

④ L. G. Brock, "A Censorship of Charities," *Fortnightly Review*, 120：113ff（July 1923）; A. Carr-Saunders and D. Caradog Jones, *A Survey of the Social Structure of England and Wales*（London, 1927）, p.177.

⑤ *H. O. Committee on the Supervision of Charities*（Cmd. 2823）, 1927.

到第一次世界大战结束的时候，它们甚至缺钱来维护建筑和设备，更不用说拿钱出来开展急需的改善了。在伦敦地区，一干医院共面临超过25万英镑的赤字。[1] 这一处境已经变得相当严峻，乃至议会不得不成立一个志愿型医院特别委员会，即凯夫委员会。该委员会的报告说，整个体系面临立刻崩塌的危险。但是，该委员会坚定不移地信奉志愿原则，激烈地反对采取任何定期的政府协助的想法："如果支援体系是值得拯救的话（对此，该委员会丝毫不怀疑），那么任何有关开展持续性征税或政府援助的提议，都应该否决。"[2] 该委员会认为，真的能够取得成效的办法是公共资金的临时性援助，这可以帮助那些医院回到它们在1914年的状态。而此后，可想而知的是，它们可以像以前那样自主运作。

凯夫委员会建议的金额为100万英镑，而政府只想从国库拿出50万英镑，目的是推动医院开发出"新的、固定的收入来源"。[3] 而当我们回头再来看这件事的时候，可以得出这样的结论，即该委员会和政府都误读了灾难降临的征兆。当时已经有迹象表明志愿型医院不仅仅是受困于一时的紧急状况，而政府机构和医院本应该更为严肃、更为客观地审视一下当时的情况。在一个税收不断增长、物价不断上升的年代，志愿性资助真的能如此扩张，以至足以支付日渐昂贵的医疗护理费用吗？[4] 这看起来是不切实际的，特别是当我们拿志愿型医院委员会（该机构的职责是分发国库的拨款）估算的数据来看的话。据该委员会估计，如果要提供充足的医疗服务，至少需要1万张医院床位。所以，该委员会在1925年得出结论，为了弥补此前10年的亏空，政府应该拿出比之前打算的金额更多的援助款。[5]

但是这是事后诸葛亮，在当时事情并没有这么明朗。当时，没有一项关于英国医院的财务状况的一般性结论有太高的价值。毕竟，这些都是个体医院，它们各自的偿付能力与资金水平都是不同的。有的医院可能可以得心应手地应对常规开销，却拿不出什么钱来应付急需的建设开

---

[1]　*Voluntary Hospitals（Cave）Committee*（Cmd. 1335），1921，p. 5.

[2]　*Ibid.*，p. 8.

[3]　*Voluntary Hospitals Commission：Terms of Appointment*（Cmd. 1402），1921.

[4]　Harry Eckstein，*The English Health Service*（Cambridge，Mass.，1958），p. 73.

[5]　转引自 John Trevelyan，*Voluntary Service and the State*（London，1952），p. 23。

销。不仅如此，在两次世界大战之间，每一年的状况也有较大的变化。虽然在 20 世纪 30 年代早期赤字很明显，但在 1934 年又出现了总盈余，这主要是因为受益人付款计划的普及、付费床位数量的增长，以及地方政府的付款。① 的确，志愿主义的支持者可以从 20 世纪 30 年代的某些发展中得到一些慰藉。但两次世界大战期间医院领域的整体图景却是斑斑点点的，而其中藏着一些新的、令人不安的因素，这些却被那些高唱志愿原则赞歌的人给忽视了。

事实上，在 20 世纪 30 年代，政府已经摸索着向推出一种更为积极的政策的方向前进了。在这一方面，决定性的改变是 1929 年《地方政府法》的出台。该法的出台，意味着地方政府承担着满足它们所辖地区医疗需求的责任，无论是通过公立医院来提供医疗服务，还是通过与志愿型医院合作来提供。② 尽管地方政府的回应五花八门，但其最终结果却是推动公共部门快速发展。如此一来，10 年后，英国只有不到 1/3 的医院床位列于志愿型医院的名下。③ 到 20 世纪 30 年代晚期，这些医院的状况变得日渐危险。除其他情况以外，它们都被这个时期医疗科学的重大变革所席卷，用蒂特马斯教授的话来说，这"代表着对英国志愿型医院的死刑判决"。④ 战争的再次爆发将志愿型医院推向了破产的边缘，当时，除最强硬的志愿主义的支持者以外，所有人都已经清楚地看到了这一点，即私人慈善将无法使它们回到收支平衡的状态。虽然面临医疗开支快速增长的压力，私人渠道的捐赠却几乎一直是老样子，只占伦敦医院收入的约 1/3。所以，我们可以用埃克斯坦（Exkstein）教授的结论来说明问题："志愿型医院在它们消失之前，一直靠政府大量的付款才得以维持生存。"⑤

可能医院给出了一个最令人震惊的实例，即一个志愿服务领域已经开始依靠公共资金的支持，而且正不可避免地越来越依赖这种支持。但

---

① P. E. P. , *Report on the British Social Services* (1937), p. 232.

② Sir Arthur S. McNalty, *The Reform of the Public Health Services* (London, 1943), pp. 41 – 42.

③ R. M. Titmuss, *Problems of Social Policy* (London, 1950), p. 66.

④ R. M. Titmuss, *Essays on the Welfare State* (London, 1958), p. 153.

⑤ *English Health Service*, p. 72. 在第二次世界大战前夕，伦敦医院约 50% 的收入（其中有 8% 的收入来自公共机关）是靠收费性服务来获得的。

是，这一趋势是整个志愿领域的整体趋势，无论其影响面是大是小，影响程度是轻是重。我们可以举出两个例子来证明这一点。1929 年，利物浦慈善组织的收入中有 13% 是公共部门为服务项目支付的费用，而在 1938 年，曼彻斯特慈善组织的收入中有 17% 来自公共资金。[1] 然而，情况并不是整齐划一的。公共机关拨付给神经术后治疗协会的费用从 1920 ~ 1924 年的平均每年 607 英镑增长到 1935 ~ 1939 年的平均每年将近 17000 英镑，而伦敦市议会拨给盲人类慈善组织的费用却从 1934 ~ 1935 年度的约 112000 英镑下降到次年度的约 33000 英镑——该议会给出的解释是，它决定自己运营相关项目，以向盲人提供必要的服务。[2]

不过，在财政及其他方面，法定机关与志愿型机构之间还是靠得越来越近了。关于这一点，有一个例子是英国社会服务理事会，该机构成立于 1919 年，成立的目的不仅是鼓励和协调志愿性社会服务，而且是支持与政府部门和地方政府相配合。在这一项目上，我们可以清楚地看到这一事实，即志愿型机构和法定机构都在关注同样的问题，而且双方之间达成一种工作上的互相谅解（如果还算不上正式的合作关系的话，也是非常有必要的）。我们在这里无法重述该理事会的成长及服务拓展的历史。关于其在第二次世界大战前的发展，我们可以用这一事实来作为说明：从 1926 年到 1936 ~ 1937 年度，它的开支增长了超过 10 倍（从 3323 英镑增长到 37210 英镑）。[3] 尽管公共部门为特定目的拨款只部分地促进了其收入的快速增长，但来自这一方面的收入规模却在不断扩大。比如，在面向失业人口的福利事业方面，政府与该理事会达成了一项富有成效的合作。政府在 1933 年拨付了一笔金额为 2 万英镑的实验性拨款，用于扩大服务于失业人口的俱乐部的规模。如此一来，在接下来两年中，约有 400 个此类俱乐部，可接纳会员人数达 25 万人，开始逐步建立了起来。[4] 1936 ~ 1937 年度，劳工部拨款超过 10 万英镑，而特别地区委员会则为面向失业人口的项目给该理事会拨款超过 20 万英镑。[5] 总之，在整

---

[1] Constance Braithwaite, "Statistics of Finance," in H. A. Mess. *Voluntary Social Services since 1918* (London, 1948), pp. 200 – 201.

[2] Rooff, *Voluntary Societies and Social Policy*, pp. 166, 212.

[3] John Morgan, "The National Council," in H. A. Mess, *Voluntary Services*, p. 81.

[4] H. A. Mess, "Social Service with the Unemployed," *ibid.*, p. 42.

[5] 或者由该理事会主办，或者由该理事会将资金分发给开展类似活动的组织。

个 20 世纪 30 年代，该理事会从政府渠道获得的资金总计不少于 100 万英镑。

我们很难就第二次世界大战前夜的慈善捐赠做出一个有用的一般性描述。在这 10 年里，试图寻找慈善捐赠明显增长的迹象是一种十分愚蠢的做法。人们可以得出这么一种印象：在这一时期，志愿型机构作为一个整体，所能做的最多就是勉强熬下去，而至于捐赠规模的增长，如果真有的话，也必然远赶不上这些组织实际所需资金的增长。[1] 此外，我们也没有证据说这个时期的慈善捐赠出现了全面缩水。无论是税收的增长，还是政府提供的社会服务的扩张，看似都没有对个人捐赠造成灾难性的后果。真实的情况是，这些资金都流向另一个不同的方向，即开始日渐变成对某项服务的补贴资金，而不是独自包揽这项服务。[2] 此外，这在当时也是一个比较合理的预期，即政府的福利活动将会持续推进，尽管推进的步伐会相对缓慢。但战争彻底改变了上面这些盘算，这是因为这场战争扩宽了英国人的社会视野，还唤醒了他们对共同体正在面临共同危险的观念。如果没有这一新的刺激的话，英国恐怕很难会在林林总总又缺乏协调的社会服务领域创建出"一个全国性互帮互助计划"。[3]

二

一系列立法推动了第二次世界大战后福利国家的形成，这些立法试图构建一个社会最低生活标准，不允许任何社会成员的生活跌到这一标准之下。将这一系列成就全部归于新工党政府是有失公允的。其中有些计划早已被英国政府的各个委员会、专项委员会等预见到了。在贝弗里奇那篇明智而又颇具说服力的报告（《社会保险和联合服务》）当中，他就已经勾画出了解决贫困的自由权范围，而这一报告其实是由英国政府劳工大臣任命的委员会出具的。贝弗里奇在概述他的建议时，明确提出只做到这些建议的内容是不够的。当解决贫困的自由权得到保证时，"疾病、愚昧、道德败坏和懒惰"等问题都还有待解决。当然，他也为他的社会保险计划构建了一个合适的基础，即儿童津贴计划、全面的健康和

---

① 除了某些大型基金会，我们将在后面的章节中谈到它们的情况。

② Braithwaite, "Statistics of Finance," in Mess, *Voluntary Social Services*, pp. 202 - 203.

③ M. P. Hall, *The Social Services of Modern England*, 4th ed. (London, 1959), p. 6.

康复服务以及维持雇佣机制。[1] 由此，该报告直接或间接地对构成福利国家体系的各项服务做了一个前瞻。

在我们看来，福利国家体系建设的关键内容见于如下法令：《英国卫生服务法》（1946 年），这部法令构建了一个全面的医疗护理计划；《儿童法》（1948 年），这部法令规定为无法享受正常家庭生活的儿童提供服务，所以该法也是对《家庭补贴法》（1946 年）的一个补充；《英国救助法》（1948 年），该法立法的目的是补足《英国保险法》（1946 年）留下的空缺，同时该法附带地抹去了《济贫法》留下的最后痕迹。这些法律所构建的是抵抗贫困的第二道防线，也就是帮助那些没有资格领取保险资金的人——老人、长期的失业人员，以及各种残疾人。[2] 人们可能还会注意到 1944 年《教育法》，该法在某种意义上向社会各个阶层开放了受教育的机会，同时该法通过快速扩张公共责任，强制某些教育慈善家对他们的地位做出反思，并重新界定他们的职责。

尽管在数十年里，法律服务不断蚕食原本属于志愿事业的领域，但这一系列战后的立法活动则被认为是一次大规模的入侵，其规模之大，乃至在事实上对基本原则做了革新。自此以后，获得医疗护理成为患病的贫民（与英国的其他人口一样）的一项权利，而他们也不再需要依靠志愿型医院以及免费的诊所了；那些老年人，尽管他们还是可能会到私人捐赠的救济院去寻找庇护，但有权利通过英国保险计划领取养老金，或者接受《英国救助法》规定的救助金；英国的家庭，如果生育了一个孩子以上的，每周都可以领到《家庭补贴法》规定的补贴金。所有这些都意味着，英国人现在可以依靠政府来获得最低生活保障了，同时这引起了人们焦躁的怀疑，认为至少在某些领域，私人慈善已经开始变得有些多余了。对美国的读者来说，要说清楚这一点，就有必要重提一下"一百个贫困案例"了，每年圣诞节《纽约时报》都会为这些贫困个案开展筹款活动。1952 年 12 月，《泰晤士报》在伦敦也转发了这份名单，并评论说，在英国，在这 100 人中，只有 10 个人需要私人慈善的帮助。而其他人，获得救助是他们的权利。[3]

---

[1] *Social Insurance and Allied Services*, pp. 153ff.

[2] Hall, *Social Services*, p. 50.

[3] Daisy L. Hobman, *The Welfare State* (London, 1953), p. 105.

　　法定服务的扩大对不同类型的志愿型机构所产生的影响自然是各不相同的。那些活动领域未被新的立法触及的组织就像无事发生一样继续运转。在这方面的一个例子是皇家防止虐待动物协会和英国皇家救生艇协会，虽然这些服务内容想当然地被视为公共责任。国家信托基金会也继续开展着令人尊重的工作，而没有从公共资金那里领取直接的援助。与之相反，其他慈善组织则被剥夺了相关职能。在这方面，典型的例子是最初以向贫困的患者提供外科器械、拐杖、支架、疝带等为宗旨的机构，而现在英国国民保健体系已经提供这些设备了。在两个极点之间，是大量的英国慈善组织，它们正在思考自己不确定的未来。有的组织将会被迫砍掉自己的服务内容；令人吃惊的是，其他组织将会找到比之前更好的机会；但是，绝大多数组织都或多或少会面临重新调整的问题。

　　此外，志愿型机构开始感觉到自己的财务前景堪忧。那些捐款人已经被大额的税收惹得烦恼不堪，怎么还有可能继续拿钱出来支持志愿活动呢？这么做等于要求他们拿出双份的捐款，因为通过税款，已经履行了他们所认为的那份义务。简言之，这个问题是，福利国家会将历史上水源充裕的英国慈善蓄水池给抽干吗？而另一个更为直接的问题是，如何处理志愿型机构和大幅扩张的法定服务之间的工作关系。政府已经宣布会依循合作原则来办事，而一些特定的立法，如《儿童法》（1948年），也接受了这一原则。[1] 但是，这些条款在不同的领域、不同的年份都有不同的说法，所以它们都还有待真正落地。

　　关于私人慈善在社会服务国家体系里所能扮演的合适角色，双方之间有一个重要的共识。社会工作者、深思熟虑的公务人员、学者以及南森委员会都曾基于共同的见解，反复提到过这一点。[2] 毫无疑问，志愿服务和法定服务之间的相互排斥的老原则，即"双杠"模式，（用迪斯

---

[1]　Samuel Mencher, "Voluntary and Statutory Welfare Services," unpubl. diss., New York School of Social Work, p. 165.

[2]　比如，Hall, *Social Services*, pp. 343ff; Rooff, *Voluntary Societies*, pp. 276ff; Braithwaite, *Voluntary Citizen*, pp. 68ff; Eyre Carter, "The Partnership between the Statutory and Voluntary Social Services in Postwar Britain," *Social Service Review*, 23: 158 – 175（June 1949）; S. K. Ruck, "The Place of Charity in the Welfare State"（unpubl.）, Nathan Committee; 同时参见 S. K. Ruck, *J. Royal Society of Arts*, 12 June 1953, pp. 523 – 524; *Nathan Report*, Par. 55。

雷利否定农业保护的话来说）现在"不仅是死掉了，而且被打入十八层地狱"。哪怕是"伸缩梯"理论都不足以说明现在正发生的事情。事实上，社会福利的面积过于庞大，而纯志愿型机构已经消失不见，对疾病、不幸和愚昧的进攻成为一项联合事业——在很多个案中，政府和志愿型机构这两股力量紧密整合到了一起。尽管志愿型机构开始从主导者变成附属者，霍尔小姐认为："除了在非常有限的先锋行动或存在激烈矛盾的事项上，纯粹的志愿型组织的日子……算是走到头了。"① 但是，没有一个博学的观察者会低估它们提供的服务的价值。这是一种真正的合作关系，在这种关系中，无论是法定服务元素还是志愿服务元素，都是无法被轻易摒弃的。南森委员会强调了这一点："到目前为止，志愿行动非但没有被抽干，反而随着社会服务的不断扩张，而不断收到人们提出的越来越多的需求。我们相信，民主政府，正如我们知道的那样，很难有效发挥职能……如果没有志愿服务渠道，或者无法向志愿服务提出要求的话。"②

在非法定机构做出的贡献中，没有一项贡献能比这项更为重要，即由它们自由开展的实验，或尝试采取的先锋行动，而这些实验与行动是政府部门因为这样或那样的原因而无法开展的。当然，这对它们来说并不是一个全新的角色。在慈善史中满是这类服务的案例，这些服务项目是由私人小规模开展的。这些活动有的时候获得了成功，而有的时候却明显不合适。但无论如何，它们都为国家开展大规模的行动指明了道路。在这里，我们可以再次引用南森委员会的话："从历史的角度来说，国家行动是志愿行动的凝结和普遍化。"③ 从性质上来说，法定部门在将公共资金用到不确定的（或者存在严重争议的）事业上时，需要十分谨慎，而普遍而言，相比于创造全新的服务项目，它们在调整由志愿型机构首先尝试的方案方面表现出更大的主动性。④

很明显，开展实验的机会，或者更确切地说是义务，还是落在志愿型机构的头上。在这里，那些大型的基金会做了很多。它们有的时候通

---

① Hall, *Social Services*, p. 357.
② Paragraph 63.
③ Paragraph 39.
④ Hall, *Social Services*, p. 353.

过自己的项目，有的时候则是通过向其他机构拨款，积累了大量经验，并提供给法定机构，从而为社会政策制定做出了贡献。[1] 将政府的服务描绘成日常行政的奴隶很明显是不公正的，因为志愿型组织经常会为它们打开新的天地。[2] 非法定机构，包括那些已经声名鹊起的和那些还未曾崭露头角的机构，都在开展有趣的和富有成效的实验，而这些实验是法定机构所很难从事的。真正对它们造成限制的，并不是缺少机会，而是财政上吃紧，这一状况不仅阻碍了它们开展新的项目，有时还使它们不得不缩减常规的服务内容。[3]

人们对志愿性活动提出的主要要求是要它们成为常规法定体系在质量和数量上的补充。[4] 志愿型机构可能会发现它们所开展的项目过于不规则、边界不够清晰，乃至无法有效纳入公共服务框架，或者法律规定应该由非官方机构负责管理的某些服务（如面向老年人的流动膳食和俱乐部）之中。它们贡献出资金和人员，延伸进法定服务未曾触及的角落，填补了法定服务的空白，从而让法定服务体系丰满了起来。当法定服务的某个方面需要灵活性时，志愿型机构的贡献便具备特别的重要性。一般而言，政府的服务必须依照固定的流程来开展；它们的程序规则无法将突然出现的意外情况，或者将人们遇到的困境的各种各样的变化纳入考虑范围。因为这个体系被设计出来，是为了应对"一般"状况的，所以政府部门缺少处置非典型性情况的自由裁量权。对于后一种情况——那些无法被纳入任何具体服务种类的情况，或那些服务申请会对其构成重大困难的人——志愿型机构，以及它们"无须保持整齐划一的特权"[5]，被证明是对法定服务的一个不可或缺的补充。

如果要举个例子，我们可以看一下家庭服务机构，其服务对象是难

---

① 我们将在下一章中做详细介绍。

② 参见 T. H. Marshall, "Voluntary Action," *Political Quarterly*, 20：34（January-March 1949）。

③ Roof, *Voluntary Societies and Social Policy*, p. 275.

④ 这几段关于志愿服务的贡献的内容，我主要参考了伊尔·卡特（Eyre Carter）的文章（n. 30）、萨缪尔·孟彻尔（Samuel Mencher）未公开发表的论文（n. 29），以及他在 1954 年所做的洛赫纪念演讲，题为《志愿机构和法定机构在福利服务中的关系》（*The Relationship of Voluntary and Statutory Agencies in the Welfare Services*）。

⑤ *Report of the Working Party on Social Workers* (*Younghusband Report*), (H. M. S. O., 1959), par. 1038.

啃的问题家庭。这些家庭坚决抵制康复服务，又处于常规的政府服务机构的范围之外，而它们所遇到的难题又十分复杂，且又内在关联，故而不在任何一个单一组织的服务范围之内。家庭服务机构源于世界大战期间在利物浦的反战经历，当时人们想要以某种形式服务于社区，帮助那些遭受轰炸而无家可归的家庭，因为对这些家庭，政府当局认为自己无法给它们安排住处。家庭服务机构成立于1961年，由约13个地方机构组成，并招募了70位全职的训练有素的社工，他们每年走访问题家庭超过4万次。当然，各地的地方机构的情况有着重大差异。有的机构主要靠法定机构来资助，其他的则主要依靠志愿捐赠。不过，事实上，家庭服务机构所服务的所有问题家庭都成为其他社会服务者的参照，特别是经常被法定机构拿来做参考。不过，人们有很好的理由相信，这些家庭因为生活标准明显低于社会所能接受的最低生活标准，所以应该得到的关注只有志愿型机构能够给予。①

　　另一个与问题家庭毫无关联的社会领域则给出了另一个案例，来说明慈善事业是法定服务体系的补充，即作为政府奖学金体系的补充。古老的利弗里城市公会之一有一笔奖学金因为此前的资助对象不再需要而没有了资金去处，而现在它又找到了新的、有创意的教育宗旨来花掉这笔钱。自19世纪80年代开始——当时金匠公会将它们大量的慈善基金合并成一个大型的基金——它便开始向大学提供大量资金用于发放各类奖学金。该公会对自己的奖学金资助的人员名单感到十分自豪。值得一提的是，在这份名单上甚至还出现了克里斯托弗·帕斯科·希尔（Christopher Pascoe Hill）的名字，他是慈善委员会新任的首席委员。除了奖学金以外，金匠公会还关心其他教育宗旨。它们出钱在牛津和剑桥设立准教授席位（现在是教授席位了），向伦敦和各家老牌大学的研究机构提供资金，还为伦敦大学买下福克斯·韦尔教授的著名经济和社会史收藏，并由此成立了金匠图书馆——除这些以外，该公会还向伦敦城市和公会研究中心捐赠了40万英镑。

　　1944年《教育法》通过大量增加国家奖学金的供给，改变了这一状况。因此，金匠公会取消了它对大学的奖学金资助，并将这些资金用于

---

　　①　F. S. U. 教义问答（影印版）以及对大卫·琼斯（David Jones）的采访。

其他目的，其中最重要的是资助海外的研究机构开展研究。它比较有创意的项目之一是向伦敦大学的学生提供假期旅行资助。这个项目源于人们的一个质疑，即有些前途光明的大学生每日往返于宿舍与教室之间，他们从大学那里获得的都不过是最狭义的"书本知识"。所以，金匠公会的委员会提出一个想法，要将这些认真的学生送到他们不熟悉的地方去，去见识下他们不熟悉的人，让他们在宿舍和图书馆的"两点一线"之外开阔眼界。毫无疑问，对捐赠基金的这种使用方式应该会让他们虔诚的创始者感到吃惊，因为他们留下这些钱是为了帮助"公会里的穷人"，但是他们应该不会抱怨，因为法定服务的扩张已经使他们原来的慈善宗旨变得过时或多余了。①

此外，向普通公众解释和说明政府服务的复杂机制，这项任务自然也落在了志愿服务的头上。在这方面，主要的服务机构是市民建议局，这家机构在引导无助的个人通过复杂的社会保险程序或住房规则方面发挥了无法估量的巨大作用。不仅如此，一些个人还经常向该机构咨询有关个人和家庭困难的建议，而且这些困难都是与社会服务并不直接相关的。在这些人当中，该机构扮演着一个聪明、老道的邻家大叔的角色，它不仅能立刻给出解决办法，而且会带着理解和同情的心情来一起讨论人们所遇到的问题。

和其他被证明拥有永久价值的机构一样，该机构在最初创立时只是为了应对一个紧急状况，即希望应对1939年9月宣战后可能引发的社会混乱。20年后，该机构共有430名工作人员，并拥有超过2000名志愿者。② 英国社会服务理事会③主要提供中央层面的建议和帮助，但它更多的还是强调由地方层面提供服务。市民建议局的多数资金（小额的或大额的）来自地方当局，但是，政府面向该理事会的中央服务的援助政策则起起伏伏，变动不断。总之，该理事会有充足的理由——其中有些理由内生于它们工作的性质——来保持市民建议局的志愿服务属性。但英

---

① *The Worshipful Company of Goldsmiths*（London，1958），pp. 18 - 19；对公会牧师沃尔特·普利多的采访。其他公会，比如布商公会，也发起了海外奖学金计划。[Hugh Dalton，*Memoirs*，1945 - 1960：*High Tide and After*（London，1962），p. 442]

② Hall，*Social Services*，p. 146.

③ 市民建议局由英国社会服务理事会创立。——译者注

国社会服务理事会也指出，市民建议局的基本功能是沟通——"向当局解释市民的需求，向市民解释当局的想法"。[①] 而正是因为该局开展这类中介工作，也就使它明显不同于其他纯非官方性的机构。

最终，志愿型机构在促进、限制和批评法定机构的流程方面发挥了不可估量的作用。用南森委员会的话来说就是："它们可以替那些笨嘴拙舌的平头老百姓，站在政府的一旁来冷眼旁观它的作为或不作为，并提出批评。"[②] 南森委员会继续指出，它们的介入可以采用协助个人（如通过市民建议局）来与官面打交道的形式，或者采用对更广泛的议题发动攻击的形式。它们还可以像它们的先驱在数十年前曾做过的那样，继续针对特定的问题或社会需求采集数据，然后发动起熟悉的民主鼓动和压力制造机制，直到问题得到解决或需求得到满足为止。毫无疑问，在本质上，哪怕是仁善的官僚体制，都是过于自信的，或者好像自己掌握全部答案一样。这时候，如果有外在力量时不时戳一下或者勒一下的话，那它们的表现就会变得更好，而志愿型机构基于它们对法定机关所致力于解决的问题的理解，则正是那个合适的外在力量。

赫伯特·莫里森（Herbert Morrison）给出了未来的志愿型机构和法定机构关系模式的大概框架。在 20 世纪 40 年代末期，他曾对伦敦社会服务理事会这么说道："有些服务因为涉及面广或者应该予以普遍化，所以属于法定机关的特定职责。而在另一个极端，则是那些'独特的'联合行动和关切。这些行动和关切专属于为人们指引方向的先驱者和尽力解决问题的批评家。而在两者之间，则有着各种各样的其他服务内容。在这些服务内容上，法定机关和志愿型机构之间可以开展有效的合作。"[③] 在接下来 10 年时间里，莫里森的分析全都成真。

三

上一节中所描述的图景是人们普遍接受的有关志愿型机构的真实或潜在用途的一个概述。而法定服务，虽然更为全面，但也不想构建一个由国家垄断的福利体系，哪怕是像赫伯特·莫里森那种狂热的国家行动

[①] N. C. S. S. , *Ann. Rept.* , 1958 – 1859 , p. 25.
[②] Paragraph 55.
[③] 转引自 Eyre Carter（n. 30），p. 175。

倡导者，也都承认保存志愿服务"对民主社会的健康是具有基础意义的……那些关心这些事业的人，他们的追随者、支持者和归属者，委员会的主席、司库、秘书和委员们，他们都在我们这个社会里具有特别的重要性"。简言之，没有人想要把志愿型机构搞垮，但是对很多志愿型机构而言，未来却并不是充满希望的，而是荆棘密布的。其中，对有些机构而言，关键是要根据它们所满足的基础性需求而在社会上找到自己的位置，而对很多其他机构而言，问题就是如何活下去——那就是社会是否会依旧向这些志愿型组织提供资金支持。

值得承认的是，当时的状况依旧是迷雾重重，十分复杂。相关数据非常稀少，无法令人满意。尽管事实上，只有很少的志愿型机构被迫关门，但很多机构也还是遇上了寒冬。正如 1956 年约翰·沃尔芬登（John Wolfenden）爵士在英国社会服务理事会年度会议上所说："除少数例外情况以外，它们都顶着各种不利条件在做善事。每年，它们的开销都会上涨，而且这主要都是因为它们无法控制的原因。每年，它们都必须挣更多的钱，而这么做主要是为了维持它们上一年所做的那些事，而其中很多事它们今年还是做不成了……我们的社会必须承认这一点，即如果人们还想要保持社会生活的品质，那么志愿运动作为一个整体，就需要得到更多支持。"[1] 然而，人们还是有靠谱的理由来质疑是否应该提供更多支持，当然这些质疑并不出于在传统上一直资助英国慈善组织的那些群体。

第二次世界大战后慈善捐赠的证明材料是很零碎的，而且经常是相互矛盾的。比如，英国皇家救生艇协会的收入在整个 20 世纪 50 年代都在增长，这明显揭示出这一理论：对多数捐赠人而言，更具有吸引力的宗旨是帮助水手、动物和孩子。[2] 但是，该协会依旧无法摆脱严重依靠遗赠的状况，对于它而言，除非上面附有信托条款，否则遗赠是直接被当成收入来看待的。在 1958 年，它收到的大额、小额捐赠达到约 375000 英镑，而遗赠（数量为 474 笔）则超过 55 万英镑。在随后一年里，此前的资金盈余立刻变成了赤字，因为当年的遗赠下跌到不足 40 万英镑的规模。[3] 英国

---

① 1956 年 9 月 25 日。

② Beveridge, *Voluntary Action*, p. 302.

③ R. N. L. I., *Ann. Rept.*, 1958, 1959.

防止虐待儿童协会的情况也类似。1958~1960 年，它收到的遗赠达到了一个新的高峰，但是在它的总部和各个分支机构当年收到的 50 万英镑的总收入中，常规大额捐赠却只占到了近乎可以忽略不计的比例。[①]

除了一个例外以外，人们对战后的捐赠状况并没有开展任何研究，而这些研究对我们提出更为一般性的结论其实是很重要的。这个例外就是对曼彻斯特的 250 家志愿组织和索尔福德的 300 家志愿组织在 1938 年和 1951 年的收入做的比较分析，这是一次尝试，这次分析测量了慈善活动的数量和质量变化。[②] 这个统计（只是根据英镑现款的数量来作比较，是存在误导的）显示，在 13 年时间里，慈善组织的收入每年增长近 5%，但这主要是因为来自公共机关的拨款的汇入。如果只计算大额捐赠、小额捐赠和遗赠的话，那么这两个年份的收入几乎是一样的——分别是 418000 英镑和 419000 英镑——而且它们占总收入的比例分别是 40% 和 38%。传统类型的大额捐赠的快速缩水，为小额捐赠和遗赠的大量增长所冲抵。但总的来说，很清楚的是，曼彻斯特和索尔福德的慈善组织之所以能免于破产，其根源并不在于个人捐赠的增长——这点增长并不足以抵销开销的上涨——而在于法定机关拨款的汇入。

此外，在慈善领域中，主要是因为医院地位出现变化，慈善收入也出现了少许重新分配的迹象。在 1938 年，两地的医院收到了所有大额捐赠中的 78%，小额捐赠中的 45%，遗赠中的 83%。而到 1951 年，大额捐赠下跌到 22%，小额捐赠下跌到 19%，但给医院的遗赠则始终维持在 70% 的规模。[③] 至于这些医院持续的吸引力，在它们被政府"接管"3 年后，已经不像一开始那样令人困惑了。有些捐赠是有意捐给医院的，用于资助它们的一些专门的服务或活动。另一些捐赠大概是来自遗嘱，这类遗嘱从未因为情况改变而发生改变，或者它们反映出捐赠人的捐赠习惯，即从医院还依赖私人捐赠人的赞助那时起就有的习惯。

基本上没有慈善官员会质疑这种看法，即志愿服务所赖以生存的资源池——上等阶层和中上等阶层的捐赠名单——正在枯竭。遗赠依旧在

[①] 当年，该协会只收到 9146 英镑的协议约定大额捐赠（*Ann. Rept.*，1959–1960，p. 10）。

[②] Irene Green and G. W. Murphy, "Income of Voluntary Social Services in Manchester and Salford," *Social Welfare*, 9：78ff（1954）.

[③] 而且总收入的占比也超过了 50%，规模与在 1938 年一样巨大。

流进来，但随着岁月的流逝，这股涓流也在逐渐变小。在有些慈善领域，人们开始萌发出一种想法，虽然这尚未得到充分证明，这就是出路可能是民主化慈善，正如医院周六基金所尝试的那样。很明显，收入在英国社会上的重新分配改变了英国慈善组织的财务状况。所以，应采取的可靠策略是要对这一新的环境加以利用，依靠大量的小额捐赠人，而不再依靠传统的大额捐赠人。

在一定范围内，这一想法是合理的。据证明，"新富"们会回应有关某些宗旨的吁请，特别是如果相关项目得到精明的组织和良好的宣传的话。英国防止虐待儿童协会经常会通过上门筹款、赠花日等活动来大量筹集资金。心脏和癌症基金则用邮件筹款，成功地打动了劳工阶层的心，而英国痉挛性麻痹症协会也把普通路人当成它的支持者，掏出了 10 万英镑给该机构，用于支持癌症研究，并希望在未来几年里能筹集 200 万英镑。世界难民年被证明是一个非常成功的活动，因为劳工阶层感觉自己对此肩负着特别的责任。在 97 个国家捐出的 3500 多万英镑中，英国捐赠了 900 万英镑，超过原定目标 4 倍多。[1]

紧急吁请唤起了人们慷慨的回应，有时这种回应还过于强烈。伦敦市长的英国洪灾基金是为救助 1952 年的林茅斯灾难，以及 1951 年的格林汉姆灾难的受害者而成立的，但相关捐赠却远超实际所需。[2] 然而，劝导小额的、偶然遇上的捐赠人为某个全凭他想象才能理解的宗旨捐出他手里的先令——帮助儿童免遭虐待，对癌症找出治疗方法，或者救助火灾或洪灾的受害者——是一件与为那些常规的工作机构筹集赞助完全不同的事情，特别是当捐赠人认为这些项目现在应该算是政府的责任的时候。[3] 所以，从记录上看，到目前为止，没有任何证据证明这类筹款可以很轻松地完成，虽然在某些城市，当地的慈善组织发起的面向劳工的周捐计划前途很光明。

面临困境的慈善组织还提出了另一个日渐强烈的希望，也就是靠工商业来帮助自己逃出泥潭。这一点是几年前伦敦市保险公司的董事长在

---

① *Manchester Guardian Weekly*, 20 July 1961.

② 对英国社会研究理事会官员的访谈，1960 年 8 月 30 日。

③ 参见贝弗里奇勋爵和 A. F. 威尔斯（A. F. Wells）关于大众针对当下慈善事业的态度的观察报告。[*The Evidence for Voluntary Action* (London, 1949), pp. 55ff]

写给《泰晤士报》的一封信中提出来的。① 如果说商业公司对这一提法的回应，至少是可见的回应，是热烈和正面的话，那这么说就是有点太过了。人们抱怨英国的税法，说它比美国的税法要严格得多。在美国，据说企业捐赠是很常见的，而且多数公司一半以上的应缴纳所得税的利润会被拿来资助社会服务。② 人们的这番吵闹持续了约 1 个月。对于这个事件的煽动者而言，如果说他没有取得什么具体的成效，那他至少还可以声称："在很多公司董事会的会议室里，人们已经开始爆发出激烈的讨论了。"③

更具有说服力的是 1957 年由经济学人智库代表亚瑟·吉尼斯逊联合公司发起的一项调查所得出的结论。④ 这次调查向超过 900 家公司提出了一个问题："这个国家里的工业和商业实体是要像美国正在做的，或者声称在做的那样，取代私人慈善家的地位吗？" 从收回的 380 份问卷我们可以看出，人们有一种普遍的信念，即认为工业企业应该"做一些事情"，但对相关的标准和策略搞不太明白。有的公司完全是在收到呼请后，临时做出决定，而这种决定也就使它自己陷入了沉重的压力之下。很少有公司会宣称自己有一套长期的政策，虽然有的公司每年会拿出一个固定的金额。只有约 1/4 的公司会通过签订七年期协议的方式来开展捐赠，当然这种方式也就意味着它要有一大笔存款。在激励这些公司开展捐赠的各种动机中，直接让该行业、公司和它的员工受益的目的显得格外引人注目——尽管被用于使企业员工直接受益的开支会被单列出来，而不计入捐赠款。开展大规模的"纯"慈善的企业的数量相对较少；有一家公司（并非有意的幽默）在它的捐赠描述里写了一段话，并给这段话加了一个标题"不感兴趣的慈善"。⑤ 这份研究得出的结论是，在企业方面，它们总是怀疑"它们给出的比它们应该给的要少"，并且迫切想要寻找一个"尺度"，来帮助自己衡量所应承担责任的水平。

英国的企业捐赠依旧处在萌芽状态。而关于它到底能够发展到一个

---

① F. C. Scott, 3 Oct. 1955.

② 4, 5 and 15 October.

③ 28 October.

④ *Business and the Community*, prepared for Arthur Guinness, Son & Company, by the Economist Intelligence Unit, 1957.

⑤ *Ibid.*, p. 13.

什么样的水平，这还是一个见仁见智的问题。但是，这在某些见识广博的人看来，未来是可期的。比如，英国社会服务理事会曾经收到商业公司的大额赞助。1957～1958 年度，商业公司向它赞助了约 5 万英镑。1958～1959 年度，它又再次收到类似的金额。① 其中，1957～1958 年度的几笔大额捐款上写着这些名字：联合利华（3693 英镑），考陶尔兹公司（2156 英镑），帝国化学（2000 英镑），帝国烟业（1879 英镑）。然而，有人可能怀疑其他慈善组织是否也能有同样的好运。人们之所以有这样的想法，不仅是因为该理事会所处的特殊地位，即它是英国志愿活动团体的中央机构，而且因为它有一个精力充沛的主席，约翰·沃尔夫登爵士，正是靠着他努力，才有这么多的领头企业成为其赞助人。当然，其他慈善组织的大额捐赠名录里也有一些企业的名字。比如，犹太人监察官委员会的捐赠人名单里就有不少企业，但毫无疑问，这些捐赠的金额都相对较小。我们还可以看到，有些地方上的大学也收到了一些企业大额捐赠，用于赞助专项项目。《泰晤士报》上刊发的来信指出，历史教堂保护信托约一半的大额捐赠来自企业。② 总而言之，慈善组织目前只对商业世界做了浅层的开发，而在这一开发变得更为彻底之前，我们尚无法认为市场是慈善的救世主。

四

到目前为止，无论是劳工的先令，还是英国工商业的基尼，都未能明显减轻慈善组织身上背负的重担。③ 对这一情况真正产生不可估量的巨大影响的事情，是政府的出现，它作为一个重要的慈善家和志愿服务的主要赞助人出现在了慈善组织面前。我们现在无法对志愿型机构对法定资助的依靠给出一个精准的说法，因为各种不同的服务项目之间存在巨大差异。有些重要的机构没有拿政府一分钱，还自豪地宣称自己依旧是一家纯粹的志愿型机构。其他组织则主要依靠政府的资金——来自内

① *N. C. S. S. Subscription Lists.* 1958～1959 年度它收到的总额为 51160 英镑，1959～1960 年为 53377 英镑。这些捐赠包括来自信托和机构的捐款，以及来自商业公司的捐款，但大头来自后者。
② Letter from Ivor Bulmer-Thomas, *The Times*, 19 Oct. 1955.
③ 这指的是商业公司的直接捐赠，而不是基金会的拨款。这类拨款当然也是商业活动的产物。

政部、卫生部或地方政府——并基于政府的合同，获得了一个大概算是
代理人的角色。有时在这种福利事业合作关系中，志愿型机构在服务项
目的直接管理方面扮演了运营者的角色，而法定机关则主要负责提供大
部分工作经费和开展一般性监督。当然，面向儿童、老人、残疾人的服
务收到了大量政府的补贴。1959 年，犹太人监察官委员会通过政府渠道
收到了它的福利部门所需要的工作经费 14.3 万英镑中的 9 万英镑，英国
社会服务理事会的总收入的约 1/3 来自政府拨款。①

　　将这种做法视为志愿型机构开展的一种新型的户外救济，一种防止
它们自身受到破产威胁的方式，是对当时情况的一种误读。这实际上是
一种优势互补的合作关系。志愿服务，外加上它们的财政资源和专业或
业余的工作人员，节省了政府的资金，并减少了内生于法定体系的行政
管理的复杂流程。很明显，私人慈善的经验、设备和资金支持是新建成
的福利国家体系上与众不同的资产。另外，与公共机关合作，也解决了
志愿型机构所遇到的财政困境，使它们能够改善自己的服务和设备——
的确，在有的地区，要想符合财政拨款的要求，这是一个前提条件。毫
无疑问，在与政府的项目合作中，它们通过获取技术咨询和财政支持，
获益良多。

　　因为这种合作关系的条款是五花八门的，所以我们现在无法得出一
个统一的说法，说基于什么方式政府会提供拨款。中央政府和地方政府
都可能提供资助；这里面可能包括开展实验性项目或基建而提供的一次
性拨款，或者为购买面向老人或儿童的服务而拨付的人头费；政府可能
将总服务费用分成大块或小块的资金，予以支付。② 总的来说，中央政
府和地方政府在提供资助方面有不同的目的。内政部或卫生部的拨款主
要是为了为新的服务打下基础，满足一项特别的需求，或者处理一些临
时性的状况。一般来说，相比于地方政府，中央政府给志愿型机构的自
主裁量空间要更大。地方政府资助的都是些本来应该由自己来提供的服
务项目，所以在提供财政资助时，它会要求志愿型机构严格按照它划定

---

① Jewish Board of Guardians, *Ann. Rept.*, 1959, p. 45；N. C. S. S., *Ann.*, *Rept.*, 1959 -
　1960, p. 41.

② 这一段以及接下来的内容，主要参考了 1954 年蒙彻尔（Mencher）博士的《洛赫纪念
　演讲》，*The Relationship of Voluntary and Statutory Agencies*。

的道路前进。

志愿团体认为，法定机关－志愿机构之间的合作体系自 1945 年建成以后是非常令人满意的，有的团体甚至认为这是完美的。犹太人监察官委员会的一位高级官员在对比了 20 世纪 30 年代他就职的机构所面临的困境——当时它正因面临失业者和难民的重压而摇摇欲坠——与 20 世纪 50 年代的状况后评论说："对我来说，美梦成真了。"① 从法定机关流出，并向志愿团体流入的各类补贴已经对后者产生了无法否认的巨大影响。有的组织在政府拨款的刺激下，得到了明显的扩张；有的组织继续开展常规的业务，但这些业务也得到了巨大改善。但是，对于有的机构，我们也无法否认，政府的拨款做了无用功，虽然可以想象的是，其中有很多此类机构在此前很久便已经失去了动力。在现实中有很多例子可以证明政府的拨款非常巨大，而志愿型机构的主办方却对执行任务毫无兴趣。无疑，政府的这一做法是非常聪明的——志愿型机构普遍承认这一点，即要求志愿型机构自己拿出一定的资金（比象征意义的资金要大得多的份额），用于支付服务的开销。需要自身支付一定费用这一事实不仅唤起了机构主办方和工作人员巨大的责任心，也给予了慈善组织的管理者在决定机构的运营策略时以更大的话语权。所以，它们在执行法定机关设计的计划时，不太可能会变成（或者给人感觉它们正在变成）政府的普通代理人。

有一个还没有解决的问题与福利国家体系所能容忍的职能重复和重叠的程度有关。目前尚没有人在公共部门和志愿领域之间划定一条人们可以接受的边界线。最好这条边界线可以随范围和领域的不断变化而变化。② 而且，根据定义来说，有的重叠并不是坏事。南森委员会有意拒绝对这两个领域做清楚的划分，但也不推荐将慈善组织的资源转移给政府部门。③ 然而，虽然双方的合作非常出色，双方的共存也是无异议的，但是这里有一个问题，志愿型机构和法定机关之间的重合变得非常不经

① 马克·法恩曼（Mark Fineman）先生，副秘书长（个人访谈）。
② 正如 1937 年赫伯特·卢埃林·史密斯（Hubert Llewellyn Smith）爵士在辛迪尼·鲍尔演讲中所提到的那样。*The Borderland between Public and Voluntary Action in the Social Services.*
③ S. K. Ruck，a member of the Committee，in *J. Royal Society of Arts*，12 June 1953，p. 523.

济。人们提出疑虑，在法定服务发展起来之前，公共部门还会继续对志愿型组织支持多久，因为与此同时，这些组织还在像之前一样，呼吁人们给予支持。维多利亚时期最为精彩的慈善组织成功故事的主角应该算是巴纳多医生之家了，这家机构坚持开展传统的筹款活动，而且（至少在 20 世纪 50 年代早期）倾向于通过慈善捐赠人，而不是政府部门，来获取它的绝大部分资金——1949 年，这一数据是超过 90% 的资金，且不包括遗赠。① 它披露的这些数据让南森委员会感到有些不安，特别是当这些数据反映出该机构并不太关心获得恰当的政府资助时，"因为我们的工作是照顾儿童，我们并不要求地方政府提供资助"。②

　　在志愿机构－法定机关合作关系方面，还是有很多问题，并且未来还会有更多问题冒出来。说现存的平衡关系会长期保持稳定，也是一种错误的想法。大臣们的确指出，志愿型机构是福利国家体系中不可缺少的组成部分，而且政府的拨款也的确流向了这些机构。但是，人们并没有证据来证明英国中央政府和地方政府有什么长期打算，准备未来在整体的福利计划中给志愿型机构安排一席之地，而且从政府的角度来看，它们的确也并没有尝试给志愿型机构的职能下定义。③ 所有这一切都使警觉而富有精力的志愿型团体不得不持续重新评估自己的职能。英国社会会继续改变，而新的社会需求也会不断出现；福利事业职责的重担可能会逐渐移向政府一方。因此，志愿型机构需要不断调整它们的行动，来适应新的环境。虽然随着法定机关未来的发展，志愿型机构有的工作会变得多余，但它们并不会因此而退缩，而会采取最好的策略，转向解决新的问题。

五

　　如果要对志愿机构－法定机关合作关系做更为深刻的探讨，那我们就需要在几部主要的福利法令所涉及的主要领域中挑出两个来作为例证，

---

① 各类捐赠为 65 万英镑；遗赠为 50 万英镑；政府补贴为 5.5 万英镑。

② Q. 6850.

③ Mencher, *Relationship of Voluntary and Statutory Agencies*, p. 17. 我们此前引用过的一篇报告（1959 年）曾对这个问题的一个方面，即"地方政府健康和福利服务项目中的社会工作者"，做过仔细探讨。这份报告的撰写者是艾琳·扬哈斯本（Elieen Younghusband）小姐领导的健康工作党的一个部门。

它们分别是全国医疗服务和老年人关怀计划。这两个领域的服务，虽然采取的方式不同，但都大量依靠志愿部门。

第二次世界大战成功劝导了志愿型医院协调合作，虽然其他方向的各种形式的劝诫和警告都曾归于失败。简单来说，英国的医院，志愿的或公立的，自此以后都被视为英国的一种共有资源，到头来，战争的需求"创造出的主意与和平时期的需求挂上了钩"。① 英国再不能回到战前医疗服务的混乱的个人主义状态了，对这一点人们认为是理所当然的。在战争结束后，当政府的资助开始退出，而医院开始面临高额的医疗护理开销时，毫无疑问，志愿主义的时代也将迎来它的终点。②

根据《英国卫生服务法》，英国医院中的绝大多数，约有 1143 家志愿型医院和 1545 家市立医院，需要转到卫生部的管辖之下。③ 然而，为它们建立的行政管理体系是一个法定与志愿元素奇特但完全可行的组合。尽管准入和最终的管理权在政府手里，但它并不想在医院管理方面创建一套无所不包的官僚体系。行政管理职责并没有被授予给公务人员，而是被授予给了志愿型委员会，法律对它们的义务和地位做出了界定。这被人们欢呼为"这是这个国家公共服务领域的第一个案例，它完全由政府的公共资金支持，却在政府部门和志愿服务机构合作下开展运营"。此外，它还要负责每年花出去超过 3 亿英镑资金。④

除医疗教育机构以外——对此法律做了特别规定——有 14 个地区团队，在地区委员会的指导下，对各地的医疗服务开展监管。比这个稍低一级的是医院管理委员会，它负责对一家大型医院或一群小型医院开展管理。早在 1949 年，这些志愿或授薪的委员会的委员总数就已经达到了约 7000 人之众。⑤ 令人好奇的是，这个管理体系，猛一看去有点过于去中心化，但其实它还是涉及大量中央管控的内容。政治与经济计划⑥指

---

① Titmuss, *Problems of Social Policy*, p. 504.

② *Ibid.*, pp. 456 – 457; *Essays on the Welfare State*, pp. 152 – 153.

③ 唯一被豁免管辖的机构是那些营利性医院（护理之家），以及被卫生部"否认管辖权"的机构，主要是各宗派运营的医院，这两类医院都不过是全部医院总数的一个零头。

④ Trevelyan, *Voluntary Service and the State*, p. 33; Hall, *Social Services*, p. 79.

⑤ P. E. P., *Planning*, XVI, No. 303（1949），p. 96.

⑥ 政治与经济计划（PEP），英国的一个政治智库，成立于 1931 年，曾对英国卫生服务体系的建设产生巨大影响。——译者注

出，卫生部大臣的命令，通过这一医院体系下发，比通过国有体系更为高效。对此有一种解释是，那些管理委员会的委员并不是被选出来的，而是由更高级的政府机关任命的。卫生部大臣亲自任命地区委员会委员，再由该委员会任命直接面向医院的管理委员会委员。尽管如此，不可避免的是，日常行政管理还是主要靠授薪的官员，所以，地区委员会和医院管理委员会给出了一个令人震惊的志愿机构－法定机关合作的完美个案。目前，一个还有待讨论的问题是，是否可能持续供给有能力的、合格的委员，特别是要求他们能够承担除偶然参与委员会会议以外的其他管理事项。[1]

在志愿型医院被转交给国家时，与它们一起转交的还有大宗的捐赠基金，也即那些在 19～20 世纪持续关注患病者和无助者的慈善信托基金。有人提出要将对这些基金的控制权保留下来，以保护它们原本的宗旨指向受益人的利益，但这并没有得到允许，不过有 36 家教学医院除外，这些医院可以在国家的体系中继续保持半自治的状态。负责管理它们的是独立于地区委员会的管理委员会，这些委员会只对卫生部大臣负责，并负责独立管理这些教学医院的捐赠基金，将资金用于"与医疗服务或研究相关的宗旨"。结果，有些资金较充沛的教学医院突然达到了几乎令人为难的富裕状态。由于常规的运营开销被政府负担了，它们的捐赠收入便可以完全被用于开展研究、改善设施或为病人和员工提供便利方面。[2] 然而，在一个开销（特别是医学研究的开销）快速增长的时代，我们并不应该过度夸大这种宽裕的程度。

哪怕是非教学类的医院也不是完全没有自有资金的，特别是当那些信托基金指向的对象部分是医院，部分是非医院时。在这类信托基金中，有一个被称为"撒马利亚人基金"，它的宗旨是帮助离开医院的病人康复。这些资金往往在医院理事会的手里。此外，《英国卫生服务法》特别允许医院接受捐赠和遗赠。这一规定足以激发这些机构开展自己的筹款活动，直到卫生部大臣签发停止令，要求停止正式的筹款活动为止。但是，通过捐赠和遗赠来的"自有资金"——医院理事会对此拥有宽泛

---

① Acton Society Trust Report, *Hospitals and the State*, 转引自 Hall, *Social Services*, p. 79。

② Trevelyan, *Voluntary Service and the State*, p. 112.

的使用决策权——无疑还是非常有用的。它可以被拿来购买一些"特别的小玩意儿"，比如提供给门诊病人的茶叶和小点心，给护士之家用的电视机，或者在那里安置一张台球桌等，而且它可以帮助这些医院在一个标准化的体系中保留一定程度的个性。

如果要说随着全国卫生服务体系的建立，志愿服务机构日渐消失了，那是有些言过其实的。英国人的需求和兴头都不会允许这类机构完全消失不见，虽然实际数量可能有所减少。比如，圣约翰急救队还是一如既往，虽然它现在领着地方政府的补助款。它手底下有超过 10 万人手，男女老幼都有。可能，更为引人注目的事情是它组建了有组织的团队，通过财政捐赠和个人服务的方式来帮助特定的医院。它成立了 450 个地方医院之友联盟，不仅会提供额外的物资援助，还会构建一个人力资源池，这些人都对医院的管理工作略通一二。①

在所有大型医疗类慈善组织中，爱德华国王基金可能是一个最为出彩的案例，证明一家慈善组织该如何成功调整自己，以适应与其成立时截然不同的外部环境。在预感到英国卫生服务体系改革将要到来时，该机构开始调整自身那成功但乏味的筹款和资助业务（虽然它同时也敏锐地使用其资金分配权来改善医院的效率），构建了一套资助先锋项目和满足新需求的机制。鉴于王室家族特殊的慈善兴趣，在成立后的前 60 年里（1897～1957 年），该基金资助给医院总计 1725 万英镑，其中有超过 1500 万英镑是采用向伦敦的医疗机构直接拨款的形式。② 而随着《英国卫生服务法》的出台，该基金遭到了一定冲击，同时感觉自己得到了一定的释放。一直被作为主要功能的业务现在被取消了，但同时它的收入现在可以被拿来用于其他目的。到法律生效的那天，经过清算，该基金拥有超过 600 万英镑的资产（到 1959 年，这些资产已经超过 950 万英镑），而这些资金中的绝大部分已经失去了原来指定的用途。③

在经过了一段短暂的不确定期后，紧接着人们发现，对该基金而言事实上机会变得更多了。1948 年的报告总结道："在卸下维持医院运营的重担后，该基金获得了发起和推动项目发展的自由。这些活动都不属

---

① National League of Hospital Friends, *Ann. Rept.*, 1957.
② King Edwards Fund, *Ann. Rept.*, 1959, p. 8.
③ *Ibid.*, 1950, p. 6, and 1959, p. 8.

于英国卫生服务体系的一部分，但能提升医院帮助病人的效率。"① 简言之，除了向伦敦地区的（政府）"管辖外"的医院提供小额拨款以外，该基金中止了其他资助，而这些资助在半个世纪里一直是它的主要项目，然后它将收入投入政府机关没有开展的其他项目，比如建设学院、为医院培养管理者和护士长等。它还会向医院提供一些拨款，但只用于不涉及官方项目的特殊用途，比如为病房提供实验设备；在英国皇家整形外科医院建设一栋房屋，以使病人的陪护母亲可以消遣时间；为病人和医护人员建设娱乐房；等等。该基金的明确的策略是要用它的拨款来吸引人们的注意，使人们关注"这个或那个未能得到公共资金有效资助的社会需求"。②

该基金迫切想要为它的收入寻找有建设性意义的用途，而不是想要增加它的资金量，但事与愿违，它的资金还是在不断增加。虽然自从避免进入与医院的直接竞争之后，该基金的认捐人目录从来都不是非常庞大，但现在它的这份名单却出现了明显缩水。原来捐赠给该基金，而不是个体医院的商业公司，现在自然中止了它们的捐赠。然而，遗赠却还是在不断涌来——1950 年是 52500 英镑，1958 年是 225000 英镑（当然这是不同寻常的一年），1959 年是 31000 英镑。③ 资金的增长使该基金的年度收入增加到每年约 45 万英镑。当然，在未来，相比之前，该基金成为慈善遗赠首选对象的可能性会降低。它最近收到的一些遗赠大概是在英国卫生服务体系建立前就订下遗嘱的；不过，哪怕是靠现有的资源，爱德华国王基金依旧可以在法定机关－志愿医院的合作管理中扮演一个具有创造力的角色。

总的来说，将志愿型医院转交给国家，并没有将私人慈善挤出医疗领域，虽然不可避免的是，私人慈善的内容和工作重点都变换了。一份国王基金会的报告提到，志愿型服务之所以能持续下去，"并不是因为人们太富有同情心，而是……因为人们需要这些服务，而且他们还会继续需要"。④ 我想，约翰·特里维廉（John Trevelyan）先生的提法应该得到人们的认可，因为他提出："如今的医疗服务的博爱与生命力……应归因

---

① 在它的新项目中，该基金有意模仿了洛克菲勒基金会的模式。

② King Edwards Fund, *Ann. Rept.*, 1959, p. 6.

③ *Ann. Repts.*, *passim*.

④ *Ibid.*, 1951, p. 6.

于议会的决策……使志愿服务的作用得到充分发挥。"① 自 1945 年以来，个人的志愿服务在重要性上已经不可避免地超过了资金捐赠。尽管非政府资金依旧资助了很多有用的目的，但已经不再是医疗服务体系的基本口粮了。包括医院在内，英国传统上胃口最大的世俗性慈善组织，现在已经不再占英国慈善捐赠的最大一块了，其中有一些资金被释放出来，被用于其他宗旨。关心医疗护理方向的慈善家现在也已经不用再勉为其难地看着他们的捐款被处于困境的医院的运营费用所大量消耗掉，而是可以随心所欲地把钱用于支持更有趣的事业上，比如用于开展研究、培训或管理等方面的探索。

六

相比于法定机关 – 志愿机构合作关系在医疗服务领域中的整齐划一，在老年护理领域，这一关系就显得要凌乱得多。在法定机关方面，主要责任落在了众多的地方政府的头上，而在中央层面，却没有一个单独的政府机关来负责最终的管控。在志愿机构方面，情况也类似。和儿童护理领域不一样的是——这一领域由少量有权势的全国性组织统领——老年护理领域的组织多数都是些地方性的、相对弱小的组织，展现出纷繁复杂的多样性和差异性。②《英国救助法》（1948 年）对志愿机构 – 法定机关之间的联合关系做出了规定。在对该法令开展讨论时，安奈林·贝文（Aneurin Bevan）曾暗示说，政府"想要充分利用志愿型机构"③，同时他承认，某些条文的修订保护了志愿型机构的地位。这一容忍的态度并不是完全不公正的。很明显，对于全国性的福利计划而言，志愿型机构的设备和资源也是一项重要的财富。不仅地方政府被授权通过志愿型机构向年老体弱者提供"住所"，即"政府可以根据双方同意的条款，以补贴或雇佣的方式使志愿型机构成为它们的代理人"，而且它们也被要求这么做，要与志愿型机构合作拿出计划。④

---

① *Voluntary Service and the State*, p. 122.

② Mencher, "Voluntary and Statutory Welfare Services," p. 189.

③ *5 Hansard*, 450: 2136.

④ Ministry of Health Circular 87/46, 转引自 National Old People's Welfare Committee, *Age is Opportunity* (London, 1961), p. 62。

《英国救助法》与重视老年问题的新潮流不谋而合。人们开始日渐关注人口年龄结构的改变，同时战争时期披露出来的糟糕状况，以及大量老年人不得不在这样的状况下生活，这两个情况使人们要求政府拿出一个条理清楚、完整全面的社会政策。不过，与医疗领域一样，在这个社会福利的分支领域中也存在这样的情况，即因为这是一个传统意义上对人们的虔诚与善心具有特别号召力的领域，所以不少富有成效的先锋工作都是由志愿型机构完成的。英国社会服务理事会在1940～1941年组建了英国老年人福利委员会，并任命埃莉诺·拉思伯恩担任该委员会的第一任主席。该委员会的宗旨是"研究老年人的需求，鼓励和推广促进他们生活幸福的方法"。① 该委员会在战时的一个成就是从救助委员会那里为志愿之家的老年人争取到了一份补充性津贴，因此使领取养老金的老年人可以自给自足地生活。这一做法推动大量的小型志愿之家大范围扩张，并事实上为之后的法定机关‐志愿结构的关系设定了样板。②

　　然而，可能非官方性地产生最具有决定意义影响的事件是纳菲尔德基金会调查委员会的报告，它在1946年秋天提交了一份名为《老年人问题与老年护理》的报告。③ 该委员会的成员——主席正是西博姆·朗特里——赢得了人们的信任，而它出具的报告则被证明是一份此类报告的样板，该报告内容全面、结构平顺、写作简明。从我们这项研究的角度来看，这份报告最令人震惊的内容是它提出了这一看法，即需要法定机关和非法定机构联合努力来为老年人提供服务。该委员会花了很大力气来统计英国的老年服务类慈善组织（捐赠基金型和志愿型），列出了一份比较精确的组织名单。基于它对约3300份问卷的统计估算——这些问卷覆盖了约86%的老年服务类组织——该委员会估计，这些组织的总收入应不少于500万英镑。④ 其中包括将近1500家提供住宿服务的慈善组

① 转引自 National Old People's Welfare Committee, *Age is Opportunity*（London, 1961）, pp. 13–14. 多萝西·拉姆齐（Dorothy Ramse）对它成立后前10年的情况做了介绍，参见 "The National Old People's Welfare Committee," *Social Service*, 25: pp. 26–28（1949）。

② 到1949年6月，有近650个面向老年人的志愿之家，其中绝大多数是在1948年以前成立的（Mencher, "Voluntary and Statutory Welfare Services," pp. 178–179）。

③ Nuffield Survey Committee, *Old People*（London, 1947）.

④ 该委员会共发出超过4800份问卷，但因为各种原因，其中有超过1500份问卷无法纳入最终统计之中。

织，它们共容留了超过 26000 人次，以及超过 1800 家提供养老金的组织，它们共向超过 75000 位受益人提供资助。[1] 但是，和之前的调查员和批评者一样，朗特里的这个委员会对在捐赠基金类慈善组织领域中发现的混乱景象感到困惑。在那个领域中，缺乏可靠的信息，特别是关于那些教区慈善组织。同时，它们对这些组织在对待收入分配问题上的不加区分、草率的态度感到不安。

总的来说，虽然公立救助机构照顾了 9 万名接受入住护理的老年市民中超过 2/3 的人，但在组织数量上，它们却无法与规模更小、形式更为随意的志愿之家相提并论。那些公立机构通常是大型的、非个人性的机构，被框定在高大不朽但前景黯淡的维多利亚体系中，且受到严格规则的管制。我们至少可以说，这些住宿服务并不太受人们欢迎，而志愿之家的房间却是大大的供不应求。在这些住宿服务类组织中，有 26 家宗教类机构。其中，贫民的小姐妹、拿撒勒的小姐妹、救世军是规模最大的几家组织。这些宗教类组织共有 98 处宿舍，容纳了超过 6200 人入住。在这些组织中还有 120 家世俗性社团，它们共容纳了约 2750 人入住。[2] 这些组织的表现十分优异，而且明显供不应求。而人们也没有理由假定，这些志愿型机构不可以扩大它们的规模，乃至能与现实需求相匹配。而且，该委员会也毫不怀疑这一点，即志愿型或官办的小型的住宿机构要比那些大型机构好多了。

朗特里委员会的调查最为直接的成果是推动了英国老年人照料团体的成立。该团体主要由纳菲尔德基金会资助，而排在第二位的资助人是伦敦市长空袭遇难者基金。其中，后者在第二次世界大战后剩下了很多钱。正如我们已经看到的那样，《英国救助法》将救助老人的义务交到了地方政府的手里，同时授权它们组织志愿型机构向老人们提供住宿。英国老年人照料团体提议，通过援助性拨款、协助起草计划、开展试验计划等方式来协助志愿型机构，以完成它们在合作关系中的那部分责任。它并不想减轻法定机关根据该法令所应该承担的责任——事实上，地方

---

[1] *Old People*, pp. 26 - 27 and App. 1. 这些并不都是独立的捐赠基金（事实上，其中有一些，如某些宗教之家，完全不属于捐赠基金）。同类捐赠基金，就像在救济院类慈善组织中经常看到的那样，会同时提供住宿和资金。

[2] *Ibid.*, pp. 67 - 68.

政府要根据双方协商一致的比例，为赡养入住老人支付费用。但这还是相对简单的。真正复杂的是从地方政府那里争取拨款，以用于改善设备。同时，志愿型机构面临在独立筹集资金上日渐增长的困难，"经常不得不应对它们的认捐人提出的争议，即这是法定的服务内容，我们已经付过税款了，所以尽管有人可能有这个经济实力，也不该要求他们为同一个目标付两次钱"。[1] 为了解决新的场地或设备的资金投入问题，在头 2 年时间里，该团体拨付了将近 34 万英镑给各志愿型机构。[2]

该团体成功抵制了这一诱惑，即近乎持续性地用它的资源支持志愿型机构。结果，它的资助政策出现了经常性的、有目的性的变动。到头 5 年末尾的时候，该团体的拨款呈现出两项明显的特点，即向合格的志愿之家的建设和设施更新项目投入了大量援助性拨款，以及对病人之家、疗养院、非住宿型俱乐部等表示兴趣，而现在该团体准备转向新的领域了。[3] 自此以后，它所强调的一个重点是在老年人自己家里服务老人的计划，即在之后可能成为更普遍的政策的基础的实验性计划。[4] 在头 15 年里，该团体极好地展示了它所认为的社会福利先锋机构的模样，它不屈不挠地搜寻着新的、有希望的方向，同时它作为一家有财富、有地位的组织，也试图帮着其他机构克服它们所遇到的困难。

几乎没有人会质疑，大家普遍希望老年人能在他们自己家里养老，只要这么做是可行的，而人们也知道，老年人作为一个整体，几乎都不愿意搬离自己的家。[5] 很明显，这是一块志愿服务可以发挥显著作用的领域。《英国救助法》（第 31 条）认可了这一点，并实质性地规定某些家庭服务项目应由志愿型机构来提供。该法令授权地方政府向志愿型机构提供资金，以使这些组织向老人提供休闲或餐饮服务，但并不允许地

---

[1]　*2d Ann. Rept.*, 1949, pp. 3 – 4.

[2]　该团体的资金增长了 17 万英镑，因为南非人民给英国捐赠了一笔 100 万英镑的资金，其中有一笔钱就给了该团体。这笔款项被指定用于特定项目。

[3]　*5th Ann. Rept.*, 1952, p. 4.

[4]　*6th Ann. Rept.*, 1953, pp. 7 – 8.

[5]　虽然该团体更偏爱家庭养老，但它也并不认为这么做要比在老人自己家里服侍他们更为便宜。很明显，相关成本的多少，要取决于所提供的住宿服务的种类和品质。参见 B. E. Shenfield, *Social Policies for Old Age* (London, 1957), pp. 169 – 171, and Hall, *Social Services*, p. 287.

方政府用这些钱建立自己的服务体系。如果说在向老人提供住宿方面，志愿型机构（哪怕是从地方政府那里收取人头费）是参与法定服务体系，那么在提供"流动餐饮"①服务等项目中，整个模式就是颠倒过来的。在这些服务项目中，法定机关是在资助纯志愿性的服务项目。

令人好奇的是，普遍的福利国家和特殊的《英国救助法》延续了最传统的老年人看护机构，即私立养老院②的生命。在这些老牌基金会中，有一些甚至是建筑艺术殿堂中的珍品，比如阿宾顿的基督医院等，它们都是之前那个时代虔诚与人道主义的纪念碑。然而，将这些养老院仅仅视为那个遥远时代慈善事业的载体是一个错误的想法。事实上，19世纪下半叶是一个盛产此类养老院的时代，甚至在第二次世界大战之后，人们也成立了不少非常棒的现代养老院。在第二次世界大战结束时，朗特里委员会调查发现，入住养老院的老人数量比入住宗教和世俗性老人之家的老人数量更多。③

尽管养老院承担了很大责任，但在很多情况下它们却做得很糟，而且经常不是在犯任何错误的情况下。很多养老院的规模都不大，资金也不足，所以它们都在慢慢衰败，一直到完全不适合人类居住为止。至于其他养老院，虽然它们曾经拿到了足够的钱，但现在却发现自己深受不断上涨的成本、缩减的收入和日渐高涨的住宿标准的挤压。人们也提出了一些抱怨，而且这些抱怨并不完全是没有道理的，即养老院的捐赠基金被挪用于教育目的了。④ 在各种情况下，这些养老院的状况，其中有些还涉及建筑上的独特元素，都到了一个很糟糕的凋敝状态，它们都缺

---

① 这是一种到老人的家里或其他居住地点提供餐饮的流动服务项目。

② 私立养老院（almshouse），含有贫民救济院的意思。本书通译为养老院或私立养老院，以方便理解。——译者注

③ 有10000～12000人。但英国养老院协会估计（*An Account of Almshouses*, p. 7），入住养老院的在35000人以上。不过，这个数据是根据该协会所掌握的500家养老院的情况推测出来的。当时，入住这些养老院的老人数量为8000人。对于美国读者而言，有必要区分养老院与常规的公共老人之家。养老院通常是一个设施齐全的公寓，入住其中的居民可以独立生活。养老院里并没有管理委员会，住户们不需要也没必要共同生活，虽然有的养老院的确配有小礼拜堂，以及阅读和休闲室。

④ Peter Winckworth for the London Association of Almshouses, Nathan Committee, Q. 4059ff; *An Account of Almshouses*, p. 5. 事实上，在捐赠基金学校委员会在19世纪70年代着手分割一家养老院－学校信托时，并没有什么人出来指责说它偏祖初等教育。

少必要的维护和保养建筑的资金，更不用说开展一些初级改造项目了，如自来水和户内卫生设施改造等。在成立早期，英国老年人照料团体曾考虑拿出钱来搞一个养老院现代化改造项目，但后来却得出结论说，哪怕是必要的最小开支，都会大到让其他项目没法开展的地步。[①]

对于养老院的受托人而言，《英国救助法》不仅创造了机会，也制造了一个危机。一方面，养老院现在变成了政府在福利政策执行方面的潜在辅助者。不仅如此，负责向贫困老人发放补充性补贴的英国援助委员会的资金也减轻了某些养老院的资金压力。很多养老院可以适当减少发给入住老人的养老金，并省下钱来用于维修和修缮。[②] 另一方面，该法令授权地方政府对养老院的舒适度和卫生状况提出一定的要求，而很不幸的是，很多机构如果不做大的改善，是无法满足这些标准的。

正是因为未来的不确定性，伦敦养老院的代表们聚到一起，成立了伦敦养老院协会，该协会于1951年扩大成为一家全国性协会。该协会得到一家全国性财团的资助，同时它选出了一名富有活力的主席及一个理事会。在这个理事会的领导下，它对建筑和社会的兴趣得到了精妙的平衡。于是，该协会成为养老院领域中一个精明且富有资源的总参谋。它扮演着个体机构与政府办公室的中介的角色；它向养老机构理事会提供有关建筑和财政方面的建议，当它们面临修缮问题时；它成功地向捐赠人劝募，其中包括英国联邦金会、达尔弗顿信托基金、约瑟夫·朗特里纪念信托基金，这些工作让该协会"广受赞誉"。[③] 在翻新养老院方面，老牌慈善组织、现代志愿事业和法定代管人联起手来，开展了富有成效的合作。由此，在一定程度上海勒姆医院成为福利国家的一个工具。

客观地讲，以护理老年人为目的的志愿型机构所做出的贡献是毋庸置疑的。在过去15年中，它们几乎成为政府体系中的一股不可或缺的补充力量。但是，我们也不能遗忘法定服务的增长及其质量的显著改善，同时也无法回避这一观点，即公共部门注定要扩张，而志愿型部门注定要缩小，至少是在相对意义上。在法定机关方面，绝大部分责任都落在了地方政府，而不是中央政府的头上，而在志愿型机构方面，那些组织

---

① *2d Ann. Rept.*, 1949, p. 8.

② Nathan Committee, Q. 4006 – 4008.

③ *1st Ann. Rept.*, 1960, p. 31.

也主要是地方性组织，即老人之家、社团或委员会。这些组织的形式五花八门，但一般来说，各个老人之家都严重依赖地方政府的财政支持。只要当地还缺少养老床位，政府的财政支持就会持续，但地方政府自己管理的养老之家也在大规模增长。早在1954年，志愿型养老之家所看护的老人只占由地方政府看护的老人总数的约11%。①

可以确信的是，志愿事业找到了这一独特的领域，即提供品类广泛的居家服务，而不是提供一个可替代的安养护理体系。在这里，各地方的老年人福利委员会——在英格兰和威尔士将近1300家②——以及其他团队挑起了很大的责任，并取得了巨大成功。经常的情况是，地方政府会支付账单，而志愿型机构则负责向没有花钱的个人提供服务。值得承认的是，这些机构能够动员大规模的志愿者，这是非常令人印象深刻的。③ 但是，在老年福利领域，如果说志愿型机构-法定机关之间的合作是一种平等的合作，那就又有些过头了。财政权、威望和公众的认可都给了法定机关在这一合作关系中以统治地位，并且也日渐导致志愿型机构对它的依赖。④ 相比于某些其他福利领域，大量志愿型机构在服务老年人时，更为听从政府的政策安排——这种情况是如此明显，乃至在它们身上，"志愿"这个词只有很有限的意义。

冒险对"英国慈善事业的未来"做出预测，虽然的确很诱人，却是很莽撞的。福利事业的立法并没有使英国社会走向静止状态。未来的改变和经常性的调整是不可避免的，而这也会持续影响捐赠和个人服务，以同时满足既有的以及新发现的社会需求。可能志愿型机构的地位和角色，就像现在一样，会在不同领域表现出各种不同的情况。在那些政府大规模进入的领域，志愿型机构的地位会下降，变成相对次要、附属的辅助性组织。至少，它们的活动会被限定在法定服务的框架内开展，而就这些服务制定基本政策的则是公共部门。不仅如此，我们有理由相信，

---

① Mencher, "Voluntary and Statutory Welfare Services," p. 201.

② Younghusband Report, 1959, Par. 250.

③ 舍费尔德（Shenfield）太太（Social Policies for Old Age, p. 177）发现，在最近的有关志愿型机构的记录中，"最令人感到振奋的特点"是它们"动员了众多有实践能力的志愿者在地方层面，甚至在最小的社区中帮忙"。

④ Mencher, "Voluntary and Statutory Welfare Services," p. 282.

地方政府会继续甚至加速接手原本留给志愿型机构的服务领域。① 然而，无论有多少传统的慈善事业出现调整——或边界变窄——它们都绝不会就此消失。

作为一种猜测，我们可以怀疑，在未来志愿事业在两个十分广泛的点上会取得丰硕成果，这两个点大概占据了慈善光谱的两端。一方面，各种形式的个人服务，包括非正式提供的、由志愿型机构提供的或由政府赞助的服务②，将会一直存在下去，甚至还可能扩大规模。很明显，公共服务体系的发展不仅给志愿性的助人为乐（有组织的或个人性的）以充足的空间，而且在某些方面，它还扩大了人们服务同伴的机会。而另一点则是那些大型的综合性基金会，它们对福利国家的价值是毋庸置疑的。和那些小型志愿型机构不同的是，这些大型信托基金在资源方面和声望方面，都令中央和地方政府以及开展实验性项目的志愿型机构倍感兴趣。正如我们将在下一章中提及的那样，老牌基金会通过与法定机关的合作而产生了良好的效果，它们的数量也出现了增长。至少有一家大型信托基金③的成立主要依靠的是战后积累起来的大宗财富。这些大型的慈善组织提供了一种志愿性的智力服务，因此也就成为官方的福利大军中一股几乎是不可或缺的辅助力量。

---

① *Younghusband Report*，Par. 1037 – 1038.
② *Ibid.*，Par. 1034，该文件提到了"将志愿者用于健康和福利领域的尝试的热闹状况"。要了解各地的地方政府使用志愿型机构的相关统计数据，参见表 56（p. 365）。
③ 艾萨克·沃尔夫森基金会。

第二十章　福利国家的辅助力量：
20 世纪的一些基金会

一

在慈善史中，那些大型的慈善信托拥有特殊的地位，如果信托协议允许它覆盖广泛的人类事务领域的话。它的作用得到了第二次世界大战后法定服务扩张的加强，而不是减弱。然而，这些综合性基金会不能算是英国慈善事业土生土长的产物，而是从大西洋彼岸移植过来的，并且是在它最繁盛的时候移植过来的。

的确，早在 20 世纪初，大型的慈善信托就已经开始在英国成立——如萨顿信托与罗兹信托——这些信托都被指定了特定的宗旨。而第一家大型的综合型基金会，即城市教区基金会，也不能作为这一类型的代表。因为这家信托并不是由同时代的一位慈善家创立的，而是一个过时的捐赠基金的混合物，它的"惠益领域"也被限定在伦敦市。成立于 20 世纪30 年代中期的乔治国王周年纪念信托则是通过大量的小额捐赠，而不是单笔大额捐赠建立起来的。一直到第二次世界大战，这段历史才走到它的后半截，当时有一位英国本土出生的慈善家，即纳菲尔德（Nuffield）勋爵，成立了一家大型的基金会，并且给予它较大的活动遴选的自由权。到今天为止，那些在一成立时就是综合性的信托基金中，只有纳菲尔德基金会和艾萨克·沃尔福森基金会以及更为专门化的惠康信托基金，是靠英国本土的财产成立的。

在这一慈善分支领域中，美国依靠新兴工业为其最成功的资本家积累了大量财富，从而在这一事业上树立了标杆。1911 年，卡内基基金会成立，原始资本为 1.25 亿美元，该基金会成为由苏格兰 - 美裔慈善家成立的一系列更为专门的基金会的最高峰。在同一个 10 年里，还出现了洛克菲勒基金会，这家基金会继续和扩大了已经由一般教育委员会（洛克菲勒于 1903 年成立的一个信托）开展的业务。该基金会成立于 1913 年，而此前 3 年，它经历了一场在现在看来荒唐不堪的争议。①

美国的一些大富豪对下面这件事越来越感兴趣，即将钱通过综合性基金会捐出去，而这一兴趣也促成了英国最早的两家此类信托的成立。这两家信托都依靠美国的资金，捐赠人成立这两家信托的原因是想表达一下子女的孝心，因为这两个捐赠人碰巧都是苏格兰后裔。1913 年，安德鲁·卡内基用其掌握的美国钢铁公司的 1000 万美元债券成立了卡内基联合王国信托。而在此前数年，他已经于 1901 年成立了苏格兰大学信托，于 1903 年成立了邓费尔姆林信托（服务于他出生的小镇），此外还有卡内基英雄基金。爱德华·S. 哈克尼斯（Edward S. Harkness）② 在 1930 年成立的朝圣信托有一个奇特的非正式的背景。正如麦克米兰告诉南森委员会的那样，他和约翰·巴肯、詹姆斯·欧文（James Irvine）爵士曾被邀请参加哈克尼斯在克拉里奇饭店举办的一场小型晚宴。正是在这场晚宴上，哈克尼斯第一次透露了他的想法：“晚宴的主人转过头来，冲我们说道：‘先生们，我是一个百分之百的美国人，祖孙五代都生活在美国，但是我从未忘记我曾经的故土。我们家族来自苏格兰邓弗里斯郡的一个小镇，那里有着我们祖先的坟茔。神赐予我这个世界上太多的幸福，所以我想把我的这一生花在做慈善上……现在，我的心已经转向了我的故土。我知道你正在经历一段比较大的财政困难时期，而你可能也因此失去了很多在你们的国家、你们的民族遗产中，最有价值的东西，而这一切仅仅是因为缺少及时的援助资金……现在，能否请你接受这 200 万英镑，并随你所想地去花这笔钱？你知道人们到底缺什么东西，而我则一无所知。’就这么，出现了这个信托。”③

---

① F. Emerson Andrews, *Philanthropic Foundations* (New York, 1956), p. 43. 该机构在 1910 年向国会提出的执照申请引发了“一阵抗议狂潮”，而到最后，该基金会只得根据纽约州法律注册成立。

② 哈克尼斯的父亲曾经是洛克菲勒在标准石油公司中的一个合伙人。

③ Nathan Committee, Q. 2180.

在资产管理方面，英国的信托基金规模相对较小。其中最大的那家，即纳菲尔德基金会，虽然在 1963 年的资产超过了 3600 万英镑，但这都跟美国的基金没法比——福特基金会当时的资产约为 394400 万美元，洛克菲勒基金会为 63200 美元，卡内基基金会约为 26800 万美元。[1] 纳菲尔德基金会在 1954～1955 年度拨出的资助款尚不到福特基金会的 4%（约 5000 万美元），约为洛克菲勒基金会的 11%（1700 万美元），卡内基基金会的 28%（500 万美元）。[2] 如果说相比于美国的信托基金，英国的信托基金会相对较小，那么跟英国自己的由政府资助的信托基金一比，它们就显得比较小。比如，在 1953 年，英国理事会每年收到的公共资金超过 300 万英镑，艺术理事会每年收到的财政拨款为 785000 英镑。其中，后一个数据超过纳菲尔德基金会当年的年度支出，而前一个数据则与该基金会前 5 年的支出总额相当。在 1954～1955 年度，当时纳菲尔德基金会的资助支出总额是 68 万英镑，而政府拨给学院和大学的经费为 2800 万英镑，同时有超过 100 万英镑的艺术和科学方面的研究拨款，以及将近 200 万英镑的拨给医学研究理事会的款项。[3]

然而，过度关注这种比较，就会忽视此类基金会在英国社会生活体系中的重要地位。在英国，私人慈善与政府行动之间的鸿沟并没有美国那般清晰；在某些通常属于私人基金会关注的领域，英国的信托相比于大西洋彼岸的同伴，所承担的责任要明显小得多。英国人也不像美国人那样怀疑领取政府的经费是通往被政府掌控的道路。英国理事会、艺术历史会和大学拨款委员会都是准官方的机关，它们在拨款时并没有遭到什么反对。它们的某些具体决策可能引发人们的批评，但是这些批评都是针对决策本身，而不是针对决策背后的危险动机。

事实上在英国，大型基金会和政府之间的关系是相当近的，而且双方是在一种相互信任的环境下共事的。在涉及大型基金会共同关心的问

---

[1] Letter from F. Emerson Andrews, 31 Dec. 1963.

[2] 这一比例是由伊夫林·简欧娃（Evelyan Janover）小姐算出的，我是在 1957～1958 年度哈佛-拉德克利夫研讨班上听到这些数据的。需要指出的是，在这一阶段，福特的资助政策尚未完全成型，其资助款的规模还相对较小。在 1963 年，它的资助款达到 17100 万美元，而相应的行政管理成本则是 800 万美元。

[3] Guy Keeling, *Trusts and Foundations* (Cambridge, 1953), pp. 5, 17; *Whitaker's Almanac*, 1955, p. 596.

题时，它们有一个共识，甚至是高度的认同，即在伦敦这些资源很集中，包括政府、资金、专业意见（老牌的大学都在两小时车程范围内）以及慈善资源等。所以，某些大型信托组织在制订计划时，都会考虑这些因素。比如，纳菲尔德基金会的管理受托人虽然没有被要求针对任何事项参考官方的见解，但它还是"很喜欢针对各部委可能关心的重大事项事先征询一下各部委的意见"①，而更为年轻的艾萨克·沃尔福森基金会的理事们也遵循类似的准则。

　　人们会听说这样的情况，即财政部的官员到纳菲尔德总部参加晚宴，并提出建议，说有些事情是政府不会或不应该做的，而是基金会需要做的。比如，该基金会开展的风湿病研究项目，是由卫生部大臣提议开展的。② 相反，在 1946 年，朝圣信托提出赞助 5 万英镑，用于帮助大英博物馆买下赫希音乐图书馆时，明显刺激了财政大臣，使他在此之上掏出了额外的 6 万英镑。③ 在公共福利部门与它们的私人盟友的合作关系中，并没有出现太多相互敌对或嫉恨的情况。我们需要承认的是，在大型活动中，主要的力量还是来自法定机关大军，但是它们在一定程度上还是会依赖私人基金会，因为这些基金会提供了智力服务、机动力量和其他辅助性的支持。

二

　　基金会管理者认为他们最大的职责是管好那些"开展首次试验的站点"。事实上，那些大型信托正在探索数不清的新项目，其中有些项目有巨大的重要意义。其中，多数信托只对处于实验阶段的项目（以及用于特定目的的即期资助）感兴趣，它们拒绝涉及持续性资助的申请。作为一个群体，它们信奉风险哲学，它们喜欢将大型基金会视为社会的"风险投资资本"。卡内基英国信托基金的秘书长曾针对这一问题对南森委员会做出一番经典的评价："我想，信托基金的职业就是在危险中拼杀。"④

①　*Manchester Guardian*, 13 Feb. 1943.

②　Interview with Mr. W. A. Sanderson, Assistant Director, June 1956; *Report on Grants*, *1943 - 1953*（Oxford, 1954）, p. 37.

③　Nathan Committee, Q. 2220.

④　*Nathan Report*, Par. 59.

　　基金会政策的最好的证明是政府或志愿型机构接手计划，因为计划的试验阶段是由该基金会参与推动的。事实上，有时基金会在设计这些项目时，明显是想帮公共机关提供一些实践证明。比如，作为解决老年贫民住房问题的一次探索，城市教区基金会在 1948～1949 年度建了一个实验性公寓，即艾斯乐登楼。这个公寓耗资 275000 英镑，能为入住其中的老年人提供所有可以想象到的休闲和护理设施。它清楚政府无法承担相关费用，不能依照艾斯乐登楼的做法来安装一样的设施。因此，它想做的不过是给老年人提供一个"理想的"公寓，这可以成为思路的一个来源，以便政府在策划老年护理服务时参考。1953 年，伦敦公会买下了这栋公寓。

　　政府采纳基金会成功开展的实验已经成为一种十分常见的现象。其中一个案例是有关卡内基英国信托基金的，该基金与地方政府合作，在全英国建了一系列图书馆。然而，到 1935 年，该信托基金得出结论，公共机关已经有充分的信心能将剩下的事情做完，所以它就转向了其他宗旨。从鼓励音乐会和艺术发展委员会（CEMA）独立出来的艺术理事会是由朝圣信托基金在 1939 年成立的，之后被政府接手。此外，在第二次世界大战后不久，纳菲尔德基金会资助了一系列奖学金计划，从而使英国殖民地或自治领出身的殖民地管理局公务员可以在英国接受一段时间的培训。该基金会的愿望是要殖民地的政府能够接手这个计划，这个愿望最终实现了。当时，1948 年《殖民地发展和福利法》规定了一个条款，设立了此类奖学金。①

　　该基金会还赞助年轻的英国农民参访美国、加拿大、荷兰和其他地方，以学习他们感兴趣的农业技术。这就类似于农业领域的毕业旅行，而这个项目最终被英国农民联盟和各类地区性协会接手了。纳菲尔德市级医院信托（该信托的成立时间早于基金会）做了一次勇敢的尝试，将区域性的医院服务协调起来，从而直接或间接地为全国性体系的构建打下了基础。可能，在该基金会的所有举动中，作用最为深远的是，它依托朗特里报告和英国老年人照料团体，对公众的观念，以及法定机关和志愿机构的政策施加影响。正如我们已经看到的那样，朗特里调查在一

---

① *Report on Grants*, 1943－1953, p.169.

定程度上推动老年人问题成为战后所要解决的首要社会事项。

大型基金会提供的其他服务在一定意义上也有赖于它们的独立地位。在有的个案中，它们扮演着政府和利益相关群体之间的中间人，甚至调停者的角色。在数年以前，农业圈的人批评农业部的农业咨询服务局。为了测试他们抱怨的内容的真实性，以及调查改善的可能性，纳菲尔德基金会的一个官员带着一队专家前往美国，研究了那里的农业延伸服务，并向英国农业部提交了一份调查报告。[①] 在另一个领域，即科学研究领域，对项目的"第二种意见"会被政府官员否决，但明显它也有自己的价值。因为医学研究理事会掌握了政府的医学研究资金事实上的垄断地位，而它的会员组成基本上与临床研究理事会相同，所以如果两家理事会都对同一个意见表示不接受，那就等同于对政府资金申请者的最终否决。在这种情况下，一家负责任的基金会便会用自有资源来支持那种不被接受的意见，以很好地服务于政府机关和有理由对两家理事会的结论提出质疑的公民。

并不是所有大型信托基金都会像纳菲尔基金会一样有意识地开展实验性项目。有的基金喜欢帮助已经成立的学院，向它们提供不在政府支持名录（或不在政府直接能力范围）内的设备。在这一方面，艾萨克·沃尔福森基金会向大学和学院捐资设立了讲席基金，并为它们购买了所需要的物资、设备，而朝圣信托则出钱保护历史性建筑和文物档案。在这些实践的策略方面，"填补空白"与"风险资本"两个原则之间并不存在必然冲突，因为对同一个空白的填补不会成为同一家基金会的一项永久的投入。很多拨款同时符合这两项原则，而多数基金会都会程度不同地对发现新的需求和填补法定或志愿体系中的现有空白同时感兴趣。朝圣信托可能认为自己应该是一支"消防队"，但事实上，在某些"救火"行动中，它的项目也是具有高度原创性和想象力的，引发了其他团体的后续行动。

这两条路都有自己的价值和风险。一方面，决定"在危险中拼杀"有时会导致对某些边缘性或野心过大的项目提供资助。将资金倾泻入"跨学科"的探索之中，以"探索某些当代的重要问题"，这并不总会富

---

① 对 W. A. 桑德森（W. A. Sanderson）的采访。

有成效。因此，纳菲尔德基金会的《第九号报告》坦诚地说："基金会不得不发起了（这些）项目中的绝大多数，因为各种拥有不同技能的人看起来并没有准备好，也没有自发联合起来，共同探索对当前面临问题的解决办法。"① 由此，这些风险投资可能被指控为将原本可以投给其他已经证明自身价值的项目的钱给糟蹋了，而眼睁睁地看着那些好项目由此枯萎凋零。但没有人会否认这一点，即一家基金会成功的标准并不仅在于它如何选择呈递给它的项目书，还在于它能够找到新的、重要的有益领域。

另一方面，填补空白的活动也有自己的障碍。它会轻易破坏人们的惯例，即只支持那些已经成型的、安全可靠的项目。简言之，就是把资助款作为一种润滑剂，润滑"现状之轮"。② 帮助已经证明价值的项目确实是一项不会招致反对的政策，如果能够适度追求的话。不过，其中的危险就是可能导致慈善的"分散化"——将很多分得很碎的资金投到数量数不清的有价值的机构或个人身上，据说正如朝圣信托早期所做的那样③，并且它们还重复拿出钱来，乃至于那些机构把基金会几乎当成自己的一个年度捐赠者。那些大型的英国信托基金，事实上毫无例外都拒绝这种想法。但需要重复一下的是，它们通行的做法是每五年审查一下资助政策，并且在接下来一段时期里，也不会经常快速调整它们的政策。除此以外，那些大型基金会还会为特定目的一次性拨付大额款项，比如为给伦敦大学的英联邦学生修建宿舍楼而一次性拨付 225 万英镑；为"拯救慢慢掉进河里去的达拉莫城堡"而一次性拨付 5 万英镑。④ 和美国的基金会一样，这些捐赠都是附带条件的，即需要申请人也筹集一个特定的金额。

英国的基金会的确有问题。但从总体来看，我们在做判断时，必须看整个国家是否因为给它们的财政或法律上的特许权而得到实惠。这些基金会所运营的行政上层建筑规模是最小的，它们的行政费用要比美国

---

① Page 64.
② Dwight Macdonald, *The Ford Foundation* (New York, 1956), p. 49.
③ H. A. Mess, *The Voluntary Social Services*, pp. 181 – 182.
④ 第一笔钱是艾萨克·沃尔福森基金会拨付的（*The Times*, 31 July 1958），第二笔钱是朝圣信托基金拨付的（Nathan Committee, Q. 2185）。

领头的那些基金会低很多。在 20 世纪 50 年代中期，纳菲尔德基金会的
管理费用占全部项目支出的 7.5%，朝圣基金约为 5%，而相比之下，福
特基金会则为 10%（未计入该基金为联邦设立的附属基金的费用，这些
附属基金的开销非常浪费），卡内基金会为 7%，而洛克菲勒基金会为
13%。[1] 英国基金会的资金看起来得到了很精确的运用，而且这些资金
还出现了明显的甚至在有的个案中是惊人的增长。事实上，那些大型信
托基金之所以敢于开展那些项目，有时还冒着将资金投入没有产出的实
验的风险，不仅是因为它的资金规模非常庞大，而且因为资金规模在不
断扩大。在这一方面，南森委员会对小型和大型基金的差异之大感到印
象深刻。当那些小型慈善组织很难筹到钱、经常吃闭门羹的时候，那些
大型基金会的资产却在快速增长。1891～1951 年，城市教区基金会的收
入从 8 万英镑增长到了 23 万英镑。到 20 世纪中叶，朝圣信托基金会的
资金已经比 1931 年成立时多了一半，而卡内基英国信托基金的资产也已
经达到 40 年前的近 2 倍。[2] 在 1959 年，朗特里村信托基金，正如我们所
见，发现自己的收入比它的原始资本还多出 50%。这些钱的规模如此之
大，乃至于足以鼓励该基金挪向住房领域以外的其他业务领域。[3]

　　总的来说，英国的基金会，哪怕不能算是完全不可或缺的，也在福
利社会的框架内获得了一席之地。政府责任范围的延伸非但未能严重侵
害它们的社会功用，反而强化了它们的功用。当然，它们依旧还保有艾
德温·恩布里（Edwin Embree）10 年前在一篇批评美国基金会政策的文
章中所总结出来的那种独一无二的优势。基于此，它们告诉世人，对于
它们的地位所附带的责任，并未尸位素餐。恩布里指出，这些机构"在
开展先锋探索方面掌握着独一无二的机会。它们拥有自有的资金和自由
的运作权。只要不被限制在狭窄的宗旨范围内，它们灵活的资源就可以

---

① Dwight Macdonald, *The Ford Foundation*, p. 72；Nuffield Foundation, *10th Rept.*, 1954 -
1955, p. 10. Nathaan Committee, Q. 2210. 在计算福特基金会的数据时，没有算上它的 3
笔总额为 3500 万美元的拨款，这 3 笔拨款投入了 3 个附属机构。然而，我们并不应太
看重这些数据。行政费用的多寡在一定程度上看的是基金会开展项目的种类、拨款规
模的大小，以及其他各类因素。

② *Nathan Report*, Par. 555；Nathan Committee, Q. 2723.

③ 该信托基金 1904 年的总资产约为 62150 英镑，而到 1959 年的收入约为 10 万英镑（*1st
Rept.*, 1960）。

被用在任何满足特殊需求或把握特殊机遇的事业的第一线。它们无须通过做大众所欢迎的事情来讨好标准化的选区……如果它们的实验并未达到预期水平，也不会造成什么社会灾难。如果它们取得了成功，那这项工作就会被政府或公共资助接管，而留下基金会自由转向其他领域中的先锋项目"。①

三

尽管英国的基金会数量相对较少，而且在与美国同行相比时，它们在资金资源方面也相对薄弱，但它们还是试图覆盖很大一块场域。部分是依靠直觉，部分依靠非正式的安排，每家基金会都有一块自己独特的业务领域。这样一来，各家基金会之间并没有太多领域重合或重复的情况。当然，它们的边界有些划得太清楚了。所以，纳菲尔德总部感到自己非常不容易，因为该基金会事实上依旧是支持社会科学研究的唯一力量来源。在这里，如果能有一些竞争的话，效果或许会更好。② 然而，总的来说，各类基金会，通过首席行政长官偶尔的会议（这些会议有时会就边界划分申请进行讨论，统一界定各自的边界），它们的工作还是配合得挺令人满意的。③

在过去 10 年里，卡内基英国信托基金专注于社会福利的各个分支领域。而纳菲尔德基金会则致力于促进社会科学和医学研究，并且与英联邦地区保持了特殊联系。它的附属机构，即英国老年人照料团体继续支持对老人问题的研究。而乔治国王周年纪念信托则专注于青年工作。朝圣信托着力于保护国家文化遗产，特别是建筑遗产。而城市教区基金会的各类项目则集中在伦敦市。关于最近成立的那些信托基金，规模较大的艾萨克·沃尔福森基金会的资助主要流向了学院、大学和教育机构，而古尔班基金会（严格意义上不能算是一家英国基金会，但该基金会的很多钱都投到了英国人身上）则将支持艺术作为其特别领域。

卡内基信托是第一个涉足这个方向的机构，这是它的创始人的愿望

---

① Edwin R. Embree, "Timid Billions: Are the Foundations Doing Their Job?", *Harper's Magazine*, 198: 29 (March 1949).

② 就像 W. A. 桑德森（W. A. Sanderson）所建议的那样。

③ Nathan Committee, Q. 2718 (Carnegie U. K. Trust).

的一种表达，它的创始人想要惠益他的故土，且覆盖的领域比他之前成立的三家英国信托都要大。然而，这是一家苏格兰慈善组织，而不是一家英格兰慈善组织，而且它不受英格兰法院或慈善委员会的管辖。^① 事实上，有些压力足以劝阻卡内基将他的这家新基金会的管理权交到邓弗姆林信托的受托人手里，因为这个受托人团队是一个完全的苏格兰本地团队，很难处理我们现在所论及的更为广泛的业务领域。于是，便形成了一个折中方案，这个方案给这家英国信托基金安上了一个相当笨重的行政管理架构，即聘请 30～40 名受托人，并组建一个由 16 人组成的执行委员会。^② 为了给他的英国基金会提供资金，卡内基提出了一个全新的计划，即撤回归属于纽约卡内基基金会（他于两年成立了该基金会）的 1000 万美元债券，拿来注入该英国基金会。但是，伊莱修·鲁特（Elihu Root）提醒他，信托一旦成立就是不可撤回的，所以那些债券在法律意义上应归纽约基金会的受托人管理。于是，这位不屈不挠的慈善家又转头从自己的存款里拿出了一笔钱。^③

　　该信托基金的条款无疑是十分宽松的："依循苏格兰或英国法律规定的'慈善'范畴，同时，受托人也可以不断遴选出最符合各时代的宗旨，因为随着社会不断进步，人们会不断提出新的需求，以最终提升大不列颠和爱尔兰人民的幸福水平。"除上述宗旨涉及的领域以外，在早期，那些受托人也会依循捐赠人的特别兴趣来设计项目。^④ 这意味着，一方面，该信托给整个图书馆运动以积极支持——资助乡村图书馆服务、城市图书馆和某些特别收藏馆，帮助改善图书管理员的专业水平和职业地位；另一方面，它还鼓励开展各种各样的音乐项目。在这里，受托人并没有依照创始人的想法，将教会机构作为一个培养对音乐之爱的载体，他们发现了其他的方式——而且他们认为这个方式更为有效——来完成这一目标。他们资助有关当代和都铎－斯图亚特王朝时期音乐的出版物，同时他们在乡村地区组织了专业或业余的音乐演出会。到 1949 年末，该

① 　Nathan Committee，Q. 2565.

② 　*Ibid.*，Q. 2571.

③ 　B. J. Hendrick，*Life of Carnegie*，II，351－352.

④ 　关于该信托在 20 世纪 40 年代的简要介绍，参见 Mess，*Voluntary Social Services*，chap. XI。

信托在图书馆项目上花了约 164 万英镑，占它近 400 万英镑全部资助款的 40% 强。由此，它还可以很自豪地说，用国王乔治五世的话来说，等于是创立"一所全国性大学，所有人都可以入读其中，而且从来不需要毕业离校"。[1]

该信托基金坚持把自己的资助策略定为每五年一期，而且它的关注点在每个时期都有重大调整。总的来说，我们有充足的理由认为卡内基信托是一家富有成效的先驱机构，因为有一个接一个的案例证明，该基金会的实验对政府的政策产生了影响。当然，图书馆变成了一项公共事业；对英国活动场地协会的约 25 万英镑的投资引出了 1937 年《体育与娱乐法》；该信托在 20 世纪 30 年代末期特别感兴趣的农村定居项目后来也转给了农业部；教育部接管了在城镇建设聚会厅、在农村建设社区中心的计划，该计划也是由该信托基金最先提供资助的。[2]

最近，该信托正在将其将近 135000 英镑收入中的相当大一部分投入与社会福利有直接和实际联系的项目。它并不资助这一方向上的纯社会科学研究。这是因为卡内基信托将开展专家调查视为一个有计划的连续行动的第一步，这些连续行动包括：调查、预实验，以及公共机关或其他机构大规模适用最终结果。比如，该信托曾联合英国社会服务理事会，共同发起对新市镇或其他类型的新兴社区社会发展问题的研究。该研究的成果是 J. H. 尼科尔森（J. H. Nicholson）博士的研究报告，名为《不列颠型社区：成就和政策》（1961 年）。但紧接着就是第二个阶段，即在 1961～1965 年，该信托拿出大量资金支持开展预实验，预期其中有些实验内容具有普遍的适用性。[3] 回看该信托近半个世纪的慈善历程，我们可以这样总结它所取得的成果：在这半个世纪里（1916～1960 年），它的总支出超过 600 万英镑，其中有约 36% 的资金流向了教育服务，且主要为图书馆；有 18% 的资金流向了社区服务；有 11% 的资金投入了艺术、音乐和戏剧；有 11% 的资金进入了身体和精神福利领域；有 8.3% 的资金被用于青年服务；剩余的则都是非资助性支出。[4]

---

[1] *36th Rept.*, 1949, p. 14. 这份文件中有一个关于该信托图书馆项目的有趣的总结。

[2] Nathan Committee, Q. 2633 – 2638.

[3] *47th Rept.*, 1960, pp. 26 – 27.

[4] *Ibid.*, App. XI.

根据英国综合性基金会的历史线索，接下来我们要讲的是朝圣基金。① 这家基金早期的关注点在很大程度上受到其成立时英国社会状况的限定。正如该基金受托人对创始人的遗愿所解读的那样，如果说他们的责任是"解决对我们国家有重要意义的事情"，那他们就很难忽视数以千计的失业人口所遭遇的不幸，而且这种不幸状况在南威尔士、兰开夏和泰恩赛德地区等地更为严重且普遍。② 很明显，最重要的工作是组建一支"救火队"，所以受托人重点投资了在萧条区域开展工作的代理机构。他们建设了周末中心、手工业工场和俱乐部，他们为大量组织者和熟练劳工支付工资。在这一过程中，他们资助了数量众多的，甚至是过多的组织。比如，在 1936 年，该信托的收入约为 125000 英镑，它拿出约 66000 英镑，资助了 84 家机构（包括一些联盟机构，这些机构会将这些拨款再次分派出去）。③

当然，受托人对另一类拯救工作并非毫不关心，也就是对国家建筑遗产、历史档案，或者用更为宽泛的术语来说，就是英国历史文物的保护工作。在头 20 年里，他们的拨款可以按照如下方式进行划分。④

单位：万英镑

文化保护（建筑、档案、乡村遗迹）	77.9
艺术和学术	40.8
社会福利	66.0
总计	184.7

自第二次世界大战以来，该信托开始将资助重点转向"文化保护"一项。比如，在 1948 年，投向这一方向的拨款为近 39000 英镑，而流向另外两个方向的拨款则不到 22000 英镑。⑤ 没有一位英国大教堂或教区教堂的游客会不注意到该信托基金的成就。在 1930 ~ 1949 年，该信托基金拿出超过 112000 英镑，用于修复和保护 19 座大教堂，并拿出总额 86000

① 这里，我跳过了城市教区基金会，因为我们在之前介绍过它了。
② Nathan Committee, Q. 2185.
③ Mess, *Voluntary Social Services*, p. 181.
④ 南森委员会：《朝圣者信托备忘录》（*Memorandum by the Pilgrim Trust*）。
⑤ *18th Rept.*, 1948, p. 2.

英镑用于帮助159座教区教堂。①

为了说明朝圣基金的政策，我们可以看一下战后初期的一个年份。在1948年，该基金的受托人决定不再向教区教堂提供拨款，因为他们认为，收到这么多资金申请，这种情况已经超过一家私有基金会的能力范围了。在推掉教区教堂申请的情况下，它转而资助了三家大教堂，其中切斯特教堂和布里斯托尔教堂需要重新修葺，约克教堂需要重新安装那些古老的玻璃。此外，威斯敏斯特小学也得到一笔拨款，用于修整那著名的宿舍；约克的商人冒险者聚会厅得到一笔钱，用于修整建筑和保护历史文档。依靠朝圣基金的一笔拨款，国家信托基金得以买下科茨沃尔德地区拜伯里村的阿灵顿排屋和萨福克地区拉文纳姆镇的行会大厅建筑群。受托人买下了两份古老的文档：嘉德骑士团目前已知最早的会议纪要，献给了国王，以及舍伯恩特许状登记簿，交给了大英博物馆。该信托基金还帮助伦敦的林奈学会和苏格兰的考古学会渡过了特殊危机，向新成立的塞维恩野禽信托组织提供了一笔启动资金，用以帮助它支付初始资本支出。在"艺术和学术"方面，该信托继续资助《记录英国》和拉齐诺维奇（Radzinowicz）的《英国刑法史》。该信托在社会福利领域中的小额拨款流向由剑桥大厦和玛丽公寓负责管理的免费法律咨询中心。这一直被作为该信托的常规资助项目，直到《法律建议和援助法案》（1948年）使进一步的私人资助变得没有必要为止。②

该信托在"文化保护"方面的特殊兴趣并没有顺其自然使其博得"先锋"的地位。由于明显的原因，朝圣信托的拨款很少引发法定机关的行动，而是更多地引发更为直接关注社会和政治问题的基金会的行动。虽然在20世纪30年代情况尚且不是如此，但到战后社会福利立法的范围开始扩张时，受托人便有意识地调整关注重点，即调整为"不会吸引公共资金流入的事务"。然而，朝圣信托的资助的价值依旧是毋庸置疑的。正是这家基金会，采取快速果决的行动，避免了艾萨克·牛顿爵士的图书馆藏流失，同时是它开展了对少年犯罪的先锋研究。这家信托基金会的主席讲了一件事：

---

① Memorandum to the Nathan Committee.

② *18th Rept.*, 1948, *passim*.

有一天，我突然收到三一学院特里威廉博士的一封信。他在信里说："你是否听说在英格兰的一些家庭里发现了艾萨克·牛顿爵士图书馆的馆藏资料？现在这些人正准备把这些资料出售。如果艾萨克·牛顿爵士的藏书流出英国，而且没有得到完好保存的话，那真是一个灾难呢。所以你能做点什么吗？"我们的内部管理是很简单、很富有弹性的，所以我可以立刻采取行动……我当即告诉我的秘书说："动手，要防止这些资料被卖掉。我们要抢购过来。"在短短数日内，我们做出了安排，花了5000英镑买下了艾萨克·牛顿爵士图书馆的那些馆藏资料，其中还包括他私藏版的《原理》一书，里面还有他在页边上手写改动的内容，以及他私藏版的著名的《光学》一书——简单地说，所有资料都反映出他在自己的图书馆中每日所处的生活状态……我们现在可以在三一学院图书馆的一个隔间里看到这批资料……能够做成这件事，真的很让人高兴。[①]

总的来说，朝圣信托的工作对其他基金会的工作形成了有效补充。明显，福利国家要想集中资源办大事，就要有其他机构来负责保存历史资料，也要有机构来将开展先锋工作作为自己的主要职能。

乔治国王周年纪念信托在两个方面不符合典型的综合性基金会的特征。一方面，它的宗旨是提高"年轻一代的福利水平"，而且该信托的协议条款也限制它进入更广泛的领域。另一方面，该信托的原始资本是靠多位捐赠人的多笔捐款凑起来的，而不是由一位慈善家捐出的，而且它在此后继续接收大额或小额捐赠。乔治国王周年纪念信托基金从来都毫不犹豫地花钱，乃至经常超过它的收入，尽管它也想办法试图维持其原始资金水平。该信托创始于1935年，当时威尔士王子提议对乔治国王登基25周年举行全国性的谢恩大典，并将活动所得产出全部投入促进青年人福利的事业。这场筹款活动最初筹集到了约100万英镑，随后还有资金不断涌进来。比如，1939~1949年，该信托基金收到的大额或小额捐赠约为67000英镑、遗赠为188000英镑、出版物销售款为59000英

---

① Lord Macmillan, Nathan Committee, Q. 2185.

镑。^① 因为估计自己能够多多少少得到额外的常规资助，所以该信托才敢在遇到特殊压力的时期大胆地花超自己的收入。在每一个个案中，该信托的这一策略都取得了成功，因为一连串意外之财使该信托手里的资产始终保持在 100 万英镑以上的水平。

尽管乔治国王周年纪念信托的工作主要是拨款给现存的青年组织，但在少数个案中，它也发起新的项目。位于伦敦的乔治国王之家是一座为 14～18 周岁的青年服务的公寓，耗资约 75000 英镑。1938 年，约有 180 名住户入住其中。该信托还领头在林肯郡的斯肯索普建设示范青年中心。^② 该信托作为为青年人服务的各种力量的中央总部，发起了一系列研究，试图开展田野调查，对问题做出界定。^③ 但是，到目前为止，该信托的开支绝大部分依旧是提供给全国性青年机构的直接拨款，且不带附加条件。1935～1949 年，在所有收到资助的 57 家组织和机构中，有 8 家机构所得的款项占了总额（70 万英镑）^④ 的超过 2/3，而其中又有两家机构，即英国男童俱乐部联合会和英国女童俱乐部联合会，各自收到的款项超过 26 万英镑。所有这些都说明，乔治国王周年纪念信托相比于某些其他基金会要更为被动一些。总的来说，它选择支持赞助已成立的组织，并且毫不犹豫地近乎固定地支持它们。

接下来我们来聊一类新的基金会，首先是惠康信托基金。它不仅在资金规模方面比我们上面提到的捐赠基金要大得多，而且这些资金全部是直接来自伯勒斯·惠康联合公司旗下的大型药房的利润。在这一方面，该信托很像丹麦的嘉士伯基金会（隶属于嘉士伯啤酒公司）。该信托的创始人是亨利·所罗门·惠康（Henry Solomon Wellcome）。1853 年，他出生于威斯康星州。此后，他在明尼苏达州蓝土县的加登城长大成人。在那里，他遇到了罗切斯特兄弟，于是便进行了一系列正统的医药知识学习。有一次，他出门前往麦克森 & 罗宾斯公司。在那里，他结交了伯勒斯。他在之前曾经见过伯勒斯。对英国市场的共同兴趣推动他们在 1880 年成立了伯勒斯·惠康联合公司。他们之间的合作持续了 15 年，一

---

① *5th Rept.*，1949，p. 41.
② Constance Braithwaite in Mess，*Voluntary Social Services*，p. 185.
③ *5th Rept.*，1949，pp. 31－32.
④ 包括拨给青年公寓协会用于乔治国王大楼运营的 76150 英镑。

直到伯勒斯去世。此后，惠康成为该公司的唯一业主。

　　惠康信托成立的先兆是惠康本人基于对开展独立的医药研究事业的重要性的深切信念而采取的行动。他成立了一系列机构，包括惠康生理研究实验室（1894 年）、惠康化学研究实验室（1896 年），以及之后的惠康热带医学实验室、医学史博物馆和图书馆、医药科学博物馆等。这些机构都与他的公司没有正常的业务联系。它们都是惠康个人的事业，但其中有些机构明显对他的公司惠益良多。因此，我们有必要廓清两者之间的关系。其解决方案就是在 1924 年注册了一个信托，但取名为惠康基金会有限责任公司（这是一个很容易让人误会的名字）。它的名义注册资本为 100 万英镑。惠康本人全资控股。在这个新的信托下有知识产权公司、全部的分公司和子公司，以及由惠康赞助的所有的实验室、博物馆和图书馆。对于一个像惠康这样的外行来说，要搞清楚基金会和信托的区别，无疑是有点太强人所难了。对于惠康本人来说，他在 1936 年去世时已经获得了大量荣誉，包括一个骑士爵位、爱丁堡大学的法学博士学位，以及皇家外科医生学院的校董身份和皇家学会的理事身份。[①]

　　我们有理由相信，惠康相信他在遗嘱中任命的那些受托人能够同时管好公司和他计划好的慈善项目。但很明显，这是不可能的，该信托在运营初期便遇到了各种困扰，麻烦不断，包括如何建立运管商业公司机制的问题、房地产遗产税缴纳难题、世界大战所造成的破坏问题等。有一个让人困扰的难题是由惠康的遗赠引发的。惠康向明尼苏达州加登城遗赠了 40 万美元，用于建设纪念场馆，包括一个公共图书馆、一个聚会厅和一块广场。但是，与他的想法相左的是，加登城的经济发展状况并不尽如人意，那里还是一个只有约 200 户居民的农业小镇，唯一的大型建筑是一所联合学校。[②] 受托人不得不改变方向，以让这笔钱发挥更大的效用，如建一个礼堂，这可以作为学校建筑的一部分。

　　他们早期的难题是如此复杂，乃至受托人的行动开展得很慢。在该信托最初的 20 年里，它的拨款总额仅为 117 万英镑，且只有不到 5 万英镑被用于开展医学研究。尽管开展医学研究是该基金的主要目的，但受

---

① Wellcome Trust, *1st Rept.*, 1937–1956, pp. 9–17.

② 联合学校（consolidated school），在美国多指农村小学。——译者注

托人并不这么狭隘地理解这个问题，而是继续将大量的资金投入惠康的另一个主要兴趣点，即医学史。最近，该信托一直在积聚能量，并在1956～1958年拨款超过100万英镑，1958～1960年拨款约120万英镑。[①]其中绝大部分资金，还是流入了广义理解的医学研究方向。该信托资助特殊项目，给个人拨款，设立研究席位，建设大楼。受托人指出，他们的政策是"灵活多变的"[②]，那就是寻找现有研究机构中的空白点，以及寻找其他慈善机构未曾满足的社会需求。

还有其他两个信托成立于20世纪50年代中期，它们都符合综合性基金会的标准，可以被收录到我们的名单中。第一个是卡洛斯特·古本江信托，这是一个有点特殊的个例。该信托是根据一位亚美尼亚裔、英国籍公民的遗嘱设立的。但他晚年的绝大多数时间都生活在里斯本，因此该基金在法律意义上是葡萄牙的基金，而且其总部也设在里斯本。不过，英国和英联邦地区是它特别关注的地区[③]，而其伦敦的办事处也被授权主要负责管理英联邦地区的资助事项。相比于其他多数此类信托，我们很难确定该基金的具体资金金额，因为其主要收入来源是伊拉克石油公司产出的5%的份额（一开始每年超过500万英镑）。在最开始，受托人认为它们的财政状况有些不安全——事实上，它们的收入在1956～1957年度出现了下跌，因为叙利亚切断了石油输送管道——于是，他们决定从年度收入里划出"一大块"来，作为储蓄之用。[④]

古本江信托的信托契约规定得非常宽泛，乃至可以将几乎任何慈善宗旨都囊括进来：学术、艺术、科学、福利等。但是，在向英国和英联邦拨款时，该信托主要倾向于学术和艺术领域，特别是后者。它的首期拨款，其中有一笔是用于在安大略湖地区的斯特拉特福德镇建设一座莎士比亚节日剧院，这笔拨款为25000英镑。[⑤] 早在1958年，古本江信托的受托人就发起了一项针对英国艺术需求的调查，在同一年他们拨款总计约20万英镑，其中有近一半流向艺术领域。总之，在古本江信托开展

---

① *2d Rept.*, 1956 – 1958, p. 11; *3d Rept.*, 1958 – 1960, p. 8.

② *1st Rept.*, 1937 – 1956, p. 68.

③ 其他地区包括葡萄牙、中东和亚美尼亚地区。（*The Times*, 14 Sept. 1956.）

④ *The Times*, 14 Sept. 1956.

⑤ *Ibid.*, 27 April 1957.

活动的头 4 年里，英国和海外的英联邦地区获得该信托的拨款总计超过85 万英镑。①

　　艾萨克·沃尔福森基金会成立于 1955 年，创始人是大世界百货公司的总裁。该基金会的创始资金超过 600 万英镑，主要是该百货公司的股权。由于大世界百货公司控制了数量庞大的零售实体——其中有巴宝莉公司、达林联合公司（位于爱丁堡王子街）、韦林与吉洛联合公司、彭伯西有限公司（位于牛津街）、杰有限公司等，此外还有巨大的邮购公司、旅行社、商业银行——所以，它每年的利润都超过 2000 万英镑，而该信托的前景也因此显得非常有保障。② 事实上，沃尔福森位于取得了令人难以置信的成功的企业家前列。在战后，他将财富的一部分投入慈善事业，并因此获得了巨大声望。该信托理事会的第一任主席也就是后来的南森（Nathan）爵士，而在理事会的受托人里，则有一些知名人物，包括约翰·科克罗夫特（John Cockroft）勋爵，他是剑桥大学丘吉尔学院的第一任院长；伯基特（Birkett）爵士；亚瑟·古德哈特（Arthur Goodhar）教授，他在牛津大学学院院长的位置上荣誉退休；此外还有一位知名的法学学者。

　　该基金会的宗旨相对广泛，而它所宣布的政策也呼吁人们关注推进英国和英联邦地区的健康、教育和青年活动事业。在其到目前为止拨出的超过 100 笔款项中（截止到 1962 年 10 月），所涉及的领域包罗万象，而且各项拨款的金额也是从 600 英镑到 45 万英镑不等。然而，更多的金额则流向了特定目的机构建设方向。比如，有 2.5 万英镑流向了威斯敏斯特医院，用于建设一所护士学校；20 万英镑给了皇家学会，用于设立一个研究专家席位；45 万英镑用于为皇家内科医生学院的新总部大楼；35 万英镑用于帝国科学和技术学院建设一个生化实验室。在头 7 年里，该基金会拨出了将近 500 万英镑，其中有超过 400 万英镑流向了健康和教育方向。③ 它最好的一笔公益金，是一笔 10 万英镑的资助，用于支付戈雅的"惠灵顿公爵"肖像画的 14 万英镑的购买款（不足的款项由政府支付）。这幅画不幸在近年的一次轰动的艺术失窃案中被从英国美术馆

---

① *The Times*，4 Nov. 1959 and 20 July 1960.

② *Ibid.*，17 Oct. 1956 and 3 July 1958.

③ 该基金会的油印资助目录，1955 年 7 月 1 日至 1962 年 10 月 31 日。

里偷走了。总之，我们有理由相信沃尔福森基金会填补了英国慈善的一项空白。相比于纳菲尔德基金会，它少了一些探索性实验，而相比于乔治国王周年纪念信托基金，它又多了很多审慎拣选。之所以会这样，是因为该基金会理事会强烈地信奉一个理念，即要给大学、医院和研究机构配备上它们急需的设备，由此，从长期来看，这也就变成了一项先锋服务。

四

纳菲尔德基金会在英国信托领域占有一个独特的位置。这不仅是因为它的资金规模最大，而且还因为这些财富都来自同一位慈善家的捐赠，这位慈善家是当代英国一位出色的产业领袖。与威廉·莫里斯的商业生涯一样，纳菲尔德爵士的一生中也充满着那些伟大的美国实业家所能取得的巨大成就。而他成立了这家基金会，以及该基金会的广泛的宗旨范围，看起来也与那些大型美国基金会，而不是与朝圣信托或乔治国王周年纪念信托相近。而且，正如某些美国超级富豪那样，纳菲尔德爵士不仅很乐意将财富投入有用的公共目的，还将这一做法视为自由的商业实体社会价值的一种证明。对于纳菲尔德而言，他的慈善事业帮助他表达了自己的信念，即那些依靠私人经济活动所建立起来的经济资源，"通过自由的投入社会服务，成为促进英联邦发展的一个重要因素。"[1]

纳菲尔德在 1943 年 6 月创立了该基金会。而此前他已经向公共事业捐出约 1500 万英镑了。[2] 在他的捐赠中，捐给牛津大学和其他大学的款项超过了 400 万英镑。其中，用于建设纳菲尔德学院的款项超过了 100 万英镑。作为感谢，牛津大学授予他文学硕士学位、数个荣誉博士学位和四个学院的荣誉董事席位。[3] 他在早期所设立的信托，其资金总额约为 760 万英镑。其中，最早的一家信托（1936 年）的业务是向特定地区（萧条地区）新设或既有的产业实体提供资助。这的确是一个义举，其

---

① 转引自纳菲尔德基金会递交给南森委员会的备忘录。
② 关于捐赠对象和金额，参见 P. W. S. Andrews and Elizabeth Brunner, *The Life of Lord Nuffield* (Oxford, 1955), pp. 259 – 263。
③ *Ibid.*, pp. xi – xii. 事实上，他获得牛津大学教会法规博士的时间比纳菲尔德向该大学做出第一笔大额捐赠的时间要早。

所得的回报包括到 1954 年底，该信托拿出总额超过 160 万英镑的资金，拨付给爱德华国王医院基金。① 此外，还有为皇家军队设立的信托（165 万英镑），为莫里斯机车公司的雇员设立的信托（212.5 万英镑）和地方医院信托（120 万英镑）。他在医疗和相关领域投入了约 237.5 万英镑，而为战时的各种社会需求和其他宗旨所投入的资金也超过 100 万英镑。至少，纳菲尔德爵士在准备成立那家令他名扬天下的信托之前，就已经积累了作为慈善家的早期经验。

纳菲尔德看起来是想把这家基金会作为他最后的主要善举了。他设立的其他信托都是限定性的、具体的，这些机构在某种程度上都属于这位慈善家对某个具体危机的反应，或是他当时兴趣的产物。而新成立的这家基金会则是综合性的。在这里，特别是由于没有人能够预见英国战后的格局会是怎样的，所以不给该信托设定太精准的前提条件是一种十分审慎的做法。事实上，该信托的协议所规定的内容包括：健康促进、社会福利提升（特别是通过研究和教育）、老年人看护，以及"（a）纳菲尔德爵士生前写下的，或（b）在他去世后，所有一般受托人和管理受托人写下的各项其他慈善宗旨"。这一宽泛的宗旨确保受托人有充足的空间来施展拳脚，做出审慎拣选。

和多数个人慈善家设立的基金会不同的是，纳菲尔德信托并不对其他人的捐款表示不屑一顾。其信托协议规定，应设立一个辅助性基金来接收其他想要促进该基金会宗旨的人的捐款和遗赠。对于这一捐赠机会，最引人注目的一个回应是奥利弗·伯德（Oliver Bird）船长的捐赠。他捐出了 45 万英镑，用于开展预防和治疗风湿病研究。拿着伯德的捐赠，该基金会资助了考地松和促肾上腺皮质激素等药物的一些早期临床试验，以及关于风湿病成因的基础性研究。②

纳菲尔德基金会有幸一直保持领导地位，并因此得以延续它的运营策略。它有六位管理受托人。这六位管理受托人很少出现人员变动，除

---

① P. W. S. Andrews and Elizabeth Brunner, *The Life of Lord Nuffield*（Oxford，1955），pp. 277ff. 该信托提供了约 120 万英镑贷款，开展了 100 万英镑的股权投资，并提供了 86000 英镑的资助款。该信托的支出超过其 200 万英镑原始资金的部分，来自它的收益，包括贷款利息、股息等。

② *9th Rept.*，1953–1954，pp. 47–48.

非有人去世。① 其中，前后两任主席是银行家，一位是威廉姆·古迪纳夫（William Goodenough）勋爵（巴克利银行），另一位是杰弗里·吉布斯（Geoffrey Gibbs）勋爵，他们也是纳菲尔德地方医院信托的主席。此外，这份名单里还包括很多知名学者，如亨利·蒂泽德（Henry Tizard）勋爵（当时担任牛津莫德林学院院长）、约翰·斯托普福德（John Stopford）勋爵（一位知名神经病学家、曼彻斯特大学副校长），以及赫克托·亨廷顿（Hector Hetherington）勋爵（格拉斯哥大学校长）。同时，从一开始，该基金会的理事长就由莱斯利·法雷-布朗（Leslie Farrer-Brown）担任，他也担任了纳菲尔德地方医院信托的秘书长。纳菲尔德基金会避免了内部人员的周期性巨变，而这种巨变在福特基金会成立后前10年则很明显，并因此也导致了它运营政策上出现一连串骤变。

受托人一直都谨遵"要冒一定的风险"这一信条，并认为他们的主要任务是"寻找独一无二的项目，成为独一无二的机构"。② 但是，正如前述，试图成为"独一无二的"，并没有阻碍基金会发起可能会被公共机关视为法定责任的实验性项目，以推动公共机关前进。一般而言，根据基金会的常规做法，要开展先锋性项目，便会采用在限定时间里向既有组织或机构拨款的做法。但是，尽管纳菲尔德基金会主要是一家资助型基金会，而不是一家运作型基金会，但它偶然也会决定由自己来独立做点项目。比如，该基金会代表英国广播公司就电视对儿童的影响这个问题开展了一项调查。这看似最佳的配置，因为英国广播公司是利益相关方，如果由这家商业电视公司亲自开展调查，那所得出的结论便是值得怀疑的。③

在成立后的头16年里（1943～1958年），该基金会共拨付了近850万英镑，其中有约650万英镑被用于英格兰地区，而其余费用则被用在了整个英联邦。④ 尽管在政策上该基金会保持了必要的延续性，但每个五年期结束后，它都会做出一些调整和改进。在第二个五年期里，基金会的资助政策更倾向于社会科学，而在此前它主要强调医学和自然科学。

---

① 其信托协议规定，管理受托人的数量不得少于5人，不得多于7人。
② 纳菲尔德基金会提交给南森委员会的备忘录。
③ *9th Rept.*，1953－1954，pp. 66－68.
④ *13th Rept.*，1957－1958，p. ix.

这不仅表现在它给社会科学的拨款增长了 250%，还表现在它满怀希望支持"促进社会科学更为紧密整合，而此前我们所倾向的是单个种类"。[①] 因此，受托人决定探索一条相对不合常规的道路，即组织不同学科的专家针对当时的社会问题开展联合研究。对这种资助方式，熟悉学术研究的人或许会将之视为风险投资悍然以鲁莽的方式雇用学者给它打工。

关于该基金会的兴趣所在，我们可以从 1943～1955 年的资助拨付中看出来。根据资助规模的多少排列，纳菲尔德基金会的拨款主要流向如表所示。[②]

方向	金额（万英镑）
老年看护（主要通过英国老年人照料团体）	97.0
医学研究（包括用于风湿病研究的 29.5 万英镑）	87.5
社会科学	68.4
自然科学	61.4
生物研究	58.6
为英国居民提供奖学金和学术奖金	29.2
其他	27.7

纳菲尔德基金会绝不只是想成为一家英国的小机构。尽管它并未得到授权，但和洛克菲勒基金会一样，它还是以"促进全世界人类的幸福"为自身宗旨，而将海外的英联邦地区都明确纳入自己的业务领域。而随着时间的不断推进，海外项目开始不断蚕食英国本土项目的份额。[③] 这一转换是经过仔细权衡的产物。受托人调查了本土和海外的业务领域，然后得出结论，如果将他们的风险资本投资到海外，那么边际收益明显会更大。毫无疑问，他们的决定部分是对本土政府活动的领域不断扩大的一种应激反应。正如《第九号报告》所说："随着英国对科学和医学研究供给的日益充足，基金会认为是时候对英联邦海外地区的机构和人

---

① 提交给南森委员会的备忘录。

② *10th Rept.*，1954 - 1955，p. 10.

③ *Ibid.*，pp. 9 - 11；*Report on Grants*，1943 - 1953，p. 10.

们提供帮助了，因为那里更为迫切需要、寻找和重视私人风险资本。"①

　　我们无须一一回溯纳菲尔德基金会赞助过的大量海外项目。总的来说，这些拨款都流向了既有的组织——主要被用于资助自然科学或社会科学方向的特定研究。但是，并不是所有拨款都遵循这一模式。在1951～1955年，该基金会拨出25万英镑，资助了（之后是英联邦成员）殖民地一些大学的学院。它拨款给南非的黄色档案信托基金，拨款改善亚丁保护领的医疗服务，以及资助成立国际非洲音乐图书馆。这些都是次要的，更为主要的是蔚为壮观的奖学金和学术奖金资助名单，资助的全是前往英联邦或来自英联邦的人员。在1954～1955年度，有将近65000英镑被用于这一目的，其中绝大部分被用于提供20份多米尼加旅学名额。

　　纳菲尔德基金会对海外需求日渐增长的强调预示着其他基金会未来行动的方向——如果那些信托的协议可以做出相应调整的话。我们在前文中曾提及约瑟夫·朗特里纪念信托成立于1959年，其前身是一家古老的村信托，现在已经开发出很多中非的项目。② 而我们也能大胆预测，英国的基金会将在欠发达地区福利事业的各个领域占据越来越大的份额。事实上，当在英国本土，社会的迫切需求已经得到政府行动的满足，而且规模远胜于基金会时，那些基金会就不得不转向世界其他地方了，因为这些地方对社会先锋探索的需求比英国本土更强烈。可想而知的是，对这些社会进步风险资本而言，最有前景的地区现在应该是海外，特别是投到那些对欠发达地区有重要意义的项目上。就像本土实现社会福利的过程一样，在海外要达成这一任务，也超过了私人机构的能力范围，但正如在本土一样，这些私人机构也将会对那里做出独特的同时基本上是不可或缺的贡献。

---

① *9th Rept.*, 1953 - 1954, pp. 10 - 11.
② *2d Rept.*, 1961 - 1963, pp. 38 - 47，以及由 L. E. 沃德里夫先生提供的信息。

第二十一章 《南森报告》与《慈善法》

一

当《慈善法》① 在 1960 年夏天获得英王批准时，慈善领域获得了一部新的宪章。尽管在此前一个世纪里，人们制定了汗牛充栋的法令来规范慈善信托，但这些基本上属于特别法。一直到 1860 年法令出台时，才有人提出面向捐赠基金慈善组织的整体立法框架。提出相关改革要求的人是霍布豪斯、黑尔、肯尼和特里威廉，但他们只取得了有限的成功，然后他们的声音就湮没了。只有少数人偶然会提出不满。对于慈善委员们来说，他们发现掌握太多主动权是危险的，所以他们日渐将自己局限在日常的案头工作上。

公共社会服务在 20 世纪 20 年代和 30 年代的扩张引出了问题，但没有对私人慈善的地位产生太大影响。但是，20 世纪 40 年代法律的出台所产生的影响则又是一个完全不同的重量级的。很明显，慈善实体需要对其地位做出反思，并找到新的方向。除了法定机关－志愿机构关系这些更为广泛的事项之外，公共服务的扩张还制造了一系列棘手的、实际的问题。比如，那些捐赠基金现在该怎么办？因为政府已经出钱承担了相关费用，那些基金因此也变得无用了。在这一方面，可能最明显的案例是皇家外科医疗用品协会，它在基金里投入的资金达到了约 25 万英镑。1948 年，该协会提供了价值 13000 英镑的外科设备，而在 1949 年它只提供了 635 英镑。幸运的是，法庭批准了协会宗旨变更，超越常规的

---

① 8 & 9 Eliz. II, c. 58.

最近似目的原则的范围，允许它为老年人建设公寓。[1] 尽管该协会的窘境得到了快速和满意的化解，但并不是所有过时的慈善组织都可以依赖帕里法官先生的理解与裁决的。

这个问题并不总是以清晰的轮廓呈现出来。更为广泛地看，这个问题是由半个世纪以来社会和经济转型共同造成的。随着政府行动大量进入原本由志愿行动所占有的领域，两者之间的关系出现了巨变。但是，正如南森勋爵所说的那样，法律规定可行却禁止社会上的志愿力量根据参与人的意愿来开展有效捐赠，特别是当它采用的是慈善信托形式的时候。[2] 简言之，人们提出了现实的主张，要求重新审查慈善捐赠基金的法律基础，并要求修订法律规定，即会导致信托僵化或其他限制它们在福利事业中开展合作的规定。而且，我们可以合理地想到，在引发成立南森委员会的情况与近一个半世纪前导致开展布鲁厄姆调查的状况之间，存在一些相似的地方。至少，这两者都源于人们的一个确信，即慈善捐赠基金应该是英国社会中一种具有创造力的力量，而为了引发这种创造力，就需要对它们在法律或行政管理中的地位做出一些调整。

贝弗里奇勋爵在1948年出版的《志愿行动》一书中提出了一些关于志愿服务的未来的疑问。[3] 作为《贝弗里奇报告》的作者，他是一个拥有非常高威望的人物，而他提出的看法也必然得到广泛传播。没有人会认为，他对志愿服务的关切反映出他对政府的社会责任缺乏信任。事实上，他坚持认为，这一状况需要"政治创造来发现新的富有成效的合作方式"，同时他敦促政府"尽可能把那些萌生于社会责任和慈善的、以推动社会进步为使命的志愿型机构用起来，但不要破坏它们的自由性和探索精神"。[4] 他确信，慈善法已经过时了，需要修订，同时他提出一个

---

① *The Times*，26 Oct. 1950. 众多救济院信托的状况（*Nathan Report*, Par. 318）虽然变化没有那么大，却具有更为宽泛的重要意义。其中有不少此类信托曾被迫提供免房租的住宿服务，以及向住户提供小额补贴，哪怕它们的收入尚不足以保证那些住所以一个宜居的状态。但是，随着那里的居民领到国家保险提供的生活津贴，并且国家救助基金还时不时提供补充性津贴，那些信托便也顺理成章地做出调整，开始让受托人收取小额租金，并将那些收入投入改善和提升居住环境。

② *J. Royal Society of Arts*，12 June 1953，p. 482.

③ A second Volume，by Beveridge and A. F. Wells，*The Evidence for Voluntary Action*. 书中有大量数据，而第一册就是基于这些数据撰写的。第一册在后一年出版。

④ Beveridge，*Voluntary Action*（London，1948），pp. 10，318.

建议，要求成立一个皇家委员会，开展针对慈善信托的调查，且授予它的职权范围要极为广泛。①

贝弗里奇的书将早已在志愿领域普遍存在的困难状况清楚地说了出来。政府难道不应该因此正式且系统地考虑一下志愿力量在福利国家中的地位吗？大量自由党人加入了贝弗里奇的阵营，将私人慈善遇到的困境提交到了议会下院。如果说自由党在下议院中的人手不算太多的话，那么它在上议院中的智囊团的力量则是不可小觑的，而且这是一个十分适合争论的话题。后来，塞缪尔勋爵发出了一个动议，"呼吁人们关注这一需求，即需要鼓励志愿行动，以促进社会进步"，1949 年 6 月 22 日下议院讨论了这一动议。② 他指出志愿型组织正面临经济困难，它们传统的收入来源日渐枯竭——"绅士们现在开始变得拮据了"——所以，他呼吁对可能提供新的赞助的来源开展调查。在会议现场发言的人主要是自由党人，包括塞缪尔、阿穆尔里（Amulree）（一位著名的外科医生），以及贝弗里奇，此外还有之前为自由党成员现在是工党成员的南森勋爵——他们热情且坚定地主张志愿行动依旧是不可或缺的，未来也还需要它和过去一样，"为这个国家做先锋"。在他们看来，"慈善行动是一道不断移动的边境线"的观点不仅是虔诚的理想，而且是冷静的现实。

帕克南（Pakenham）勋爵［现在是朗福德（Longford）伯爵］代表政府加入了赞美慈善的大军。他清楚地陈述了志愿型机构和法定机关之间相互依存的关系，并保证政府会鼓励志愿社团的发展。但是，出于某些原因，他回避了贝弗里奇的提议，即成立一个全权的皇家委员会，对慈善信托开展调查。他担心，这会像布鲁科姆委员会一样，在经过 9 年辛苦的工作后，结果使对应的 20 世纪的慈善组织面临可怕的前景。相反，这项调查被委托给由首相任命的一个委员会来负责，但它的职权范围比贝弗里奇所构想的要小很多。这个委员会的义务是"研究和报告如何修订法律条文，以及如何变革与英格兰和威尔士慈善信托有关的实践

① 贝弗里奇构想了这样一个委员会，即它会"对现有的慈善信托开展调查（也就是'像1878~1880 年皇家委员会对伦敦市的慈善信托所开展的调查那样，对全英国的慈善信托开展调查'），同时对与这些信托相关的法律规定和行政管理机制进行审查"，以及在此后，"提出建议，以使慈善信托变得在任何时候都对社会最有利，并根据不断变换的环境调整它们的运用"。

② *5 Parl. Deb.* （Lords）163：75－136.

活动（除税收以外），只要这些变革能够最大限度很有利于这些信托所服务的地区"。①

另一股推动开展调查的潮流是法律圈中爆发的骚动。在法律圈里，人们对慈善法的状况感到不安，时常将其戏称为"一片丛林与荒野"。②值得承认的是，这是一个十分复杂且需要大量衡平技巧的领域，故而在很多外行和某些法律人眼里，这个领域亟须整理和简化。人们希望对"慈善"给出一个新的法律界定，而不再使用《伊丽莎白慈善目的法》前言中的那个定义，或麦纳顿勋爵在"皮姆瑟尔案"中所做的那个分类，因为这两者都没有划定一个精确的边界。此外，不停有人提出要求，希望对信托的变更给出更为弹性的办法，这不仅涉及那些已经被证明完全不符合实际的信托，还涉及被认为不受欢迎的或变得多余的信托，特别是在公共服务扩张的情况下。人们普遍同意，这意味着需要放宽最近似目的原则，虽然对变更的方式和程度人们的看法不一。

20世纪40年代的三个判决进一步激发了衡平法专业人士的质疑，认为慈善法需要做出调整。所有这三个案件都涉及信托协议不完善的问题（结果有大量资金不再被用于慈善事业），尽管只有一个案件是遗嘱起草者犯了明显的错误。其中最为轰动的案件是凯莱布·迪普洛克（Caleb Diplock）遗嘱案。在遗嘱中，迪普洛克留下了超过25万英镑遗产，指定用于"慈善或善良的目的"，但具体方向由他的受托人和遗嘱执行人选择。他们决定在苏塞克斯建立一个养老院，并将剩下的钱分给约139家机构。但迪普洛克的近亲发起了诉讼。经过漫长而曲折的法庭审理，上议院判定，"慈善"和"善良"不是同义词（中间那个"或"是用来"区分"而不是"解释"的），而且，因为"善良"比"慈善"要广泛得多，所以受托人在使用这些财产时，不能仅限于"慈善"宗旨。由此，迪普洛克的遗嘱因为不明确而被视为无效。

在法律专业人士中，没有人就上议院大法官的判决提出异议。大法

---

① *Nathan Report*, Par. 1.

② J. W. Brunyate, "The Legal Definition of Charity," *Law Quarterly Review*, 51: 268 (July 1945). 同时参见 G. W. Keeton, "The Charity Muddle," in Keeton and Schwarzberger, *Current Legal Problems* (London, 1949), pp. 86 - 102, and the *Law Jurnal: Annual Charities Review*, 13 April 1940, pp. 3 - 6, and 3 May 1941, p. 16。有关最近的分析，参见 Keeton, the *Modern Law of Charities*, chap. II。

官们对法律的解释是无可指摘的。① 尽管多数专业人士对迪普洛克的受托人表示同情，因为这些受托人遭遇了不幸，但他们对负责起草这一遗嘱的倒霉的事务律师则满是藐视。这份遗书所涉及的点并不是十分模糊，任何试图为迪普洛克的遗产起草遗嘱的人都应该对此十分熟悉。所以，所有人都同意，事实上，立遗嘱人的意图遭到了挫败，同时人们感觉到，他那关系疏远的近亲因为在这件事上办得非常漂亮，所以得到了本不属于其的东西。很明显，迪普洛克并不想把财产留给他的亲戚，而是用于受托人选择的善功。无论是专业人士还是外行，对这一判决结果都并不感到完全满意。有一位上诉法庭的法官戈达德（Goddard）勋爵反思道："当我审查一条规则，如果它说的是，应将交给受托人的财产用于慈善和善良的目的，那是不错的，但如果它说的是应将财产用于慈善或善良目的，那就是有疑问的，我不喜欢那种说法。"②

另外两个案例更为新奇，而对其所关涉的事项，法庭此前也都未曾做出过相关判决。这两者都与组织的免税资格有关，因为这些组织的主要宗旨明显是慈善性的。但是，具有"慈善性"是否意味着需要完全是做慈善的呢？其中一家组织（牛津团体）的章程提到其次要目的并不具备严格意义上的慈善性，而它的免税资格因此也遭到否定。③ 埃利斯案涉及一块交给受托人管理的土地，这块土地上盖有数栋罗马天主教建筑，但法庭认为，这一宗旨太模糊，不属于严格的慈善目的。这个判决对其他宗教机构以及各种信托具有强烈的指涉意义，而在此前它们的免税权从未受到过质疑。很多此类信托，其数量可能以千计，由此便开始担心自己有缺陷的法律基础会被税务局发现，并可能在未来饱受折磨。所以，政府新指定的慈善法委员会一个明显的职责就是想出一个办法，来使这些信托的身份合法化，特别是针对那些在做出判决时就已经存在的信托。

① In re *Diplock*, No. 1, 1940. 《南森报告》对这个案件进行了讨论（Par. 520 – 521），并引用了韦西（Vaisey）法官大人的证据，这份证据清楚地解释了法庭做出这一判决的理由。
② 转引自 Brunyate, "The Legal Definition of Charity,"（n. 9），p. 268。
③ 牛津团体案的判决乍一看来很棘手，但之后其实并没有引发太多麻烦，因为修改组织章程，剔除非慈善性的目的是一件很容易的事情。同时，1950 年《金融法》第三条还提供了一个避免因欠税人被罚款的办法，所以这一判决没有造成永久性损害。

二

新委员会的人员构成充分体现了利益相关方的多样性。委员会主席南森勋爵是一位杰出的律师，一个在公共服务领域做了很多卓越工作的大人物。他最初以自由党人的身份进入议会，但在 20 世纪 30 年代中期加入了工党。南森不仅给他的职位带去了对法律技术问题的精准理解，还带去了一个坚定信念，这个信念来源于他个人广泛的经验，即他相信，法定服务和志愿服务对促进英国社会福利都是必要的。作为威斯敏斯特医院的主席，他曾近距离观察过在一个为公共服务所快速占领的领域中，私人慈善会遇到的一些问题。除南森主席以外，该委员会还有 12 位能力卓越的成员，其中有法定服务机关的代表、志愿型社会工作机构的代表和法律专业人士。①

南森委员会在 3 年任期里，即从 1950 年 1 月到 1952 年 12 月，共召开了 31 场例会，接收了来自 75 家组织和 17 个个人的书面证据，询问了 92 名证人超过 7500 个问题。那些主动或受邀提交材料的机构或个人具有广泛的代表性，包括政府部门、基金会各种志愿组织、教会机构等，而且事实上，有一些机构的情况是委员会迫切想了解的，而另一些情况则是相关主体迫切想让委员会知道的。不过，最终该委员会委员合力给出了一幅有关英国慈善相关利益方的合理图景，并为最后决策提供了充分的基础。在同时提交书面和口头证据的机构名单上，我们可以找到这些有代表性的机构的名字，包括英国教区理事会联合会、英国社会服务协会、养老金部、朝圣信托、财政部举告与事务总监、公共受托人、罗马天主教统治集团和皇家爱国基金财团。② 在指定的研究事项上，委员会所挑选的这些研究对象令大家感到很满意。

---

① 在该委员会中，更为活跃且见识广博的成员有：城市教区基金会的唐纳德·艾伦（之后成为唐纳德爵士），家庭福利协会的 B. E. 阿斯特伯里，米德兰教育局前局长威廉姆·布罗金顿爵士，出庭律师、卫生部官员约翰·莫德爵士，伦敦市议会福利干事 S. K. 拉克，以及英国社工界领袖人物、时任伦敦经济学院社会科学系主任艾琳·扬哈斯本小姐。该委员会秘书长是 J. H. 利德代尔小姐，她是枢密院总长，在组织和管理委员会活动方面的娴熟与老练赢得了委员们一致好评，《南森报告》的起草工作主要是由她负责完成的。

② *Nathan Report*, pp. 181 – 182.

用该委员会主席的话来说，该委员会的任务是"推荐几条道路，以使过去的善行能够被自由地用于满足当前不断变动的需求之上"。具体而言，就是"充分发挥（慈善捐赠基金的）作用，使它们助力于推动社会进步的志愿行动浪潮"。[1] 一般而言，委员会主要关注的是慈善信托的法律制度方面和运营管理方面。一方面，人们希望委员会能游说议会，推动慈善立法变更，以更好地发挥社会捐赠基金的社会功用；另一方面，人们也希望委员会建议政府革新慈善管理机关，比如慈善委员会，并由政府设立一套机制来对慈善组织进行管理。

在委员会面临的两个最基础的法律问题中，其中一个是尝试给"慈善目的"下一个新的定义，这个问题并未得到很好的解决。如果采用激进的解决方式，那就意味着会违背事实上所有的法律证人的意见。[2] 尽管在一开始，普通证人对"伊丽莎白第43号令"的过时的情况，以及麦纳顿留下的第四种类慈善目的的模糊不清的状况感到不满，并希望有一个20世纪全新的表述，但到最后，哪怕是他们也认识到其中所存在的困难。[3] 首先，很明显，人们没法只给出单一准则式的界定，无论这一个界定设计得多么复杂。但是，这个定义或许可以采用列举的形式。但问题是，从长期来看，这个列举式定义是否会比现有的标准式定义更为令人满意？正如韦西法官告诉委员会的那样，无论这条线画在哪里，边际个案都会出现，因为慈善的法律概念"来源于去中心化的慈善行为"。[4] 他暗示，慈善法体系的主体清楚顺畅，但其边界处除外，而重新界定的结果就是创造新的边界。

其他观点则推动委员会决定不要试图给出新的法律定义。人们提出，下定义的做法存在一种可能性，即会束缚慈善的法律范围，限制它的发

---

[1] *Nathan Report*, Par. 60.

[2] 约翰·布朗耶特（John Brunyate）在他的名为《慈善的法律定义》的文章中（*Law Quarterly Review*, vol. 51）试图给出一个新的定义，并且敦促政府来完成这项工作，虽然他倾向于通过司法而不是议会来重新下定义。而在南森委员会上，他表示自己对通过立法来重新下定义这种做法充满疑虑。其他反对重新下定义的法律证人包括塞西尔·道斯（Cecil Dawes）爵士（Q. 1988）、麦克米兰勋爵（Q. 2236）、韦西法官（Q. 7468）。

[3] 比如，参见纳菲尔德基金会的陈述（*Nathan Report*, Par. 126）。英国教区理事会联合会和英国社会服务理事会所提交的备忘录也提议进行重新界定。

[4] *Nathan Report*, Par. 521.

展，使其无法对社会的新变化做出回应。① 在所有说法中最能令人信服的是，如果法律变更，那么就会有一大堆判例法因此变得无法适用。韦西法官警告，重新下定义的做法会制造出一系列全新的个案："我认为，这对于任何人来说都不是一件好事，除了对法律专业人士以外。"② 委员会怀疑这么做会导致现有的大量案例法归于无效，而这也就造成了一个更为糟糕的问题，因此它决定不采取下一个新的定义的做法。

尽管这样，难道人们就没法做什么来改变"伊丽莎白第43号令"前言中的规定了吗？在这里存在的危险是，哪怕只是重新做出一个谨慎的界定，都可能对判例法造成妨害。但是，只替换麦克诺滕规定的四个种类（救济或贫困、教育、宗教及有利于社会的其他目的）——这事实上已经被法院作为慈善的实际定义来使用了——应该不会对判例法的集合产生影响。③ 因此该委员会建议，基于麦纳顿分类法制定一部法令，"但应保存判例法的原样，不对它们产生影响"。④ 但是在政府看来，哪怕是一个考虑周全的调整，都与维持判例法的原状不相容。正如《白皮书》上所主张的那样，这是一个选择题，其选项是"要么保留原样，要么采纳新的定义，做出重大变更"。⑤ 有鉴于此，1960年《慈善法》并未触及下定义这个问题，"伊丽莎白第43号令"中的表述保留了它最终的话语权。⑥

有些人之所以会提出下一个新的定义的要求，是因为他们对迪普洛克案的结果感到良心不安。为什么就不能想出一个新的准则，将"善良"与"慈善"同等看待呢？不过，委员会对这个解决方案表示拒绝。

---

① Lord Nathan, *J. Royal Society of Arts*, 12 June 1953, p.485.
② Q.7473. 然而，基顿（Keeton）教授（*Modern Law of Charities*, pp.41-42）认为，保留现有的判例法也没有太多好处，因为这"揭露出一个最浅显的事实，即适用于这一领域中的准则完全处于空白状态"。
③ 第四类，即"有利于社会的其他目的的信托"，引发了复杂的法律问题。并不是每一家有利于社会的信托都是"慈善性"的。要具备慈善性，这家信托就需要符合"伊丽莎白第43号令"的规定。参见 Brunyate, "The Legal Definition of Charity," p.275; Sir John Maude, *J. Royal Society Arts*, 12 June 1953, p.501。
④ *Nathan Report*, Par.140.
⑤ *Government Policy on Charitable Trusts*（Cmd.9538），1955, Par.3.
⑥ 南森勋爵在他的作品中讨论了这个问题，参见 *The Charities Act*, 1960（London, 1962），pp.8, 13, 23-28。

如果"善良"得到认可，那人们还有理由拒绝"博爱"、"虔诚"或"爱国"吗？① 但人们也不会忘记这一问题，即（在牛津团体案和埃利斯案中）信托因为具有非慈善的属性，而被视为无效。如果这个决定适用于所有此类不太完美的信托，那慈善事业就将面临灾难性的结局。法律专业人士和普通人士都希望委员会能找出一个方法来应对这一窘境。没有人希望数以千计的信托在未来面临法庭诉讼的挑战。在有的人看来，合适的解决办法是参考澳大利亚和新西兰的规定，授权法院删去信托的非慈善性宗旨，从而将它们改造成为只包括慈善宗旨的机构。② 有一位知名的法律专家提出，如果委员会不采纳这一解决方案，那"主要是为因为它心中时时挂念着国内税务局的利益"。③

该委员会拿出的解决方案是相对谨慎的。需要承认的是，虽然对于修订法律，并溯及既往加以适用这件事，有人提出了强烈的反对意见，但这并不是说不得修改法律已俨然成为一项法律原则。该委员会所提议的办法，简言之，就是针对有缺陷的信托协议，制定一套附有适用时效规定的法律制度。具体而言，它要求议会宣布，所有此类信托基金，只要运作达到 6 年以上，"都一直被视为慈善信托基金"。④ 较晚成立的信托需要符合更为全面的标准，但还是能得到慈善资格，至于那些在牛津团体案判决和埃利斯案判决（1949 年）之后成立的信托，则必须符合这些判例所设定的法律。虽然这个方案算不上一个大胆的应急举措，但它解决了其中最关键的问题，所以此后不久，一项包含该委员会建议的议案快速通过了议会的决议。⑤

---

① 人们希望对特定领域中的慈善概念做出拓展。比如，罗马天主教统治集团强烈感觉有必要将对冥想团契的捐赠纳入有效慈善的范畴，但这个说法并没有为委员会所接受（Par. 129）。

② Memorandum by the Law Society.

③ H. G. Hanbury, Vinerian Professor of Law at Oxford, "Charitable Bequests," *The Listener*, 53：146（27 Jan. 1955）. 另一个批评家亚瑟·麦克杜格尔信托的罗伯特·波拉德（Robert Pollard）也不相信委员会的说法。他极力主张（*J. Royal Society of Arts*, 12 June 1953, p. 504），如果慈善组织章程清楚表达了组织的慈善目的，那就不应因为组织章程行文欠妥而推翻这家慈善组织。

④ *Nathan Report*, Par. 539.

⑤ 即《慈善信托（审批）法》，1954 年（伊丽莎白二世第 8～9 年，第 58 号令）。

三

人们普遍同意，该委员会面临的最为重要且复杂的法律问题与信托变更相关。慈善委员会和教育部的登记册上，共有11万家慈善信托，其中，除了3万家教育捐赠基金以外（这些基金适用更为宽松的《捐赠基金学校法》），所有其他基金的变更都需要严格依照最近似目的原则。委员会估计，在这8万家信托中，有超过一半都是以帮助穷人和病人为目的的，而现在国家已经建立了一个服务体系，来提升这些人的福利水平。虽然并没有多少机构从技术意义上来说算是失败了，但很多机构都被认为需要重新定位，而根据严格的最近似目的原则，这是不可能实现的。最大的问题不是大量"异想天开的或古老的信托（也就是那些在19世纪70年代和80年代被改革者所利用的慈善组织）哭喊着要改革"，而是大量其他慈善信托，如果最近似目的原则不能变得宽松的话，那么社会从它们那里得到的好处就会越变越少。简言之，该委员会建议调整适用于信托变更的规则，以使那些信托机构能对20世纪中期的英国社会产生更大的价值。但是，关于这一点，如果往前看我们就会发现，政府后来拒绝像委员会那样走得那么远，尽管新《慈善法》事实上大幅拓展了信托最近似变更的情况。

当然，提议修改最近似目的原则，既不是一个新鲜的主意，也不是一个革命性的想法。不仅慈善改革者将之视为主要的攻击点，而且在不止一次的情况下，知名法官、上议院大法官等也曾经提到过这个规定太过于严格了。[①] 这个原则现在也不再适用于整个捐赠基金慈善领域，因为根据议会的法令，某些主要的慈善信托类型，特别是教育类信托，其变更已经不需要再依从创始人的意愿了。因此，对英国1/3的捐赠基金而言，最近似目的原则从严格意义上来说已经不复存在了。出席过南森委员会的证人或向南森委员会提交过备忘录的人都认为，需要适度放松这一原则。我们唯一能想到的例外是英国援助释放犯人社团联合会。该联合会出于某些特殊原因，认为如果真的要做出变更的话，那就应该是

---

① 比如，参见 *Nathan Report*, Par. 301。此外，关于慈善委员会试图扩张它的变更权的尝试，其相关总结参见 Keeton, *Modern Law of Charities*, chap. X。

强化最近似目的原则。① 其他证人也曾提到他们的组织并未受到太大的影响——但事实上，其中一些老牌的、强大的慈善组织在实际操作中也对该原则做了宽松的解释。有 12 家大型公会，其中有一家公会的一位官员提出："一个聪明的受托人并不会死守这一原则"，而是会"以可能是最宽松的语言"来做出解释，尽管他也承认如果能使法律的尺度变得宽一点的话，那也是非常好的。② 犹太人监察官委员会也提到，它在某些情况下会按照自己的理解，以宽泛的方式来适用最近似目的原则。③

不过，人们普遍同意，一个更为简单的变更信托基金（那些不属于在技术上"无法操作"类型的信托）的方式是必要的。但这个问题并不仅仅是要考虑"基于什么情况""采用什么保障措施""由谁来负责管理"等问题，这些变更很容易变成炸弹。要篡改创始人的意图，通常会引发人们的此类争论，如"这么做会抽干慈善的源泉，破坏慈善情感和捐赠培育的公共价值，而这些东西的意义比因为将捐赠基金用于一个不太有用的目的而可能造成的偶然的不利要大得多"。④ 这些说法虽然可能推动改革者变得更为小心，但在公共社会服务不断扩张的新情况下，其实并不太具有说服力。

关于信托变更的事项，分支问题非常多。比如，如果在未来，估计一家信托的宗旨并没有完全失败的话，那在什么情况下，才允许它做出变更呢？新的捐赠基金在允许开展法律上的变更前，是否获得一段豁免期，比如 50 年——换句话说，捐赠人的意愿应得到多长时间的尊重呢？一次变更允许的激烈程度是多大？如果创始人的信托协议当前已经无法继续执行的话，那他的特定兴趣是否还应该被人们纳入考虑？有的证人（包括慈善委员们）认为，变更的方向应该只限于麦纳顿四种类型中的一种。⑤ 同时，总的来说，人们并不鼓励开展激进的变更，比如将一个老年人救助信托变为附近的语法学校的古典学奖学金。宗教机构自然也

---

① 很明显，该联合会认为，更为严格地适用最近似目的原则，将会使监狱类慈善组织从那些老牌社团（那些以解救和救助因为小额欠债而入狱的囚犯为目的的社团）的冗余收入中分得更大一块。

② Sir Ernest Pooley, Q. 2384.

③ Q. 4088ff.

④ Par. 316.

⑤ Q. 1067, 5736.

十分关心，以推动宗教信仰为目的的慈善组织在变更后，应继续服务于它们原本服务的特定的宗教团契。[①]

与这一问题直接相关的事项是将本地的信托，特别是那些小的、过时的捐赠基金，合并成为一个大的公益基金、社区信托或拥有广泛慈善目的的基金会。在1949年的辩论中，上议院表现出对创立此类公益基金的兴趣，而其是否有可能，则留待委员会来做出决断。城市教区基金会提供了一个伟大的个案，说明对那些过时的或多余的信托应该怎么办，而在委员会中，有人持此类看法，认为应该采取积极的政策，推动此类合并。但是，也有人表示了担忧。很明显，伦敦市的经验是具有特殊性，可推广性有限。有的证人质疑这种强制做法是否明智，即将大量的小型信托合并到一个中央基金之中是否合适。他们认为，独立的慈善组织中的独立理事会的兴趣具有十分重要的社会价值，不应该被随意牺牲掉。到最后，尽管委员会也承认目前大量的小型信托效率不高，不符合需要，而推动其中一些完成合并则是很有效的做法，特别是针对其中35000家小型信托，或收入少于5英镑的信托而言，但它还是没有提出政策建议，以推动整体性的合并。[②]

以上还不是棘手问题的全部。人们是否应允许一家慈善组织改变自己创立时确定要服务的地理区域呢？在这一方面，尽管在有的案例中，拓展"受益区域"是显而易见的做法，且被人们所接受而没有遭到反对，但要针对这件事提出任何建议，即允许一家捐赠基金转向新的地区，毫无疑问是在捅马蜂窝。相比于某个具体的慈善目的，创始人对将资金用于一个特定的镇或村这件事更为敏感。因此，慈善组织主管机关不得不重视此类变更，除少数例外情况，都会将此类变更视为不公正、适得其反的做法。

此外，还有一些其他方面的问题，但现有问题已经足以反映出放松最近似目的原则这件事所涉及的问题有多么复杂和棘手了，而这项改革几乎是所有人都支持的。所以，现在需要的是一套方案，它应能将柔性与合理的稳定性相结合，同时能在一定程度上使各种相关利益得以调

---

① London Diocesan Board, Q. 4718.
② Messrs. Sessions and Waddilove of York, Q. 1578 ff, 1600 ff.; *Report*, Par. 554.

和——简言之，这便要求在不会对慈善领域产生不合理干扰的情况下，提供一种救济手段。委员会认为，事实上在英国的法律中早已有法条对此做出规定，但这些规定只适用于英国特威德以北的地区。苏格兰的《教育捐赠基金法》——议会在 20 世纪唯一全面处理信托变更事项的尝试——为委员会提供了一个基础，让它可以基于此而提出自己的建议。①该法令授予国务大臣广泛变更慈善信托的权力，包括改变信托目的、合并或分拆信托，或调整信托的治理机构的人员构成等。如果他真的这么干，那这个大臣必然会被人们批评为官僚主义者和独裁者。但实际上，该大臣在运用那巨大的权力时，根据规定还需要考虑很多因素，包括公共利益和"现有情况"，以及"特别考虑"创始人意图的要旨、本地的相关利益，以及将基金归组、合并或联合后可能产生的经济效果。这一界定给各种相关利益提供了充足的保护，同时给予了该大臣合理的行动自由。

委员会决定不制定具体规定来对信托变更的条件做出界定，即反对为那些过时的信托列举可变更的目标。相反，它坚定地支持对苏格兰的法令做更为广泛的陈述的做法。在苏格兰，如果一家信托的宗旨出现下列情况，它就可以做出变更："宗旨变得过时、无用或对公共福利有所损害，或已经通过其他方式得到充分满足，或相比于该基金的资金规模其宗旨已不能匹配，或不能为该基金原本所希望惠益的人群提供充分的利益。"当然，在这条规定中，最关键的一句话是"已经通过其他方式得到充分满足"，这为那些其职能被政府接管的信托开展变更活动提供了充足的基础。但是，如果通过这种方式，允许公共机关变更它们认为过时的信托，那么对新建立的信托又该怎么办呢？这个问题远没有表面看起来那么简单。因为尽管人们秉持审慎和公正的态度，给予新成立的信托一段豁免期，使它们不至于出现快速变动——见证人最常建议的期限是 50 年——但是，只要出现一个新的政府服务项目，大量的新信托还是会快速变为过时之物。于是，该委员会再一次探索并达成一个妥协：在受托人和捐赠人（如果还在世的话）同意的情况下，一家信托可以随时做

① Education（Scotland）Act, 1946, Part Vi（9 & 10 Geo. VI, c. 72）. 这个建议来自麦克米兰勋爵，他代表朝圣信托做了证词 [5 Parl. Deb,（Lords）m 216：370]。

出变更，但是如果不符合这些前提条件的话，那政府在 35 年内（这大约是一代人的时间）不得出手变更该信托。[1]

简言之，这就划定了边界，而立法机关则需要根据这些边界来对信托变更做出规定。委员会的目标是"在创始人的意图和现状之间做出平衡"。没有人可以谴责委员会的这些建议，认为它是鲁莽的、考虑不周的或破坏性的。尽管如此，保守党政府还是认为这些建议过于颠覆性，而它自己发布的方案则完全不秉持委员会的立场。

南森委员会还处理了一个次要的法律问题，即与永业权法相关的过时的规定。尽管这些规定原本的严格程度已经随着时间的推移而日渐削弱，但一个法人要想获得一块永业土地，除非有国王的许可令或法定的豁免资格，否则依旧是非法的，同时一家慈善组织要想依据遗嘱持有一块土地超过 12 个月，除非有法院或慈善委员会的许可，否则也是违法的。事实上，到 20 世纪中期，情况已经变得几乎不能理解了，在出席委员会会议的所有证人当中，没有人认为永业权法有什么好处。关于这件事，委员会的建议十分明确。这部法律已经没有什么用处了，应该立即废除，而英国政府也毫不含糊地支持了这一看法。[2]

四

无疑，相比与信托"法律"相关的问题，与慈善信托的"实践"相联系的问题的复杂程度和技术含量就显得没有那么高了。不过，这些实践事项具有极大的重要性，因为无论在法律体系中做出什么调整，这些制度的最终价值都有赖于根据法律制定具体政策和开展行政管理的人。也就是说，具体而言，委员会必须审查慈善委员会和教育部（负责监督教育类信托的机关）的档案记录，并对它们行为的适当性做出判断。

当然，针对慈善委员们的抱怨已经是老生常谈了。在长达一个世纪的施政时期里，他们遭到了各种抨击，比如被批评为独裁或束手束脚，

---

[1] 该委员会（Par. 344 ff）同时要再考虑变更方案制订机关的问题。这个职权主要是司法性的，还是行政管理和政策制定性的？它是应该由法院来负责，还是应该由政府下属的一个行政机关来负责？委员会的决定倾向于后者，而慈善委员会和教育部便也继续被视为主要的方案制订机关。

[2] *Nathan Report*, Par. 276；*Government Policy on Charitable Trusts*, Par. 16.

轻率冒进或消极懒政，不顾原则或形式主义等。出席南森委员会会议的证人也保持了这一传统。他们的批评涉及官僚主义作风的方方面面，而其中有两个特别的指控凸显了出来。首先，人们抱怨——这自然也不是新的说法了——委员会的办公存在不可忍耐的拖延。有一个机构说，它很不情愿地向慈善委员会提交了个案材料，而法律规定慈善委员们需要在"一个合理的时间里"做出决定，不过这却成了泡影。[①] 成立于 18 世纪中期的皇家产妇慈善组织的主要业务是为贫困的已婚女性提供接生服务。它提交了超过 100 份材料——书信、备忘录和命令——因为它希望将自己的业务和资产移交给地区护理中央理事会。结果慈善委员会与该机构商讨了长达两年的时间。通过对双方来往通信的审查，我们可以发现，尽管有些说慈善委员会的话确实有些过分，如"难以想象的山头主义""暴君一般的压迫"等，但也并不是完全不存在这类情况。[②]

很明显，在与莱德街办公室打交道时，不同的慈善组织会有不同的经历。那些大型伦敦城市基金会跟官员很熟，所以可以很快速地处理它们的待办业务，有时甚至还可以通过打电话来解决这些业务。城市公会报告说，它们与慈善委员的关系"非常好"，而慈善委员也向它们"提供了很多帮助"。城市教区基金会的教士坚决反对别人提出的这一指控，即说慈善委员存在横挑鼻子竖挑眼的情况，造成了巨大的拖延。[③] 但法律协会则认为，总的来说，慈善委员会工作的一个显著特征是无限的拖延。同时，该协会还向南森委员会提供了很多这方面的实例。[④] 慈善委员提供了一个现成的同时符合法律规定的合理答复。相比于绝大多数政府部门，慈善委员会人手不足的情况要更为严重，其人手不仅没有随着其业务规模的扩大而增加，反而减少了。1860 年，慈善委员会负责管理约 32500 家信托，有 25 个人手。9 年后，当时登记注册的慈善组织为 8 万家[⑤]，但该委员会的人手却下降到只有 21 人。所以，无论这些慈善委员在克服困难方面表现出多大的真诚，我们依旧有理由怀疑他们开始日

---

① 卫理会教堂事务董事会备忘录。
② 南森委员会备忘录及相关文件。
③ Q. 5067，5068，6080ff.
④ 南森委员会备忘录。
⑤ *Nathan Report*，App. F. 这个数据只包括由慈善委员会管理的信托基金。

渐陷入常规程序之中，不再试图总结方法，来更好地处置手头那些机械性的工作。

第二个批评意见更为重要。这是关于慈善委员会对自身职责的理解的。总的来说，慈善委员会试图扩大它的准司法性职能，而削弱其行政监管职能，而至少在批评者眼里，它的那些裁定又有些过于恪守法律、字斟句酌了。现在清楚的是，慈善委员会已经很久没有关心慈善捐赠基金所存在的大量问题，以及思考如何改善它们的社会功能了。对那些慈善委员而言，慈善委员会"是一个人们应该主动来求助的地方，而不该是派慈善委员们亲自出去，为个案想解决方案"。[1] 质询权原本是慈善委员会下达命令时的一项重要权力，但慈善委员会很少用这项权力，它只针对有可能违反信托协议，或其他严重违反法律规定的行为才使用这项权力。[2] 它认为，自己的主要义务是回答人们的询问，就提交给它的问题做出裁定，以及根据健全的法律规定制订信托计划。它的高级官员全部是律师，而对这一点，它的批评者认为，这使慈善委员会守法有余，而探索新管理技术的精神不足。[3]

慈善委员会在开展工作时，所面临的一个明显障碍是其员工就像是一群负责行政事务的官僚。如果我们去它位于莱德街的办公室转一圈，就会发现这是一个充满官僚作风的死气沉沉的地方，完全与当前的主流趋势相隔绝。这种隔绝不仅体现在精神上，还体现在建制上，因为慈善委员会并不直接隶属于任何政府部门。所以现实情况就是，这是一个"弃儿"机构。数十年来，它在议会中的发言人一直是一个不领薪酬的议会专员，而且因为他只能坐在议会后排，所以他的影响力很有限。[4] 当然，慈善委员会有权获得一名大臣，这样慈善委员们就可以向他陈述自己的需求，以及他们关于改善其工作的法律基础的建议。[5]

南森委员会的方案是要对慈善委员会进行全面重组，扩大其规模，

---

① The Chief Commissioner, Q. 43.
② 律师协会备忘录。
③ *Ibid.*；Chief Commissioner, Q. 652.
④ 当时，这位议会专员是 M. 菲利普斯·普赖斯（M. Phillips Price），他之前做过曼彻斯特的监察官。他注意到自己地位不高，所以向南森委员会提出要派一位大臣来做慈善委员会的监察官，为他设定宽泛的权力范围，并由他代表慈善委员会出席会议。
⑤ *Nathan Report*, Par. 109.

并使其人员组成更为多元化，同时委派一位大臣代表慈善委员会出席议会。不过，慈善委员会还是会继续保持其半自治的身份；它并不会被吸收进入任何政府部门，而是会在没有任何外部控制的情况下继续开展其常规管理工作。南森委员会提出的最初的改革方案（未被政府所接受）建议扩大慈善委员会的规模，委任 5~9 名委员。这些委员是兼职的，每届任期不少于 5 年。该新成立机构的组成人员不仅限于律师，还包括"在公共和慈善事务上拥有名望和经验的人"。① 南森委员会无疑表达出了自己的这一偏好，即更倾向于成立一个不只有严谨的法律精神的机构。在制订英国福利计划时，人们会经常直接涉及公共政策和行政管理领域，所以南森委员会认为，这一职能更适合于一个规模更大、经验更为丰富的慈善委员会来承担。

南森委员会在制订慈善委员会重组方案之前，还需要解决一个有关管辖权的预备（也是基础性的）问题。从 1899 年开始，英国有两个中央慈善管理机关，一个是教育部（前身为教育委员会），另一个是慈善委员会。那么，我们难道不该继续发扬 1899 年这一先例的经验，按照将教育信托交给对口部门管理的方式，将其他专业捐赠基金转向给与这些基金最直接相关的部门来管理吗？的确有人提出了相关建议，这是一种非常吸引人的管理思路，即将管理机关去中心化——比如，将孤儿利益相关慈善组织交给内政部（内政部根据 1948 年《儿童法》，负责管理与无法过上正常家庭生活的儿童有关的事务），将与老人相关的慈善组织交给卫生部。不过，在权衡之后，南森委员会得出结论，去中心化的做法虽然乍看上去很吸引人，却缺乏实用性，所以它更倾向于重组和强化慈善委员会的方案。

在慈善委员会的历史中，有一个严重缺陷是它不善于处理公共关系，包括一般关系和特别关系。显然，如果一个国家要充分发挥慈善信托的价值，那么潜在的受益人、社会工作者或其他人员就需要随时获得相关信托的信息。但事实上这一条件是不具备的。尽管有个别城市发布了本地的捐赠基金相关指引，却没有一份现成的有关全国信托的全面的、分门别类的登记簿。所以，南森委员会提出的一项重要建议是制订一份行

---

① *Nathan Report*, Par. 377.

之有效的慈善组织登记方案。

这是一个非常奇怪的状况，连南森委员会也感到十分震惊。尽管法律中已有相关规定，根据这些规定，本可以制订一个令人满意的登记方案，却没有人执行这些规定。数十年来，完全没有人理会过这些规定。① 没有人能准确说出到底有多少信托是慈善委员会所不知晓的。然而，哪怕慈善委员会和教育部的登记簿上囊括了英国绝大多数信托（这也是南森委员会所相信的），这对于需要这些信息的普通市民而言，也没有什么用处。这两个机关，没有一个试图将信息整理和分类，而不只是分领域地堆在那里。

在南森委员会看来，如果要最大限度地发挥慈善捐赠基金作为福利工具的作用，那么制作一份更为合适的登记簿是一件必须做的事。这件事并不涉及任何严肃的原则性问题。其关键问题反而是一些与登记簿的属性有关细节性问题，如这份登记簿应该是地方性的还是全国性的，或者两者兼有；里面应该录入哪些数据；谁应该负责提供这些数据。要求太多的细节性信息会使编制登记簿这件事受挫，因为这会引发基金受托人的抱怨，认为他们受到了官僚主义作风的侵害。不过，当然的情况是，在适当迁就慈善信托的情况下，要求受托人提供最低限度的信息，以构成分类登记簿的基础，这也不是一件过分的事。除此以外，另一个更为困难的问题是要编制的登记簿是地方性的，还是全国性的，而一个更为强有力的说法是两者都要。不过，到最后，在权衡各种说法之后，南森委员会得出的最终结论是倾向于将中央机关作为主要的登记机关——但由中央机关提供给郡和郡自治议会的地区信托分类名录也应能很好地发挥地区登记簿的作用。

开展慈善组织登记的目的是提供有关捐赠基金慈善组织的现成信息。除这项改革以外，人们提出的另一项改革内容是要增加这些慈善组织的收入，而这与拓展它们的法定投资范围有关。慈善组织专职人员或其他受托人普遍认为，1925 年《受托人法》所允许的投资范围——基本上只允许投资于公立或半公立机构发行的证券——限制得过于严格了。有些

---

① 我们在之前的章节中提及过这部 1812 年《慈善捐赠登记法》。这部法律要求受托人向郡治安书记官报告某些细节信息，但是人们并未切实履行这一义务，而这一规定也就变成了一条彻头彻尾的空文。

证券已经不复存在了，而几乎所有此类证券都只能提供固定的收益回报，以及固定的赎回金额。正如注册会计师协会所指出的那样，尽管这些规则在保护信托基金的资本金方面发挥了积极作用，但也"引发了巨大的僵化……它们所允许的投资项目是一位审慎的商人所不愿意列入他的生意之中的"。① 在专业的金融从业者看来，现在所需要的是一套宽松的政策，即允许受托人根据投资领域快速变动的情况做出及时的应对。总的来说，南森委员会的建议是扩大慈善信托投资的范围，即在采取一定的保险措施的前提下，将证券交易所发行的债券和股票纳入投资范围，不过允许开展投资的金额不应超过信托基金资本金的50%。受托人同时获准向自由保有或长期租赁的财产开展投资，以及获取这类财产用于实用目的。②

总的来说，南森委员会发现，慈善领域的状况并不是太令人震惊，或者更确切地说，比人们之前想象的要好。有证据显示，在慈善领域中并没有出现欺诈的情况，也没有出现严重失职的情况。③ 运营管理上的低效，作为一个相对的观念，事实上是很难做出相应评估的。所以人们可以得出的结论是，受托人作为一个整体，非常出色地完成了他们的工作。在全英国的慈善组织中，过时和冗余的情况比预先估计的要好。比如，英国教区理事会联合会曾质疑道："从我们的经验来看……在农村地区有大量过时的慈善组织……我们之前都没有注意到它们。"④

当然，的确存在法律或行政管理上失调的情况，同时人们也明确有这个需求，即需要制定一套考虑更为周全、更为积极的政策。在有些分支领域中，志愿活动较少受到法定服务扩张的影响；而在其他分支领域中，它所受到的影响就比较大。双方在福利事业中的合作关系该如何安排还有待探索。尽管南森委员会或议会无法直接设计出一套关系架构，但至少它们可以清除掉其中一些形式上和技术上的障碍。而且，在南森委员会看来，现在的状况并不需要开展革命性的变革，而是要对法律和程序方面做很多具体的改革，其中就包括为慈善受托人和法定服务机关

---

① 委员会备忘录。
② *Nathan Report*, Par. 295 – 298.
③ 委员长，Q. 570—573.
④ Q. 4437.

之间的更为建设性的合作关系构建一个基础。正如南森勋爵在艺术协会的一次会议发言中所说："我们希望看到这些规模巨大的慈善资源为推动社会进步服务。我们相信，我们已经提供了实现这一点的方法，而同时这些方法也将确保慈善信托的种类和繁荣的状况在未来与过去一样好。"①

五

1952年春天，南森委员会写完了它的报告。当年12月，首相向议会提交了这份报告。各种评论的声音从预想的渠道传了出来。几乎没有一位合格的评论者会不同意该委员会的这些建议，即要整理慈善法和慈善管理机制。但是，针对委员会更为重要的建议——委员会采用的是温和的中间路线——却出现了三类声音，一类是温和派；另两类或者是倾向于采用更为积极的公共政策，或者是对政府权力向私人慈善领域的进一步扩张感到不安。但是，并非所有激进派都会像伦敦市其中一家城市公会的主席那样不安，他拥有古典时代政治家般的绅士风度，对公共机关侵入私人领域充满了怨恨。他阴郁地凝视着出现的慈善官僚机构庞然大物，笃定地认为这些庞然大物最终会将全国的捐赠资源吞噬殆尽。② 在某些志愿者圈子里，人们也提出质疑，认为南森委员的建议没有充分考虑"私人捐赠人的反应和热情"。③ 它提出的那些建议真的不会挫伤捐赠人的积极性吗？！

从积极的角度来看，没有一个了解情况的读者会忽视，这份报告是基于很宽泛的框架起草的。南森委员会并不只想解决法律和技术上的细节问题，但也不想从大的事项上缩手回来。这项任务在一定意义上被视为社会规划的众多任务之一——在一个新的半集体主义社会里界定私人慈善组织的地位——而很多人高兴地发现，南森委员会得出结论似乎是为英国慈善事业的传统价值做了辩护。它的报告第一章的标题是"慈善在现代社会结构中的价值"，这清楚地表明委员会赋予志愿行动以"十分重大的意义"。这一章的结论部分提出："的确我们认为，那些否认其

---

① *J. Royal Society of Arts*, 12 June 1953, p.490.

② *Ibid.*, pp.510－512.

③ Liverpool Council of Social Service, *Ann. Rept.*, 1953, pp.3－4.

重要性的人对于促进社会融合、丰富社会生活、深化社会责任意识的力量或历史进程充满了无知。"①

关于该报告最初的辩论发生于1953年7月的上议院，这一辩论一而再地介入是否要放开私人慈善的界定这一问题，而这一问题至少从布鲁厄姆勋爵时代开始就已经引发了人们的广泛争论。② 宏观而言，有两派人明显意见相左，其中一派认为慈善是一种私人的、志愿性的行动，而另一派则更为关心最大限度地利用全国的慈善资源（遵循功利主义准则）。坎特伯雷大主教（杰弗里·费希尔）和塞缪尔勋爵清楚地表达了这些主张，但都清楚其中严格的教条主义内容。其中，前者虽然对该报告表示赞赏，但也质疑这份报告对慈善大家庭做了太多的清理整顿的工作。他说道，在一个大家庭中，丈夫和妻子有时会有不同的意见，而"当这种关系的双方是一个强壮有力的法定机关，另一方是一个弱不禁风但和蔼可亲的志愿型慈善组织的时候，我们就务必要更为小心一些了"。③ 这是一种由来已久的恐惧，即担心死板、过度中心化，以及对地方利益和捐赠人意愿漠不关心，这种恐惧得到了多位贵族勋爵的回应——因此，用《泰晤士报》的话来说，就是"丢掉了慈悲心和自发性，而没有了这两者，在基督教意义上来看，慈善就不是慈善了"。④ 这样一来，人们对成立公共利益基金的兴趣就变得寡淡了，而这类基金正是塞缪尔勋爵所倡导的，也是南森委员会所推荐的，同时成立教区信托的行动则变得更少了。

对于南森勋爵来说，这些相互冲突的观点已经不是什么新鲜事物了，他向众议院提交的报告中对这些观点做了概述。一方面，大量信托可以被视为一宗大额财产，包括约2亿英镑的现金以及大量的土地，这些资产"就像在对抗贫困和不幸的战场中的其他很多军队方阵一样，需要去下命令、作改造和调遣。另一方面，就像过去数个世纪里的看法那样，这些信托也可以被视为很多独立的善举，每一个信托都有自己独立的个性，人们应该尽可能虔诚地保护它们，使它们免遭时间的摧残以及经济

---

① *Nathan Report*, Par. 61.

② *5 Parl. Deb.* (Lords), 183: 747 – 848.

③ *Ibid.*, 761.

④ *The Times*, 23 July 1953.

形势变迁的击打。这第一种意见主张的是效率，即为受益人的利益而考虑的效率。第二种意见主张的是虔诚心，要求尊重创始人的意愿"。① 而南森委员会所尝试的，以及在最严苛的批评家眼里又的确略有所成的，是在效率和虔诚之间达成了一个平衡。

如果从专业角度来看《南森报告》，那么总的来说，这还是一份很不错的报告。但是，还是有一些尚不能算是死硬的法律正统派的批评者倾向于从委员会就有瑕疵的信托协议事项提出的审慎建议中挑刺儿。南森委员会的建议（委员会内部并未对此达成一致意见）是以法律的形式使原来有问题的信托协议合法化，但要求未来再犯错的人去法院碰运气。这个解决方案可能会使立遗嘱人的明确意图遭到挫伤，所以这相比于委员会提出的其他建议少了些许果决和想象力。一位富有能力的法律顾问可能对法律烂熟于心，但事实上他还是会不小心犯错。② 有一位批评者坚持认为，大家都同意的法律意见本应该是，一旦出现明显的技术性失误，法院应该有权出于慈善组织的利益的目的加以矫正。③

政府慢条斯理地消化着南森委员会的全部建议，并不急于表达它的正式看法，但是它却只花了几个月的时间，拿出了一个措施，来使合法性受到牛津团体案和埃利斯案影响的信托变得有效。正如我们所见，政府的规定，即1954年《慈善信托（合法认证）法》，在原则上是依循南森委员会的建议来的。具体而言，这部法令接受了南森委员会的观点，即将信托划分为此前成立的、法律基础有问题的信托与之后成立的信托两类。很明显，对于前者应给予法律援助，而未来出现的糟糕的文件起草人的受害者，则不应怀有这样的指望。④

---

① 5 Parl. Deb. (Lords), 183: 776-77.

② *Law Times*, 216: 550 (30 Oct. 1953).

③ D. W. Logan, "Report of the [Nathan] Committee," *Modern Law Review*, 16: 348 (July 1953)；同时参见 H. G. Hanbury, *Listener*, 53: 146 (27 Jan. 1955)。除其他抱怨以外，有人发牢骚，抱怨委员会未能更为果断地处置"共同雇佣关系"事项。这里提到的这个问题（*Oppenheim v. Tobacco Securities Trust Co., Ltd.*）是这样的：如果创始人设立一个信托的目的是满足一个大型有限公司的员工利益，那这个信托还能不能算作一个有效的慈善组织呢？参见 *Nathan Report*, Par. 136; *The Law Times*, 216: 550; and Keeton, *Modern Law of Charities*, pp. 71-73。

④ 5 Parl. Deb. (Lords), 185: 278ff.

在该报告问世两年半后，政府的《白皮书》最终发布了。这份《白皮书》只给了南森委员会的主张一个勉强达到合格标准的评价。[①] 这是十分自然的事。不仅是因为该委员会是工党的造物，而委员会的报告现在是由保守党政府在评判，而且自从它在 5 年前接受任命后，公众的情绪方面也出现了明显变化。到 20 世纪 50 年代中期，做全面规划这种做法已经有些过时了——至少，按照《法律时代》的建议，人们对这么做能完成什么，已经没有之前那么自信了。[②] 当该委员会认为靠一份计划就能改变整个慈善领域的时候，政府却倾向于少出台全面的宏观政策，而《白皮书》，虽然不是毫无保留，但也倾向于与大主教和其他人物结盟，因为他们支持去中心化，主张地方自治，拥护受托人掌权，倡导小型、个体性慈善组织的价值。简言之，政府不愿意动摇现有的慈善体系，哪怕是在南森报告所审慎考虑的变动范围内都不行。

在一开始，尽管政府认为没有理由改变与慈善组织有关的法律内容，但它同样拒绝委员会提出的其他更为积极的建议。《白皮书》提到，根据麦纳顿的分类法确定一个全新的定义，而不是继续保留判例法，这么做是毫无理由的。政府认为，这两个需求之间是相互矛盾的（尽管像韦西法官这样著名的上议院大法官也都认为该委员会的主张是合理的），同时政府怀疑，如果该法令之后被废弃，英国还能不能再像"伊丽莎白第 43 号令"的前言被废弃时那样，找出安息在其上的判例法库来。因为对政府来说，它必须在将一切保留原状与制定一个新的法律界定之间做出选择[③]，所以，1960 年《慈善法》可想而知选择了前者。

对于南森委员会提出的三个主要建议，即设立一份有用的慈善组织登记簿、重建慈善委员会以及放松最近似目的原则，政府都给予了一定的应许。一份中央级的、分门别类的慈善信托登记簿是人们所迫切要求的，但人们不应要求慈善委员会和教育部将登记簿副本发给地方政府。政府同意给慈善委员会派一位大臣，大概是内政大臣，以代表委员会出席议会，但是政府断然拒绝南森委员会的这一建议，即将慈善委员会改

① *Government Policy on Charitable Trusts*, 1955. 关于白皮书内容的总结，参见 *Nathan on the Charities Act*, 1960, pp. 13 – 15。
② *Law Times*, 220：105（19 July 1955）。
③ Paragraph 3.

造成为一个由"在公共和慈善事务方面具有声望的人"组成的兼职机构。《白皮书》坚持认为，慈善委员会"拥有显著的法律元素"，所以它明确接受慈善委员会自己的提法，即它的角色是一个准司法性机构，"它的主要任务是对受托人提出的方案做出裁定"。[1] 但政府也同意，可以有效地增加一些非法律性的元素，所以在未来，慈善委员会应由三名授薪委员组成，其中只有两人需要拥有"法律资格"。

在变更信托这一关键性问题上，政府和南森委员会之间出现了不同意见。这一分歧总的来说集中在应予关注的重点上，而不是实质问题上。《白皮书》同意，的确有必要适度放松最近似目的原则，同时却坚持认为委员会低估了在现行法律框架下开展变更的可能性。很明显，政府并不太赞同委员会的想法，不想批准对捐赠基金的全面洗牌；并提出重整计划的权力一般应交给受托人，同时慈善委员会的话也"具有重大的影响力，如果慈善委员会还保持原样，依旧是受托人的朋友和顾问，而不是他们的管理者的话"。[2] 鉴于政府这种审慎的态度，及其对受托人、地方利益及创始人意愿的关照，我们略有些意外地看到，它在采纳南森委员会的新成立信托拥有 35 年豁免期的建议时，没有设定任何的例外情况。[3]

六

南森委员会坚信，在完成对混乱的慈善法的整顿之前，人们并不能做成什么事情。如果只做些小修小补，则会将事情搞得更糟。所以，委员会想要的是一部全新的、简化的法令，以代替之前的几十部法令——前者就像 1953 年《慈善信托法》那样熟悉和普遍，而后者则像 1951 年《渔民基金解散法》那样混乱不堪。这部法令将或多或少与慈善捐赠基金直接相关。在《白皮书》中，政府明确提出，有可能避免采取起草一部新的、全面法律的做法，但这一主张被证明是短命的。内政部助理副

---

[1] *Government Policy on Charitable Trusts*，Par. 43.

[2] *Ibid.*，Par. 19.

[3] 南森委员会相信，共同利益信托将会在未来变成福利机制中一个重要的组成部分。而政府则只对这类信托秉持谨慎乐观的态度。地方共同利益信托可以吸引中小额遗赠，所以得到鼓励，但它们应该"自发起时就是自愿的，且在性质上是非官方的"。至于全国性公共利益信托，则是由英国政府创立和资助的，那些没有遗嘱的产业（也没有后代）会被移交给它——这一提议毫无吸引力。

大臣克里斯托弗·帕斯科·希尔被委派到慈善委员会后，"感觉将它（《白皮书》）运用于现有法律是一件棘手的事"，所以他得出结论：这块领域是一块贫瘠的土地，我们别无选择，唯有制定一部全新的法律。①这是一项重要的起草工作，也说明了看似超慢的起草过程的原因所在。仅仅是将可能会被新法案撤销或"最终修订"的各部法条合为一体，就需要耗费数月的苦工。当这部法案最终被提交议会时，它总共有约200条规定，此外它的第 15 号、第 16 号和第 17 号附件有 17 页之多。

对于那些高度关注慈善法改革的人来说，这一拖延看起来是一个不祥的征兆。《白皮书》发布约 4 年后，南森勋爵突然在上议院发起了一场辩论，试图推动政府的行动。"在过去 4 年里，"他抗议道，"政府不仅默不作声；而且，从外面来看它就是完全一动不动。"② 很明显，南森委员一直用复杂的心情看待这份《白皮书》，虽然总的来说他还是很欣慰的，因为他的大部分建议没有被弃置不用。在南森勋爵看来，政府最让人失望的决定是拒绝拓展和调整慈善委员会的定位。《白皮书》所倾向的是一个小型的慈善委员会，主要由法律专家构成；南森委员会则认为，这么小的委员会将无法充分适用《南森报告》赋予它的新权力。

上议院的这场辩论虽然未能推动政府做出重大让步，却引出了一个其他成果，即在下一届议会上提出的一份议案。事实上，只隔了不到一年时间，这份短小、清楚的议案就被提到了上议院。在拿到这份议案时，上议院议员们一致认为这是一份"上乘的草案"（用南森勋爵的话来说），而这份文件所取得的成就也使其长达 5 年的起草时间显得物有所值。从一开始，很明显因为这份议案严格依循了《白皮书》所指的方向，所以它必然在没有重大修订的情况下得以通过。上下两院都对这一问题表示关心，即在什么范围内的私人慈善领域已经被彻底颠覆了——正如内政大臣在众议院会议上评论的那样，在一个社会中，"政府已经满足了人们的基本需求"，那这时又该对社会中的私人慈善组织怎么办呢？这在历史上是一个全新的问题。③

毫无疑问，左右两翼的批评者都在这个有关新慈善体系的计划中发

① *The Times*, 4 Aug. 1960.
② *5 Parl. Deb.* (Lords), 216: 366.
③ *Ibid.*, 221: 574.

现了瑕疵（严重的或细微的）。总的来说，前者对私人慈善组织和地方利益表示担心，因为他们认为公共机关的管控正在不断扩张。他们表达了自己的不安，唯恐这一趋势会对慈善捐赠产生负面影响。一位苏格兰上议院议员罗列了一遍英国皇家救生艇协会收到的一批遗赠，并提出如果"政府出手介入我们的活动的话"，那这类遗赠就不再会出现了。① 某些主要通过地方分支机构来运作的全国型慈善组织，如童子军、救世军、巴纳多博士之家，也都忧心忡忡，因为它们面临复杂的强迫性登记规则。

工党和自由党的上议院议员瞄准的则是更为基础性的、更为利益攸关的目标。他们提出的一系列动议［主要是由西尔金（Silkin）勋爵提出的］② 的言外之意是他们相信，不仅政府太过轻率地搁置了南森委员会的某些建议，而且在某些情况下，这些建议本身也过于谨慎。工党的批评者认为，南森委员会方案中的变更信托举措过于谨慎，他们试图推动对"慈善目的"下一个更为宽松的定义——他们的这一看法得到议院内外一部分学院派法律专家的支持。③ 比如，基顿博士（在此之后）哀叹将对慈善下定义的任务扔给法院的做法，因为它们"对这一领域的介入可能是对司法判例技术最糟糕的运用。关于这一点，我们可以在一些法律报告中看到"。④ 然而，就算有这些反对意见，政府还是没法动手脚，于是这部法案在没有大改的情况下得以通过。⑤

审读 1960 年法令的条款，即新的英国慈善体系，我们会发现其中的有些内容与之前可能是重复的，关于这一点，《白皮书》已经做了相当精准的预测。⑥ 这一体系为复杂的慈善法规丛林带来的一些秩序，并对

---

① Lord Saltoun, *5 Parl. Deb.* （Lords），216，613.

② 反对党的副职领导。

③ 伦敦经济学院一位著名的法律学者和专家，肖利（Chorley）勋爵加入了西尔金勋爵的队伍，抱怨法院给"慈善目的"下的定义过于狭窄。

④ *Modern Law of Charities*, p. vi.

⑤ 关于剩余的慈善资金，特别是灾难捐款在原始目的消失后所剩下的资金，引出了一个特殊的而且在某些情况下令人头疼的问题。人们应该拿这些剩余款项怎么办呢？作为一项通行规则，法院的做法是首先看捐赠人方面是否有"通用的慈善目的"，然后才会允许将这些剩余款项用于其他慈善用途。批评者敦促说，现在需要的是一条法律规定，要求将这些剩余款项交给其他没有明确的通用慈善目的的慈善组织。

⑥ 关于这部法令的概述，参见 *Nathan on the Charities Act*，1960，pp. 17 - 22。这部《慈善法》未触及受托人投资问题。不过，在第二年，《受托人投资法》（伊丽莎白二世第 9～10 年，第 62 号令）为慈善组织或其他组织的受托人开启了一个广泛的投资领域。

与捐赠基金慈善组织有关的法律程序做出了一些改革，这些改革取得了
或大或小的成效。在这些改革中，最著名的无疑是如下两项举措：放松
关于信托变更时最近似目的原则的适用条件，以及创立一套慈善组织中
央登记簿。① 如果向未来展望的话，我们会发现，这个登记簿上登记的
是约25万家慈善组织，而不是南森委员会预估的11万家慈善组织，同
时与《白皮书》的想法相反的是，针对那些想要建立自己登记簿的地方
政府，慈善委员会也被授权将相关信托的详情提供给这些地方政府。②
慈善管理者、社会工作者以及绝大部分慈善法律专家都对这部法令感到
满意。不过，关于其中的多数条款，决定性的评判还有待实践来检验。

慈善委员会的重建几乎在该法令通过的同时就启动了。这部法令的
主要设计者，克里斯托弗·帕斯科希尔以一种有些有违先例的方式，任
命了慈善委员会的首席委员，因为这位首席委员不是从慈善委员会中一
步步升迁上来的。但这位首席委员在赖德街办公室工作了5年，他对相
关程序及问题也十分熟悉。而《泰晤士报》的预测就是一个简单的事实
陈述："在经过4年的辛苦工作后，包括起草他主持的办公室的新的体
系，这位首席委员现在要面临更多的挑战了。"③

如果说1960年法令标志着慈善法和慈善管理合理化登上了一个新的
台阶，那么它还有另一个具有一定象征意义的地位。这部法令使议会内
外不时被人们论及的以及南森委员会曾经断言的事物，即将志愿性行动
视为福利国家体系中不可或缺的一部分，变成了官方的、有法律保障的
东西。正如上议院大法官在二读程序前的开篇词中所说，这部法律的一
个主要目的是为公共部门与私人福利机构之间的合作构建一个制度基
础。④ 在议会辩论时，帕克南（Pakenham）勋爵提醒众议员说，在过去
10年里，双方关系的内涵与形式有了很多发展。1949年，当时塞缪尔勋

---

① 见这部法令的第13条，以下材料也对此做出了解释，参见 *Nathan on the Charities Act*,
1960，pp. 73 - 82。

② *110th Ann. C. C. Rept.*，1962，p. 19。

③ 1960年8月4日。

④ *5 Parl. Deb.*（Lords），221：563. 南森勋爵指出（*Nathan on the Charities Act*，1960，
p. 19）：相关的法条（第10~12条）"不过是授权地方政府和慈善组织受托人在他们有
想法时，可以开展合作"。根据上议院大法官的说法，这些条款的主要目的是"去除最
后的障碍、最后的嫌隙，以及可能让不同意双方合作的议会抓住的最后的说法"。

爵提出的有关志愿行动的动议在议会中展开讨论，没有人能够完全确定保守党会如何对待福利国家，或工党会如何处置志愿部门。"今天，"他继续说道，"在两党所各自秉持的福利国家原则和志愿行动原则之间产生冲突的风险，已经消失不见了。"他断言，什么其他情况都不会发生，除了双方之间达成合作以外，因为"没有志愿行动的福利国家会失去它的这一机会，即在自由之中实现国民的幸福"。① 对于这种合作关系，1960年《慈善法》给予了法律上的认可。

虽然在历史上，从来没有一段时期会像近年来这样主动地对这种合作关系做出界定，但毫无疑问的是，这并不是新鲜事物。在这个事物身上，真正发生改变的是合作双方的责任划分。从《伊丽莎白慈善目的法》的时代开始，国家就一直十分重视志愿行动，而且，的确还将这志愿行动视为救助社会不幸、教育青年和处置社会痼疾的主要工具。这部法律本身就是一种尝试，即尝试对此前英国人指向直接的宗教宗旨的慷慨之心做出引导。很明显，政府的想法是，慈善的个人应该接过这些重担，而政府只有在没有其他可选方案时才行动。所以，在这里，我们要重复一下此前提到过的内容，即在当时，政府的功能是填补私人慈善网络的空白。

此后，人们毫无反驳地接受了这一观点。而且，虽然慈善家身上有不少缺陷和盲点，但很多英国人还是以极大的热情和强有力的义务观念对慈善事业做出了回应。而随着时间向前推移，他们开始面临新的需求，并试图发展新的慈善技术，但值得承认的是，这一切在一些个案中来得太晚，而且效果也并不理想。在 18 世纪，人们开始表现出更大的努力，即通过慈善学校来尝试解决儿童的教育问题，或通过医院来改善对病人的护理。所有这些举动，在很大程度上都用了志愿社团的形式，即"联合慈善"，以及不少标准化的工具，包括捐赠人名单、慈善布道和募捐。这种运作形式后来成为慈善行动的主要载体，而大量慈善社团则成为英国社会一个亮丽的标志物。在遇到一个需求时，一个组织会快速集结完毕，然后尝试处置它。它的这一处置有时是有效的，而有时则只能算是略有希望的。

---

① *5 Parl. Deb.* （Lords），221：637，639.

当然，经济和社会变革使这一问题变得更为尖锐。随着老的、原先占主导地位的农村社区逐步变成一个个城市社会，以及随着人口的比例大量增长达到灾难性的程度，慈善家面临的状况比此前要复杂和难以应付得多。随着问题的内容发生改变，人们的激情也出现了变化。在维多利亚时期，在有些社会领域，善功表现出明显的福音特色；而在其他领域，它们继续展现出有善念的人的社会责任感或同情心；在有些个案中，它们则表示自己并没有什么崇高的动机。不过，英国人几乎普遍认为，社会福利——如果可以这么称呼的话——是属于慈善的一个合适的领域，而不是属于政府的，政府只应该在危机明显超过私人机构的能力范围时才可以介入。

责任的划分对英国的社会生活产生着影响。一方面，为大量的英国人（高贵的或卑贱的）所接受的公共义务观念不仅为数以百计的、值得人们给予或多或少的重视的目的创立社团、机构和慈善信托基金，还向英国社会加入了特殊的风味。用《爱丁堡评论》的话来说，英国人的决定是"在没有政府干预的情况下开展我们的事务"①，这催生了大量慈善性或其他性质的结社。这些结社处于政府和个人之间，帮助英国维持其明显的多元化共同体特色。英国人（个人或共同体）对他们的社会以这样的方式承担着责任，所以无论是否失败，他们在西方世界都是独一无二的。当然，慈善实体也是一所学校，在那里富有公共精神的市民得到了训练。

然而，此外有一个日渐明显的情况是，私人慈善只能在极小的程度上改善城市－工业化社会所面临的根本问题。居住拥挤、文盲、失业以及贫困问题依旧如以前一样严重。依靠它所取得的成功，也靠它所遭受的糟糕的失败，私人慈善向人们揭示了这些问题的真实轮廓。虽然政府在着手推出积极的社会政策方面有些犹豫，但很明显，在维多利亚时期，成功为文明生活构建基础的并非为数众多的志愿性协会，而是公共机关。在后一个世纪里，新的潮流——不断进步的民主制、充足的公共服务、改革后的地方政府，以及由查尔斯·布思和其他人收集的有关贫困情况的更为全面的数据——开辟了新的道路，而且的确创造出了对政府行动

---

① 114：10（July 1861）。

的无法抗拒的需求。

政府的介入拓展了，而不是取消了志愿行动长期以来的传统。20世纪60年的福利国家绝非一个呆板的整块，相反，在极大程度上它都要依靠人们的志愿资源，包括人力资源和资金资源。南森委员会的这一看法并非言过其实，它指出，如果不去广泛使用志愿行动的话，"正如我们所知的那样，民主制将很难有效运转起来"。[①] 慈善组织的古代的捐赠人、虔诚的创始人、真挚的福音派以及人道主义的发起人，还有其他一些慈善事业的主办者，无疑都会对现代英国的福利事业的兴起感到困惑不解。但是，他们绝不会因此而失掉由自己的努力和捐赠而在英国社会上刻下的那一道道不可磨灭的痕迹。

---

① *Nathan Report*, Par. 53.

索 引

注：页码为原书页码。

255–56; early proceedings and policies, 256–59; work transferred to Charity Commission, 261; S.C. of 1873, 260; of 1886–87, 264–68
Engels, Friedrich, cited, 135
English Steel Corporation, Ltd., 365
Erle, Peter, Chief Charity Commissioner, 203
Erskine, Lord, 179
Evangelical Revival, 3; and philanthropy, 93–96
Exeter, charitable trusts in, 75

Fabian Society, 503
Family Service Units, 535
Farrer-Brown, Leslie, 570
Fawcett, Henry, 398
Feeding of school children, 241–42; Destitute Children's Dinner Society, 417
Fels, Joseph, 515–16
Fever hospitals, 122–23
Field Lane Ragged School, 147–48, 416
Fielding, Henry, quoted, 11
Fielding, Sir John, 58n, 59–60
Firmin, Thomas, 17–19
Firth, J. F. B., 288
Fitch, Joshua, 250, 252
Fitzgerald, Sir Seymour, 303
Fitzwilliam, Lord, 354
Ford Foundation, 555, 559
Foreign missionary societies, 124ff, 180; S.P.G., 20, 23n; Baptist Missionary Society, 125; London Missionary Society, 125–27; Church Missionary Society, 127–28
Forster, W. E., 250, 254, 260
Fortescue Return, 267–68
Foster, Joseph, 117
Foundations: general, chap XX; relations with Government, 556; policies, 557–60; division of responsibility among, 561; see individual foundations
Foundling Hospital, 14, 15, 53–57, 200
Four Per Cent Industrial Dwellings Co., 390–91
Fox, Joseph, 117
Fox, William, 114
Fraser, Rev. James, 250
Free Grammar School, Coventry, 73
French Revolution, effects of, 97–98
Friends, Society of, 124; see also George Cadbury, Richard Reynolds, Joseph and Seebohm Rowntree
Fry family, 366

Gamble, Jane Catherine, 360
Gardiner, A. G., quoted, 438, 441
Gates, Sylvester, 336
Gatliff, Charles, 374–75
Geffrye's Almshouses, 497
General Lying-In Hospital, 50
Gentleman's Magazine, 76–77, 87
George I, 63, 353

George II, 353, 354
George V, quoted, 562
George, David Lloyd, 339
George, M. Dorothy, 61–62
Gibbs, James, 41
Gilbert, Thomas, census of charitable trusts, 85–87, 182
Girls' Hospital, Norwich, 73
Girton College, 359–61
Gladstone, William Ewart, 302; taxation of charities, 331–32
Glasse, Rev. Dr. Samuel, 123
Glynn, George Carr, 141
Goddard, Lord, quoted, 576
Golding, Dr. Benjamin, 170
Goldsmid, Sir Francis, 360
Goldsmid, Frederic, 493
Goldsmid, Sir Julian, 492
Goldsmiths' Company, 355, 535–36
Goliath, 417
Gompertz, Lewis, 179
Goodenough, Sir William, 570
Goodhart, Professor Arthur, 568
Gordon, General Charles, 151
Gorringe, Frederick, 475
Goschen, George, Poor Law Minute of 1869, 221–22, 520
Gouge, Rev. Thomas, 19, 29
Graham, Sir James, 501
Grant, Charles, 127, 130
Graystone, S. W., 358
Great Hospital, Norwich, 75
Green, T. H., 225, 250
Greg, Elizabeth (Mrs. William Rathbone), 455, 456
Grenville Library, 369
Grey, Sir George, 203
Grylls, William, 368
Guinness, Sir Edward (Lord Iveagh), 490
Guinness Trust, 391
Gulbenkian, Calouste, 339–40, 567
Gulbenkian Foundation, 567
Gurney, Russell, 482
Gurney, Samuel, 164, 179
Guthrie, Rev. Dr. Thomas, 146, 150
Guy, Thomas, 13, 43–46
Guy's Hospital, 45–46, 332, 483–84

Haberdashers' Company, 293
Hadden, Rev. R. H., 294
Haggard, Rider, 515
Hall, Vice-Chancellor Sir Charles, 313
Hall, M. P., 533
Halsbury, Lord, on cy-près, 311
Hamilton, Lord George, 517
Hammond, J. L. and B., 91, 95, 236
Hanbury, Professor H. G., quoted, 580
Hansbury, Rev. William, Church Langton, Leicestershire, Utopian plans of, 81–83

译后记

整整两年时间，终于翻译完了这本大厚书，我是很高兴的。而之所以要选择译介这本书，是因为这本书有着独特的学术价值。

这是一本英文世界少有的完整介绍英国近代慈善事业转型的学术作品。作者用70多万字的篇幅，从多个方面详细介绍了英国慈善事业如何从17世纪中期的伊丽莎白体系，途径维多利亚体系，最终成功转型到现代的福利国家体系。众多周知，英国的慈善事业在古代的成熟形态是伊丽莎白体系，由伊丽莎白女王通过《慈善用益法》创立。这一体系为英国近现代慈善事业奠定了基础。但它也存在对慈善事业的范畴限定过死、对慈善目的的变更限定过严、对慈善遗赠的财产种类限定过窄等问题。当然，这些问题也不全是《慈善用益法》造成的，而是整个英国古代法律体系造成的，或者更为准确地说，是英国当时的社会整体情况造成的。

随着英国经历圣公会的洗礼，完成宗教改革，同时也因为英国的社会阶层逐步完成清洗，由传统的贵族掌权逐步替换为新兴的资产者掌权，英国社会的整体情况开始出现翻天覆地的变化。这种变化导致与古代社会相配套的慈善事业日渐落伍。于是便出现了推动慈善事业改革的冲动。这种改革冲动在维多利亚时期开始萌发，并随着时间的推移变得日渐强烈。

总的来说，这种冲动主要集中在两个大的方面：第一，拓展慈善事业的空间，放宽对慈善事业的限制，给予慈善家们更多的主动权；第二，强力阻击政府对慈善事业的窥探，以法律的形式严格限制政府的行动，保障私人慈善家的主动权。

围绕在这些改革冲动周围的是大量的社会实践活动，包括创办医院、学校，以及开展规模浩大的社会调查等。这些举动取得了一定成效，但无法解决根本问题。正如本书作者所说的那样，"它们只是以自己的成功或失败暴露了问题的真相"。

其最终结果是随着第二次世界大战后公民运动时代的到来，福利国家开始成为时代主流。政府大面积接手原本为私人慈善组织所占据的领域，开始有组织、系统地搭建一个福利国家体系。而在这个过程中，政府与慈善组织的关系又成了新的难题。为了应对这个问题，英国通过了一系列慈善法令，建立了双方之间的合作伙伴关系。

本书对这一历史脉络做了全面梳理，并用大量历史史实、报章评论、文献资料等对每个阶段的情况做了说明。这是非常难得的。

我国正处于社会转型期，而我国社会在转型过程中所面临的问题与西方既有相同点，也有不同点。其相同点在于我们都面临一个天人关系转换的问题，这种转换对人们的思想观念形成了巨大挑战，也对社会制度构建提出了全新的命题；其不同点在于中国社会的历史主脉与西方迥然不同，而在近100年中，我们又大量引进西方思想，于是在这一过程中如何形成中西互融的理论体系与制度框架便是一个从未遇到过的历史难题。

在社会转型过程中，慈善事业同样面临转型问题。而正因为中国社会转型所面临的问题不完全同于西方，所以我们认为，中国慈善事业转型之路径虽可以对西方社会之思路与方法做部分借鉴，但说到底，还是要坚持走自己的道路，绝不能照搬西方。因此，我们引进这部作品，是为了介绍西方在改革过程中的一些具体思路与做法，而绝非为了倡导西方模式的绝对意义。我们也希望，有更多的人能一起来探讨和反思英国与中国此前的改革举措，并对中国未来的改革提供真知灼见。

同时，我们来介绍一下本书的作者。本书作者名为戴维·欧文，被聘为哈佛大学历史和政治科学格尼教授。他花了10年时间来研究和撰写这部作品，因此这部作品也成为他一生的经典之作。

最后，值得一提的是，本书初稿为本人独自翻译完成，但因为翻译完成后本人投入《捭演论》的写作之中，无暇顾及校对工作，所以本书的校对工作是由我的助手杨洁完成的。在此对他的辛勤工作表示感谢。

　　由于本人对英国慈善事业研究不深，对英国史也并不能做到了然于胸，翻译错漏之处在所难免，也请读者不吝指正。

南山老人

2019 年 6 月 15 日于南山

图书在版编目（CIP）数据

英国慈善史：1660－1960：上下卷／（美）戴维·
欧文（David Owen）著；褚蓥译. －－ 北京：社会科学
文献出版社，2020.11
（南山慈善译丛）
书名原文：ENGLISH PHILANTHROPY（1660－1960）
ISBN 978－7－5201－7061－1

Ⅰ.①英…　Ⅱ.①戴…②褚…　Ⅲ.①慈善事业－历
史－英国－1660－1960　Ⅳ.①D756.17

中国版本图书馆 CIP 数据核字（2020）第 157874 号

南山慈善译丛
英国慈善史（1660～1960）（上下卷）

著　　者／〔美〕戴维·欧文（David Owen）
译　　者／褚蓥

出 版 人／谢寿光
责任编辑／曹义恒

出　　版／社会科学文献出版社·政法传媒分社（010）59367156
　　　　　地址：北京市北三环中路甲 29 号院华龙大厦　邮编：100029
　　　　　网址：www. ssap. com. cn
发　　行／市场营销中心（010）59367081　59367083
印　　装／三河市龙林印务有限公司

规　　格／开本：787mm×1092mm　1/16
　　　　　印张：48.5　字数：760 千字
版　　次／2020 年 11 月第 1 版　2020 年 11 月第 1 次印刷
书　　号／ISBN 978－7－5201－7061－1
著作权合同
登 记 号／图字 01－2016－9349 号
定　　价／298.00 元（上下卷）

本书如有印装质量问题，请与读者服务中心（010－59367028）联系